LEHRBUCH DER HEBRÄISCHEN SPRACHE

ERNST JENNI

LEHRBUCH DER HEBRÄISCHEN SPRACHE DES ALTEN TESTAMENTS

Neubearbeitung des „Hebräischen Schulbuchs"
von Hollenberg-Budde

1981
HELBING & LICHTENHAHN
BASEL UND FRANKFURT AM MAIN

CIP-Kurztitelaufnahme der Deutschen Bibliothek

Jenni, Ernst:
Lehrbuch der hebräischen Sprache des Alten Testaments / Ernst Jenni. — Neubearb. d. „Hebräischen Schulbuchs" von Hollenberg-Budde. — Basel, Frankfurt am Main: Helbing und Lichtenhahn.
NE: Hollenberg, Wilhelm: Hebräisches Schulbuch
[Hauptbd.]. — 2., durchges. Aufl. — 1981.
ISBN 3-7190-0789-8

Zweite, durchgesehene Auflage

ISBN 3 7190 0789 8

Bestellnummer 21 00789

Satz und Druck: J. J. Augustin · Glückstadt

VORWORT

Während rund 120 Jahren hat das „Hebräische Schulbuch" von W. Hollenberg (seit der 3. Auflage 1873 von dessen Bruder Joh. Hollenberg, seit der 8. Auflage 1895 von K. Budde, seit der 16. Auflage 1935 von W. Baumgartner herausgegeben) in gesamthaft wenig veränderter Form einer großen Zahl von angehenden Hebraisten gute Dienste geleistet. Nach der 26. Auflage von 1971 mußte der Verlag Helbing & Lichtenhahn in Basel, der das Buch 1943 von der Weidmannschen Buchhandlung übernommen hatte, aus drucktechnischen Gründen an einen Neusatz denken und betraute mich als Nachfolger von W. Baumgartner mit der Neubearbeitung.

Obwohl in zahlreichen Fällen der Inhalt des „Hebräischen Schulbuchs" teils wörtlich, teils sachlich aufgenommen werden konnte, ergaben sich doch aus zwei Gründen recht starke Umwälzungen. Einmal sollten der grammatische Stoff, die Übungen und die zu lernenden Vokabeln in möglichst gleichmäßige und didaktisch fortschreitende Lektionen aufgeteilt werden. Vor allem die „Elementarlehre" (Laut- und Schriftlehre), die jetzt anhand der Eigennamen veranschaulicht wird, bot zu didaktischen Neuerungen reichlich Anlaß (Lektionen 1–4). Das Grundgerüst der anschließenden Lektionen bildet die Lehre vom Verbum mit je zehn neuen Verben pro Lerneinheit. Dabei sollten die häufigsten unregelmäßigen Verben, die Zahlwörter und besonders auch die Satzlehre nicht wie bisher oft am Schlusse des Unterrichts zu kurz kommen. Der Gefahr der Zerstückelung der Grammatik und ihrer Systematik mag neben dem Inhaltsverzeichnis der beigefügte grammatische Index begegnen; mit seiner Hilfe wird man den zusammengehörigen Stoff und auch die nicht mehr in einem besonderen Tabellenteil vereinigten Verbenparadigmen (s. auch Lektion 30) leicht auffinden können.

Den zweiten Anlaß zu größeren Veränderungen bildete die Forderung, entsprechend dem auf das Studium des Alten Testaments ausgerichteten Lernziel sämtliche Übungssätze von Anfang an dem Alten Testament selber zu entnehmen, unter Ausschluß aller selbstgebauten und vielleicht nicht immer korrekt althebräisch gedachten Sätze. Als Nebeneffekt dieser Maßnahme dürfte der früher oft von Lehrern und Autodidakten geforderte „Schlüssel" zu den Aufgaben entbehrlich werden, da die korrekten Lösungen jetzt mit Hilfe einer hebräischen bzw. einer deutschen Wortkonkordanz und einer guten Übersetzung bzw. der Biblia Hebraica leicht gefunden werden können, wobei auch das Stellenregister des Lehrbuchs zur Kontrolle herangezogen werden kann. Auch in der Formenlehre und namentlich im Vokabular wurde auf eine strengere Auswahl des Lernstoffes nach Maßgabe der Häufigkeit und Wichtigkeit der sprachlichen Erscheinungen im biblischen Text geachtet. Seltene, im Zusammenhang eines Übungssatzes aber unentbehrliche Wörter werden jeweils in Anmerkungen an Ort und Stelle erklärt und gehören nicht zum Lernstoff. Von den rund 800 zu lernenden Vokabeln begegnen nur etwa ein Fünftel unter 50mal im Alten Testament (mit × markiert) und fast alle über 20mal (im „Hebräischen Schulbuch" bei einem etwas höheren Gesamtbestand etwa 130 Vokabeln unter 20mal). Das Glossar im Anhang enthält alle hebräischen Wörter mit über 20 Vorkommen, insgesamt über 1500 Vokabeln.

Wie beim bisherigen Gebrauch des „Hollenberg" wird der Lehrer auch hier aus der Menge des Stoffes sehr oft eine Auswahl treffen müssen. In erster Linie dürften dem Zeitmangel, wie die eigene mehrjährige Erprobung des Entwurfes dieses Lehrbuchs im Schulunterricht gezeigt hat, die fakultativen Vorübungen, die kleingedruckten Abschnitte und Anmerkungen sowie die Repetitionen zum Opfer fallen, vielleicht auch die als seltener gekennzeichneten Vokabeln, ein Teil der Übungen und wohl auch der Lesestücke. Die beiden Hauptschwierigkeiten beim Erlernen des Hebräischen werden nach wie vor das Erkennen der unregelmäßigen Verbalformen und das Erarbeiten und Befestigen eines soliden Wortschatzes bilden. Für ersteres ist am Schluß eine spezielle Repetitionslektion angefügt, dem letzteren sollen neben den jeder Vokabel beigefügten typischen Verwendungsweisen die Zusammenstellungen des Wortschatzes nach Sachgruppen von Lektion 16 an dienen.

Die zusammenhängenden Lesestücke im zweiten Teil des Buches sind mit freundlicher Genehmigung der Württembergischen Bibelanstalt Stuttgart aus Biblia Hebraica Stuttgartensia (ed. K. Elliger — W. Rudolph, 1968ff.) abgedruckt, um den Leser möglichst bald an das Schriftbild dieser für alle weitere Arbeit am hebräischen Alten Testament grundlegenden Textausgabe zu gewöhnen.

Basel, im Dezember 1977 E. Jenni

VORWORT ZUR 2. AUFLAGE

Abgesehen von einigen Berichtigungen und Druckfehlerkorrekturen ist das Lehrbuch unverändert geblieben. Gleichzeitig mit der 2. Auflage erscheint separat ein Ergänzungsheft, das die von zahlreichen Benützern vermißten Paradigmentafeln sowie einen Stellenindex zu den Übungssätzen enthält.

Basel, im Oktober 1980 E. Jenni

INHALT

VERTEILUNG DES GRAMMATISCHEN STOFFES AUF DIE LEKTIONEN

Schrift- und Lautlehre (Eigennamen)	1 2 3 4

	Verben		Lektion	**Nomina**	**Syntax**
Starkes Verbum	häufigste Verben: 3.sg.m. des Perf. u. Waw-Impf.		5	Cs.-Verbindung/ Präpos. (I)	Verbalsatz I
			6	Artikel (I) *Demonstrativa*	Verbalsatz II Relativsätze
	Qal Perfekt		7	Artikel (II) Präpos. (II)	Nominalsatz I Fragesätze
	ō-Impf.		8	*Personalpron.* Part./Adj.	Nominalsatz II
	a-Impf./Imp.		9	I: unveränd. N./ *Pron.-Suffixe*	Nominalsatz III
	Inf.	**III lar.**	10	II: unregelm. Nomina	Nominalsatz IV negierte Sätze
	Ni.	**III'**	11	III: verdopp. Endkons.	Verwendung d. Akk.
	Hi./Ho.		12	IV: qatl- Segolata	Reflexiv- verhältnis
	Pi. Suff. am Impf. Suff. am Perf.		13	V: qitl-/qutl- Segolata	doppelter Akk.
	Pu./Hitp.		14	VI: bes. Seg./ *Suff. am Fem.*	unbest. Subjekt
Repetition			15		
Lar.- Verben	**II lar.** (Pi.)	**Zahlw.:** Ord.	16	VII: veränd. ā in Endsilbe	Bedingungssätze
	II lar. (übr.)	Kard. 1–10	17	VIII: veränd. ē in Endsilbe	Schwursätze
	I lar. (ō-Impf.)	Kard. üb. 10	18	IX: veränd. ā in vorl. Silbe	Temporalsätze
	I lar. (a-Impf.)	bes. Wend.	19	X: zwei veränd. Vokale	Final-/Kon- sekutivsätze

	Verben		**Nomina**	**Syntax**
Schwache Verben	**I n** (st. Imp.)	20	XI: III j auf -ǣ	Kausalsätze
	I n (schw. Imp.)	21	XII: Fem. auf -īt/-ūt	beigeordnete Wunschsätze
	I' **I j** (ē-Impf./oh. Qal)	22	XIII: Fem. mit seg. Endung	Relativsätze ohne ʾ^{a}*šær*
	I j (a-Impf.)	23	XIV: Fem. v. masc. Segolaten	Formverben
	III inf. (Qal)	24	XV: Fem. auf -ā m. veränd. Vok.	bes. Verwendungen der Tempora
	III inf. (übr. und mit Lar.)	25	XVI: seltenere Endungen	Präposition b^e
	III inf. (einzelne bes. Verben)	26	Bes. Verwendung des Artikels	Präposition k^e
	II ū	27	*Pron.-suffixe* als Subjekt	Präposition l^e
	II ō/II ī *Po./Hitpo.*	28		Präposition *min*
	II ġem.	29		Präposition *ʿal*
Repetition		30		

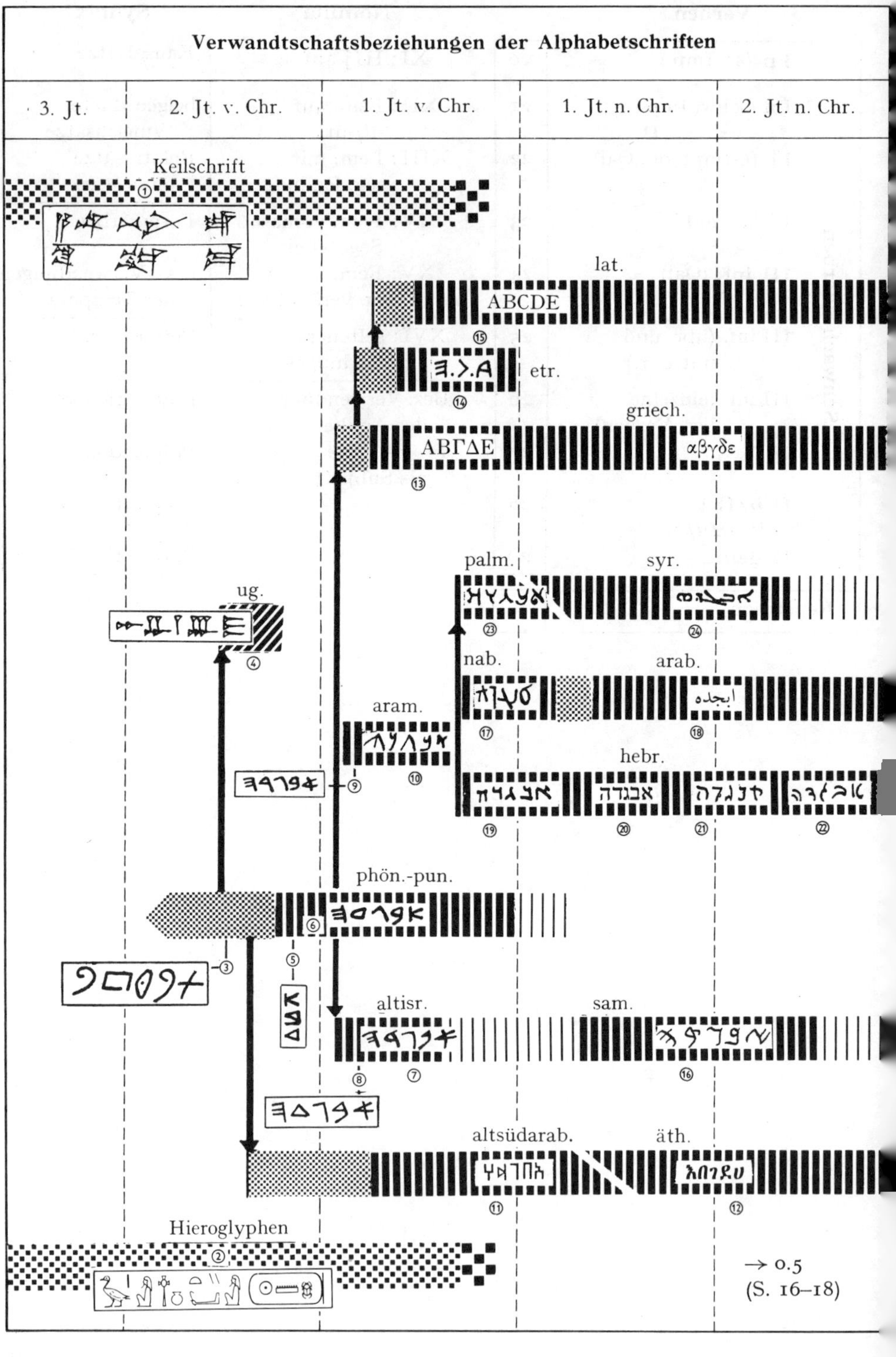

Verwandtschaftsbeziehungen der Alphabetschriften
3. Jt.
2. Jt. v. Chr.
1. Jt. v. Chr.
1. Jt. n. Chr.
2. Jt. n. Chr.
Keilschrift
lat.
ABCDE
etr.
griech.
ΑΒΓΔΕ
αβγδε
palm.
syr.
ug.
nab.
arab.
ابجده
aram.
hebr.
אבגדה
phön.-pun.
altisr.
sam.
altsüdarab.
äth.
Hieroglyphen
→ 0.5
(S. 16–18)

EINLEITUNG

0.1 Wie sein Vorgänger, das „Hebräische Schulbuch" von HOLLENBERG — BUDDE — BAUMGARTNER, will das vorliegende Lehrbuch ein praktisches Hilfsmittel zur Aneignung der Elementarkenntnisse des Hebräischen an Gymnasien und Universitäten sein. Lehrgegenstand ist das Biblisch-Hebräische des Alten Testaments, Lernziel die Fähigkeit, leichtere bis mittelschwere Texte aus allen Teilen des Alten Testaments lesen und verstehen zu können.

Was hier nicht erstrebt werden soll, ist einmal die aktive Beherrschung der Sprache mit dem Ziel der Übersetzung aus dem Deutschen ins Hebräische (Übungsaufgaben in dieser Richtung dienen nur zur Kontrolle und Befestigung des Erlernten und sind im Umfang und im Schwierigkeitsgrad gegenüber dem alten „Hollenberg" stark reduziert worden), sodann die gleichzeitige Aneignung des modernen Hebräischen, sei es auch nur, um heutiges Ivrith lesen zu können. Für die Beschäftigung mit einer lebenden Sprache müßten andere Methoden des Sprachunterrichts angewendet werden als diejenigen hier, die im wesentlichen auf den philologischen Umgang mit Texten einer nicht mehr gesprochenen Sprachstufe zugeschnitten sind.

0.2 Für den Text des Alten Testaments ist die neue Ausgabe der Württembergischen Bibelanstalt Stuttgart (Biblia Hebraica Stuttgartensia, ed. K. ELLIGER — W. RUDOLPH, 1968ff. [= BHS]) zugrunde gelegt.

Sie unterscheidet sich für unsere Zwecke nur unwesentlich von der früheren Standardausgabe, der Biblia Hebraica, ed. R. KITTEL, 3. Aufl. 1937 (= BHK). Über die Fragen der Textgestalt und Textüberlieferung orientiert die Einführung in die Biblia Hebraica von E. WÜRTHWEIN, Der Text des Alten Testaments, 4. Aufl. 1973, wo auch die alten Übersetzungen (griech.: Septuaginta, lat.: Vulgata, u.a.) behandelt sind.

Das hebräische Alte Testament (die Abschnitte Jer 10,11; Dan 2,4b–7,28; Esr 4,8–6,18 und 7,12–26 sind aramäisch) umfaßt 24 Bücher, die (im Unterschied zu den meisten Übersetzungen) folgendermaßen angeordnet und eingeteilt sind (in Klammern die Anzahl der Kapitel):

0.

Thora (Gesetz):	Gen	= Genesis (1. Buch Mose)	(50)
	Ex	= Exodus (2. Buch Mose)	(40)
	Lev	= Leviticus (3. Buch Mose)	(27)
	Num	= Numeri (4. Buch Mose)	(36)
	Dtn	= Deuteronomium (5. Buch Mose)	(34)
Nebiim (Propheten):			
frühere:	Jos	= Josua	(24)
	Ri	= Richter	(21)
	(1/2)Sam	= Samuel	(31+24)
	(1/2)Kön	= Könige	(22+25)
spätere:	Jes	= Jesaja	(66)
	Jer	= Jeremia	(52)
	Ez	= Ezechiel	(48)
	XII	= Dodekapropheton:	
		Hos = Hosea	(14)
		Jo = Joel	(4)
		Am = Amos	(9)
		Ob = Obadja	(1)
		Jon = Jona	(4)
		Mi = Micha	(7)
		Nah = Nahum	(3)
		Hab = Habakuk	(3)
		Zeph = Zephanja	(3)
		Hag = Haggai	(2)
		Sach = Sacharja	(14)
		Mal = Maleachi	(3)
Ketubim (Schriften):	Ps	= Psalmen	(150)
	Hi	= Hiob	(42)
	Spr	= Sprüche	(31)
	Ruth	= Ruth	(4)
	Hhld	= Hoheslied	(8)
	Pred	= Prediger	(12)
	Klgl	= Klagelieder	(5)
	Est	= Esther	(10)
	Dan	= Daniel	(12)
	Esr/Neh	= Esra/Nehemia	(10+13)
	(1/2)Chr	= Chronik	(29+36)

Zur ersten Orientierung über den vielfältigen Inhalt dieses in einer über tausendjährigen Geschichte entstandenen Traditionswerkes kann eine „Bibelkunde“ gute Dienste leisten (z.B. C. Westermann, Kurze Bibelkunde des Alten Testaments, 1974). Literarhistorische Fragen behandeln die verschiedenen „Einleitungen“ in das Alte Testament; es sei auch auf die Bibel-Lexika verwiesen, z.B. auf B. Reicke — L. Rost, Biblisch-Historisches Handwörterbuch, 1962–1966.

0.3 Das Hebräische gehört zu den semitischen Sprachen, die ihrerseits mit den Berbersprachen Nordafrikas, dem Altägyptischen (woraus sich das Koptische ableitet), den kuschitischen Sprachen Ostafrikas (u.a. Galla, Somali) und den Tschad-Sprachen (u.a. Hausa) in einem gewissen Verwandtschaftsverhältnis stehen und mit ihnen die Gruppe der hamitosemitischen Sprachen bilden. Zu den typologisch nicht sehr weit entfernten indogermanischen Sprachen bestehen keine nachweisbaren genetischen Beziehungen.

Die semitischen Sprachen, untereinander etwa so nahe verwandt wie die germanischen unter sich, werden gewöhnlich wie folgt gruppiert:

Ostsemitisch
- Akkadisch (Keilschrifttexte seit ca. 2500 v.Chr., in der Perserzeit allmählich vom Aramäischen verdrängt) mit den beiden Dialekten
  - Babylonisch
  - Assyrisch

Nordwestsemitisch
- Amoritisch (nur in Eigennamen erhalten, 2. Jt. v.Chr.)
- Ugaritisch (Texte des 14.–13. Jh. aus Nordsyrien)
- Kanaanäisch
  - Phönizisch-Punisch (Inschriften des 1. Jt. v.Chr.)
  - Moabitisch (nur wenige Inschriften)
  - Ammonitisch (nur wenige Inschriften)
  - Hebräisch (→ 0.4)
- Aramäisch
  - Altaramäisch und Reichsaramäisch (Inschriften seit dem 10. Jh. v.Chr.); zu letzterem gehören die Elephantine-Papyri des 5. Jh. und das Biblisch-Aramäische der persisch-hellenistischen Zeit in Esr und Dan (→ 0.2). Vom 1. Jh. v.Chr. an Spaltung in zwei Dialektgruppen:
  - Westaramäisch
    - Nabatäisch
    - Palmyrenisch
    - Jüdisch-Aramäisch (Qumran, Targum, Talmud)
    - Samaritanisch
    - Christlich-Palästinisch
    - Neuwestaramäisch (Sprachinsel Maʿlula bei Damaskus nach der Verdrängung des Aramäischen durch das Arabische vom 7. Jh. n.Chr. an)
  - Ostaramäisch
    - Syrisch
    - Sprache des babylonischen Talmud
    - Mandäisch
    - Neuostaramäisch (Sprachinseln in Irak, Iran, Kaukasusgebiet)

Südsemitisch

Nordarabisch

Vorklassisches Arabisch (thamudenische, lihjanische, safatenische Inschriften)

Klassisch-Arabisch

moderne arabische Dialekte (Irak, Syrien, Ägypten, Nordwestafrika, Arabien usw.)

Altsüdarabisch (Inschriften vom 8. Jh. v.Chr. bis zum 6. Jh. n.Chr.) in verschiedenen Dialekten:

Sabäisch

Minäisch

Qatabanisch

Hadramautisch

Äthiopisch

Altäthiopisch (Geʿez) (1. Jt. n.Chr., seither nur noch Schriftsprache), Nachfolgesprachen u.a.:

Tigriña

Tigre

Amharisch

Die semitischen Sprachen sind ähnlich wie die indogermanischen flektierende Sprachen (im Unterschied zu den sog. agglutinierenden Sprachen wie Sumerisch, Türkisch u.a., die den Wortstamm bei der Anhängung von grammatischen Endungen unverändert lassen). Aus den Übereinstimmungen in den verschiedenen Sprachzweigen rekonstruiert man hypothetisch das *Protosemitische,* seinen Lautstand, seine Morphologie und das gemeinsemitische Vokabular.

Kennzeichnend für die semitischen Sprachen sind in der Phonologie vor allem die zahlreichen Kehllaute und die emphatischen Laute (→ 2.3.1.4), in der Morphologie die beiden Geschlechter Maskulinum und Femininum (kein Neutrum!), die Pronominalsuffixe usw., in der Wortbildung die besondere Funktion der meist aus drei Konsonanten (Radikalen) bestehenden Wortwurzel, an der die allgemeine Bedeutung haftet, während die einzelnen Wortarten und grammatischen Bildungen durch verschiedene Vokalmuster sowie durch Präfixe, Infixe und Suffixe gebildet werden. So hat z.B. die Wurzel *q d š* die allgemeine Bedeutung des „Heiligen"; daraus entstehen die Verbalformen *qādaš* „er ist heilig" (Vokale ā — a), *hiqdīš* „er hat geheiligt" (hi + ī), das Adjektiv *qādōš* „heilig" (ā — ō), die Substantive *qōdæš* „Heiligkeit" (ō — æ), *miqdāš* „Heiligtum" (mi + ā) usw. (→ 15.4).

Gegenüber dem Protosemitischen hat das Hebräische im Laufe der Sprachentwicklung eine ganze Reihe von Veränderungen im Lautstand und in der Grammatik durchgemacht. So ist z.B. anlautendes w- mit wenig Ausnahmen zu j- geworden (vgl. arab. *walada* „gebären" mit hebr. *jālad*); ursprünglich langes ā ist zu ō geworden (vgl. aram. *šᵉlām* und arab. *salām* „Friede" mit hebr. *šālōm*); die alten Kasusendungen -u (Nom.),

-i (Gen.), -a (Akk.) sind abgefallen, usw. Auf solche sprachgeschichtlichen Veränderungen kann in diesem Lehrbuch nur in besonderen Fällen hingewiesen werden. Es geschieht vor allem dann, wenn die sprachhistorische Ableitung sich für das Verständnis der Formen als didaktisch hilfreich erweist. Die erschlossenen Formen werden dabei durch * markiert. Für ein tieferes Eindringen in das Hebräische im Rahmen der semitischen Sprachen ist die Benützung einer wissenschaftlichen, sprachhistorischen Grammatik unerläßlich; vgl. etwa die in 0.6 genannten Grammatiken von BAUER-LEANDER, MEYER und BLAU, ferner: G. BERGSTRÄSSER, Einführung in die semitischen Sprachen, 1928 (Neudruck 1975); S. MOSCATI u.a., An Introduction to the Comparative Grammar of the Semitic Languages, 1964.

0.4 In der Geschichte der hebräischen Sprache kann man in grober Einteilung drei Sprachstufen unterscheiden:

1. *Althebräisch,* von den ältesten Teilen des Alten Testaments (z.B. dem Debora-Lied in Ri 5, ca. 11. Jh. v. Chr.) über das Klassisch-Hebräische der Königszeit (10.–6. Jh.) bis in die exilisch-nachexilische Periode, in der das Hebräische als Volkssprache mehr und mehr von der aramäischen Verkehrssprache zurückgedrängt wird;

2. *Mittelhebräisch,* ohne scharfen Übergang in den spätesten Schriften des Alten Testaments (4.–2. Jh.: Hhld, Pred, Est, Dan, Esr, Neh, Chr), in intertestamentalen Büchern wie dem Sirachbuch (2. Jh. v. Chr.) und in den außerbiblischen Texten aus Qumran (2. Jh. v. Chr. bis 1. Jh. n. Chr.) sich ankündend und anschließend in der Sprache der Mischna und anderer rabbinischer Werke als Gelehrtensprache voll ausgebildet und zahlreiche aramäische und griechische Lehnwörter enthaltend;

3. *Neuhebräisch,* das seit dem Ende des vorigen Jahrhunderts bewußt neubelebte, in der Grammatik gegenüber dem Bibelhebräischen etwas vereinfachte und europäisierte, im Lexikon aus verschiedenen Quellen stark bereicherte Ivrith, das 1948 offizielle Sprache des Staates Israel geworden ist.

Als Zeugen des Althebräischen liegen neben dem Alten Testament nur noch verhältnismäßig wenige Inschriften auf Stein, Scherben (Ostraka) und Papyrus vor. Seit 1947 sind aus den Höhlen von Qumran und anderen Fundstätten im Gebiet der Wüste Juda zahlreiche, oft fragmentarische Texte aus den Jahrhunderten vor und nach Chr. bekannt geworden. Einige Beispiele von außerbiblischen Texten sind als Lesestücke in → 28.5.5 und → 29.5.5 geboten. Vgl. sonst H. DONNER – W. RÖLLIG, Kanaanäische und aramäische Inschriften, I–III, 3. Aufl. 1971–1976; E. LOHSE, Die Texte aus Qumran. Hebräisch und deutsch, 2. Aufl. 1971.

Sicher gab es während der etwa tausend Jahre dauernden Periode des Althebräischen mancherlei regionale Dialekte und wie in jeder Sprache Wandlungen in Aussprache, Formenbildung, Syntax und Wortschatz. Das Alte Testament läßt heute davon nur noch verhältnismäßig wenig erkennen, weil bei der Sammlung und Weitergabe der aus verschiedenen Gegenden und Zeiten stammenden Schriften die Sprachform des nachexilischen Jerusalem einen vereinheitlichenden Einfluß ausübte. Nachdem um das Jahr 100 n.Chr. der Konsonantentext endgültig festgelegt worden war, zielte die Arbeit der Gelehrten (Masoreten, Masora = Überlieferung) im Mittelalter auch auf eine genaue Fixierung der Aussprache, namentlich durch Beifügung von Vokalzeichen zu den Konsonanten (sog. Punktation, in verschiedenen Systemen seit dem 6. Jh. n. Chr.). Das schließlich normativ gewordene System der tiberiensischen Punktation, genauer derjenigen der Masoretenfamilie Ben Ascher in Tiberias (8.–10. Jh.), beruht zwar auf langer und getreuer Tradition, spiegelt aber doch in Einzelheiten der Aussprache und der Grammatik eine gegenüber den Originaltexten spätere Sprachstufe des Hebräischen (bzw. des Aramäischen) wider.

Für die Schulgrammatik und weithin auch für die Exegese sind die zu vermutenden Differenzen zwischen dem masoretischen Hebräisch und dem genuinen Althebräisch kaum von Bedeutung. Die tiberiensisch-masoretische Sprachform, wie sie von der ältesten vollständig bekannten Handschrift des ganzen Alten Testaments, dem BHK und BHS (→ 0.2) zugrunde gelegten Codex Leningradensis aus dem Jahre 1008 n.Chr., repräsentiert wird, bleibt nach wie vor der Ausgangspunkt aller grammatischen und lexikalischen Bemühungen um das Hebräische des Alten Testaments.

Zahlreiche hebräische Vokabeln finden sich, neben anderen, vor allem slawischen Entlehnungen, im Jiddischen, das aus dem hochmittelalterlichen Judendeutsch entstanden ist, mit der Zeit wegen der Flucht der Juden seinen Schwerpunkt aber in Osteuropa bekommen hat. Vgl. S. Landmann, Jiddisch. Das Abenteuer einer Sprache, 1962. Ebenso hat das Rotwelsch, die seit dem 11. Jh. n.Chr. erstmals nachweisbare Geheimsprache der Bettler, Räuber und Landstreicher, hebräische Sprachbrocken aufgenommen und in einigen Fällen über die Soldaten- und Studentensprache an die heutige Umgangssprache weitergegeben (z.B. Beiz = Kneipe, hebr. *bájit* „Haus"; Pleite = Bankrott, hebr. *p*^{e}*lēṭā* „Entrinnen"; Schmiere = Wachestehen bei Diebstahl, hebr. *š*^{e}*mīrā* „Bewachung").

0.5 Die hebräische Schrift ist ein Abkömmling der im frühen 2. Jt. v. Chr. im Raume Syrien-Palästina erfundenen Alphabetschrift. Schon seit Beginn des 3. Jt. verwendete man in Mesopotamien (Keilschrift ①), Ägypten (Hieroglyphen ②) und anderswo verschiedene Systeme von Wort- und Silbenschriften mit mehreren Hunderten von Zeichen; ihnen gegenüber bedeutete die reine Konsonantenschrift eine gewaltige Vereinfachung. Die ursprünglich bildhaften Zeichen waren vermutlich nach dem Prinzip der Akrophonie ausgewählt: jedem Laut entsprach ein Bildsymbol für eine Größe, deren nordwestsemitische Bezeichnung mit dem betreffenden Laut begann (z.B. ⊏⊐ „Hausgrundriß", später vereinfacht und um neunzig Grad gedreht ⊐, für b entsprechend **bajtu* „Haus", phön. *bēt*; ⊙ „Auge mit Pupille", später ○ ohne Punkt, für den Kehllaut ʿ entsprechend **ʿajnu*, hebr. *ʿájin* „Auge"). Die protopalästinischen und protosinaitischen Inschriften ③ des 2. Jt. v. Chr. können wegen der Spärlichkeit des Materials noch nicht sicher gedeutet werden, wohl aber die ugaritische Alphabetschrift ④ (seit dem 15. Jh.), ein Seitentrieb mit gleichem Schriftprinzip und gleicher Reihenfolge der Lautzeichen, aber neugebildeten, der Schreibtechnik auf Tontafeln angepaßten Keilschriftzeichen. Gut bekannt ist das gegenüber den bildhaften Anfängen bereits weiter entwickelte altphönizische ⑤ Alphabet (auf Pfeilspitzen seit dem 12. Jh., Steininschriften aus Byblos ⑥ seit 1000 v.Chr.), das die früher etwas größere Zahl der Konsonantenzeichen auf 22 reduziert hat. Seit dem 10. und 9. Jh. sind Inschriften der Nachbarvölker (Israeliten ⑦, Moabiter ⑧, Aramäer ⑨) bekannt. Die anfänglich sehr ähnlichen Schriftformen entwickeln sich mit der Zeit in verschiedenen Richtungen (z.B. werden in der aramäischen Schrift ⑩ gegen Ende des 8. Jh. die geschlossenen „Köpfe" oben geöffnet: O → Ʊ). Noch im 2. Jt. zweigen vermutlich die südsemitischen Schriftformen ab, die später als altsüdarabische ⑪ und danach als äthiopische ⑫ Schrift begegnen. Spätestens im 9. Jh. übernahmen die Griechen ⑬ die phönizische Schrift, wobei sie die Zeichen für die ihnen unbekannten Konsonanten zu Vokalzeichen umfunktionierten. Ableger der griechischen Schrift sind u.a. die etruskische ⑭ und die lateinische ⑮ Schrift. Die altisraelitische Schrift kommt in der nachexilischen Zeit mehr und mehr außer Gebrauch (ein Ausläufer ist die samaritanische ⑯ Schrift). Aus der aramäischen Schrift entwickeln sich seit dem 3. Jh. v.Chr. nebeneinander die nabatäische ⑰ Schrift, von der sich die arabische ⑱ herleitet, die jüdische Quadratschrift (Qumran ⑲, mittelalterliche Buchschrift ⑳, halbkursive Raschi-Schrift ㉑, moderne Kursive ㉒) und die verschiedenen palmyrenischen ㉓ und syrischen ㉔ Schriften, von denen sich wiederum zahlreiche indische und innerasiatische Schriftsysteme letztlich herleiten.

Einen anschaulichen Eindruck von der Geschichte der Alphabetschrift vermittelt der Stammbaum auf S. 10; vgl. weiter H. JENSEN, Die Schrift in Vergangenheit und Gegenwart, 3. Aufl. 1969; D. DIRINGER, The Alphabet, I–II, 3. Aufl. 1968; J. FRIEDRICH, Geschichte der Schrift, 1966; G. R. DRIVER, Semitic Writing, 3. Aufl. 1976.

Als Ergänzung zu Lektion 1 und 2 dient die nachfolgende Schrifttafel (1 = altphön., 2 = altisr., 3 = Quadratschrift, 4 = moderne Kursive, 5 = Lautwert, 6 = Name, 7 = Zahlwert, 8 = griech. Schrift).

0.

1	2	3	4	5	6	7	8
𐤀	𐤀	א	א	ʾ	Aleph	1	Α
𐤁	𐤁	ב	ב	b	Beth	2	Β
𐤂	𐤂	ג	ג	g	Gimel	3	Γ
𐤃	𐤃	ד	ד	d	Daleth	4	Δ
𐤄	𐤄	ה	ה	h	He	5	Ε
𐤅	𐤅	ו	ו	w	Waw	6	Υ
𐤆	𐤆	ז	ז	z	Zajin	7	Ζ
𐤇	𐤇	ח	ח	ḥ	Chet	8	Η
𐤈	𐤈	ט	ט	ṭ	Tet	9	Θ
𐤉	𐤉	י	י	j	Jod	10	Ι
𐤊	𐤊	כ/ך	כ ך	k	Kaph	20	Κ
𐤋	𐤋	ל	ל	l	Lamed	30	Λ
𐤌	𐤌	מ/ם	מ ם	m	Mem	40	Μ
𐤍	𐤍	נ/ן	נ ן	n	Nun	50	Ν
𐤎	𐤎	ס	ס	s	Samech	60	Ξ
𐤏	𐤏	ע	ע	ʿ	Ajin	70	Ο
𐤐	𐤐	פ/ף	פ ף	p	Pe	80	Π
𐤑	𐤑	צ/ץ	צ ץ	ṣ	Sade	90	
𐤒	𐤒	ק	ק	q	Qoph	100	
𐤓	𐤓	ר	ר	r	Resch	200	Ρ
𐤔	𐤔	ש	ש	ś/š	S(ch)in	300	Σ
𐤕	𐤕	ת	ת	t	Taw	400	Τ

Die Verwendung der Buchstaben als Zahlzeichen ist erst in nachalttestamentlicher Zeit belegt. Einzelheiten: 11 = יא, 111 = קיא, 500 = תק, 999 = תתקצט, 1000 = א̈ oder ׳א, 15 und 16 = טו und טז (9 + 6 und 9 + 7 zur Vermeidung des in Eigennamen יה und יו abgekürzten Gottesnamens).

0.6 Die hebräische Sprachwissenschaft, von Saadja († 942) begründet und von jüdischen Gelehrten des Mittelalters (Ibn Esra, Kimchi), seit 1500 auch von christlichen Gelehrten (Reuchlin, Buxtorf, Schultens) weiter gepflegt, kann auf eine lange Geschichte zurückblicken. Aus diesem Erbe stammen zahlreiche hebräisch/aramäische und lateinische grammatisch-technische Ausdrücke (Qal, Nifʿal, Segolatum, Pathach furtivum, Schwa mobile, status absolutus, perfectum consecutivum, verbum mediae geminatae usw.), die den Anfänger oft sonderbar anmuten, aber nicht so leicht durch modernere Bezeichnungen ersetzt werden können. Als Begründer der modernen Grammatik und Lexikographie des Hebräischen ist W. Gesenius (1786–1842) zu nennen, dessen Werke (in Neubearbeitungen zu Anfang dieses Jahrhunderts) auch heute noch verwendet werden. In der Laut- und Formenlehre ist die sprachhistorische Arbeit im 20. Jh. weit vorangetrieben worden (Bauer, Bergsträsser, Brockelmann u.a.), aber auch die neuere Linguistik hält allmählich in der Hebraistik Einzug, nicht zuletzt mit Vorschlägen für eine verbesserte grammatische Terminologie.

Eine Erklärung ungewohnter grammatischer Ausdrücke und der verwendeten Zeichen und Abkürzungen findet sich im Grammatischen Index S. 370–379.

An wissenschaftlichen Hilfsmitteln zum Studium der hebräischen Sprache seien genannt:

Grammatik: W. Gesenius – E. Kautzsch, Hebräische Grammatik, 28. Aufl. 1909 (Neudruck 1962); H. Bauer – P. Leander, Historische Grammatik der hebräischen Sprache des Alten Testamentes, 1922 (Neudruck 1962); P. Joüon, Grammaire de l'Hébreu Biblique, 1923 (Neudruck 1965); R. Meyer, Hebräische Grammatik, I–IV, 3. Aufl. 1966–1972; W. Schneider, Grammatik des Biblischen Hebräisch, 1974; J. Blau, A Grammar of Biblical Hebrew, 1976; ferner: C. Brockelmann, Hebräische Syntax, 1956; D. Michel, Tempora und Satzstellung in den Psalmen, 1960; F. I. Andersen, The Sentence in Biblical Hebrew, 1974.

Wörterbücher: W. Gesenius – F. Buhl, Hebräisches und aramäisches Handwörterbuch über das Alte Testament, 17. Aufl. 1915 (Neudruck 1962); L. Koehler – W. Baumgartner, Lexicon in Veteris Testamenti libros, 2. Aufl. 1958; W. Baumgartner, Hebräisches und aramäisches Lexikon zum Alten Testament, Lieferung 1, 1967; Lieferung 2, 1974; G. Fohrer u.a., Hebräisches und aramäisches Wörterbuch zum Alten Testament, 1971; ferner: G. J. Botterweck – H. Ringgren, Theologisches Wörterbuch zum Alten Testament, I ff., 1970 ff.; E. Jenni – C. Westermann, Theologisches Handwörterbuch zum Alten Testament, I, 1971; II, 1976.

Konkordanzen: S. Mandelkern, Veteris Testamenti Concordantiae Hebraicae atque Chaldaicae, 1896 (Neudruck 1975); G. Lisowsky, Konkordanz zum Hebräischen Alten Testament, 2. Aufl. 1966.

Bibliographie: J. H. Hospers, A Basic Bibliography for the Study of the Semitic Languages, I, 1973.

LEKTION 1

1.1 Vorübung: הָמָן יָוָן יוֹאֵל כָּלֵב נָבוֹת

Jedes der fünf hebräischen (von rechts nach links zu lesenden) Wörter entspricht einem der folgenden (in Umschrift und in anderer Reihenfolge gegebenen) Namen:

jāwān *kālēb* *nābōt* *jōʾēl* *hāmān*

1.

Durch kombinatorische Überlegungen können die zusammengehörigen Paare einander zugeordnet werden. Man bestimme die drei darin vorkommenden Vokalbezeichnungen für

ā ē ō (Langvokale)

und die zehn Konsonantenzeichen für

ʾ b h w j k l m n t,

von denen eines am Wortende eine Formvariante aufweist (ʾ = Aleph ist ein im Deutschen vorhandener, aber nicht geschriebener Kehlkopfverschlußlaut wie in beʾenden).

— Transkribiere aufgrund der Ergebnisse: נָתָן יוֹבָב אֵלוֹן
— Schreibe hebräisch: *nābāl* *lābān* *ʾōn*

1.2 Vokabeln. In den Lektionen 1–4 soll die Schreibung der 35 häufigsten (mindestens hundertmal vorkommenden) *Eigennamen* eingeprägt werden. Mit den bis jetzt zur Verfügung stehenden Mitteln können gelernt werden:

מוֹאָב	*mōʾāb*	Moab (Volk und Land östlich des Toten Meeres)
יוֹאָב	*jōʾāb*	Joab (Heerführer Davids)
יוֹנָתָן	*jōnātān*	Jonathan (Sohn Sauls und Freund Davids)

1.3.1 Schriftlehre I

1.3.1.1 Die hebräische Quadratschrift. Das altphönizische Alphabet bezeichnete nur die Konsonanten. Die althebräische Schrift war ursprünglich der phönizischen gleich, von der auch die griechische und die lateinische und damit die unsrige abstammen (s. die Tabelle S. 18). Aus der von der phönizischen abgezweigten aramäischen Schrift hat sich durch fortgesetzte Stilisierung die hebräische Quadratschrift entwickelt, danach benannt, daß ihre Zeichen das Bestreben verraten, sich nach Möglichkeit in ein Quadrat einzupassen.

1.3.1.2 Finalbuchstaben. Fünf der 22 Buchstaben haben am Wortende eine besondere Form. Diese Finalbuchstaben bewahren (in ihren unter die Zeile herabreichenden senkrechten Schäften) die älteren Formen, während das Umbiegen nach links vor einem unmittelbar folgenden Buchstaben die Entwicklung in Richtung auf stärkere Kursivität hin anzeigt.

1.3.1.3 Die zehn häufigsten Konsonanten. Die vollständige Tabelle der hebräischen Konsonantenzeichen wird in 2.3.2.1 gegeben. Wir beginnen hier mit den zehn häufigsten Buchstaben (darunter drei mit besonderen Finalformen), die auch dadurch ausgezeichnet sind, daß sie nicht nur in den lexikalischen Wortwurzeln, sondern auch als grammatische Bildungselemente (Präfixe, Suffixe) vorkommen. Die restlichen 12 Konsonantenzeichen begegnen praktisch nur in den Wortwurzeln. Zu lernen sind außer Form und Namen des Zeichens auch Umschrift und alphabetische Reihenfolge:

1.	ʾ	Aleph	א		
2.	b	Beth	ב		
5.	h	He	ה		
6.	w	Waw	ו		
10.	j	Jod	י		
11.	k	Kaph	כ	final:	ך
12.	l	Lamed	ל		
13.	m	Mem	מ	final:	ם
14.	n	Nun	נ	final:	ן
22.	t	Taw	ת		

1.3.1.4 Schreibweise. Man schreibt und liest von rechts nach links. Die Wörter werden am Zeilenende nicht getrennt.

Zur Füllung der Zeilen werden in manchen Drucken die sog. litterae dilatabiles א, ה, ל, ת, ם je nach Bedarf in die Länge gezogen.

Die geschriebene Schrift ist der Druckschrift gleich und bei aller Vereinfachung doch eng an sie anzuschließen. Man beginne alle Buchstaben an der linken oberen Ecke; wegen der waagrechten Grundstriche führe man die Feder allenfalls quer, waagrecht statt senkrecht.

Die Buchstaben Waw, Jod, Kaph, Lamed und Nun können in einem Zuge geschrieben werden. Bei Beth und Mem finale achte man darauf, daß der kleine Vorsprung bzw. die scharfe Ecke unten rechts nicht verwischt werden; man schreibe diese Buchstaben daher in zwei Ansätzen: ↘ → und ↘ ⌊→. Bei He und Kaph finale ist die rechte obere Ecke nicht abgerundet.

Man unterscheide genau: ב/כ, נ/כ, ן/ך, ת/ה.

1.3.1.5 Matres lectionis. Vokale drückte die hebräische Schrift ursprünglich nicht aus; doch wurden lange Vokale vor allem am Wortende, aber auch teilweise im Inneren des Wortes schon früh durch die Buchstaben He, Waw oder Jod angedeutet. Die Zeichen ה, ו und י können also entweder Konsonanten oder Vokale bezeichnen (vgl. in 1.1 יון = *jāwān*, יואל = *jōʾēl*);

Waw bedeutet somit einmal den Konsonanten w, einmal den langen Vokal ō. Weiteres zu den sog. Vokalbuchstaben oder matres lectionis (Fachausdruck der alten Grammatiker) s.u. 1.3.2.3 und 2.3.2.5.

1.3.1.6 Punktation. Nachdem die Sprache ausgestorben war, erfanden jüdische Gelehrte (Punktatoren, Masoreten), um die Aussprache einheitlich zu überliefern, besondere Vokalzeichen unter, über oder in den Konsonantenzeichen. Die zur Herrschaft gelangte Vokalbezeichnung, die tiberiensische, etwa seit dem 8. Jahrhundert n.Chr. voll ausgebildet, unterscheidet sieben Vokalqualitäten, von denen in dieser Lektion zunächst drei eingeführt werden.

Die Punktation steht mitten unter dem Konsonanten, nach welchem der Vokal gesprochen wird (wo nur ein Abstrich vorhanden ist, unter diesem); nur der ō-Punkt steht links oberhalb des Konsonanten:

מָ	*mā*	וָ	*wā*
מֵ	*mē*	יֵ	*jē*
מֹ	*mō*	לֹ	*lō*

Die Namen der Zeichen sind:

◌ָ	Qames	(*qā́mæṣ*)
◌ֵ	Sere	(*ṣērḗ*)
◌ֹ	Cholem	(*ḥṓlæm*)

1.3.1.7 Cholem magnum. Standen schon Vokalbuchstaben (s.o. 1.3.1.5) im überlieferten und unveränderlichen Bibeltext, so setzten die Punktatoren ihre eigene Vokalbezeichnung dazu. Dadurch entstand eine doppelte Vokalbezeichnung, häufig z.B. bei den in dieser Lektion angeführten Eigennamen mit ō. Der Cholem-Punkt wurde dabei mit der mater lectionis ו zu וֹ, dem sog. Cholem magnum, verbunden.

Als Beispiel diene der Name Joab (*jō'āb*). Im überlieferten Konsonantentext wird er normalerweise יואב mit Waw als Vokalbuchstaben geschrieben (scriptio plena), an einer Stelle dagegen (1Kön 1,19) in der Form יאב ohne mater lectionis (scriptio defectiva). Die Masoreten punktierten יוֹאָב bzw. יֹאָב; ein sachlicher Unterschied ist damit nicht verbunden, wie denn auch die Umschrift, die in diesem Buch angewendet wird, den Unterschied zwischen scriptio plena und scriptio defectiva nicht berücksichtigt.

Bei מוֹאָב ist nur die scriptio plena überliefert. Eine moabitische Inschrift aus dem 9. Jahrhundert v.Chr. zeigt aber regelmäßig die Schreibung מאב.

1.3.2 Lautlehre I

1.3.2.1 Betonung. Die Wörter sind, soweit nichts anderes vermerkt ist, auf der letzten Silbe betont (*nātán*).

Ein Langvokal, der von der Haupttonsilbe durch eine Silbe getrennt ist, trägt einen Nebenton (*jȍnātán*), der in der Schrift manchmal bezeichnet wird (s.u. 4.3.1.3).

Zwei (oder mehr) Wörter können miteinander zu einer einzigen Tongruppe verbunden sein (s.u. 5.3.2 und 5.3.3). Nur das letzte der verbundenen Wörter trägt dann den Hauptton. Die enge Verbindung zweier Wörter kann in der Schrift angedeutet werden durch einen Bindestrich (*Maqqeph*), der oben zwischen die Wörter gesetzt wird: בֵּית־אֵל *bēt-ʾēl*.

Weiteres zur Betonung s.u. 4.3.1.3/4 und 4.3.2.6.

1.3.2.2 Aleph. Aleph ist als voller Konsonant zu betrachten (für die Aussprache s.o. 1.1 und vergleiche „Urahn“ mit „Uran“ und „Urban“). Der Knacklaut sollte, anders als in der deutschen (oder italienischen) Aussprache, auch intervokalisch durch Stimmabsatz angedeutet werden; im Hebräischen stoßen nie zwei Vokale unmittelbar aufeinander.

Am Ende einer Silbe wird Aleph jedoch meistens nicht (mehr) ausgesprochen (sog. *quieszierendes* Aleph). Von Bedeutung ist diese Regel namentlich bei Aleph im Wortauslaut: vgl. z.B. אֵלָא *ʾēlā* Ela (gleichlautend wie אֵלָה).

1.3.2.3 He. He ist im Wortauslaut fast immer Vokalbuchstabe, wird also nicht als Konsonant ausgesprochen. In den meisten Fällen handelt es sich um auslautendes -ā, z.B. im Namen לֵאָה *lēʾā* (Lea, Frau Jakobs). Anders als bei auslautendem Aleph, das beim Anhängen grammatischer Endungen wieder konsonantisch werden kann und deshalb in der Umschrift meistens in Klammern notiert wird, ist auslautendes He als bloßer Vokalbuchstabe nicht zu transkribieren. Vgl. weiter 2.3.2.5/6.

In den (seltenen) Fällen, wo He als Konsonant auszusprechen ist, wird ein diakritischer Punkt in das Zeichen gesetzt (sog. *Mappiq*), vgl. יָהּ *jāh* (Kurzform des Gottesnamens **jahwǣ*).

1.4 Ergänzende Einzelbemerkungen

1.4.1 Die Namen der Buchstaben und der übrigen Lesezeichen, welche hebräischen oder aramäischen Ursprungs sind, werden hier der Einfachheit halber nicht in Umschrift, sondern in eingedeutschter Form gegeben (q = k).

1.4.2 Die Zeichen für die Verschlußlaute b, k und t tragen, sofern nicht ein Vokal unmittelbar vorausgeht, in ihrer Mitte einen Punkt. Genaueres darüber s.u. 2.3.2.3.

1.4.3 In den eingedeutschten Namensformen der Bibel erscheint Taw gewöhnlich als th (נָתָן *nātān* = Nathan), Kaph nach Vokal gewöhnlich als ch (לֵכָה *lēkā* = Lecha, 1Chr 4,21).

1.4.4 Kommt man vom lateinischen oder deutschen Alphabet her, so fällt die Stellung der Buchstaben He und Waw in der Reihenfolge des hebräischen Alphabets auf. Bei der Übernahme des phönizischen Alphabets verwendeten die Griechen das Zeichen für He als Epsilon (daraus lat. E), dasjenige für Waw nicht nur für Ypsilon, sondern auch für das früh nicht mehr gebrauchte Digamma, auf das lat. F zurückgeht.

1.4.5 In der Quadratschrift ist Jod der kleinste Buchstabe des Alphabets. Von daher ist die Wendung in Mt 5,18 zu erklären. — Lamed ist der einzige Buchstabe, der eine Oberlänge aufweist.

1.5 Übungen

1.5.1 Folgende alttestamentliche Eigennamen können bis jetzt gelesen werden:

Ortsnamen:

אוֹנוֹ וָהֵב יָוָן בָּמוֹת אֵתָם נָכוֹן מֵאָה נֹא אָמוֹן תֵּמָא אֹבֹת נֹב לֵכָה הָם
מוֹאָב אֹן

Personennamen:

יוֹאֵל יוֹבָב יוֹאָב הוֹהָם הוֹמָם כָּלֵב יָלוֹן אֵלָא לֵאָה אֵלוֹן אֵלֹן אוֹנָן לָבָן
יוֹתָם נָבוֹת נָבָל נוֹהָה יֹאָב יוֹנָה נָתָן אָמוֹן אוֹן לָאֵל הָמָן אֵלָה אוֹנָם יָהּ
יָבָל יוֹנָתָן

1.5.2 Ordne diese Namen alphabetisch!

1.5.3 Schreibe hebräisch die Namen:
Jabal, Lea, Amon, Etham, Joel, Jona, Jotham.

1.5.4 Folgende Vokabeln sind (ohne Berücksichtigung der Wortbedeutung) wiederholt und in verschiedener Reihenfolge zu lesen, bis die Lesegeschwindigkeit etwa 20–25 Wörter pro Minute beträgt:

מָן מֵן מֵת מוֹת כֵּן הֵן כֹּל וָו לֵב אֵם בֵּן אָב תֵּל הוֹי בָּא בּוֹ בּוֹא לוֹ
לֹא הֵא נֹא תָּא אֵל הָאֵל מֵאֵל כָּאֵל לָאֵל אָכוֹל אוֹכֵל הָאֹכֵל בָּאֹכֵל
לָאֹכֵל מֵהָאֹכֵל מֵתוֹ מוֹתָם נָבוֹן תֵּבֵל יָכוֹל יָכֹל בָּמוֹת בָּנוֹת יָתוֹם אָמֵן
אָמֵן יָוָן מֵאֵן כּוֹתֵב לֵבָב כּוֹכָב כּוֹנֵן מָכוֹן מָלוֹן

LEKTION 2

2.1 Vorübung: אָשֵׁר כּוּשׁ פּוּל רוּת דָּן גָּד
אוֹפִּיר אֵהוּד תָּבוֹר דָּגוֹן מֹשֶׁה אָסָף

Analog zu 1.1 sind die zwölf (nach der Länge geordneten) hebräischen Wörter mit Hilfe der untenstehenden (alphabetisch geordneten) Liste von Namen in Umschrift zu entziffern.

ʾēhūd ʾōfīr ʾāsāf ʾāšēr gād dāgōn dān kūš mōšœ̄ pūl rūt tābōr

Wir erweitern und vervollständigen damit unser Inventar an Langvokalen um (plene geschriebenes)

ū ī ǣ

und fügen sechs weitere, in der Aussprache unproblematische Konsonantenzeichen für

g d s p/f r š

hinzu (ף ist die Finalform von פ; š = dt. sch; das Zeichen für p wird je nach dem vorausgehenden Laut als p oder als f ausgesprochen).

2.2 Vokabeln. Von den häufigsten Eigennamen sind weiter zu lernen:

מֹשֶׁה	*mōšœ̄*	Mose
דָּוִד / דָּוִיד	*dāwīd*	David
שָׁאוּל	*šāʾūl*	Saul
לֵוִי	*lēwī*	Levi
יוֹסֵף	*jōsēf*	Joseph

2.3.1 Lautlehre II

2.3.1.1 Die Konsonanten Sin und Schin. Nicht in jedem Fall entspricht einem Schriftzeichen mit seinen allfälligen Varianten (Graphem, wenn nötig hier in ⟨ ⟩ gesetzt) ein besonderer bedeutungsunterscheidender Lautwert (Phonem, zwischen Schrägstrichen) mit einer einzigen Aussprache (Allophon, in eckigen Klammern) wie z.B. bei

hebr.	⟨ל⟩	/l/	[l]
hebr.	⟨נ/ן⟩	/n/	[n]
dt.	⟨M/m⟩	/m/	[m]
gr.	⟨σ/ς⟩	/s/	[s]

2.

Aus schrift- und sprachgeschichtlichen Gründen stehen die 22 Konsonantenzeichen der phönizisch-althebr.-aramäischen Schrift für 23 konsonantische Phoneme des Hebräischen. Der Buchstabe ⟨ש⟩, der wohl in der Sprache derjenigen, von denen die Israeliten das Alphabet übernahmen, nur ein einziges Phonem bezeichnete, dient in der hebr. Schrift sowohl für das Phonem /š/ als auch für einen anderen Zischlaut, den wir mit /ś/ umschreiben, dessen Aussprache (vielleicht zwischen [s] und [š]) hier nicht weiter zu untersuchen ist. Nach Ri 12,6 sprachen zwar die Ephraimiten in ihrem Dialekt /š/ und /ś/ ununterschieden als [ś] aus, die übrigen hielten aber die beiden Laute auseinander. Der Buchstabe ⟨ש⟩ war damit doppeldeutig; der Name der Frau Abrahams,

שרה	/*śārā*/	Sara (= „Herrin“)	konnte mit
שרה	/*šārā*/	„Sängerin“	verwechselt werden.

Die Punktatoren haben später die beiden Laute durch einen diakritischen Punkt auch in der Schrift differenziert, indem sie das (häufigere) /š/ mit einem Punkt rechts, das (seltenere) /ś/ mit einem Punkt links über dem ש markierten: שׁ (*Schin*) und שׂ (*Sin*).

Vgl.	שִׁיאֹן	/*šīʾōn*/	(Jos 19,19, Ort im Stamme Issachar)
	שִׂיאֹן	/*śīʾōn*/	(Dtn 4,48, = Hermongebirge)
	שָׁרוֹן	/*šārōn*/	(Ebene Saron)
	שָׂרָה	/*śārā*/	(Sara).

2.3.1.2 Aussprache des Sin. In der Aussprache sind mit der Zeit die beiden Zischlaute /ś/ und /s/ nicht mehr unterschieden worden. Man sprach שׂ und ס gleichermaßen als [s] aus, während in der Schrift שׂ und ס meist beibehalten wurden. Man vergleiche die Verwechslungsmöglichkeiten bei

שָׂרָה	/*śārā*/	[sārā]	Sara (= „Herrin“) und
סָרָה	/*sārā*/	[sārā]	„Widerspenstigkeit“.

2.3.1.3 Begadkefat-Laute. Nicht in jedem Fall entspricht einem bedeutungsunterscheidenden Lautwert eine einzige Aussprache. Viele Sprachen kennen für bestimmte Phoneme zwei oder mehr phonetische Verwirklichungen, die oft nach festen Regeln durch ihre lautliche Umgebung bedingt sind (sog. kombinatorische Allophone).

Im Deutschen wird z.B. der ⟨ch⟩ geschriebene stimmlose Gaumen-Reibelaut nach den Vokalen a, o und u hart (weiter hinten, als velares [x]), nach e, i, den Umlauten und nach Konsonanten weich (weiter vorne, als palatales [ç]) ausgesprochen. Diese stellungsbedingten Varianten können (im Deutschen) keine Wortbedeutungen differenzieren.

Eine vergleichbare Erscheinung zeigt das Hebräische bei den *Verschluß-lauten*

b	d	g
p	t	k.

Sie wurden in späterer Zeit nur noch in Anfangsstellung (nach einer Zäsur in der Rede) und nach einem Konsonanten als Verschlußlaut (explosiv) gesprochen, nach einem Vokal dagegen als Reibelaut (spirantisch).

Ähnlich wird durch mangelnden Verschluß

[b]	zu	[v]	in dt. *aber*	/ elsässisch *awer,*
[p]	zu	[f]	in got. *kaupōn*	/ dt. *kaufen,*
[d]	zu	[ð]	in altengl. *fæder*	/ engl. *father,*
[t]	zu	[θ]	in lat. *natio*	/ span. *nación,*
[g]	zu	[γ]	in dt. *Wagen*	/ berlinerisch *Waj'n,*
[k]	zu	[x]	in lat. *coquere*	/ dt. *kochen.*

Während die Masoreten die doppelte Aussprache in der Schrift genau bezeichnet haben (s.u. 2.3.2.3), berücksichtigt die neuere Aussprache des Hebräischen die Lautverschiebung nur teilweise. Im Ivrith werden [p]/[f], [b]/[v] und [k]/[x] unterschieden, vgl. die Namen

ברוך	Baruch
יוסף	Joseph
תל אביב	Tel Aviv.

Die abendländische Hebraistik und die deutschen Bibelübersetzungen lassen meist nur den auch im Griechischen graphisch sichtbaren Wechsel von p/ph und k/ch erkennen (vgl. Zephanja, Naphthali, Aleph, Abimelech, Micha, Samech; aber: Ruben, Obadja, Ketib). Manche Schultraditionen verzichten auch auf die Unterscheidung von [k] und [x] wegen der Möglichkeit der Verwechslung mit dem Kehllaut [ḥ], der ebenfalls wie dt. ch ausgesprochen wird, und halten nur [p] und [f] auseinander.

Da die stellungsbedingten Aussprachevarianten im Alten Testament keine Wortbedeutungen differenzieren, verwenden wir in der Umschrift die in manchen Grammatiken anzutreffenden Zeichen ḇ, ḡ, ḏ, ḵ, p̄, ṯ für die spirantische Aussprache nicht und unterscheiden nur p und f (zur Schriftlehre s.u. 2.3.2.3).

2.3.1.4 Aussprache der selteneren Konsonanten. Die bis jetzt eingeführten 16 Konsonanten kommen auch im Deutschen als eigene Laute vor und sind in der Aussprache kaum problematisch. Zu diesen Konsonanten kommen jetzt noch 6 neue, mehr oder weniger ungewohnte hinzu, bei denen die Aussprache erläutert werden muß.

z (ז) ist ein stimmhafter s-Laut wie franz. z in *zéro*, dt. s in *blasen, Wesen* (von franz. *soeur* oder dt. *blaß, wessen* streng zu unterscheiden). Die Transkription mit z ist international üblich und darf nicht zur Aussprache als Affrikate ts verleiten. z gehört zusammen mit s (ś) und š zu den Zischlauten (Sibilanten).

ḥ (ח) ist ein stimmloser Kehllaut (Laryngal), der zwischen unserem h und ch liegt. Wir geben ihn in der Aussprache (wie im Ivrith) annäherungsweise als hartes ch [x] wieder.

ʿ (ע) ist ein stimmhafter Kehllaut, der den semitischen Sprachen eigentümlich ist. Wir geben ihn annäherungsweise als deutlich gesprochenes [ʾ] wieder. Die Umschrift mit dem griechischen spiritus asper ist konventionell und soll nicht zur Aussprache als h verleiten.

Die Laute ḥ und ʿ bilden zusammen mit ʾ und h die Gruppe der Laryngale, die infolge ihrer phonetischen Eigenschaften in der Formenlehre besonders berücksichtigt werden müssen. Die Laryngale (Kehllaute) werden oft auch Gutturale genannt, doch besteht dann eine Verwechslungsmöglichkeit mit der Benennung der Velare g und k in der älteren Indogermanistik als „Gutturale".

ṭ (ט)
ṣ (צ)
q (ק) sind sog. *emphatische* Laute, mit besonderer Anspannung und velarisiert (weiter hinten) ausgesprochene stimmlose t-, s- und k-Laute, die von t, s und k zu unterscheiden sind. In Ermangelung genauer Entsprechungen geben wir ṭ wie nicht-aspiriertes franz. t (in *thé*) und q wie nicht-aspiriertes c (in *carte*) wieder und heben davon t und k mit deutlicher Aspiration als t (dt. *Tee*) und k (dt. *Karte*) ab. Bei ṣ hat sich anstelle der Aussprache als gepreßtes s diejenige als deutsches z (= ts) eingebürgert (so auch im Ivrith).

Die emphatischen Konsonanten ṭ, ṣ und q sind neben t, s und k als gleichberechtigte, bedeutungsunterscheidende Laute anzuerkennen, vgl. die (nicht zu lernenden) Wortpaare

ʿēt	Zeit	*sīs*	Mauersegler	*ḥēk*	Gaumen
ʿēṭ	Griffel	*ṣīṣ*	Blume	*ḥēq*	Busen,

obwohl zuzugeben ist, daß im Wortschatz von solchen Differenzierungen wenig Gebrauch gemacht wird.

2.3.1.5 Schema der Konsonanten. Das vollständige Inventar der konsonantischen Laute (ohne die spirantischen Allophone der Verschlußlaute b, g, d, k, p und t) kann schematisch folgendermaßen dargestellt werden:

	Lippen-	*Zahn-*		*Gaumen-*		*Kehl-Laute*	
	labial	dental-	alveolar	palatal-	velar	laryngal-	glottal
Verschlußlaute							
stimmhaft	b	d			g		
stimmlos	p	t			k		ʾ
emphatisch		ṭ			q		
Reibelaute							
stimmhaft			z			ʿ	
stimmlos			s	š		ḥ	h
emphatisch			ṣ				
Sonorlaute							
nasal	m	n					
lateral		l					
vibrant		r					
Halbvokale	w			j			

2.3.2 Schriftlehre II

2.3.2.1 Das hebräische Alphabet. Die Tabelle der hebräischen Konsonantenzeichen kann jetzt vervollständigt werden: s. Seite 30!

2.3.2.2 Schreibweise (vgl. 1.3.1.4). Die Buchstaben ד ט ס ר können in einem Zuge geschrieben werden, die übrigen der neu hinzugekommenen erfordern zwei Ansätze. Man unterscheide: ג/נ, ד/ר, ה/ח, ח/ת, ו/ז, ס/ם, ע/צ, ע/ץ.

2.3.2.3 Dagesch lene. Nach 2.3.1.3 wurden die sechs Laute b, g, d, k, p, t (vox memorialis: „Begadkefat") in späterer Zeit je nach ihrer Stellung entweder hart (explosiv) oder weich (spirantisch) ausgesprochen. Die masoretische Punktation bezeichnet die (ursprüngliche) harte Aussprache mit

2.

1.	א	ʾ	Aleph			
2.	ב	b	Beth			
3.	ג	g	Gimel			
4.	ד	d	Daleth			
5.	ה	h	He			
6.	ו	w	Waw			
7.	ז	z	Zajin			
8.	ח	ḥ	Chet			
9.	ט	ṭ	Tet			
10.	י	j	Jod			
11.	כ	k	Kaph	final:	ך	(→ 2.4.1)
12.	ל	l	Lamed			
13.	מ	m	Mem	final:	ם	
14.	נ	n	Nun	final:	ן	
15.	ס	s	Samech			
16.	ע	ʿ	Ajin			
17.	פ	p	Pe	final:	ף	
18.	צ	ṣ	Sade	final:	ץ	
19.	ק	q	Qoph			
20.	ר	r	Resch			
21a.	שׂ	ś	Sin			(→ 2.4.2)
21b.	שׁ	š	Schin			
22.	ת	t	Taw			(→ 2.4.3)

---

einem Punkt im Begadkefat-Buchstaben, mit dem sog. *Dagesch lene* („sanftes Dagesch“): בּ גּ דּ כּ פּ תּ
und läßt die erweichte Aussprache unbezeichnet.

Dagesch lene wird somit immer gesetzt, wenn dem Begadkefat-Laut ein Konsonant oder eine Redepause vorangeht:

— am Satzanfang, z.B. Gen 41,10

פּרעה *parʿō* „Der Pharao ...“;

— am Wortanfang, wenn das vorhergehende Wort auf einen Konsonanten endigt, z.B. Gen 40,11

כוס פּרעה *kōs parʿō* „der Becher des Pharao“,

תּגלת פּלאסר Thiglath-Pileser,

קדשׁ בּרנע Kades-Barnea;

— am Silbenanfang im Innern eines Wortes, wenn die vorhergehende Silbe auf einen Konsonanten endigt, z.B.

אשדוד Asdod,
גלגל Gilgal,
נפתלי Naphthali;

— am Wortende bei (seltenem) doppelkonsonantigem Auslaut im zweiten Konsonanten, z.B.

נרד *nērd* „Narde“ (Hhld 1,12; vgl. Mk 14,3 νάρδος).

Dagesch lene steht nicht, wenn ein voller oder ein reduzierter Vokal unmittelbar vorausgeht:

— im Innern eines Wortes und am Wortende, z.B.

דויד David,
בבל Babel,
יוסף Joseph;

— meist auch am Wortanfang, wenn das vorangehende Wort auf einen Vokal endigt und beide Wörter eng verbunden sind, z.B. Gen 41,33 und 40,13

ירא פרעה *jērœ(ʾ) farʿō* „der Pharao sehe sich um“,
ישא פרעה *jiśśā(ʾ) farʿō* „der Pharao wird erhöhen“;

vgl. aber auch Ex 9,20

מעבדי פרעה *mēʿabdē parʿō.* (→ 2.4.4)

2.3.2.4 Weitere Vokalzeichen. Zu den in 1.3.1.6/7 besprochenen Vokalzeichen kommen neu hinzu:

מִ *mī*
מֶ *mœ*
מֻ *mū*, dafür meist plene geschrieben:
מוּ *mū*.

Die Namen dieser Zeichen sind:

ִ	Chireq	[*ḥīrœq*]
ֶ	Segol	[*s^egōl*]
ֻ	Qibbus	[*qibbūṣ*]
וּ	Schureq	[*šūrœq*]

2.3.2.5 Scriptio plena. Die in 1.3.1.5/7 behandelte doppelte Vokalbezeichnung durch die älteren matres lectionis (Vokalbuchstaben) und die jüngere Punktation ist bei ī, ǣ und ū eher noch häufiger als bei ā, ē und ō. Ein prinzipieller Unterschied besteht auch hier nicht zwischen

דויד, punktiert: דָּוִיד = *dāwīd* und
דוד, punktiert: דָּוִד = *dāwīd*.

Das Zeichen ֻ (Qibbus) steht selten für langes ū; statt der zu erwartenden Kombination ֻו für plene geschriebenes ū wird וּ (Schureq) gesetzt. Man unterscheide:

וֹ (Cholem magnum) für ō mit Punkt oben von
וּ (Schureq) für ū mit Punkt unten;
(der i-Punkt [Chireq] ist infralinear).

Folgende Möglichkeiten der scriptio plena mit Hilfe der drei matres lectionis ה, ו und י werden in den Texten angetroffen:

	im Inlaut:	im Auslaut:	
ī =	ִי	ִי	
ē =	ֵי	ֵי oder ֵה	
ǣ =	ֶי	ֶה	
ā =		ָה	(→ 2.4.5)
ō =	וֹ	וֹ oder ֹה	
ū =	וּ	וּ	

Tragen ה, ו und י selber eine Vokalpunktation, so sind sie konsonantisch (z.B. ו in יָוָן, לֵוִי). Da bei vokallosem ה am Wortende die konsonantische Aussprache besonders markiert wird (1.3.2.3), ist nur bei vokallosem ו und י jeweils zu fragen, ob konsonantisches w bzw. j oder ein Vokalbuchstabe vorliegt. Geht ו oder י ein entsprechender (homogener) Vokal voran:

י ∼ ī ē ǣ (Vordervokale)
ו ∼ ū ō (Hintervokale),

so werden sie nicht als Konsonanten ausgesprochen, sondern sind stumm als Vokalbuchstaben; geht ihnen ein nicht entsprechender (heterogener) Vokal voran:

י : a ā ō ū
ו : a ā ǣ ē ī,

so haben sie konsonantische Aussprache, z.B.

אוּלַי	*ʾūlāj*	Ulai (Fluß in Dan 8,2.16)
גּוֹיִם	*gōjīm*	Gojim (Gen 14,1)
עֵשָׂו	*ʿēśāw*	Esau
כִּסְלֵו	*kislēw*	Monat Kislew (Sach 7,1)
זִו	*zīw*	Monat Siw (1Kön 6,1.37).

Die Verbindungen īj, ēj, ǣj, ūw, ōw kommen im Hebräischen nicht vor, wohl aber īw, ēw, ūj, ōj, wenn auch nicht sehr häufig. (→ 3.4.6)

2.3.2.6 Aleph als Vokalbuchstabe. Da א in einigen Fällen seinen Konsonantenwert verloren hat (1.3.2.2), in der Schreibung aber meist beibehalten wurde, bekommt es sekundär die Funktion eines Vokalbuchstabens für einen beliebigen langen Vokal, z.B. in

	אָסָא	*ʾāsā*	König Asa von Juda
	פָּארָן	*pārān*	Wüste Paran
	מִלֹּא	*millō*	Millo, Teil der Befestigung Jerusalems
neben	מִלּוֹא	,,	
	מַמְרֵא	*mamrē*	Heiligtum Mamre bei Hebron.

Steht א als Vokalbuchstabe für ō, so zieht er (wie ו) den Cholempunkt auf seine rechte obere Ecke, vgl.

דֹּאר	*dōr*	Dor (Stadt in 1Kön 4,11).	(→ 2.4.6)

2.4 Anmerkungen

2.4.1 Die alte vox memorialis für die fünf Finalbuchstaben ist כַּמְנַפֵּץ *kamᵉnappēṣ* („wie der Zerschlagende").

2.4.2 In der alphabetischen Reihenfolge steht שׂ (Sin) meist vor שׁ (Schin).

2.4.3 Vgl. weiter die Tabelle S. 18.

2.4.4 Von den 274 Vorkommen des Titels Pharao im Alten Testament stehen 180 nach einem vorhergehenden Konsonanten und tragen ein Dagesch; 94mal geht ein Vokal voraus, aber nur zweimal (Ex 9,20 und Ez 29,3) wird ein Dagesch gesetzt.

2.4.5 Im Wortauslaut begegnet nur -ā auch ohne Vokalbuchstaben. Regelmäßig plene geschrieben wird die Feminin-Endung -ā (z.B. לֵאָה Lea) und die unbetont angefügte Endung -ā zur Bezeichnung der Richtung und des Zieles (He locale; z.B. חֹרֵבָה *ḥōrēbā* „zum Berg Horeb"), dagegen mit scriptio defectiva die Endung der 2. Pers.m.sing. des Perfekts auf -tā fast immer ־תָּ neben gelegentlichem ־תָּה.

Bei Kaph finale wird das Qames-Zeichen hinaufgesetzt: ־ךָ.

2.4.6 In älteren Drucken (Grammatiken, Lexika) verschmilzt der Cholem-Punkt, wenn er mit den diakritischen Punkten von Schin und Sin zusammenstößt, zu

שׁ = *ōš*, z.B. משֶׁה statt מֹשֶׁה

שׂ = *śō*, z.B. שׂכה statt שֹׂכֹה.

Wir folgen hier der Schreibweise von BHK und BHS (→ 0.2), die entsprechend dem Codex Leningradensis zwei Punkte setzen.

Die Unterscheidung von *šō* und *ōś* bei שׂ sollte keine Schwierigkeiten bieten, vgl.

שֹׁמְרוֹן *šōmᵉrōn* Samaria

עֹשֶׂה *ʿōśæ* „tuend“

(so früher mit Hinüberziehen des Cholem-Punktes auf den leeren Balken des Sin; dafür jetzt עֹשֶׂה).

2.5 Übungen

2.5.1 Folgende Eigennamen sind zu lesen, zu schreiben und alphabetisch zu ordnen:

נָדָב יָבִין דָּתָן נָחוֹר רֵכָב שָׂרָה אָגוּר שָׁפָן צִידוֹן אָכִישׁ לָכִישׁ אָמוֹץ
אוּפָז פִּיכוֹל אָחָז הָרָן עֵיבָל פּוּט הֵימָן קָדֵשׁ יָבֵשׁ בּוֹצֵץ קִישׁוֹן אוּזָל יָאִיר
בָּרָק בָּלָק מָכִיר גִּיחוֹן גּוֹלָן יָעֵל זָבָד חָרָן חֹרֵב לְחִית לוּחִית נָחָשׁ שֵׁם
רָמָה אוּרִיאֵל אוּאֵל תָּמָר שָׂטָן עֵלִי אִיתָמָר שֵׂעִיר בָּשָׁן חָצוֹר טוֹב עוּץ
אִיתִיאֵל בֵּית־אֵל בֵּית דָּגוֹן

2.5.2 Folgende Namen sind zu vokalisieren:

אדם דינה הגר גוג לוט נון קיש צדוק עילם עמוס חנון סיחון יוחנן
עשו יויקים יויכין

2.5.3 Vergleiche die Schreibungen bei:

אוֹפִיר/אוֹפִר/אֹפִיר אֵילוֹן/אֵלוֹן/אֵילֹן דִּישׁוֹן/דִּשׁוֹן/דִּישֹׁן/דִּשֹׁן חֹרֹן/חוֹרֹן/
חֹרוֹן/חוֹרוֹן שׂוֹכֹה/שׂוֹכוֹ/שֹׂכֹה דּוֹר/דֹּאר דֹּאֵג/דּוֹאֵג יוֹאָשׁ/יֹאָשׁ שִׁילֹה/שִׁלֹה/שִׁילוֹ/
שִׁלֹה/שִׁלוֹ צוֹר/צֹר

2.5.4 Schreibe hebräisch:

Michael Jojachin Dina Esau Lot Elam Sidon (ṣ!).

LEKTION 3

3.1 Vorübung: Identifiziere die Zeichen für kurzes a, für Vokallosigkeit im Inlaut und für Verdoppelung eines Konsonanten bei folgenden Gruppen von Eigennamen:

אָשֵׁר	אָמוֹן	עָזָז	זָבָד	שָׁלֵם	שָׁמִיר
אַשּׁוּר	אַמָּה	עַזָּה	זַבַּי	שַׁלּוּם	שַׁמַּי
אַשְׁדּוֹד	אַמְנוֹן	עַזְגָּד	זַבְדִּי	שַׁלְמַי	שַׁמְגַּר

Bestimme die kurz- und langvokaligen Silben sowie die offenen (auf einen Vokal ausgehenden) und die geschlossenen (auf einen Konsonanten ausgehenden) Silben. Lassen sich (unter Berücksichtigung der Betonung) bestimmte Verteilungsregeln erkennen?

Wie sind demzufolge Chireq und Segol in den folgenden Gruppen zu lesen?

צִידוֹן	אֵלִיָּה
צִדִּים	אֶלָּסָר
צִדְקִיָּה	אֶלְעָזָר

3.2 Vokabeln. Von den häufigsten Eigennamen sind weiter zu merken:

יִשְׂרָאֵל	*jiśrāʾēl*	Israel
מִצְרַיִם	*miṣrájim*	Ägypten
בָּבֶל	*bābæl*	Babel
אַשּׁוּר	*ʾaššūr*	Assur
צִיּוֹן	*ṣijjōn*	Zion
אֶפְרַיִם	*ʾæfrájim*	Ephraim
בִּנְיָמִין	*binjāmīn*	Benjamin
גִּלְעָד	*gilʿād*	Gilead
עַמּוֹן	*ʿammōn*	Ammon
יִצְחָק	*jiṣḥāq*	Isaak
אַבְשָׁלוֹם	*ʾabšālōm*	Absalom
חִזְקִיָּהוּ	*ḥizqijjáhū*	Hiskia
יָרָבְעָם	*jāråbʿām*	Jerobeam

3.3.1 Schriftlehre III

3.3.1.1 Vokalzeichen. Als Vokalzeichen für kurzes a ist jetzt noch einzuführen:

ַ Patach [*pátaḥ*].

Auf die Unterscheidung von Qames und Patach ist streng zu achten.

Während die in 1.3.1.6 behandelten Vokalzeichen Qames, Sere und Cholem nach der späteren Aussprachetradition nur lange Vokale bezeichnen, gelten die in 2.3.2.4 eingeführten Vokalzeichen Chireq, Segol und Qibbus auch für kurze Vokale:

מִ	*mi*
מֶ	*mæ*
מֻ	*mu*

3.3.1.2 Patach furtivum. Stehen die Laryngale הּ, ח und ע in der Endsilbe nach einem langen Vokal, der nicht ā ist, so dringt zwischen diesen und die Laryngalis ein unwillkürlicher Gleitlaut, ein flüchtiges a (Patach furtivum) ein, vgl. in deutschen Mundarten *i^a^ch* für *ich*, *Bu^e^ch* für *Buch*. Dieses Patach wird *unter* die Laryngalis gesetzt, aber *vor* ihr gesprochen (es wird in der Umschrift durch hochgestelltes ^a^ bezeichnet) und trägt nie die Betonung:

נֹחַ	*nō^a^ḥ*	Noah	
הוֹשֵׁעַ	*hōšē^a^ʿ*	Hosea	
יֵשׁוּעַ	*jēšū^a^ʿ*	Jesua	(→ 3.4.1)
מָשִׁיחַ	*māšī^a^ḥ*	„Gesalbter"	(→ 3.4.2)

Dieser Laut verschwindet, sobald die Laryngalis infolge einer angehängten Endung nicht mehr das Wort schließt, sondern eine neue Silbe eröffnet, vgl. neben

	יָנוֹחַ	*jānō^a^ḥ*	(Ortsname) die Form mit
He locale	יָנוֹחָה	*jānṓḥā*	„nach Janoah", ferner
	שׁוּחַ	*šū^a^ḥ*	(Landesname) neben dem
Gentilizium	שׁוּחִי	*šūḥī*	„von Suah/Suhiter".

3.3.1.3 Schwa quiescens. Wenn auf einen hörbaren Konsonanten kein Vokal folgt, so erhält er ein

ְ Schwa [*š^e^wā*(ʾ)].

Dieses Zeichen, das die Abwesenheit eines Vokals anzeigt, heißt Schwa quiescens (stummes Schwa). Es steht nur am Schluß der Silbe, vgl.

בִּלְדָּד	*bildād*	Bildad
גִּלְעָד	*gilʿād*	Gilead
יִצְחָק	*jiṣḥāq*	Isaak.

Am Ende eines Wortes fällt es weg, ausgenommen in ך (Kaph finale), wohl zur besseren Unterscheidung von ן (Nun finale):

בָּרוּךְ	*bārūk*	Baruch,

und wenn zwei vokallose hörbare Konsonanten das Wort schließen, z.B.

אַרְדְּ	*ʾard*	Ard (Gen 46,21; Num 26,40).

3.3.1.4 Dagesch forte. Verdoppelung (Schärfung) eines Konsonanten wird durch einen Punkt im Buchstaben bezeichnet, den man Dagesch forte („starkes Dagesch") nennt. Im Unterschied zum Dagesch lene kann Dagesch forte nicht nur bei den Begadkefat-Lauten, sondern bei allen Konsonanten außer den Laryngalen (א, ה, ח, ע) und ר gesetzt werden, vgl.

חַגַּי	*ḥaggaj*	Haggai
חַנָּה	*ḥannā*	Hanna
סֻכּוֹת	*sukkōt*	Sukkoth
אִיּוֹב	*ʾijjōb*	Hiob
עַזָּה	*ʿazzā*	Gaza.

Bei den Verschlußlauten führt Dagesch forte zugleich die harte Aussprache herbei, schließt also Dagesch lene ein. Eine Verwechslung von Dagesch forte und Dagesch lene ist ausgeschlossen, weil Dagesch lene nie, Dagesch forte stets auf einen vollen Vokal folgt, vgl.

אַשְׁדּוֹד	*ʾašdōd*	Asdod
אַשּׁוּר	*ʾaššūr*	Assur.

Die Verdoppelung unterbleibt, wenn der zu verdoppelnde Konsonant vokallos am Ende des Wortes steht, vgl. das Gentilizium חִתִּי *ḥittī* „hethitisch, Hethiter" mit dem Namen des Stammvaters חֵת *ḥēt* Heth (Gen 10,15; < **ḥitt*) oder den Namen der Hauptstadt der Ammoniter, רַבָּה *rabbā* Rabba, eig. „die Große", fem. zu רַב *rab* „groß" (< **rabb*).

3.3.2 Lautlehre III

3.3.2.1 Die Vollvokale. Nach der hier befolgten Aussprachetradition kennt das Hebräische sechs lange und fünf kurze Vokale (zu den reduzierten Vokalen s.u. 4.3.2.1). Daß eine Sprache bei verschiedenen Arten von Vokalen (lang, kurz, nasaliert usw.) verschieden große Inventare aufweist, ist nicht ungewöhnlich.

Die Vokale des Hebräischen können schematisch folgendermaßen dargestellt werden:

Langvokale:		vorn						hinten
	eng	ī						ū
			ē				ō	
				ǣ		—		
	weit				ā			
Kurzvokale:		vorn						hinten
	eng	i						u
			—				—	
				æ		å		
	weit				a			

Während i/ī, u/ū, æ/ǣ und a/ā sowohl kurz als auch lang vorkommen, sind ē und ō nur lang, å nur kurz. Die Asymmetrie bei ā ist schrift- und sprachgeschichtlich zu erklären.

Die Punktatoren bezeichneten nur die sieben verschiedenen Vokalqualitäten i, e, æ, a, å, o, u ohne Rücksicht auf deren Kürze oder Länge. Nun hatte sich in ihrer Aussprache ursprüngliches langes ā (wie z.B. im Schwedischen) zu einem offenen o-Laut verschoben (ā > å̄); sie schrieben es daher nicht als ַ (Patach), sondern als ָ (Qames). Im Anschluß an die sog. sephardische Aussprache, die der spanischen und portugiesischen Juden des Mittelalters, sprechen wir es aber als reines ā aus (so auch überwiegend im Ivrith). Dadurch kommt es zur Verwendung zweier verschiedener Zeichen für die gleiche Vokalqualität (Patach und Qames für a und ā), aber auch zur Mehrdeutigkeit des Zeichens Qames, das jetzt einerseits langes ā, andererseits kurzes å bezeichnet.

Zur Unterscheidung von Qames (ā) und sog. Qames Chatuph (å) s.u. 3.3.2.5; sie erfolgt auf der Grundlage der Silbenbildungsgesetze, die vorher zu besprechen sind.

3.3.2.2 Silbenbildung. Die Möglichkeiten, aus den Konsonanten und Vokalen Silben aufzubauen, sind im Hebräischen beschränkter als z.B. im Deutschen. Mit wenigen Ausnahmen gelten folgende Regeln:

(K = Konsonant, V = Vokal)

Mögliche Silben sind:	KV	KVK	KVKK//	(// = Wortende)
Nicht möglich sind:	KKV	VK	KVVK	KVKKK

Am Silbenanfang steht regelmäßig ein (einziger) Konsonant (→ 3.4.3), d.h.
— es gibt keinen vokalischen Silbenanfang (→ 3.4.4);
— es gibt keine Doppelkonsonanz im Anlaut (→ 3.4.5).

Der Silbengipfel wird durch einen einzigen Vokal gebildet (→ 3.4.6), d.h.
— es gibt nicht zwei Vokale nebeneinander (→ 3.4.7);
— es gibt keine Silben ohne Vokal (→ 3.4.8).

Der Silbenauslaut ist entweder
— *offen* (ohne Konsonanten; → 3.4.9) oder
— *geschlossen* (mit einem hörbaren Konsonanten; → 3.4.10)
oder, allerdings selten und nur am Wortende,
— *doppelt geschlossen* (mit zwei verschiedenen hörbaren Konsonanten; → 3.4.11).

Die geschlossene Silbe, deren Schlußkonsonant Dagesch forte hat, heißt *geschärfte* Silbe. Der verdoppelte Konsonant schließt die vorhergehende und beginnt die folgende Silbe.

3.3.2.3 Segolierung. Doppelkonsonanz am Wortende, die durch einen (sprachgeschichtlich erschließbaren) Abfall kurzer Endvokale recht häufig entstand, ist im Hebräischen in den meisten Fällen durch einen zwischen die beiden Konsonanten tretenden Hilfsvokal aufgelöst worden. Die Qualität dieses Sproßvokals, der nicht betont werden kann (→ 3.4.12), richtet sich dabei nach der Artikulationsstelle des ersten bzw. des zweiten der beiden voneinander getrennten Konsonanten. In den meisten Fällen ist der Hilfsvokal ein æ (Segol), weswegen man die Auflösung der doppelt geschlossenen Silbe als *Segolierung* und die entstandene Bildung als *Segolatum* bezeichnet, auch wenn der Hilfsvokal anders lautet. Eine genauere Durcharbeitung der folgenden Einzelheiten kann bis zu Lektion 12 aufgeschoben werden.

3.3.2.3.1 Hilfsvokale. Bei den segolierten Nomina ist der Hilfsvokal: (→ 3.4.13)

æ zwischen Nicht-Laryngalen, bei Halbvokalen allerdings nur
— nach ו, und
— teilweise nach ה und ח;
a regelmäßig vor ה, ח und ע, sowie
— nach ע und teilweise nach ה und ח;
u vor ו wobei uw zu ū wird;
i vor und nach י (vor j wird ij zu ī, s.u. 3.4.12).

Der Hilfsvokal verschwindet, sobald der Grund für seine Annahme fortfällt, d.h. wenn eine vokalische Endung die Entstehung der Doppelkonsonanz verhindert. Bei den Nomina und Verben geschieht dies durch Flexionsendungen oder Personalsuffixe; bei den Eigennamen finden wir die nichtsegolierten Formen etwa in Verbindung mit der

— Gentilizium-Endung -ī (vgl. מוֹאָבִי „moabitisch"), mit dem
— He locale = unbetontes -ā (vgl. אַשּׁוּרָה „nach Assur"), oder mit
— Wortbildungselementen wie z.B. -ōn (vgl. צִיּוֹן, עַמּוֹן).

In den folgenden Beispielen dienen solche Formen dazu, die Ausgangsbasis der segolierten Formen zu veranschaulichen, besonders dann, wenn (wie meistens) der vorhergehende Vokal durch Dehnung und/oder Umlaut zusätzlich verändert worden ist.

3.3.2.3.2 Segolata mit kurzem Stammvokal. Segolata ohne Dehnung des vorhergehenden Stammvokals begegnen vor

— j mit Hilfsvokal i und vor
— ʿ oder ḥ mit Hilfsvokal a, vgl. (→ 3.4.14)

מִצְרַיִם	*miṣrájim*	Ägypten (מִצְרַיְמָה *miṣrájmā* „nach Ägypten")
אֶפְרַיִם	*ʾæfrájim*	Ephraim
קַיִן	*qájin*	Kain
בַּעַל	*báʿal*	Baal
מֵיפַעַת	*mēfáʿat*	Mephaat
גַּחַם	*gáḥam*	Gaham
מָנַחַת	*mānáḥat*	Manahat (מָנַחְתִּי *mānaḥtī* Manahathiter).

3.3.2.3.3 Segolata mit gedehntem Stammvokal. In allen anderen Fällen (außer bei gewissen Verbalformen, → 24./25.3.1), d.h. bei Segolaten

— mit Hilfsvokal æ,
— mit Hilfsvokal u vor w (> ū),
— mit Hilfsvokal a vor h, ḥ und ʿ,

wird der vorhergehende kurze Stammvokal (nach der hier befolgten Aussprachetradition) gedehnt. Dabei wird

— á zu ǣ́ umgelautet (→ 3.4.15),
— í zu ḗ (oder ǣ́),
— ú zu ṓ.

Die große Masse der Segolata geht (bei den Nomina) nach dem Typus:

**malk* > *mǽlæk*	
(*IaII III > IǽIIæIII)	vgl.

גֶּבֶר	*gǽbær*	Geber	mit	
גַּבְרִיאֵל	*gabrīʾēl*	Gabriel,		
בֶּכֶר	*bǽkær*	Becher	mit	
בַּכְרִי	*bakrī*	Bachriter,		
עֶבֶד־מֶלֶךְ	*ʿǽbæd-mǽlæk*	Ebedmelech	mit	
עַבְדּוֹן	*ʿabdōn*	Abdon	und	
מַלְכִּיאֵל	*malkīʾēl*	Malkiel		(→ 3.4.16),
בֵּית לֶחֶם	*bēt lǽḥæm*	Bethlehem	mit	
לַחְמִי	*laḥmī*	Lachmi.		

Für die weniger häufigen Typen mit Stammvokal í > ḗ, í > ǽ und ú > ṓ vgl.

עֵבֶר	*ʿḗbær*	Heber	mit	
עִבְרִי	*ʿibrī*	„hebräisch“,		
בֵּית־שֶׁמֶשׁ	*bēt-šǽmæš*	Beth-Semes	mit	
שִׁמְשׁוֹן	*šimšōn*	Simson,		
מַלְכִּי־צֶדֶק	*malkī-ṣǽdæq*	Melchisedek	mit	
צִדְקִיָּה	*ṣidqijjā*	Zedekia,		
אֹרֶן	*ʾṓræn*	Oren	mit	
אָרְנָן	*ʾårnān*	Ornan		(→ 3.4.17).

Beispiele von Segolaten mit Laryngalen vor oder nach dem Hilfsvokal und mit den verschiedenen Stammvokalen:

	בֹּהַן	*bṓhan*	Bohan
	בֹּעַז	*bṓʿaz*	Boas
	צֹחַר	*ṣṓḥar*	Zohar
	אֹהֶל	*ʾṓhæl*	Ohel
(a)	תֶּרַח	*tǽraḥ*	Tharah
	סֶלַע	*sǽlaʿ*	Sela

(i)	גֶּבַע	*gǽbaʿ*	Geba,	vgl. mit
	גִּבְעוֹן	*gibʿōn*	Gibeon	
	זֶבַח	*zǽbaḥ*	Sebah	
(u)	נֹגַהּ	*nṓgah*	Nogah	
	קֹרַח	*qṓraḥ*	Korah,	vgl. mit
	קָרְחִי	*qårḥī*	Korahite	(→ 3.4.17).

Mit Waw als letztem Konsonanten (uw > ū) sind gebildet:

צִדְקִיָּהוּ	*ṣidqijjā́hū*	Zedekia
תֹּהוּ וָבֹהוּ	*tṓhū wābṓhū*	„wüst und öde".

3.3.2.4 Silbenkombination. Nicht nur die Bildung der Silben aus Vokalen und Konsonanten, sondern auch die Verbindung der Silben zu Wörtern oder Wortgruppen, die eine Toneinheit bilden, unterliegt im Hebräischen gewissen regelmäßigen Beschränkungen. Wie schon in 3.3.2.2 ausgeführt wurde, sind geschärfte Silben auf Nicht-Endsilben und doppelt geschlossene Silben auf Endsilben beschränkt.

Bei den gewöhnlichen offenen und geschlossenen Silben spielen Länge und Kürze des Vokals sowie Betontheit oder Unbetontheit der Silbe eine entscheidende Rolle. In vielen Sprachen gilt, daß betonte Silben eher langen Vokal, unbetonte Silben eher kurzen Vokal haben. Das Hebräische weicht in zwei Punkten von diesem Schema ab:

Silbe:	unbetont	betont
offen	Langvokal oder reduzierter Vokal	Langvokal
geschlossen	Kurzvokal	Langvokal oder kurzes a/æ/i

Regeln:

— Die offene Silbe hat stets einen langen Vokal (→ 3.4.18),

— die unbetonte geschlossene Silbe hat stets einen kurzen Vokal,

— die betonte geschlossene Silbe kann einen langen oder einen kurzen Vokal haben, doch finden sich kurz in betonter geschlossener Silbe nur a und æ, selten i.

Negativ formuliert:

— Es gibt keine offenen Silben mit kurzem Vokal;
— in der Tonsilbe steht nie kurzes u oder å.

Beispiele für kurzen Vokal in der Tonsilbe sind außerhalb der Verbalformen verhältnismäßig selten, vgl. z.B.

סִינַי	*sīnáj*	Sinai
בָּבֶל	*bābǽl*	Babel.

Häufig dagegen ist die im Deutschen ungewohnte lange offene Vortonsilbe (mit sog. Vorton-Qames, Vorton-Sere), vgl.

אַבְשָׁלוֹם	*'abšālōm*	Absalom
לֵוִי	*lēwī*	Levi, Levite.

3.3.2.5 Unterscheidung von Qames und Qames Chatuph. Nach dem Vorhergehenden ist es leicht, die beiden Verwendungen des Zeichens ָ für langes ā (Qames) und kurzes å (Qames Chatuph) auseinanderzuhalten (s.o. 3.3.2.1). Aus den Regeln von 3.3.2.4 folgt unmittelbar, daß ָ nur in unbetonten geschlossenen Silben, aber dort immer, ein Qames Chatuf ist.

Etwas schwieriger ist es, in der Praxis beim Lesen die unbetont geschlossenen Silben rechtzeitig zu erkennen (→ 3.4.19). Folgende Fälle kommen vorläufig in Betracht:

— Qames vor Maqqeph-Bindestrich (Silben vor Maqqeph sind enttont),
— Qames vor Dagesch forte (Verdoppelung erfolgt nicht am Wortende, das meistens den Ton trägt, also nach einer unbetonten Silbe und meistens nach einem kurzen Vokal (→ 3.4.20),
— Qames vor Schwa quiescens (Schwa quiescens zeigt die geschlossene Silbe an und wird am Wortende, das meistens den Ton trägt, nicht gesetzt).

Beispiele:	כָּל־חֹזֶה	*kål-ḥōzǣ*	(Neh 3,15; 11,5)
	עָזִּיאֵלִי	*'åzzī'ēlī*	(Num 3,27; 1Chr 26,23)
	חָגְלָה	*ḥåglā*	Hogla, Tochter des
	צְלָפְחָד	*ṣ[e]låfḥād*	Zelophhad (Num 26,33)
	יָרָבְעָם	*jāråb'ām*	Jerobeam (→ 3.4.21).

Als Faustregel diene: Qames (ohne Akzent) vor Schwa ist normalerweise ein Qames Chatuph: ְָ (→ 3.4.22).

3.3.2.6 Vokalveränderungen. Während die Konsonanten im Hebräischen außerordentlich stabil bleiben, treten bei den Vokalen je nach den Flexionsformen und der syntaktischen Verwendung der Wörter mannigfache Veränderungen ein, die sich in eine Reihe von Regeln fassen lassen. Es ist für den Anfänger nicht nötig, die Entwicklung des hebräischen Vokalismus aus den Grundvokalen

a	i	u	(in offenen und geschlossenen Silben)
ā	ī	ū	(in offenen Silben)

bis zum späteren System mit sechs langen, fünf kurzen und einer Reihe von reduzierten Vokalen genau zu verfolgen. Für das Verständnis mancher grammatischen Erscheinungen ist es aber von Nutzen, einige regelmäßige Vokalveränderungen infolge veränderter Betonung kennenzulernen.

(→ 3.4.23)

In der Nominal- und Verbalflexion werden oft unbetonte kurze Silben zu langen betonten Silben und umgekehrt. Diese Quantitätsveränderung verläuft aber nicht immer innerhalb der gleichen Vokalqualität, wie das der Fall ist bei

a > ā				
ā > a, vgl.	אַבְשָׁלוֹם	*'abšālōm*	Absalom	mit
	אַחְאָב	*'áḥ'āb*	Ahab,	
	מַתָּן	*mattān*	Matthan	mit
	מַתַּנְיָה	*mattanjā*	Matthanja.	

Sie kann auch die Vokalfärbung (in der Richtung von engen zu weiten Vokalen) verändern:

i > ē				
ē > æ, vgl.	יִצְרִי	*jiṣrī*	Jizriter	mit
	יֵצֶר	*jḗṣær*	Jezer,	
	בִּנְיָמִין	*binjāmīn*	Benjamin	mit
	בֵּן	*bēn*	„Sohn",	
	זַבְדִּיאֵל	*zabdī'ēl*	Sabdiel	mit
	אֶלְזָבָד	*'ælzābād*	Elsabad,	
	עַזְרִיאֵל	*'azrī'ēl*	Asriel	mit
	אֶלְעָזָר	*'æl'āzār*	Eleasar.	

Entsprechend verhält es sich bei den hinteren Vokalen:

u > ō
ō > å, vgl.

גֵּרְשֻׁנִּי	*gērešunnī*	Gersoniter	mit
גֵּרְשׁוֹן	*gērešōn*	Gerson,	
נָכוֹן	*nākōn*	Nachon	mit
כָּנְיָהוּ	*kånjáhū*	Chonja,	
כֹּל	*kōl*	„alles“	mit
כָּל־חֹזֶה	*kål-ḥōzǣ*	Cholhose.	

3.4 Anmerkungen

3.4.1 *jēšūaʿ* ergibt gräzisiert Ἰησοῦς Jesus.

3.4.2 „Gesalbter“ ist im Alten Testament überall Appellativum und bezeichnet meistens den König; nachalttestamentlich meint es den endzeitlichen König, den Messias. Μεσσίας ist gräzisiert aus aramäischem *mešīḥā*.

3.4.3 Anlautendes ו ist nur in וָו „Nagel“ (13mal in Ex 26–38), וָלָד „Kind“ (1mal in Gen 11,30) und in einigen fremdländischen Namen (z.B. וַשְׁתִּי *waštī* Vasthi in Est 1 und 2) belegt, außerdem in der häufigen Konjunktion וְ *we* „und“ mit ihren verschiedenen Vokalisationen (→ 4.3.2.5).

3.4.4 Ausnahme: וּ *ū* „und“ vor Labialen und vor Nicht-Laryngalen mit Schwa mobile (→ 4.3.2.5).

3.4.5 Beim fem. Zahlwort שְׁתַּיִם „zwei“ (Ivrith: *štájim*) läßt die Punktation zwischen der Aussprache *šittájim* und *šetájim* die Wahl (→ 17.3.3).

3.4.6 Es gibt keine Diphthonge; aj und aw werden als Verbindung von Vokal + Konsonant (Halbvokal) gewertet.

3.4.7 Patach furtivum (3.3.1.2) hat keinen phonematischen Eigenwert.

3.4.8 Vgl. tschechisch Plzeň (Pilsen), Brno (Brünn).

3.4.9 א und ה als matres lectionis zählen natürlich nicht mit.

3.4.10 Hörbares א am Silbenschluß ist sehr selten.

3.4.11 Als zweiter Konsonant begegnet nur ṭ, q, b, d, k oder t. Zur Schreibung s.o. 3.3.1.3.

3.4.12 Ist der zweite Konsonant ein j, so verbindet sich der Hilfsvokal i damit zu ī, das den Ton auf sich zieht. Der Stammvokal wird dabei reduziert (z.B. *gadj > *gádī > gedī́ „Zicklein“, vgl. עֵין גְּדִי *ʿēn gedī* Engedi).

3.4.13 Zu segolierten Verbalformen vgl. → 24.3.1 und 25.3.1.

3.4.14 Auch vor ה, vgl. יַהַץ *jáhaṣ* Jahas mit יַהְצָה *jáhṣā* „nach Jahas“.

3.4.15 Vor ו und הוּ (< **huw*) bleibt ā unverändert, vgl. בֵּית אָוֶן *bēt ʾáwæn* Beth-Awen; עַזְמָוֶת *ʿazmáwæt* Asmawet; צִדְקִיָּהוּ *ṣidqijjáhū* Zedekia.

3.4.16 Die gleiche Person heißt in Neh 2,19; 6,1.2 גֶּשֶׁם *gǽšæm* Gesem („der Araber"), in Neh 6,6 dagegen (mit arabischer Endung גַּשְׁמוּ *gašmū* Gasmu.

3.4.17 Mit Verschiebung u > å, vgl. 3.3.2.6.

3.4.18 Oder einen reduzierten Vokal, s.u. 4.3.2.1. Kurze Vokale begegnen in sekundären Neubildungen bei den Segolaten (s.o. 3.3.2.3.2), bei Wegfall eines Dagesch forte vor Schwa mobile (→ 5.4.3), bei virtueller Verdoppelung eines Laryngals (→ 6.3.3.2 und → 16.3.1) und bei der Silbenaufsprengung (→ 4.3.2.3).

3.4.19 Vgl. das Gedicht Eduard Mörikes „Nächtlich erschien mir im Traum".

3.4.20 Ausnahme: בָּתִּים *bāt(t)īm* „Häuser", Plural von בַּיִת „Haus" (→ 10.3.5).

3.4.21 Die Lesart ist umstritten, vgl. aber יָשָׁבְעָם *jāšåb'ām* Jasobeam und יְרֻבַּעַל *j^erubbá'al* Jerubbaal.

3.4.22 Vgl. noch 4.3.2.2 zur Unterscheidung von Schwa quiescens und Schwa mobile.

3.4.23 In manchen Grammatiken werden die unveränderlichen Langvokale â, ǣ, ê, ô, î, û von den veränderlichen Langvokalen ā, ǣ, ē und ō unterschieden.

3.5 Übungen

3.5.1 Leseübung:

אֲרַנְן אֶסְתֵּר כַּרְמֶל יַרְדֵּן רִבְקָה אַבְרָם קִדְרוֹן פַּשְׁחוּר גִּלְגָּל גָּלְיָת שַׁבָּת
נִמְרֹד מִרְיָם חָפְנִי יָטְּה תַּדְמֹר תַּעְנַךְ עֶקְרוֹן גֹּמֶר מִדְיָן יַדּוּעַ בִּנּוּי תֹּפֶת
אִמֵּר חֶשְׁבּוֹן יוֹכֶבֶד מִצְפָּה גִּדְעוֹן בִּלְעָם עָמְרִי עַי יִפְתָּח יַבֹּק תַּרְשִׁישׁ
עֹבַדְיָה פּוֹטִיפַר פּוֹטִי פֶּרַע צַפְנַת פַּעְנֵחַ עֶזְרָא פָּרַס עֵדֶן שֵׁשְׁבַּצַּר עָתְנִיאֵל
יָפִיעַ יֹאשִׁיָּהוּ יִשְׁמָעֵאל שַׁלְמָה גִּבְעוֹן גִּבְעָה גֶּבַע כַּשְׂדִּים שַׁמּוּעַ אֶלְקָנָה נֹפַח
אֵלִיָּהוּ מֻפִּים כָּזְבִּי דָּנִיֵּאל אֶבְיָתָר אַרְתַּחְשַׁשְׂתְּא אֵילַת פַּלּוּא חֶבְרוֹן טוֹבִיָּה
שֵׁשַׁי תַּנְחֻמֶת לֶמֶךְ

3.5.2 Vokalisiere:

גלבע	Gilboa	קרח	Kareah
בלעם	Bileam	סנחריב	Sanherib
חנה	Hanna	כנרת	Kinneret
בצרה	Bozra	חלדה	Hulda

3.5.3 Bilde die zugehörigen Eigennamen aus den Gentilizia:

גִּלְעָדִי פַּרְצִי זַרְחִי תּוֹלָעִי שֻׁתַלְחִי בַּלְעִי

3.5.4 Korrigiere die zehn Schreibfehler in folgender Liste:

אַבְשָׁלוֹמ גִלֶעָד אִשְׂרָאֵל בָּבֶּל הִזְכִּיָּהוּ

LEKTION 4

4.1 Vorübung: Welche Regeln in 3.3.2.2/4 werden verletzt, wenn man in den folgenden Eigennamen Schwa als Zeichen der Vokallosigkeit (Schwa quiescens) annimmt? Lies daher das Schwa hier als flüchtigen tonlosen e-Laut (sog. Schwa mobile, Murmelvokal wie in engl. *the*, franz. *le*, dt. *Gebot*):

יְרִיחוֹ   כְּנַעַן   דְּבוֹרָה   יְהוּדָה

מִיכָיְהוּ   סִיסְרָא   נִינְוֵה   שֹׁמְרוֹן

Welches der beiden aufeinanderfolgenden Schwa ist quiescens, welches mobile in

יָקְנְעָם   יְרַחְמְאֵל   יִרְמְיָהוּ   כַּרְמְלִי?

4.2 Vokabeln: Die restlichen der zu lernenden Eigennamen mit hundert oder mehr Belegen sind:

יְהוּדָה	*jᵉhūdā*	Juda
יְרוּשָׁלַם	*jᵉrūšālēm*	Jerusalem (→ 4.3.1.6)
יַעֲקֹב	*jaʿᵃqōb*	Jakob
אַהֲרֹן	*ʾahᵃrōn*	Aaron
שְׁלֹמֹה	*šᵉlōmō*	Salomo
פְּלִשְׁתִּים	*pᵉlištīm*	Philister
יְהוֹשֻׁעַ	*jᵉhōšūaʿ*	Josua
יִרְמְיָהוּ	*jirmᵉjāhū*	Jeremia
מְנַשֶּׁה	*mᵉnaššæ*	Manasse
שְׁמוּאֵל	*šᵉmūʾēl*	Samuel
אֲרָם	*ʾᵃrām*	Aram
שֹׁמְרוֹן	*šōmᵉrōn*	Samaria
אֱדֹם	*ʾᵆdōm*	Edom
יְהוָה	(*ʾᵃdōnāj*)	Jahwe (**jahwæ*)

4.3.1 Schriftlehre IV

4.3.1.1 Schwa mobile. Dasselbe Zeichen ְ Schwa, das als Schwa quiescens die Vokallosigkeit anzeigt (3.3.1.3), bezeichnet auch den reduzierten Vokal [ə] (s.u. 4.3.2.1), den wir in der Umschrift mit hochgestelltem ᵉ wiedergeben. So gebraucht heißt es Schwa mobile (lautbares Schwa).

4.3.1.2 Chateph-Vokale. Bei Laryngalen stets, bei anderen Konsonanten selten, klingt der Murmelvokal an einen bestimmten Vokal (meist a, seltener æ und å) an; diese sog. Chateph-Vokale (*ḥāṭēf* = „flüchtig"), in der Umschrift mit hochgestelltem *ª*, *æ* und *å* wiedergegeben, werden durch Zusammensetzung des betreffenden Vokalzeichens mit Schwa geschrieben (daher auch Schwa compositum im Unterschied zu Schwa simplex): חֲ *ḥª*, אֱ *ʾæ*, עֳ *ʿå*.

Sie heißen:

ֲ	Chateph-Patach	[*ḥāṭēf páṭaḥ*]
ֱ	Chateph-Segol	[*ḥāṭēf sᵉgōl*]
ֳ	Chateph-Qames	[*ḥāṭēf qā́mæṣ*].

Die beiden Schwa-Punkte stehen rechts von den Vokalzeichen; das Chateph-Qames entspricht in der Vokalfärbung natürlich dem Qames Chatuph.

4.3.1.3 Meteg. Das Zeichen Meteg [*mǽtæg*], eine kleine senkrechte Linie hinter (also links von) dem Vokal, bei Cholem und Schureq frei unter dem (vorhergehenden) Konsonanten, bezeichnet einen Nebenton oder deutliches Hervorheben eines Vokallautes. Im Codex Leningradensis, auf den die modernen Bibelausgaben zurückgehen, wird Meteg nicht so häufig wie im späteren textus receptus, auf dem die Regeln der herkömmlichen Grammatik basieren, gesetzt. Von praktischer Bedeutung als Lesehilfe ist seine Setzung:

— bei einem langen Vokal, der von der Haupttonsilbe durch einen vollen Vokal oder Schwa mobile getrennt ist, z.B.

נִֽינְוֵה	*nīnᵉwē*	Ninive	
יְרֽוּשָׁלַםִ	*jᵉrūšālēm*	Jerusalem	(→ 4.4.1),

— bei einer geschlossenen Silbe mit ā, ē, ō vor Maqqeph, um den Nebenton und damit den Langvokal zu bewahren, z.B.

עֹֽבֵד־אֱדֹם *ʿōbēd-ʾᵆdōm* Obed-Edom (1Chr 13,13f.), (→ 4.4.2).

4.3.1.4 Akzente. Die Akzente dienten ursprünglich dem gesangartigen (kantillierenden) Vortrag der Schriftabschnitte im Gottesdienst. Für uns sind sie

— Tonzeichen, da die meisten bei der Haupttonsilbe des Wortes stehen, und

— Interpunktionszeichen, da sie die syntaktische Gliederung des Satzes andeuten.

Von dem komplizierten System der Akzentuation merke man sich vorläufig nur folgendes:

Hinter dem Vokal der Tonsilbe des letzten Wortes eines Verses steht der *Silluq* [*sillūq*] ׀ , der Gestalt nach dem Meteg gleich, zusammen mit dem Versabteiler *Soph Pasuq* [*sōf pāsūq*] ׃. Der Atnach [*'atnāḥ*] ֑ teilt den Vers bei der größten Zäsur. Silluq und Atnach verlangen Pausalformen (→ 4.3.2.6).

4.3.1.5 Ketib und Qere. Wenn an einer Stelle des alttestamentlichen Textes eine andere als die durch den überlieferten Konsonantentext

= Ketib [*kᵉtīb*] („das Geschriebene")

gebotene Lesung nachträglich für den gottesdienstlichen Vortrag vorgeschrieben war

= Qere [*qᵉrē*] („das zu Lesende"),

so schrieb man deren Konsonanten an den Rand (mit dem Hinweis קרי oder ק̇ = קְרֵי), wies im Text durch ° oder * (Circellus oder Asteriscus) auf die Randlesart hin, setzte aber die dazu gehörigen Vokale zu den unverändert gelassenen Konsonanten des Textes.

So steht z.B. 1Kön 14,25 im Text: שׁוּשַׁק, am Rande: שישק ק̇, d.h. Qere (zu lesen): שִׁישַׁק *šīšaq* Sisak (wie 1Kön 11,40), während die Konsonanten des Textes שׁוּשַׁק *šūšaq* oder שׁוֹשַׁק *šōšaq* intendiert hatten.

4.3.1.6 Qere perpetuum. Bei einigen häufig vorkommenden Wörtern wurden Verweisungszeichen und Randvermerk stets weggelassen (Qere perpetuum). So ist

יְרוּשָׁלַ͏ִם Qere perpetuum für
יְרוּשָׁלַיִם *jᵉrūšālájim*,

wie der Name der Stadt auch im heutigen Ivrith ausgesprochen wird. Das Ketib meint die (ursprüngliche und von uns beibehaltene) Aussprache

יְרוּשָׁלֵם *jᵉrūšālēm* (gr. Ἰερουσαλήμ).

Im Pentateuch wird הוא *hū(')* „er", wenn es für das Fem. הִיא *hī(')* „sie" steht, durch Qere perpetuum הִוא vokalisiert.

Der heilige Gottesname יהוה (erschlossene Aussprache: **jahwæ*), für den man אֲדֹנָי *'ᵃdōnāj* „der Herr" zu lesen pflegte, trägt die Vokale dieses Wortes (jedoch Schwa simplex statt Chateph-Patach), also יְהֹוָה. Nur Unkenntnis konnte daraus im Spätmittelalter den Gottesnamen „Jehova“ gewinnen. — Wenn אֲדֹנָי unmittelbar neben יהוה stand, las man für letzteres אֱלֹהִים *ʾælōhīm* „Gott“ und schrieb יֱהֹוִה. Beide Qere für יהוה bietet die Biblia Hebraica jetzt nach älteren Bibelhandschriften ohne das Cholem, als יְהוָה oder יֱהוִה. Das Qere יְהוָה wird nach samaritanischem Brauch oft als שְׁמָא *šemā* „der Name“ (aram., = hebr. הַשֵּׁם), d.h. der heilige Eigenname Gottes, verstanden. Eher ist es gleich dem יְהוָה eine bewußte Verstümmelung des אֲדֹנָי bzw. des אֱלֹהִים, um die Unaussprechbarkeit des Gottesnamens auch noch im Ersatzwort anzudeuten.

4.3.2 Lautlehre IV

4.3.2.1 Reduzierte Vokale. Nach 3.3.2.4 werden in offenen Silben keine kurzen Vokale geduldet. Soweit ursprünglich kurze Vokale in dieser Stellung nicht gedehnt worden sind (Vorton-Qames, Vorton-Sere; → 16.–19.3.2), wurden sie zu sog. Murmelvokalen reduziert. Die Punktatoren registrierten nach den Laryngalen (א, ה, ח, ע) noch drei verschiedene Vokalqualitäten (halbweiter Vordervokal, weiter Mittelvokal, halbweiter Hintervokal), nach Nicht-Laryngalen dagegen mit wenigen Ausnahmen nur noch einen einheitlichen neutralen (halbweit-mittleren) Laut (s.o. 4.3.1.1/2). In der Umschrift verwenden wir ^{a}, ^{æ}, ^{å} bzw. ^{e}.

Reduzierte Vokale:		vorn				hinten
	eng	—				—
			—	e	—	
			æ		å	
	weit			a		

Regeln: Die Silben mit reduzierten Vokalen (Schwa mobile, Chateph-Vokale)

— können nie den Ton tragen,

— lehnen sich immer als sog. Vorschlagsilben an eine nachfolgende Vollsilbe an,

— können nicht unmittelbar aufeinander folgen.

Nach Laryngalen stehen immer Chateph-Vokale, nach Nicht-Laryngalen folgt, mit wenigen Ausnahmen, immer Schwa mobile (→ 4.4.3).

Beispiele:

אֲבִירָם	*ʾ^{a}bīrām*	Abiram	(vgl.	אַבְרָם	*ʾabrām*	Abram),
אֲבִיאֵל	*ʾ^{a}bīʾēl*	Abiel,	vgl.	אֱלִיאָב	*ʾ^{æ}līʾāb*	Eliab,
אֱלִיאֵל	*ʾ^{æ}līʾēl*	Eliel				
חֳרֵם	*ḥ^{å}rēm*	Horem	(vgl.	חָרְמָה	*ḥårmā*	Horma),
לְבָנוֹן	*l^{e}bānōn*	Libanon				
כְּנַעַן	*k^{e}náʿan*	Kanaan				
מָרְדֳּכַי	*mård^{å}kaj*	Mardochai				

4.3.2.2 Schwa mobile oder Schwa quiescens? Die Unterscheidung der beiden Bedeutungen des Schwa-Zeichens bietet meist keine besonderen Schwierigkeiten, wenn man sich die Regeln der Wort- und Silbenbildung vor Augen hält (vgl. 4.1). In der Praxis ist es wohl am einfachsten und sichersten, wenn man zunächst immer Schwa quiescens erwartet und nur beim Vorliegen besonderer Gründe einen Murmelvokal ansetzt, nämlich

— am Wortanfang (Doppelkonsonanz im Wortanlaut liegt auch phonetisch kaum je nahe), vgl.

יְהוּדָה *j^{e}hūdā* Juda,

— beim zweiten von zwei aufeinanderfolgenden Schwa-Zeichen (zwei Vorschlagsilben oder Doppelkonsonanz in der gleichen Silbe sind ausgeschlossen), vgl.

כַּרְמְלִי *karm^{e}lī* aus Karmel,

— unter einem Konsonanten mit Dagesch (Dagesch lene und forte fallen implizit unter die vorhergehende Regel), vgl.

יִרְפְּאֵל *jirp^{e}ʾēl* Jirpeel

גִּבְּתוֹן *gibb^{e}tōn* Gibbethon,

— nach einem (unbetonten) langen Vokal (unbetonte geschlossene Silben mit langem Vokal kommen nicht vor). Nur in diesem Fall können bisweilen Probleme auftauchen, doch sind plene geschriebene Vokale sowie Sere und Cholem immer lang; außerdem werden lange Vokale, die von der Tonsilbe durch eine Silbe mit Murmelvokal getrennt sind, gewöhnlich durch Meteg oder durch einen Akzent gekennzeichnet, vgl.

נִֽינְוֵה *nīn^{e}wē* Ninive

שֹׁמְרוֹן *šōm^{e}rōn* Samaria

מִֽיכָיְהוּ *mīkāj^{e}hū* Micha (→ 4.4.1).

4.3.2.3 Silbenaufsprengung. Analoge Bedingungen wie für Schwa mobile gelten auch für die Chateph-Vokale, vgl.

עֲמָלֵק	*ʿ^{a}mālēq*	Amalek
תַּרְאֲלָה	*tarʾ^{a}lā*	Tharala
גֵּיחֲזִי	*gēḥ^{a}zī*	Gehasi.

Viele Chateph-Laute gehen jedoch nicht auf ursprünglich kurze Vokale zurück, sondern sind Neubildungen infolge von Silbenaufsprengung. Man versteht darunter die (fakultative) Aufhebung des harten Silbenschlusses bei einer auf Laryngal (selten ר) ausgehenden Silbe durch einen nachklingenden gleichlautenden Chateph-Vokal, vgl.

יַעְלָה	*jaʿlā*	Jaala	(Esr 2,56), identisch mit
יַעֲלָא	*jaʿ^{a}lā*	Jaala	(Neh 7,58).

Der Vokal der aufgesprengten Silbe bleibt kurz, obwohl er jetzt in eine offene Silbe zu stehen kommt (→ 3.4.18). Der neue Chateph-Vokal bildet mit dem Laryngal zusammen eine Vorschlagsilbe; Silbenaufsprengung ist also am Wortende nicht möglich. In älteren Bibelausgaben wird der kurze Vokal vor dem Chateph-Vokal durch ein Meteg gekennzeichnet: יַֽעֲלָה (Esr 2,56 in BHK 2. Aufl. 1909).

Beispiele:	ohne Silbenaufsprengung:			mit Silbenaufsprengung:	
יַחְדִּיאֵל	*jaḥdīʾēl*	Jahdiel	יַחֲזִיאֵל	*jaḥ^{a}zīʾēl*	Jahasiel
מַחְלוֹן	*maḥlōn*	Mahlon	מַחֲנַיִם	*maḥ^{a}nájim*	Mahanaim
בַּעְשָׁא	*baʿšā*	Baesa	בַּעֲנָא	*baʿ^{a}nā*	Baana
מַעְשַׂי	*maʿśaj*	Maasai	מַעֲשֵׂיָה	*maʿ^{a}śējā*	Maaseja
תַּעְנַךְ	*taʿnak*	Thaanach	נָעֳמִי	*nåʿ^{å}mī*	Naemi
תַּאְרֵעַ	*taʾrē^{a}ʿ*	Tharea	שֶׁאֱרָה	*šæʾ^{æ}rā*	Seera
יָהְדָּי	*jåhdāj*	Jahdai	אָהֳלָה	*ʾåh^{å}lā*	Ohola

4.3.2.4 Schwa medium. Was geschieht, wenn (infolge Tonverschiebung bei der Flexion oder) durch Voranstellung einer proklitischen (mit dem folgenden Wort verbundenen) Präposition wie לְ *l^{e}* („für, zu") zwei Silben mit reduzierten Vokalen unmittelbar aufeinander folgen müßten?

Besteht die zweite Silbe aus einem Laryngal mit Chateph-Vokal, so wird anstelle des Schwa mobile der dem Chateph-Vokal entsprechende Kurzvokal gesetzt; der Chateph-Vokal bleibt unverändert:

לַאֲרָם < אֲרָם + לְ   *l*^{e} + ʾ^{a}*rām* > *laʾ*^{a}*rām*

לֶאֱדֹם < אֱדֹם + לְ   *l*^{e} + ʾ^{æ}*dōm* > *læʾ*^{æ}*dōm*.   (→ 4.4.4)

Stoßen zwei Silben mit Schwa mobile aufeinander, so tritt anstelle des ersten Murmelvokals ein Kurzvokal, und zwar meistens i; der zweite Murmelvokal fällt weg, wirkt aber so weit noch nach, daß er einem folgenden Begadkefat-Laut die weiche Aussprache beläßt. Auf diese Weise entstehen lose geschlossene Silben, deren Schluß nicht fest genug ist, um die harte Aussprache des darauf folgenden Begadkefat-Lautes herbeizuführen, während sie doch auch nicht als offene gelten können. Das Schwa unter dem Schlußkonsonanten dieser Silben nennt man *Schwa medium*.

Aus *l*^{e} + *j*^{e} entstandenes **lij* wird zu *lī*.

Beispiele:

לִשְׁלֹמֹה	*lišlōmō* (< *l*^{e} + *š*^{e}*lōmō*)
לִמְנַשֶּׁה	*limnaššæ*
לִבְתוּאֵל	*libtūʾēl*
וְלִזְכַרְיָה	*w*^{e}*lizkarjā*
לִיהוּדָה	*līhūdā*
לִירוּשָׁלַםִ	*līrūšālēm*

4.3.2.5 Waw copulativum. Die Konjunktion וְ *w*^{e} „und“ wird wie alle anderen einkonsonantigen Partikeln in der Schrift mit dem folgenden Wort verbunden, vgl.

וְדָוִד	*w*^{e}*dāwīd*	„und David“
וְיִרְמְיָהוּ	*w*^{e}*jirm*^{e}*jāhū*	„und Jeremia“.

Die Normalform וְ *w*^{e} wird je nach dem Anlaut des folgenden Wortes abgewandelt, teilweise in Abweichung von den Regeln von 4.3.2.4:

— vor einem Labial (ב, מ, פ) steht וּ *ū* (→ 3.4.4), vgl.

יוֹסֵף וּבִנְיָמִין	*jōsēf ūbinjāmīn*	„Joseph und Benjamin“
אַהֲרֹן וּמֹשֶׁה	ʾ*ah*^{a}*rōn ūmōšæ*	„Aaron, Mose und
וּמִרְיָם	*ūmirjām*	Mirjam“
וּפַרְעֹה	*ūfarʿō*	„und der Pharao“;

— vor einem Konsonanten mit Schwa mobile (außer Jod) steht ebenfalls וּ *ū*, vgl.

וּשְׁלֹמֹה	*ūš*^{e}*lōmō*	„und Salomo“
וְגָד וּרְאוּבֵן	*w*^{e}*gād ūr*^{e}ʾ*ūbēn*	„Gad aber und Ruben“;

— mit יְ verbindet sich וּ zu וִי, vgl.

יִשְׂרָאֵל וִיהוּדָה	*jiśrā'ēl wīhūdā*	„Israel und Juda"
וִירוּשָׁלַםִ	*wīrūšālēm*	„und Jerusalem";

— vor Laryngalen mit Chateph erhält ו den entsprechenden Kurzvokal, vgl.

וַאֲרָם	*wa'^{a}rām*	„und Aram"	
וֶאֱדֹם	*wæ'^{æ}dōm*	„und Edom"	(→ 4.4.5).

4.3.2.6 Wortton und Pausa. Der Hauptton ruhte im Hebräischen ursprünglich meist auf der vorletzten Silbe. Durch Abfall der kurzen Endvokale und entsprechende Analogiebildung kam er meist auf die letzte zu stehen (s.o. 1.3.2.1). Wo jetzt noch die vorletzte den Ton trägt, ist es teils die alte Tonlage (gewisse Verbalformen und Pronomina), teils durch das Auftreten von Hilfsvokalen (Segolierung) bedingt (s.o. 3.3.2.3). Abweichungen von der Endbetonung werden, soweit es sich nicht um regelmäßige Segolata handelt, bei der Einführung einer Vokabel oder grammatischen Form jeweils vermerkt.

Pausa nennt man die starke Betonung der Tonsilbe, welche am Schluß der Sätze oder größeren Satzteile eintritt. Sie zieht vielfach Veränderungen in der Vokalisation und dem Wortton der von ihr getroffenen Wörter nach sich. Statt eines betonten Patach oder Segol steht in pausa gewöhnlich Qames, was namentlich bei den Segolaten von Bedeutung ist. Oft wird die alte Pänultimabetonung restauriert.

Beispiele:

Kontextformen		Pausalformen		
סִינַי	*sīnaj*	סִינָֽי	*sīnāj*	Sinai
יִשַׁי	*jīšaj*	יִשָֽׁי	*jīšāj*	Isai
מִצְרַיִם	*miṣrájim*	מִצְרָֽיִם	*miṣrājim*	Ägypten
הֶבֶל	*hǽbæl*	הָֽבֶל	*hābæl*	Abel
יֶפֶת	*jǽfæt*	יָֽפֶת	*jāfæt*	Japhet
אִיזֶבֶל	*'īzǽbæl*	אִיזָֽבֶל	*'īzābæl*	Isebel
בֵּית לֶחֶם	*bēt lǽḥæm*	בֵּית לָֽחֶם	*bēt lāḥæm*	Bethlehem
דַּמֶּשֶׂק	*dammǽśæq*	דַּמָּֽשֶׂק	*dammāśæq*	Damaskus
(גְּדִי)	*(g^{e}dī)*	עֵין גֶּֽדִי	*'ēn gǽdī*	Engedi
(לְחִי)	*(l^{e}ḥī)*	רָמַת לֶֽחִי	*rāmat lǽḥī*	Ramath-Lehi

(→ 4.4.6).

4.4 Ergänzende Einzelheiten

4.4.1 Mit Hilfe des Meteg-Zeichens kann unterschieden werden zwischen z.B.

חָֽכְמָה *ḥāk^{e}mā* „sie ist weise“ (Sach 9,2) und
חָכְמָה *ḥåkmā* „Weisheit“.

In BHK ist das im Codex Leningradensis nicht regelmäßig gesetzte Meteg vom Herausgeber ergänzt worden (jedoch rechts vom Vokalzeichen), vgl. Ez 15,4, wo

אָכְלָה *ʾåklā* „Nahrung“ und
אָֽכְלָה *ʾāk^{e}lā* „sie hat gefressen“

im gleichen Vers vorkommen. In BHS wird fehlendes Meteg nicht mehr hinzugefügt; tatsächlich sind Verwechslungsmöglichkeiten bei Berücksichtigung der grammatischen Möglichkeiten und des Kontextes praktisch ausgeschlossen. Bei

וַיִּרְאוּ *wajjirʾū* „und sie sahen“ und
וַיִּֽרְאוּ *wajjīr^{e}ʾū* „und sie fürchteten sich“

(nebeneinander in 2Sam 10,19) ist die Orthographie immer eindeutig.

4.4.2 In langen Wörtern kann Meteg zweimal vorkommen (z.B. Lev 23,31 מֹֽשְׁבֹֽתֵיכֶם *mōš^{e}bōtēkæm* „eure Wohnsitze“).

In den neueren Bibelausgaben wird Meteg bei aufgesprengten Silben (→ 4.3.2.3) nicht mehr gesetzt.

Vgl. noch Formen mit Meteg vor einem Konsonanten mit Schwa mobile, dessen Verdoppelung sekundär aufgehoben worden ist, z.B. הַֽמְדַבְּרִים *ham^{e}dab-b^{e}rīm* „die Sprechenden“ in Ex 6,27 (→ 13.3.1.1).

4.4.3 Chateph-Patach und Chateph-Qames stehen gelegentlich auch unter ר und anderen Konsonanten.

4.4.4 Folgt auf den Chateph-Vokal einer aufgesprengten Silbe ein Schwa mobile, so wird der Chateph-Vokal zu einem Kurzvokal, das Schwa mobile zu einem Schwa medium. Dieser Fall begegnet am häufigsten bei gewissen Verbalformen (→ 18.3.1), läßt sich aber auch bei den Eigennamen belegen, vgl.

רַעְמְסֵס *raʿm^{e}sēs* Ramses (Gen 47,11, ohne Aufsprengung)
רַעַמְסֵס *raʿamsēs* Ramses (Ex 1,11, < **raʿ^{a}m^{e}sēs*),
מַעֲדַי *maʿ^{a}daj* Maadai (Esr 10,34)
מַעַדְיָה *maʿadjā* Maadja (Neh 12,5).

4.4.5 Weitere Besonderheiten der Verbindung einkonsonantiger Partikeln mit dem folgenden Wort, die gemeinsam für וְ und die Präpositionen לְ, בְּ und כְּ gelten, sind:

— bei אֱלֹהִים *ʾ^{æ}lōhīm* „Gott“ wird **wæʾ^{æ}lōhīm* kontrahiert
zu וֵאלֹהִים *wēlōhīm* „und Gott“ (ebenso לֵאלֹהִים usw.);
— bei אֲדֹנָי *ʾ^{a}dōnāj* „der Herr“ wird **waʾ^{a}dōnāj*
zu וַאדֹנָי *wadōnāj* „und der Herr“ (ebenso לַאדֹנָי usw.);
— entsprechend wird nach 4.3.1.6 וַיהוָה, לַיהוָה etc. geschrieben (Ketib: *w^{e}jahwæ*, *l^{e}jahwæ* usw.);
— unmittelbar vor der Tonsilbe hat ו vielfach Qames (jedoch meist nur bei nachfolgender Pausa), besonders in Wortpaaren wie תֹּהוּ וָבֹהוּ *tōhū wābōhū* „wüst und öde“ (Gen 1,2).

4.4.6 In den beiden letzten Beispielen (mit Segolaten nach 3.4.12) ist Schwa mobile zu Segol geworden.

Als weiteres Beispiel für die Wirkung der Pausa sei noch Jer 22,29 angeführt: אֶרֶץ אֶרֶץ אָרֶץ שִׁמְעִי דְּבַר יְהוָה׃ „Land, Land, Land, höre das Wort des Herrn".

4.5 Übungen

4.5.1 Leseübung:

מְגִדּוֹ יְרִיחוֹ עֲנָתוֹת מְשֻׁלָּם יְבוּסִי צְפַנְיָה גְּדַלְיָה נְבוֹ שְׁכֶם פְּרָת אֲבִימֶלֶךְ
אֱלִישָׁע אַבְשַׁי אֲבִישַׁי אֱלוּל דְּבוֹרָה יְשַׁעְיָהוּ אֲבִישָׁלוֹם אֶלְנָתָן נְתַנְאֵל אוּרִיָּהוּ
בְּאֵר שֶׁבַע, סְדֹם וַעֲמֹרָה, נְבוּכַדְנֶאצַּר אֲחַשְׁוֵרוֹשׁ בֵּית־שְׁאָן אֲבִיגַיִל זְרֻבָּבֶל
נַעֲמָן עָפְרָה אֶבְיָתָר אֲחֻזַּת יְהוֹשָׁפָט אֱדוֹם אֲדֹמִי אֱמֹרִי חֲמָת אֲמַצְיָה
יִזְרְעֶאל עֲזַרְיָה רְחַבְעָם כְּנַעֲנִי נֶחֱלָמִי אָהֳלִיבָמָה יָגְבְּהָה בְּרַכְאֵל הַלְלוּ־יָהּ

4.5.2 Vokalisiere:

עשו ויעקב משה ושמואל משה ויהושע בלק ובלעם שמרון וירושלם
אליהו ואלישע לפרעה ולמצרים ליהודה ולירושלם לֶאֱלִיעֶזֶר
לַאֲרִיאֵל ולִזְכַרְיָה ולִמְשֻׁלָּם

4.5.3 Die zwölf Söhne Jakobs (Gen 35,23–26)

(בְּנֵי „die Söhne von"; בְּכוֹר „der Erstgeborene von"; שִׁפְחַת „die Magd von"; אֵלֶּה „diese [sind]")

23 בְּנֵי לֵאָה בְּכוֹר יַעֲקֹב רְאוּבֵן וְשִׁמְעוֹן וְלֵוִי וִיהוּדָה וְיִשָּׂשכָר[a] וּזְבוּלֻן׃
24 בְּנֵי רָחֵל יוֹסֵף וּבִנְיָמִן׃ 25 וּבְנֵי בִלְהָה שִׁפְחַת רָחֵל דָּן וְנַפְתָּלִי׃ 26 וּבְנֵי
זִלְפָּה שִׁפְחַת לֵאָה גָּד וְאָשֵׁר אֵלֶּה בְּנֵי יַעֲקֹב ...

4.5.4 Die Liste der Stammesführer (Num 1,5b–15)

(V.5a: „Dies sind die Namen der Männer, die euch zur Seite stehen sollen:")

לִרְאוּבֵן אֱלִיצוּר בֶּן־שְׁדֵיאוּר׃
6 לְשִׁמְעוֹן שְׁלֻמִיאֵל בֶּן־צוּרִישַׁדָּי׃
7 לִיהוּדָה נַחְשׁוֹן בֶּן־עַמִּינָדָב׃
8 לְיִשָּׂשכָר[a] נְתַנְאֵל בֶּן־צוּעָר׃
9 לִזְבוּלֻן אֱלִיאָב בֶּן־חֵלֹן׃
10 לִבְנֵי יוֹסֵף
לְאֶפְרַיִם אֱלִישָׁמָע בֶּן־עַמִּיהוּד
לִמְנַשֶּׁה גַּמְלִיאֵל בֶּן־פְּדָהצוּר׃[b]
11 לְבִנְיָמִן אֲבִידָן בֶּן־גִּדְעֹנִי׃
12 לְדָן אֲחִיעֶזֶר בֶּן־עַמִּישַׁדָּי׃
13 לְאָשֵׁר פַּגְעִיאֵל בֶּן־עָכְרָן׃
14 לְגָד אֶלְיָסָף בֶּן־דְּעוּאֵל׃
15 לְנַפְתָּלִי אֲחִירַע בֶּן־עֵינָן׃

4.5.5 Die drei großen und die zwölf kleinen Propheten

יְחֶזְקֵאל יִרְמְיָה יְשַׁעְיָה

מִיכָה יוֹנָה עֹבַדְיָה עָמוֹס יוֹאֵל הוֹשֵׁעַ

מַלְאָכִי זְכַרְיָה חַגַּי צְפַנְיָה חֲבַקּוּק נַחוּם[c]

4.5.6. Aus der Völkertafel (Gen 10,1a.2–4.6–7.22–23)

(תּוֹלְדֹת „die Nachkommen von“)

1 וְאֵלֶּה תּוֹלְדֹת בְּנֵי־נֹחַ שֵׁם חָם וָיָפֶת ... 2 בְּנֵי יֶפֶת גֹּמֶר וּמָגוֹג וּמָדַי וְיָוָן וְתֻבָל וּמֶשֶׁךְ
וְתִירָס׃ 3 וּבְנֵי גֹּמֶר אַשְׁכְּנַז וְרִיפַת וְתֹגַרְמָה׃ 4 וּבְנֵי יָוָן אֱלִישָׁה וְתַרְשִׁישׁ כִּתִּים וְדֹדָנִים׃ ...
6 וּבְנֵי חָם כּוּשׁ וּמִצְרַיִם וּפוּט וּכְנָעַן׃ 7 וּבְנֵי כוּשׁ סְבָא וַחֲוִילָה וְסַבְתָּה וְרַעְמָה וְסַבְתְּכָא
וּבְנֵי רַעְמָה שְׁבָא וּדְדָן׃ ... 22 בְּנֵי שֵׁם עֵילָם וְאַשּׁוּר וְאַרְפַּכְשַׁד וְלוּד וַאֲרָם׃ 23 וּבְנֵי אֲרָם
עוּץ וְחוּל וְגֶתֶר וָמַשׁ׃

---

[a] Qere: יִשָּׂכָר *jiśśākār*; Ketib: *jiššākār*.

[b] Seltener Fall von He als mater lectionis im Wortinnern.

[c] Kurzer Vokal vor virtuell verdoppeltem Chet (→ 6.3.2.2).

LEKTION 5

5.1 Vorübung: Beobachte die Stellung der wichtigsten Satzglieder S = Subjekt, V = Verbum, O = Objekt in folgenden Sprachproben:

1Kön 9,14 deutsch:

„*Und Hiram sandte dem König hundertzwanzig Talente Gold*“.
1 2 3 4 5 6 7 8

französisch:

„*Hiram envoya au roi cent vingt talents d'or*“.
2 3 4 5 6 7 8

suaheli (ostafrikanische Bantu-Sprache):

„*Hiramu akamletea mfalme talanta mia na ishirini za dhahabu*“.
2 (1) 3 (4) 5 7 6 8

koreanisch:

„*Hiram-i kŭm ilbæg-isip tallant'ŭ-rŭl wang-ege ponæattŏra*“.
2 8 6 7 5 4 3

5.

schottisch-gälisch (keltisch):

„*Agus chuir Hiram a dh'ionnsuidh an righ sè fichead tàlann òir.*“
1 3 2 4 5 6 (6×20) 7 8

hebräisch:

„*wajjišlaḥ ḥīrām lammǽlæk mē᾽ā w*^{e}*ʿæśrīm kikkar zāhāb.*“
1 3 2 4 5 6 7 8

Wo stehen die näherbestimmenden und die näherbestimmten Glieder der Verbindungen Subjekt-Prädikat, Genetivattribut-Nomen und Nomen-Präposition (bzw. Postposition)? (→ 5.4.1)

5.2 Vokabular: Um von Anfang an authentische Sätze des Alten Testaments lesen zu können, lernen wir in dieser und in der folgenden Lektion je fünf der häufigsten Verben in den beiden häufigsten Verbalformen (3. Pers. masc.sing. des „Perfekts“ und des „Waw-Imperfekts“) kennen. Sie sind als Vokabeln zu lernen, noch ohne genaue Einsicht in den Formenbau.

Gerade die häufigsten Verben sind in vielen Sprachen gerne „unregelmäßig“ (weil sie sich dank ihrem häufigen Gebrauch dem Systemzwang am ehesten entziehen können); sie kämen also in der systematisch aufgebauten Grammatik, die vom Regelmäßigen ausgeht, teilweise viel zu spät. Die zweimal zehn Verbformen bilden bereits 10% aller Verbformen im Alten Testament überhaupt (sämtliche Formen der zehn häufigsten Verben umfassen ca. 30% des ganzen Verbbestandes).

Damit die Vokabeln nicht isoliert bleiben, sind formelhafte oder typische Wendungen beigegeben.

5.2.1 Verben:

אָמַר	er hat gesagt / er hatte gesagt	
כֹּה אָמַר יְהוָה	so spricht Jahwe: ...	(→ 5.4.2)
דִּבֶּר	er hat geredet	
כַּאֲשֶׁר דִּבֶּר יְהוָה	wie Jahwe geredet hatte	
עָשָׂה	er hat getan / er hat gemacht	
כֵּן עָשָׂה	so tat er	
הָלַךְ	er ist gegangen	
לֹא הָלַךְ	er ging nicht	
בָּא	er ist gekommen / er ist hineingegangen	
כִּי בָא	daß / weil er gekommen ist	

(*wajjṓmær*)	וַיֹּאמֶר	und er sagte	
	וַיֹּאמֶר אֵלָיו	und er sagte zu ihm	
(*waj*^{e}*dabbēr*)	וַיְדַבֵּר	und er redete	(→ 5.4.3)
	וַיְדַבֵּר יְהוָה אֶל־מֹשֶׁה לֵּאמֹר	und Jahwe sprach zu Mose folgendermaßen: ...	(→ 5.4.4)
(*wajjáʿaś*)	וַיַּעַשׂ	und er tat / und er machte	
	וַיַּעַשׂ לָהֶם	und er tat ihnen	
(*wajjḗlæk*)	וַיֵּלֶךְ	und er ging	
(*-qåm*)	וַיָּקָם וַיֵּלֶךְ	und er machte sich auf und ging	
	וַיָּבֹא	und er kam	
	וַיָּבֹא אֵלָיו	und er kam zu ihm	

5.2.2 Partikeln:

וְ	und / aber	(→ 4.3.2.5)
כֹּה	so	
כַּאֲשֶׁר ... כֵּן	wie ..., so ...	
כַּאֲשֶׁר	als / weil	(→ 5.3.4.4)
לֹא	nicht	
כִּי	daß / denn / weil / wenn	(→ 5.3.4.4)
לֵאמֹר	folgendermaßen / indem er sagte	(→ 5.3.4.3)

5.2.3 Präpositionen:

	לְ	für / hinsichtlich / zu	
	לוֹ	ihm / für ihn	
	לָהֶם	ihnen / für sie	
	אֶל־	zu / nach ... hin	
(*ʾēlāw*)	אֵלָיו	zu ihm	(→ 5.4.5)

5.2.4 Nomina:

מֶלֶךְ	König
הַמֶּלֶךְ	der König
מֶלֶךְ פְּלִשְׁתִּים	der König der Philister
נָבִיא	Prophet
הַנָּבִיא	der Prophet

כֹּל	(Gesamtheit) alle / jeder / ganz
כָּל־יִשְׂרָאֵל	ganz Israel
אֱלֹהִים	Gott (Pluralform, selten Sing. אֱלוֹהַּ)
לֵאלֹהִים	zu Gott
בֵּן	Sohn
בֶּן־הַמֶּלֶךְ	der Sohn des Königs
בַּיִת	Haus
בֵּית־הַמֶּלֶךְ	das Haus des Königs

5.3.1 Verbalsätze. Die Mehrzahl der hebräischen Sätze sind Sätze mit einem finiten Verbum, sog. Verbalsätze. Ihre allgemeine Funktion ist es, Handlungen und Vorgänge (samt deren Ergebnis) auszusagen, nicht aber, Verhältnisse und Eigenschaften zu beurteilen und zu schildern (→ 7.3.1).

Der einfache erzählende oder feststellende Aussagesatz, der kein Satzglied außer dem Verbum besonders hervorhebt, hat das Grundschema: Verbum — Subjekt — Prädikatsergänzung, z.B. Gen 28,9:

וַיֵּלֶךְ עֵשָׂו אֶל־יִשְׁמָעֵאל „und Esau ging zu Ismael".

Das Verbum allein kann als Satzkern einen vollständigen Satz bilden, da es ein (pronominales) Subjekt in sich enthält. Das nominale Subjekt tritt, wenn es nicht besonders hervorgehoben oder als selbstverständlich weggelassen wird, hinter das Verbum (als Apposition zu dessen pronominalem Subjekt). Die Ergänzungen (Objekt, adverbielle Bestimmungen etc.) schließen sich an.

Das Hebräische stellt also, ähnlich wie z.B. die keltischen Sprachen, den Satzkern als das zu Bestimmende an den Anfang und läßt die näherbestimmenden Satzglieder folgen. Auch bei nominalen Wortverbindungen wird übrigens das näherbestimmende Adjektiv oder der näherbestimmende Genetiv nachgestellt, in genauer Umkehrung zu zahlreichen asiatischen Sprachen wie dem Japanischen und Koreanischen, wo das Bestimmende dem zu Bestimmenden konsequent vorangeht (→ 5.1).

5.3.1.1 Der abweichenden Wortstellung (dt.: S — V — O, hebr.: V — S — O) kann man beim Übersetzen dadurch Rechnung tragen, daß man das Subjekt provisorisch noch unbestimmt läßt („und es ging ..."), bis man den Satz entsprechend der normalen deutschen Wortstellung (Verbum in zweiter Position) umformen kann („und ... ging").

5.3.1.2 Vor das Verbum treten gewöhnlich nur satzeinleitende Partikeln oder kurze adverbielle Näherbestimmungen (כִּי כַּאֲשֶׁר כֵּן כֹּה etc.). Regelmäßig vor dem Verbum steht die Negation (לֹא in Aussagesätzen).

5.3.1.3 Zu diesen Partikeln vor dem Verbum gehört auch ·וַ *wa-* „und dann", das sog. Waw consecutivum (mit Verdoppelung des folgenden Konsonanten, nur vor „Imperfekt"), z.B. וַיֵּלֶךְ *wajjēlæk* „und dann ging er" (auch mit „da ging er" oder einfach „er ging" übersetzbar). Waw consecutivum duldet keine anderen Partikeln vor sich und kann nicht vom Verbum getrennt werden. Das sog. Imperfectum consecutivum oder Waw-Imperfekt bildet in der Erzählung ganze Ketten und hat immer die Anfangsstellung im Satz. Da die Negation vor das Verbum gestellt wird, kann ein Waw-Imperfekt nicht negiert werden (dafür לא + Perfekt: וְלֹא הָלַךְ).

5.3.1.4 Das gemeinsame Subjekt kann bei einer Kette von Verben hinter das letzte Verbum gestellt werden, vgl.

1Sam 3,6: וַיָּקָם שְׁמוּאֵל „Und Samuel machte sich auf
וַיֵּלֶךְ אֶל־עֵלִי und ging zu Eli" mit
2Sam 6,2: וַיָּקָם וַיֵּלֶךְ דָּוִד „Und David machte sich auf und ging ...".

5.3.1.5 Vor das Subjekt können nur kurze adverbielle Bestimmungen treten, so namentlich Präpositionen mit Pronominalsuffixen (s.u. 5.3.2) wie z.B. in

1Sam 15,13: וַיֹּאמֶר לוֹ שָׁאוּל „da sagte Saul zu ihm: ...".

5.3.2 Präpositionen. Die Präpositionen gehören zu den „grammatischen Wörtern" mit geschlossenem Inventar. Mit dreizehn Präpositionen, deren Frequenzen im Alten Testament zwischen 400 und 20000 liegen, werden fast sämtliche lokalen, temporalen, modalen, kausalen, soziativen etc. Relationen ausgedrückt.

5.3.2.1 Nach der Art ihrer Verbindung mit einem Nomen werden unterschieden:

— einkonsonantige Präpositionen, die als Präfixe mit dem Nomen verbunden werden (z.B. לְ; → 4.3.2.4);
— zweikonsonantige kurzvokalige Präpositionen, die mit Maqqeph an das folgende Wort angeschlossen werden (z.B. אֶל־);
— Segolata, die für sich stehen (z.B. תַּחַת „unter");
— selbständig stehende, aus einem Präfix mit Nomen bestehende präpositionale Ausdrücke (z.B. לִפְנֵי < פְּנֵי + לְ „angesichts" = „vor").

Es begegnen auch zusammengesetzte Präpositionen (z.B. מֵעִם „von bei") und mit einfachen Präpositionen abwechselnde präpositionale Wendungen (z.B. בְּקֶרֶב „in der Mitte von" = בְּ „in").

5.3.2.2 Die Präpositionen sind ursprünglich Nomina im adverbiellen Akkusativ; sie verbinden sich mit dem folgenden Wort in einer Constructus-Verbindung (s.u. 5.3.3) und werden so von dem folgenden Genetiv näherbestimmt. Anders als in den indogermanischen Sprachen werden daher keine nominalen oder verbalen Komposita gebildet; dafür verbinden sich die Präpositionen als ehemalige Nomina mit Pronominalsuffixen.

5.3.2.3 Von den dreizehn häufigen Präpositionen, die in den Lektionen 5–7 sukzessive eingeführt werden, benützen wir vorläufig zwei:

לְ *le* (< **la*), die vielseitigste lokale, temporale, modale und kausale Präposition der Richtung und Hinsicht: „zu / nach ... hin / in bezug auf / zugunsten von / für", die auch dem dt. Dativ entspricht (→ 27.3.3), und

אֶל־ *ʾæl-* (< *ʾ*il*[*aj*]), lokal „nach ... hin / (auf ...) zu", auch übertragen „im Hinblick auf".

5.3.2.4 Die Suffixformen der 3. Pers.masc.sing. לוֹ „für ihn / zu ihm" und אֵלָיו „zu ihm" enthalten das Pronominalsuffix *-hū*, das mit der Grundform verbunden unter Wegfall des h und Kontraktion der Vokale **la-hū* > **law* > *lō* bzw. *ʾ*ilaj-hū* > *ʾ*ilajw* > *ʾēlāw* ergeben hat. לָהֶם „zu ihnen / ihnen" besteht aus **la* mit Vortondehnung und dem Suffix der 3. Pers.masc. plur. *-hæm*.

5.3.3 Constructus-Verbindung. Im Unterschied zu vielen Sprachen ist im (klassischen) Hebräisch die Wortzusammensetzung als Mittel der Wortbildung nicht gebräuchlich.

Die Eigennamen, die häufig aus zwei Elementen bestehen, sind meist Satznamen, bei denen eine Verbalform und ein Nomen zusammengerückt sind, vgl. יַעֲשִׂיאֵל und עֲשָׂהאֵל (עָשָׂה־אֵל) „Gott hat gemacht".

Dagegen kennt das Hebräische in der Syntax der Nomina neben der Apposition (דָּוִד הַמֶּלֶךְ, meist הַמֶּלֶךְ דָּוִד „König David") die attributive Näherbestimmung eines Nomens durch ein anderes im Genetiv, die sog. Constructus-Verbindung. Nach dem Abfall der kurzen Kasusvokale (-u Nom., -a Akk., -i Gen., z.B. im Arabischen noch erhalten) wird das Genetiv-Verhältnis nur noch durch engen Anschluß (Anlehnung des Nomen regens an das Nomen rectum) bezeichnet. Das Nomen rectum steht nach, bleibt in seiner Form unverändert und zieht den Hauptton auf sich. Das angelehnte Nomen regens steht voran, ordnet sich, ohne den Ton völlig zu verlieren, dem Hauptton des nachfolgenden Nomen rectum unter und wird daher, soweit dies zulässig ist, verkürzt, besonders in der Vokalaussprache. Die selbständige Form des Nomens heißt Status absolutus (st.abs.), die angelehnte Status constructus (st.cs.). Vgl.

	בֵּן	*bēn* (st.abs.; st.cs.: בֶּן־ *bæn-*)
	בֶּן־הַמֶּלֶךְ	*bæn-hammælæk* (vgl. 3.3.2.6)
	כֹּל	*kōl* (st.abs.; st.cs.: כָּל־ *kål-*)
	כָּל־יִשְׂרָאֵל	*kål-Jiśrāʾēl* (vgl. 3.3.2.6)
(fem.)	גִּבְעָה	*gibʿā* Gibea (st.abs.; st.cs.: גִּבְעַת)
	גִּבְעַת בִּנְיָמִן	*gibʿat binjāmīn* Gibea in Benjamin
(plur.)	אֱלֹהִים	*ʾælōhīm* Gott (st.abs.; st.cs.: אֱלֹהֵי)
	אֱלֹהֵי יִשְׂרָאֵל	*ʾælōhē Jiśrāʾēl* der Gott Israels.

5.3.3.1 Durch einen determinierten Genetiv (Eigennamen, Nomen mit Artikel oder Personalsuffix) wird auch das Nomen regens determiniert; doppelte Determination unterbleibt, vgl.

בֶּן־נָבִיא	*bæn-nābī(ʾ)*	ein Prophetensohn (= ein Angehöriger des Prophetenstandes)
בֶּן־דָּוִד	*bæn-dāwīd*	der Sohn Davids
בֶּן־הַמֶּלֶךְ	*bæn-hammælæk*	der Sohn des Königs.

5.3.3.2 Soll das Nomen regens indeterminiert bleiben, so umschreibt man den Genetiv mit der Präposition לְ, vgl.

בֶּן־יִשַׁי	*bæn-jīšaj*	der Sohn Isais
בֵּן לְיִשַׁי	*bēn lejīšaj*	ein Sohn Isais.

5.3.4 Semantische Bemerkungen. Die im Vokabular angegebenen Wortbedeutungen sind nur grobe Annäherungen und Abkürzungen für einen oft vielfach gegliederten Verwendungsbereich der Wörter. In vielen Fällen ist der Umfang der Wortbedeutung anders abgegrenzt als im Deutschen; er kann z.B. enger oder weiter sein.

5.3.4.1 Eine verengerte Verwendungsweise zeigt לֹא gegenüber dt. „nicht“, insofern es hauptsächlich nur in aussagenden Verbalsätzen, nicht aber in Wunschsätzen und in (verblosen) Nominalsätzen vorkommt (→ 10.3.3/4).

5.3.4.2 Einen sehr weiten Bedeutungsumfang haben die Verben

עָשָׂה ⟨ tun (agere) / machen (facere)

בָּא ⟨ kommen (Oppositum: gehen) / hineingehen (Oppositum: hinausgehen).

Auch אָמַר kann je nach dem Zusammenhang nicht nur mit „sagen“ (gehobener: „sprechen“), sondern auch mit „fragen“, „antworten“, „(einem Untergebenen) befehlen“ oder „(zu sich selber sagen =) denken“ übersetzt werden.

5.3.4.3 Bei sinnverwandten Wörtern ist oft eine genauere Bedeutungsabgrenzung möglich. Gegenüber דִּבֶּר „reden“ („Worte machen“, λαλεῖν), das die Tätigkeit des Sprechens meint, zielt אָמַר „sagen: ...“ (λέγειν) auf den Inhalt, auf die Mitteilung der direkten Rede.

Bei anderweitigen verba dicendi wird der Übergang zur direkten Rede oft durch zusätzliches וַיֹּאמֶר „... und sagte:“ oder durch לֵאמֹר (eigentlich לְ + Infinitiv) „dicendo/indem er sagte/mit den Worten/folgendermaßen“ bewerkstelligt. לֵאמֹר in dieser Funktion eines Doppelpunktes kann oft unübersetzt gelassen werden.

5.3.4.4 Bei den Partikeln kann das stark polyseme כִּי dem Übersetzenden Schwierigkeiten bereiten. Manchmal ist es eine Beteuerung („ja / fürwahr“), meist aber eine satzeinleitende Konjunktion. Nach Verben des Sagens und Wahrnehmens leitet es Objektsätze ein („daß“). In Anfangsstellung ergibt es meistens einen Konditionalsatz („wenn“); in einem nachgestellten Satz versuche man zuerst eine Übersetzung mit „weil“ oder „denn“ (Kausalsatz).

כַּאֲשֶׁר und כֵּן werden korrelativ in Vergleichssätzen verwendet, כַּאֲשֶׁר auch als temporale („als“) oder kausale Konjunktion („weil“).

5.4 Anmerkungen

5.4.1 Vgl. J. H. Greenberg, Some Universals of Grammar with Particular Reference to the Order of Meaningful Elements, in: Universals of Language, ed. by J. H. Greenberg, 1963, 73–113.

5.4.2 Die Verwendung des hebr. „Perfekts" ist nicht auf eine bestimmte Zeitstufe festgelegt. In den hier zunächst verwendeten Sätzen aus erzählenden Texten kann es mit dt. Imperfekt, Perfekt oder Plusquamperfekt übersetzt werden. In der prophetischen Formel כֹּה אָמַר יְהוָה (sog. Botenformel) liegen die Bedeutungen „so hat Jahwe gesprochen" und „so spricht Jahwe (hiermit durch mich)" ineinander.

5.4.3 In יְ wird nach Waw consecutivum (→ 5.3.1.3) das Dagesch forte regelmäßig weggelassen (→ 3.4.18).

5.4.4 Das Dagesch im Lamed ist ein sog. Dagesch forte euphonicum (coniunctivum), durch welches zwei Wörter, deren erstes auf -ā oder -ǣ ausgeht, eng verbunden werden können.

5.4.5 Im Suffix ָיו wird י nur noch geschrieben, nicht mehr ausgesprochen.

5.5 Übungen

5.5.1 Übungssätze:

1. בָּא דָוִד אֶל־בֵּית אֲחִימֶלֶךְ׃ 2. וַיֵּלֶךְ אַבְרָם כַּאֲשֶׁר דִּבֶּר אֵלָיו יְהוָה
3. וַיָּבֹא יַעֲקֹב לוּזָה[a] 4. וְלֹא־בָא שְׁמוּאֵל הַגִּלְגָּל[b] 5. וַיָּבֹא שְׁמוּאֵל
אֶל־שָׁאוּל וַיֹּאמֶר לוֹ שָׁאוּל 6. וַיָּבֹא אֵלָיו יְשַׁעְיָהוּ בֶן־אָמוֹץ הַנָּבִיא וַיֹּאמֶר
אֵלָיו׃ כֹּה־אָמַר יְהוָה 7. וַיַּעַשׂ יְהוֹשֻׁעַ כַּאֲשֶׁר אָמַר־לוֹ מֹשֶׁה 8. וַיֵּלֶךְ
יִצְחָק אֶל־אֲבִימֶלֶךְ מֶלֶךְ־פְּלִשְׁתִּים גְּרָרָה[a]׃ 9. וַיֵּלֶךְ רְחַבְעָם שְׁכֶם[a] כִּי
שְׁכֶם[a] בָּא כָל־יִשְׂרָאֵל 10. וַיַּעַשׂ יְהוָה לְשָׂרָה כַּאֲשֶׁר דִּבֵּר[c]׃ 11. כַּאֲשֶׁר
עָשָׂה לְחֶבְרוֹן כֵּן־עָשָׂה לִדְבִרָה[d] 12. וַיָּבֹא חוּשַׁי אֶל־אַבְשָׁלוֹם וַיֹּאמֶר
אַבְשָׁלוֹם אֵלָיו לֵאמֹר

5.5.2 Übersetze:

1. So hat Joab geredet.
2. Und Josua tat so.
3. Und Bālāq tat, wie Bilʿām geredet hatte.
4. So spricht Bālāq, der Sohn des Ṣippōr.
5. Da ging Ephraim zu Assur.
6. Da ging Joab zum König hinein und sprach: ...

6.

5.5.3 Unpunktierte Sätze:

ויבא 3. ויעש בלק כאשר אמר בלעם 2. ויעש ירמיהו כן 1.
אלהים אל בלעם ויאמר 4. ויבא גד אל דויד ויאמר לו כה אמר
יהוה 5. ויעש להם יהושע כאשר אמר לו יהוה

---

[a] He locale (→ 2.4.5); auch der bloße Akk. des Ortes dient zur Richtungsangabe, vgl. 1Kön 12,1 (Satz 9) mit 2Chr 10,1 שְׁכֶמָה.

[b] Eigenname mit Artikel (→ 6.1).

[c] Pausalform mit Sere.

[d] He locale in abgeschwächter Bedeutung (= לִדְבִיר).

LEKTION 6

6.1 Vorübung: Eigennamen sind an sich schon determiniert und stehen deshalb ohne Artikel. Doch können Gattungsbegriffe, die zu Eigennamen geworden sind, den Artikel beibehalten (vgl. Den Haag, Le Havre, El-Quds [„das Heiligtum“ = Jerusalem], Istanbul [< εἰς τὴν πόλιν]). Auch einige Gewässer, Gebirge und Landschaftsnamen stehen gewöhnlich mit dem Artikel. Ferner begegnen Appellative mit Artikel in Wortverbindungen, die als Eigennamen dienen. Beim Gentilizium ist der Artikel wie bei jedem Adjektiv möglich.

Aus folgenden Eigennamen mit Artikel können die meisten Regeln für die Form, in welcher sich der Artikel mit seinem Nomen verbindet, abgeleitet werden. Wann steht *ha-* (mit oder ohne Dagesch forte), *hā-* oder *hæ-*?

Gewässer: הַיַּרְדֵּן הַיַּבֹּק הַבְּשׂוֹר הַיְאֹר

Gebirge: הַכַּרְמֶל הַגִּלְבֹּעַ הַפִּסְגָּה הַלְּבָנוֹן

Landschaften: הַבָּשָׁן הַגָּלִיל הַגִּלְעָד הָעֲבָרִים

Ortschaften: הָאֲתָרִים הַגִּבְעָה הַגִּלְגָּל הַחָרְמָה
הֶחָרֶס הַמִּצְפָּה הָעַי הָעָ֫י הָעָפְנִי הָֽרַבָּה הָרָמָה הַשִּׁטִּים

Wortverbindungen: אֶבֶן הָעֶזֶר בֵּית הַיְשִׁמוֹת בֵּית הַכֶּרֶם בֵּית הָעֵמֶק
בֵּית הָעֲרָבָה בֵּית הַשִּׁטָּה גִּבְעַת הָאֱלֹהִים גֹּרֶן הָאָטָד גַּת הַחֵפֶר עִיר הַהֶרֶס
עִיר הַמֶּלַח קִרְיַת הָֽאַרְבַּע קִרְיַת הַיְּעָרִים הֹר הָהָר הָהָר הֶחָלָק עֵמֶק הֶחָרוּץ

Gentilizia: הַהַגְרִי הַהֲרָרִי הָֽעָזִּיאֵלִי הַיְּהוּדִי

Dtn 7,1: הַחִתִּי וְהַגִּרְגָּשִׁי וְהָאֱמֹרִי וְהַכְּנַעֲנִי וְהַפְּרִזִּי וְהַחִוִּי וְהַיְבוּסִי

Num 26,15–21: הַצְּפוֹנִי הַחַגִּי הַשּׁוּנִי הָאָזְנִי הָעֵרִי הָאֲרוֹדִי הָאַרְאֵלִי הַשֵּׁלָנִי הַפַּרְצִי
הַזַּרְחִי הַחֶצְרֹנִי הֶחָמוּלִי

6.2 Vokabular

6.2.1 Verben:

נָתַן	er hat gegeben / gesetzt	(→ 6.4.1)
נָתַן לְאִשָּׁה	er gab zur Frau	
לָקַח	er hat genommen	
לָקַח לְאִשָּׁה	er nahm zur Frau	(→ 6.4.2)
הָיָה	er ist gewesen / geworden	
הָיָה לוֹ בֵן	er hatte einen Sohn	(→ 6.4.3)
רָאָה	er hat gesehen	
אֲשֶׁר רָאָה אֶת־הַבַּיִת הַזֶּה	..., der dieses Haus gesehen hat	
שָׁמַע	er hat gehört	
לֹא שָׁמַע אֵלָיו	er hörte nicht auf ihn	
וַיִּתֵּן	und er gab / setzte / setzte ein	
וַיִּתֵּן אֶת־בִּתּוֹ	und er gab seine Tochter	
וַיִּקַּח	und er nahm	
וַיִּקַּח אֶת־בְּנוֹ	und er nahm seinen Sohn	
וַיְהִי	und er war / wurde / und es geschah	
וַיְהִי דְּבַר יְהוָה	und es erging das Wort Jahwes	
וַיַּרְא	und er sah	
וַיַּרְא אֶת־הָאִישׁ וַיֹּאמֶר	als er den Mann sah, sagte er	
וַיִּשְׁמַע	und er hörte	
וַיִּשְׁמַע בְּקוֹלוֹ	und er hörte auf seine Stimme	

6.2.2 Präpositionen:

	בְּ	in / mit / durch (instrumental)
	בּוֹ	in ihm / durch ihn
	כְּ	wie / entsprechend
(*kāmṓhū*)	כָּמֹהוּ	wie er
	עַל־	auf / über / gegen / wegen
(*ʿālāw*)	עָלָיו	auf ihm / gegen ihn / wegen ihm
	עִם־	mit (soziativ)
	וַיהוָה הָיָה עִמּוֹ	Jahwe aber war mit ihm
	בֵּין	zwischen
	בֵּין הַמֶּלֶךְ וּבֵין הָעָם	zwischen dem König und dem Volk
	תַּחַת	unter / anstelle von
	תַּחְתָּיו	an seine / seiner Stelle

6.2.3	Partikeln:	אֲשֶׁר	Relativ-Partikel / daß
		כָּל־אֲשֶׁר עָשָׂה	alles, was er getan hatte
		אֵת/אֶת־	Akkusativ-Zeichen (nota accusativi)
		אֹתוֹ	ihn
		הַ·	Artikel
6.2.4	Demonstrativa:	זֶה	dieser (m.)
		הַבַּיִת הַזֶּה	dieses Haus
		זֹאת	diese (f.) / (auch neutrisch: dies)
		הָאָרֶץ הַזֹּאת	dieses Land
	(*'éllæ*)	אֵלֶּה	diese (pl. m./f.)
		הַדְּבָרִים הָאֵלֶּה	diese Worte / diese Ereignisse
6.2.5	Nomina:	אִישׁ	Mann / jemand / ein jeder
		אִישׁ אֱלֹהִים	ein Gottesmann
		אִשָּׁה	Frau
	(*'éšæt*)	אֵשֶׁת הָאִישׁ	die Frau des Mannes
		אִשְׁתּוֹ	seine Frau
		בָּנִים	Söhne
		בְּנֵי יִשְׂרָאֵל	die Israeliten
		בַּת	Tochter
		בִּתּוֹ	seine Tochter
		צֹאן	Kleinvieh (Schafe und Ziegen) (koll.)
		צֹאן וּבָקָר	Schafe und Rinder
		בָּקָר	Rinder (koll.)
		בֶּן־בָּקָר	(einzelnes) Rind
		עַם (הָעָם)	Volk (das Volk)
		עַמּוֹ	sein Volk
		כֹּהֵן	Priester
		הַכֹּהֵן הַגָּדוֹל	der Hohepriester
		רֹאשׁ	Kopf / Haupt / Gipfel / Anfang
		רֹאשׁ הַכַּרְמֶל	der Gipfel des Karmel
		קוֹל	Stimme / Geräusch
		בְּקוֹל גָּדוֹל	mit lauter Stimme
		דָּבָר	Wort / Sache / Ereignis
		דְּבַר יְהוָה	das Wort Jahwes
		הַדְּבָרִים	die Worte / die Ereignisse

צָבָא	Heer
צְבָאוֹת	Heerscharen (pl.)
(f.) אֶרֶץ	Land / Erde
בָּאָרֶץ הַזֹּאת	in diesem Land
חָכְמָה	Weisheit
חָכְמַת שְׁלֹמֹה	die Weisheit Salomos
שָׁלוֹם	Friede / Wohlergehen
בְּשָׁלוֹם / לְשָׁלוֹם	in Frieden
גָּדוֹל	groß
הַמֶּלֶךְ הַגָּדוֹל	der Großkönig

6.3.1 Verbalsätze (Fortsetzung)

Die in 5.5 verwendeten Sätze sind alle intransitiv (Vorgangssätze), obwohl in עָשָׂה schon ein transitives Verbum zur Verfügung stand. Um mit transitiven Verben (neu: נָתַן, לָקַח, שָׁמַע, רָאָה) gebildete Handlungssätze einführen zu können, ist jetzt die Behandlung der sog. nota accusativi erforderlich. Weiter sind Fragen der Übersetzung und der Wortstellung zu erörtern.

6.3.1.1 Das Akkusativ-Zeichen (nota accusativi) lautet alleinstehend אֵת *'ēt,* wird aber meistens enttont als אֶת־ *'æt-* mit Maqqeph angeschlossen. Die Suffixformen gehen überwiegend von der Grundlage *'ōt-* aus (אתו „ihn").

אֵת/אֶת־ verhält sich wie eine Präposition und wird in Prosa vor determiniertem Nomen verwendet. Andernfalls bleibt der Akkusativ unbezeichnet. Determiniert ist ein Nomen

— als Eigenname,
— durch den Artikel,
— durch ein Pronominalsuffix,
— durch einen nachfolgenden determinierten Genetiv.

Beispiele:

כַּאֲשֶׁר רָאָה יַעֲקֹב אֶת־רָחֵל	„als Jakob Rahel sah"
וַיִּקַּח דָּוִד אֶת־רֹאשׁ הַפְּלִשְׁתִּי	„und David nahm den Kopf des Philisters"
עָשָׂה אתו	„er machte ihn"

6.

Das Akkusativ-Zeichen fehlt, wenn das Nomen indeterminiert ist, vgl. 1Kön 5,9:

וַיִּתֵּן אֱלֹהִים חָכְמָה לִשְׁלֹמֹה „und Gott gab Salomo Weisheit".

6.3.1.2 Normalerweise *kongruiert* das Verbum in Geschlecht und Zahl mit seinem Subjekt. Doch kann das voranstehende Verbum auch im Singular angetroffen werden, wenn es sich in gleicher Weise auf verschiedene Subjekte bezieht, vgl.

Ex 34,30: וַיַּרְא אַהֲרֹן „und Aaron und alle Israeliten
וְכָל־בְּנֵי יִשְׂרָאֵל אֶת־מֹשֶׁה sahen Mose".

6.3.1.3 Das Grundgerüst der Erzählung wird durch *Ketten von Waw-Imperfekten* gebildet (→ 5.3.1.3/4): „und dann ... und dann ... und dann ..." (das Waw-Imperfekt wird deswegen auch *Narrativ* genannt). Das Hebräische verwendet dabei öfter die Nebenordnung (Parataxe), wo für unser Sprachgefühl die Unterordnung (Hypotaxe) angebracht wäre. Wo es sich ungezwungen ergibt, kann daher oft mit einem (meist temporalen) Nebensatz übersetzt werden, vgl.

1Sam 15,13: וַיָּבֹא שְׁמוּאֵל „als nun Samuel zu Saul kam,
אֶל־שָׁאוּל וַיֹּאמֶר לוֹ שָׁאוּל sprach Saul zu ihm: ...".

6.3.1.4 Eine Erzählung wird gerne mit einer an וַיְהִי „und es geschah" angeschlossenen Zeitbestimmung eröffnet. Das Verbum dient hier als einleitende Formel und ist semantisch etwas entleert. Bei der Übersetzung kann daher auf die schwerfällige Wiedergabe mit „und es geschah" verzichtet werden:

Gen 29,23: וַיְהִי בָעֶרֶב „am Abend aber
וַיִּקַּח אֶת־לֵאָה בִתּוֹ nahm er seine Tochter Lea ..."

6.3.1.5 Die bis jetzt verwendeten Verbalsätze weisen alle die „normale" Wortstellung V — S auf. Bei der fortlaufenden Erzählung mit Waw-Imperfekt-Ketten ist eine andere Wortstellung gar nicht möglich (→ 5.3.1.3). Aber auch wenn Feststellungen im Perfekt getroffen werden, kann das Verbum am Anfang stehen, so bei der Meldung in direkter Rede:

Ps 52,2 („als Doeg, der Edomiter, kam und Saul meldete:)

בָּא דָוִד אֶל־בֵּית אֲחִימֶלֶךְ David ist in das Haus Ahimelechs gekommen", und bei einem die Erzählung zusammenfassenden Rückblick:

Jos 10,39: כַּאֲשֶׁר עָשָׂה „wie er Hebron getan hatte, so
לְחֶבְרוֹן כֵּן־עָשָׂה לִדְבִרָה tat er Debir“;

1Kön 12,32: כֵּן עָשָׂה בְּבֵית־אֵל „so tat er in Bethel“.

6.3.1.6 Nicht selten kommen aber auch Verbalsätze mit nachgestelltem Verbum vor, sog. invertierte Verbalsätze. Diese Änderung der gewöhnlichen Wortfolge durch Voranstellung des Subjekts (oder Objekts oder einer Prädikatsergänzung) ist für die Bedeutung des Satzes relevant und sollte bei der Übersetzung soweit möglich berücksichtigt werden.

Gemeinsam ist allen folgenden Beispielen aus den erzählenden Texten, daß der Fluß der Erzählung unterbrochen wird, sei es durch Neueinführung eines Ereignisses, einer Person oder eines Sachverhaltes (Diskontinuität) oder durch Markierung der Gleichzeitigkeit zweier Vorgänge (Parallelität):

2Sam 13,21 (Thamar blieb nach ihrer Entehrung einsam im Hause ihres Bruders Absalom:)

וְהַמֶּלֶךְ דָּוִד שָׁמַע אֵת „Als der König David alle diese Ereignisse
כָּל־הַדְּבָרִים הָאֵלֶּה ... hörte, (wurde er sehr zornig)“ (das Hören wird nicht als Folge des Bleibens erzählt).

Gen 26,26 („Und Isaak schlug dort sein Zelt auf, und seine Knechte gruben dort einen Brunnen“)

וַאֲבִימֶלֶךְ הָלַךְ אֵלָיו מִגְּרָר „Nun kam einst Abimelech zu ihm von Gerar ...“ (Neueinsatz mit neuen Personen).

Ex 1,5 (Nach der Aufzählung der nach Ägypten gekommenen Israeliten wird nachgetragen:)

וְיוֹסֵף הָיָה בְמִצְרָיִם „Joseph aber war (schon) in Ägypten“.

1Sam 23,18 („Und David blieb in Hores, ...“)

וִיהוֹנָתָן הָלַךְ לְבֵיתוֹ „Jonathan aber ging nach Hause“ (gleichzeitige kontrastierende Handlungen).

1Sam 9,17: וּשְׁמוּאֵל רָאָה „Kaum erblickte nun Samuel den Saul, so
אֶת־שָׁאוּל וַיהוָה עָנָהוּ bedeutete ihm Jahwe auch schon: ...“

(Gleichzeitigkeit durch parallele Wortfolge וְ + Subjekt + Perfekt ausgedrückt).

6.

Gen 4,2: וַיְהִי־הֶבֶל רֹעֵה צֹאן „Abel wurde ein Schäfer, Kain aber wurde
וְקַיִן הָיָה עֹבֵד אֲדָמָה׃ ein Ackerbauer“

(gleichzeitiger, gleichgewichtiger, kontrastierender Vorgang, ausgedrückt durch zwei Verbalsätze in chiastischer Wortstellung:

Waw-Imperfekt — Subjekt A

w^e + Subjekt B — Perfekt).

6.3.1.7 **Auch bei Feststellungen ist die Inversion bedeutsam, da sie den** vorangestellten Satzteil hervorhebt („was ... anbetrifft, so ...“), vgl.

Hi 1,21: יְהוָה נָתַן „Jahwe hat gegeben, und Jahwe hat ge-
וַיהוָה לָקָח nommen, (der Name Jahwes sei gelobt)“

(umständlicher, aber sinngemäß: „Jahwe ist es, der es gegeben hat, und derselbe Jahwe hat es wieder genommen“).

6.3.2. Relativsätze

Sätze, die ein Bezugswort attributiv näherbestimmen, und solche, die als Ganzes ein Nomen in der Funktion eines Subjekts, Objekts oder in einem präpositionalen Ausdruck vertreten (nominalisierte Sätze), werden meistens durch die Partikel אֲשֶׁר *'ᵃšær* eingeführt, vgl.

Ri 18,27: וְהֵמָּה לָקְחוּ אֵת „Sie aber nahmen,
| אֲשֶׁר | עָשָׂה מִיכָה | *was Micha gemacht hatte,*
וְאֶת־הַכֹּהֵן und den Priester,
| אֲשֶׁר | הָיָה־לוֹ | *den er gehabt hatte*“.

הַכֹּהֵן „der Priester“ ist hier Bezugswort für den attributiv verwendeten Satz הָיָה לוֹ „er gehörte ihm“; אֵת אֲשֶׁר עָשָׂה מִיכָה ist der als Akkusativ-Objekt verwendete nominalisierte Satz, der etwa der Aussage von Ri 17,5 וַיַּעַשׂ אֵפוֹד וּתְרָפִים „und er (Micha) machte ein Ephod und einen Theraphim (= Kultgegenstände)“ entspricht.

Im Deutschen wird in beiden Fällen mit einem Relativsatz übersetzt: „den er gehabt hatte“ bzw. „das, was Micha gemacht hatte“. Im Unterschied zum Deutschen, wo Relativpronomina mit Genus-, Numerus- und Kasus-Unterscheidung einen (durch Inversion gekennzeichneten) Nebensatz (in der 3. Pers.) einleiten, bleiben im Hebräischen nach der unveränderlichen

Partikel alle Möglichkeiten eines selbständigen Satzes offen, z.B. auch Aussagen in 1. oder 2. Person.

6.3.2.1 Ist das Bezugswort Subjekt oder Objekt des Attributsatzes (im Beispielssatz ist הַכֹּהֵן Objekt des Hauptsatzes, aber Subjekt des Relativsatzes אֲשֶׁר הָיָה לוֹ), so wird es in diesem meistens nicht besonders repräsentiert; andernfalls erfolgt ein Rückverweis auf das Bezugswort durch ein Personalpronomen oder durch einen präpositionalen Ausdruck (s.u. Ex 9,18).

6.3.2.2 In der Übersetzungspraxis verfährt man bei Schwierigkeiten wie folgt:

— Hat אֲשֶׁר kein Bezugswort oder wird es von einer Präposition (לְ, אֶל־ usw.) regiert, so versucht man, mit „der, welcher" oder „das, was" zu übersetzen.

— Hat אֲשֶׁר ein Bezugswort, so wird der davon abhängige Satz in einer Rohübersetzung mit „wovon gilt: ..." angeschlossen und nachher sinngemäß in einen deutschen Relativsatz umgeformt, z.B.

Ex 9,18:	בָּרָד ...	„einen Hagel, wovon gilt:
	אֲשֶׁר לֹא־הָיָה כָמֹהוּ	nicht ist einer wie er in Ägypten gewesen (seit
	בְּמִצְרַיִם	der Zeit, da es gegründet wurde, bis jetzt)"

= „einen Hagel, desgleichen in Ägypten noch nicht dagewesen ist ...".

6.3.3 Der Artikel

6.3.3.1 Verwendung des Artikels. Das Hebräische verwendet nur den bestimmten Artikel (keinen unbestimmten Artikel „ein"). Er ist eine sprachgeschichtlich verhältnismäßig neue Erwerbung und wird nur in der Prosa regelmäßig gebraucht. In der Poesie, die den älteren Sprachzustand stärker konserviert, kann der Artikel ohne weiteres fehlen.

Im großen und ganzen steht der Artikel ähnlich wie im Deutschen. Er fehlt bei einem Nomen, das schon auf andere Weise determiniert ist (→ 6.3.1.1), also

— vor einem Nomen im status constructus (→ 5.3.3.1),
— vor einem Nomen mit Personalsuffix (vgl. בְּנוֹ ὁ υἱὸς αὐτοῦ),
— vor einem Eigennamen (→ 6.1).

Das attributive Adjektiv, das immer nach dem Substantiv steht, muß, wenn dieses determiniert ist, ebenfalls den Artikel erhalten, vgl.

הַמֶּלֶךְ הַגָּדוֹל	der große König / der Großkönig
בְּנוֹ הַגָּדוֹל	sein ältester Sohn.

6.3.3.2 Form des Artikels. Der Artikel erscheint nie als selbständiges Wort, sondern wird stets mit dem Nomen verbunden. Er lautet ohne Unterschied für Genus und Numerus הַ mit folgendem Dagesch forte (z.B. הַמֶּלֶךְ).

Abweichungen davon entstehen vor allem dadurch, daß ר und die Laryngale (א, ה, ח, ע) nicht verdoppelt werden können (→ 16.3.1). Von den Ausnahmen merke man sich vorläufig nur folgende Fälle, bei denen das Dagesch forte fehlt (weitere Einzelheiten und die Fälle, wo der Artikel הֶ lautet, folgen in 7.3.3):

— vor ר, א und ע fällt Dagesch forte unter Ersatzdehnung des Patach zu Qames weg:

הָרֹאשׁ	der Kopf
הָרָמָה	Rama („die Anhöhe")
הָאֱלֹהִים	(der) Gott
הָאֱמֹרִי	der Amoriter
הָעַי	Ai („der Trümmerhaufen")
הָעַמּוֹנִי	der Ammoniter

— vor ה und ח fällt Dagesch forte ersatzlos aus (sog. virtuelle Verdoppelung):

הַהוּא	jener
עִיר הַהֶרֶס	Ir-Heres (Jes 19,18)
הַחִתִּי	der Hethiter
הַחָכְמָה	die Weisheit
הַחָרְמָה	Horma („der Felsspalt").

6.3.3.3 ב, כ und ל vor dem Artikel. Die präfigierten Präpositionen verschlingen das ה des Artikels und nehmen seinen Vokal an (*b^e^ha- > ba-*; vgl. dt. in dem > im):

לַמֶּלֶךְ	dem König (*lammǽlæk* < **l^e^hammǽlæk*)
בָּאָרֶץ	im Lande
כַּדְּבָרִים הָאֵלֶּה	entsprechend diesen Worten

Die Konjunktion וְ „und" bleibt dagegen unverändert:

וְהַמֶּלֶךְ	und der König	(→ 6.4.4).

6.3.4 Demonstrativpronomina

Im Unterschied zum Latein mit seinem dreistufigen (hic / iste / ille) und zum Deutschen mit seinem zweistufigen (dieser / jener) System von Demonstrativpronomina kennt das Hebräische nur ein einziges eigenständiges Demonstrativpronomen; für das bereits Erwähnte und Vorausgesetzte werden die Personalpronomina der 3. Person (substantivisch ohne, adjektivisch mit dem Artikel) verwendet (הַהוּא *hahū'* „jener", → 8.3.1).

Die Demonstrativa זֶה (sing.m.), זאת (sing.f.) und אֵלֶּה (plur. m./f.) werden substantivisch und adjektivisch gebraucht. Substantivisch stehen sie ohne Artikel, vgl. Ez. 18,11:

אֶת־כָּל־אֵלֶּה לֹא עָשָׂה „dies alles hat er nicht getan";

adjektivisch stehen sie wie attributive Adjektive mit dem Artikel hinter ihrem Substantiv, vgl.

הַדְּבָרִים הָאֵלֶּה „diese Dinge" (→ 6.4.5).

6.3.5 Eingliedrige Sätze

Eingliedrige Satzkerne ohne Verbum sind im Alten Testament nicht häufig. Selbständige Äußerungen, die nicht in Subjekt und Prädikat zerfallen, sind:

— Vokative, z.B. Sach 3,8:

יְהוֹשֻׁעַ הַכֹּהֵן הַגָּדוֹל „Josua, Hoherpriester!"

— Ausrufe, z.B. 2Sam 18,28: שָׁלוֹם „Heil!"

— Überschriften, z.B. Ps 3,1 u.ö.; Jo 1,1:

מִזְמוֹר לְדָוִד „Ein Davidspsalm."

דְּבַר־יְהוָה אֲשֶׁר הָיָה אֶל־ יוֹאֵל בֶּן־פְּתוּאֵל׃ „Das Wort Jahwes, das an Joel, den Sohn Pethuels, erging."

6.4 Anmerkungen

6.4.1 נָתַן mit Akkusativ-Objekt bezeichnet häufig auch die Versetzung an einen Ort, in eine Stellung.

6.4.2 לָקַח allein kann auch schon „heiraten" bedeuten.

6.4.3 In הָיָה sind Sein, Werden, Geschehen und Wirksam-Werden enthalten; das Verbum fungiert jedoch nicht als gewöhnliche Kopula = „ist", wenn nicht spezielle zeitliche oder modale Umstände ausgedrückt werden sollen (→ 7.3.1.1). Dt. „haben" wird durch הָיָה לְ „jemandem gehören" ausgesagt.

6.4.4 Treffen eine präfigierte Präposition und ו zusammen, so ist das Nomen zuerst mit der Präposition zu verbinden:

וּבָאָרֶץ ,וְהָאָרֶץ. וּשְׁמוּאֵל ,וְלִשְׁמוּאֵל,

6.4.5 Die Präposition wird bei einem attributiven Adjektiv nicht wiederholt, vgl. כַּדְּבָרִים הָאֵלֶּה „wie diese Worte".

6.5 Übungen

6.5.1 Übungssätze:

1. וַיְדַבֵּר כַּדְּבָרִים הָאֵלֶּה וַיִּשְׁמַע דָּוִד׃ 2. וְלֹא־שָׁמַע יוֹחָנָן בֶּן־קָרֵחַ
··· וְכָל־הָעָם בְּקוֹל יְהוָה 3. וַיִּשְׁמַע יִתְרוֹ כֹהֵן מִדְיָן חֹתֵן[a] מֹשֶׁה אֵת
כָּל־אֲשֶׁר עָשָׂה אֱלֹהִים לְמֹשֶׁה וּלְיִשְׂרָאֵל עַמּוֹ 4. וַיַּרְא בָּלָק בֶּן־צִפּוֹר
אֵת כָּל־אֲשֶׁר־עָשָׂה יִשְׂרָאֵל לָאֱמֹרִי׃ 5. וַיִּקַּח יְהוֹשֻׁעַ אֶת־כָּל־הָאָרֶץ
כְּכֹל אֲשֶׁר דִּבֶּר יְהוָה אֶל־מֹשֶׁה 6. וַיַּעַשׂ שְׁמוּאֵל אֵת אֲשֶׁר דִּבֶּר יְהוָה
וַיָּבֹא בֵּית לָחֶם 7. אֵלֶּה עָשָׂה בְּנָיָהוּ בֶּן־יְהוֹיָדָע 8. כְּכֹל הַדְּבָרִים
הָאֵלֶּה ··· כֵּן דִּבֶּר נָתָן אֶל־דָּוִד׃ 9. וַיְהִי הַמֶּלֶךְ שְׁלֹמֹה מֶלֶךְ עַל־כָּל־
יִשְׂרָאֵל׃ 10. הַדָּבָר אֲשֶׁר דִּבֶּר יִרְמְיָהוּ הַנָּבִיא אֶל־בָּרוּךְ בֶּן־נֵרִיָּה
11. וַיהוָה נָתַן חָכְמָה לִשְׁלֹמֹה כַּאֲשֶׁר דִּבֶּר־לוֹ וַיְהִי שָׁלֹם בֵּין חִירָם וּבֵין
שְׁלֹמֹה 12. וַיִּתֵּן הַמֶּלֶךְ אֶת־בְּנָיָהוּ בֶן־יְהוֹיָדָע תַּחְתָּיו עַל־הַצָּבָא וְאֶת־
צָדוֹק הַכֹּהֵן נָתַן הַמֶּלֶךְ תַּחַת אֶבְיָתָר׃ 13. וַיְהִי אַחַר[b] דִּבֶּר יְהוָה אֶת־
הַדְּבָרִים הָאֵלֶּה אֶל־אִיּוֹב וַיֹּאמֶר יְהוָה אֶל־אֱלִיפַז הַתֵּימָנִי 14. וַיִּקַּח
אֲבִימֶלֶךְ צֹאן וּבָקָר ··· וַיִּתֵּן לְאַבְרָהָם 15. וַיִּתֵּן מֹשֶׁה אֶת־הַגִּלְעָד
לְמָכִיר בֶּן־מְנַשֶּׁה 16. וַיִּתֶּן־לוֹ שָׁאוּל אֶת־מִיכַל בִּתּוֹ לְאִשָּׁה׃ 17. וְשָׁאוּל
נָתַן אֶת־מִיכַל בִּתּוֹ אֵשֶׁת דָּוִד לְפַלְטִי בֶן־לַיִשׁ 18. וַיִּקַּח תֶּרַח אֶת־אַבְרָם
בְּנוֹ וְאֶת־לוֹט בֶּן־הָרָן בֶּן־בְּנוֹ וְאֵת שָׂרַי כַּלָּתוֹ[c] אֵשֶׁת אַבְרָם בְּנוֹ

6.5.2 Übersetze:

1. Und er hörte nicht auf ihn.
2. Da hörte Gott auf Lea.
3. Und Gott sah die Israeliten.
4. Als nun Israel die Söhne Josephs sah, sprach er: ...
5. Denn er hatte keinen[d] Sohn.
6. Und es gehörte ihm Juda und Benjamin.
7. An Jeremia aber war das Wort Jahwes ergangen.
8. Da nahm Abraham Schafe und Rinder und gab (sie) Abimelech.

6.5.3 Unvokalisierte Sätze:

1. ודבר יהוה היה אל גָּד הנביא 2. ויתן יהוה לישראל את כל הארץ
3. ויהי שלום בין ישראל ובין הָאֱמֹרִי 4. וישמע שאול בקול יהונתן
5. ויהי דבר יהוה אל זְכַרְיָה לאמר כה אמר יהוה צבאות 6. ולא
שמע המלך אל העם 7. וירא אלהים את כל אשר עשה 8. וידבר
אהרן את כל הדברים אשר דבר יהוה אל משה

---

a חֹתֵן = Schwiegervater
b אַחַר = nachdem
c כַּלָּתוֹ = seine Schwiegertochter
d hatte keinen = hatte nicht einen

LEKTION 7

7.1 Vorübung: Mit dem Objekt מִצְוָה „Gebot", בְּרִית „Bund" oder ähnlichen Ausdrücken verbunden bedeutet das Verbum שׁמר („hüten, bewachen") in übertragenem Sinn „bewahren, beobachten, halten", so in dem Geschichtsrückblick 2Kön 17,19, wo יְהוּדָה „Juda" Subjekt ist (s.u. 7.5.4.1). In den folgenden Texten trägt das Verbum verschiedene Endungen, deren Bedeutung (Person/Genus/Numerus) aus dem Kontext zu erschließen ist:

— in einem Bußgebet: וְלֹא־שָׁמַרְנוּ אֶת־הַמִּצְוֹת
— in einer prophetischen Anklage: וְלֹא שָׁמַרְתָּ אֶת־הַמִּצְוָה
— in einem „Geschichtspsalm": לֹא שָׁמְרוּ בְּרִית אֱלֹהִים
— in einer Abschiedsrede Josuas: וּשְׁמַרְתֶּם אֶת־ . . . מִצְוַת יְהוָה
— in einem Bekenntnis: „Meine Seele שָׁמְרָה deine Vorschriften . . . שָׁמַרְתִּי deine Befehle".

In der Erzählung von der Ankündigung der Geburt Isaaks (יִצְחָק) in Gen 18,1–16 wird das Verbum צחק „lachen" mehrfach verwendet: „Da sprach Jahwe zu Abraham: Warum lacht denn Sara? . . . Sara leugnete und sprach: Ich habe nicht gelacht . . . Er aber sprach: Doch, du hast gelacht!" Die dabei verwendeten Verbalformen sind (in anderer Reihenfolge) צָחַקְתִּי, צָחָקְתְּ, (Pausalform für צָחַקְתְּ) und צָחֲקָה. Mit diesen Angaben in Verbindung mit den obigen Texten können alle Formen des Perfekts (mit Ausnahme der seltenen 2. Pers.fem.plur.) gebildet werden. Wie lauten diese acht Formen (Sing.: 1./2. masc./2. fem./3. masc./3. fem.; Plur.: 1./2. masc./3. Pers.) beim Verbum אמר?

7.2 Vokabular

7.2.1 Verben: Im hebräischen Lexikon wird als Nennform üblicherweise die Wurzel angegeben, die als 3. Pers.sing.masc. des Perfekts gelesen wird; die Angabe der dt. Übersetzung erfolgt trotzdem im Infinitiv.

דרש	nach etw. fragen / trachten / fordern
דָּרַשׁ אֶת־יְהוָה	er wandte sich an Jahwe
זכר	an etw./jem. denken / sich erinnern
זָכַר אוֹתָם	er gedachte ihrer
כרת	abschneiden
כָּרַת בְּרִית עִמּוֹ / אִתּוֹ	er schloß einen Bund mit ihm
כתב	schreiben
כָּתַב עַל־סֵפֶר	er schrieb in ein Buch
פקד	sich kümmern um / heimsuchen / mustern
פָּקַד יְהוָה אֶת־עַמּוֹ	Jahwe nahm sich seines Volkes an
קבר	begraben
קָבַר אוֹתָם	er begrub sie
רדף	verfolgen
רָדַף אַחֲרָיו	er jagte hinter ihm her
שׂרף	verbrennen
שָׂרַף בָּאֵשׁ	er verbrannte mit Feuer
שמר	hüten / bewahren / halten (→ 7.1)
שָׁמַר אֹתָנוּ	er hat uns behütet
תפשׂ	fassen / ergreifen
תָּפַשׂ בּוֹ / אֹתוֹ	er ergriff ihn

7.2.2 Präpositionen:

מִן־	von / seit / wegen
מִמֶּנּוּ	von ihm
עַד־	bis / bis zu
מִדָּן וְעַד־בְּאֵר שֶׁבַע	von Dan bis Beerseba
לִפְנֵי	vor
לְפָנָיו	vor ihm
אַחַר / אַחֲרֵי	nach / hinter ... her
הָלַךְ אַחֲרָיו	er folgte ihm
אַחַר	auch adv.: nachher
אֵת / אֶת־	bei / mit (soziativ)
אִתּוֹ	bei ihm / mit ihm

7.2.3 Partikeln:		גַּם	auch	
		רַק	nur	
		שָׁם	dort	
	(*šā́mmā*)	שָׁמָּה	dorthin / dort	
		הִנֵּה	siehe!	
		לְעוֹלָם	auf immer	
		לִקְרַאת	entgegen	
		לִקְרָאתוֹ	ihm entgegen	

7.2.4 Pronomina:		אַתָּה	du (m.)	
	(*hḗmmā*)	הֵם/הֵמָּה	sie (3. pl.m.)	

7.2.5 Fragewörter:		הֲ	Interrogativ-Partikel	(→ 7.3.5.1)
		מִי	wer?	(→ 7.3.5.2)
		מַה־	was?	(→ 7.3.5.2)
		מַדּוּעַ	warum? (informatorisch, verwundert)	
	(*lā́mmā*)	לָמָּה	warum? (vorwurfsvoll)	(→ 7.3.5.2)
		אֵיךְ	wie?	
		אַיֵּה	wo?	
	(*'ā́nā*)	אָנָה ×	wohin?	
		מָתַי ×	wann?	

7.2.6 Nomina:		אָדָם	Mensch / Menschen (koll.)	
		בֶּן־אָדָם	(einzelner) Mensch	
		אֲנָשִׁים	Männer (Pl. von אִישׁ)	
		הָאֲנָשִׁים הָהֵמָּה	jene Männer	
	(f.)	בְּרִית	Bund / Verpflichtung	
		בְּרִיתוֹ	sein Bund	
	(f.)	מִצְוָה	Gebot	
		הַמִּצְוֹת	die Gebote	
		סֵפֶר	Schriftstück / Brief / Buch	
		בַּסֵּפֶר הַזֶּה	in diesem Buch	
		נְאֻם	Ausspruch	
		נְאֻם יְהוָה	(... ist) der Ausspruch Jahwes	
		הַר	Berg / Gebirge	
		הָהָר	der Berg	
		עַל־הֶהָרִים	auf den Bergen	

(f.)	עִיר	Stadt
	הָעִיר הַגְּדוֹלָה	die große Stadt
	הֶעָרִים	die Städte
	נַעַר	Knabe / Knecht
	לַנַּעַר	dem Knaben
	נַעֲרָה	Mädchen / Magd
	לַנַּעֲרָה	dem Mädchen
	עֵץ	Baum / Holz
	מִן־הָעֵץ	von dem Baum
	חַיִּים	Leben (Pl.)
	עֵץ הַחַיִּים	der Baum des Lebens
	אֵשׁ	Feuer
	שׂרף בָּאֵשׁ	mit Feuer verbrennen
	מִלְחָמָה	Kampf / Krieg
	אִישׁ מִלְחָמָה	Kriegsmann / Krieger
	חָכָם	weise / Weiser
	הֶחָכָם	der Weise
	כֶּסֶף	Silber / Geld
	כֶּסֶף וְזָהָב	Silber und Gold
	זָהָב	Gold
	אֱלֹהֵי כֶסֶף וֵאלֹהֵי זָהָב	silberne und goldene Götter

7.3.1 Nominalsätze (I)

7.3.1.1 Neben den Verbalsätzen (→ 5.3.1) begegnen im Hebräischen auch Sätze ohne finites Verbum, sog. Nominalsätze, deren Kern zwei Nomina (oder deren Vertreter: Pronomina, adverbielle Bestimmungen usw.) enthält, z.B.

אֵלֶּה	בְּנֵי יַעֲקֹב	Diese (sind) die Söhne Jakobs.

In ihrer allgemeinen Funktion unterscheiden sie sich von den Verbalsätzen darin, daß sie nicht Handlungen und Vorgänge, sondern Verhältnisse, Eigenschaften und Zustände aussagen. Die im Dt. notwendige Kopula (Verbum „sein“) findet im Hebr. in der Regel keinen Ausdruck (→ 7.4.1). Das Verbum **היה** „sein/werden/geschehen“ steht nur da, wenn ein Vorgang ausgesagt oder das zeitliche, modale und sonstige Verhältnis zum Sprechenden verdeutlicht werden soll.

Vgl. 1Sam 16,18: „Siehe, ich habe einen Sohn des Isai von Bethlehem gesehen, der sich aufs Saitenspiel versteht, ein tapfrer Mann und streitbar, der Rede mächtig und schön von Gestalt, וַיהוָה עִמּוֹ und Jahwe ist mit ihm" (Beschreibung von Eigenschaften und Zuständen) mit 1Sam 3,19: „Samuel aber wuchs heran, וַיהוָה הָיָה עִמּוֹ und Jahwe war mit ihm und ließ keines von allen seinen Worten auf die Erde fallen" (Aussage über Vorgänge). Sätze mit היה rechnen wir daher definitionsgemäß zu den Verbalsätzen, obwohl der inhaltliche Unterschied für uns nicht immer deutlich ist.

7.3.1.2 Nominalsätze erfüllen im wesentlichen drei verschiedene Aufgaben: sie sagen etwas aus über das Vorhandensein einer Größe (meistens mit lokalen und temporalen Angaben), sie identifizieren zwei Größen oder sie klassifizieren eine Größe durch Prädikate. In 2Sam 13,3 sind alle drei Arten von Nominalsätzen nacheinander enthalten:

— Vorhandensein	וּלְאַמְנוֹן רֵעַ	„Nun hatte Amnon einen Freund
— Gleichsetzung	וּשְׁמוֹ יוֹנָדָב ...	und sein Name war Jonadab ...
— Prädizierung	וְיוֹנָדָב אִישׁ חָכָם מְאֹד׃	und J. war ein sehr kluger Mann".

In dieser Lektion werden die Nominalsätze der ersten Art, bei denen das Prädikat eine adverbiale oder präpositionale Wendung ist, eingeführt. Die Identifikationssätze ($x = y$) und die Aussagen über Klassenzugehörigkeit ($x \in A$ oder $A \subset B$) folgen in 8.3.4.

7.3.1.3 Der Anteil der Nominalsätze an der Gesamtmenge der Sätze im Alten Testament schwankt je nach der Literaturgattung erheblich. Er liegt z.B. in Visionsschilderungen und in allgemeinen weisheitlichen Sentenzen höher als in der Erzählung, wo die Verbalsätze das Grundgerüst abgeben und die Nominalsätze begleitende Umstände und Voraussetzungen der Handlung aussagen. Der Beispielsatz 2Sam 13,3 ist eine typische Exposition im Anfangsteil einer Erzählung. Nominalsätze, meist mit וְ angeschlossen, die in den Handlungsablauf eingeschoben sind und einen begleitenden Zustand schildern, werden 'Umstandssätze' genannt. Sie können im Dt. oft mit „indem", „während", „denn" oder auch „obgleich" übersetzt werden. Vgl. Gen 11,4 „Wohlan, laßt uns eine Stadt bauen und einen Turm, וְרֹאשׁוֹ בַשָּׁמַיִם (wobei) dessen Spitze bis in den Himmel reicht".

7.3.1.4 Für die Wortstellung der Nominalsätze mit adverbialen oder präpositionalen Wendungen als Prädikat lassen sich keine strengen Regeln aufstellen, vgl. z.B. Gen 32,7 „Wir sind zu deinem Bruder Esau gekommen; er zieht dir schon entgegen וְאַרְבַּע־מֵאוֹת אִישׁ עִמּוֹ und vierhundert Mann sind bei ihm“ (S — P) mit Gen 33,1 „Als nun Jakob seine Augen erhob, sah er Esau herankommen וְעִמּוֹ אַרְבַּע מֵאוֹת אִישׁ und mit ihm waren vierhundert Mann“ (P — S). Immerhin scheint die Folge וְ + Nomen + präp. Wendung typisch für Umstandssätze zu sein, während die Folge präp. Wendung + Nomen (ohne vorangehendes וְ) den Inhalt des Prädikats einem anderen Inhalt gegenüberzustellen scheint, vgl. Gen 26,20 לָנוּ הַמָּיִם „uns gehört das Wasser (= nicht euch)“.

7.3.2 Präpositionen (Fortsetzung)

7.3.2.1 Einige weitere Suffixformen. In 5.2.3, 5.3.2.4, 6.2.2 und 7.2.2 sind zu den meisten der dreizehn wichtigsten Präpositionen die Suffixformen der 3. sing.masc. als Vokabeln angegeben worden. Wegen ihres häufigen Gebrauches sind nun auch schon einige weitere Suffixformen zu merken, obwohl die Pronominalsuffixe noch nicht systematisch behandelt worden sind. Leider fügen sich nicht alle Präpositionen bei der Suffigierung einem strengen Schema ein, sodaß man nicht alle Formen einfach analog zu einem Paradigma bilden kann. Einige Präpositionen bilden alle oder mehrere Suffixformen von einer erweiterten Grundform aus, vgl. כָּמֹהוּ „wie er“ neben כְּ „wie“, מִמֶּנּוּ „von ihm“ neben מִן־ „von“, עִמָּדִי „mit mir“ neben עִמִּי, ebenfalls „mit mir“.

Für die Suffixformen der 3.sing.masc. waren bis jetzt zwei Grundmuster erkennbar, veranschaulicht an לוֹ und אֵלָיו (5.3.2.4), je nachdem ob das ursprünglich *-hū* lautende Suffix an ein ursprünglich kurzes *-a-* oder an *-aj-* angehängt wird. Das letztere Element gehört bei den von אֶל־, עַל־ und עַד־ abgeleiteten Suffixformen zur Wurzel, bei לִפְנֵי jedoch zur Constructus-Endung des Plurals (abs. פָּנִים „Angesicht“, cs. פְּנֵי „Angesicht von . . .“, לְפָנָיו < **la-panaj-hū* „angesichts seiner = vor ihm“). In beiden Fällen sehen die Suffixformen gleich aus („Pluralsuffixe“). Bei אַחַר sind die Pluralendung und die Pluralsuffixe von לִפְנֵי „vor“ auf das häufig damit zusammen verwendete Oppositum „nach“ sekundär übertragen worden: אַחֲרֵי/אַחֲרָיו, ebenso von עַל־/עָלָיו auf das gegensinnige תַּחַת/תַּחְתָּיו „unter/unter ihm“.

Wir merken uns vorläufig:

1. sg.	לִי	für mich	בִּי	in mir	אִתִּי / עִמִּי	mit mir
2. sg. m.	לְךָ	für dich	בְּךָ	in dir	אִתְּךָ / עִמְּךָ	mit dir
3. sg. m.	לוֹ	für ihn	בּוֹ	in ihm	אִתּוֹ / עִמּוֹ	mit ihm
3. sg. f.	לָהּ	für sie	בָּהּ	in ihr	אִתָּהּ / עִמָּהּ	mit ihr
1. pl.	לָנוּ	für uns	בָּנוּ	in uns	אִתָּנוּ / עִמָּנוּ	mit uns
2. pl. m.	לָכֶם	für euch	בָּכֶם	in euch	אִתְּכֶם / עִמָּכֶם	mit euch
3. pl. m.	לָהֶם	für sie	בָּם	in ihnen	אִתָּם / עִמָּם	mit ihnen

Mit „Pluralsuffixen": Präposition + Pluralsuffix

1. sg.	אֵלַי	zu mir	עָלַי	auf mir	לְפָנַי	vor mir	אַחֲרַי	nach mir
2. sg. m.	אֵלֶיךָ	zu dir	עָלֶיךָ	auf dir	לְפָנֶיךָ	vor dir	אַחֲרֶיךָ	nach dir
3. sg. m.	אֵלָיו	zu ihm	עָלָיו	auf ihm	לְפָנָיו	vor ihm	אַחֲרָיו	nach ihm
3. sg. f.	אֵלֶיהָ	zu ihr	עָלֶיהָ	auf ihr	לְפָנֶיהָ	vor ihr	אַחֲרֶיהָ	nach ihr

אֲלֵיהֶם : zu ihnen

7.3.2.2 Besonders zu behandeln ist die Präp. מִן־ „von ... aus", „von", „seit", „wegen". Ihre Suffixformen gehen teilweise auf reduplizierte Grundformen zurück (מִמֶּנִּי „von mir", מִמְּךָ „von dir", מִמֶּנּוּ „von ihm"). Wichtiger aber ist, daß מִן־ meistens nur vor dem Artikel seine selbständige Form behält, sonst aber das auslautende -n an den folgenden Konsonanten assimiliert wird. Das מִ erscheint dann wie die einkonsonantigen Präpositionen mit dem folgenden Wort als graphische Einheit verbunden, der Konsonant nach מִ trägt Dagesch forte. Vor Laryngalen und Resch, die nicht verdoppelt werden können, wird מִ zu מֵ gedehnt. Mit anlautendem יְ fließt מִ zu מִי zusammen.

Beispiele:	מִן־הָאָרֶץ	aus dem Lande	
	מִן־הַמֶּלֶךְ	vom König	
	מִדָּן	von Dan	
	מִכָּל־יִשְׂרָאֵל	aus ganz Israel	
	מֵאֱלֹהִים	von Gott	(→ 7.4.2)
	מֵאֵת	(von bei =) von seiten	
	מִירוּשָׁלִַם	aus Jerusalem	

7.3.3 Artikel (Fortsetzung)

Zu den Regeln in 6.3.3 merke man sich noch folgende Ausnahmen:

7.3.3.1 Der Artikel lautet הֶ

— vor ה und ע mit unbetontem Qames: הֶהָרִים die Berge
הֶעָרִים die Städte

— vor jedem ח mit Qames oder Chateph-Qames: הֶחָכָם der Weise
הֶחָג das Fest
הֶחֳלִי die Krankheit

(dagegen vor ח mit Qames-Chatuph הַחָכְמָה die Weisheit).

7.3.3.2 הַר Berg und הֵמָּה/הֵם sie (Personalpronomen der 3.plur.m.) lauten mit Artikel הָהָר der Berg
הָהֵמָּה/הָהֵם jene.

7.3.3.3 Bei einigen Nomina tritt mit dem Artikel eine Verlängerung der Vokalaussprache ein:

vgl. הַר mit הָהָר Berg
עַם mit הָעָם Volk
אֶרֶץ mit הָאָרֶץ Erde/Land
אֲרוֹן mit הָאָרוֹן Lade/Kasten.

7.3.4 Die Konjugation des Perfekts

Als Paradigma der Konjugation des „starken (= regelmäßigen)" Verbums eignet sich recht gut כתב schreiben, da die Wurzel aus lauter Begadkefat-Lauten besteht (→ 7.4.3). Da die 3. Pers.sing.masc. des Perfekts als endungslose Form im hebräischen Lexikon als Nennform verwendet wird (nicht der Infinitiv wie im Dt.), so läßt man herkömmlicherweise das Paradigma von der 3. Person über die 2. zur 1. laufen, eine Besonderheit der hebr. Grammatik, an die man sich leicht gewöhnen kann. Einzuprägen sind nicht nur die Endungen, welche zur Bezeichnung von Numerus (Sing. und Plur.), Genus (masc. und fem. in der 3. und auch in der 2. Pers.) und Person dienen, sondern auch die teilweise wechselnde Betonung und die damit zusammenhängende verschiedene Vokalisation des Stammes. In der 3. Pers.plur. existiert im Perfekt nur (noch) eine einzige Form für beide Geschlechter; das Paradigma umfaßt damit neun Formen, die bei allen Verben, auch den sog. „schwachen (= unregelmäßigen)“, wiederkehren.

Sing. 3.m.	כָּתַב	*kātáb*	er hat geschrieben	I *ā* II *á* III
3.f.	כָּתְבָה	*kātᵉbā́*	sie hat geschrieben	I *ā* II *ᵉ* III *ā́*
2.m.	כָּתַבְתָּ	*kātábtā*	du hast geschrieben	I *ā* II *á* III *tā*
2.f.	כָּתַבְתְּ	*kātábt*	du hast geschrieben	I *ā* II *á* III *t*
1.	כָּתַבְתִּי	*kātábtī*	ich habe geschrieben	I *ā* II *á* III *tī*
Plur. 3.	כָּתְבוּ	*kātᵉbū́*	sie haben geschrieben	I *ā* II *ᵉ* III *ū́*
2.m.	כְּתַבְתֶּם	*kᵉtabtǽm*	ihr habt geschrieben	I *ᵉ* II *a* III *tǽm*
2.f.	כְּתַבְתֶּן	*kᵉtabtǽn*	ihr habt geschrieben	I *ᵉ* II *a* III *tǽn*
1.	כָּתַבְנוּ	*kātábnū*	wir haben geschrieben	I *ā* II *á* III *nū*

Die Afformative (= Endungen; der Ausdruck ‘Suffix’ soll für die Pronominalsuffixe reserviert bleiben) sind teils vokalische (mit einem Vokal anlautende), teils konsonantische (mit einem Konsonanten anlautende).

— Die *vokalischen* Endungen -*ā* (3. sing.f.) und -*ū* (3. plur.) sind betont; der vorhergehende unbetonte Vokal ist zu Schwa mobile verflüchtigt.

— Von den *konsonantischen* Endungen besteht -*t* (2. sing.f.; entstanden aus *-*tī*) nur aus einem Konsonanten, der mit dem 3. Radikal eine doppelt geschlossene Silbe bildet (→ 3.3.2.2); die Endungen -*tā* (2. sing.m.), -*tī* (1. sing.) und -*nū* (1. plur.) sind unbetont; die Endungen -*tæm* und -*tæn* (2. plur.m. und f.) sind stets betont; daher wird der Vokal der ersten Silbe des Stammes zu Schwa mobile verflüchtigt. (→ 7.4.4–6)

7.3.5 Fragesätze

Auch in der hebr. Grammatik unterscheidet man zwischen Satzfragen (Entscheidungsfragen) und Wortfragen (Ergänzungsfragen). Beide Arten können einen Verbalsatz oder einen Nominalsatz verwenden; beide können auch als rhetorische Fragen anstelle einer Beteuerung oder eines Wunsches treten (vgl. 7.5.5.3). Der Unterschied zwischen direkter und indirekter (abhängiger) Frage wird nicht durch einen besonderen Modus oder durch eine besondere Wortstellung markiert.

7.3.5.1 Satzfragen werden meistens durch die mit dem folgenden Wort zusammengeschriebene Interrogativpartikel הֲ eingeleitet (ca. 750 × im AT). Dieses sog. He interrogativum lautet:

— vor Nicht-Laryngalen mit festem Vokal הֲ: הֲלֹא nicht?
— vor Nicht-Laryngalen mit Schwa הַ
(meist ohne folgendes Dagesch forte): הַמְעַט zu wenig?
— vor Laryngalen mit Qames/Chateph-Qames הֶ: הֶאָנֹכִי ich?
— vor Laryngalen ohne Qames/Chateph-Qames הַ
(mit virtueller Verdoppelung): הַאַתָּה du?

Für die *Doppelfrage* (Disjunktiv-Frage) steht meistens הֲ an erster, אִם an zweiter Stelle, z.B. Gen 27,21 „Da sprach Isaak zu Jakob: Tritt herzu, mein Sohn, daß ich dich betaste, הַאַתָּה זֶה בְּנִי עֵשָׂו אִם־לֹא ob du wirklich mein Sohn Esau seiest oder nicht".

7.3.5.2. Wortfragen werden mit einem Fragepronomen oder Frageadverb eingeleitet. Am häufigsten begegnen:

— מִי wer? (לְמִי wem?, אֶת־מִי wen?, בַּת־מִי wessen Tochter?)
— מַה־ was? (מַה־ mit Maqqeph und folgendem Dagesch forte steht vor Nicht-Laryngalen; vor Laryngalen und Resch findet sich, ähnlich wie beim Artikel, aber weniger konsequent geregelt, מָה־, מֶה־ und מַה־ mit virtueller Verdoppelung, z.B. מַה־זֶּה was ist das?, מָה־אַתָּה was bist du?, עַל־מֶה עָשָׂה weswegen hat er getan?, מַה־הוּא was ist er?, מָה־הֵמָּה was sind sie?)
— לָמָּה warum? (vor Laryngalen meist לָמָה) (= *lā́mmā, lāmā́*)
— אַיֵּה wo?
— מָתַי wann?
— אֵיךְ wie?

7.4 Anmerkungen

7.4.1 Zum Personalpronomen in der Funktion einer Kopula s.u. 8.3.1.2.

7.4.2 Entsprechend מֵאֲדֹנָי „vom Herrn" wird מֵיְהוָה „von Jahwe" geschrieben. — Auch vor dem Artikel findet manchmal Assimilierung statt, z.B. מֵהָאָרֶץ „aus dem Lande", ebenso in der Wendung מִחוּץ „von außen, außen".

7.4.3 Das früher als Paradigma übliche Verbum קטל „töten“ kommt im AT nur dreimal vor. Das noch ältere Paradigma פעל „tun“ hat die Bezeichnungen für die abgeleiteten Stammformen Nifʿal, Piʿel usw. geliefert, kam aber wegen des Laryngals, der Ausnahmebedingungen schafft, außer Gebrauch (s.u. 16.3.1, 18.3.1).

7.4.4 In der Pausa (4.3.2.6) bleiben die Formen der 2. plur. m./f. unverändert. Alle anderen Formen haben unter dem zweiten Radikal ein betontes langes ā: כָּתָ֑ב *kātā́b*, כָּתָ֑בָה *kātā́bā*, כָּתָ֑בְתָּ *kātā́btā* usw.

7.4.5 Sind der dritte Radikal und der anlautende Konsonant der Endung gleich, so wird nur ein Konsonant mit Dagesch forte geschrieben: כָּרַתִּי *kārat-tī*, נָתַנּוּ *nātan-nū*. — Bei נתן wird der dritte Radikal n außerdem an folgendes t assimiliert: נָתַתָּ(ה) *nātattā*, נְתַתֶּם *nᵉtattæm* usw.

7.4.6 Außer den zehn Verben in 7.2 können aus 5.2 und 6.2 auch die Perfektformen von אמר, הלך, נתן, לקח und שׁמע gebildet werden, wobei aber nach 4.3.2.1 unter Aleph und He nicht Schwa mobile, sondern Chateph-Patach gesetzt wird: אֲמַרְתֶּם *ʾᵃmartæm*, הֲלַכְתֶּם *hᵃlaktæm*. Zur 2. sing. f. von לקח und שׁמע s.u. 10.3.2.

7.5 Übungen

7.5.1 Konjugiere alle zehn Verben von 7.2.1, und zwar vorwärts, rückwärts und nach frei gewählten Anordnungen (mündlich und schriftlich).

7.5.2 Bestimme folgende Formen nach Person, Geschlecht und Zahl und übersetze mit dt. Perf.:

דרשׁתי רדפו הלכנו שׂרפתם כרתי תפשׂה נתנו שׁמרת

7.5.3 Übersetze: du hast heimgesucht, ihr habt geschrieben, ich habe gehört, sie haben bewahrt, ihr habt begraben, sie hat genommen, wir haben gesagt, du (f.) hast dich erinnert.

7.5.4 Verbalsätze:

1. גַּם־יְהוּדָה לֹא שָׁמַר אֶת־מִצְוֹת יְהוָה 2. וַיהוָה פָּקַד אֶת־שָׂרָה כַּאֲשֶׁר
אָמָר וַיַּעַשׂ יְהוָה לְשָׂרָה כַּאֲשֶׁר דִּבֵּר׃ 3. כֹּה אָמַר יְהוָה צְבָאוֹת פָּקַדְתִּי
אֵת אֲשֶׁר־עָשָׂה עֲמָלֵק לְיִשְׂרָאֵל 4. וְאוֹתִי לֹא זָכַרְתְּ 5. ··· וְאֶת־יְהוָה
לֹא דָרָשׁוּ׃ 6. זָכַר לְעוֹלָם בְּרִיתוֹ ··· אֲשֶׁר כָּרַת אֶת־אַבְרָהָם 7. אַתָּה
שָׂרַפְתָּ אֶת־הַמְּגִלָּה[a] הַזֹּאת לֵאמֹר מַדּוּעַ כָּתַבְתָּ עָלֶיהָ לֵאמֹר ··· 8. וְהָעִיר
שָׂרְפוּ בָאֵשׁ וְכָל־אֲשֶׁר־בָּהּ 9. ··· וְאֶת־צִקְלַג שָׂרַפְנוּ בָּאֵשׁ׃ 10. שָׁמָּה
קָבְרוּ אֶת־אַבְרָהָם וְאֵת שָׂרָה אִשְׁתּוֹ שָׁמָּה קָבְרוּ אֶת־יִצְחָק וְאֵת רִבְקָה

7.

אִשְׁתּוֹ וְשָׁמָּה קָבַרְתִּי אֶת־לֵאָה׃ 11. וְאֵת אֲמַצְיָהוּ מֶלֶךְ־יְהוּדָה בֶּן־יוֹאָשׁ
בֶּן־יְהוֹאָחָז תָּפַשׂ יוֹאָשׁ מֶלֶךְ־יִשְׂרָאֵל בְּבֵית שָׁמֶשׁ 12. לָמָּה לֹא־הָלַכְתָּ
אֵלַי 13. וַיְהִי כִּי־בָא יְרוּשָׁלַםִ לִקְרַאת הַמֶּלֶךְ וַיֹּאמֶר לוֹ הַמֶּלֶךְ לָמָּה
לֹא־הָלַכְתָּ עִמִּי מְפִיבֹשֶׁת׃ 14. וַיֹּאמֶר הָאָדָם הָאִשָּׁה אֲשֶׁר נָתַתָּה עִמָּדִי
הִוא[b] נָתְנָה־לִּי מִן־הָעֵץ 15. וַיָּבֹא יְשַׁעְיָהוּ הַנָּבִיא אֶל־הַמֶּלֶךְ חִזְקִיָּהוּ
וַיֹּאמֶר אֵלָיו מָה אָמְרוּ הָאֲנָשִׁים הָאֵלֶּה 16. וַיֹּאמֶר שְׁמוּאֵל אֶל־כָּל־
יִשְׂרָאֵל הִנֵּה שָׁמַעְתִּי בְקֹלְכֶם[c] לְכֹל אֲשֶׁר־אֲמַרְתֶּם לִי

7.5.5 Nominalsätze:

1. כִּי יְהוָה עִמָּם 2. וַיֹּאמֶר שָׁלוֹם לָכֶם 3. הֲלֹא כָל־הָאָרֶץ לְפָנֶיךָ
4. לְמִי הַנַּעֲרָה הַזֹּאת׃ 5. לָמָּה לִּי חַיִּים׃ 6. הֲגַם שָׁאוּל בַּנְּבִיאִים׃
7. וַיֹּאמֶר הַמֶּלֶךְ אֶל־הַכּוּשִׁי[d] הֲשָׁלוֹם לַנַּעַר לְאַבְשָׁלוֹם 8. אַיֵּה יְהוָה אֱלֹהֵי
אֵלִיָּהוּ 9. כִּי הָעֲמָלֵקִי וְהַכְּנַעֲנִי שָׁם 10. כִּי אַתָּה־שָׁמַעְתָּ בַּיּוֹם הַהוּא[e]
כִּי־עֲנָקִים שָׁם 11. רַק בְּאֶרֶץ גֹּשֶׁן אֲשֶׁר־שָׁם בְּנֵי יִשְׂרָאֵל לֹא הָיָה בָּרָד׃[f]
12. לִי הַכֶּסֶף וְלִי הַזָּהָב נְאֻם יְהוָה צְבָאוֹת׃ 13. כִּי לֹא לָכֶם הַמִּלְחָמָה
כִּי[g] לֵאלֹהִים׃ 14. כִּי־מִמְּךָ הַכֹּל ··· וּלְךָ הַכֹּל׃

7.5.6 Übersetze:

1. Habe ich dir nicht geschrieben?
2. Und die Israeliten gedachten Jahwes nicht.
3. An jenem Tag[h] schloß Jahwe mit Abram einen Bund.
4. Und sie verfolgten die Söhne Jakobs nicht.
5. Und den Königspalast verbrannten die Chaldäer[i] mit Feuer.
6. Denn mir gehört das Land.
7. Denn du bist bei mir.
8. Denn Jahwes (Sache) ist der Krieg.
9. Und Sara wird einen Sohn haben.

---

[a] מְגִלָּה = Buchrolle
[b] S.o. 4.3.1.6
[c] *-kæm* = „euer"
[d] כּוּשִׁי = Mohr
[e] „an jenem Tag"
[f] בָּרָד = Hagel
[g] hier: „sondern"
[h] → 7.5.5.10
[i] הַכַּשְׂדִּים

LEKTION 8

8.1 Vorübung: Sprachgeschichtlich betrachtet ist das Perfekt (Afformativkonjugation) aus einem Verbalnomen mit angehängten nominalen (3. Pers.) und pronominalen (1. und 2. Pers.) Bildungselementen entstanden. Vergleiche die Anklänge zwischen den Perfektformen und den entsprechenden selbständigen Personalpronomina der 1. und 2. Person:

אָנֹכִי – כָּתַבְתִּי	אַתָּה – כָּתַבְתָּ	אַתֶּם – כְּתַבְתֶּם
אֲנַחְנוּ – כָּתַבְנוּ	אַתְּ – כָּתַבְתְּ	אַתֵּנָה – כְּתַבְתֶּן

8.2 Vokabular

8.2.1 Verben:

	מלך	König werden / König sein
מָלַךְ עַל־יְהוּדָה		er herrschte über Juda als König
	שפט	richten
הַשֹּׁפֵט		der Richter
(בְּ)	משל	herrschen (über)
מֹשֵׁל		Herrscher
	שכן	sich niederlassen / wohnen
אֲנִי שֹׁכֵן (בְּתוֹכָם)		ich wohne (in ihrer Mitte)
	לכד	fangen / einnehmen
וַיִּלְכֹּד אֶת־הָעִיר		und er nahm die Stadt ein
	מכר	verkaufen
וַיִּמְכְּרוּ אֶת־יוֹסֵף		und sie verkauften Joseph
	שבר	zerbrechen (trans.)
הִנְנִי שֹׁבֵר		siehe, ich werde zerbrechen
	דרך	treten
דֹּרְכֵי קֶשֶׁת		Bogenschützen (die den Bogen treten)
	שפך	ausgießen
שֹׁפֵךְ דָּם		wer Blut vergießt
	פרשׂ	ausbreiten
פָּרוּשׂ		ausgebreitet

8.2.2 Pronomina: → 8.3.1.1

8.2.3 Partikeln:

	מְאֹד	sehr
טוֹב מְאֹד		sehr gut

		הִנְנִי	siehe, ich ... / hier bin ich	(→ 8.4.1)
		הִנְנִי נֹתֵן	siehe, ich werde geben	
		לָכֵן / עַל־כֵּן	deshalb	
		לָכֵן כֹּה אָמַר יְהוָה	darum spricht Jahwe also: ...	
8.2.4	Adjektiva:	טוֹב	gut	
		טוֹב מִן־	besser als	
		יָשָׁר	recht / gerade	
		יִשְׁרֵי־לֵב	die Aufrichtigen	(→ 8.4.5)
	(nur sing.m.:)	קָטָן / קָטֹן	klein	
		מִקָּטֹן וְעַד־גָּדוֹל	vom Kleinsten bis zum Größten	
		חָזָק	fest / hart / stark	
		בְּיָד חֲזָקָה	mit starker Hand	
		צַדִּיק	gerecht	
		שׁוֹפֵט צַדִּיק	ein gerechter Richter	
		טָמֵא	unrein	
		בְּהֵמָה טְמֵאָה	unreines Getier	
		קָרוֹב	nahe / Verwandter	
		הַקְּרוֹבִים וְהָרְחוֹקִים	die nahen und die fernen	
		רָחוֹק	fern	
		מֵרָחוֹק	aus der Ferne / in der Ferne	
8.2.5	Substantiva:	לֵב	Herz	
		וַיֹּאמֶר בְּלִבּוֹ	und er dachte (in seinem Herzen = bei sich selbst)	
		שֵׁם	Name	
		שְׁמוֹ הַגָּדוֹל	sein großer Name	
	(f.)	עֵת	Zeitpunkt / Zeit	
		בְּעִתּוֹ	zu seiner Zeit (= zur rechten Zeit)	
		עַתָּה	jetzt	
	(f.)	נָשִׁים	Frauen (Pl. von אִשָּׁה)	
		הָאֲנָשִׁים וְהַנָּשִׁים	die Männer und die Frauen	
	(f.)	יָד	Hand	
		בְּיַד־פְּלִשְׁתִּים	in die Gewalt der Philister	
		דָּם	Blut	
		דָּמִים	Blut / Blutschuld	

אָח	Bruder
אָחִיו	sein Bruder
אִישׁ אֶל־אָחִיו	einer zum anderen
מָוֶת	Tod
אַחֲרֵי מוֹת שָׁאוּל	nach dem Tode Sauls
יוֹם	Tag
הַיּוֹם	(dieser Tag =) heute
(f.) בְּהֵמָה	Tiere / Vieh (koll.)
הָאָדָם וְהַבְּהֵמָה	Menschen und Tiere
קֶשֶׁת	Bogen
קֶשֶׁת דְּרוּכָה	gespannter Bogen

8.3.1 Selbständige Personalpronomina

8.3.1.1 Formen. Das selbständige Personalpronomen lautet:

1. sing.	אָנֹכִי	*ʾānōkī*	ich
oder:	אֲנִי	*ʾanī*	
2. sing. m.	אַתָּה	*ʾattā*	du
f.	אַתְּ	*ʾatt*	
3. sing. m.	הוּא	*hū*	er
f.	הִיא	*hī*	sie
1. plur.	אֲנַחְנוּ	*ʾanáḥnū*	wir
oder:	נַחְנוּ	*náḥnū*	
2. plur. m.	אַתֶּם	*ʾattæm*	ihr
f.	אַתֵּנָה	*ʾatténā*	
3. plur. m.	הֵמָּה	*hémmā*	sie
oder:	הֵם	*hēm*	
3. plur. f.	הֵנָּה	*hénnā*	

(→ 8.4.2/3)

8.3.1.2 Verwendung. Diese Formen stehen nur für den Nominativ und können nur mit וְ „und", dem הֲ interrogativum (→ 7.3.5.1) und dem seltenen und späten ·שֶׁ relativum (→ 22.3.3) verbunden werden. Als Genetiv (nach Präpositionen oder in Constructusverbindungen) und als Akkusativ (nach Verben oder dem Akkusativ-Zeichen אֵת) werden Pronominalsuffixe verwendet.

Das selbständige Personalpronomen begegnet häufig als Glied eines Nominalsatzes (→ 8.3.4); im Verbalsatz kann es zuweilen das im Verbum finitum bereits enthaltene Subjekt hervorheben, z.B. 2Sam 3,13: וַיֹּאמֶר טוֹב אֲנִי אֶכְרֹת אִתְּךָ בְּרִית „Er antwortete: Gut, ich schließe einen Vertrag mit dir".

Das Pronomen der 3. Person in Apposition zu einem Nomen kann die Bedeutung „selber" ausdrücken, z.B. Jes 7,14: לָכֵן יִתֵּן אֲדֹנָי הוּא לָכֶם אוֹת „der Herr selber wird euch ein Zeichen geben". In Nominalsätzen kann dieses hervorhebende Pronomen auch dazu dienen, das Prädikatsverhältnis deutlicher zu bezeichnen; es fungiert dann als eine Art Kopula, z.B. Dtn 12,23: כִּי הַדָּם הוּא הַנָּפֶשׁ „denn das Blut ist das Leben"; Gen 25,16: אֵלֶּה הֵם בְּנֵי יִשְׁמָעֵאל „dies sind die Söhne Ismaels" (vgl. noch 8.5.4.20).

Im Unterschied zu זֶה „dieser" ist הוּא nicht ein Demonstrativum, sondern weist (anaphorisch) auf bereits Erwähntes zurück (→ 6.3.4):

בַּיּוֹם הַהוּא	an jenem (erwähnten) Tag
בָּעֵת הַהִיא	zu jener (erwähnten) Zeit
בַּיָּמִים הָהֵם	in jenen (genannten) Tagen

8.3.2 Partizipien

Die bisher verwendeten (starken) Verben bilden im Grundstamm ein aktives und ein passives Partizip, das nach Genus (m./f.), Numerus (sing./plur.) und Status (abs./cs.) flektiert werden kann.

8.3.2.1 Formen. Das aktive Partizip hat die charakteristischen Vokale ō — ē: כֹּתֵב *kōtēb* schreibend, das passive hat die Vokale ā — ū: כָּתוּב *kātūb* geschrieben. Die Vokale ō und ū sind unveränderlich; ē und ā werden bei der Anhängung von (vokalischen) Endungen zu Schwa mobile reduziert. Die Flexionsendungen sind die gleichen wie bei den übrigen Nomina (Substantive, Adjektive):

	masc.		fem.		
	abs.	cs.	abs.	cs.	
sing.	—	—	*-ā*	*-at*	oder:
			-t	*-t*	mit Segolierung
plur.	*-īm*	*-ē*	*-ōt*	*-ōt*	

Die Paradigmen lauten demnach:

	masc. abs.	masc. cs.	fem. abs.	fem. cs.	
sing.	כֹּתֵב	כֹּתֵב	כֹּתְבָה	כֹּתְבַת	oder (häufiger):
			כֹּתֶבֶת	כֹּתֶבֶת	
plur.	כֹּתְבִים	כֹּתְבֵי	כֹּתְבוֹת	כֹּתְבוֹת	
sing.	כָּתוּב	כְּתוּב	כְּתוּבָה	כְּתוּבַת	
plur.	כְּתוּבִים	כְּתוּבֵי	כְּתוּבוֹת	כְּתוּבוֹת	(→ 8.4.4)

8.3.2.2 Verwendung. Das Partizip ist nicht auf eine bestimmte Zeitstufe festgelegt, vgl. נֹפֵל (Part.act. von נפל fallen) in 1Sam 5,3: וְהִנֵּה דָגוֹן נֹפֵל לְפָנָיו אַרְצָה לִפְנֵי אֲרוֹן יְהוָה „und siehe, Dagon lag auf sein Gesicht gefallen am Boden vor der Lade Jahwes", und in Jer 37,13: וַיִּתְפֹּשׂ אֶת־יִרְמְיָהוּ הַנָּבִיא לֵאמֹר אֶל־הַכַּשְׂדִּים אַתָּה נֹפֵל׃ „und er nahm den Propheten Jeremia fest und sprach: Du willst zu den Chaldäern abfallen". Das passive Partizip bezieht sich fast immer auf die Vergangenheit, steht aber in den abgeleiteten passiven Stammformen auch für das Gerundivum (נוֹרָא „gefürchtet" und „furchtbar").

Die Partizipien begegnen vor allem in folgenden syntaktischen Verwendungen:

— *attributiv* (wie ein Adjektiv, → 8.3.3): 1Kön 3,9 לֵב שֹׁמֵעַ „ein hörendes (gehorsames) Herz";
— *substantiviert:* Ruth 1,1 הַשֹּׁפְטִים „die Richter";
— *prädikativ* im Nominalsatz (→ 8.3.4) für alle Zeitstufen, mit הִנֵּה häufig auch für die unmittelbar bevorstehende Zukunft (futurum instans): 1Sam 11,12 מִי הָאֹמֵר שָׁאוּל יִמְלֹךְ עָלֵינוּ „Wer ist es, der gesagt hat: Sollte Saul über uns König sein?"; Sach 2,6 אָנָה אַתָּה הֹלֵךְ „Wohin gehst du?"; Num 24,14 וְעַתָּה הִנְנִי הוֹלֵךְ לְעַמִּי „Und nun, siehe ich werde zu meinem Volk gehen".

Das Partizip ist oft mit einem Relativsatz gleichwertig: Ps 70,4 „Sie werden abziehen ob ihrer Schmach, הָאֹמְרִים הֶאָח הֶאָח׃ die da sagen: Ha! ha!", als Näherbestimmung nach Verben des Wahrnehmens mit einem Daß-Satz: Gen 37,17 שָׁמַעְתִּי אֹמְרִים „ich hörte, daß sie sagten ...". Seine Zwischenstellung zwischen Verbum und Nomen zeigt das Partizip darin, daß es das

Objekt der Handlung entweder verbal im Akkusativ oder nominal in einer Constructusverbindung als Genetiv bei sich haben kann: Ri 4,22 וְהִנֵּה בָרָק רֹדֵף אֶת־סִיסְרָא „Und siehe, Barak jagte Sisera nach"; Jes 51,1 „Höret mir zu, רֹדְפֵי צֶדֶק die ihr dem Heil nachjagt". Beim passiven Partizip kann der folgende Genetiv die Ursache angeben: Jes 1,7 „Euer Land liegt wüste, עָרֵיכֶם שְׂרֻפוֹת אֵשׁ eure Städte sind vom Feuer verbrannt".

8.3.3 Adjektive

Adjektive unterscheiden sich formal nur wenig von den Substantiven, mit denen sie die meisten Nominalbildungen (ohne die Segolata) und die Flexionsendungen (außer dem Dual) teilen.

Zum Ersatz der im Hebräischen seltenen Adjektiva dient neben der Constructusverbindung (אֱלֹהֵי כֶסֶף silberne Götter) auch die Apposition (אִשָּׁה אַלְמָנָה eine Frau, eine Witwe = eine verwitwete Frau); ferner begegnen Umschreibungen mit Substantiven wie אִישׁ, בֵּן, בַּעַל (אִישׁ דְּבָרִים ein Beredter; בֶּן־חַיִל ein Tapferer; בֶּן־מָוֶת des Todes schuldig; בַּעַל הַחֲלֹמוֹת der Besitzer der Träume = der Träumer).

8.3.3.1 Formen. Als Beispiele für verschiedene Nominalstammbildungen nehmen wir טוֹב „gut" (mit unveränderlichem Vokal)
גָּדוֹל „groß" (mit veränderlichem ā)
יָשָׁר „recht" (mit zwei veränderlichen ā)
קָטָן „klein" (mit verdoppeltem Endkonsonanten).

Sing.				Plur.			
m.		f.		m.		f.	
abs.	cs.	abs.	cs.	abs.	cs.	abs.	cs.
טוֹב	טוֹב	טוֹבָה	טוֹבַת	טוֹבִים	טוֹבֵי	טוֹבוֹת	טוֹבוֹת
גָּדוֹל	גְּדוֹל	גְּדוֹלָה	גְּדוֹלַת	גְּדוֹלִים	גְּדוֹלֵי	גְּדוֹלוֹת	גְּדוֹלוֹת
יָשָׁר	יְשַׁר	יְשָׁרָה	יִשְׁרַת	יְשָׁרִים	יִשְׁרֵי	יְשָׁרוֹת	יִשְׁרוֹת
קָטָן	קְטַן	קְטַנָּה	קְטַנַּת	קְטַנִּים	קְטַנֵּי	קְטַנּוֹת	קְטַנּוֹת

(→ 8.4.5)

8.3.3.2 Verwendung. Das attributive Adjektiv steht immer nach dem Substantiv (אִישׁ גָּדוֹל ein großer Mann) und muß, wenn dieses determiniert ist, den Artikel erhalten (הָעָם הַגָּדוֹל das große Volk, יוֹם יְהוָה הַגָּדוֹל der große Tag Jahwes). Vgl. → 6.3.4; → 6.4.5. Das prädikative Adjektiv steht ohne Artikel und gern vor dem Subjekt (→ 8.3.4.2).

Das Hebräische besitzt keine besonderen Steigerungsformen. Ein Adjektiv in Verbindung mit der Präposition מִן־ („von ... aus", „im Vergleich zu"; → 7.3.2.2) kann komparativisch übersetzt werden: Ex 18,11 „Jetzt weiß ich, כִּי־גָדוֹל יְהוָה מִכָּל־הָאֱלֹהִים daß Jahwe größer ist als alle Götter"; Ex 18,18 כִּי־כָבֵד מִמְּךָ הַדָּבָר „denn die Sache ist zu schwer für dich". Das Adjektiv mit dem Artikel kann superlativische Bedeutung haben: בְּנוֹ הַקָּטָן „sein jüngster Sohn" (Gen 9,24), ebenso Umschreibungen mit partitivem Genetiv (Hhld 1,8 הַיָּפָה בַּנָּשִׁים „schönste unter den Frauen") und paronomastische Wendungen (Hhld 1,1 שִׁיר הַשִּׁירִים „das Lied der Lieder = das schönste der Lieder"). Der Elativ kann durch nachgestelltes מְאֹד „sehr" ausgedrückt werden: Ri 18,9 וְהִנֵּה טוֹבָה מְאֹד „und siehe, es ist sehr schön".

8.3.4 Nominalsätze (II)

Die beiden Glieder eines gleichsetzenden oder prädizierenden Nominalsatzes (→ 7.3.1.2) können Eigennamen, Substantive, Adjektive, Partizipien oder Pronomina sein (→ 8.4.6).

8.3.4.1 Bei den gleichsetzenden Nominalsätzen sind beide Glieder determiniert (Eigennamen, Nomina mit Artikel oder Pronominalsuffixen, Pronomina). Eine Unterscheidung von Subjekt und Prädikat ist hier nicht sehr sinnvoll. Ein Zeitbezug wird nicht ausgedrückt. Beispiele:

אֲנִי יוֹסֵף	„ich bin Joseph" (Gen 45,3),
אֵלֶּה בְנֵי־עֵשָׂו	„dies sind die Söhne Esaus" (Gen 36,19),
בְּנֵי רָחֵל אֵשֶׁת יַעֲקֹב יוֹסֵף וּבִנְיָמִן׃	„die Söhne Rahels, der Frau Jakobs, sind Joseph und Benjamin" (Gen 46,19).

Die Wortstellung entspricht einigermaßen der unsrigen: Das bekanntere Glied („Thema") steht gewöhnlich voran, die neue Aussage („Rhema") folgt nach. So hat namentlich das Pronomen häufig die erste, ein neu eingeführter Eigenname die zweite Stelle inne. Durch Umstellung kann ein Glied hervorgehoben bzw. mit einer anderen Möglichkeit kontrastiert werden:

אִשְׁתּוֹ זֹאת	„seine Frau ist sie" (und nicht seine Schwester, vgl. V. 13) (Gen 12,12);
כִּי מְנַשֶּׁה הַבְּכוֹר׃	„denn Manasse war der Erstgeborene" (und nicht Ephraim) (Gen 48,14).

8.3.4.2 In den prädizierenden (klassifizierenden) Sätzen ist das Prädikat (Substantiv, Adjektiv, Partizip) gewöhnlich indeterminiert. Der Zeitbezug ergibt sich aus dem Zusammenhang. Die Wortstellung ist meistens: Prädikat — Subjekt, d.h. die neue, mit anderen Möglichkeiten kontrastierende Aussage steht hier voran. Bei Umstandssätzen allerdings, die einen begleitenden Nebenumstand nachtragen (→ 7.3.1.3), ist die charakteristische Wortfolge: ו + Subjekt — Prädikat.

Beispiele:

	„(Weil die Aramäer gesagt haben:)
אֱלֹהֵי הָרִים יְהוָה	Ein Gott der Berge ist Jahwe (und nicht ein Gott der Ebenen") (1Kön 20,28);
קָדֹשׁ הוּא לַיהוָה׃	„er ist Jahwe geweiht" (Num 6,8);
בָּנִים אַתֶּם לַיהוָה אֱלֹהֵיכֶם	„Ihr seid Kinder Jahwes, eures Gottes" (Dtn 14,1);
עֲמָלֵקִי אָנֹכִי׃	„Ich bin ein Amalekiter" (2Sam 1,8);
	„(Als aber Jahwe sah, daß Lea zurückgesetzt war, machte er sie fruchtbar,)
וְרָחֵל עֲקָרָה׃	während Rahel unfruchtbar war" (Gen 29,31, Umstandssatz; vgl. noch 8.5.4, Sätze 8/9/12–15).

8.3.5 Die Konjugation des Imperfekts

Die Bezeichnungen 'Perfekt' und 'Imperfekt' für die beiden sog. 'Tempora' des Hebräischen sind konventionell und dürfen nicht mit den entsprechenden dt. oder lat. Kategorien verwechselt werden. Morphologisch unterscheidet sich das Perfekt als Konjugation mittels Endungen (Afformativkonjugation, → 7.3.4) vom Imperfekt, das Person, Genus und Numerus durch Präformative, teilweise auch zusätzlich durch Afformative bezeichnet (Präformativkonjugation; → 8.4.7).

8.3.5.1 Formen. Das Paradigma des Grundstammes des starken Verbums mit seinen zehn Formen lautet:

Sing. 3.m.	יִכְתֹּב	*jiktōb*	er wird schreiben	*ji* I II *ō* III
3.f.	תִּכְתֹּב	*tiktōb*	sie wird schreiben	*ti* I II *ō* III
2.m.	תִּכְתֹּב	*tiktōb*	du wirst schreiben	*ti* I II *ō* III
2.f.	תִּכְתְּבִי	*tikt*^{e}*bī*	du wirst schreiben	*ti* I II ^{e} III *ī*
1.	אֶכְתֹּב	*'æktōb*	ich werde schreiben	*'æ* I II *ō* III
Plur. 3.m.	יִכְתְּבוּ	*jikt*^{e}*bū*	sie werden schreiben	*ji* I II ^{e} III *ū*
3.f.	תִּכְתֹּבְנָה	*tiktṓbnā*	sie werden schreiben	*ti* I II *ṓ* III *nā*
2.m.	תִּכְתְּבוּ	*tikt*^{e}*bū*	ihr werdet schreiben	*ti* I II ^{e} III *ū*
2.f.	תִּכְתֹּבְנָה	*tiktṓbnā*	ihr werdet schreiben	*ti* I II *ṓ* III *nā*
1.	נִכְתֹּב	*niktōb*	wir werden schreiben	*ni* I II *ō* III

Das Präformativ verbindet sich im Grundstamm mit dem vokallosen ersten Radikal zu einer geschlossenen Silbe. Der ursprüngliche Vokal a ist hier zu i verdünnt; dieses i ist nach ' (1.sing.) zu æ geworden. Der Stammvokal, hier ō, ist aus u gedehnt worden.

— Die vokalischen Endungen -ī (2.sing.f.) und -ū (2./3.plur.m.) sind betont; der vorhergehende unbetonte Stammvokal ist zu Schwa mobile verflüchtigt.

— Die konsonantische Endung -nā (2./3.plur.f.) ist unbetont.

(→ 8.4.8)

8.3.5.2 Verwendung. Das Imperfekt kommt hauptsächlich in drei Verwendungen vor:

— für zukünftige Handlungen und Vorgänge,

— für wiederholte und andauernde Handlungen und Vorgänge in der Gegenwart und Vergangenheit,

— in modaler Bedeutung (sollen, dürfen, können etc.).

Da die problemreiche und in der Forschung vielfach noch umstrittene Geschichte des hebräischen Verbalsystems hier nicht aufgerollt werden kann, begnügen wir uns mit einigen Annäherungen. Erst das spätere Hebräisch entwickelt ein System der Bezeichnung der objektiven Zeitstufen (Ivrith: כתבתי ich habe geschrieben, אני כותב ich schreibe, אכתוב ich werde schreiben). Das althebräische Verbum basiert dagegen auf der Entgegensetzung von subjektiven Aspekten, deren Definition aber nicht zuletzt auch wegen der in Rechnung zu stellenden Geschichte der Sprache schwierig ist. Herkömmlicherweise sagt man, das Perfekt bezeichne die abgeschlossene, das Imperfekt die unabgeschlossene Handlung und ordnet dementsprechend dem hebr. Perfekt die Bereiche des dt. Perfekts, Plusquamperfekts, Praesens perfectum, Futurum exactum, dem hebr. Imperfekt die Bereiche des dt. Futurums, Praesens imperfectum und der andauernden Handlung in der Vergangenheit zu. Dabei kommt man aber nicht ohne Sonderregelungen aus, besonders auch wenn man die poetischen Texte einbezieht.

8.3.5.3 Waw-Imperfekt. Als eigenes „Tempus" ist das Waw-Imperfekt (Imperfectum consecutivum, Erzähltempus, Narrativ) zu betrachten (→ 5.3.1.3; → 6.3.1.3). Das Waw consecutivum ·וַ (wa- mit Verdoppelung des folgenden Konsonanten) „und dann" lautet vor dem Aleph der 1.sing. וָ *wā-* (Ersatzdehnung):

Sing. 3.m.	וַיִּכְתֹּב	*wajjiktōb*	und er schrieb
3.f.	וַתִּכְתֹּב	*wattiktōb*	und sie schrieb
2.m.	וַתִּכְתֹּב	*wattiktōb*	und du schriebst
2.f.	וַתִּכְתְּבִי	*wattiktᵉbī*	und du schriebst
1.	וָאֶכְתֹּב	*wāʾæktōb*	und ich schrieb
Plur. 3.m.	וַיִּכְתְּבוּ	*wajjiktᵉbū*	und sie schrieben
3.f.	וַתִּכְתֹּבְנָה	*wattiktṓbnā*	und sie schrieben
2.m.	וַתִּכְתְּבוּ	*wattiktᵉbū*	und ihr schriebet
2.f.	וַתִּכְתֹּבְנָה	*wattiktṓbnā*	und ihr schriebet
1.	וַנִּכְתֹּב	*wanniktōb*	und wir schrieben

(→ 8.4.9)

8.4 Anmerkungen

8.4.1 Aus *hinnē* + Pronominalsuffix *-nī* „mich" entstanden, in Pausa הִנֵּנִי *hinnḗnī*. Über dem Schwa mobile fällt das Dagesch forte aus.

8.4.2 אֲנִי ist häufiger als אָנֹכִי, das in den späteren Texten zurücktritt und nur in Gen, Dtn, Jos, Ri, 1Sam, Am und Ruth über die Kurzform überwiegt. Ein Bedeutungsunterschied ist nicht zu erkennen. — Bei אַתְּ (aus אַתִּי entstanden) wird in der Punktation die Verdoppelung des auslautenden Konsonanten gegen die sonstige Regel beibehalten. — Zu הִיא vgl. noch 4.3.1.6. — Die sprachgeschichtlich ältere Form נַחְנוּ ist selten (nur Gen 42,11; Ex 16,7.8; Num 32,32; Klgl 3,42); אֲנַחְנוּ ist an die 1.sing. angeglichen worden. — Die 2.plur.f. אַתֵּנָה ist sehr selten (Gen 31,6; Ez 13,11.20; 34,17, dazu אַתֵּן in Ez 34,31). — הֵמָּה und הֵם sind ungefähr gleich häufig.

8.4.3 Als Pausalformen (→ 4.3.2.6) begegnen: אָנֹכִי *ʾānṓkī*, אָנִי *ʾā́nī*, אָתָּה *ʾā́ttā*, אָתָּה *ʾáttā*, אָתְּ *ʾātt*, אֲנָחְנוּ *ʾᵃnā́ḥnū*.

8.4.4 Als Part.act.sing.f. kommen (selten) auch Formen mit Vorton-Sere (→ 4.3.2.1) vor, z.B. יוֹלֵדָה *jōlēdā* Gebärende.

8.4.5 Das Qames der ersten Silbe zweisilbiger Nomina hält sich als Vorton-Qames nur im Sing.m.abs.; in den anderen Formen rückt der Ton auf die übernächste Silbe bzw. das folgende Wort, sodaß der Vokal reduziert wird (Schwa mobile, nach Laryngalen Chateph-Patach: חֲזָקִים plur.m.abs. zu חָזָק stark). — Das Qames der zweiten Silbe bleibt in den Formen des St.abs. erhalten. Im St.cs. wird es in geschlossener Silbe zu Patach verkürzt (sing.m.cs.), in offener Silbe nach 4.3.2.4 zu Schwa medium reduziert, wobei der vorangehende Vokal als i erscheint (יִשְׁרֵי־לֵב „die aufrichtigen Herzens sind").

8.4.6 Sätze, deren Prädikat aus einem ganzen Satz (Verbalsatz oder Nominalsatz) besteht, werden später als „zusammengesetzte Nominalsätze" behandelt (→ 9.3.5).

8.4.7 Präformativkonjugationen kommen nicht nur in den semitischen Sprachen vor, sondern z.B. auch in den Bantusprachen. Auch das Französische kennt eine Art Präformativkonjugation, wenn man sich nicht an das Schriftbild, sondern an die Aussprache hält: [ʒparl], [typarl], [ilparl]. Die Personenzeichen je, tu, il kommen nicht selbständig vor, können allerdings durch ne, le, la usw. vom Verbum getrennt werden.

8.4.8 In Pausalformen wird der reduzierte Vokal wieder durch betontes ō ersetzt: תִּכְתֹּ֫בִי *tiktṓbī*, יִכְתֹּ֫בוּ *jiktṓbū*, תִּכְתֹּ֫בוּ *tiktṓbū*.

Statt den Formen auf -ī und -ū finden sich gelegentlich, vor allem in älteren Texten, auch solche auf *-īn* und *-ūn* (sog. Nun paragogicum), z.B. תִּשְׁמְרוּן *tišmᵉrūn* „ihr sollt beobachten" (Dtn 6,17), יִדְרְכוּן *jidrᵉkūn* „sie treten" (Ps 11,2), in pausa, aber auch sonst, mit ō und Endbetonung: תִּכְרֹתוּן׃ *tikrōtū́n* „ihr sollt umhauen" (Ex 34,13).

8.4.9 Entsprechend diesem Paradigma, nur mit anderem Stammvokal, werden auch die übrigen Formen des Waw-Imperfekts der in 5.2 und 6.2 gelernten Verben אמר, הלך, נתן, לקח und שׁמע gebildet (bei der 1.sing. von אמר und הלך unter Aufhebung der Tonzurückziehung): וַיֹּ֫אמֶר (in pausa וַיֹּאמַ֫ר), וַתֹּ֫אמֶר, וַנֹּ֫אמֶר, וַיֹּאמְרוּ, aber וָאֹמַר; ähnlich וַיֵּ֫לֶךְ, וַתֵּ֫לֶךְ, וַיֵּלְכוּ, aber וָאֵלֵךְ; vgl. ferner z.B. וַתִּתֵּן, וַיִּתְּנוּ; וַיִּקְחוּ, וָאֶקַּח (ohne Dagesch forte); וָאֶשְׁמַע, וַתִּשְׁמְעוּ. Das gewöhnliche Imperfekt zieht den Ton nicht zurück: יֹאמַר, תֹּאמַר, אֹמַר, יֹאמְרוּ; יֵלֵךְ, יִתֵּן, יִקַּח, יִשְׁמַע usw.

8.5 Übungen

8.5.1 Konjugiere die Verben von 7.2.1 und 8.2.1 im Imperfekt, im Waw-Imperfekt und in Abwechslung mit dem Perfekt wie bei 7.5.1. Bilde zu 7.5.2 und 7.5.3 die entsprechenden Formen des (Waw-)Imperfekts.

8.5.2 Bestimme folgende Formen nach Person, Geschlecht und Zahl und übersetze mit dt. Futurum:

ישפט נמכר אשבר תשכנו תלכדנה תמשל יפרשו תשפכי אמלך

8.5.3 Übersetze: sie werden bewahren, du sollst ausgießen, wir haben gefangen, und wir verkauften, wohnend, ausgebreitet (f.), er soll König sein, und sie sagten, ihr werdet richten, die Herrschenden, und ich zerbrach, und ich habe nicht gesagt.

8.5.4:

1. וַיֹּאמֶר אֲלֵהֶם גִּדְעוֹן לֹא־אֶמְשֹׁל אֲנִי בָּכֶם וְלֹא־יִמְשֹׁל בְּנִי בָּכֶם יְהוָה
יִמְשֹׁל בָּכֶם׃ 2. זֹאת בְּרִיתִי אֲשֶׁר תִּשְׁמְרוּ 3. כְּכֹל אֲשֶׁר־שָׁמַעְנוּ אֶל־
מֹשֶׁה כֵּן נִשְׁמַע אֵלֶיךָ 4. וַיִּמְכְּרוּ אֶת־יוֹסֵף לַיִּשְׁמְעֵאלִים 5. וַיִּרְדֹּף אֲבִיָּה
אַחֲרֵי יָרָבְעָם וַיִּלְכֹּד מִמֶּנּוּ עָרִים 6. וַיִּקְבְּרוּ אֹתוֹ בְּעִיר דָּוִד וַיִּמְלֹךְ אָסָא
בְנוֹ תַּחְתָּיו׃ 7. אַחֲרֵי מִי אַתָּה רֹדֵף 8. וּלְרִבְקָה אָח וּשְׁמוֹ לָבָן 9. ··· וּבָלָק
בֶּן־צִפּוֹר מֶלֶךְ לְמוֹאָב בָּעֵת הַהִוא׃ 10. עַל־כֵּן שֵׁם־הָעִיר בְּאֵר שֶׁבַע
עַד־הַיּוֹם הַזֶּה׃ 11. וַיִּקַּח אַבְרָם וְנָחוֹר לָהֶם נָשִׁים שֵׁם אֵשֶׁת־אַבְרָם שָׂרָי
וְשֵׁם אֵשֶׁת־נָחוֹר מִלְכָּה 12. ··· וּבָעֵת הַהִיא פְּלִשְׁתִּים מֹשְׁלִים בְּיִשְׂרָאֵל׃
13. ··· וַעֲתַלְיָה מֹלֶכֶת עַל־הָאָרֶץ׃ 14. ··· וּדְבוֹרָה אִשָּׁה נְבִיאָה אֵשֶׁת
לַפִּידוֹת הִיא שֹׁפְטָה אֶת־יִשְׂרָאֵל בָּעֵת הַהִיא׃ 15. ··· וְכַפָּיו[a] פְּרֻשׂוֹת
הַשָּׁמָיִם׃[a] 16. וַיֹּאמֶר אֶל־דָּוִד צַדִּיק אַתָּה מִמֶּנִּי 17. טוֹב ··· מֹשֵׁל
בְּרוּחוֹ[d] מִלֹּכֵד עִיר׃ 18. כִּי לוֹא־טוֹבָה הַשְּׁמֻעָה אֲשֶׁר אָנֹכִי שֹׁמֵעַ 19. וַיַּרְא
מִיכָה כִּי־חֲזָקִים הֵמָּה מִמֶּנּוּ 20. וְעַתָּה אֲדֹנָי יְהוִה אַתָּה־הוּא הָאֱלֹהִים
21. הִנְנִי נֹתֵן אֶת־הָעִיר הַזֹּאת בְּיַד מֶלֶךְ־בָּבֶל 22. ··· כִּי־גָדוֹל יְהוָה
מִכָּל־הָאֱלֹהִים 23. כֹּה אָמַר יְהוָה צְבָאוֹת הִנְנִי שֹׁבֵר אֶת־קֶשֶׁת עֵילָם
24. הֲשֹׁמֵר אָחִי אָנֹכִי׃ 25. וַיָּבֹא דָוִד וַאֲנָשָׁיו אֶל־הָעִיר וְהִנֵּה שְׂרוּפָה
בָּאֵשׁ 26. וַתֹּאמֶר הָאִשָּׁה הַאַתָּה יוֹאָב וַיֹּאמֶר אָנִי 27. וַיֹּאמֶר מַדּוּעַ אַתְּ
הֹלֶכֶתִי[b] אֵלָיו הַיּוֹם 28. הֲלֹא־הִיא כְתוּבָה עַל־סֵפֶר הַיָּשָׁר 29. וַיֹּאמֶר
מֹשֶׁה אֶל־הָאֱלֹהִים מִי אָנֹכִי כִּי אֵלֵךְ אֶל־פַּרְעֹה 30. וַיֹּאמֶר שְׁמוּאֵל וּמֶה
קוֹל־הַצֹּאן הַזֶּה בְּאָזְנָי[c] וְקוֹל הַבָּקָר אֲשֶׁר אָנֹכִי שֹׁמֵעַ׃

---

[a] „seine Hände … zum Himmel"

[b] Ketib: אתי הלכתי, Qere: אַתְּ הֹלֶכֶת.

[c] „in meinen Ohren"

[d] „über seinen Geist (hier: Zorn)"

8.5.5. Übersetze:

1. Ich will König werden.
2. Du aber wirst König werden über Israel.

3. Jahwe wird als König herrschen auf immer.
4. Da gedachte ich meines Bundes.
5. Da gedachte Gott des Noah.
6. Dann musterte David das Volk, das bei ihm war.
7. Er ist unrein. Sie ist unrein. Sie sind unrein.
8. Der große Tag Jahwes ist nahe.
9. Das Wort Jahwes ist gut.
10. Da sagte Simei (שִׁמְעִי) zum König: Die Sache ist gut.
11. ... daß sie (die Töchter) schön waren ...
12. Ihr seid des Todes schuldig.
13. Denn Gibeon war eine große Stadt.
14. Denn ich, Jahwe, wohne inmitten (בְּתוֹךְ) der Israeliten.

8.5.6. Unvokalisierte Sätze:

1. ואתה מושל בַּכֹּל 2. ויאמר הנה אנכי כרת ברית 3. ובכל־זאת
אנחנו כרתים אֲמָנָה[a] וכתבים 4. ויכרת את־הברית לפני יהוה ...
לַעֲשׂוֹת[b] את־דברי הברית הכתובים על־הספר הזה 5. ותאמר מי־את
בתי 6. אלה הדברים אשר דבר משה אל־כל־ישראל 7. ויאמַר
אליה הַתִּשְׁבִּי הוא 8. רחוקים אנחנו מכם מאד 9. ויאמר משה אל־
יהוה ... לא איש דברים אנכי 10. לכן כה אמר אדני יהוה הנני נתן
לִנְבוּכַדְרֶאצַּר מלך־בבל את־ארץ מצרים

---

[a] „Vertrag“
[b] „zu tun“

LEKTION 9

9.1 Vorübung: In Ex 25ff. werden die Anweisungen für den Bau der Stiftshütte gegeben („du sollst machen“), in den Kap. 35ff. wird deren Ausführung berichtet („er machte“). Vergleiche die in den parallelen Texten Ex 26,15–23 und 36,20–28 verwendeten „Tempora“ in Verbindung mit der Konjunktion ו (תַּעֲשֶׂה = 2.sg.m. Imperfekt und עָשִׂיתָ = 2.sg.m. Perfekt von עשׂה). Welche Gesetzmäßigkeiten sind erkennbar?

(26,15 / 36,20) וַיַּעַשׂ/וְעָשִׂיתָ die Bretter für die Wohnung ... ...
(17 / 22) ... כֵּן עָשָׂה/כֵּן תַּעֲשֶׂה an allen Brettern der Wohnung.

9.

(18 / 23) וַיַּעַשׂ/וְעָשִׂיתָ die Bretter für die Wohnung ...

(19 / 24) Und vierzig silberne Füße עָשָׂה/תַּעֲשֶׂה ...

(20 / 25) Und für die nördliche Wand עָשָׂה/– zwanzig Bretter ...

(22 / 27) Und für die westliche Wand עָשָׂה/תַּעֲשֶׂה sechs Bretter.

(23 / 28) Und zwei Bretter עָשָׂה/תַּעֲשֶׂה für die Ecken der Wohnung auf der Hinterseite.

9.2 Vokabular

9.2.1 Verben mit a-Imperfekt:

כָּבֵד schwer werden / schwer sein
- כָּבֵד schwer

לָבֵשׁ sich bekleiden mit
- לבשׁ בְּגָדִים Kleider anziehen

קרב sich nähern / nahe sein
- קָרֵב herannahend

רכב reiten / fahren
- רֹכֵב סוּס Reiter

שׁכב sich niederlegen / liegen
- וַיִּשְׁכַּב עִם־אֲבֹתָיו und er legte sich zu seinen Vätern (= er starb)

זרע säen
- זֶרַע Same / Nachkommenschaft

×פשׁע (בְּ) brechen mit / sich vergehen an
- פֶּשַׁע Frevel / Auflehnung

קרע zerreißen / losreißen
- וַיִּקְרַע אֶת־בְּגָדָיו da zerriß er seine Kleider

שׂבע satt werden / satt sein
- שָׂבֵעַ satt

×גבה hoch (erhaben / hochmütig) sein
- גָּבֹהַּ hoch (→ 1.3.2.3)

9.2.2 Nomina mit unveränderlichen Vokalen:

רוּחַ (pl. רוּחוֹת) (f.) Wind / Hauch / Geist
- רוּחַ גְּדוֹלָה ein starker Wind

חוּץ Gasse / draußen
- מִחוּץ לָעִיר außerhalb der Stadt

סוּס	Pferd
כְּסוּסַי כְּסוּסֶיךָ	meine Rosse wie deine Rosse
גְּבוּל	Grenze / Gebiet
גְּבוּל רֵעֲךָ	die Grenze deines Nächsten
עַמּוּד	Pfeiler / Säule
עַמּוּד אֵשׁ	Feuersäule
גּוֹי	Volk
כָּל־הַגּוֹיִם סָבִיב	alle Völker ringsum
דּוֹר (pl. דּוֹרוֹת)	Generation
לְדֹר וָדֹר	von Geschlecht zu Geschlecht
אוֹר	Licht
יְהִי אוֹר	es werde Licht
כֹּחַ	Kraft
בְּכֹחֲךָ הַגָּדוֹל	durch deine große Kraft
אֲרוֹן (הָאָרוֹן)	Lade / Kasten
אֲרוֹן בְּרִית יְהוָה	die Bundeslade Jahwes
בְּכֹר	erstgeboren / Erstgeborener
בְּנוֹ הַבְּכוֹר	sein erstgeborener Sohn
גִּבּוֹר	stark / Held / Krieger
גִּבּוֹר־חַיִל	tüchtiger Krieger / tüchtiger Mann
אֵל	Gott
עִמָּנוּ אֵל	mit uns ist Gott
רֵעַ	Nächster / Freund
אִישׁ אֶל־רֵעֵהוּ	einer zum anderen
רִאשׁוֹן	erster / früherer
בָּרִאשֹׁנָה	früher / vormals

9.2.3 Weitere Vokabeln:

נָא	doch / bitte
קַח־נָא	nimm doch
סָבִיב לְ	ringsum
סְבִיבוֹת	rings um ...
כִּי אִם	sondern
לֹא יַעֲקֹב כִּי אִם־יִשְׂרָאֵל	nicht Jakob, sondern Israel
בֶּגֶד (→ 9.2.1):	Kleid

זֶרַע Same / Nachkommenschaft
פֶּשַׁע Frevel / Auflehnung
×גָּבֹהַּ hoch

9.3.1 Verben mit a-Imperfekt

Die bisher behandelten Verben des Typus *kātab/jiktōb* bilden die überwiegende Mehrheit der starken (regelmäßig dreiradikaligen) Verben (→ 9.4.1). Neben diesen Verben mit (u >) ō als Stammvokal im Imperfekt gibt es, wie bereits aus den unregelmäßigen Verben von 5.2 und 6.2 ersichtlich, auch solche mit dem Stammvokal (i >) ē (z.B. יִתֵּן, יֵלֵךְ und einige wenige andere, ebenfalls schwache Verben, → 22.3.1) und solche mit dem Stammvokal a (vgl. יִשְׁמַע, יִקַּח).

Zu den a-Imperfekten gehören:

— eine kleinere Gruppe von vorwiegend Eigenschaftsverben nach dem Typus *kābēd/jikbad*; sie zeigen, soweit sie nicht (wie קרב und teilweise לבשׁ) an den Typus *kātab* angeglichen worden sind, in der 3.sing.m. des Perfekts ein (i >) ē zwischen dem 2. und 3. Radikal (→ 9.4.2);
— sehr wenige Verben, die im Perfekt ein (u >) ō zwischen dem 2. und 3. Radikal aufweisen (→ 9.4.3);
— einige Verben mit dem Perfekt nach *kātab* (z.B. רכב, שׁכב);
— alle Verben mit einem Laryngal als 2. oder 3. Radikal (z.B. שׁמע, לקח, גבה; → 9.4.4).

Das Paradigma der Verben mit a-Imperfekt lautet:

Sing. 3.m.	יִכְבַּד	*jikbad*	Plur. 3.m.	יִכְבְּדוּ	*jikb^{e}dū*
3.f.	תִּכְבַּד	*tikbad*	3.f.	תִּכְבַּדְנָה	*tikbádnā*
2.m.	תִּכְבַּד	*tikbad*	2.m.	תִּכְבְּדוּ	*tikb^{e}dū*
2.f.	תִּכְבְּדִי	*tikb^{e}dī*	2.f.	תִּכְבַּדְנָה	*tikbádnā*
1.	אֶכְבַּד	*'ækbad*	1.	נִכְבַּד	*nikbad*

Das Perfekt des Typus *kābēd* stimmt in den übrigen Formen mit *kātab* überein: Sing.3.m. כָּבֵד, 3.f. כָּבְדָה, 2.m. כָּבַדְתָּ usw. (→ 9.4.5). Die Eigenschaftsverben wie כָּבֵד, קָרֵב bilden kein Partizip mit den Vokalen ō — ē, sondern ein Verbaladjektiv auf ā — ē, das im sing.m. gleich wie das Perf. 3.sing.m. lautet (aber f. כְּבֵדָה gegenüber 3.sing.f. כָּבְדָה).

9.3.2 Imperativ und Adhortativ

Der Imperativ des Grundstammes entspricht der 2. Person des Imperfekts, jedoch ohne Präformativ und mit Murmelvokal zwischen dem 1. und 2. Radikal. Müßten (vor vokalischen Endungen) zwei Schwa mobile aufeinander folgen, so wird das erste nach 4.3.2.4 zu i, das zweite zu Schwa medium:

sing.m.	כְּתֹב	*kᵉtōb*	schreibe!	שְׁמַע	*šᵉmaʿ*	höre!
f.	כִּתְבִי	*kitbī*	schreibe!	שִׁמְעִי	*šimʿī*	höre!
plur.m.	כִּתְבוּ	*kitbū*	schreibet!	שִׁמְעוּ	*šimʿū*	höret!
f.	כְּתֹבְנָה	*kᵉtṓbnā*	schreibet!	שְׁמַעְנָה	*šᵉmáʿnā*	höret!

Als Adhortativ wird eine durch die Endung -ā verstärkte Form des Imperativs sing.m. bezeichnet. Als erster Vokal erscheint hier jedoch nicht i, sondern å (Qames Chatuph, aus u entstanden), wenn der Stammvokal (u >) ō ist:

כָּתְבָה *kåtbā* schreibe doch! שִׁמְעָה *šimʿā* höre doch!

Von den unregelmäßigen Verben merke man sich bereits jetzt:

sing.m.	לֵךְ	בֹּא		תֵּן	קַח	אֱמֹר	דַּבֵּר	
adh.	לְכָה	בֹּאָה	*bṓʾā*	תְּנָה	קְחָה	—	—	
sing.f.	לְכִי	בֹּאִי	*bṓʾī*	תְּנִי	קְחִי	אִמְרִי	דַּבְּרִי	
plur.m.	לְכוּ	בֹּאוּ	*bṓʾū*	תְּנוּ	קְחוּ	אִמְרוּ	דַּבְּרוּ	(→ 9.4.6)

9.3.3 Perfectum consecutivum (Waw-Perfekt)

Als letztes „Tempus“ ist noch das Perfectum consecutivum (Waw-Perfekt) einzuführen, das in einem ähnlichen Verhältnis zum Imperfekt steht, wie das Imperfectum consecutivum (Waw-Imperfekt) zum Perfekt.

9.3.3.1 Form. Das Waw-Perfekt besteht aus einem Waw consecutivum in der Form וְ „und dann / so“ (וּ vor Labialen und vor der 2.plur., וַ vor Laryngal mit Chateph Patach in der 2.plur.) und der Perfektform (→ 7.3.4), die aber in der 1.sing. und 2.sing.m. Endbetonung erhält (→ 9.4.7):

Sing. 3.m.	וְכָתַב	*w*^{e}*kātáb*	und dann/so wird/soll er schreiben
3.f.	וְכָֽתְבָה	*w*^{e}*kāt*^{e}*bā́*	
2.m.	וְכָתַבְתָּ	*w*^{e}*kātabtā́*	
2.f.	וְכָתַבְתְּ	*w*^{e}*kātábt*	
1.	וְכָתַבְתִּי	*w*^{e}*kātabtī́*	
Plur. 3.m./f.	וְכָֽתְבוּ	*w*^{e}*kāt*^{e}*bū́*	
2.m.	וּכְתַבְתֶּם	*ūk*^{e}*tabtǽm*	
2.f.	וּכְתַבְתֶּן	*ūk*^{e}*tabtǽn*	
1.	וְכָתַבְנוּ	*w*^{e}*kātábnū*	

9.3.3.2 Verwendung. Das Waw-Perfekt ist wie das Waw-Imperfekt ein Folge-Tempus: Durch das Perfectum consecutivum wird eine Handlung oder ein Vorgang ausgedrückt, der auf ein im Imperfekt oder Imperativ (oder durch eine gleichwertige nominale Form) ausgedrücktes Geschehen zeitlich oder logisch folgt:

Gen 24,3–4:	. . .	„Ich will dich schwören lassen . . .,
	אֲשֶׁר לֹא־תִקַּח אִשָּׁה לִבְנִי	daß du meinem Sohne kein Weib nehmest
	מִבְּנוֹת הַכְּנַעֲנִי . . .	von den Töchtern der Kanaaniter . . .,
	כִּי אֶל־אַרְצִי . . . תֵּלֵךְ	sondern in mein Land . . . sollst du gehen,
	וְלָקַחְתָּ אִשָּׁה לִבְנִי לְיִצְחָק׃	ein Weib für meinen Sohn Isaak zu holen“.
Jer 36,2:	קַח־לְךָ מְגִלַּת־סֵפֶר	„Nimm dir eine Buchrolle
	וְכָתַבְתָּ אֵלֶיהָ אֵת כָּל־הַדְּבָרִים	und schreibe darauf alle Worte . . .“
Jes 19,1:	הִנֵּה יְהוָה רֹכֵב	„Siehe, Jahwe fährt einher . . .
	. . . וּבָא מִצְרַיִם	und kommt nach Ägypten.“

Häufig leitet das Waw-Perfekt den Nachsatz eines Wenn-Satzes ein:

Dtn 13,13–15:	כִּי־תִשְׁמַע	„Wenn du hörst . . .,
	. . . וְדָרַשְׁתָּ . . .	so sollst du dich erkundigen . . .“

Auf diese Weise können ganze Ketten von Waw-Perfekten gebildet werden. Wird jedoch das ו von der Verbalform getrennt, z.B. durch die Negation לֹא oder infolge Voranstellung des Subjekts oder Objekts, so tritt wieder das Imperfekt ein, z.B.

Gen 34,15–17: ... אִם תִּהְיוּ	„wenn ihr uns gleich werdet ...,
וְנָתַנּוּ אֶת־בְּנֹתֵינוּ לָכֶם	dann wollen wir euch unsre Töchter geben
וְאֶת־בְּנֹתֵיכֶם נִקַּח־לָנוּ	und uns eure Töchter nehmen,
וְיָשַׁבְנוּ אִתְּכֶם	wir wollen bei euch wohnen
וְהָיִינוּ לְעַם אֶחָד׃	und ein Volk (mit euch) werden.
... וְאִם־לֹא תִשְׁמְעוּ אֵלֵינוּ	Wenn ihr aber nicht auf uns hört ...,
וְלָקַחְנוּ אֶת־בִּתֵּנוּ	so nehmen wir unsere Tochter
וְהָלָכְנוּ׃	und ziehen von dannen.“

Bezeichnet das Imperfekt wiederholte oder andauernde Handlungen und Vorgänge in der Gegenwart oder Vergangenheit (→ 8.3.5.2), so hat auch das Waw-Perfekt diese Bedeutung, vgl. Ex 33,7:

וּמֹשֶׁה יִקַּח אֶת־הָאֹהֶל	„Mose aber nahm jeweilen das Zelt
וְנָטָה־לוֹ מִחוּץ לַמַּחֲנֶה	und schlug es außerhalb des Lagers für ihn auf.“

In einigen Fällen schließt das Perfectum consecutivum auch an anderweitige Zeitangaben an oder tritt sogar an den Anfang eines Abschnittes, so besonders das formelhafte וְהָיָה „und es wird geschehen“ (bzw. „und es geschah jeweils“), das ähnlich wie וַיְהִי (→ 6.3.1.4) den zeitlichen Rahmen für das Folgende markiert und bei der Übersetzung oft entbehrlich ist:

1Kön 3,9:	„Und nun steht dein Knecht inmitten deines
... וְנָתַתָּ לְעַבְדְּךָ לֵב שֹׁמֵעַ	Volkes ..., so wollest du denn deinem Knecht ein verständiges Herz geben, dein Volk zu regieren ...“

Ri 4,20: „Und er sprach zu ihr: Stelle dich an den Eingang des Zeltes,

וְהָיָה אִם־אִישׁ יָבוֹא ... וְאָמַר	und wenn einer kommt und dich fragt:
...	Ist jemand hier?
... וְאָמַרְתְּ	so sage: Nein.“

9.3.4 Kohortativ und Jussiv

Ursprüngliche Modi des Imperfekts haben sich im Hebräischen nur in Resten erhalten (vgl. noch 8.3.5.2 zur modalen Verwendung des Imperfekts und 10.3.3 zum Ausdruck des negierten Wunsches und des Verbotes).

9.3.4.1 Der **Kohortativ** wird nur von der 1. Person zum Ausdruck der Selbstermunterung oder des Wunsches durch Anhängung eines -ā gebildet. Die Betonung entspricht der der Formen mit vokalischem Afformativ:

sing.	אֶכְתְּבָה	*'æktebā*	ich will schreiben!	(→ 9.4.8)
plur.	נִכְתְּבָה	*niktebā*	laßt uns schreiben!	

Oft wird der Kohortativ durch den Imperativ von הלך eingeleitet oder, wie der Imperativ und Jussiv, durch enklitisches (־)נָא „bitte / doch" verstärkt, z.B. Jes 2,5: בֵּית יַעֲקֹב לְכוּ וְנֵלְכָה בְּאוֹר יְהוָה׃ „Haus Jakobs, auf, laßt uns wandeln im Licht Jahwes."

Ex 4,18: אֵלְכָה נָּא „ich möchte gerne gehen ...".

9.3.4.2 Der **Jussiv** wird im allgemeinen nur von der 2. und 3. Person zum Ausdruck des Wunsches gebildet. Er unterscheidet sich beim Grundstamm des starken Verbums nicht vom gewöhnlichen Imperfekt, ist aber in den endungslosen Formen des Kausativstammes (12.3.1.1) und bei manchen schwachen Verben an der abweichenden Vokalisierung bzw. an der Kürzung der Formen, wie sie auch beim Waw-Imperfekt auftritt, erkennbar. Merke vorläufig neben dem Waw-Imperfekt וַיְהִי „und er war" und dem Imperfekt יִהְיֶה „er wird sein" die Formen des Jussivs von היה:

sing. 3.m.	יְהִי	*jehī*	er soll sein / er möge sein
3.f.	תְּהִי	*tehī*	sie soll sein / sie möge sein
2.m.	תְּהִי	*tehī*	du sollst sein / du mögest sein

9.3.5 Nominalsätze (III)

In Ergänzung zu 8.3.4 sei hier noch die im Hebräischen und in anderen semitischen Sprachen bestehende Möglichkeit erwähnt, daß das Prädikat eines Nominalsatzes aus einem ganzen Satz (Nominalsatz oder Verbalsatz) besteht: S_1 —(P)

S_2 P

Ps 11,4: יְהוָה בַּשָּׁמַיִם כִּסְאוֹ „Jahwes Thron ist im Himmel"

Ps 103,19: יְהוָה בַּשָּׁמַיִם הֵכִין כִּסְאוֹ „Jahwe hat seinen Thron im Himmel errichtet".

Das Hauptsubjekt („Jahwe") kann mit dem Subjekt des Prädikatsatzes identisch (in הֵכִין „er hat errichtet") oder von ihm verschieden (כִּסְאוֹ „sein Thron" in Ps 11,4) sein. Im Prädikatsatz wird gerne durch ein Pronomen (Suffix -ō „sein") auf das Hauptsubjekt zurückverwiesen. Der Satzbau mit dem an die erste Stelle gerückten, stark betonten Nomen (sog. Casus pendens) kann im Dt. höchstens durch „was ... betrifft, so ..." nachgeahmt werden (→ 9.4.9).

9.3.6 Flexion der Nomina (I): Nomina mit unveränderlichen Vokalen

Je nach der Veränderung der Vokale bei der Anhängung von Flexionsendungen und Pronominalsuffixen werden die Nomina zweckmäßig in Flexionsklassen eingeteilt (vgl. schon 8.3.3.1). Von den rund 300 Nomina, die im Alten Testament über 50mal vorkommen und in erster Linie zu lernen sind, ist die Klasse der Segolata (→ 3.3.2.3) am zahlreichsten (ca. $^1/_4$ der Vokabeln und Vorkommen). Wir beginnen mit der einfachsten Gruppe der Nomina mit unveränderlichen Vokalen (ca. $^1/_6$) und behandeln anschließend (→ 10.3.5) die kleine, aber wegen des häufigen Vorkommens wichtige Gruppe der sog. unregelmäßigen Nomina.

9.3.6.1 Nominalbildung. Je nach der Bildung der Nomina aus einem, zwei, drei (so meistens) oder mehr Radikalen, mit kurzen oder langen Vokalen in der ersten oder zweiten Silbe, mit Verdoppelung eines Radikals, mit Präformativen oder Afformativen, unterscheidet man in den semitischen Sprachen verschiedene Nominalbildungsklassen, die zum Teil noch bestimmten Bedeutungsklassen entsprechen (s.u. S. 375 die Übersicht). Sie werden meistens schematisch mit den Radikalen *q — t — l* dargestellt, denen die (erschlossenen) ursprünglichen Vokale beigegeben werden. So sind z.B. מֶלֶךְ eine *qatl-*, כֹּהֵן eine *qātil-* und מִלְחָמָה eine *miqtal*(*at*)-Form. Auf die Nominalbildungsklassen wird hier nur eingegangen, wenn es zur Erklärung der Flexion und der Flexionsklassen dienlich ist.

9.3.6.2 Die häufigsten Nomina mit unveränderlichen Vokalen. Aus früheren Lektionen bekannte Nomina dieser Klasse sind:

אֱלֹהִים	„Gott" (Plur. in sing. oder plur. Bedeutung zu seltenerem Sing. אֱלוֹהַּ)
צֹאן	„Kleinvieh (Schafe und Ziegen)" (Kollektivbegriff)
קוֹל	„Stimme"
בְּרִית	„Bund / Verpflichtung" (Fem. mit Endung *-t*)
טוֹב	„gut"
צַדִּיק	„gerecht" (*qattīl*-Form) (→ 9.4.10)

Unveränderliche Vokale haben auch die bereits bekannten Singulare der Nomina mit unregelmäßigem Plural:

יוֹם „Tag“, רֹאשׁ „Kopf“, אִישׁ „Mann“, עִיר „Stadt“.

Zusammen mit den Vokabeln von 9.2.3 sind dies die 25 Nomina dieser Bildung, die im Alten Testament über 100mal vorkommen. Sie haben alle in der (letzten) Stammsilbe ein langes, unveränderliches ū, ō, ē oder ī, die zweisilbigen unter ihnen in der ersten Silbe einen reduzierten Vokal oder ein durch verdoppelten Konsonanten gedecktes kurzes a oder i. Afformative sind die Fem.-Endung *-t* in בְּרִית und *-ōn* (< *-ān*) in dem aus רֹאשׁ denominierten Adjektiv רִאשׁוֹן. Nomina ähnlicher Bildung lassen sich ohne Schwierigkeiten dieser Klasse zuweisen, mit Ausnahme derjenigen auf ō und ē, deren Vokal häufig aus u oder i gedehnt ist (vgl. כֻּלּוֹ/כֹּל, עִתּוֹ/עֵת, שְׁמוֹ/שֵׁם).

9.3.6.3 Genus. Das Hebräische kennt nur zwei Geschlechter, masc. und fem.; von Adjektiven wird das Fem. häufig im Sinne unseres Neutrums gebraucht, z.B. טוֹבָה „Gutes“ (neben טוֹב), זֹאת „dieses“.

Das für die Kongruenz mit Verben oder Adjektiven maßgebende Geschlecht eines Nomens stimmt nicht immer mit den grammatischen Masc.- und Fem.-Endungen überein. So sind außer בְּרִית (Fem.-Endung *-t*) auch עִיר, צֹאן und רוּחַ Feminina. Im Plural haben außer רוּחַ auch die Masculina דּוֹר und קוֹל sowie חוּץ die Endung *-ōt*.

Allgemein gilt, daß Bezeichnungen von Ländern und Städten und von paarweise vorhandenen Körperteilen feminin sind (z.B. אֶרֶץ, עִיר, יָד).

9.3.6.4 Numerus. Die Endungen des Sing. und des Plur. sind von den Adjektiven her bekannt (→ 8.3.3.1). Kollektiva wie אָדָם und צֹאן werden nicht im Plural verwendet, andererseits gibt es Plurale mit Sing.-Bedeutung wie אֱלֹהִים und חַיִּים; auch Singulare wie אִישׁ und עֵץ können kollektiv gebraucht werden.

Ein Dual auf *-ájim* (cs. *-ē*) wird fast nur von stets paarweise vorkommenden Dingen und von einigen Zeitbegriffen gebildet: יָדַיִם (cs. יְדֵי) „Hände“, עֵינַיִם (cs. עֵינֵי; sing. עַיִן, cs. עֵין) „Augen“, יוֹמַיִם „zwei Tage“, שְׁנָתַיִם „zwei Jahre“ (sing. שָׁנָה, plur. שָׁנִים). Adjektive haben nie die Dual-Endung, z.B. יָדַיִם שֹׁפְכוֹת דָּם־נָקִי „Hände, die unschuldiges Blut vergießen“.

9.3.6.5 Nomen mit Suffixen. Für die aus 7.3.2.1 schon teilweise bekannten Pronominalsuffixe (Possessivsuffixe) am Nomen wählen wir im Sing. קוֹל „Stimme“, im Plur. אֱלֹהִים „Gott“ als Paradigma:

Sing. 1.	קוֹלִי	*qōlī*	meine St.	אֱלֹהַי	*ʾᵆlōhaj*	mein G.
2.m.	קוֹלְךָ	*qōlᵉkā*	deine St.	אֱלֹהֶיךָ	*ʾᵆlōhǣkā*	dein G.
in pausa:	קוֹלֶךָ	*qōlǽkā*				
2.f.	קוֹלֵךְ	*qōlēk*	deine St.	אֱלֹהַיִךְ	*ʾᵆlōhájik*	dein G.
3.m.	קוֹלוֹ	*qōlō*	seine St.	אֱלֹהָיו	*ʾᵆlōhāw*	sein G.
3.f.	קוֹלָהּ	*qōlāh*	ihre St.	אֱלֹהֶיהָ	*ʾᵆlōhǣhā*	ihr G.
Plur. 1.	קוֹלֵנוּ	*qōlḗnū*	unsere St.	אֱלֹהֵינוּ	*ʾᵆlōhḗnū*	unser G.
2.m.	קוֹלְכֶם	*qōlᵉkǽm*	eure St.	אֱלֹהֵיכֶם	*ʾᵆlōhēkǽm*	euer G.
2.f.	קוֹלְכֶן	*qōlᵉkǽn*	eure St.	אֱלֹהֵיכֶן	*ʾᵆlōhēkǽn*	euer G.
3.m.	קוֹלָם	*qōlām*	ihre St.	אֱלֹהֵיהֶם	*ʾᵆlōhēhǽm*	ihr G.
3.f.	קוֹלָן	*qōlān*	ihre St.	אֱלֹהֵיהֶן	*ʾᵆlōhēhǽn*	ihr G.

Die Suffixe *-ī, -kā, -k, -hū, -hā, -nū, -kæm, -kæn, -hæm/-m* und *-hæn/-n* werden an den St.cs. angehängt, im Sing. vermittels Bindevokalen, im Plur. an die Endung *-aj*. Die Suffixe *-kæm, -kæn, -hæm* und *-hæn* heißen schwere, die übrigen leichte Suffixe. Die *leichten* Suffixe sind unbetont und verändern sich teilweise in Verbindung mit dem betonten Bindevokal und mit der Endung *-aj* (*-áhū* > *ō*, *-áhā* > *-āh*; *-aj* + *ī* > *-aj*, *-aj* + *k* > *-ájik*, *-aj* + *hū* > *-āw*, *-aj* vor Suffixen mit dem Vokal *ā* wird zu *ǣ* umgelautet, *-aj* vor Suffixen ohne *ā* wird zu *ē*). Die *schweren* Suffixe sind betont (ebenso *-kā* im Kontext); der Bindevokal wird vor ihnen reduziert. (→ 9.4.11)

Die Suffixe an den Fem. auf *-ā* (cs. *-at*) werden in 14.3.4 behandelt.

Die fem. Pluralendung *-ōt* nimmt die Suffixe des masc.Plur. an, z.B. חֻצוֹתֶיהָ „ihre Gassen“ (statt *חֻצוֹתָהּ); bei den Suffixen der 3.plur. begegnet allerdings häufig *-ōtām* neben *-ōtēhæm*.

9.4 Anmerkungen

9.4.1 Sie sind überwiegend transitiv, in 7.2 und 8.2 alle außer מלך, משל und שכן.

9.4.2 Ebenso in den Pausalformen der 3.f.sing. und 3.plur.: כָּבֵ֫דָה, כָּבֵ֫דוּ.

9.4.3 Z.B. קָטֹ֫נְתִּי *qāṭṓntī* „ich bin klein“. Das einzige häufigere Verbum dieses Typus ist יכל „können / überlegen sein“ (sing.3.m. יָכֹל *jākōl*, 3.f. יָֽכְלָה *jākᵉlā*, 2.m. perf.cons. וְיָֽכָלְתָּ *wᵉjākåltā́*, 1. יָכֹ֫לְתִּי *jākṓltī*, 3.plur. יָֽכְלוּ *jākᵉlū*), das aber im Imperfekt die unregelmäßige Vokalisierung יוּכַל *jūkal* hat (→ 23.3.1).

9.4.4 In 9.2.1 werden die häufigsten Verben IIIʿ und III h gebracht, in 10.2.1 folgen die Verben III ḥ und in 16.2 und 17.2 die Verben IIʾ/h/ḥ/ʿ.

9.4.5 Einige Verben zeigen das ē nur noch in pausa, z.B. שָׁמֵ֑עַ.

9.4.6 Der Imperativ plur.f. ist nur von הלך belegt: לֵכְנָה und לֵכְןָ in Ruth 1,8.12.

9.4.7 In der 1.plur. und in pausa bleibt der Ton auf der vorletzten Silbe, häufig auch bei Verben III' und III j. Die Betonung ist in der Biblia Hebraica an der Akzentsetzung zu erkennen.

9.4.8 Die Form des Kohortativ sing. begegnet manchmal auch im Waw-Imperfekt 1.sing.: וָאֶכְתְּבָה (ohne Bedeutungsunterschied gegenüber וָאֶכְתֹּב).

9.4.9 Es ist eine Frage der Terminologie, ob man Sätze wie Gen 18,17 וַיהוָה אָמָר „Jahwe aber dachte: ..." ebenfalls als zusammengesetzte Nominalsätze oder nicht lieber als invertierte Verbalsätze auffassen will, wenn man sie nur in der Bedeutung von gewöhnlichen Verbalsätzen (Gen 18,20 וַיֹּאמֶר יְהוָה) unterscheidet.

9.4.10 Auch מְאֹד gehört hierher; das ursprüngliche Substantiv „Kraft" (so noch Dtn 6,5 und 2Kön 23,25 בְּכָל־מְאֹדֶךָ / מְאֹדוֹ „mit deiner/seiner ganzen Kraft") ist im adverbialen Akkusativ zum Adverb „sehr" geworden.

9.4.11 Die gewählten Paradigmen haben gegenüber dem üblichen Paradigma סוּסָה / סוּס den Vorteil, daß alle Suffixformen außer denjenigen der 2.f.plur. tatsächlich belegt sind.

Statt רֵעוֹ (nur Jer 6,21) ist die Nebenform רֵעֵהוּ gebräuchlich.

9.5 Übungen

9.5.1: דִּרְשׁוּ וָאֶשְׁפֹּךְ יִגְבְּהוּ וְזָכַרְתִּי פְּרוּשָׁה לְבַשׁ וַנִּכְרֹת נִתֵּן וַתִּקְרַבְנָה פְּקֹד קְחוּ וְרָכְבוּ
קְבוּרִים הֹלֶכֶת וְשָׁכַבְתָּ תִּרְדְּפוּ אִמְרוּ וּזְרַעְתֶּם שָׂרַפְנוּ נִשְׁמְעָה פִּשְׁעוּ שָׁמְרָה אֶמְלְכָה
קְרוּעֵי וַתִּתְפְּשׂוּ נשפטה תשבע תשכנה דרכים תשברי תנה הקרב[a] מכר[a] שברת[a]

9.5.2: du sollst verfolgen, verfolge!, bewahre!, wir werden bewahren, wir werden schwer sein, und wir werden schwer sein, und wir werden begraben, begrabet!, bekleidet euch!, sie (f.) werden sich bekleiden, sie (f.) werden fordern, ich will fordern, ich will gehen, ihr seid gegangen, ihr habt euch vergangen, Frevelnde, Reiter, und ich werde reiten, und ich werde verfolgen.

9.5.3: גִּבּוֹרֵי בְּכֹרוֹת אֱלֹהֵינוּ בְּרִיתִי בְּרוּחִי חֲצוֹתַיִךְ סוּסָיו גְּבוּלְכֶם עַמּוּדֵיהֶם עִירֵנוּ בְּכֹחוֹ
לְדֹרוֹתָם צֹאנְךָ אֵלִי רֵעֲךָ אִשָּׁה ראשונה[a] קולך[a] סוסי[a] מְאוֹרֶךָ

9.5.4:

1. וַיִּרְכַּב יֵהוּא וַיֵּלֶךְ יִזְרְעֶאלָה כִּי יוֹרָם שֹׁכֵב שָׁמָּה 2. וַיֵּלֶךְ רֹכֵב
הַסּוּס לִקְרָאתוֹ וַיֹּאמֶר כֹּה־אָמַר הַמֶּלֶךְ הֲשָׁלוֹם וַיֹּאמֶר יֵהוּא מַה־לְּךָ
וּלְשָׁלוֹם 3. וַיִּקְרַע מָרְדֳּכַי אֶת־בְּגָדָיו וַיִּלְבַּשׁ שַׂק[b] 4. יְהוָה מָלָךְ[c] גֵּאוּת[d]
לָבֵשׁ 5. (הָעִיר) ... לֹא שָׁמְעָה בְּקוֹל לֹא לָקְחָה מוּסָר[e] בַּיהוָה לֹא

בָּטָחָה[c/f] אֶל־אֱלֹהֶיהָ לֹא קָרֵבָה׃ 6. וְרוּחַ יְהוָה לָבְשָׁה אֶת־גִּדְעוֹן 7. לִפְנֵי־
שֶׁבֶר[g] יִגְבַּהּ לֵב־אִישׁ 8. שֹׁמֵר רוּחַ לֹא יִזְרָע 9. וַיֹּאמֶר עֵלִי לִשְׁמוּאֵל
לֵךְ שְׁכָב[c] וְהָיָה אִם־יִקְרָא[h] אֵלֶיךָ וְאָמַרְתָּ דַּבֵּר יְהוָה כִּי שֹׁמֵעַ עַבְדֶּךָ[i] וַיֵּלֶךְ
שְׁמוּאֵל וַיִּשְׁכַּב בִּמְקוֹמוֹ׃[j] 10. וַיֹּאמֶר יְהוָה אֶל־מֹשֶׁה בֹּא אֶל־פַּרְעֹה
וְאָמַרְתָּ אֵלָיו כֹּה אָמַר יְהוָה ··· 11. וְעַתָּה לְכָה נִכְרְתָה בְרִית אֲנִי
וָאָתָּה וְהָיָה לְעֵד[k] בֵּינִי וּבֵינֶךָ׃ 12. וַיִּתֵּן אֹתָם רָאשִׁים[l] עַל־הָעָם ···
וְשָׁפְטוּ אֶת־הָעָם בְּכָל־עֵת 13. (וַיַּעֲשׂוּ בְנֵי יִשְׂרָאֵל) ··· וְהָיָה אִם־זָרַע
יִשְׂרָאֵל וְעָלָה[m] מִדְיָן 14. וַיֹּאמֶר אֶל־בָּנָיו לֵאמֹר בְּמוֹתִי[n] וּקְבַרְתֶּם אֹתִי
בַּקֶּבֶר[o] אֲשֶׁר אִישׁ הָאֱלֹהִים קָבוּר בּוֹ 15. וְהָיָה בַּיּוֹם הַהוּא ··· וְאָמַרְתִּי
לְלֹא־עַמִּי עַמִּי־אַתָּה וְהוּא יֹאמַר אֱלֹהָי׃ 16. וְיִכְרְתוּ אִתְּךָ בְּרִית וּמָלַכְתָּ
בְּכֹל אֲשֶׁר ··· 17. וַיְדַבֵּר יְהוָה אֶל־מֹשֶׁה לֵּאמֹר׃ דַּבֵּר אֶל־בְּנֵי יִשְׂרָאֵל
וְאָמַרְתָּ אֲלֵהֶם אֲנִי יְהוָה אֱלֹהֵיכֶם׃ 18. יְרוּשָׁלַםִ הָרִים סָבִיב לָהּ וַיהוָה
סָבִיב לְעַמּוֹ מֵעַתָּה וְעַד־עוֹלָם׃ 19. הֶחָכָם עֵינָיו בְּרֹאשׁוֹ 20. וּמִצְרַיִם
אָדָם וְלֹא־אֵל וְסוּסֵיהֶם בָּשָׂר[p] וְלֹא־רוּחַ 21. אַפִּרְיוֹן[q] עָשָׂה לוֹ הַמֶּלֶךְ
שְׁלֹמֹה מֵעֲצֵי[r] הַלְּבָנוֹן׃ עַמּוּדָיו עָשָׂה כֶסֶף 22. יִמְלֹךְ יְהוָה לְעוֹלָם אֱלֹהַיִךְ
צִיּוֹן לְדֹר וָדֹר 23. וַתֹּאמֶר דְּלִילָה אֶל־שִׁמְשׁוֹן ··· בַּמֶּה כֹּחֲךָ גָּדוֹל
24. אֵיךְ תֹּאמְרוּ גִּבּוֹרִים אֲנָחְנוּ 25. וַיֹּאמֶר מֹשֶׁה ··· כִּי־יִהְיֶה לָהֶם
דָּבָר[s] וּבָאוּ[t] אֵלַי וְשָׁפַטְתִּי בֵּין אִישׁ וּבֵין רֵעֵהוּ 26. וְדִבֶּר יְהוָה אֶל־מֹשֶׁה
פָּנִים[u] אֶל־פָּנִים כַּאֲשֶׁר יְדַבֵּר אִישׁ אֶל־רֵעֵהוּ 27. אֲנִי יְהוָה אֱלֹהֵיהֶם׃
וְזָכַרְתִּי לָהֶם בְּרִית רִאשֹׁנִים 28. לָמָּה לֹא־הָלַכְתָּ אֶת־רֵעֶךָ׃ 29. זֶה
דְּבַר־יְהוָה אֶל־זְרֻבָּבֶל לֵאמֹר לֹא בְחַיִל[v] וְלֹא בְכֹחַ כִּי אִם־בְּרוּחִי אָמַר
יְהוָה צְבָאוֹת׃ 30. וַיֹּאמֶר אֱלֹהִים יְהִי אוֹר וַיְהִי אוֹר׃ וַיַּרְא אֱלֹהִים
אֶת־הָאוֹר כִּי־טוֹב

---

a mehrere Möglichkeiten
b „Sack, Trauergewand"
c Pausalform
d „Hoheit"
e „Zucht"
f „sie vertraute"
g „Zusammenbruch"
h „er wird rufen"
i „dein Knecht"
j „an seinem Orte"
k „als Zeuge"
l „Hauptleute"
m „stieg herauf"
n „wenn ich gestorben bin"
o „im Grab"
p „Fleisch"
q „Sänfte"
r plur.cs. von עֵץ
s „(Rechts-)Sache"
t Korrektur nach der griech. Übersetzung
u „Angesicht"
v „Heeresmacht"

10.

9.5.5:

1. Dann sagte Mose zu Aaron (אַהֲרֹן): Befiehl (= sage) der ganzen Gemeinde (cs. עֲדַת) der Israeliten: Tretet herzu (= nähert euch) vor Jahwe!
2. Und der Kampf wurde schwer / der Kampf aber wurde schwer (Pausalform).
3. Er aber ist wie der Tod und wird nicht satt.
4. Und er war größer (= höher) als alles Volk (= das ganze V.).
5. Sprich zu den Priestern, den Söhnen Aarons, und sprich zu ihnen: ...
6. Ich bin Esau, dein Erstgeborener.
7. Ich will zu meinem früheren Mann gehen.
8. Dann nahm Juda Gaza (עַזָּה) und sein Gebiet ein.
9. Ich habe meinen Geist auf das Haus Israel ausgegossen.
10. Du aber, Menschensohn, nimm dir einen Ziegelstein (לְבֵנָה fem.) und setze ihn vor dich!

9.5.6:

1. כי כן תלבשן בנות המלך 2. ואני וכל־העם אשר אתי נקרב
אל־העיר 3. קרבו אלי שמעו זאת 4. ויפשע מואב בישראל אחרי
מות אַחְאָב 5. יהוה לא־גבה לבי 6. שמע ישראל אתם קרבים היום
למלחמה 7. וידבר יהוה אל־משה ואל־אהרן לאמר דברו אל־בני
ישראל ואמרתם אלהם 8. למה יאמרו הגוים איה אלהיהם 9. כי־
אלהים בדור צדיק 10. ושמואל שכב בְּהֵיכַל[a] יהוה אשר־שם ארון
אלהים

---

[a] „Tempel“

LEKTION 10

10.1 Vorübung: In Jer 7,16–20 stehen an sieben Stellen drei verschiedene hebräische Negationen, die im Dt. alle mit „nicht“ wiedergegeben werden. Unterscheide die drei Arten durch probeweises Einsetzen von „bitte nicht“ und „un-“:

„Du aber, bete nicht für dieses Volk, erhebe für sie nicht Flehen oder Gebet und dringe nicht in mich; denn ich bin nicht willig, dich zu erhören. Bist du denn nicht informiert, was sie treiben ...? ... Tun sie denn mir wehe, spricht der Herr, und nicht sich selbst? Darum spricht der Herr also: Siehe, mein grimmiger Zorn ergießt sich über diesen Ort ..., ein brennender Zorn, der nicht erlöscht.“

10.2 Vokabular

10.2.1 Verba tertiae laryngalis ח:

בטח (בְּ)	vertrauen (auf)
לָבֶטַח	in Sicherheit
ברח	entlaufen / entfliehen
בְּבָרְחוֹ מִפְּנֵי אַבְשָׁלוֹם	als er vor Absalom floh
זבח	opfern / schlachten
זֶבַח	Opfer
משח	salben
מָשִׁיחַ	Gesalbter
פתח	öffnen
פֶּתַח	Öffnung / Eingang / Tür
סלח×	vergeben
סלח לַעֲוֹן הָעָם	die Sünde des Volkes vergeben
רצח×	töten / morden
לֹא תִּרְצָֽח׃	du sollst nicht töten!
שׂמח	sich freuen
שִׂמְחָה	Freude
שׁכח	vergessen
זְכֹר אַל־תִּשְׁכַּח	denke daran, vergiß nicht!
שׁלח	senden
שׁלח יָד	die Hand ausstrecken

10.2.2 Partikeln:

אַל	nicht!
אַל־נָא	doch nicht!
פֶּן	damit nicht / daß nicht / sonst
פֶּן־יִשְׁלַח יָדוֹ	daß er nicht seine Hand ausstrecke
לְבִלְתִּי	nicht zu (+ Inf.cs.)
לְבִלְתִּי עֲשׂוֹת	nicht zu tun
אַיִן / אֵין־	Nichtvorhandensein / es gibt nicht / es ist nicht
אֵין לוֹ	er hat nicht
יֵשׁ	Vorhandensein / es gibt
כָּל־אֲשֶׁר יֶשׁ־לוֹ	alles, was er hat
בַּל	nicht (in poetischen Texten)
בְּלִי	ohne

10.2.3 Unregelmäßige Nomina:

אָב	Vater
אָב וָאֵם	Vater und Mutter
אָחוֹת	Schwester
אֲחוֹת אָבִיךָ / אֲחוֹת אִמְּךָ	deine Tante
אָמָה	Magd
(עַבְדְּךָ) וַאֲמָתְךָ	(dein Knecht) und deine Magd
פֶּה	Mund / (Öffnung / Befehl)
לְפִי (חֶרֶב)	mit der Schärfe des (Schwertes)
מַיִם	Wasser
מַיִם רַבִּים	großes Gewässer / viel Wasser
שָׁמַיִם	Himmel
הַשָּׁמַיְמָה	zum Himmel

10.2.4 Weitere Nomina:

	אָדוֹן	Herr
	אֲדֹנָי	der Herr (→ 4.3.1.6)
	שַׁבָּת	Sabbat
	יוֹם הַשַּׁבָּת	Sabbattag
	עוֹלָם	Ewigkeit (fernste Zeit)
	מֵעוֹלָם וְעַד־עוֹלָם	von Ewigkeit zu Ewigkeit
	בָּרוּךְ	gesegnet / gepriesen
	בָּרוּךְ אַתָּה לַיהוָה	gesegnet seist du von Jahwe
	רַב	zahlreich / viel / groß / genug
	יָמִים רַבִּים	viele Tage / lange Zeit
	צֶדֶק	Gerechtigkeit / Heil
	צִדְקִי	meine Gerechtigkeit / mein Heil
	גֵּר	Fremdling / Schutzbürger
	גֵּרִים אֲנַחְנוּ	wir sind Fremdlinge
	אֵם	Mutter
	אָבִיו וְאִמּוֹ	sein Vater und seine Mutter
	אַחֵר	anderer
	אֱלֹהִים אֲחֵרִים	andere Götter
(→ 10.2.1):	×בֶּטַח	Sicherheit
	זֶבַח	Opfer

× מָשִׁיחַ Gesalbter
פֶּתַח Öffnung / Eingang / Tür
שִׂמְחָה Freude

10.3.1 Die beiden Infinitive

Als letzte Formen des Grundstammes sind noch die beiden Verbalabstrakta, herkömmlicherweise Infinitivus absolutus (Inf.abs.) und Infinitivus constructus (Inf.cs.) genannt, zu behandeln. Häufig ist nur der Inf.cs., der unserem Infinitiv weitgehend entspricht (→ 10.4.1).

10.3.1.1 Der absolute Infinitiv hat die Form | כָּתוֹב *kātōb* | (→ 10.4.2). Er kann weder einen Genetiv (ein Suffix) regieren noch von einer Präposition regiert werden. Er begegnet:

— hin und wieder an Stelle eines Verbum finitum, wobei der Zusammenhang über den genaueren Sinn entscheidet, z.B. bei nachdrücklichem Gebot in 2Sam 24,11f.: „Es war aber das Wort Jahwes an den Propheten Gad, den Seher Davids, ergangen:

	הָלוֹךְ וְדִבַּרְתָּ אֶל־דָּוִד	Geh und sage zu David ..."
(vgl. die Parallelstelle 1Chr 21,10:		... לֵךְ וְדִבַּרְתָּ);
Jos 1,13:	... זָכוֹר אֶת־הַדָּבָר אֲשֶׁר	„Gedenket dessen, was ..."
(vgl. Dtn 9,7:	... זְכֹר אַל־תִּשְׁכַּח אֵת	„denke daran, vergiß nicht, was ...").

— sehr selten wie ein Nomen als Subjekt, Objekt usw., vgl.

Jer 10,5:	וְגַם־הֵיטֵיב אֵין אוֹתָם (= אִתָּם)	„aber auch Gutes zu tun steht nicht bei ihnen";
Jes 1,17:	לִמְדוּ הֵיטֵב	„lernet Gutes tun!"

— am häufigsten als inneres Objekt zur Näherbestimmung einer finiten Verbalform, meistens vor einer Form der gleichen Wurzel (figura etymologica): אָמוֹר אָמַרְתִּי, wörtlich: ein Sagen habe ich gesagt. Die Näherbestimmung besteht in einer Verstärkung des Modus der Aussage (nicht der Wortbedeutung als solcher) und kann nur aus dem Kontext erschlossen werden; statt einer wörtlichen Nachahmung sind bei der Übersetzung adverbiale oder modale Umschreibungen zu wählen, so für die Behauptung „gewiß / unbedingt / sicher / dringend" usw., bei der Frage

inf. abs. zur Verstärkung des finiten Verbs von derselben Wurzel

„etwa / gar / vielleicht“ usw., bei der hypothetischen Aussage „allenfalls / wirklich / nun / jedoch / aber“ usw., bei Erlaubnis oder Gebot Wendungen mit „dürfen / können / müssen“ usw. Vgl. als Beispiele:

1Sam 9,6:	כֹּל אֲשֶׁר־יְדַבֵּר בּוֹא יָבוֹא	„alles, was er sagt, trifft sicher ein“;
Gen 37,10:	הֲבוֹא נָבוֹא ...	„sollen wir etwa kommen ...?“
Ex 21,5:	וְאִם־אָמֹר יֹאמַר הָעֶבֶד	„Erklärt jedoch der Sklave ...“
Gen 43,7:	הֲיָדוֹעַ נֵדַע ...	„Konnten wir denn wissen ...“
Dtn 6,17:	שָׁמוֹר תִּשְׁמְרוּן אֶת־מִצְוֹת יְהוָה אֱלֹהֵיכֶם	„Ihr müßt die Gebote Jahwes, eures Gottes, halten“.

Steht der Inf.abs. hinter dem Verbum finitum (so besonders beim Imperativ), so dient die Wendung zum Ausdruck der Fortdauer, Nachhaltigkeit oder Wiederholung: Jes 6,9 שִׁמְעוּ שָׁמוֹעַ „höret nur immerfort“. So immer, wenn noch ein zweiter Infinitiv angefügt wird: Ri 14,9 וַיֵּלֶךְ הָלוֹךְ וְאָכֹל „er aß im Weitergehen“. Mit הָלוֹךְ kann auch das Fortschreiten und die Steigerung einer Handlung ausgedrückt werden: 2Sam 5,10 וַיֵּלֶךְ דָּוִד הָלוֹךְ וְגָדוֹל „und David wurde immer größer“; Gen 12,9 וַיִּסַּע אַבְרָם הָלוֹךְ וְנָסוֹעַ הַנֶּגְבָּה׃ „und Abram zog immer weiter und weiter nach dem Südland“.

10.3.1.2 Der gewöhnliche Infinitiv (Infinitivus constructus) hat die Form | כְּתֹב *kᵉtōb* |. Merke בִּכְתֹב und כִּכְתֹב mit Schwa medium, aber das viel häufigere לִכְתֹּב „um zu schreiben“ mit gänzlichem Silbenschluß.

Wird der Inf.cs. enttont, so nimmt er entweder die Form *kᵉtåb-* (so vor Maqqeph כְּתָב־ und gelegentlich vor den Suffixen *-kā, -kæm* und *-kæn*) oder *kåtb-* an (so meistens vor Suffixen).

Der Inf.cs. kann als Verbalform betrachtet werden oder als Nomen; das Suffix bezeichnet dann entweder den Akkusativ oder den Genetiv (כָּתְבוֹ verbal „ihn schreiben“, als Nomen „sein Schreiben“). Ein Formunterschied findet sich nur beim Suffix der 1. Sing.: כָּתְבֵנִי „mich schreiben“, כָּתְבִי „mein Schreiben“. Im übrigen haben die Suffixe des Infinitivs die Form von Nominalsuffixen (→ 9.3.6.5):

Sing. 1.	כָּתְבֵנִי / כָּתְבִי	Plur. 1.	כָּתְבֵנוּ
2.m.	כְּתָבְךָ / כָּתְבְּךָ	2.m.	כָּתְבְּכֶם
2.f.	כָּתְבֵךְ		
3.m.	כָּתְבוֹ	3.m.	כָּתְבָם
3.f.	כָּתְבָהּ		

(→ 10.4.3/4)

10.3.1.3 Die Verwendungsweisen des Inf.cs. sind mannigfaltig:

— Er kann als Nominativ Subjekt des Satzes sein, z.B. Ri 9,2 „Redet doch zu allen Bürgern von Sichem: Was ist besser für euch,

הַמְשֹׁל בָּכֶם שִׁבְעִים אִישׁ	daß siebzig Männer, alle Söhne Jerubbaals, über
כֹּל בְּנֵי יְרֻבַּעַל	euch herrschen,
אִם־מְשֹׁל בָּכֶם אִישׁ אֶחָד	oder daß ein Mann über euch herrsche?“;

— als Genetiv kann er von einem St.cs. und von Präpositionen abhängen, z.B. Gen 2,4 בְּיוֹם עֲשׂוֹת „am Tage des Machens = als ... machte“;

— als Akkusativ kann er unmittelbar von einem Verbum regiert werden, z.B. Gen 21,6 צְחֹק עָשָׂה לִי אֱלֹהִים „ein Lachen hat mir Gott bereitet“; Gen 37,8 וַיּוֹסִפוּ עוֹד שְׂנֹא אֹתוֹ „(und sie vermehrten noch das ihn Hassen =) und sie haßten ihn noch mehr“. Viel häufiger steht dafür in der Prosa der Inf.cs. mit ל als abgekürzter Objektsatz, z.B. Ex 40,35 וְלֹא־יָכֹל מֹשֶׁה לָבוֹא „und Mose konnte nicht hineingehen“.

Das vom Inf.cs. abhängige Nomen steht, wenn es Objekt ist, im Akkusativ, z.B. 1Sam 19,1 לְהָמִית אֶת־דָּוִד „David zu töten“; das Subjekt steht im Genetiv oder auch im Nominativ, z.B. Dtn 29,18 בְּשָׁמְעוֹ „bei seinem Hören = wenn er hört“, aber Num 35,6 לָנֻס שָׁמָּה הָרֹצֵחַ „damit der Totschläger dorthin fliehen kann“. Nicht immer läßt sich sicher unterscheiden, ob das logische Subjekt als Genetiv oder Nominativ empfunden wird. Subjekt und Objekt sind oft demselben Infinitiv untergeordnet, z.B. 1Sam 11,6 בְּשָׁמְעוֹ אֶת־הַדְּבָרִים הָאֵלֶּה „als er diese Worte hörte“; vgl. auch Gen 2,4.

Die häufigste Verwendung des Inf.cs. ist die nach Präpositionen an Stelle eines Nebensatzes (mit Konjunktion und finitem Verbum); vgl. z.B. Gen 39,16 עַד־בּוֹא אֲדֹנָיו אֶל־בֵּיתוֹ׃ „bis sein Herr heimkam“ mit Gen 33,14 עַד אֲשֶׁר־אָבֹא אֶל־אֲדֹנִי „bis ich zu meinem Herrn komme“. Dabei vertreten die Präpositionen ב und כ mit Infinitiv vor allem einen Temporalsatz (ב vor Inf. gibt allgemeiner die zeitliche Nähe der einen Handlung zur anderen an, כ spezieller die unmittelbare Vorzeitigkeit), z.B. 2Sam 5,4 „dreißig Jahre alt war David בְּמָלְכוֹ als er König wurde“; 1Kön 15,29 וַיְהִי כְמָלְכוֹ „als er nun König geworden war, (erschlug er das ganze Haus Jerobeams)“; Präp. und Konjunktion nebeneinander in Ps 51,2 בְּבוֹא־אֵלָיו נָתָן הַנָּבִיא כַּאֲשֶׁר־בָּא אֶל־בַּת־שָׁבַע׃ „als der Prophet Nathan zu ihm kam, nachdem er zu Bathseba eingegangen war“.

Mit ל vor Inf. werden vor allem Final- und Konsekutivsätze ausgedrückt, z.B. 1Kön 5,14 „und aus allen Völkern kamen Leute, לִשְׁמֹעַ אֵת חָכְמַת שְׁלֹמֹה „um die Weisheit Salomos zu hören“ (vgl. Num 27,20 mit einer Konjunktion: לְמַעַן יִשְׁמְעוּ כָּל־עֲדַת בְּנֵי יִשְׂרָאֵל׃ „damit die ganze Gemeinde Israel auf ihn höre“). Häufig präzisiert der Inf. mit ל ein vorangehendes Verbum und kann dann wie ein lat. Gerundium (faciendo) mit „indem ...“ übersetzt werden, z.B. Dtn 13,19:

כִּי תִשְׁמַע בְּקוֹל יְהוָה אֱלֹהֶיךָ	„wenn du auf die Stimme Jahwes, deines Gottes hörst,
לִשְׁמֹר אֶת־כָּל־מִצְוֺתָיו ...	indem du / und alle seine Gebote hältst ...,
לַעֲשׂוֹת הַיָּשָׁר בְּעֵינֵי יְהוָה אֱלֹהֶיךָ׃	indem du / sodaß du tust, was Jahwe, deinem Gott, gefällt“.

10.3.2 Verba tertiae laryngalis

Zu den Verba tertiae laryngalis (III lar.) gehören nur die Verben, welche als 3. Radikal ה, ח oder ע haben. Die häufigsten Verben dieser Art sind in 9.2.1 und 10.2.1 angeführt; dazu kommen aus 6.2.1 שׁמע „hören“ und לקח „nehmen“, ferner das vorläufig nur im Perfekt und Partizip anwendbare Ij-Verbum ידע „erkennen / kennen / wissen“. Als Paradigma dient שׁלח „senden“.

Im Unterschied zu den Verba tertiae Aleph (III ʾ), die in vielen Formen das ʾ in der Aussprache verlieren und daher zu den schwachen Verben gehören (→ 11.3.2), behalten die Verben IIIh/ḥ/ʿ ihren dritten Radikal stets und erleiden nur infolge der lautlichen Besonderheit der Laryngale (Vorliebe für den a-Laut) gewisse Veränderungen in den Vokalen. Die wichtigsten Regeln betreffen beim Grundstamm die Verbalnomina einerseits und das Imperfekt bzw. den Imperativ andererseits.

Hauptregeln:

— Nach 3.3.1.2 tritt nach unverdrängbaren langen Vokalen in der Endsilbe Patach furtivum ein: Part.act. שֹׁלֵחַ *šōlē^aḥ*, Part.pass. שָׁלוּחַ *šālū^aḥ*, Inf.abs. שָׁלוֹחַ *šālō^aḥ*, analog auch der Inf.cs. שְׁלֹחַ *š^elō^aḥ*;

— ō (< u) im Imperfekt und im Imperativ wird durch a verdrängt (→ 9.3.1/2): יִשְׁלַח *jišlaḥ*, שְׁלַח *š^elaḥ* (→ 10.4.5).

Seltenere Formen:

— Entsprechend 3.3.2.3.1/2 wird beim segolierten Part.act.fem.sing. das æ durch a verdrängt: שֹׁמַעַת *šōmáʿat*;

— die 2.sing.fem. des Perfekts wird mit dem Hilfsvokal a segoliert; das ת behält aber dennoch sein Dagesch lene und Schwa: שָׁלַחַתְּ *šāláḥat* (vgl. כָּתַבְתְּ *kātabt*).

10.3.3 Negierte Verbalsätze

Das Hebräische verwendet (ähnlich wie das Griechische) für Aussage und Aufforderung verschiedene Negationen:

— לֹא ist die normale Negation des Aussagesatzes (vgl. griech. οὐ) und steht unmittelbar vor dem Perfekt oder Imperfekt (Waw-Imperfekt und Waw-Perfekt können nicht negiert werden). Daneben negiert לֹא aber auch einen einzelnen Begriff (z.B. Jer 2,2 בְּאֶרֶץ לֹא זְרוּעָה: „im unbesäbaren Lande"; Dtn 32,21 לֹא־אֵל „Nicht-Gott") oder mit starker Betonung das Prädikat eines Nominalsatzes (z.B. Ex 4,10 לֹא אִישׁ דְּבָרִים אָנֹכִי „ich bin kein beredter Mann"). (→ 10.4.6)

Als stilistisch-rhetorisch wirksame Form des starken Verbotes, besonders bei göttlichen Verboten, kann das Hebr. statt einer negierten Aufforderung (s.u.) auch eine mit לֹא negierte Aussage verwenden, z.B. Ex 20,15 לֹא תִּגְנֹב „du wirst nicht stehlen! / du hast nicht zu stehlen!" = „du sollst nicht stehlen!".

— אַל vor dem Jussiv (oder Kohortativ) ist die Verneinung im Aufforderungssatz (Verbot, Warnung, negierte Bitten und Wünsche; vgl. griech. μή), z.B. Gen 22,12 אַל־תִּשְׁלַח יָדְךָ אֶל־הַנַּעַר „lege deine Hand nicht an den Knaben!" (→ 10.4.7)

Beachte: Der Imperativ wird nie verneint. (→ 10.4.8)

10.3.4 Nominalsätze (IV): Negation

Nominalsätze werden durch אֵין־ (cs.) / אַיִן (abs.) negiert (→ 10.4.9).

אֵין־ „Nicht-Vorhandensein von / es gibt nicht / es ist nicht" negiert

— das Vorhandensein an einem Ort oder die Existenz überhaupt (Opposita sind הִנֵּה „siehe da / hier ist" und יֵשׁ „Vorhandensein von / es gibt"), z.B. Gen 37,24: אֵין בּוֹ מָיִם: „es war kein Wasser darin"; Num 27,4: כִּי אֵין לוֹ בֵּן „weil er keinen Sohn hat" (V.8 als Umstandssatz: וּבֵן אֵין לוֹ „während er keinen Sohn hat");

— daneben ist es allgemein die Negation eines Prädikates, vor allem bei Partizipien; das pronominale Subjekt erscheint dabei als Suffix an אֵין־: אֵינֶנִּי שֹׁמֵעַ (Jer 7,16; → 10.1) ist die Negation zu שֹׁמֵעַ אָנֹכִי: „ich höre" (2Sam 20,17).

Die Suffixformen an אֵין־, teilweise mit der Erweiterung *-æn-* gebildet, sind:

Sing. 1.	אֵינֶנִּי	*ʾēnǽnnī*	Plur. 1.	אֵינֶנּוּ	*ʾēnǽnnū*
2.m.	אֵינְךָ	*ʾēnᵉkā*	2.m.	אֵינְכֶם	*ʾēnᵉkæm*
2.f.	אֵינֵךְ	*ʾēnēk*			
3.m.	אֵינֶנּוּ	*ʾēnǽnnū*	3.m.	אֵינָם	*ʾēnām*
3.f.	אֵינֶנָּה	*ʾēnǽnnā*			(→ 10.4.10)

10.3.5 Flexion der Nomina (II): Unregelmäßige Nomina

Bisher gelernte Nomina dieser Gruppe mit hauptsächlich unregelmäßiger Pluralbildung sind:

בֵּן	„Sohn“	אִישׁ	„Mann“	בַּיִת	„Haus“	רֹאשׁ	„Kopf“
בַּת	„Tochter“	אִשָּׁה	„Frau“	עִיר	„Stadt“	יוֹם	„Tag“
אָח	„Bruder“						

Dazu kommen die in 10.2.3 angegebenen neuen Vokabeln, insgesamt 15 Substantive mit zwischen 50 und 5000 Belegen, die aber ungefähr $^1/_6$ des Gesamtbestandes der Nomina im AT ausmachen (→ 10.4.11).

אָב und אָח bilden im Sing. die Cs.- und Suffixformen von einem auf -ī ausgehenden Stamm, an den die Suffixe unmittelbar angehängt werden (אָבִי, אָבִיךָ, אָבִיךְ, אָבִיו aus selteneren אָבִיהוּ, אָבִיהָ, אָבִינוּ, אֲבִיכֶם, אֲבִיכֶן, אֲבִיהֶם, אֲבִיהֶן, ebenso אָחִי usw.). Auch פֶּה hat die Suffixe פִּי, פִּיהוּ und פִּיו, פִּיכֶם.

Die übrigen Formen der unregelmäßigen Nomina gehen aus folgender Tabelle, in der je eine Suffixform mit leichten und schweren Suffixen geboten wird (→ 9.3.6.5), hervor:

---

[a] mit virtueller Verdoppelung
[b] Umlaut a > æ bei virtuell verdoppeltem ḥ mit Qames
[c] Plural ohne Suffixe nicht belegt
[d] selten
[e] *bāttīm* mit festem Qames
[f] plurale tantum
[g] Suffixformen nur von der reduplizierten Form
[h] plurale tantum

Sing.abs.	cs.	Suff.	Plur.abs.	cs.	Suff.
אָב Vater	אֲבִי	אָבִי אֲבִיכֶם	אָבוֹת	אֲבוֹת	אֲבֹתַי אֲבֹתֵיכֶם
אָח Bruder	אֲחִי	אָחִי אֲחִיכֶם	אַחִים[a]	אֲחֵי	אַחַי / אֶחָיו[b] אַחֵיכֶם
אָחוֹת Schwester	אֲחוֹת	אֲחֹתִי			אַחְיֹתָיו[c] אַחוֹתֵיכֶם
אִישׁ Mann	אִישׁ	אִישִׁי	אֲנָשִׁים	אַנְשֵׁי	אֲנָשַׁי אַנְשֵׁיכֶם
אִשָּׁה Frau	אֵשֶׁת	אִשְׁתִּי	נָשִׁים	נְשֵׁי	נָשַׁי נְשֵׁיכֶם
אָמָה Magd	אֲמַת	אֲמָתִי	אֲמָהוֹת	אַמְהוֹת	אַמְהֹתַי אַמְהֹתֵיכֶם
בֵּן Sohn	בֶּן־ / בִּן־[d]	בְּנִי בִּנְךָ	בָּנִים	בְּנֵי	בָּנַי בְּנֵיכֶם
בַּת Tochter	בַּת	בִּתִּי בִּתְּכֶם	בָּנוֹת	בְּנוֹת	בְּנֹתַי בְּנֹתֵיכֶם
בַּיִת Haus	בֵּית	בֵּיתִי בֵּיתְכֶם	בָּתִּים[e]	בָּתֵּי	בָּתָּיו בָּתֵּיכֶם
יוֹם Tag	יוֹם	יוֹמוֹ יוֹמְךָ	יָמִים	יְמֵי	יָמַי יְמֵיכֶם
רֹאשׁ Kopf	רֹאשׁ	רֹאשִׁי רֹאשְׁכֶם	רָאשִׁים	רָאשֵׁי	רָאשָׁיו רָאשֵׁיכֶם
עִיר Stadt	עִיר	עִירִי עִירְךָ	עָרִים	עָרֵי	עָרַי עָרֵיכֶם
פֶּה Mund	פִּי	פִּי פִּיכֶם	מַיִם[f] Wasser	מֵי/מֵימֵי	מֵימַי[g] מֵימֵיהֶם
			שָׁמַיִם[h] Himmel	שְׁמֵי	שָׁמֶיךָ שְׁמֵיכֶם

10.4 Anmerkungen

10.4.1 Die beiden Infinitive des Grundstammes sind verschiedener Herkunft und verhalten sich, trotz der scheinbaren Formenübereinstimmung, nicht wie St.abs. und St.cs. eines Nomens wie גָּדוֹל / גְּדוֹל. Der Inf.abs. ist ursprünglich eine *qaṭāl*-Form, der Inf.cs. eine *quṭul*-Form.

10.4.2 Von den unregelmäßigen Verben in 5.2 und 6.2 sind nur בּוֹא und דַּבֵּר speziell zu merken (Inf.abs. und cs. lauten hier gleich); die anderen ersetzen den Vokal der zweiten Silbe durch ō.

10.4.3 Auch bei den a-Imperfekten (außer שְׁכַב). Seltener sind Femininformen wie יִרְאָה „Sich-Fürchten“ = „Furcht“ und אַהֲבָה „Lieben“ = „Liebe“.

10.4.4 Von den unregelmäßigen Verben in 5.2 und 6.2 merke man sich vorläufig nur לַעֲשׂוֹת „zu tun“ und לִהְיוֹת „zu sein“.

10.4.5 ē (< i) hält sich in den (hier noch nicht behandelten) abgeleiteten Stammformen im Inf.abs. und in pausa, wird aber sonst in der Endsilbe und vor der Endung *-nā* zu a.

Im Part.act. des Grundstammes stehen ē im st.abs. (שֹׁמֵעַ), a im (seltenen) st.cs. (z.B. Jes 42,5; 44,24; Ps 136,6 רֹקַע הָאָרֶץ „der die Erde gegründet hat“).

10.4.6 Seltenere Negationen mit gleicher Verwendung wie לֹא sind בַּל und בִּלְתִּי / בְּלִי.

Der Inf.cs. wird mit לְבִלְתִּי negiert, z.B. Dtn 8,11 לְבִלְתִּי שְׁמֹר מִצְוֹתָיו „seine Gebote nicht zu halten“.

10.4.7 אַל kann durch ־נָא verstärkt werden: 2Sam 13,25 אַל־נָא נֵלֵךְ כֻּלָּנוּ „wir wollen nicht alle miteinander gehen!“.

10.4.8 Im verneinten Finalsatz steht nicht אַל, sondern לֹא bzw. פֶּן „damit nicht / daß nicht“, z.B. 1Kön 14,2 וְלֹא יֵדְעוּ כִּי־אַתְּ אֵשֶׁת יָרָבְעָם „damit man nicht merkt, daß du die Frau Jerobeams bist“; Gen 11,7 אֲשֶׁר לֹא יִשְׁמְעוּ אִישׁ שְׂפַת רֵעֵהוּ׃ „daß keiner mehr des anderen Sprache verstehe“; Dtn 4,23 הִשָּׁמְרוּ לָכֶם פֶּן־תִּשְׁכְּחוּ אֶת־בְּרִית יְהוָה „hütet euch, daß ihr den Bund Jahwes nicht vergeßt!“.

10.4.9 אַיִן steht in separater Stellung, z.B. Num 13,20 הֲיֵשׁ־בָּהּ עֵץ אִם־אַיִן „ob es dort Bäume gibt oder nicht“.

10.4.10 Suffixe der 2./3. fem.plur. sind nicht belegt.

10.4.11 Seltene unregelmäßige Nomina, die ihre Suffixformen entsprechend אָח und אָחוֹת bilden, sind חָם „Schwiegervater“ (nur חָמִיךְ und חָמִיהָ in Gen 38,13.25; 1Sam 4,19.21) und חָמוֹת „Schwiegermutter“ (nur חֲמוֹתֵךְ und חֲמוֹתָהּ in Mi 7,6 und 10mal in Ruth 1–3).

Zu כְּלִי „Gefäß / Gerät / Waffe“ mit Plur. כֵּלִים → 14.3.5.2.

10.5 Übungen

10.5.1: זִבְחוּ סְלַח־נָא לִפְתֹּחַ אַל־תִּשְׁכְּחִי שִׁכְחִי תִּשָּׁבַעְנָה לִרְכֹּב שלחו זרוע פתח

10.5.2: höre nicht!, sendet nicht!, um zu senden, als er hörte, entfliehet!, als sie gehört hatten, als du flohst, vertraue!

10.5.3: בִּימֵיכֶם אֲחוֹתֵךְ בְּתֵּי אָחִיו בִּנְךָ אֲבוֹתַי בַּת־אָבִי בָּתֵּיהֶן רָאשֵׁיכֶם מֵימֶיךָ אֶחָיו
בֶּן־אָחִיו בִּתֵּנוּ בָּתֵּינוּ בְּנֹתָם וַאֲמָתוֹ אַחֵינוּ לְאָחִיךָ הֶעָרִים בְּפִיו הָרָאשִׁים מֵימֵי מִימֵי
עִירוֹ פִּיהָ אִישֵׁךְ אִשְׁתְּךָ נָשָׁיו שְׁמֵי הַשָּׁמַיִם

10.5.4:

1. וַיָּקָם[a] יוֹנָה לִבְרֹחַ תַּרְשִׁישָׁה מִלִּפְנֵי יְהוָה 2. כִּי־כֵן קָרְבוּ אֵלַי
בְּבָרְחִי מִפְּנֵי אַבְשָׁלוֹם אָחִיךָ׃ 3. וְרִבְקָה שֹׁמַעַת בְּדַבֵּר יִצְחָק אֶל־עֵשָׂו
בְּנוֹ 4. כְּבֹאֲכֶם תָּבֹאוּ אֶל־עַם בֹּטֵחַ 5. וַיֹּאמֶר נָתָן אֶל־בַּת־שֶׁבַע אֵם־
שְׁלֹמֹה לֵאמֹר הֲלוֹא שָׁמַעַתְּ כִּי מָלַךְ אֲדֹנִיָּהוּ בֶן־חַגִּית וַאֲדֹנֵינוּ דָוִד לֹא
יָדָע׃ 6. מִי שָׁלַח יָדוֹ בִּמְשִׁיחַ יְהוָה 7. וְשָׂרָה שֹׁמַעַת פֶּתַח הָאֹהֶל[b]
8. פָּתֹחַ תִּפְתַּח אֶת־יָדְךָ לְאָחִיךָ 9. וְעַתָּה הִנֵּה יָדַעְתִּי כִּי מָלֹךְ תִּמְלוֹךְ
10. וַיֹּאמְרוּ לוֹ אֶחָיו הֲמָלֹךְ תִּמְלֹךְ עָלֵינוּ אִם־מָשׁוֹל תִּמְשֹׁל בָּנוּ 11. לֹא
תִּרְצָח׃ 12. שִׁמְעִי־בַת ··· וְשִׁכְחִי עַמֵּךְ וּבֵית אָבִיךְ׃ 13. וְעַתָּה אִם־
שָׁמוֹעַ תִּשְׁמְעוּ בְּקֹלִי וּשְׁמַרְתֶּם אֶת־בְּרִיתִי ··· 14. הָלוֹךְ הָלְכוּ הָעֵצִים
לִמְשֹׁחַ עֲלֵיהֶם מֶלֶךְ וַיֹּאמְרוּ לַזַּיִת[c] מָלְוכָה[d] עָלֵינוּ׃ 15. וַיְהִי הֵמָּה הֹלְכִים
הָלוֹךְ וְדַבֵּר וְהִנֵּה רֶכֶב[e]־אֵשׁ וְסוּסֵי אֵשׁ 16. וְשָׁמְרוּ בְנֵי־יִשְׂרָאֵל אֶת־
הַשַּׁבָּת לַעֲשׂוֹת אֶת־הַשַּׁבָּת לְדֹרֹתָם בְּרִית עוֹלָם׃ 17. כֹּה־אָמַר יְהוָה
צְבָאוֹת אֱלֹהֵי יִשְׂרָאֵל לָקוֹחַ אֶת־הַסְּפָרִים[f] הָאֵלֶּה 18. וַיְהִי כִּשְׁמֹעַ חִירָם
אֶת־דִּבְרֵי שְׁלֹמֹה וַיִּשְׂמַח מְאֹד וַיֹּאמֶר בָּרוּךְ יְהוָה הַיּוֹם אֲשֶׁר נָתַן לְדָוִד בֵּן
חָכָם עַל־הָעָם הָרָב הַזֶּה׃ 19. שָׁמֹעַ בֵּין־אֲחֵיכֶם וּשְׁפַטְתֶּם צֶדֶק בֵּין־אִישׁ
וּבֵין־אָחִיו וּבֵין גֵּרוֹ׃ 20. וַיִּקְרְאוּ[g] לְפָנָיו אַבְרֵךְ וְנָתוֹן אֹתוֹ עַל כָּל־אֶרֶץ
מִצְרָיִם׃ 21. וְהַבְּרִית אֲשֶׁר־כָּרַתִּי אִתְּכֶם לֹא תִשְׁכָּחוּ 22. וְהָיָה אִם־
שָׁכֹחַ תִּשְׁכַּח אֶת־יְהוָה אֱלֹהֶיךָ וְהָלַכְתָּ אַחֲרֵי אֱלֹהִים אֲחֵרִים ··· 23. וַיְהִי
בִּימֵי שְׁפֹט הַשֹּׁפְטִים וַיְהִי רָעָב[h] בָּאָרֶץ 24. וּשְׂמַחְתֶּם לִפְנֵי יְהוָה אֱלֹהֵיכֶם
אַתֶּם וּבְנֵיכֶם וּבְנֹתֵיכֶם וְעַבְדֵיכֶם[i] וְאַמְהֹתֵיכֶם 25. וַיֹּאמֶר לוֹ לֹא־תִקַּח
אִשָּׁה מִבְּנוֹת כְּנָעַן׃ קוּם[j] לֵךְ פַּדֶּנָה אֲרָם בֵּיתָה בְתוּאֵל אֲבִי אִמֶּךָ וְקַח־לְךָ

10.

מִשָּׁם אִשָּׁה מִבְּנוֹת לָבָן אֲחִי אִמֶּךָ׃ 26. וַיִּשְׁלַח יִצְחָק אֶת־יַעֲקֹב וַיֵּלֶךְ
פַּדֶּנָה אֲרָם אֶל־לָבָן בֶּן־בְּתוּאֵל הָאֲרַמִּי[k] אֲחִי רִבְקָה אֵם יַעֲקֹב וְעֵשָׂו׃
27. וַיְהִי כַּאֲשֶׁר רָאָה יַעֲקֹב אֶת־רָחֵל בַּת־לָבָן אֲחִי אִמּוֹ וְאֶת־צֹאן לָבָן
אֲחִי אִמּוֹ ··· וַיַּגֵּד[l] ··· לְרָחֵל כִּי אֲחִי אָבִיהָ הוּא וְכִי בֶן־רִבְקָה הוּא
28. וַיֹּאמֶר אֶל־יַעֲקֹב הַבָּנוֹת בְּנֹתַי וְהַבָּנִים בָּנַי וְהַצֹּאן צֹאנִי 29. וְעַתָּה
בְנִי שְׁמַע בְּקֹלִי וְקוּם בְּרַח־לְךָ אֶל־לָבָן אָחִי חָרָנָה׃ 30. וַיַּעַשׂ־לוֹ בָתִּים
בְּעִיר דָּוִיד

10.5.5:

1. Und Bālāq opferte Rinder und Schafe.
2. Aus seiner Gewalt muß er (eilends) fliehen.
3. Da floh Jephtha (*Jiftāḥ*) vor seinen Brüdern.
4. Und auf keinen Bruder vertrauet! (auf jeden ... nicht)
5. Und auch König David freute sich sehr (fr. sich eine große Freude).
6. Gedenke (inf.abs.) des Sabbattages!
7. Ist nicht der Abana (*ʾabānā*) besser als alles Wasser Israels?
8. Vergib doch die Schuld dieses Volkes!
9. Wenn du wirklich dieses Volk in meine Gewalt gibst, ...
10. Wenn du wirklich auf die Stimme Jahwes, deines Gottes, hörst, ...

10.5.6:

1. זכר תזכר את אשר עשה יהוה אלהיך לפרעה ולכל מצרים
2. מִזְמוֹר[m] לדוד בברחו מפני אבשלום בנו 3. וילך המלך גבענה לזבח
שם 4. אחרי כן פתח אִיּוֹב את פיהו 5. הנה נא פתחתי פי 6. ותפתח
הארץ את פיה 7. ויאמר בֹּעַז אל רות הלוא שמעת בתי 8. וישרף
את בית יהוה ואת בית המלך ואת כל בתי ירושלם

---

a „er machte sich auf"
b אֹהֶל = „Zelt"
c זַיִת = „Ölbaum"
d Qere: מָלְכָּה *målkā*
e „Wagen"
f Plur. von סֵפֶר
g „und sie riefen ... : *ʾabrēk*!"
h „Hungersnot"
i „eure Knechte"
j „auf!"
k „Aramäer"
l „und er teilte mit"
m „Psalm"

LEKTION 11

11.1 Vorübung: Vergleiche die Stellen:

Dtn 10,6 „dort starb Aaron וַיִּקָּבֵר שָׁם“;
Num 20,1 „dort starb Mirjam וַתִּקָּבֵר שָׁם“;
Jer 20,6 „dort wirst du sterben וְשָׁם תִּקָּבֵר“;
Ruth 1,17 „wo du stirbst, da sterbe auch ich וְשָׁם אֶקָּבֵר“.

Bilde die Formen: „wir werden begraben werden“, „er wird gegeben werden“.

11.2 Vokabular

11.2.1 Verben mit Nif'al:

לחם (בְּ)	ni.	kämpfen / Krieg führen (gegen)
מִלְחָמָה		Kampf / Krieg
שׁבע (בְּ)	ni.	schwören (bei)
כַּאֲשֶׁר נִשְׁבַּע לַאֲבֹתֶיךָ		wie er deinen Vätern zugeschworen hat
שׁאר	ni.	übrigbleiben
שְׁאֵרִית		Rest
מלט	ni.	entrinnen / sich retten
הִמָּלֵט שָׁמָּה		rette dich dorthin!
פלא	ni.	wunderbar sein / (ungewöhnlich / zu schwer sein)
נִפְלָאוֹת		Wunder
קבץ		sammeln
נִקְבַּץ / יִקָּבֵץ	ni.	gesammelt werden / sich versammeln
קרא		rufen / nennen / lesen
נִקְרָא / יִקָּרֵא	ni.	gerufen werden / genannt werden
נשׂא		erheben / tragen / nehmen
נִשָּׂא / יִנָּשֵׂא	ni.	sich erheben / getragen werden
מצא		finden / antreffen
נִמְצָא/יִמָּצֵא	ni.	gefunden werden / sich finden lassen
מָלֵא		voll sein / (einen Raum) erfüllen
נִמְלָא/יִמָּלֵא	ni.	erfüllt werden

11.2.2 Nomina mit verdoppeltem Endkonsonanten:

שַׂר	Beamter / Oberster / Fürst
שַׂר הַצָּבָא	Feldhauptmann
יָם	Meer
יָמָּה	nach Westen
אַף	Nase / Zorn
אַפַּיִם (Dual)	Nase / Zorn / Angesicht
רַע	schlecht / böse
רָעָה	Unheil / Bosheit / Böses
כַּף (כַּפַּיִם Dual)	Handfläche / Hand
כַּף רֶגֶל	Fußsohle
פַּר	(junger) Stier
פָּרָה	(junge) Kuh
חַי	lebend / lebendig
חַיָּה	Tier
חֹק	Satzung / Festgesetztes
חֻקָּה	Satzung / Ordnung / Gesetz
לְבַד (בַּד)	allein (Stück)
לְבַד מִן־ / מִלְּבַד	außer / abgesehen von
רֹב (לָרֹב)	Menge (an Menge)
מֵרֹב ...	wegen der Menge von ...

11.2.3 Weitere Vokabeln:

חֶרֶב (f.)	Schwert
בַּחֶרֶב / בֶּחָֽרֶב	durch das Schwert
חַיִל	Kraft / Tüchtigkeit / Heer
שַׂר הַחַיִל	Heerführer
חֲלוֹם	Traum
בַּעַל הַחֲלֹמוֹת	Träumer (→ 8.3.3)
לַיְלָה (*lájlā*, masc.)	Nacht
יוֹמָם וָלַיְלָה	bei Tag und bei Nacht
כָּבוֹד	Gewicht / Ehre / Herrlichkeit
כְּבוֹד יְהוָה	die Herrlichkeit Jahwes
כְּסִיל	Tor / töricht
הֶחָכָם עִם־הַכְּסִיל	der Weise mitsamt dem Toren

מָקוֹם	Ort / Stätte
בְּכָל־מָקוֹם	überall
תְּפִלָּה	Gebet
שְׁמַע תְּפִלָּתִי	erhöre mein Gebet!
אֶחָד	einer
הָאֶחָד ... הָאֶחָד ...	der eine ... der andere ...
בַּעַל	Besitzer / Herr
כֹּהֵן הַבַּעַל	Baalspriester
רֶגֶל	Fuß
בְּרַגְלָיו	hinter ihm her
יוֹמָם	tagsüber / bei Tage
אָמֵן ×	gewiß!

11.3.1 Der N-Stamm (Nifʿal)

Beim Verbum unterscheidet man den einfachen Grundstamm Qal (abgekürzt: q.; → 11.4.1) und die daraus durch innere Umbildung oder äußere Zusätze abgeleiteten Stammformen, für die auch der Name Konjugationen (also in anderem Sinn als im Lateinischen und Griechischen!) üblich ist. Durch diese abgeleiteten Stämme wird die Bedeutung des Grundstamms in bestimmter Weise verändert, vgl. lat. fugere, fugare, fugitare; dt. fallen, fällen; stechen, stecken; schneiden, schnitzen, schneiteln, schnitzeln usw.

Als erste der sechs gewöhnlichen abgeleiteten Stammformen wird das Nifʿal (abgekürzt: Ni./ni.; → 7.4.3), auch N-Stamm genannt, eingeführt.

Von den etwas mehr als 1500 Verbalwurzeln im hebräischen Lexikon mit etwas über 70000 Vorkommen im Alten Testament bilden ca. 1100 ein Qal (71% der Vorkommen) und 435 ein Ni. (6% der Vorkommen).

Von den bisher gelernten 50 Verben bilden die meisten ein Ni., in nennenswertem Umfang (über 30mal) aber nur: שׁמע ni. „gehört werden", כרת ni. „abgehauen / ausgerottet werden", קבר ni. „begraben werden", לכד ni. „gefangen / eingenommen werden", שׁבר ni. „zerbrochen werden", כבד ni. „geehrt werden / sich verherrlichen" und die drei schwachen Verben עשׂה ni. „gemacht / getan werden", נתן ni. „gegeben werden", ראה ni. „sichtbar werden / sich zeigen / erscheinen".

11.3.1.1 Formen

Das Ni. bildet **Perfekt** und **Partizip** durch das Präformativ *ni-* (< *na-*), das sich mit dem ersten Radikal zu einer geschlossenen Silbe verbindet: Perf. נִכְתַּב, Part. נִכְתָּב.

Für **Imperfekt**, **Imperativ** und **Infinitiv** ist das Präformativ *-in-* charakteristisch, dessen n sich stets dem ersten Radikal assimiliert, sodaß Formen mit verdoppeltem erstem Radikal entstehen. Davor treten im Impf. die Personenzeichen, im Imp. und Inf.cs. ein h (nach Analogie des Hifʿil): Impf. יִכָּתֵב, Imp. und Inf. הִכָּתֵב (< *h-in-katib*).

Perfekt					
Sing. 3.m.	נִכְתַּב	*niktab*	Plur. 3.	נִכְתְּבוּ	*nikt^{e}bū*
3.f.	נִכְתְּבָה	*nikt^{e}bā*			
2.m.	נִכְתַּבְתָּ	*niktábtā*	2.m.	נִכְתַּבְתֶּם	*niktabtǽm*
2.f.	נִכְתַּבְתְּ	*niktabt*	2.f.	נִכְתַּבְתֶּן	*niktabtǽn*
1.	נִכְתַּבְתִּי	*niktábtī*	1.	נִכְתַּבְנוּ	*niktábnū*
Imperfekt					
Sing. 3.m.	יִכָּתֵב	*jikkātēb*	Plur. 3.m.	יִכָּתְבוּ	*jikkāt^{e}bū*
3.f.	תִּכָּתֵב	*tikkātēb*	3.f.	תִּכָּתַבְנָה	*tikkātábnā*
2.m.	תִּכָּתֵב	*tikkātēb*	2.m.	תִּכָּתְבוּ	*tikkāt^{e}bū*
2.f.	תִּכָּתְבִי	*tikkāt^{e}bī*	2.f.	תִּכָּתַבְנָה	*tikkātábnā*
1.	אֶכָּתֵב	*ʾækkātēb*	1.	נִכָּתֵב	*nikkātēb*
Kohortativ	אִכָּתְבָה	*ʾikkāt^{e}bā*	(→ 11.4.2)	נִכָּתְבָה	*nikkāt^{e}bā*
Imperativ					
Sing. m.	הִכָּתֵב	*hikkātēb*	Plur. m.	הִכָּתְבוּ	*hikkāt^{e}bū*
f.	הִכָּתְבִי	*hikkāt^{e}bī*	f.		(→ 11.4.3)
Adhortativ	הִכָּתְבָה	*hikkāt^{e}bā*			
Infinitiv	הִכָּתֵב	*hikkātēb*		Inf. abs.	
Inf. ~~abs.~~ constr.	הִכָּתֵב	*hikkātēb*	oder	הִכָּתֹב	*hikkātōb*
			oder auch	נִכְתֹּב	*niktōb*
Partizip					
Sing. m.	נִכְתָּב	*niktāb*	Plur. m.	נִכְתָּבִים	*niktābīm*
f.	נִכְתָּבָה	*niktābā́*	f.	נִכְתָּבוֹת	*niktābōt*
(meistens)	נִכְתֶּבֶת	*niktǽbæt*			

(→ 11.4.4/8)

11.3.1.2 Bedeutung des Nif'al

Ein genaues Äquivalent zur Bedeutungskategorie des Ni. existiert in unseren Sprachen nicht, sodaß wir gezwungen sind, zwei verschiedene Kategorien zur Wiedergabe der einheitlichen hebr. Stammform zu Hilfe zu nehmen, nämlich Passiv und Reflexiv, dazu manchmal auch sog. tolerative Wendungen (eine Handlung an sich geschehen lassen).

Die gleiche Form נִשְׁמַר kann je nach dem Zusammenhang mit „er wurde behütet" (Hos 12,14) oder „er hütete sich" (2Sam 20,10) übersetzt werden. Neben ספר q. „zählen" bedeutet ספר ni. „gezählt werden können / zählbar sein" (Gen 16,10 u.ö., tolerativ) oder „gezählt werden" (1Chr 23,3, passiv). Vor allem wenn das Qal ungebräuchlich ist, kann die ursprüngliche Bedeutung auch durch sekundäre semantische Entwicklungen verdunkelt werden (z.B. לחם ni. reziprok „handgemein werden", dann allgemein „kämpfen", in Ps 109,3 sogar einmal mit Objektsuffix „bekämpfen").

(→ 11.4.9)

11.3.1.3 Praktische Hinweise. Die Ni.-Formen sind an den Elementen *ni*I- und -*i*I + I*ā*- relativ leicht zu erkennen. Verwechslungsmöglichkeiten bestehen vor allem zwischen Perf. und Part., sodann zwischen Qal Koh.plur. und Ni.Perf.sing.3.f. und zwischen Qal a-Impf.1.plur. und Ni.Perf.sing.3.m. (→ 11.4.10).

11.3.2 Verba tertiae Aleph (III ')

Da das ' im Auslaut und vor konsonantischen Endungen quiesziert (→ 1.3.2.2), gehören die Verben III' in den meisten Formen zu den schwachen Verben. Im Perf. ist neben *kātab* auch der Typus *kābēd* nicht selten, im Impf./Imp. haben alle Verben (wie die III lar.) den a-Vokal. In einigen Fällen ist die Analogieeinwirkung der Verba tertiae infirmae bemerkbar.

Zu den fünf Verben III' in 11.2 kommen in 14.2 weitere sechs häufigere Verben dieser Klasse, dazu später noch solche, die wie נשׂא (und בוא) doppelt schwach sind (→ 22.3.1 und 23.3.1 zu יצא und ירא).

Hauptregeln:

- Im Auslaut quiesziert Aleph; die letzte Silbe hat die gewöhnlichen Vokale, nur wird a überall zu ā gedehnt;
- vor den konsonantischen Afformativen des Perf. quiesziert Aleph gleichfalls; der vorhergehende Vokal lautet beim Typus *kātab* ā, beim Typus *kābēd* ē, im Perf. der abgeleiteten Stammformen ē;
- vor vokalischen Afformativen ist alles regelmäßig.

11.

Seltenere Formen:

— Vor dem konsonantischen Afformativ *-nā* des Impf./Imp. lautet der Vokal (nach IIIj) æ: תִּמְצֶאנָה, מְצֶאנָה;
— im Waw-Perfekt unterbleibt die Tonverschiebung: וּמָֽצָאתָ;
— Das Part.fem. lautet im Qal מוֹצֵאת, im Ni. נִפְלֵאת.

Paradigmen: מָצָא „finden“, מָלֵא „voll sein“.

	Qal Perf.		Qal Impf.	Ni.Perf.	Ni.Impf.
Sing. 3.m.	מָצָא	מָלֵא	יִמְצָא	נִמְצָא	יִמָּצֵא
3.f.	מָֽצְאָה	מָֽלְאָה	תִּמְצָא	נִמְצְאָה	תִּמָּצֵא
2.m.	מָצָאתָ	מָלֵאתָ	תִּמְצָא	נִמְצֵאתָ	תִּמָּצֵא
2.f.	מָצָאת	מָלֵאת	תִּמְצְאִי	נִמְצֵאת	תִּמָּֽצְאִי
1.	מָצָאתִי	מָלֵאתִי	אֶמְצָא	נִמְצֵאתִי	אֶמָּצֵא
Plur. 3.m.	מָֽצְאוּ	מָֽלְאוּ	יִמְצְאוּ	נִמְצְאוּ	יִמָּֽצְאוּ
3.f.			תִּמְצֶאנָה		תִּמָּצֶאנָה
2.m.	מְצָאתֶם	מְלֵאתֶם	תִּמְצְאוּ	נִמְצֵאתֶם	תִּמָּֽצְאוּ
2.f.	מְצָאתֶן	מְלֵאתֶן	תִּמְצֶאנָה	נִמְצֵאתֶן	תִּמָּצֶאנָה
1.	מָצָאנוּ	מָלֵאנוּ	נִמְצָא	נִמְצֵאנוּ	נִמָּצֵא

Imperativ: Qal מְצָא מִצְאִי מִצְאוּ מְצֶאנָה
Ni. הִמָּצֵא הִמָּֽצְאִי הִמָּֽצְאוּ הִמָּצֶאנָה

Infinitiv: Qal מְצֹא מְלֹאת Inf.abs.: מָצוֹא
Ni. הִמָּצֵא (→ 11.4.11) נִמְצֹא

Partizip: Qal act. מֹצֵא pass. מָצוּא Ni. נִמְצָא

11.3.3 Gebrauch des „Akkusativs“

Verben (und Verbalnomina) werden durch präpositionale Ausdrücke oder durch Nomina im „Akkusativ“, dem casus adverbialis, näherbestimmt (zu den Pronominalsuffixen am Verbum → 12.3.2). Im Folgenden werden einige von unserem Gebrauch des Akkusativs abweichende Besonderheiten des Hebräischen erwähnt.

Da im Hebr. die Kasusendungen weggefallen sind, ist das vom Verbum abhängige Nomen nicht besonders gekennzeichnet, wenn es nicht (determiniert in Prosa) das Akkusativ-Zeichen אֵת bei sich hat (→ 6.3.1.1). Es bezeichnet: (→ 11.4.12)

— am häufigsten als Objekts-Akkusativ das Ziel der Handlung. Abweichend vom Dt. werden manche Verben mit dem direkten Objekt konstruiert, z.B. זכר „denken an“, עבד „dienen“, ענה „antworten“, צוה pi. „befehlen“, ferner die Verben des Vollseins und Mangelhabens (מָלֵא „voll sein“, שׂבע „satt werden“) und die Verben des Anziehens und Ausziehens (לָבֵשׁ „sich bekleiden mit“, אזר „sich gürten mit“), z.B.

Gen 6,13:	כִּי־מָלְאָה הָאָרֶץ חָמָס	„denn die Erde ist voller Frevel“;
Hi 27,14:	לֹא יִשְׂבְּעוּ־לָחֶם׃	„sie sättigen sich nicht mit Brot“;
Ps 104,1:	הוֹד וְהָדָר לָבָשְׁתָּ׃	„mit Hoheit und Pracht hast du dich bekleidet“;
1Sam 2,4:	וְנִכְשָׁלִים אָזְרוּ חָיִל׃	„Wankende aber gürten sich mit Kraft“.

— seltener als effiziertes oder als inneres Objekt das Ergebnis der Handlung (vgl. noch 10.3.1.1), z.B.

Gen 1,29:	עֵשֶׂב זֹרֵעַ זֶרַע	„Kraut, das Samen hervorbringt“;
Gen 27,34:	וַיִּצְעַק צְעָקָה גְּדֹלָה	„da schrie er laut (= ein lautes Geschrei)“.

— häufig als adverbialer Akkusativ die Umstände der Handlung (lokal, temporal, modal), auch hier manchmal mit אֵת:

1Kön 2,41: (vgl. V.40: גַּתָה)	כִּי־הָלַךְ שִׁמְעִי מִירוּשָׁלַםִ גַּת	„daß Simei von Jerusalem nach Gath gegangen sei“;
1Kön 8,32: (vgl. 2Chr 6,23: מִן־הַשָּׁמַיִם)	וְאַתָּה תִּשְׁמַע הַשָּׁמַיִם	„so wollest du im Himmel (es) hören“;
Gen 18,1:	וְהוּא יֹשֵׁב פֶּתַח־הָאֹהֶל	„während er am Eingang des Zeltes saß“;
Gen 27,45:	יוֹם אֶחָד׃	„an einem Tag“;
Gen 3,14:	כָּל־יְמֵי חַיֶּיךָ׃	„dein ganzes Leben lang“;
Gen 41,40:	רַק הַכִּסֵּא אֶגְדַּל מִמֶּךָּ׃	„nur um den Thron will ich höher sein als du“;
1Kön 15,23:	חָלָה אֶת־רַגְלָיו׃	„er wurde krank an den Füßen“ (accusativus limitationis). (→ 11.4.13)

11.3.4 Flexion der Nomina (III): mit verdoppeltem Endkonsonanten

Zu den Nomina mit ursprünglich verdoppeltem Endkonsonanten gehören hauptsächlich die einsilbigen Nominalbildungen *qall, qill, qull* („mediae geminatae") und solche mit assimiliertem zweitem Radikal n (*'anp- > 'app-* > אַף „Nase / Zorn"), ferner einige zweisilbige, die den Endkonsonanten sekundär verdoppeln, um den ursprünglichen Vokal kurz zu erhalten (besonders *qatul*-Formen).

Bisher gelernte Nomina dieser Flexionsklasse sind:
הַר „Berg / Gebirge", חַיִּים „Leben", עַם „Volk", רַב „zahlreich", עֵת „Zeit" (vgl. עַתָּה), אֵם „Mutter", לֵב „Herz", אֵשׁ „Feuer", כֹּל „Gesamtheit / alle", ferner קָטָן „klein", שַׁבָּת „Sabbat".

Neu dazu kommen in 11.2.2 von den Nomina mit über hundert Vorkommen nach Typus *qall*: אַף, חַי, כַּף, פַּר, רַע, שַׂר und יָם (auch בַּד „Alleinsein" in לְבַד „allein", → 11.2.2), dazu nach Typus *qull*: חֹק und רֹב. (→ 11.4.14/15)

Plurale auf *-īm* sind nur bei חֹק und den genannten qall-Nomina (außer אַף und כַּף, welche die Duale אַפַּיִם „Gesicht" und כַּפַּיִם „Hände" bilden) gebräuchlich, solche auf *-ōt* bei כַּף, אֵם und לֵב (עֵת hat עִתִּים und seltener עִתּוֹת).

Hauptregeln:

— Im Wortauslaut, also im Sing.abs. und cs., wird die Verdoppelung des Endkonsonanten aufgehoben. Die Endsilbe bleibt meist unverändert, nur Qames wird im Sing.cs. zu Patach; vor Maqqeph werden lange Vokale gekürzt (→ 3.3.2.6), z.B. Spr 21,1 לֶב־מֶלֶךְ „das Herz eines Königs"; Ex 29,28 חָק־עוֹלָם „ewige Satzung";

— vor allen übrigen Formen (Dual, Plural, Suffixformen) treten mit der Verdoppelung des Konsonanten die ursprünglichen kurzen Vokale a, i und u wieder hervor: עַמִּי, רַבִּים, כַּפּוֹ, עִתְּךָ, אִמּוֹת, לִבְּכֶם, כֻּלָּם, חֻקֵּי, רֻבְּכֶם.

— Vor Laryngalen und Resch tritt meistens Ersatzdehnung ein: רָעָה, פָּרִים, שָׂרֵי (mit unveränderlichem ā).

Einzelheiten:

— Bei den *qall*-Formen schwankt der Vokal im St.abs. manchmal zwischen ā und a (auch abgesehen von der Pausa auf ā): יָם „Meer" (auch cs., aber יַם־סוּף „Schilfmeer"), הֶחָג „das Fest", הָעָם und הָהָר (→ 7.3.3.3), aber meistens עַם, פַּר, רַב usw.;

— statt עֻזִּי „meine Kraft" (עֹז) kommt auch עָזִּי vor, ferner etwa חָקְכֶם/חָקְקְךָ (mit aufgehobener Verdoppelung vor Schwa);

— מָגֵן „Schild" und מָעוֹז „Feste / Schutzwehr" haben unveränderliches ā (מָגִנִּי „mein Schild"); sonst werden die vorhergehenden veränderlichen Vokale verflüchtigt: קָטָן/קְטַנִּים „klein(e)", גָּמָל/גְּמַלִּים „Kamel(e)", עָמֹק/עֲמֻקִּים „tief(e)";

— auch die Nomina mit der Gentilizium-Endung -ī verdoppeln oft das ursprüngliche Jod, z.B. לֵוִי/לְוִיִּם „Levit(en)", יְהוּדִי/יְהוּדִיִּים „Judäer"; doch bilden sie den Plural häufiger ohne Verdoppelung auf *-īm*: יְהוּדִים, עִבְרִים.

11.4 Anmerkungen

11.4.1 קַל = leicht, d.h. nicht durch Verdoppelung oder Bildungszusätze beschwert.

11.4.2 Der Kohortativ bevorzugt den auch sonst vorkommenden Präformativ-Vokal i.

11.4.3 Der Imp.plur.f. des Ni. (**hikkātábnā*) ist in den Texten nicht belegt.

11.4.4 Zum a-Vokal des Impf.plur.2./3.f.: Nach dem sog. Philippischen Gesetz wurde i in geschlossener betonter Silbe vor dem Abfall der Endvokale zu a.

11.4.5 Im Impf. (vor allem Waw-Impf.) und im Imp. wird öfters der Ton zurückgezogen: הִשָּׁמֶר „hüte dich!", וַיִּלָּחֶם „und er kämpfte".

11.4.6 Der Inf.abs. נִכְתֹּב steht in Verbindung mit Perfektformen, הִכָּתֵב und הִכָּתֹב stehen nicht beim Perfekt.

11.4.7 An Pausalformen seien erwähnt: Perf.sing.3.m. נִכְתָּב, 3.f. נִכְתָּבָה (vgl. Part. sing.f. נִכְתָּבָה); Impf.sing.3.m. יִכָּתֵב, 2.f. תִּכָּתֵבִי.

11.4.8 Die Verben IIIḥ/ʿ verwandeln das ē zu a (außer in pausa): וַיִּשָּׁבַע (→ 10.4.5).

11.4.9 Während beim Qal das Agens einer Handlung bzw. der Träger eines Vorgangs mit dem Subjekt des Verbums identisch gesetzt werden („er schlägt / er wird groß"), treten beim Nifʿal das Agens der Handlung bzw. der Träger des Vorgangs in den Hintergrund und wird nur das In-Erscheinung-Treten der Handlung bzw. des Vorgangs am Subjekt ausgesagt, und zwar ohne Rücksicht auf die Art der Mitwirkung dieses Subjekts am Geschehen („Schlagen / Groß-Werden tritt an ihm in Erscheinung"). Je nachdem ob in der betreffenden Situation das Subjekt unfreiwillig oder mehr oder weniger freiwillig am Geschehen teilnimmt, übersetzen wir passivisch oder reflexivisch, eventuell mit reziproken oder tolerativen Wendungen. Nur weil das Subjekt nicht wie beim echten Passiv als direktes Objekt eines Agens dargestellt wird, kann es auch bei intransitiven Verben ein Ni. geben.

11.4.10 Vgl. Gen 26,28 וְנִכְרְתָה בְרִית „und laßt uns einen Bund schließen" mit Sach 9,10 וְנִכְרְתָה קֶשֶׁת מִלְחָמָה „und der Kriegsbogen wird ausgerottet werden" oder Jer 42,6 כִּי נִשְׁמַע בְּקוֹל יְהוָה „auf die Stimme Jahwes ... wollen wir hören" mit Jer 38,27 כִּי לֹא־נִשְׁמַע הַדָּבָר „denn das Gespräch war von niemandem gehört worden".

11.4.11 Die fem. Endung *-ōt* beim Inf.cs. von מְלֹאת ist analog dem Inf. der Verba tertiae infirmae gebildet.

11.4.12 In späten Texten kann der Akkusativ aramaisierend auch durch לְ bezeichnet werden, z.B. Esr 8,16 ... וָאֶשְׁלְחָה לֶאֱלִיעֶזֶר „da sandte ich Elieser ...".

11.4.13 Auch bei passiven Verben wird manchmal das Objekt der Handlung, das für uns zum Subjekt werden müßte, mit אֶת־ als Objekt belassen, z.B. Lev 6,13

וַתִּמָּלֵא הָאָ֫רֶץ אֹתָֽם׃ „am Tage, da er gesalbt wird“; Ex 1,7 בְּיוֹם הִמָּשַׁח אֹתוֹ „und das Land wurde voll von ihnen“. — Zum doppelten Akkusativ vgl. → 13.3.3.

11.4.14 Vgl. auch die Präpositionen אִתִּי/אֵת und עִמִּי/עִם und Gentilizia wie אֲרַמִּי „Aramäer“. שַׁבָּת „Sabbat“ gehört nur im Sing. zu dieser Klasse (cs. שַׁבַּת, suffigiert שַׁבַּתּוֹ usw., aber plur.abs. שַׁבָּתוֹת, suffigiert שַׁבְּתוֹתַי usw.).

11.4.15 Nicht zu dieser Klasse gehören außer den unveränderlichen Nomina אֵל, רֵעַ, גֵּר usw. auch die später zu behandelnden einsilbigen Nomina mit reduzierbarem Vokal wie עֵץ, שֵׁם, יֵשׁ, יָד, דָּם, פָּנִים, שָׁנָה, שָׂפָה.

11.5 Übungen

11.5.1: לְהִשָּׁבֵר וַיִּמָּלְטוּ הִשָּׁבְעָה נִשְׁאַרְתָּ נִלְכָּדִים תִּשָּׁבַרְנָה נִשְׁמַרְנוּ וְנִמְכַּרְתֶּם וְנִמְלָ֫טוּ נכרת השמר מָלֵאתִי נִמְצָא תִּנָּשְׂאִי יִפָּלֵא תקראנה נמצאתי נשאים

11.5.2: wir sind behütet worden, und wir wurden behütet, und wir behüteten, hüte!, hüte dich!, zu behüten, sich zu hüten; rufet!, lasset euch rufen!, ich bin gerufen worden, ich habe gerufen, und ich rief, und ich wurde gerufen.

11.5.3: בְּעִתּוֹ הָהֳרָה חַיֶּיךָ אִמָּהּ כַּפָּיו לְבַדְּךָ רָעוֹת שָׂרֵיכֶם לִבִּי אפו כלכם חיי עמך

11.5.4:

1. וַיִּלָּחֲמוּ בְנֵי־יְהוּדָה בִּירוּשָׁלַםִ וַיִּלְכְּדוּ אוֹתָהּ 2. וַאֲבִימֶלֶךְ נִלְחָם
בָּעִיר כֹּל הַיּוֹם הַהוּא וַיִּלְכֹּד אֶת־הָעִיר 3. וַיָּבֹא עֲמָלֵק וַיִּלָּחֶם עִם־
יִשְׂרָאֵל בִּרְפִידִם׃ 4. וְיָצָא[a] יְהוָה וְנִלְחַם בַּגּוֹיִם הָהֵם כְּיוֹם הִלָּחֲמוֹ בְּיוֹם
קְרָב׃[b] 5. ··· וְהַנִּשְׁבָּע בָּאָרֶץ יִשָּׁבַע בֵּאלֹהֵי אָמֵן 6. וַיֹּאמֶר יַעֲקֹב
הִשָּׁבְעָה לִּי כַּיּוֹם[c] וַיִּשָּׁבַע לוֹ וַיִּמְכֹּר אֶת־בְּכֹרָתוֹ[d] לְיַעֲקֹב׃ 7. וְהָיָה בְּיוֹם
מִלְחֶמֶת[e] וְלֹא נִמְצָא חֶרֶב וַחֲנִית[f] בְּיַד כָּל־הָעָם אֲשֶׁר אֶת־שָׁאוּל וְאֶת־יוֹנָתָן
וַתִּמָּצֵא לְשָׁאוּל וּלְיוֹנָתָן בְּנוֹ׃ 8. וַיֹּאמֶר פַּרְעֹה אֶל־עֲבָדָיו[g] הֲנִמְצָא כָזֶה
אִישׁ אֲשֶׁר רוּחַ אֱלֹהִים בּוֹ׃ 9. וְחֵיל מֶלֶךְ־בָּבֶל נִלְחָמִים עַל־יְרוּשָׁלַםִ
וְעַל כָּל־עָרֵי יְהוּדָה ··· אֶל־לָכִישׁ וְאֶל־עֲזֵקָה כִּי הֵנָּה נִשְׁאֲרוּ בְּעָרֵי
יְהוּדָה עָרֵי מִבְצָר׃[h] 10. לֹא־יִכָּרֵת לְךָ אִישׁ מוֹשֵׁל בְּיִשְׂרָאֵל׃ 11. וְצִדְקִיָּהוּ
מֶלֶךְ יְהוּדָה לֹא יִמָּלֵט מִיַּד הַכַּשְׂדִּים כִּי הִנָּתֹן יִנָּתֵן בְּיַד מֶלֶךְ־בָּבֶל וְדִבֶּר־
פִּיו עִם־פִּיו 12. וְהָיָה כֹּל אֲשֶׁר־יִקְרָא בְּשֵׁם יְהוָה יִמָּלֵט 13. בּוֹטֵחַ
בְּלִבּוֹ הוּא כְסִיל וְהוֹלֵךְ בְּחָכְמָה הוּא יִמָּלֵט׃ 14. כִּי בֵיתִי בֵּית־תְּפִלָּה

יִקָּרֵא לְכָל־הָעַמִּים׃ 15. קָרוֹב יְהוָה לְנִשְׁבְּרֵי־לֵב 16. וַיָּבֹא אֱלֹהִים
אֶל־לָבָן הָאֲרַמִּי בַּחֲלֹם הַלָּיְלָה וַיֹּאמֶר לוֹ הִשָּׁמֶר לְךָ פֶּן־תְּדַבֵּר עִם־
יַעֲקֹב מִטּוֹב עַד־רָע׃ 17. כַּאֲשֶׁר נִשְׁפַּטְתִּי אֶת־אֲבוֹתֵיכֶם בְּמִדְבַּר אֶרֶץ
מִצְרָיִם כֵּן אִשָּׁפֵט אִתְּכֶם נְאֻם אֲדֹנָי יְהוִה׃ 18. בְּגִבְעוֹן נִרְאָה יְהוָה אֶל־
שְׁלֹמֹה בַּחֲלוֹם הַלָּיְלָה 19. כִּי הַמִּצְוָה הַזֹּאת אֲשֶׁר אָנֹכִי מְצַוְּךָ[i] הַיּוֹם לֹא־
נִפְלֵאת הִוא מִמְּךָ וְלֹא רְחֹקָה הִוא׃ 20. וְאוּלָם[j] אָנֹכִי מָלֵאתִי כֹחַ 21. בָּרוּךְ
יְהוָה אֱלֹהִים אֱלֹהֵי יִשְׂרָאֵל עֹשֵׂה[k] נִפְלָאוֹת לְבַדּוֹ׃ וּבָרוּךְ שֵׁם כְּבוֹדוֹ לְעוֹלָם
וְיִמָּלֵא כְבוֹדוֹ אֶת־כֹּל הָאָרֶץ אָמֵן וְאָמֵן׃ 22. דִּרְשׁוּ יְהוָה בְּהִמָּצְאוֹ
קְרָאֻהוּ[l] בִּהְיוֹתוֹ קָרוֹב׃ 23. וְאָמַרְתָּ לְצוֹר[m] ··· בְּלֵב יַמִּים גְּבוּלָיִךְ ···
וַתִּמָּלְאִי וַתִּכְבְּדִי מְאֹד בְּלֵב־יַמִּים׃ 24. וְלֹא־יִקָּרֵא עוֹד אֶת־שִׁמְךָ[n] אַבְרָם
וְהָיָה שִׁמְךָ אַבְרָהָם 25. וָאִמָּלְטָה רַק־אֲנִי לְבַדִּי 26. וְלֹא אִתְּכֶם
לְבַדְּכֶם אָנֹכִי כֹּרֵת אֶת־הַבְּרִית הַזֹּאת 27. וַיִּפְרֹשׂ כַּפָּיו הַשָּׁמָיִם׃ 28. וַיַּרְא
יְהוָה כִּי רַבָּה רָעַת הָאָדָם בָּאָרֶץ 29. הֲלוֹא אָב אֶחָד לְכֻלָּנוּ 30. בְּפֶשַׁע
אֶרֶץ רַבִּים שָׂרֶיהָ

11.5.5:

1. Und er traf den König von Assur im Kampfe (Part.) gegen Libnā.
2. Laßt uns mit den Ammonitern kämpfen!
3. Schwöret nicht!
4. Wie sollten wir da entrinnen?
5. Höret dies, Haus Jakob, die sich mit dem Namen Israel nennen (Part.), die bei dem Namen Jahwes schwören (Part.)!
6. Und es wurden die Worte, die David geredet hatte, gehört.
7. Ich aber blieb allein (= übrig).
8. Diese Stadt wird nicht in die Hand des Königs von Assur gegeben werden.
9. Erhebe dich, Richter der Erde!
10. Versammelt euch, ihr Söhne Jakobs, und höret auf Israel, euren Vater!

11.5.6:

1. כי תקרב אל עיר להלחם עליה וקראת אליה לשלום 2. לזאת
יקרא אשה 3. ויקבצו כל ישראל אל דויד חברונה 4. ויאמר לו
הנה נא איש אלהים בעיר הזאת והאיש נכבד כל אשר ידבר בוא יבוא
5. כה אמר יהוה הנתן תנתן העיר הזאת ביד חיל מלך בבל 6. הנה

12.

נא העיר הזאת קרבה ··· אמלטה נא שמה 7. ועתה השבעה לי באלהים 8. היש בית אביך מקום לנו 9. ויהי אתה בית יהוה ··· ועתליה מלכת על הארץ 10. וידבר אתם המלך ולא נמצא מכלם כדניאל ···

---

[a] ausziehen
[b] Kampf
[c] jetzt / zuerst
[d] Erstgeburt
[e] = מִלְחָמָה
[f] Speer
[g] seine Knechte
[h] Festung
[i] dir befehlend
[j] dagegen
[k] Part.m.cs.sing.
[l] rufet ihn an!
[m] Tyrus
[n] dein Name

LEKTION 12

12.1 Vorübung. Kausative Verben bezeichnen das Veranlassen einer Tätigkeit. Suche die kausative Ableitung zu folgenden dt. Verben: sitzen, springen, triefen, schwimmen, verschwinden. Von welchen Verben sind folgende Kausativa abgeleitet (deverbiert): legen, beugen, säugen, atzen, flößen.

12.2 Vokabular

12.2.1 Verben mit Hif'il:

בדל	hi. ×	trennen / sondern / aussondern
בדל	ni.	sich absondern / ausgesondert werden
קשב	hi. ×	aufmerken
הַקְשִׁיבוּ וְשִׁמְעוּ		merket auf und höret!
סתר	hi.	verbergen
סתר	ni.	sich verbergen / verborgen sein
שׂכל	hi.	Einsicht haben / Erfolg haben
מַשְׂכִּיל		einsichtig / erfolgreich
שחת	hi.	verderben / vernichten
הַשְׁחִית דַּרְכּוֹ		schlecht handeln / seinen Wandel verderben
שכם	hi.	früh aufstehen / früh tun
וַיַּשְׁכֵּם דָּוִד בַּבֹּקֶר		da machte sich David am Morgen früh auf
שלך	hi.	werfen
שלך	ho.	geworfen werden

שׁמד hi.	vertilgen / zerstören
שׁמד ni.	vertilgt werden
רחק q.	fern sein / sich entfernen
רחק hi.	entfernen / sich entfernen
שׁבת q.	aufhören / ruhen
שׁבת hi.	zum Aufhören bringen

12.2.2 qatl-Segolata:

עֶבֶד	Knecht / Sklave / Diener
עַבְדְּךָ וַאֲמָתְךָ	dein Knecht und deine Magd
(f.) נֶפֶשׁ	(Kehle) / Begierde / Lebenskraft / Leben / Seele / Lebewesen / Person / jemand
אֶת־נַפְשׁוֹ	sich selbst
(sg. meist f. / pl. m.) דֶּרֶךְ	Weg / Wandel / Reise / Unternehmung
בַּדֶּרֶךְ	unterwegs
אֶלֶף	tausend / Tausendschaft / Sippe / Gau
(Dual) אַלְפַּיִם	zweitausend
(f.) אֶבֶן	Stein
אֲבָנִים גְּדֹלוֹת	große Steine
חֶסֶד	Güte / Gnade / Solidarität / Loyalität
עשׂה חֶסֶד עִם־	jemandem Treue erweisen
שֶׁמֶן	Öl / Fett
משׁח (בְּ)שֶׁמֶן	mit Öl salben
עֶרֶב	Abend
מִן־הַבֹּקֶר עַד־הָעָרֶב	vom Morgen bis zum Abend
(pl. עֲצָמִים und עֲצָמוֹת) עֶצֶם	Knochen / Gebein / Wesen / Selbst (→ 12.3.3)
עַצְמִי וּבְשָׂרִי	mein Gebein und mein Fleisch
לֶחֶם	Brot / Speise / Nahrung
לֶחֶם וָמַיִם	Brot und Wasser
נַחַל	Bachtal / Bach / Wadi
נַחַל אַרְנוֹן (קִישׁוֹן/קִדְרוֹן)	der Bach Arnon (Kison / Kidron)
פַּעַם	(Fuß / Tritt) / Mal
הַפַּעַם	diesmal / endlich
פַּעֲמַיִם	zweimal
שַׁעַר	Tor
בִּשְׁעָרֶיךָ	innerhalb deiner Tore

12.2.3 Weitere Nomina:

בֹּקֶר	Morgen
וַיַּשְׁכֵּם בַּבֹּקֶר וַיִּקַּח	am andern Morgen in der Frühe nahm er
בָּשָׂר	Fleisch
אָחִינוּ בְשָׂרֵנוּ	unser leiblicher Bruder
פָּנִים	Angesicht / Vorderseite / Oberfläche
לְפָנִים	früher / ehemals
תּוֹרָה	Weisung / Gesetz
סֵפֶר תּוֹרַת מֹשֶׁה	das Buch des Gesetzes Moses
אֱנוֹשׁ ×	Menschen (kollektiv, in poet. Texten)
בֶּן־אֱנוֹשׁ	Menschenkind = einzelner Mensch
מַמְלָכָה (cs. מַמְלֶכֶת)	Königsherrschaft / Königreich
כָּל־מַמְלְכוֹת הָאָרֶץ	alle Königreiche der Erde
מָלֵא	voll
רֵק / רֵיק ×	leer / nichtig

12.3.1 Der Kausativstamm (Hif'il und Hof'al)

Zwei weitere abgeleitete Stammformen (→ 11.3.1) sind der aktive und der passive Kausativstamm, das Hif'il (abgekürzt: Hi./hi.) und das Hof'al (Ho./ho.; → 12.4.1).

Das Hi. kommt bei ca. 500 Verbalwurzeln (ca. 32%) vor und ist mit ca. 13% aller Verbalformen die verbreitetste der abgeleiteten Stammformen im AT. Das Ho. als seltenste der sieben regulären Stammformen kommt dagegen nur bei etwa 100 Verben (ca. 6%) vor und hat ungefähr 400 Belege (0,6%), vorwiegend bei schwachen Verben.

Von den bisherigen Verben bilden etwa die Hälfte ein Hi., in nennenswertem Umfang (über 30mal) nur:
von den schwachen Verben ראה hi. „sehen lassen / zeigen", הלך hi. „führen" und בוא hi. „bringen" (mit ca. 550 Belegen das häufigste Hi.-Verbum);
von den starken Verben קרב hi. „herzubringen / darbringen", כרת hi. „ausrotten", שׁמע hi. „hören lassen / verkündigen", מלך hi. „als König einsetzen", שׁאר hi. „übrig lassen", לבשׁ hi. „bekleiden", זכר hi. „erinnern", שׁבע hi. „schwören lassen", פקד hi. „zum Aufseher machen / zur Aufsicht übergeben".

Das Ho. kommt bei starken Verben nur bei שׁלך ho. „geworfen werden" und פקד ho. „beauftragt werden" etwas häufiger vor (13 bzw. 8mal).

12.3.1.1 Formen

In zwei Besonderheiten weicht das Hi. von den übrigen Stammformen des starken Verbums ab:

— die vokalischen Endungen *-ā, -ū, -ī* sind unbetont angehängt (das Partizip hat normal betonte nominale Endungen);

— Jussiv und Waw-Imperfekt weichen in den endungslosen Formen vom gewöhnlichen Imperfekt in der Vokalisation ab.

Das Perfekt wird gekennzeichnet durch das Präformativ *hi-* (<*ha-*), das sich mit dem ersten Radikal zu einer geschlossenen Silbe verbindet. Der Vokal der Stammsilbe ist in den 3. Personen ī, vor konsonantischen Endungen dagegen a: הִכְתִּיב, הִכְתִּיבָה, הִכְתַּבְתָּ usw.

Für Imperfekt, Imperativ, Infinitiv und auch Partizip ist das Präformativ *ha-* charakteristisch, dessen h nach dem Präformativ des Imperfekts (j-, t-, ʾ-, n-) und des Partizips (m-) jedoch verschwindet, wobei mit dem ersten Radikal schließende Silben entstehen: Impf. יַכְתִּיב, תַּכְתִּיב usw., Inf.cs. (לְ)הַכְתִּיב (→ 12.4.2), Part. מַכְתִּיב. Der Stammvokal lautet in den meisten Formen ī, jedoch ē (<i) vor der konsonantischen Endung *-nā* und in den endungslosen Formen des Jussivs (יַכְתֵּב), des Waw-Imperfekts (וַיַּכְתֵּב) außer der 1.sing. (וָאַכְתִּיב), des Imperativs (הַכְתֵּב) und des Inf.abs. (הַכְתֵּב); vor Endungen und Suffixen erscheint wieder ī.

Perfekt					
Sing. 3.m.	הִכְתִּיב	*hiktīb*	Plur. 3.m./f.	הִכְתִּיבוּ	*hiktību*
3.f.	הִכְתִּיבָה	*hiktība*			
2.m.	הִכְתַּבְתָּ	*hiktábtā*	2.m.	הִכְתַּבְתֶּם	*hiktabtǽm*
2.f.	הִכְתַּבְתְּ	*hiktábt*	2.f.	הִכְתַּבְתֶּן	*hiktabtǽn*
1.	הִכְתַּבְתִּי	*hiktábtī*	1.	הִכְתַּבְנוּ	*hiktábnū*
Imperfekt					
Sing. 3.m.	יַכְתִּיב	*jaktīb*	Plur. 3.m.	יַכְתִּיבוּ	*jaktību*
3.f.	תַּכְתִּיב	*taktīb*	3.f.	תַּכְתֵּבְנָה	*taktēbnā*
2.m.	תַּכְתִּיב	*taktīb*	2.m.	תַּכְתִּיבוּ	*taktību*
2.f.	תַּכְתִּיבִי	*taktíbī*	2.f.	תַּכְתֵּבְנָה	*taktēbnā*
1.	אַכְתִּיב	*ʾaktīb*	1.	נַכְתִּיב	*naktīb*
Kohortativ	אַכְתִּיבָה	*ʾaktībā*		נַכְתִּיבָה	*naktībā*

Imperativ					
Sing. m.	הַכְתֵּב	*haktēb*	Plur. m.	הַכְתִּיבוּ	*haktī́bū*
f.	הַכְתִּיבִי	*haktī́bī*	f.	הַכְתֵּבְנָה	*haktḗbnā*
Adhortativ	הַכְתִּיבָה	*haktī́bā*			
Infinitiv	הַכְתִּיב	*haktīb*			
Inf.abs.	הַכְתֵּב	*haktēb*			
Partizip					
Sing. m.	מַכְתִּיב	*maktīb*	Plur. m.	מַכְתִּיבִים	*maktībīm*
f.	מַכְתִּיבָה	*maktībā́*	f.	מַכְתִּיבוֹת	*maktībōt*
oder	מַכְתֶּבֶת	*maktǽbæt*			

Waw-Imperfekt

Sing. 3.m.	וַיַּכְתֵּב	*wajjaktēb*	Plur. 3.m.	וַיַּכְתִּיבוּ	*wajjaktī́bū*
3.f.	וַתַּכְתֵּב	*wattaktēb*	3.f.	וַתַּכְתֵּבְנָה	*wattaktḗbnā*
2.m.	וַתַּכְתֵּב	*wattaktēb*	2.m.	וַתַּכְתִּיבוּ	*wattaktī́bū*
2.f.	וַתַּכְתִּיבִי	*wattaktī́bī*	2.f.	וַתַּכְתֵּבְנָה	*wattaktḗbnā*
1.	וָאַכְתִּיב	*wāʾaktīb*	1.	וַנַּכְתֵּב	*wannaktēb*
(oder:	וָאַכְתִּיבָה	*wāʾaktī́bā*)			
Jussiv					
Sing. 3.m.	יַכְתֵּב	*jaktēb*	Plur. 3.m.	יַכְתִּיבוּ	*jaktī́bū*
3.f.	תַּכְתֵּב	*taktēb*	3.f.	תַּכְתֵּבְנָה	*taktḗbnā*
2.m.	תַּכְתֵּב	*taktēb*	2.m.	תַּכְתִּיבוּ	*taktī́bū*
2.f.	תַּכְתִּיבִי	*taktī́bī*	2.f.	תַּכְתֵּבְנָה	*taktḗbnā*

12.3.1.2 Bedeutung des Hif'il

Das Hi. hat gegenüber dem Grundstamm kausative Bedeutung, d.h. das Subjekt veranlaßt ein Objekt zu dem im Grundstamm ausgesagten Vorgang bzw. zu der im Grundstamm ausgesagten Handlung: קרב „sich nähern / nahe sein", hi. „etwas sich nähern lassen / herzubringen"; שמע „hören", hi. „jemanden etwas hören lassen / jemandem etwas verkündigen". In manchen Fällen ist allerdings die kausative Bedeutung nicht mehr durchsichtig, vor allem wenn das Qal ungebräuchlich ist (z.B. שלך hi. „werfen"). Öfter wendet sich die kausative Bedeutung auf das Subjekt selber („einen

Vorgang bei sich veranlassen"); diese sog. innerlich-kausativen Bedeutungen, die für uns dem (intransitiven) Grundstamm sehr nahe kommen, können auch neben der gewöhnlichen kausativen Bedeutung vorkommen (z.B. רחק „sich entfernen / fern sein", hi. „entfernen" und „sich entfernen").

(→ 12.4.3)

12.3.1.3 Das Hof'al

Das Ho. wird als Passiv zum Hi. verwendet: Das Subjekt wird (von einem nicht genannten Agens) zu einem aktiven (selten passiven) Vorgang veranlaßt.

Das Präformativ *hå-* (<*hu-*) verbindet sich in allen Formen mit dem ersten Radikal zu einer geschlossenen Silbe, wobei auch hier das h nach dem Präformativ des Impf. oder Part. wegfällt. Der Stammvokal ist in allen Formen a und wird wie beim Qal behandelt; beim Part. wird er gedehnt. Der Inf.cs. ist beim starken Verbum nicht belegt, der Imp. fehlt (wegen der Bedeutung) ganz. Neben den Formen mit å im Präformativ stehen nicht selten auch solche mit (ursprünglichem) u.

Ein vollständiges Paradigma ist bei dieser seltenen Stammform nicht erforderlich:

Perfekt:	הָכְתַּב, הָכְתְּבָה, הָכְתַּבְתָּ, הָכְתְּבוּ
Imperfekt:	יָכְתַּב, תָּכְתַּב, אָכְתַּב, יָכְתְּבוּ
Inf.abs.:	הָכְתֵּב
Partizip:	מָכְתָּב, מָכְתָּבָה/מָכְתֶּבֶת

12.3.1.4 Praktische Hinweise. Weder das Präformativ *hi-/ha-* noch der lange Stammvokal ī sind in allen Formen anzutreffen (*hiktábtā, jaktīb,* aber *wajjaktēb*); bei der Bestimmung der Formen kann man sich also nicht darauf verlassen. Dennoch sind die Perf.-Formen wegen der geschlossenen Silbe hiI- unverkennbar; für die übrigen Formen ist die Kombination a in geschlossener erster Silbe und ī/ē in der zweiten Silbe das sichere Kennzeichen. Bei den Verba III lar. wird allerdings ē zu a (→ 10.4.5), z.B. וַיַּשְׁבַּע „und er ließ schwören".

12.3.2 Objektsuffixe am Verbum (I): Imperfekt/Imperativ

Das vom Verbum abhängige pronominale Objekt kann durch das Akkusativ-Zeichen אֵת mit Suffix bezeichnet werden:

	אֹתִי	mich	אֹתָנוּ	uns
	אֹתְךָ	dich (m.)	אֶתְכֶם	euch (m.)
(in pausa:	אֹתָךְ)			
	אֹתָךְ	dich (f.)	אֶתְכֶן	euch (f.)
	אֹתוֹ	ihn	אֹתָם (אֶתְהֶם)	sie (m.)
	אֹתָהּ	sie	אֶתְהֶן (אֹתָן)	sie (f.)

Diese Umschreibung wird fast immer beim Pronomen der 2. plur. angewendet (→ 12.4.4).

Gewöhnlich wird aber das Objektsuffix unmittelbar an das Verbum (in den aktiven Stammformen Qal, Pi. und Hi.) angehängt (→ 12.4.5), nicht jedoch im Falle eines reflexiven Pronomens, wo entweder reflexive Stammformen oder umschreibende Wendungen gebraucht werden (→ 12.3.3).

Bei konsonantischem Auslaut der Verbalform tritt zwischen den Endkonsonanten und das Suffix gewöhnlich ein sog. Bindevokal. Es sind somit drei Elemente zu berücksichtigen:

— die Verbalform, die bei der Anhängung von Suffixen eventuell Veränderungen erleiden kann,
— der Bindevokal (beim Perf. meistens *-ā-*, beim Impf./Imp. meistens *-ē-*),
— das Suffix (in der 1. sing. immer *-nī*), das unbetont auf den betonten Bindevokal oder Endungsvokal folgt; nur *-kā* (*-kæm*) nach Schwa mobile oder medium ist betont.

12.3.2.1 Suffixe am Imperfekt

Die einfachsten Verbalformen mit Suffix bietet das Impf. hi. mit vokalischen Endungen (2. sing. f. und 2./3. plur. m.), bei dem keine Veränderungen der Verbalform und keine Bindevokale auftreten:

Sing. 1.	יַכְתִּיבוּנִי	*jaktībūnī*	Plur. 1.	יַכְתִּיבוּנוּ	*jaktībūnū*
2.m.	יַכְתִּיבוּךָ	*jaktībūkā*	(2.m.	יַכְתִּיבוּכֶם	*jaktībūkæm*)
2.f.	יַכְתִּיבוּךְ	*jaktībūk*	(2.f.	יַכְתִּיבוּכֶן	*jaktībūkæn*)
3.m.	יַכְתִּיבוּהוּ	*jaktībūhū*	3.m.	יַכְתִּיבוּם	*jaktībūm*
3.f.	יַכְתִּיבוּהָ	*jaktībūhā*	(3.f.	יַכְתִּיבוּן	*jaktībūn*)

(→ 12.4.6)

Bei den e n d u n g s l o s e n Formen des I m p f. h i. (3. sing. m./f., 2. sing. m., 1. sing./plur.) treten Bindevokale auf (ē, vor Suffixen, die ein ā enthalten, zu ǣ umgelautet, vor *-kā* außer in pausa zu Schwa mobile reduziert), die Verbalform bleibt jedoch unverändert:

Sing. 1.	יַכְתִּיבֵנִי	*jaktībēnī*
2.m.	יַכְתִּיבְךָ	*jaktībᵉkā*
	יַכְתִּיבֶךָּ	*jaktībǣkā* (in pausa)
2.f.	יַכְתִּיבֵךְ	*jaktībēk*
3.m.	יַכְתִּיבֵהוּ	*jaktībēhū*
3.f.	יַכְתִּיבֶהָ	*jaktībǣhā*
oder:	יַכְתִּיבָהּ	*jaktībāh*
Plur. 1.	יַכְתִּיבֵנוּ	*jaktībēnū*
3.m.	יַכְתִּיבֵם	*jaktībēm*

(→ 12.4.7)

Sowohl Bindevokale als auch Veränderungen in der Vokalisation der Verbalformen begegnen bei den e n d u n g s l o s e n Formen des I m p f. Q a l (und Pi.), nur die Vokalveränderungen bei den Formen mit vokalischer Endung. Beim a-I m p e r f e k t wird das ursprüngliche a in offener Silbe zu ā gedehnt (Vorton-Qames): *jilbāšēnī* neben *jilbaš*, *jilbāšūnī* neben *jilbᵉšū*. Beim ō-I m p e r f e k t und beim ē-I m p e r f e k t (ebenso beim Impf. pi.) werden die langen Vokale reduziert (*jiktᵉbēnī* neben *jiktōb*, *jittᵉnēnī* neben *jittēn*), vor dem Suffix *-kā* jedoch zu å und æ verkürzt (*jiktåbkā* und *jittænkā* mit Schwa medium):

Sing. 1.	יִלְבָּשֵׁנִי	יִלְבָּשׁוּנִי	יִכְתְּבֵנִי	יִכְתְּבוּנִי	יִתְּנֵנִי
2.m.	יִלְבָּשְׁךָ	יִלְבָּשׁוּךָ	יִכְתָּבְךָ	יִכְתְּבוּךָ	יִתֶּנְךָ
2.m.(i.p.)	יִלְבָּשֶׁךָּ		יִכְתְּבֶךָּ		יִתְּנֶךָּ
2.f.	יִלְבָּשֵׁךְ	יִלְבָּשׁוּךְ	יִכְתְּבֵךְ	יִכְתְּבוּךְ	יִתְּנֵךְ
3.m.	יִלְבָּשֵׁהוּ	יִלְבָּשׁוּהוּ	יִכְתְּבֵהוּ	יִכְתְּבוּהוּ	יִתְּנֵהוּ
3.f.	יִלְבָּשֶׁהָ	יִלְבָּשׁוּהָ	יִכְתְּבֶהָ	יִכְתְּבוּהָ	יִתְּנֶהָ
3.f.	יִלְבָּשָׁהּ		יִכְתְּבָהּ		יִתְּנָהּ
Plur. 1.	יִלְבָּשֵׁנוּ	יִלְבָּשׁוּנוּ	יִכְתְּבֵנוּ	יִכְתְּבוּנוּ	יִתְּנֵנוּ
3.m.	יִלְבָּשֵׁם	יִלְבָּשׁוּם	יִכְתְּבֵם	יִכְתְּבוּם	יִתְּנֵם

Alle ü b r i g e n F o r m e n werden analog gebildet, z. B.

אֶכְתְּבֵם Qal Impf. 1. sing. mit Suffix der 3. plur. m.,

וַתִּלְבָּשִׁינוּ Qal Waw-Impf. 2. sing. f. mit Suffix der 1. plur.,

תִּתֶּנְךָ	Qal Impf.3.sing.f. mit Suffix der 2.sing.m., da die 2.sing.m. mit Suffix der 2.sing.m. reflexiv wäre.

12.3.2.2 Nun energicum. Anstelle des Bindevokals findet sich (wohl als Rest einer alten Modalform) bei den endungslosen Formen des Impf. (selten des Imp.) und vorwiegend in pausa das Element *-æn-* vor den Suffixen *-nī* (selten), *-kā*, *-hū* und *-hā*, wobei h an n und n an k assimiliert werden:

תִּשְׁמְרֶךָּ	*tišmᵉrǽkkā*	„sie wird dich bewahren“	(< *-æn-kā*),
יִשְׁמְרֶנּוּ	*jišmᵉrǽnnū*	„er wird ihn bewahren“	(< *-æn-hū*),
אֶשְׁמְרֶנָּה	*ʾæšmᵉrǽnnā*	„ich werde sie bewahren“	(< *-æn-hā*).

Ein Bedeutungsunterschied ist zwischen Formen mit Nun energicum und gewöhnlichen Suffixformen nicht (mehr) erkennbar (→ 12.4.8).

12.3.2.3 Suffixe am Imperativ. Die Bindevokale und die Suffixe entsprechen denjenigen des Imperfekts, nur daß die Suffixe der 2. Person wegen des Ausschlusses der reflexiven Bedeutung nicht verwendet werden können. Bei den Verbalformen treten folgende Vokalveränderungen ein:

— Qal mit ō-Impf./Imp.: Statt des Imp.sing.m. כְּתֹב dient *kåtb-* (< *kútub*) mit Schwa medium als Basis: כָּתְבֵנִי usw. (die Formen mit vokalischer Endung bleiben unverändert: Imp.plur.m. כִּתְבוּנִי usw.; → 12.4.9);

— Qal mit a-Impf./Imp.: Das ursprüngliche a wird überall (wie beim Impf.) zu ā gedehnt: לְבָשֵׁנִי neben לְבַשׁ, auch plur. לְבָשׁוּנִי neben לִבְשׁוּ;

— Hi.: Statt הַכְתֵּב dient vor Suffixen (wie vor vokalischen Endungen) immer *haktīb-* als Ausgangspunkt: הַכְתִּיבֵנִי usw.

12.3.3 Ausdruck des Reflexiv-Verhältnisses

Das Suffix der 3. Person am Nomen oder an einer Präposition wird auch in reflexivem Sinne verwendet: Ri 3,16 וַיַּעַשׂ לוֹ אֵהוּד חֶרֶב „nun machte sich Ehud ein Schwert“. Am Verbum dagegen wird das pronominale Objektsuffix nicht reflexiv gebraucht (auch nur selten das Akkusativ-Zeichen mit Suffix, z.B. Jer 7,19 ... הַאֹתִי ... הֲלוֹא אֹתָם ... „etwa mich ..., nicht vielmehr sich selbst ...“), da zum Ausdruck des Reflexiv-Verhältnisses die Stammformen Nifʿal und Hitpaʿel (→ 14.3.2) zur Verfügung stehen.

Nicht selten werden umschreibende Wendungen mit נֶפֶשׁ in der Bedeutung „Person“ oder mit לֵב „Herz“ verwendet, z.B. Spr 19,16 שֹׁמֵר מִצְוָה שֹׁמֵר נַפְשׁוֹ „wer das Gebot bewahrt, bewahrt sich selbst“; Gen 8,21 וַיֹּאמֶר יְהוָה אֶל־לִבּוֹ „und Jahwe sprach bei sich selbst“.

Für die Begriffe „Selbst“ und „eben derselbe“ verwendet das Hebräische auch Umschreibungen mit עֶצֶם „Knochen / Gebein / Wesen“, z.B. Gen 7,13 בְּעֶצֶם הַיּוֹם הַזֶּה „an eben diesem Tage“.

Ein reziprokes Verhältnis („einander“ o.ä.) wird durch Wendungen mit אִישׁ und אָח bzw. רֵעַ umschrieben, vgl. 8.2.5 und 9.2.2.

12.3.4 Flexion der Nomina (IV): qatl-Segolata

Aus der zahlreichen Klasse der Segolata (→ 9.3.6) besprechen wir zunächst die Nomina des Typus *qatl-* mit ursprünglichem a nach dem ersten Radikal. Bisher gelernte Nomina dieser Gruppe sind:

מֶלֶךְ „König“, כֶּסֶף „Silber“, זֶרַע „Same“, בַּעַל „Besitzer“, נַעַר „Knabe / Knecht“, und die Fem.: אֶרֶץ „Erde / Land“, חֶרֶב „Schwert“ und רֶגֶל „Fuß“.

Zusammen mit den 13 Vokabeln aus 12.2. ergeben sich 21 Substantive dieses Typus mit über 100 Vorkommen, die zusammen etwa $^1/_{10}$ des Gesamtbestandes der Substantive im AT bilden. (→ 12.4.10)

Für die Entstehung der segolierten Formen ist auf 3.3.2.3 zu verweisen. Normalform und Paradigma ist (**malk-* >) מֶלֶךְ; ist der 3. Radikal eine Laryngalis, so ist der Hilfsvokal a: (**zarʿ-* >) זֶרַע; ist der 2. Radikal eine Laryngalis, so bleibt das kurze a als Stammvokal vor a als Hilfsvokal: (**naʿr-* >) נַעַר, ferner נַחַל, פַּעַם, שַׁעַר (Ausnahme: לֶחֶם).

Hauptregeln:

— Im Singular sind st.abs. und st.cs. gleich; die Suffixe treten an die Grundform: מַלְכִּי, מַלְכְּךָ, מַלְכֶּךָ, מַלְכֵּךְ, מַלְכּוֹ, מַלְכָּהּ, מַלְכֵּנוּ, מַלְכְּכֶם, מַלְכָּם.

— Der Plural wird zweisilbig (von einer Grundform *qatal-*) gebildet, wobei zwei verschiedene Tonlagen entstehen:

— abs. und leichte Suffixe haben Schwa mobile und Vorton-Qames: מְלָכִים, מְלָכַי, מְלָכֶיךָ, מְלָכָיו usw.

— cs. und schwere Suffixe (sowie Suffixe an *-ōt*) haben das ursprüngliche a und Schwa medium: מַלְכֵי, מַלְכֵיכֶם, מַלְכֵיהֶם.

— Im Dual treten die Endungen an die Grundform: רַגְלַיִם, רַגְלֵי, רַגְלַי, רַגְלָיו, רַגְלֶיךָ usw.

Einzelheiten:

— In der Pausa ist der Stammvokal meistens zu ā gedehnt: נָ֑פֶשׁ neben נֶפֶשׁ, דָּ֑רֶךְ neben דֶּרֶךְ, אָ֑רֶץ neben אֶרֶץ, בֶּחָ֑רֶב neben בַּחֶרֶב.

— Plurale auf *-ōt* haben die Feminina אֶרֶץ, חֶרֶב, נֶפֶשׁ: abs. אֲרָצוֹת, חֲרָבוֹת, נְפָשׁוֹת, cs. אַרְצוֹת, חַרְבוֹת, נַפְשׁוֹת.

12.4 Anmerkungen

12.4.1 Eigentlich Håf'al; die eingebürgerte Schreibung wird aber hier beibehalten.

12.4.2 Auch hier wird manchmal das ה nach לְ elidiert: לַכְּתִיב.

12.4.3 Bezeichnet man die von einem Agens auf ein Ziel gerichtete Handlung mit einem Pfeil (→) und Subjekt und Objekt mit S und O, so kann man die grammatischen Kategorien der hebr. Stammformen folgendermaßen schematisch veranschaulichen:

S → O	transitives Qal
S —	intransitives Qal
S → S	reflexiv (Hitp.)
→ S	(agensloses) Ni.
S → O → O_2	kausatives Hi. zu transitivem Qal
S → O —	kausatives Hi. zu intransitivem Qal
S → S —	innerlich-kausatives Hi.
→ S —	passiv-kausatives Ho.

Beim kausativen Hi. ist das Objekt des Veranlassens zugleich Agens einer Handlung bzw. Träger eines Vorgangs. Die Kolumnen bezeichnen von links nach rechts das Agens des Veranlassens, das Agens der Handlung (bzw. den Träger des Vorgangs) und das Ziel der Handlung.

12.4.4 Ebenso wenn noch ein nominales Objekt folgt, z.B. 2Sam 14,16: לְהַשְׁמִיד אֹתִי וְאֶת־בְּנִי „mich samt meinem Sohne zu vertilgen".

12.4.5 Die fem. Endung des Plur. auf *-nā* wird vor Suffix durch die masc. Endung *-ū* ersetzt; doch tritt hier für das Verbalsuffix meistens das Akkusativ-Zeichen mit Suffix ein.

12.4.6 Die eingeklammerten Formen kommen praktisch nicht vor und werden im Folgenden nicht berücksichtigt.

12.4.7 Das Suffix der 3. sing.f. *-āh*, das manchmal statt *-ǣhā* verwendet wird, ist vom Perfekt her ins Imperfekt übernommen worden.

12.4.8 Beim negierten Jussiv und beim Waw-Imperfekt scheint das Nun energicum sich kaum eingebürgert zu haben.

12.4.9 Der fem. Plural wird immer durch die masc. Formen ersetzt.

12.4.10 Nicht hierher gehören die Nomina mit i als Stammvokal wie זֶבַח, בֶּטַח, בֶּגֶד, צֶדֶק, פֶּשַׁע, פֶּתַח, קֶרֶב (→ 13.3.4).

12.5 Übungen

12.5.1: הִשְׁבִּיעַ הִשְׁתַּחֶם הָשְׁבַּרְתִּי הַשְׁמֵד וָאַכְרִית מַבְדִּילִים הַסְתִּירוּ יַכְרֵת וַתַּשְׁלְכִי הִקְרַבְתָּ
יקריבו הקריבו

12.5.2: תַּשְׁלִיכֵהוּ תַּשְׁלִיכֵנִי וָאַשְׁלִיכֵם נַשְׁלִיכֵהוּ תַּכְרִיתֵךְ נַכְרִיתֶנָּה וַיִּמְכְּרֵם יַשְׁמָעֵנִי יַשְׁמָעֶךָ
תִּדְרְשֶׁהוּ נִמְכְּרֶנּוּ נִשְׁמָעֶנָּה יִשְׁמָרְךָ שְׁמָרֵנִי דִּרְשׁוּנִי תִּמְכְּרֶנָּה כְּתָבָהּ תִּשְׁמְרֵנִי שְׁמָרֵם
תִּשְׁמָעוּהָ וישמרנו אדרשנו כתבם

12.5.3: bringe ihn herzu!, sende mich!, nimm sie ein!, er soll ihn herzubringen, ich werde dich senden, und sie nahmen sie (sg.f.) ein, und er nahm sie ein, er wird sie einnehmen (mit Nun energicum).

12.5.4: חַסְדִּי חַסְדֵי דַרְכְּךָ מַלְכֵּנוּ אֲרָצוֹת בְּאַרְצֹתָם נַפְשֶׁךָ נְפָשׁוֹת דְּרָכֵינוּ נַעֲרֵי עַבְדֵי
לַעֲבָדֶיךָ חֲרָבוֹת פעמים אבני מלכך

12.5.5:

1. וָאַבְדִּל אֶתְכֶם מִן־הָעַמִּים לִהְיוֹת לִי׃ 2. וְאָנֹכִי הַסְתֵּר אַסְתִּיר פָּנַי
בַּיּוֹם הַהוּא עַל כָּל־הָרָעָה אֲשֶׁר עָשָׂה 3. אֲבוֹתֵינוּ בְמִצְרַיִם לֹא־הִשְׂכִּילוּ
נִפְלְאוֹתֶיךָ לֹא זָכְרוּ אֶת־רֹב חֲסָדֶיךָ 4. וַיְהִי דָוִד לְכָל־דְּרָכָו[a] מַשְׂכִּיל
וַיהוָה עִמּוֹ׃ 5. וְאָנֹכִי דִּבַּרְתִּי אֲלֵיכֶם הַשְׁכֵּם וְדַבֵּר וְלֹא שְׁמַעְתֶּם אֵלָי׃
6. עָלֶיךָ הָשְׁלַכְתִּי מֵרָחֶם[b] מִבֶּטֶן[c] אִמִּי אֵלִי אָתָּה׃ 7. הַרְחֵק מֵעָלֶיהָ דַרְכֶּךָ
וְאַל־תִּקְרַב אֶל־פֶּתַח בֵּיתָהּ׃ 8. טוֹב־לִי תוֹרַת־פִּיךָ מֵאַלְפֵי זָהָב וָכָסֶף׃
9. וַיִּתֵּן הַמֶּלֶךְ אֶת־הַכֶּסֶף בִּירוּשָׁלַםִ כָּאֲבָנִים 10. זֹאת הַפַּעַם עֶצֶם מֵעֲצָמַי
וּבָשָׂר מִבְּשָׂרִי 11. כָּל־הַנְּחָלִים הֹלְכִים אֶל־הַיָּם וְהַיָּם אֵינֶנּוּ מָלֵא 12. שָׂמַחְתִּי
בְּאֹמְרִים לִי בֵּית יְהוָה נֵלֵךְ׃ עֹמְדוֹת[d] הָיוּ[e] רַגְלֵינוּ בִּשְׁעָרַיִךְ יְרוּשָׁלָםִ׃ 13. מָה־
אֱנוֹשׁ כִּי־תִזְכְּרֶנּוּ וּבֶן־אָדָם כִּי תִפְקְדֶנּוּ׃ 14. יְהוָה זָכְרֵנִי וּפָקְדֵנִי 15. וַיֹּאמֶר
לוֹ שְׁמָעוּנִי אָסָא וְכָל־יְהוּדָה וּבִנְיָמִן יְהוָה עִמָּכֶם בִּהְיוֹתְכֶם עִמּוֹ וְאִם־
תִּדְרְשֻׁהוּ יִמָּצֵא לָכֶם 16. וַיִּשְׁכַּב יְהוֹאָחָז עִם־אֲבֹתָיו וַיִּקְבְּרֻהוּ בְּשֹׁמְרוֹן[f]
וַיִּמְלֹךְ יוֹאָשׁ בְּנוֹ תַּחְתָּיו׃ 17. וַיֹּאמֶר אֵלִיָּהוּ לָהֶם תִּפְשׂוּ אֶת־נְבִיאֵי
הַבַּעַל[g] אִישׁ אַל־יִמָּלֵט מֵהֶם וַיִּתְפְּשׂוּם 18. וַיִּלָּחֶם בְּאַשְׁדּוֹד[h] וַיִּלְכְּדֶהָ׃
19. וַיַּדְרִיכֵם בְּדֶרֶךְ יְשָׁרָה 20. אֲנִי יְהוָה אֱלֹהֵי אַבְרָהָם אָבִיךָ וֵאלֹהֵי
יִצְחָק הָאָרֶץ אֲשֶׁר אַתָּה שֹׁכֵב עָלֶיהָ לְךָ אֶתְּנֶנָּה וּלְזַרְעֶךָ׃ 21. וַיִּקְרַע
יְהוָה אֶת־הַמַּמְלָכָה מִיָּדֶךָ[i] וַיִּתְּנָהּ לְרֵעֲךָ לְדָוִד׃ 22. וַיִּקַּח אָסָא[j] אֶת־
כָּל־הַכֶּסֶף וְהַזָּהָב ... וַיִּתְּנֵם בְּיַד־עֲבָדָיו וַיִּשְׁלָחֵם הַמֶּלֶךְ אָסָא אֶל־בֶּן־
הֲדַד[k] ... 23. אָמַר נָבָל בְּלִבּוֹ אֵין אֱלֹהִים 24. לָמָּה אַתֶּם עֹשִׂים[l] רָעָה

12.

גְּדוֹלָה אֶל־נַפְשֹׁתֵכֶם לְהַכְרִית לָכֶם אִישׁ־וְאִשָּׁה ··· 25. וַיֹּאמֶר הַמֶּלֶךְ
וַיַּעֲשׂוּ אֲרוֹן אֶחָד וַיִּתְּנֻהוּ בְּשַׁעַר בֵּית־יְהוָה חוּצָה׃ 26. וַיַּתִּיכוּ[m] אֶת־
הַכֶּסֶף הַנִּמְצָא בְבֵית־יְהוָה וַיִּתְּנוּהוּ עַל־יַד הַמֻּפְקָדִים 27. וַיִּשְׁלְחוּ כָל־
הַשָּׂרִים אֶל־בָּרוּךְ אֶת־יְהוּדִי בֶּן־נְתַנְיָהוּ ··· לֵאמֹר הַמְּגִלָּה[n] אֲשֶׁר קָרָאתָ
בָּהּ בְּאָזְנֵי[o] הָעָם קָחֶנָּה בְיָדְךָ וָלֵךְ וַיִּקַּח בָּרוּךְ בֶּן־נֵרִיָּהוּ אֶת־הַמְּגִלָּה בְּיָדוֹ
וַיָּבֹא אֲלֵיהֶם׃ 28. בְּכֹל אֲשֶׁר יִשְׁלָחֶנּוּ שָׁאוּל יַשְׂכִּיל 29. וָאֶשְׁמַע אֶת־קוֹל
אֲדֹנָי אֹמֵר אֶת־מִי אֶשְׁלַח וּמִי יֵלֶךְ־לָנוּ וָאֹמַר הִנְנִי שְׁלָחֵנִי׃ 30. וַיֹּאמֶר
יְהוָה אֵלַי אַל־תֹּאמַר נַעַר אָנֹכִי כִּי עַל[p]־כָּל־אֲשֶׁר אֶשְׁלָחֲךָ תֵּלֵךְ

12.5.6:

1. Und Jahwe redete zu Manasse (*M*ᵉ*naššæ*) und zu seinem Volk, aber sie merkten nicht auf.
2. Verbirg dein Antlitz nicht vor deinem Knechte!
3. Und David sprach zu Abisai (*ʾ*ᵃ*bīšaj*): Vernichte ihn nicht!
4. Und Abimelech machte sich früh auf am Morgen und rief alle seine Knechte.
5. Denn deine Gnade ist besser als (das) Leben.
6. Und der Pharao verstockte (ließ schwer sein) sein Herz auch diesmal (ב).
7. Da gedachte Jahwe ihrer (f.sg.).
8. Dem Fremdling, der innerhalb deiner Tore ist, magst du es geben (f.sg. mit Nun energicum).
9. Und sie sandte ihre Magd und sie holte (nahm) es (f.sg.).
10. Und wir wollen ein (so) großes Unglück über uns selber bringen (Part. עֹשִׂים).

12.5.7:

1. הקשיבו לקול שׁוֹפָר[q] ויאמרו לא נקשיב 2. וישכימו בבקר וישבעו
איש לאחיו 3. ויאמר השליכהו ארצה וישליכהו ארצה ויהי לנחש[r]
4. וכרתי להם ברית שלום והשבתי חיה רעה מן הארץ 5. כי טוב
יהוה לעולם חסדו 6. טוב שם משמן טוב 7. ויהי ערב ויהי בקר
יום אחד 8. ויקח עשו את נשיו ואת בניו ואת בנתיו ואת כל נפשות
ביתו ··· וילך אל ארץ (שֵׂעִיר)[s] 9. אם תדרשנו ימצא לך 10. ויאמר
יהוה אליו זאת הארץ אשר נשבעתי לאברהם ליצחק וליעקב לאמר
לזרעך אתננה

[a] Qere: דְּרָכָיו
[b] Mutterleib
[c] Leib
[d] עמד stehen
[e] sie sind
[f] Samaria
[g] (Gott) Baal
[h] Asdod
[i] Pausa
[j] Asa
[k] Benhadad
[l] Part.pl.m. von עשׂה
[m] und sie schütteten hin
[n] Buchrolle
[o] vor den Ohren
[p] עַל = אֶל
[q] Horn
[r] נָחָשׁ Schlange
[s] Seir (ergänzt nach der syrischen Übersetzung)

LEKTION 13

13.1 Vorübung. Faktitive Verben bezeichnen das Bewirken eines Zustandes. Suche die faktitive Ableitung zu folgenden dt. Adjektiven: voll, teuer, hoch, fest, sanft. Von welchen Adjektiven sind folgende Faktitiva abgeleitet (denominiert): lösen, läutern, erfreuen, ändern, erquicken.

13.2 Vokabular

13.2.1 Verben mit Pi'el:

בקשׁ	pi.	suchen
הַמְבַקְשִׁים אֶת־נַפְשֶׁךָ		die dir nach dem Leben trachten
כפר	pi.	Sühne schaffen
וְכִפֶּר עָלָיו		und er soll für ihn Sühne schaffen
שׁלם	pi.	ersetzen / vergelten
נְדָרַי אֲשַׁלֵּם		meine Gelübde will ich erfüllen
ספר	pi.	erzählen
ספר	q.	zählen
זמר	pi. ×	singen / spielen / preisen
מִזְמוֹר		Psalm
למד	pi.	lehren
למד	q.	lernen
כבס	pi.	waschen
וְכִבֶּס בְּגָדָיו		und er soll seine Kleider waschen
פלט	pi. ×	retten (fast nur in Psalmen begegnend)
מלט	pi.	retten

גדל	pi.	groß machen / groß ziehen
גדל	q.	groß werden / wachsen / groß sein
כזב	pi. ×	lügen
כָּזָב	×	Lüge

13.2.2 qitl-Segolata:

קֶרֶב		Inneres / Eingeweide / Mitte
בְּקֶרֶב		inmitten / mitten unter
שֶׁמֶשׁ		Sonne
בָּא הַשֶּׁמֶשׁ		die Sonne ist untergegangen
רֶכֶב		(Streit-)Wagen (kollektiv)
מֶרְכָּבָה	×	(Streit-)Wagen (einzelner)
שֶׁקֶר		Täuschung / Lüge / Trug
עֵד שֶׁקֶר		Lügenzeuge
כֶּבֶשׂ		junger Widder / Lamm
כִּבְשָׂה	×	junges Schaf
שֵׁבֶט		Stab / Stamm
מִכֹּל שִׁבְטֵי יִשְׂרָאֵל		aus allen Stämmen Israels

13.2.3 qutl-Segolata:

קֹדֶשׁ		Heiliges / Heiligtum / Heiligkeit
קֹדֶשׁ הַקֳּדָשִׁים		das Allerheiligste
אֹהֶל		Zelt
אִישׁ לְאֹהָלָיו		. . . ein jeder zu seinen Zelten
אֹזֶן (f.)		Ohr
וַיְדַבֵּר בְּאָזְנֵי הָעָם		und er sprach zum Volk
חֹדֶשׁ		Neumond / Monat
בַּחֹדֶשׁ הָרִאשׁוֹן		im ersten Monat
נְחֹשֶׁת		Kupfer / Bronze
נְחֹשֶׁת וּבַרְזֶל		Erz und Eisen
אֹרֶךְ		Länge
אֹרֶךְ יָמִים		langes Leben
רֹחַב		Breite
אָרְכּוֹ וְרָחְבּוֹ		seine Länge und seine Breite
שֹׁרֶשׁ	×	Wurzel (→ 13.3.4)

13.2.4 Weitere Vokabeln:

	רָשָׁע	Frevler / Gottloser / schuldig
	הַצַּדִּיקִים ... הָֽרְשָׁעִים ...	die Gerechten ... die Frevler ...
	מִשְׁפָּט	Gericht / Rechtssache / Recht
	חֻקָּיו וּמִשְׁפָּטָיו וּמִצְוֹתָיו	seine Satzungen, Rechte und Gebote
(pl.cs. יַלְדֵי)	יֶלֶד	Kind / Knabe
	אֲנָשִׁים וְנָשִׁים וִילָדִים	Männer, Frauen und Kinder
(f.) (pl. שָׁנִים)	שָׁנָה	Jahr
	בֶּן־שָׁנָה	einjährig
(f.)	חוֹמָה	(Stadt-)Mauer
	עִיר חוֹמָה	ummauerte Stadt
	עוֹד	noch / nochmals / wieder
	לֹא עוֹד	nicht mehr
(→ 13.2.1–3):	מִזְמוֹר	Psalm
	עֵד	Zeuge
	בַּרְזֶל	Eisen

13.3.1 Der Doppelungsstamm (I): Pi'el

Die verbleibenden drei der sieben regulären Stammformen bilden den aktiven, den passiven und den reflexiven Doppelungsstamm (so benannt nach der Verdoppelung des mittleren Radikals; → 13.4.1), nämlich das Pi'el (abgekürzt: Pi./pi.), das Pu'al (Pu./pu.) und das Hitpa'el (Hitp./hitp.).

Das Pi. kommt bei ca. 415 Verbalwurzeln (etwas über ¼) vor und ist mit ca. 9% aller Verbalformen die zweithäufigste der abgeleiteten Stammformen im AT. Pu. und Hitp. (→ 14.3.1) sind bei ca. 190 bzw. 175 Verben mit ca. 460 und 830 Vorkommen relativ selten.

Von den bisherigen Verben bilden nicht ganz die Hälfte ein Pi., in nennenswertem Umfang (über 25mal) nur folgende zehn Verben: דבר pi. „reden“ (mit gegen 1100 Belegen weitaus das häufigste Pi.-Verbum), שלח pi. „aussenden / entlassen“, מלא pi. „füllen“, קבץ pi. „versammeln“, שחת pi. verderben“, כבד pi. „ehren“, שבר pi. „zerbrechen“, מלט pi. „retten“, שמח pi. „erfreuen“, הלך pi. „umhergehen“.

13.3.1.1 Formen

Alle Formen sind normalerweise durch verdoppelten mittleren Konsonanten gekennzeichnet (→ 13.4.2). Die dadurch entstandene geschärfte (→ 3.3.2.2) erste Silbe hat im Perf. -i-, in allen übrigen Formen -a- (wie im Hi., vgl. Perf. כִּתֵּב/הִכְתִּיב mit Inf.cs. כַּתֵּב/הַכְתִּיב). Der Vokal des Präformativs (in offener Silbe) wird zu Schwa mobile reduziert (nach Aleph zu Chateph-Patach): Impf. יְכַתֵּב, אֲכַתֵּב, Part. מְכַתֵּב.

13.

Im Waw-Impf. und beim Part. mit Artikel wird die Verdoppelung des Jod und des Mem vor Schwa aufgehoben: וַיְדַבֵּר, וַיְדַבְּרוּ, הַמְדַבֵּר (vgl. noch הַמְבַקְשִׁים).

Der Vokal der zweiten Stammsilbe lautet im Perf. meistens -a-, in den übrigen Formen meistens -ē- (vor vokalischen Endungen in offener Silbe reduziert, vor dem Suffix *-kā* zu æ verkürzt). Die 3.sing.m. des Perfekts (die Nennform!) hat

— ē in den meisten Fällen (sowie gewöhnlich in pausa),
— æ bei den drei Verben דִּבֶּר „reden", כִּפֶּר „Sühne schaffen" und כִּבֶּס „waschen",
— a bei einer Reihe von Verben ohne besondere Kennzeichen (z.B. גִּדַּל „groß machen", לִמַּד „lehren", קִדַּשׁ „heiligen"; auch בֵּרַךְ „segnen", → 16.2.1) sowie bei den Verba tertiae laryngalis (z.B. שִׁלַּח „entlassen") und tertiae Resch (z.B. שִׁבַּר „zerbrechen").

Perfekt					
Sing. 3.m.	כִּתֵּב	*kittēb*	Plur. 3.m.	כִּתְּבוּ	*kitt^{e}bū*
3.f.	כִּתְּבָה	*kitt^{e}bā*	3.f.		
2.m.	כִּתַּבְתָּ	*kittábtā*	2.m.	כִּתַּבְתֶּם	*kittabtǽm*
2.f.	כִּתַּבְתְּ	*kittabt*	2.f.	כִּתַּבְתֶּן	*kittabtǽn*
1.	כִּתַּבְתִּי	*kittábtī*	1.	כִּתַּבְנוּ	*kittábnū*
Imperfekt					
Sing. 3.m.	יְכַתֵּב	*j^{e}kattēb*	Plur. 3.m.	יְכַתְּבוּ	*j^{e}katt^{e}bū*
3.f.	תְּכַתֵּב	*t^{e}kattēb*	3.f.	תְּכַתֵּבְנָה	*t^{e}kattḗbnā*
2.m.	תְּכַתֵּב	*t^{e}kattēb*	2.m.	תְּכַתְּבוּ	*t^{e}katt^{e}bū*
2.f.	תְּכַתְּבִי	*t^{e}katt^{e}bī*	2.f.	תְּכַתֵּבְנָה	*t^{e}kattḗbnā*
1.	אֲכַתֵּב	*ʾ^{a}kattēb*	1.	נְכַתֵּב	*n^{e}kattēb*
Kohortativ	אֲכַתְּבָה	*ʾ^{a}katt^{e}bā*		נְכַתְּבָה	*n^{e}katt^{e}bā*
Imperativ					
Sing. m.	כַּתֵּב	*kattēb*	Plur. m.	כַּתְּבוּ	*katt^{e}bū*
f.	כַּתְּבִי	*katt^{e}bī*	f.	כַּתֵּבְנָה	*kattḗbnā*
Adhortativ	כַּתְּבָה	*katt^{e}bā*			
Infinitiv	כַּתֵּב	*kattēb*			
Inf.abs.	כַּתֵּב	*kattēb*	(selten:	כַּתֹּב	*kattōb*)
Partizip					
Sing. m.	מְכַתֵּב	*m^{e}kattēb*	Plur. m.	מְכַתְּבִים	*m^{e}katt^{e}bīm*
f.	(מְכַתֵּבָה	*m^{e}kattēbā*)	f.	מְכַתְּבוֹת	*m^{e}katt^{e}bōt*
meistens:	מְכַתֶּבֶת	*m^{e}kattǽbæt*			

13.3.1.2 Bedeutung des Pi'el

Das Pi. hat gegenüber dem Grundstamm faktitive und resultative Bedeutung, d.h. das Subjekt bewirkt am Objekt den von dem entsprechenden Adjektiv oder vom passiven Partizip des Grundstamms ausgesagten Zustand: גדל q. „groß sein“, pi. „groß machen“; שׁבר q. „zerbrechen“, pi. „zerbrochen machen“. In manchen Fällen ist die faktitive oder resultative Bedeutung nicht mehr durchsichtig, vor allem wenn das Qal ungebräuchlich ist (z.B. צוה pi. „befehlen“). Öfter wird der adjektivisch ausgedrückte Zustand nicht objektiv bewirkt, sondern nur subjektiv als vorhanden erklärt; solche deklarativ-ästimative Bedeutungen können auch neben der gewöhnlichen faktitiven Bedeutung vorkommen (z.B. גדל pi. „groß machen“ neben deklarativem „(als groß erklären =) preisen“ oder ästimativem „für groß halten“ (→ 13.4.3).

13.3.2 Objektsuffixe am Verbum (II): Perfekt

Bei den Suffixen am Perfekt ist vor allem zu achten auf die Veränderungen der Verbalformen, bedingt durch die Tonverschiebung und durch das Zusammenstoßen von Personalendungen und Objektsuffixen. Die Aufteilung der Formen in Gruppen entsprechend ihren Endungen gestattet ein Fortschreiten von den leichteren zu den schwierigeren Bildungen.

13.3.2.1 Suffixe an Pluralformen

An die betonten Endungen *-ū* (3.plur.) und *-nū* (1.plur.) treten die Suffixe unmittelbar an (→ 13.4.4).

Im Hi. und Pi. tritt keine Vokalveränderung ein (z.B. הִכְבִּידוּנִי, הִכְבַּדְנוּךָ, כִּבְּדוּהוּ, כִּבַּדְנוּהָ). Im Qal dagegen wird der erste Vokal immer zu Schwa mobile; der zweite Vokal wird in offener Silbe gedehnt (Vorton-Qames; → 13.4.5). Das Waw-Perfekt bekommt somit immer die Form *ūkᵉtāb-* (vor Vokal) oder *ūkᵉtab-* (vor Konsonant).

	3.plur.	1.plur.
Sing. 1.	כְּתָבוּנִי	----
2.m.	כְּתָבוּךָ	כְּתַבְנוּךָ
2.f.	כְּתָבוּךְ	כְּתַבְנוּךְ
3.m.	כְּתָבוּהוּ	כְּתַבְנוּהוּ
3.f.	כְּתָבוּהָ	כְּתַבְנוּהָ
Plur. 1.	כְּתָבוּנוּ	----
3.m.	כְּתָבוּם	כְּתַבְנוּם

13.3.2.2 Suffixe an masc. Singularformen

Die Vokalisation ist die gleiche wie oben.

An die betonte Endung *-tī* (1.sing.) treten die Suffixe unmittelbar an, nur wird hier *-tī* + *hū* zu *-tīw* (כְּתַבְתִּיו).

Die Endung *-tā* (2.sing.m.) verbindet sich normal mit den Pluralsuffixen *-nū* und *-m*, hat aber die Formen *-tánī* (mit kurzem a!), *-tō* (< *-táhū*) und *-tāh* (< *-táhā*).

Die 3.sing.m. zeigt einen Bindevokal (*-á-* vor *-nī*, *-ē-* vor *-k*, *-ᵉ-* vor *-kā́*, *-ǽ* vor *-kā* in pausa, sonst *-ā-*) und Kontraktionen wie bei der 2.sing.m. (*-ō* aus *-áhū*, → 13.4.6; *-āh* aus *-áhā*).

	1.sing.	2.sing.m.	3.sing.m.
Sing. 1.	----	כְּתַבְתַּנִי	כְּתָבַנִי
2.m.	כְּתַבְתִּיךָ	----	כְּתָבְךָ / כְּתָבֶךָּ
2.f.	כְּתַבְתִּיךְ	----	כְּתָבֵךְ
3.m.	כְּתַבְתִּיו	כְּתַבְתּוֹ	כְּתָבוֹ
3.f.	כְּתַבְתִּיהָ	כְּתַבְתָּהּ	כְּתָבָהּ
Plur. 1.	----	כְּתַבְתָּנוּ	כְּתָבָנוּ
3.m.	כְּתַבְתִּים	כְּתַבְתָּם	כְּתָבָם

13.3.2.3 Suffixe an fem. Singularformen

An Stelle der Endungen *-t* (2.sing.f.) und *-ā* (3.sing.f.) treten die älteren Endungen *-tī* und *-at*, die sich hier unter dem Schutze des Suffixes noch erhalten haben. Die Suffixe werden unmittelbar angehängt, bei *-at* jedoch teilweise mit Assimilation des h an das t (*-áthū* oder *-áttū*, und immer *-áttā* < *-athā*) und bei den einkonsonantigen Suffixen *-k*, *-m* mit Segolierung (Dehnung des a und Einschub eines Hilfsvokals æ oder a):

	2.sing.f.	3.sing.f.	
Sing. 1.	כְּתַבְתִּינִי	כְּתָבַתְנִי	
2.m.	----	כְּתָבַתְךָ	
2.f.	----	כְּתָבָתֶךְ	(*-ātæk*)
3.m.	כְּתַבְתִּיהוּ	כְּתָבַתְהוּ / כְּתָבַתּוּ	
3.f.		כְּתָבַתָּה	
Plur. 1.		כְּתָבַתְנוּ	
3.m.	כְּתַבְתִּים	כְּתָבָתַם	(*-ātam*)

13.3.2.4 Praktische Hinweise. Manche der aufgeführten Formen sind sehr selten (Formen der 2.sing.f. mit Suffixen der 3.sing.f. und 1.plur. sind gar nicht belegt). Wichtig ist vor allem das Erkennen der 3.sing.m. mit Suffixen (deren Formen manchmal wie Nomina mit Suffixen aussehen) und der kontrahierten Suffixe auf *-ō*, *-tō* und *tīw*.

Seltene Verwechslungsmöglichkeiten sind z.B. Imp.plur.m. und Perf.3.plur. mit Suffixen, vgl. **בְּחָנוּנִי** (Ps 95,9 „sie prüften mich", Mal 3,10 „prüfet mich"), sowie Perf. 2.sing.f. und 1.sing. mit Suffix der 3.sing.m. auf *-tīhū* (so manchmal auch in der 1.sing. neben *-tīw*; die Formen *-tīnī* und *-tīkā* sind wegen des Ausschlusses der reflexiven Beziehung immer eindeutig).

13.3.3 Doppelter Akkusativ

Doppelten Akkusativ haben die kausativen Stämme transitiver Verben, z.B. Dtn 4,36 מִן־הַשָּׁמַיִם הִשְׁמִיעֲךָ אֶת־קֹלוֹ „vom Himmel her hat er dich seine Stimme hören lassen". Ferner die Verben

— des Füllens, Leerens, Ankleidens, Entkleidens, z.B. Ps 8,6 וַתְּחַסְּרֵהוּ מְּעַט מֵאֱלֹהִים וְכָבוֹד וְהָדָר תְּעַטְּרֵהוּ׃ „du machtest ihn wenig geringer als göttliche Wesen (חסר pi. מִן „entbehren lassen im Vergleich"), mit Ehre und Hoheit kröntest du ihn";

— des Beschenkens, Begnadigens, Vergeltens, z.B. 1Sam 24,20 וַיהוָה יְשַׁלֶּמְךָ טוֹבָה „Jahwe vergelte dir mit Gutem";

— des Fragens, Antwortens, Meldens, Lehrens, Befehlens usw., z.B. Ri 3,2 לְלַמְּדָם מִלְחָמָה „um sie den Krieg zu lehren";

— die Verben „zu etwas machen", „für etwas halten" und ähnliche, z.B. Jes 3,4 וְנָתַתִּי נְעָרִים שָׂרֵיהֶם „und ich will ihnen Knaben zu Fürsten machen".

Bei Umsetzung ins Passiv wird der erste Akkusativ zum Nominativ, der zweite bleibt (→ 11.4.13); vgl. z.B. Gen 27,42 וַיֻּגַּד לְרִבְקָה אֶת־דִּבְרֵי עֵשָׂו (נגד ho. „gemeldet werden") „und man meldete Rebekka die Worte Esaus".

13.3.4 Flexion der Nomina (V): qitl- und qutl-Segolata

Segolata mit i nach dem ersten Radikal erhalten im Sing.abs./cs. entweder normal ē oder nach Analogie der *qatl*-Formen ǣ (einige wie נֶדֶר/נֵדֶר „Gelübde" schwanken in der Vokalisation). Segolata mit ursprünglichem u dehnen diesen Vokal im Sing.abs./cs. zu ō (→ 3.3.2.3.3). (→ 13.4.7)

Bisher gelernte Nomina dieser drei Typen sind:
בֶּגֶד „Kleid", צֶדֶק „Gerechtigkeit", זֶבַח „Opfer", פֶּשַׁע „Frevel / Auflehnung", פֶּתַח „Öffnung / Tür", סֵפֶר „Buch / Brief" und בֹּקֶר „Morgen".

Auch hier verlangt eine Laryngalis als dritter Radikal den Hilfsvokal a: זֶבַח, פֶּשַׁע, רֹחַב (vgl. noch לָבֶטַח, → 10.2.1).

13.

Hauptregeln (wie in 12.3.4):

— Im Singular sind st.abs. und st.cs. gleich; die Suffixe treten an die Grundform, wobei u meistens zu å wird: קִרְבִּי, סִפְרְךָ, קָדְשׁוֹ usw. (→ 13.4.8).

— Der Plural wird zweisilbig (Grundformen *qital-* und *qutal-*) gebildet, wobei zwei verschiedene Tonlagen entstehen:

  — abs. und leichte Suffixe haben Schwa mobile und Vorton-Qames: בְּגָדָיו, סְפָרִים, בְּקָרִים usw.

  — cs. und schwere Suffixe (sowie Suffixe an *-ōt*) haben das ursprüngliche i bzw. å (< u) und Schwa medium: זִבְחֵי, שִׁבְטֵיכֶם, קָדְשֵׁיהֶם usw.

— Im Dual treten die Endungen an die Grundform (å < u): אָזְנַיִם, אָזְנֵי, אָזְנַי usw.

Einzelheiten:

— קֹדֶשׁ „Heiligkeit" und שֹׁרֶשׁ „Wurzel" haben im Plur.abs. und vor leichten Suffixen einen gefärbten reduzierten Vokal å, der meist mit Qames + Meteg statt mit Chateph-Qames geschrieben wird: קָֽדָשִׁים, שָֽׁרָשָׁיו.

— אֹהֶל „Zelt" läßt im Sing. vor Suffixen ein å nachklingen (Silbenaufsprengung, → 4.3.2.3): אָהֳלִי „mein Zelt" (→ 13.4.9). Der Plur.abs. hat festes ō: אֹהָלִים, entsprechend אֹהָלָיו usw.

13.4 Anmerkungen

13.4.1 Sie kommt beim alten Paradigma פעל, das die Namen der Stammformen geliefert hat, wegen des Laryngals gar nicht zum Ausdruck.

13.4.2 Zu den Verben mit Laryngal als mittlerem Vokal → 16.3.1. — Vor Schwa mobile wird manchmal die Verdoppelung aufgehoben, so meistens beim Verbum בקשׁ, z.B. בִּקְשׁוּ „sie haben gesucht" (aber meist בַּקְּשׁוּ „suchet!").

13.4.3 Die früher übliche Erklärung des Pi. als eines Intensivums zum Qal läßt sich nicht halten.

Bei intransitiven Grundstämmen kommen sich faktitives Pi. und kausatives Hi. in der Bedeutung für uns sehr nahe, z.B. קדשׁ pi. „heilig machen = weihen" und hi. „heilig sein lassen = weihen". Bei näherer Betrachtung sind aber doch Unterschiede spürbar, vgl. z.B. Dtn 32,51 עַל אֲשֶׁר לֹא־קִדַּשְׁתֶּם אוֹתִי בְּתוֹךְ בְּנֵי יִשְׂרָאֵל: „weil ihr mich nicht geheiligt habt inmitten der Israeliten" (es wird nur auf den erreichten bzw. nicht erreichten Zustand geachtet) mit Num 20,12 „weil ihr nicht auf mich vertraut habt לְהַקְדִּישֵׁנִי לְעֵינֵי בְּנֵי יִשְׂרָאֵל sodaß ihr mich vor den Augen der Israeliten heilig gehalten hättet" (mit der Vorstellung des dauernden Heilig-Sein-Lassens).

Bei transitiven Grundstämmen kommen sich das Qal und das resultative Pi. in der Bedeutung für uns sehr nahe, z.B. קבץ q. „versammeln" und pi. „versammelt machen". Auch hier sind aber Unterschiede spürbar, vgl. z.B. 1Kön 11,24 וַיִּקְבֹּץ עָלָיו אֲנָשִׁים „der sammelte Männer um sich (und wurde Anführer einer Streifschar)" (mit Betonung des Vorganges, nicht des Ergebnisses) mit Ez 20,34 וְקִבַּצְתִּי אֶתְכֶם מִן־הָאֲרָצוֹת „und ich will euch versammelt machen aus den Ländern (in die ihr zerstreut worden seid)" (mit Betonung des Endergebnisses, nicht des Herganges).

13.4.4 In seltenen Fällen erscheint die Endung der 2.plur. *-tæm* als *-tū* vor den Suffixen *-nī* und *-nū*. Sonst wird mit אֵת umschrieben.

13.4.5 Beim Perf. des Typus *kābēd* analog Vorton-Sere.

13.4.6 In pausa manchmal *-åhū*.

13.4.7 Die Dehnung der Stammvokale beruht teilweise nur auf später Aussprachetradition.

13.4.8 Das Fem. נְחֹשֶׁת behält meistens u (z.B. נְחֻשְׁתָּם „ihr Erz").

13.4.9 Zu אָהָלְךָ (*'åhålkā*) „dein Zelt" (Ps 61,5) vgl. 4.4.4.

13.5 Übungen

13.5.1: כִּבְּדָה וַאֲסַפְּרָה שִׁבַּרְנוּ מְפַלְּטִים לִמַּדְתֶּם גִּדֵּל וִימַלְּטוּ זַמְּרָה וָאֲדַבֵּר שִׁלְּמוּ תְּכַבְּסִי שִׁתַּתָּ בִּקְשָׁה מלאו שמחתי שברת

13.5.2: תַּכְרִיתֵךְ הִשְׁלַכְתִּיךְ בִּקַּשְׁתֶּם בִּקַּשְׁתִּיהוּ אֲזַמְּרֵךְ הִכְבַּדְתִּים גִּדְּלוֹ כִּפַּרְתָּהוּ לִמְּדֵנִי הִשְׁמִידְךְ הִפְקַדְתּוֹ אֲלַמֶּדְכֶם נִשְׁלִיכֵהוּ וַיְשַׁלְּחֵם שִׁלְּחוּנִי דְּרָשׁוּנִי שְׁמַרְתַּנִי שְׂרָפָתַם שְׁלָחַנִי שְׁבָרֵךְ שְׁפָטוּנוּ שְׁפַטְתִּיךְ שְׁלָחֲךָ נְתָנָהּ שמרוני שמרו שמרתו שמרתיו שמרום

13.5.3: er hat mich / ich habe ihn gesandt, du hast sie / sie haben dich bewahrt, wir haben sie / sie hat uns erfreut, du (f.) hast ihn / er hat dich (f.) herzugebracht, sie hat sie (m.), sie haben sie (sing.) gesucht.

13.5.4: צִדְּקוֹ אָזְנֵינוּ שָׁרָשִׁים שִׁבְטֵי לִשְׁבָטָיו שָׁרְשֵׁךְ בְּקִרְבָּהּ אָזְנֵיכֶם אהלי זבחיכם בגדינו רחבה ספרי

13.5.5:

1. וַיִּמְצָאֵהוּ אִישׁ ··· וַיִּשְׁאָלֵהוּ[a] הָאִישׁ לֵאמֹר מַה־תְּבַקֵּשׁ׃ וַיֹּאמֶר אֶת־
אַחַי אָנֹכִי מְבַקֵּשׁ 2. אֱלֹהַי פַּלְּטֵנִי מִיַּד רָשָׁע 3. מָה־אֱנוֹשׁ כִּי תְגַדְּלֶנּוּ
··· וַתִּפְקְדֶנּוּ לִבְקָרִים 4. לֹא אִישׁ אֵל וִיכַזֵּב 5. וַיְבַקְשֵׁהוּ שָׁאוּל כָּל־
הַיָּמִים וְלֹא־נְתָנוֹ אֱלֹהִים בְּיָדוֹ׃ וַיַּרְא דָוִד כִּי־יָצָא[b] שָׁאוּל לְבַקֵּשׁ אֶת־נַפְשׁוֹ
6. וּבִקַּשְׁתֶּם וְלֹא תִמְצָאוּ 7. וַתְּדַבֵּר בְּפִיךְ וּבְיָדֵךְ מִלֵּאתָ 8. וַיֹּאמֶר אֵלָיו

13.

גִּדְעוֹן בִּי אֲדֹנִי וְיֵשׁ יְהוָה עִמָּנוּ וְלָמָּה מְצָאַתְנוּ כָּל־זֹאת וְאַיֵּה כָל־נִפְלְאֹתָיו

אֲשֶׁר סִפְּרוּ־לָנוּ אֲבוֹתֵינוּ 9. וְהָיָה אִם־לָמֹד יִלְמְדוּ אֶת־דַּרְכֵי עַמִּי

לְהִשָּׁבֵעַ בִּשְׁמִי חַי־יְהוָה[c] כַּאֲשֶׁר לִמְּדוּ אֶת־עַמִּי לְהִשָּׁבֵעַ בַּבָּעַל וְנִבְנוּ[d]

בְּתוֹךְ[d] עַמִּי׃ 10. אֲהַלְלָה[e] יְהוָה בְּחַיָּי אֲזַמְּרָה לֵאלֹהַי בְּעוֹדִי׃ 11. וַאֲנִי

הִנֵּה נְתַתִּיךָ הַיּוֹם לְעִיר מִבְצָר[f] וּלְעַמּוּד בַּרְזֶל וּלְחֹמוֹת נְחֹשֶׁת עַל־כָּל־

הָאָרֶץ 12. הַחֹדֶשׁ הַזֶּה לָכֶם רֹאשׁ חֳדָשִׁים רִאשׁוֹן הוּא לָכֶם לְחָדְשֵׁי

הַשָּׁנָה׃ 13. וְאֵת כָּל־אִישׁ יִשְׂרָאֵל שִׁלַּח אִישׁ לְאֹהָלָיו 14. יְהוָה מִי־

יָגוּר[g] בְּאָהֳלֶךָ מִי־יִשְׁכֹּן בְּהַר קָדְשֶׁךָ׃ 15. שֹׁפְטִים וְשֹׁטְרִים[h] תִּתֶּן־לְךָ

בְּכָל־שְׁעָרֶיךָ אֲשֶׁר יְהוָה אֱלֹהֶיךָ נֹתֵן לְךָ לִשְׁבָטֶיךָ וְשָׁפְטוּ אֶת־הָעָם

מִשְׁפַּט־צֶדֶק׃ 16. וַיִּזְבְּחוּ לַיהוָה זְבָחִים … פָּרִים אֶלֶף אֵילִים[i] אֶלֶף

כְּבָשִׂים אֶלֶף … וּזְבָחִים לָרֹב לְכָל־יִשְׂרָאֵל׃ 17. וְלֹא־תִשָּׁבְעוּ בִשְׁמִי

לַשָּׁקֶר 18. הֲיֵשׁ יְהוָה בְּקִרְבֵּנוּ אִם־אָיִן׃ 19. שְׁמַע־נָא חֲנַנְיָה לֹא־שְׁלָחֲךָ

יְהוָה וְאַתָּה הִבְטַחְתָּ אֶת־הָעָם הַזֶּה עַל־שָׁקֶר׃ 20. וַיֹּאמֶר דָּוִד לַאֲבִיגַל

בָּרוּךְ יְהוָה אֱלֹהֵי יִשְׂרָאֵל אֲשֶׁר שְׁלָחֵךְ הַיּוֹם הַזֶּה לִקְרָאתִי׃ 21. וְאַתָּה

תְּדַבֵּר אֶל־כָּל־חַכְמֵי[j]־לֵב אֲשֶׁר מִלֵּאתִיו רוּחַ חָכְמָה וְעָשׂוּ אֶת־בִּגְדֵי

אַהֲרֹן לְקַדְּשׁוֹ לְכַהֲנוֹ[k]־לִי׃ 22. וַיִּזְבְּחוּ בַיּוֹם־הַהוּא זְבָחִים גְּדוֹלִים וַיִּשְׂמָחוּ

כִּי הָאֱלֹהִים שִׂמְּחָם שִׂמְחָה גְדוֹלָה וְגַם הַנָּשִׁים וְהַיְלָדִים שָׂמֵחוּ וַתִּשָּׁמַע

שִׂמְחַת יְרוּשָׁלַם מֵרָחוֹק׃ 23. כִּי־יָבֹא דְבָרֶיךָ (Qere: דְּבָרְךָ) וְכִבַּדְנוּךָ׃

24. וַיֹּאמֶר אֵלָיו שְׁמוּאֵל קָרַע יְהוָה אֶת־מַמְלְכוּת (= מַמְלֶכֶת) יִשְׂרָאֵל

מֵעָלֶיךָ הַיּוֹם וּנְתָנָהּ לְרֵעֲךָ הַטּוֹב מִמֶּךָּ׃ 25. כָּל־מָקוֹם אֲשֶׁר תִּדְרֹךְ

כַּף־רַגְלְכֶם בּוֹ לָכֶם נְתַתִּיו כַּאֲשֶׁר דִּבַּרְתִּי אֶל־מֹשֶׁה׃ 26. אַל־נָא תִקְבְּרֵנִי

בְּמִצְרָיִם׃ וְשָׁכַבְתִּי עִם־אֲבֹתַי וּנְשָׂאתַנִי מִמִּצְרַיִם וּקְבַרְתַּנִי בִּקְבֻרָתָם[l]

27. וְשָׁבוּ[m] הַכַּשְׂדִּים וְנִלְחֲמוּ עַל־הָעִיר הַזֹּאת וּלְכָדֻהָ וּשְׂרָפֻהָ בָאֵשׁ׃

28. וַיְסַפֵּר מֹשֶׁה לְחֹתְנוֹ[n] אֵת כָּל־אֲשֶׁר עָשָׂה יְהוָה לְפַרְעֹה וּלְמִצְרַיִם …

אֵת כָּל־הַתְּלָאָה[o] אֲשֶׁר מְצָאָתַם בַּדֶּרֶךְ 29. בִּגְדֵי־קֹדֶשׁ הֵם וְרָחַץ[p] בַּמַּיִם

אֶת־בְּשָׂרוֹ וּלְבֵשָׁם׃ 30. אֲשֶׁר יְדַבֵּר הַנָּבִיא בְּשֵׁם יְהוָה וְלֹא־יִהְיֶה[q] הַדָּבָר

וְלֹא יָבוֹא הוּא הַדָּבָר אֲשֶׁר לֹא־דִבְּרוֹ יְהוָה

13.5.6:

1. Warum habt ihr Böses anstatt Gutes vergolten?
2. Ich habe ihn gesucht, aber ich habe ihn nicht gefunden.
3. Und sie suchten ihn, aber er wurde nicht gefunden.

4. Und ich werde sie geben in die Hand derer, die ihnen nach dem Leben trachten (Part.).
5. Denn in Wahrheit (בֶּאֱמֶת) hat mich Jahwe zu euch gesandt, alle die Worte zu euch (in eure Ohren) zu reden.
6. Ich habe David, meinen Knecht, gefunden, mit meinem heiligen Öl (Cs.-Verbindung) habe ich ihn gesalbt.
7. Und es kam *Na'amān* mit (ב)seinen Pferden und mit seinen Wagen.
8. Und sie erzählten ihm und sagten: Wir sind zu dem Lande gekommen, in das du uns gesandt hast (ohne Präp.).
9. Mit langem Leben werde ich ihn sättigen.
10. Siehe, ich werde diese Stadt in die Hand des Königs von Babel geben und er wird sie (mit Feuer) verbrennen.

13.5.7:

1. ואבקשהו ולא נמצא 2. וכפר עלהם הכהן ונסלח להם 3. כבסי
מרעה לבך ירושלם 4. ביום ההוא גדל יהוה את יהושע בעיני כל
ישראל 5. ואמר אנה אתה הלך ויאמר אלי לָמֹד[r] את ירושלם לראות
כַּמָּה[s] רחבה וכמה ארכה 6. וישכן באהליהם שבטי ישראל 7. והנה
אנכי עמך ושמרתיך בכל אשר תלך 8. וישבת את הסוסים אשר נתנו
מלכי יהודה לשמש ··· ואת מרכבות השמש שרף באש 9. שקר אתה
מדבר לא שלחך יהוה אלהינו 10. השמים מספרים כבוד אל

---

a שאל = fragen
b יצא = ausziehen
c Schwurformel
d und sie werden aufgebaut werden inmitten von
e הלל pi. = loben
f Festung
g er darf weilen
h Amtleute
i Widder
j plur.cs. von חָכָם = weise
k כהן pi. = als Priester amten
l in ihrem Grab
m und sie werden zurückkehren
n seinem Schwiegervater
o Mühsal
p sich waschen
q er wird geschehen
r um zu messen
s wieviel

LEKTION 14

14.1 Vorübung. In 3.3.2.3, 3.4.12 und 3.4.15 sind die Regeln der Segolierung beschrieben. Worin unterscheiden sich die Segolata mit Jod oder Waw als zweitem oder drittem Radikal von den übrigen Bildungen? — Im Klassisch-Arabischen sind die *qatl*-Formen wegen der vokalischen Endungen unverändert erhalten, z.B. *zajt*(*un*) „Öl“, *ẓabj*(*un*) „Gazelle“, *mawt*(*un*) „Tod“. Bilde die entsprechenden hebr. Segolata **זית** „Ölbaum“, **צבי** „Gazelle“, **מות** „Tod“.

14.2 Vokabular

14.2.1 Verben mit Hitpaʿel:

פלל (אֶל־/בְּעַד/בַּעֲדוֹ)	hitp.	beten (zu / für / für ihn)
(f.) תְּפִלָּה		Gebet
יצב	hitp. ×	sich hinstellen
הִתְיַצְּבוּ		stellet euch hin!
קדשׁ	hitp.	sich heiligen
קדשׁ	q.	heilig sein
קדשׁ	pi.	heiligen
הלל	hitp.	sich rühmen
הלל	pi.	loben / preisen
טמא	hitp.	sich verunreinigen
טָמֵא	q.	unrein werden / unrein sein
טמא	pi.	verunreinigen

14.2.2 Weitere Verben III’: (→ 11.2.1)

חטא	q.	sich verfehlen / sündigen
(f.) חַטָּאת		Sünde / Sündopfer
ברא	q. ×	schaffen / erschaffen
בְּרֵאשִׁית בָּרָא אֱלֹהִים		Am Anfang schuf Gott ...
רפא	q.	heilen
רפא	ni.	geheilt werden
קנא	pi. ×	eifersüchtig sein / eifern
(f.) קִנְאָה ×		Eifer / Leidenschaft
שָׂנֵא	q.	hassen
(f.) שִׂנְאָה ×		Haß

14.2.3 Segolata IIj/IIw/IIIj:

עַיִן	Auge / Quelle
עֵינַיִם לִרְאוֹת וְאָזְנַיִם לִשְׁמֹעַ	Augen zu sehen und Ohren zu hören
אַיִל	Widder
אַיִל מִן־הַצֹּאן	ein Widder aus der Herde
יַיִן	Wein
לֶחֶם וָיַיִן	Brot und Wein
תָּוֶךְ	Mitte
בְּתוֹךְ	mitten in
אָוֶן	Unheil
פֹּעֲלֵי אָוֶן	Übeltäter
פְּרִי	Frucht
עֵץ פְּרִי	Fruchtbaum
חֲצִי	Hälfte / Mitte
חֲצִי הַלַּיְלָה	Mitternacht
כְּלִי	Gefäß / Gerät / Werkzeug / Waffe
נֹשֵׂא כֵלָיו	sein Waffenträger
אֲרִי ×	Löwe
אַרְיֵה ×	Löwe
חֳלִי ×	Krankheit
רֹפֵא	Arzt
דְּבַשׁ	Honig
אֶרֶץ זָבַת חָלָב וּדְבַשׁ	ein Land, das von Milch und Honig fließt

14.2.4 Weitere Vokabeln:

(cs. חַטַּאת)	חַטָּאת	Sünde / Sündopfer
(cs. חַטֹּאת)	חַטָּאוֹת	Sünden (pl.)
	עָוֹן	Sünde / Schuld / Strafe
	עֲוֹנוֹת	Sünden (pl.)
	עָוֶל ×	Unrecht
(f.)	עַוְלָה ×	Verkehrtheit
	קָדוֹשׁ	heilig
	קְדוֹשׁ יִשְׂרָאֵל	der Heilige Israels

14.2.5. Partikeln:

הֵן siehe!
הֵן עַבְדִּי siehe da mein Knecht!
מָחָר morgen
כָּעֵת מָחָר morgen um diese Zeit
אֲהָהּ × ach!
אֲהָהּ אֲדֹנָי ach, mein Herr!
עַתָּה jetzt / nun
מֵעַתָּה וְעַד־עוֹלָם von nun an bis in Ewigkeit
אִם wenn / ob
כִּי אִם sondern / außer
בַּעַד (cs. בְּעַד) zugunsten von
הִתְפַּלֵּל בְּעַד ... fürbitten für

14.3.1 Der Doppelungsstamm (II): Pu'al

Die Stammform Pu'al bildet die passive Entsprechung zum Pi'el (→ 13.3.1).

Bisherige Verben mit Pu. sind u.a.: שׁלח pu. „fortgeschickt werden", בקשׁ pu. „gesucht werden", כבד pu. „geehrt werden", כפר pu. „gesühnt werden", לבשׁ pu. „bekleidet werden", למד pu. „belehrt / gewöhnt werden", ספר pu. „erzählt werden", שׁלם pu. „vergolten werden", שׁפך pu. „ausgegossen werden"; aus 14.2.1: קדשׁ pu. „geheiligt / geweiht werden", הלל pu. „gepriesen werden", טמא pu. „verunreinigt werden" (→ 14.4.1 und 14.4.2).

Die Formen des Pu. erhält man durch Einsetzen der Vokale u und a in die Pi.-Formen; das Part. dehnt den zweiten Vokal; Inf.cs. und Imp. fehlen (→ 14.4.3):

	Perf. Sing.	Perf. Plur.	Impf. Sing.	Impf. Plur.
3.m.	כֻּתַּב	כֻּתְּבוּ	יְכֻתַּב	יְכֻתְּבוּ
3.f.	כֻּתְּבָה	כֻּתְּבוּ	תְּכֻתַּב	תְּכֻתַּבְנָה
2.m.	כֻּתַּבְתָּ	כֻּתַּבְתֶּם	תְּכֻתַּב	תְּכֻתְּבוּ
2.f.	כֻּתַּבְתְּ	כֻּתַּבְתֶּן	תְּכֻתְּבִי	תְּכֻתַּבְנָה
1.	כֻּתַּבְתִּי	כֻּתַּבְנוּ	אֲכֻתַּב	נְכֻתַּב

Part.: מְכֻתָּב, מְכֻתָּבָה/מְכֻתֶּבֶת, מְכֻתָּבִים usw.

14.3.2 Der Doppelungsstamm (III): Hitpaʿel

Die Stammform Hitpaʿel bildet die reflexive (manchmal reziproke) Entsprechung zum Piʿel (→ 13.3.1).

Bisherige Verben mit Hitp. sind u.a.: הלך hitp. „hin und her gehen / wandeln“, סתר hitp. „sich verborgen halten“, שׁמר hitp. „sich hüten“ (→ 14.4.4).

Die Formen des Hitp. erhält man durch Vorsetzen des Präformativs *hit-* (das nach den Personenzeichen des Impf. und nach dem *m-* des Part. das h ausstößt) und Einsetzen des Vokals a in die erste Stammsilbe der Pi.-Formen:

	Perf. Sing.	Perf. Plur.	Impf. Sing.	Impf. Plur.
3.m.	הִתְכַּתֵּב	הִתְכַּתְּבוּ	יִתְכַּתֵּב	יִתְכַּתְּבוּ
3.f.	הִתְכַּתְּבָה	הִתְכַּתְּבוּ	תִּתְכַּתֵּב	תִּתְכַּתֵּבְנָה
2.m.	הִתְכַּתַּבְתָּ	הִתְכַּתַּבְתֶּם	תִּתְכַּתֵּב	תִּתְכַּתְּבוּ
2.f.	הִתְכַּתַּבְתְּ	הִתְכַּתַּבְתֶּן	תִּתְכַּתְּבִי	תִּתְכַּתֵּבְנָה
1.	הִתְכַּתַּבְתִּי	הִתְכַּתַּבְנוּ	אֶתְכַּתֵּב	נִתְכַּתֵּב

Imp.: הִתְכַּתֵּב, הִתְכַּתְּבִי, הִתְכַּתְּבוּ, הִתְכַּתֵּבְנָה

Inf.cs.: הִתְכַּתֵּב Inf.abs.: הִתְכַּתֵּב

Part.: מִתְכַּתֵּב, מִתְכַּתְּבָה / מִתְכַּתֶּבֶת, מִתְכַּתְּבִים

Einzelheiten:

— Statt des ē begegnet auch a in der zweiten Stammsilbe (in pausa: ā), z.B. יִתְהַלָּךְ, וַתִּתְהַלַּכְנָה, וַיִּתְיַצֵּב.

— Fängt das Verbum mit einem der Zischlaute s, ś, š, ṣ an (für z fehlen Beispiele), so tauscht das t des Hitp. mit dem Zischlaut die Stelle (Metathesis), z.B. הִשְׁתַּמֵּר, הִסְתַּתֵּר. (→ 14.4.5).

— Zu beachten ist, daß die Form הִתְכַּתֵּב sowohl Perf.3.sg.m. als auch Imp.sg.m. oder Inf.cs. und Inf.abs. sein kann.

14.3.3 Sätze mit unbestimmtem Subjekt

Das allgemeine Subjekt man wird ausgedrückt:

— gewöhnlich durch die 3.plur., z.B. Ps 126,2 אָז יֹאמְרוּ בַגּוֹיִם „da sprach man unter den Heiden“;

— durch die 3.sing., so in der Redensart קָרָא שֵׁם „nennen“, z.B. Gen 11,9 עַל־כֵּן קָרָא שְׁמָהּ בָּבֶל „daher nannte man sie Babel“;
— durch die 2.sing. in der Wendung (עַד) בֹּאֲךָ „bis man kommt nach“ (in geographischen Angaben).

Die unpersönliche Redeweise (im Dt. mit es gekennzeichnet), wird durch die 3.sing. ausgedrückt, meist masc., z.B. וַיְהִי „und es geschah“, וַיֵּצֶר לוֹ „und es ward ihm bange“, seltener fem., z.B. וַתֵּצֶר לְדָוִד מְאֹד (1Sam 30,6).

14.3.4 Feminine Nomina mit Suffixen

In Ergänzung zu 9.3.6.5 werden hier noch die Suffixe an den Fem. auf *-ā* besprochen. Als Paradigma eignet sich am besten ein Nomen mit unveränderlichen Vokalen wie תּוֹרָה „Weisung / Gesetz“ oder מִצְוָה „Gebot“.

Die Suffixe werden an die Cs.-Form auf *-at* angehängt, deren a bei den schweren Suffixen *-kæm* und *-kæn* (mit Schwa medium) kurz bleibt, in den übrigen Fällen gedehnt wird. Die Betonung ist die gleiche wie bei den masc. Nomina. Der Plural auf *-ōt* nimmt die Suffixe des masc. Plurals an, hat also eigentlich eine doppelte Pluralbezeichnung.

	Sing.	Plur.
Sing. 1.	תּוֹרָתִי	תּוֹרֹתַי
2.m.	תּוֹרָתְךָ	תּוֹרֹתֶיךָ
in pausa:	תּוֹרָתֶךָ	
2.f.	תּוֹרָתֵךְ	תּוֹרֹתַיִךְ
3.m.	תּוֹרָתוֹ	תּוֹרֹתָיו
3.f.	תּוֹרָתָהּ	תּוֹרֹתֶיהָ
Plur. 1.	תּוֹרָתֵנוּ	תּוֹרֹתֵינוּ
2.m.	תּוֹרַתְכֶם	תּוֹרֹתֵיכֶם
2.f.	תּוֹרַתְכֶן	תּוֹרֹתֵיכֶן
3.m.	תּוֹרָתָם	תּוֹרוֹתָם/תּוֹרֹתֵיהֶם
3.f.	תּוֹרָתָן	תּוֹרוֹתָן/תּוֹרֹתֵיהֶן

14.3.5 Flexion der Nomina (VI): Abweichend gebildete Segolata

Die Segolata mit Jod und Waw als zweitem oder drittem Radikal gehen eigene Wege (→ 3.3.2.3 und 3.4.12/15). Als Paradigma nehmen wir עַיִן „Auge“

(IIj), מָוֶת „Tod“ (IIw) und פְּרִי „Frucht“ (IIIj); Formen IIIw sind äußerst selten (→ 14.4.6).

Bisher gelernte Nomina dieser Typen sind: בַּיִת „Haus“ (→ 10.3.5, Plur. unregelmäßig), אַיִן „Nichtsein“ (→ 10.3.4, mit eigenen Suffixen), חַיִל „Kraft / Heer“, לַיְלָה „Nacht“ (mit ständigem, bedeutungslosem He locale; nur dichterisch einigemal לַיִל) und מָוֶת „Tod“.

14.3.5.1 Segolata IIj/w. Mit zweitem Radikal j oder w existieren nur *qatl*-Formen. Die wichtigsten Regeln sind:

— Im Singular wird bei fortrückendem Ton (im st.cs. und bei suffigierten Formen) *aj* zu *ē* und *aw* zu *ō* kontrahiert:

abs. עַיִן, cs. עֵין, suff. עֵינִי, עֵינְךָ, עֵינוֹ usw.;

abs. מָוֶת, cs. מוֹת, suff. מוֹתִי, מוֹתוֹ usw. (→ 14.4.7).

— Der Plural wird teils mit Kontraktion (אֵילִים „Widder“, לֵילוֹת „Nächte“), teils nach Analogie der gewöhnlichen *qatl*-Segolata im abs. und vor leichten Suffixen zweisilbig gebildet (חֲיָלִים „Heere“, עֲיָנוֹת „Quellen“), im cs. und vor schweren Suffixen mit Kontraktion (עֵינוֹת, חֵילֵיהֶם).

— Der Dual hat immer kontrahierte Formen: עֵינַיִם, עֵינֵי, עֵינַי, עֵינֶיךָ usw.

14.3.5.2 Segolata IIIj. Mit j als drittem Radikal kommen alle Nominal-Typen *qatl-*, *qitl-* und *qutl-* vor: פְּרִי (< *pirj-* < *parj-*) „Frucht“ (in pausa פֶּרִי), חֲצִי (< *ḥiṣj-*) „Hälfte“ (i.p. חֵצִי), חֳלִי (< *ḥulj-*) „Krankheit“ (i.p. חֹלִי).

— Singular abs. und cs. lauten gleich. Die Suffixe treten an die Grundform: פִּרְיִי, פֶּרְיְךָ, פִּרְיוֹ usw. (a > i, vor Suffixen der 2. Pers. i > æ), חֶצְיוֹ (i > æ nach ḥ), חָלְיוֹ (u > å nach ḥ) usw.

— Der Plural wird meistens zweisilbig (אֲרָיוֹת „Löwen“, חֳלָיִים „Krankheiten“), bei כְּלִי „Gefäß / Gerät / Waffe“ einsilbig (כֵּלִים) gebildet.

(→ 14.4.8)

14.4 Anmerkungen

14.4.1 Alle diese Verben sind recht selten belegt (הלל pu. und שׁלח pu. je 10mal). Von späteren Verben kommen noch dazu: ברך pu. „gesegnet werden“ und צוה pu. „beauftragt werden“.

14.4.2 Einige scheinbare Pu.-Perf.-Formen gehören in Wirklichkeit zum passiven Qal, von dem nur bei einigen Verben Reste vorhanden sind. Das dazugehörige Impf. sieht aus wie ein Ho.-Impf. (יֻכְתַּב), das Part. hat die Form כְּתֻב oder כְּתֹב.

Am häufigsten sind Formen von לקח q.pass. „genommen werden“: Perf. לֻקַּח, Impf. יֻקַּח (mit Assimilation des l), Part. לֻקָּח; ferner Perf. שֻׁדַּד „er ist verwüstet worden“, Perf. יֻלַּד „er ist geboren worden“ und Impf. יֻתַּן „er wird gegeben werden“.

14.4.3 Ein Inf.abs. begegnet nur einmal: Gen 40,15 גֻּנֹּב גֻּנַּבְתִּי „ich bin ja gestohlen worden“; die im Paradigma angegebenen Formen sind nicht alle in den Texten wirklich belegt.

14.4.4 Relativ häufig sind außer den in 14.2.1 genannten Verben nur noch die später vorkommenden Verben חזק hitp. „sich stark machen / sich stark zeigen“, נבא hitp. „sich als Prophet gebärden / prophetisch reden“ und טהר hitp. „sich reinigen“.

14.4.5 Bei צ wird außerdem das ת in das diesem verwandte ט verwandelt: Gen 44,16 נִצְטַדָּק Impf.1.plur. in pausa; bei ז kommt totale Assimilation vor: Jes 1,16 הִזַּכּוּ Imp.plur.m. von זכה hitp. „sich reinigen“.

Mit ת vereinigt sich das ת der Vorsilbe zu תּ, z.B. Hab 1,5 הִתַּמְּהוּ „starret euch an!“ (תמה „staunen“); vor ד und ט wird das ת assimiliert, z.B. מִדַּבֵּר „sich besprechend“, מִטַּהֵר „sich reinigend“.

14.4.6 Z.B. Ez 47,5 שָׂחוּ (*śāḥū*) „Schwimmen“. Manche qatl-Segolata wie יום „Tag“ haben ständig kontrahierte Formen.

14.4.7 Mit He locale begegnet abs. בַּיְתָה (*bájtā*), aber in der Cs.-Verbindung mit Kontraktion בֵּיתָה בְתוּאֵל „zum Hause Bethuels“ (Gen 28,2).

14.4.8 Einige „umgekehrte“ Segolata haben den Stammvokal wie im Aramäischen zwischen dem zweiten und dem dritten Radikal, z.B. דְּבַשׁ „Honig“ (suff. דִּבְשִׁי), שְׁכֶם „Nacken / Schulter“ (suff. שִׁכְמָהּ), בְּאֵר „Brunnen“ (pl. בְּאֵרֹת).

14.5 Übungen

14.5.1: הִתְהַלְּכָה מְקֻבֶּצֶת תִּתְפַּלֵּלְנָה מְקֻדָּשִׁים הִשְׁתַּמְּרוּ הַיִּסָּפֵר נִתְקַדָּשָׁה

14.5.2: Bilde zu שָׁבַרְתְּ, יְסֻפְּרוּ, וָאַבְדֵּל, הָשְׁלְכוּ, יְכַזְּבוּ, תְּבֻקַּשְׁנָה, הִסְתַּתְּרוּ die entsprechenden Part.-Formen und, soweit möglich, die Imp.-Formen!

14.5.3: פִּרְיָן עֵינֶיךָ עֵינוֹת מִתּוֹכָם חֶצְיֵנוּ מוּתָהּ בְּתוֹכֵךְ חָלְיוֹ חֳלָיֵינוּ עֵין־גֶּדִי

14.5.4:

1. עַל־כֵּן מָצָא עַבְדְּךָ אֶת־לִבּוֹ לְהִתְפַּלֵּל אֵלֶיךָ אֶת־הַתְּפִלָּה הַזֹּאת׃
2. אֵלֶּה אֲשֶׁר שָׁלַח יְהוָה לְהִתְהַלֵּךְ בָּאָרֶץ׃ 3. קֻם[a] קַדֵּשׁ אֶת־הָעָם
וְאָמַרְתָּ הִתְקַדְּשׁוּ לְמָחָר 4. וַיֹּאמְרוּ לוֹ עֲבָדָיו יְבַקְשׁוּ לַאדֹנִי הַמֶּלֶךְ נַעֲרָה
בְתוּלָה[b] 5. הַבֹּקֶר אוֹר[c] וְהָאֲנָשִׁים שֻׁלְּחוּ הֵמָּה וַחֲמֹרֵיהֶם׃[d] 6. הֵן
בַּעֲוֺנֹתֵיכֶם נִמְכַּרְתֶּם וּבְפִשְׁעֵיכֶם שֻׁלְּחָה אִמְּכֶם׃ 7. וְעַתָּה הִתְיַצְּבוּ וְאִשָּׁפְטָה

אִתְּכֶם לִפְנֵי יְהוָֽה 8. וַיִּשְׁלַח יְשַׁעְיָהוּ בֶן־אָמוֹץ אֶל־חִזְקִיָּהוּ לֵאמֹר כֹּה־
אָמַר יְהוָה אֱלֹהֵי יִשְׂרָאֵל אֲשֶׁר הִתְפַּלַּלְתָּ אֵלַי אֶל[e]־סַנְחֵרִב מֶלֶךְ־אַשּׁוּר
שָׁמָֽעְתִּי׃ 9. וָאוֹמַר לַמֶּלֶךְ אִם־עַל־הַמֶּלֶךְ טוֹב אִגְּרוֹת[f] יִתְּנוּ־לִי 10. וַיְהִי
גְּבוּל הַכְּנַעֲנִי מִצִּידֹן בֹּאֲכָה גְרָרָה עַד־עַזָּֽה[g] 11. יִשְׂמַח צַדִּיק בַּיהוָה ···
וְיִתְהַלְלוּ כָּל־יִשְׁרֵי־לֵֽב׃ 12. אַל־תִּתְהַלֵּל בְּיוֹם מָחָֽר 13. וַיְבֻקַּשׁ הַדָּבָר
וַיִּמָּצֵא 14. וּתְבֻקְשִׁי וְלֹא־תִמָּצְאִי עוֹד לְעוֹלָם נְאֻם אֲדֹנָי יְהוִֽה׃ 15. גָּדוֹל
יְהוָה וּמְהֻלָּל מְאֹֽד 16. מַשְׂכִּיל[h] לְדָוִֽד׃ בְּבוֹא הַזִּיפִים[i] וַיֹּאמְרוּ לְשָׁאֽוּל
הֲלֹא דָוִד מִסְתַּתֵּר עִמָּֽנוּ׃ 17. בְּחֶסֶד וֶאֱמֶת יְכֻפַּר עָוֺֽן 18. וָאֹמַר אֲהָהּ
אֲדֹנָי יְהוִה הִנֵּה נַפְשִׁי לֹא מְטֻמָּאָֽה 19. אַל־יִתְהַלֵּל חָכָם בְּחָכְמָתוֹ וְאַל־
יִתְהַלֵּל הַגִּבּוֹר בִּגְבוּרָתֽוֹ[j] ··· כִּי אִם־בְּזֹאת יִתְהַלֵּל הַמִּתְהַלֵּל ··· 20. אָכֵן[k]
אַתָּה אֵל מִסְתַּתֵּֽר 21. אַל־תִּטַּמְּאוּ בְּכָל־אֵֽלֶּה כִּי בְכָל־אֵלֶּה נִטְמְאוּ
הַגּוֹיִם אֲשֶׁר־אֲנִי מְשַׁלֵּחַ מִפְּנֵיכֶֽם׃ 22. מִמִּזְרַח[l]־שֶׁמֶשׁ עַד־מְבוֹאֽוֹ[m] מְהֻלָּל
שֵׁם יְהוָֽה׃ 23. בַּיָּמִים הָהֵם וּבָעֵת הַהִיא נְאֻם־יְהוָה יְבֻקַּשׁ אֶת־עֲוֺן יִשְׂרָאֵל
וְאֵינֶנּוּ וְאֶת־חַטֹּאת יְהוּדָה וְלֹא תִמָּצֶאינָה כִּי אֶסְלַח לַאֲשֶׁר אַשְׁאִֽיר׃
24. וַיֹּאמֶר שָׁאוּל לָעָם אֲשֶׁר אִתּוֹ פִּקְדוּ־נָא וּרְאוּ מִי הָלַךְ מֵעִמָּֽנוּ וַיִּפְקְדוּ
וְהִנֵּה אֵין יוֹנָתָן וְנֹשֵׂא כֵלָֽיו׃ 25. וַיְהִי הַיּוֹם וַיָּבֹאוּ בְּנֵי הָאֱלֹהִים לְהִתְיַצֵּב
עַל־יְהוָֽה וַיָּבוֹא גַם־הַשָּׂטָן בְּתוֹכָֽם׃ 26. אִם־אָוֶן בְּיָדְךָ הַרְחִיקֵֽהוּ וְאַל־
תַּשְׁכֵּן בְּאֹהָלֶיךָ עַוְלָֽה׃ 27. וּלְמִיכַל בַּת־שָׁאוּל לֹא־הָיָה לָהּ יָלֶֽד עַד
יוֹם מוֹתָֽהּ׃ 28. עֵינֶיךָ בִּי וְאֵינֶֽנִּי׃ 29. וַיְהִי בַּחֲצִי הַלַּיְלָה וַיהוָה הִכָּה[n]
כָל־בְּכוֹר בְּאֶרֶץ מִצְרַיִם 30. וְגַם־בְּחָלְיוֹ לֹא־דָרַשׁ אֶת־יְהוָה כִּי[o]
בָּרֹפְאִֽים׃

14.5.5:

1. Da betete Abraham zu Gott, und Gott heilte Abimelech und seine Frau und seine Mägde.
2. Und wir beteten zu unserem Gott.
3. Deshalb nannte man die Stadt Ṣṓʿar.
4. Rühmet euch seines heiligen Namens, es freue sich das Herz derer, die Jahwe suchen (Part.).
5. Denn ich bin jetzt zu dir gesandt worden.
6. Dadurch wird die Schuld Jakobs gesühnt werden.
7. Des Heiligen Israels wirst du dich rühmen.
8. Und seine Krankheit wurde sehr stark.

15.

14.5.6:

1. ויאמר אליהם ירמיהו הנביא שמעתי הנני מתפלל אל יהוה אלהיכם
כדבריכם 2. הישלם תחת טובה רעה 3. שמה קבר אברהם ושרה
אשתו 4. ואשתמרה מעוני 5. ביהוה תתהלל נפשי ישמעו עֲנָוִים[p]
וישמחו 6. מה תתהלל ברעה הגבור[q] 7. ולא תתן ארצכם את יבולה[r]
ועץ הארץ לא יתן פריו 8. וגם לחם ויין יש לי ולאמתך ולנער עם
עבדיך 9. הלא אתם שנאתם אותי 10. קנאתי לציון קנאה גדולה

---

[a] auf / wohlan!
[b] בְּתוּלָה = Jungfrau
[c] Perf.: „wurde Tag“
[d] חֲמוֹר = Esel
[e] hinsichtlich / wegen
[f] Briefe
[g] Sidon, Gerar, Gaza
[h] eine Psalmart
[i] Siphiter
[j] גְּבוּרָה = Stärke
[k] fürwahr
[l] מִזְרָח = Aufgang
[m] מָבוֹא = Untergang
[n] er schlug
[o] = כִּי אִם
[p] die Demütigen
[q] Vokativ: „du Tyrann“
[r] יְבוּל = Ertrag

LEKTION 15 (Repetition)

15.1 In den Lektionen 1–14 ist die Behandlung der Schrift- und Lautlehre (L. 1–4) und der Formenlehre des starken Verbums (L. 7–14) zum Abschluß gekommen; auch für die Formenlehre des Nomens und für die Syntax sind die Grundlagen gelegt. Es kann daher jetzt eine Kontroll- und Repetitionslektion eingeschaltet werden, bevor mit der Behandlung des schwachen Verbums, der Zahlwörter, der weiteren Einzelheiten der Nominalflexion und der Syntax weitergefahren wird. Die bis jetzt gelernten rund 400 Vokabeln sollen von Lektion 16 an nach und nach repetiert werden.

15.2 Lies und übersetze Gen 1,1–8:

1 1 בְּרֵאשִׁ֖ית[a] בָּרָ֣א אֱלֹהִ֑ים אֵ֥ת הַשָּׁמַ֖יִם וְאֵ֥ת הָאָֽרֶץ׃ 2 וְהָאָ֗רֶץ
הָיְתָ֥ה תֹ֙הוּ֙ וָבֹ֔הוּ וְחֹ֖שֶׁךְ עַל־פְּנֵ֣י תְה֑וֹם וְר֣וּחַ אֱלֹהִ֔ים מְרַחֶ֖פֶת עַל־פְּנֵ֥י
הַמָּֽיִם׃ 3 וַיֹּ֥אמֶר אֱלֹהִ֖ים יְהִ֣י א֑וֹר וַֽיְהִי־אֽוֹר׃ 4 וַיַּ֧רְא אֱלֹהִ֛ים אֶת־

הָאֹ֖ור כִּי־טֹ֑וב וַיַּבְדֵּ֣ל אֱלֹהִ֔ים בֵּ֥ין הָאֹ֖ור וּבֵ֥ין הַחֹֽשֶׁךְ׃ 5 וַיִּקְרָ֨א
אֱלֹהִ֤ים ׀ לָאֹור֙ יֹ֔ום וְלַחֹ֖שֶׁךְ קָ֣רָא לָ֑יְלָה וַֽיְהִי־עֶ֥רֶב וַֽיְהִי־בֹ֖קֶר יֹ֥ום
אֶחָֽד׃ פ 6 וַיֹּ֣אמֶר אֱלֹהִ֔ים יְהִ֥י רָקִ֖יעַ בְּתֹ֣וךְ הַמָּ֑יִם וִיהִ֣י מַבְדִּ֔יל
בֵּ֥ין מַ֖יִם לָמָֽיִם׃ [a] 7 וַיַּ֣עַשׂ אֱלֹהִים֮ אֶת־הָרָקִיעַ֒ וַיַּבְדֵּ֗ל בֵּ֤ין הַמַּ֨יִם֙ אֲשֶׁר֙
מִתַּ֣חַת לָרָקִ֔יעַ וּבֵ֣ין הַמַּ֔יִם אֲשֶׁ֖ר מֵעַ֣ל לָרָקִ֑יעַ [a] וַֽיְהִי־כֵֽן׃ 8 וַיִּקְרָ֧א
אֱלֹהִ֛ים לָֽרָקִ֖יעַ שָׁמָ֑יִם וַֽיְהִי־עֶ֥רֶב וַֽיְהִי־בֹ֖קֶר יֹ֥ום שֵׁנִֽי׃

Erläuterungen:

V. 1: רֵאשִׁית „Anfang" (wie in Jes 46,10 und bei ähnlichen Zeitbegriffen ohne Artikel).

V. 2: הָיְתָה 3.sing.f. Perf. von היה; תֹּהוּ „Wüste", בֹּהוּ „Leere"; חֹשֶׁךְ „Finsternis"; תְּהוֹם „Urflut"; רחף pi. „schweben".

V. 3: יְהִי Jussiv 3.sing.m. von היה;

V. 5: אֶחָד wird auch als Ordinale „erster" verwendet.

V. 6: רָקִיעַ „Firmament"; statt בֵּין ... וּבֵין kommt auch בֵּין ... לְ vor; statt לְ in enger Verbindung vor dem Ton in לָמָיִם.

V. 7: מִתַּחַת לְ „unterhalb von", מֵעַל לְ „oberhalb von".

V. 8: שֵׁנִי „zweiter".

15.3 Repetitionsfragen anhand dieses Textes:

1. Beim Lesen des Textes, der der Ausgabe „Biblia Hebraica Stuttgartensia (1969)" entnommen ist, fallen die bei fast jedem Wort vorkommenden Akzente auf. Sind diese Zeichen
   (a) als eher störende Komplikation beim Lesen möglichst unbeachtet zu lassen? Wenn ja, lies weiter bei Nr. .... → 14.
   (b) als nützliche Lesehilfen mit ihren Namen und Funktionen auswendig zu lernen? .... → 28.
2. In בְּרֵאשִׁית (V. 1) ist Aleph
   (a) ein Vokalbuchstabe .... → 15.
   (b) Zeichen für einen hörbaren Knacklaut .... → 29.
3. Das Akkusativ-Zeichen (V. 1b.4a.7a) steht
   (a) nur vor einem Objekt mit Artikel .... → 30.
   (b) fakultativ vor jedem Akkusativ-Objekt, aber nur in Prosa .... → 16.
4. Wieviele Segolata kommen in V. 2 vor?
   (a) drei, nämlich הָאָרֶץ, חֹשֶׁךְ, מְרַחֶפֶת; das Patach furtivum in רוּחַ ist zwar auch ein Gleitlaut, hat aber mit Segolierung = Auflösung einer Doppelkonsonanz im Wortauslaut nichts zu tun .... → 17.
   (b) es sind mehr als drei .... → 31.

5. Nach der Faustregel von 3.3.2.5 ist Qames (ohne Akzent) vor Schwa normalerweise ein Qames Chatuph. Die erste Silbe von הָיְתָה (V. 2) und לָ֑יְלָה (V. 5) ist
(a) mit ā zu lesen → 18.
(b) mit å zu lesen → 27.
(c) in V. 2 mit å, in V. 5 mit ā zu lesen → 32.

6. V. 2b (von וְרוּחַ an) ist in bezug auf den Satzbau
(a) ein Verbalsatz → 33.
(b) ein Nominalsatz → 19.

7. V. 2a (וְחֹשֶׁךְ עַל־פְּנֵי תְהוֹם) ist
(a) ein Nominalsatz mit präpositionalem Prädikat → 23.
(b) ein Umstandssatz → 34.

8. V. 2a (וְהָאָרֶץ הָיְתָה תֹהוּ וָבֹהוּ) ist
(a) ein prädizierender Nominalsatz → 44.
(b) ein Verbalsatz mit finitem Verbum → 36.

9. In V. 4b–5a (und 7a) kommen die beiden wichtigsten Sonderformen des Artikels vor Laryngalen (und Resch) vor: Ersatzdehnung und virtuelle Verdoppelung. Ihr Auftreten richtet sich
(a) nach dem ersten Konsonanten des Nomens → 20.
(b) nach dem ersten Vokal des Nomens → 35.

10. In unserem Abschnitt begegnet die Konjunktion *w*- in fünf verschiedenen Formen. Stünde vor jedem einzelnen Wort diese Konjunktion, so käme(n)
(a) noch eine weitere Möglichkeit dazu → 21.
(b) noch zwei weitere Möglichkeiten dazu → 37.

11. In V. 4b וַיַּבְדֵּל ist das Schwa
(a) ein Schwa mobile → 22.
(b) ein Schwa quiescens → 26.

12. In V. 5a steht das Verbum einmal im Waw-Imperfekt und einmal im Perfekt. Diese Tempuswahl
(a) hängt irgendwie mit der Wortstellung zusammen → 42.
(b) ist eine stilistische Variation → 24.

13. Vergleiche in V. 7 die beiden Wortpaare mit dem Artikel und mit der Präposition מִן, הַמַּיִם und הָרָקִיעַ mit מִתַּחַת und מֵעַל. Entsprechungen ergeben sich
(a) durch die Präfigierung der Partikeln → 25.
(b) weil ע und ר nicht verdoppelt werden können → 40.

14. Natürlich wirken die Akzente zuerst etwas verwirrend, aber vgl. 4.3.1.4! Danach → 43.

15. Ja, wenigstens ein sekundärer; vgl. 2.3.2.6! → 3.

16. Lies nach in 6.3.1.1! Also besser: „vor determiniertem" statt „vor jedem" → 4.

17. Nach 3.3.2.3 spricht man auch dann von Segolaten, wenn der Hilfsvokal nicht Segol ist; lies nach in 3.3.2.3.1–3 und gehe über zu .... → 31.

18. Richtig. In den älteren Textausgaben wird zum Qames noch ein Meteg hinzugesetzt (vgl. 4.4.1), um die Länge anzudeuten. Wäre ein kurzer Vokal in geschlossener Silbe zu lesen, so müßte man im folgenden ת ein Dagesch lene erwarten .... → 6.

19. Jawohl, und zwar ein prädizierender (klassifizierender) Umstandssatz mit der Wortfolge w^e + Subjekt + Prädikat (vgl. 8.3.4.2) .... → 7.

20. Richtig, vgl. 6.3.3.2. Der Vokal unter ה, ע oder ח spielt aber in den Ausnahmen von 7.3.3.1 auch eine Rolle (s. dort!) .... → 10.

21. Gemeint ist wohl וָֽאלֹהִים; nach 4.3.2.5 besteht aber noch eine weitere Möglichkeit .... → 37.

22. Ein krasser Irrtum! Die Regeln der Silbenbildung (3.3.2.2) und der Silbenkombination (3.3.2.4) mitsamt den praktischen Hinweisen von 4.3.2.2 sind dringend nachzulesen! .... → 11.

23. Hier sind beide Antworten richtig, vgl. 7.3.1.2–4! .... → 12.

24. Stilistische Variation wäre es dann, wenn die Wahl des Tempus keinen Einfluß auf die Bedeutung des Satzes hätte. Träfe das zu, wenn im zweiten Satz ebenfalls ein Waw-Imperfekt stünde? .... → 39.

25. Das ist nur die halbe Antwort. Ein Vergleich von 6.3.3.2 mit 7.3.2.2 zeigt, daß die (aus verschiedenen Gründen erfolgende) Verdoppelung des auf das Präfix folgenden Konsonanten zu ähnlichen Erscheinungen führen muß .. → 13.

26. Selbstverständlich. Welche Verbalformen des starken Verbums haben übrigens regelmäßig ein Schwa quiescens unter dem ersten Radikal? .... → 38.

27. Die Faustregel stimmt dann nicht, wenn im Codex Leningradensis (vgl. 4.4.1) das (unregelmäßig gesetzte) Meteg bei langem ā fehlt. Für die 3.sing.f. des Perfekts kommt aber nur ā in Frage; die Lautfolge åj ist im Hebr. überhaupt nicht belegt. Vgl. außerdem das Argument im zweiten Teil von ... → 18.

28. Das wäre wohl ein zu großer Luxus; es genügt, sich die beiden in 4.3.1.4 angegebenen Funktionen zunutze zu machen .... → 43.

29. Nein, sonst stünde ein Schwa quiescens darunter, vgl. 1.3.2.2 und 3.3.1.3. Wie steht es beim folgenden Wort? .... → 41.

30. Die Determination erfolgt nicht nur durch den Artikel, vgl. 6.3.1.1! ..... → 4.

31. Ja, nach 3.3.2.3 gehören dazu auch מַיִם und תֹהוּ וָבֹהוּ mit den Hilfsvokalen i und u .... → 5.

32. Stimmt für V. 5, aber nicht für V. 2, vgl. .... → 27.

33. מְרַחֶפֶת ist zwar eine Verbalform, aber eine nominale; nur finite Verben, nicht Partizipien, ergeben Verbalsätze. Vgl. noch .... → 19.

34. Richtig, aber die beiden Antworten schließen sich gegenseitig nicht aus. Umstandssätze sind häufig Nominalsätze oder dann invertierte Verbalsätze → 12.

35. Nur bei ה, ע und ח spielt das folgende Qames eine Rolle für die Verwendung der Form הֶ des Artikels, vgl. 7.3.3.1. Sonst gelten die Hauptregeln von 6.3.3.2 . . . . → 10.

36. Immerhin ein invertierter Verbalsatz, der einem Umstandssatz gleichkommt (vgl. 7.3.1.1). Lies auch . . . . → 44.

37. Neben וְ, וָ (im Wortpaar תֹּהוּ וָבֹהוּ, vgl. 4.4.5), וּ (V. 4 und 7), וִ (in וַיְהִי, V. 6) und dem Waw consecutivum (mit Dagesch forte im folgenden Konsonanten, vgl. 5.3.1.3) wären in diesem Abschnitt noch וֵ (וֵאלֹהִים, vgl. 4.4.5) und וַ vor אֲשֶׁר (V. 7) möglich (vgl. 4.3.2.5) . . . . → 11.

38. Impf.Qal, Perf. (Part. und Inf.abs.) Ni., ganzes Hi. und Ho.; diese Reihe von Formen, in denen das Präformativ mit dem ersten Radikal eine geschlossene Silbe bildet, ist einzuprägen, weil sie beim schwachen Verbum für durchlaufende Abweichungen stets wiederkehrt . . . . → 13.

39. Wohl nicht; wenn der zweite Satz וַיִּקְרָא לַחֹשֶׁךְ לָיְלָה lautete, so läge das Gewicht auf der Aussage, daß die Benennung der Nacht die zeitliche und logische Folge der Benennung des Tages gewesen sei. Nach 6.3.1.6 ist der Erklärung in . . . . → 42.
der Vorzug zu geben.

40. Richtig, in מ und ת steht Dagesch forte, vor ר und ע haben wir Ersatzdehnung . . . . Ende.

41. Genau gleich, nur daß in anderen Formen der Verben III', nämlich vor vokalischen Endungen, das Aleph wieder konsonantisch wird, während es in רֹאשׁ, רִאשׁוֹן und רֵאשִׁית immer rein orthographisch bleibt . . . . → 3.

42. Ja, die Wortstellung ist chiastisch: Verbum — (Subj.) — indirektes Objekt / indirektes Objekt — Verbum, wobei im zweiten Teil ein invertierter Verbalsatz entsteht. Nach 6.3.1.6 wird dadurch angezeigt, daß die beiden Handlungen nicht in ihrer Aufeinanderfolge, sondern in ihrer Gleichgewichtigkeit und in ihrem Kontrast gesehen sind . . . . → 8.

43. Als Tonzeichen sind die verschiedenen Akzente z.B. in V. 2 für die richtige Lesung der Segolata nützlich. Bei קָרָא in V. 5 sieht man, daß der Ton ausnahmsweise auf die vorletzte Silbe zurückgenommen worden ist, offenbar aus Gründen des Wohllautes, um das unmittelbare Zusammenstoßen zweier Haupttonsilben zu vermeiden. Was in 4.3.1.4 über das Zeichen Atnach (֑) als Mittel zur Gliederung der Verse gesagt wird, gilt ähnlich auch für das Zeichen Zaqeph parvum (֔). Beide zusammen teilen V. 2 und V. 5 in je drei grammatische Sätze auf . . . . → 2.

44. Hier kann man streiten. Nach der Definition in 7.3.1.1 ist es ein (invertierter) Verbalsatz, bei dem das Verbum היה die Vorzeitigkeit (zu der Handlung in V. 3) angibt („die Erde aber hatte als Wüste und Öde existiert"), wodurch auch die beiden folgenden Sätze zeitlich festgelegt sind. Alle drei Sätze sind Umstandssätze, auch der invertierte Verbalsatz . . . . → 9.

15.4 Repetition der Formenlehre des Nomens und des Verbums

In 1.3.1.3 sind die zehn Konsonanten herausgehoben, die nicht nur in den lexikalischen Wortwurzeln, sondern auch als grammatische Bildungselemente vorkommen. Die nachfolgende Liste aller 187 Formen, in denen die Wurzel קדשׁ mit den Vokabeln קדשׁ q. „heilig sein" (mit ni., pi., pu., hitp. und hi.), קָדוֹשׁ „heilig", קָדֵשׁ „geweiht", קְדֵשָׁה „Hierodule", קֹדֶשׁ „Heiligkeit", מִקְדָּשׁ „Heiligtum" und den Ortsnamen קֶדֶשׁ und קָדֵשׁ im AT begegnet, gibt nur eine Auswahl sämtlicher Möglichkeiten. Man bestimme die Formen und achte auf die Verwechslungsmöglichkeiten.

---	קִדַּשׁ	1.		לְקֹדֶשׁ	34.
	קַדֵּשׁ	2.		לְקָדֵשׁ	35.
	קַדֶּשׁ־	3.		לִקְדוֹשׁ	36.
	קֹדֶשׁ	4.	מ---	מְקַדֵּשׁ	37.
	קָדֹשׁ	5.		מִקֹּדֶשׁ	38.
	קְדֹשׁ	6.		מִקְדָּשׁ	39.
	קָדֵשׁ	7.		מִקְּדָשׁ	40.
	קֶדֶשׁ	8.		מִקְדַּשׁ	41.
	קָדוֹשׁ	9.		מִקֶּדֶשׁ	42.
	קְדוֹשׁ	10.		מִקָּדֵשׁ	43.
א---	אֶקָּדֵשׁ	11.		מִקְּדוֹשׁ	44.
	אֲקַדֵּשׁ	12.	נ---	נִקְדַּשׁ	45.
ב---	בַּקֹּדֶשׁ	13.	ת---	תִּקְדַּשׁ	46.
	בְּקֹדֶשׁ	14.		תַּקְדִּישׁ	47.
	בְּקָדֵשׁ	15.	במ---	בְּמִקְדַּשׁ	48.
	בִּקְדוֹשׁ	16.	הה---	הַֽהִקְדִּישׁ	49.
ה---	הַקְדֵּשׁ	17.	הי---	הֲיִקְדָּֽשׁ	50.
	הַקֹּדֶשׁ	18.	המ---	הַֽמְקֻדָּשׁ	51.
	הַקָּדֵשׁ	19.		הַמִּקְדָּשׁ	52.
	הַקָּדוֹשׁ	20.		הַמַּקְדִּישׁ	53.
	הִקְדִּישׁ	21.	הת---	הִתְקַדֶּשׁ־	54.
ו---	וְקָדַשׁ	22.	וה---	וְהַקֹּדֶשׁ	55.
	וְקִדַּשׁ	23.	וי---	וַיִּקָּדֵשׁ	56.
	וְקֹדֶשׁ	24.		וַיְקַדֵּשׁ	57.
	וְקֶדֶשׁ	25.	ול---	וּלְקַדֵּשׁ	58.
	וְקָדוֹשׁ	26.		וְלַקֹּדֶשׁ	59.
	וּקְדוֹשׁ	27.		וְלִקְדוֹשׁ	60.
י---	יְקַדֵּשׁ	28.	ומ---	וּמִקְדָּשׁ	61.
	יִקְדָּֽשׁ	29.		וּמִקְדַּשׁ	62.
	יַקְדִּשׁ	30.	ונ---	וְנִקְדַּשׁ	63.
	יַקְדִּישׁ	31.	לה---	לְהַקְדִּישׁ	64.
ל---	לְקַדֵּשׁ	32.	למ---	לְמִקְדָּשׁ	65.
	לַקֹּדֶשׁ	33.		לַמִּקְדָּשׁ	66.

15.

67.	מֵהַקֹּדֶשׁ	מה---
68.	לְהִתְקַדֵּשׁ	להת---
69.	קְדֵשָׁה	---ה
70.	קָדְשָׁה	
71.	קְדֵשָׁה	
72.	קְדֵשׁוּ	---ו
73.	קִדְשׁוּ	
74.	קַדְּשׁוּ	
75.	קַדֵּשׁוּ	
76.	קָדְשׁוֹ	
77.	קְדוֹשׁוֹ	
78.	קָדְשִׁי	---י
79.	קָדְשֵׁי	
80.	קֳדָשַׁי	
81.	קֳדָשָׁי	
82.	קְדֹשִׁי	
83.	קָדְשְׁךָ	---ך
84.	קָדְשֶׁךָ	
85.	בְּקָדְשׁוֹ	ב---ו
86.	בְּקִדְשׁוֹ	
87.	בְּקָדְשִׁי	ב---י
88.	הַקְּדֵשָׁה	ה---ה
89.	הִקְדִּישׁוּ	ה---ו
90.	וְקִדְּשׁוֹ	ו---ו
91.	וְקִדְּשׁוּ	
92.	וְקַדְּשׁוּ	
93.	וְקָדְשׁוֹ	
94.	וְקָדְשֵׁו	
95.	וּקְדוֹשׁוֹ	
96.	וְקָדְשֵׁי	ו---י
97.	וְקִדַּשְׁתָּ	ו---ת
98.	יְקַדְּשׁוּ	י---ו
99.	יְקַדֵּשׁוּ	
100.	יַקְדִּישׁוּ	
101.	לְקַדְּשׁוֹ	ל---ו
102.	לְקָדְשׁוֹ	
103.	לְקַדְּשָׁם	ל---ם
104.	מִקְדָּשָׁהּ	מ---ה
105.	מְקַדְּשׁוֹ	מ---ו
106.	מִקְדָּשׁוֹ	
107.	מִקְדְּשׁוֹ	
108.	מִקְדָּשַׁי	מ---י
109.	מִקְדָּשִׁי	
110.	מִקְדְּשֵׁי	
111.	מִקְדָּשַׁי	
112.	מִקְדָּשְׁךָ	מ---ך
113.	מִקְדָּשֶׁךָ	
114.	מְקַדְּשָׁם	מ---ם
115.	מִקְדָּשָׁם	
116.	תַּקְדִּישׁוּ	ת---ו
117.	בְּהָקְדְּשִׁי	בה---י
118.	בְּמִקְדָּשׁוֹ	במ---ו
119.	בְּמִקְדָּשִׁי	במ---י
120.	הִתְקַדְּשׁוּ	הת---ו
121.	הִתְקַדָּשׁוּ	
122.	וְהִקְדִּישׁוּ	וה---ו
123.	וְהַקְדִּשֵׁם	וה---ם
124.	וַיִּקְדָּשׁוּ	וי---ו
125.	וַיְקַדְּשׁוּ	
126.	וַיַּקְדִּשׁוּ	
127.	וַיְקַדְּשֵׁם	וי---ם
128.	וּמִקְדָּשִׁי	ומ---י
129.	וּמִקְדְּשֵׁי	
130.	יִתְקַדְּשׁוּ	ית---ו
131.	יִתְקַדָּשׁוּ	
132.	לְהַקְדִּישׁוֹ	לה---ו
133.	לְמִקְדָּשׁוֹ	למ---ו
134.	לְמִקְדָּשָׁי	למ---י
135.	מִתְקַדֶּשֶׁת	מת---ת
136.	וְהִתְקַדְּשׁוּ	והת---ו
137.	וַיִּתְקַדְּשׁוּ	וית---ו
138.	וּמִמִּקְדָּשִׁי	וממ---י
139.	קֳדָשָׁיו	---יו
140.	קְדֹשָׁיו	
141.	קֳדָשֶׁיךָ	---יך
142.	קֳדָשִׁים	---ים
143.	קְדֹשִׁים	
144.	קְדוֹשִׁים	
145.	קְדוֹשְׁכֶם	---כם
146.	קָדְשֵׁנוּ	---נו
147.	קִדַּשְׁתֶּם	---תם
148.	בִּקְדֹשָׁיו	ב---יו
149.	בַּקֳּדָשִׁים	ב---ים
150.	בַּקְּדֵשִׁים	

151.	הַקְדֵשׁוֹת	ה---ות
152.	הַקֲּדָשִׁים	ה---ים
153.	הַקְדֵשִׁים	
154.	הַקְדוֹשִׁים	
155.	הִקְדַּשְׁתִּי	ה---תי
156.	וְקָדָשָׁיו	ו---יו
157.	וְקִדַּשְׁתּוֹ	ו---תו
158.	וְקִדַּשְׁתִּי	ו---תי
159.	וְקִדַּשְׁתָּם	ו---תם
160.	וְקִדַּשְׁתֶּם	
161.	לִקְדוֹשִׁים	ל---ים
162.	מִקְדָּשֶׁיךָ	מ---יך
163.	מַקְדִּשִׁים	מ---ים
164.	מִקְדְּשִׁים	
165.	מִקְדָּשִׁים	
166.	מְקַדִּשְׁכֶם	מ---כם
167.	מִקְדָּשֵׁנוּ	מ---נו
168.	הַמְקֻדָּשִׁים	המ---ים
169.	וְהַקֳּדָשִׁים	וה---ים
170.	וְהִקְדַּשְׁנוּ	וה---נו
171.	וְהִקְדַּשְׁתִּי	וה---תי
172.	וַיַּקְדִּשֵׁהוּ	וי---הו
173.	וְלַקֳּדָשִׁים	ול---ים
174.	וּמַקְדִּשִׁים	ומ---ים
175.	וְנִקְדַּשְׁתִּי	ונ---תי
176.	לְהַקְדִּישֵׁנִי	לה---ני
177.	מִמִּקְדָּשֶׁיךָ	ממ---יך
178.	הַמִּתְקַדְּשִׁים	המת---ים
179.	וְהִתְקַדִּשְׁתִּי	והת---תי
180.	וְהִתְקַדִּשְׁתֶּם	והת---תם
181.	קִדְּשׁוּהוּ	---והו
182.	קָדְשֵׁיהֶם	---יהם
183.	קָדְשֵׁיכֶם	---יכם
184.	קִדַּשְׁתִּיךָ	---תיך
185.	הִקְדַּשְׁתִּיךָ	ה---תיך
186.	מְקָדְשֵׁיהֶם	מ---יהם
187.	מִקְדְּשֵׁיכֶם	מ---יכם

Ungewöhnliche Formen: 40.: Ex 15,17, mit Dagesch forte dirimens, = מִקְדָּשׁ; 49.: 1Chr 26,28, mit Artikel als Relativpartikel; 94.: 1Kön 15,15, Qere וְקָדְשֵׁי, Ketib וְקָדְשׁוֹ; 107.: Num 18,29, mit Reduktion statt Vorton-Qames; 166.: Ex 31,13 u.ö., Kürzung des ē zu i statt æ; 177.: in zahlreichen Handschriften Ps 68,36 מִמִּקְדָּשֶׁךָ; 179./180.: Ez 38,23 und Lev 11,44; 20,7, mit i statt a in der zweiten Stammsilbe; 184.: in קִדַּשְׁתִּיךָ zu korrigieren.

15.5 Setze die geeigneten Negationen ein (Repetition zu 10.3.3–4 und 10.4.6):

1. וַיִּרְדְּפוּ אַחֲרֵי בְּנֵי יַעֲקֹב
2. הִרְחִיקוּ מִן־הָעִיר
3. יְהוָה שְׁלָחַנִי / שְׁלָחֲךָ יְהוָה
4. כִּי יְהוָה בְּקִרְבְּכֶם
5. וַיִּשְׁמְעוּ אֶל־מֹשֶׁה
6. כִּי־כֵן בֵּיתִי עִם־אֵל
7. זְכָר־לָנוּ עֲוֹנֹת רִאשֹׁנִים
8. כְּרֹת לָהֶם וְלֵאלֹהֵיהֶם בְּרִית
9. הִשָּׁמֶר לְךָ ... לִשְׁמֹר מִצְוֹתָיו
10. כִּי אָנֹכִי בְּקִרְבְּכֶם

15.6 Verbinde die zwei Sätze durch Bildung eines Relativsatzes (Repetition zu 6.3.2):

1. וַיֹּאמֶר הָאָדָם הָאִשָּׁה הִוא נָתְנָה־לִּי מִן־הָעֵץ /
נָתַתָּה עִמָּדִי אִשָּׁה
2. לֹא־תִקַּח אִשָּׁה לִבְנִי מִבְּנוֹת הַכְּנַעֲנִי /
אָנֹכִי יוֹשֵׁב[a] בְּקֶרֶב הַכְּנַעֲנִי
3. יְהוָה יִשְׁלַח מַלְאָכוֹ[b] אִתָּךְ /
הִתְהַלַּכְתִּי לְפָנֵי יְהוָה
4. הָאָרֶץ לְךָ אֶתְּנֶנָּה וּלְזַרְעֲךָ /
אַתָּה שֹׁכֵב עַל־הָאָרֶץ
5. וַיִּקְרָא יַעֲקֹב אֶת־שֵׁם הַמָּקוֹם בֵּית־אֵל /
וַיְדַבֵּר אִתּוֹ אֱלֹהִים בַּמָּקוֹם הַהוּא
6. וַיִּשְׁלַח חִירָם אֶל־שְׁלֹמֹה לֵאמֹר שָׁמַעְתִּי אֹתוֹ /
שָׁלַחְתָּ אֵלַי אֹתוֹ

15.7 Forme die Zeitangabe in eine Wendung mit Infinitiv um (vgl. 10.3.1.2–3):

1. וַיְהִי כאשר שמע חִירָם אֶת־דִּבְרֵי שְׁלֹמֹה וַיִּשְׂמַח מְאֹד
2. וישמע אֶת־דִּבְרֵי רִבְקָה אֲחֹתוֹ . . . וַיָּבֹא אֶל־הָאִישׁ
3. וַיְהִי כאשר שמעתי אֶת־הַדְּבָרִים הָאֵלֶּה . . . וָאֹמַר
4. וַיְהִי כאשר שמעו אֶת־הַתּוֹרָה וַיַּבְדִּילוּ כָל־עֵרֶב[c] מִיִּשְׂרָאֵל:
5. כֹּה עָשׂוּ אֲבֹתֵיכֶם כי שלחתים מִקָּדֵשׁ בַּרְנֵעַ לִרְאוֹת אֶת־הָאָרֶץ:

---

[a] ישב = sitzen / wohnen
[b] מַלְאָךְ = Bote / Engel
[c] עֵרֶב = Mischvolk / Gemisch

LEKTION 16

16.1 Vokabel-Repetition. Aus den in Klammern angegebenen Lektionen sind folgende Vokabeln, die zum religiös-ethischen Bereich gehören, zu repetieren:

נָבִיא	(5)	אֱלֹהִים	(5)	אֱלוֹהַּ	(5)	בְּרִית	(7)	מִצְוָה	(7)
נְאֻם	(7)	טוֹב	(8)	יָשָׁר	(8)	צַדִּיק	(8)	אֵל	(9)
בָּרוּךְ	(10)	צֶדֶק	(10)	אַף	(11)	רַע	(11)	חֹק/חֻקָּה	(11)
כָּבוֹד	(11)	חֶסֶד	(12)	תּוֹרָה	(12)	שֶׁקֶר	(13)	רָשָׁע	(13)

בֶּאֱמֶת	beständig / getreulich / aufrichtig / tatsächlich / wirklich
שָׁוְא	Trug / Falschheit / Nichtigkeit
לַשָּׁוְא	vergeblich / unnütz / mißbräuchlich
תָּמִים	vollständig / untadelig / aufrichtig
תָּמִים עִם־יְהוָה	untadelig vor Jahwe
בְּרָכָה	Segen
חֶרְפָּה	Schmähung / Schmach
טָהוֹר	rein
רַחֲמִים ×	Erbarmen
מוֹפֵת ×	Wunder

16.3.1 Verba mediae laryngalis (und mediae ר) im Doppelungsstamm

Die Verben IIlar. und IIr gehören zu den starken Verben; sie bieten vor allem im Pi., Pu. und Hitp. Besonderheiten, da die Laryngale und Resch nicht verdoppelt werden können.

Bisher gelernte Verben dieses Typus mit Pi. sind: שִׁחֵת pi. „verderben“, פֵּרַשׂ pi. „ausgebreitet halten / ausbreiten“, קֵרַב pi. „(unmittelbar) nahebringen“, רִחַק pi. „(ganz) entfernen“ (→ 16.4.1).

Hauptregel:

Statt der Verdoppelung des mittleren Radikals begegnet (ähnlich wie beim Artikel):

— vor ר immer, vor א und ע häufig Ersatzdehnung des vorhergehenden Vokals, und zwar wird i > ē, a > ā, u > ō gedehnt (vgl. 3.3.2.6): z.B. בֵּרַךְ, יְבָרֵךְ, בֹּרַךְ; מֵאֵן, יְמָאֵן;

— sonst, wie stets bei ה und ח, findet virtuelle Verdoppelung statt (vgl. 6.3.3.2): z.B. נִאֵץ; מִהַר, יְמַהֵר; שִׁחֵת, יְשַׁחֵת; רִחַם.

Einzelheiten:

In der 3.sing.m. des Perf.Pi. haben

— ה, ח und ר häufiger a als ē (vgl. 13.3.1.1), z.B. בֵּרַךְ (in pausa בֵּרֵךְ), aber שִׁחֵת;

— א und ע stets ē, z.B. מֵאֵן (→ 16.4.2).

Paradigmen (בֵּרַךְ pi. „segnen“, מִהַר pi. „eilen“)

	Pi.	Pu.	Hitp.	Pi.
Perf.sing.3.m.	בֵּרַךְ	בֹּרַךְ	הִתְבָּרֵךְ	מִהַר
3.f.	בֵּרְכָה	בֹּרְכָה	הִתְבָּֽרְכָה	מִהֲרָה
2.m.	בֵּרַכְתָּ	בֹּרַכְתָּ	הִתְבָּרַכְתָּ	מִהַרְתָּ
....				
Impf.sing.3.m.	יְבָרֵךְ	יְבֹרַךְ	יִתְבָּרֵךְ	יְמַהֵר
2.f.	תְּבָֽרְכִי	תְּבֹרְכִי	תִּתְבָּֽרְכִי	תְּמַהֲרִי
plur.3.m.	יְבָֽרְכוּ	יְבֹרְכוּ	יִתְבָּֽרְכוּ	יְמַהֲרוּ
3.f.	תְּבָרֵכְנָה	תְּבֹרַכְנָה	תִּתְבָּרֵכְנָה	תְּמַהֵרְנָה
....				
Imp.sing.m.	בָּרֵךְ	----	הִתְבָּרֵךְ	מַהֵר
plur.m.	בָּֽרְכוּ	----	הִתְבָּֽרְכוּ	מַהֲרוּ
Inf.cs.	בָּרֵךְ	----	הִתְבָּרֵךְ	מַהֵר
Part.sing.m.	מְבָרֵךְ	מְבֹרָךְ	מִתְבָּרֵךְ	מְמַהֵר

(Die übrigen Formen werden analog nach 13.3.1.1 gebildet. Bei ברך und גרשׁ wird im Waw-Imperfekt ohne Endung der Ton zurückgezogen: וַיְבָרֶךְ, וַתְּגָֽרֶשׁ; vgl. 11.4.5).

16.3.2 Flexion der Nomina (VII): mit veränderlichem Qames in der Endsilbe

Nomina mit unveränderlichem Vokal in der ersten Silbe und veränderlichem Qames in der Endsilbe sowie einsilbige Nomina mit veränderlichem Qames, die den Endkonsonanten nicht verdoppeln (→ 11.4.15), belassen ā in der Tonsilbe und der offenen Vortonsilbe, kürzen das (aus a entstandene) ā in unbetonter geschlossener Silbe zu a und reduzieren es in offener Vor-Vortonsilbe zu Schwa mobile.

Zahlreiche Nomina dieser Klasse sind *maqtal-* oder *miqtal-*Bildungen, die oft den Ort, das Mittel oder das Ergebnis der von einer Verbalwurzel bezeichneten Handlung angeben.

Von den einsilbigen Stämmen dieses Typus sind alle häufigeren Nomina bereits bekannt: דָּם „Blut“ (Pl. דָּמִים „Blutschuld“), יָד „Hand“ (Du. יָדַיִם „Hände“), פָּנִים „Angesicht“ (plurale tantum), שָׁנָה (f.) „Jahr“ (Pl. שָׁנִים „Jahre“).

Von den zweisilbigen Stämmen sind bereits vorgekommen: עוֹלָם „Ewigkeit / fernste Zeit“ und מִשְׁפָּט „Recht / Gericht“ (→ 16.4.3).

Hauptregeln:

Der Vokal der Endsilbe erscheint als:

— ā im st.abs. und vor leichten Suffixen des Sg./Du./Pl.:

יָד	יָדִי	יָדַיִם	יָדַי
מִשְׁפָּט	מִשְׁפָּטִי	מִשְׁפָּטִים	מִשְׁפָּטַי

— a im st.cs. und vor schweren Suffixen des Sing.:

יַד		מִשְׁפַּט	מִשְׁפַּטְכֶם

— ᵉ im st.cs. und vor schweren Suffixen des Du./Plur.:

יְדֵי	יְדֵיכֶם	מִשְׁפְּטֵי	מִשְׁפְּטֵיכֶם

Einzelheiten:

— יָד und דָּם bilden mit schwerem Suffix יֶדְכֶם und דִּמְכֶם.

— אוֹצָר, גּוֹרָל, שׁוֹפָר, שֻׁלְחָן haben die Plur.-Endung *-ōt*.

16.3.3 Zahlwörter (I): Ordinalia

Wegen der relativ einfachen Formen beginnen wir mit den Ordinal-Zahlwörtern. Besondere Formen existieren nur für die Zahlen 2–10 (für „erster" wird רִאשׁוֹן verwendet). Es sind Adjektive der Nominalbildung *qatīl-* mit dem Afformativ *-ī* (→ 16.4.4).

Die Femininform mit der Endung *-t* (→ 16.4.5) wird auch für die Bruchzahlen verwendet (שְׁלִישִׁית „Drittel" usw.; → 16.4.6).

Für die fehlenden Ordinalia über 10 werden die Kardinalzahlen gesetzt, bei der Zählung der Jahre und der Monatstage (nicht aber der Monate) in Datumsangaben häufig auch für die Zahlen 1–10 (→ 16.4.7).

1.	רִאשׁוֹן	erster,	fem. רִאשׁוֹנָה			
2.	שֵׁנִי	zweiter	שֵׁנִית	(adv. „zum zweiten Mal")		
3.	שְׁלִישִׁי	dritter	שְׁלִישִׁית		Wurzel:	שלש
4.	רְבִיעִי	vierter	רְבִיעִית			(א)רבע
5.	חֲמִישִׁי	fünfter	חֲמִישִׁית	×		חמש
6.	שִׁשִּׁי	sechster	שִׁשִּׁית	×		שש (*שדש)
7.	שְׁבִיעִי	siebenter	שְׁבִיעִית			שבע
8.	שְׁמִינִי	achter	שְׁמִינִית	×		שמנ(י)
9.	תְּשִׁיעִי	neunter	תְּשִׁיעִית	×		תשע
10.	עֲשִׂירִי	zehnter	עֲשִׂירִית	×		עשר

16.3.4 Bedingungssätze

Die konditionale Beziehung zwischen zwei Sätzen wird meistens durch Konjunktionen im bedingenden Satz zum Ausdruck gebracht. Der Wenn-Satz steht gewöhnlich voran. Er gilt für uns als untergeordneter Nebensatz; der Nachsatz (Hauptsatz) wird aber im Hebr. häufig durch die Konjunktion ו beigeordnet (s.u.). (→ 16.4.8)

Auf einfachere Art können aber auch zwei mit ו eingeleitete (seltener zwei unverbundene) Hauptsätze das konditionale Verhältnis darstellen, wobei allerdings die konditionale und die eng damit verwandte temporale Beziehung nicht streng voneinander zu unterscheiden sind. Vgl. Ps 104,28 תִּפְתַּח יָדְךָ יִשְׂבְּעוּן טוֹב „tust du deine Hand auf, so werden sie mit Gutem gesättigt"; Ri 6,13 = → 13.5.5.8; 1Kön 8,30 וְשָׁמַעְתָּ וְסָלָחְתָּ „und wenn du es hörst, so wollest du vergeben!".

Als Konjunktionen werden im Konditionalsatz verwendet:

— אִם (am häufigsten), negiert אִם לֹא, mit nachfolgendem Nominal- oder Verbalsatz, z.B.
Spr 24,14 אִם־מָצָאתָ וְיֵשׁ אַחֲרִית „wenn du (sie) gefunden hast, so gibt es eine Zukunft"; Ex 22,2 ... אִם־אֵין לוֹ וְנִמְכַּר „hat er nichts, so soll er verkauft werden"; Ri 4,8 וַיֹּאמֶר אֵלֶיהָ בָּרָק אִם־תֵּלְכִי עִמִּי וְהָלָכְתִּי וְאִם־לֹא תֵלְכִי עִמִּי לֹא אֵלֵךְ׃ „da sprach Barak zu ihr: Wenn du mit mir gehst, so gehe ich; gehst du aber nicht mit mir, so gehe ich nicht";

— כִּי (weniger häufig), mit Nominal- oder Verbalsatz, manchmal auch dem Subjekt nachgestellt, z.B. Lev 1,2 אָדָם כִּי־יַקְרִיב מִכֶּם קָרְבָּן לַיהוָה ... „wenn jemand von euch Jahwe eine Opfergabe darbringen will, so ..."; bei komplizierteren kasuistischen Satzgefügen werden gerne mit כִּי die Hauptbedingung und mit אִם die Unterbedingungen eingeführt (z.B. Ex 21,37–22,3).

— אֲשֶׁר (selten), z.B. Dtn 11,27 ... אֲשֶׁר תִּשְׁמְעוּ „wenn ihr hört" (V.28 negiert: ... אִם־לֹא תִשְׁמְעוּ);

— הֵן (selten, spät), z.B. Lev 25,20 הֵן לֹא נִזְרָע „wenn wir nicht säen";

— לוּ steht bei irreal gedachten Bedingungen, negiert

— לוּלֵי (< לוּ לֹא), hauptsächlich mit Perfekt, z.B. Dtn 32,29 לוּ חָכְמוּ יַשְׂכִּילוּ זֹאת „wenn sie weise wären, so würden sie dies verstehen"; Gen 31,42 לוּלֵי אֱלֹהֵי אָבִי ... הָיָה לִי כִּי עַתָּה רֵיקָם שִׁלַּחְתָּנִי „wenn nicht der Gott meines Vaters ... für mich gewesen wäre, so hättest du mich jetzt mit leeren Händen ziehen lassen".

16.3.5 Wortschatz nach Sachgruppen (I): religiös-ethischer Bereich

Es empfiehlt sich, zur Befestigung des Wortschatzes die gelernten Vokabeln in sachlich geordnete Gruppen zusammenzufassen. Selbstverständlich kann ein Wort mehreren verschiedenen Wortfeldern angehören, was hier nicht genügend zum Ausdruck kommt. Die hier gewählte Anordnung ist rein behelfsmäßig und in keiner Weise verbindlich. Sie kann laufend erweitert werden und mag als Anregung zu Übungen dienen. Für die genaueren Wortbedeutungen und die Zusammenhänge zwischen den Vokabeln ist auf die Wörterbücher zu verweisen.

Berücksichtigt sind hier zunächst die bereits gelernten Vokabeln; später zu lernende Vokabeln stehen in Klammern.

1.1	אֱלֹהִים	אֱלוֹהַּ אֵל אֲדֹנָי יְהוָה יְהוָה־צְבָאוֹת קְדוֹשׁ־יִשְׂרָאֵל
1.2	קֹדֶשׁ	כָּבוֹד נִפְלָאוֹת אַף רַחֲמִים קַנָּאָה
1.3	ברא	עשׂה פלא פקד רחם נחם סלח (חנן בחר גאל פדה עזר)
1.4	נָבִיא	שֹׁפֵט מַלְאָךְ נְאֻם דָּבָר אוֹת מוֹפֵת (חָזוֹן)
1.5	תּוֹרָה	חֹק חֻקָּה מִצְוָה מִשְׁפָּט בְּרִית (עֵדוּת)
1.6	חַטָּאת	עָוֹן פֶּשַׁע עָוֶל עַוְלָה אָוֶן שָׁוְא שֶׁקֶר (חָמָס)
1.7	בטח	דרשׁ זכר שׁכח שׁמר כבד חטא פשׁע (אמן ירא אהב עבד חוה)
1.8	טוֹב	רַע צַדִּיק רָשָׁע יָשָׁר תָּמִים בָּרוּךְ (עָנָו)
1.9	צֶדֶק	צְדָקָה חֶסֶד אֱמֶת בְּרָכָה (עֵזֶר עֶזְרָה אֱמוּנָה)

16.4 Anmerkungen

16.4.1 Vereinzelt begegnen Pu.-Formen bei כרת, שׂרף, זרע.

16.4.2 Die jeweilige Vokalisation ist im Vokabular angegeben, soweit die Formen überhaupt belegt sind.

16.4.3 Vgl. noch 11.4.14: שַׁבָּת im Plur.

16.4.4 Abweichend שֵׁנִי mit zweiradikaliger Wurzel und שִׁשִּׁי als Analogiebildung zum Kardinalzahlwort.

16.4.5 Nur selten begegnen שְׁלִישִׁיָּה und עֲשִׂרִיָּה

16.4.6 Für „Hälfte" wird als eigenes Wort חֲצִי verwendet (→ 14.2.3).

16.4.7 Vgl. auch Gen 1,5 יוֹם אֶחָד „erster Tag".

16.4.8 Zur Einleitung des Nachsatzes dient außer וְ (Waw apodosis) auch beteuerndes כִּי „so" (z.B. Jes 7,9, → 19.5.4.5).

16.5 Übungen und Lesestück

16.5.1: גֵּרַשְׁתִּיו רִחַמְתִּים מִהֲרָה גֹּרְשׁוּ הִטַּהֲרוּ יְמָאֲנוּ נחמו חרפתי וינחם יְרֻחַם גֹּרַשְׁנוּ אֲרַחֲמֵךְ

16.5.2: und er weigerte sich, er wird gesegnet werden, preise (f.), sie haben mich geschmäht, und sie trösteten, sie haben verschmäht, du hast dich beeilt, um Dienst zu tun.

16.

16.5.3: הֵיכָלוֹ מִסְפַּר אוֹצְרוֹתֶיךָ יָדָיו יְדֵיהֶם מִשְׁפְּטֵי בְּיֶדְכֶם שֻׁלְחָנוֹת עוֹלָמִים מַלְאָכָיו
קָרְבָּנְךָ גּוֹרָלֵךְ לְפָנֶיךָ דְּמֵי

16.5.4:

1. בָּרֲכִי נַפְשִׁי אֶת־יְהוָה֮ וְכָל־קְרָבַי[a] אֶת־שֵׁם קָדְשׁוֹ׃ 2. כִּי־בָרֵךְ
יְבָרֶכְךָ יְהוָה בָּאָרֶץ אֲשֶׁר יְהוָה אֱלֹהֶיךָ נֹתֵן־לָךְ 3. וַיָּקֻמוּ[b] כָל־בָּנָיו
וְכָל־בְּנֹתָיו לְנַחֲמוֹ וַיְמָאֵן לְהִתְנַחֵם 4. וְנִשְׁבַּעְתָּ חַי־יְהוָה בֶּאֱמֶת בְּמִשְׁפָּט
וּבִצְדָקָה וְהִתְבָּרְכוּ בוֹ גּוֹיִם וּבוֹ יִתְהַלָּלוּ׃ 5. כִּי־הָיָה דְבַר־יְהוָה לִי
לְחֶרְפָּה וּלְקֶלֶס[c] כָּל־הַיּוֹם׃ וְאָמַרְתִּי לֹא־אֶזְכְּרֶנּוּ וְלֹא־אֲדַבֵּר עוֹד בִּשְׁמוֹ
וְהָיָה בְלִבִּי כְּאֵשׁ בֹּעֶרֶת[d] עָצֻר[e] בְּעַצְמֹתָי 6. וְרָאֲךָ וְשָׂמַח בְּלִבּוֹ׃ 7. וַיֹּאמֶר
מֹשֶׁה אֶל־הָאֱלֹהִים הִנֵּה אָנֹכִי בָא[f] אֶל־בְּנֵי יִשְׂרָאֵל וְאָמַרְתִּי לָהֶם אֱלֹהֵי
אֲבוֹתֵיכֶם שְׁלָחַנִי אֲלֵיכֶם וְאָמְרוּ־לִי מַה־שְּׁמוֹ מָה אֹמַר אֲלֵהֶם׃ 8. וּבָא[g]
הַשֶּׁמֶשׁ וְטָהֵר 9. וְהָיָה לָכֶם לְצִיצִת[h] וּרְאִיתֶם[j] אֹתוֹ וּזְכַרְתֶּם אֶת־כָּל־
מִצְוֹת יְהוָה 10. עַל־מֶה נִאֵץ רָשָׁע אֱלֹהִים אָמַר בְּלִבּוֹ לֹא תִדְרֹשׁ׃
11. וַיְקַבֵּץ אֶת־הַכֹּהֲנִים וְהַלְוִיִּם וַיֹּאמֶר לָהֶם ··· וְאַתֶּם תְּמַהֲרוּ לַדָּבָר
וְלֹא מִהֲרוּ הַלְוִיִּם׃ 12. וְטִהַרְתִּים מִכָּל־עֲוֹנָם אֲשֶׁר חָטְאוּ־לִי וְסָלַחְתִּי
לְכָולִי[i]־עֲוֹנוֹתֵיהֶם אֲשֶׁר חָטְאוּ־לִי וַאֲשֶׁר פָּשְׁעוּ בִי׃ 13. וְרִחַמְתִּי אֶת־אֲשֶׁר
אֲרַחֵם׃ 14. וְעַתָּה הִשָּׁבְעוּ־נָא לִי בַּיהוָה כִּי־עָשִׂיתִי[j] עִמָּכֶם חָסֶד וַעֲשִׂיתֶם[j]
גַּם־אַתֶּם עִם־בֵּית אָבִי חֶסֶד וּנְתַתֶּם לִי אוֹת אֱמֶת׃ 15. כֹּה אָמַר יְהוָה
צְבָאוֹת לֵאמֹר מִשְׁפַּט אֱמֶת שְׁפֹטוּ וְחֶסֶד וְרַחֲמִים עֲשׂוּ[k] אִישׁ אֶת־אָחִיו׃
16. שָׁוְא וּדְבַר־כָּזָב הַרְחֵק מִמֶּנִּי 17. מָצָא אִשָּׁה מָצָא טוֹב 18. נֹחַ אִישׁ
צַדִּיק תָּמִים הָיָה בְּדֹרֹתָיו אֶת־הָאֱלֹהִים הִתְהַלֶּךְ־נֹחַ׃ 19. וַיִּמְצָאָהּ מַלְאַךְ
יְהוָה עַל־עֵין הַמַּיִם בַּמִּדְבָּר 20. אַל־תִּבְטְחוּ לָכֶם אֶל־דִּבְרֵי הַשֶּׁקֶר
לֵאמֹר הֵיכַל יְהוָה הֵיכַל יְהוָה הֵמָּה׃[l] 21. וַיְהִי הַמַּקְרִיב
בַּיּוֹם הָרִאשׁוֹן אֶת־קָרְבָּנוֹ נַחְשׁוֹן בֶּן־עַמִּינָדָב לְמַטֵּה[m] יְהוּדָה׃ ··· בַּיּוֹם
הַשֵּׁנִי הִקְרִיב נְתַנְאֵל בֶּן־צוּעָר נְשִׂיא[n] יִשָּׂשכָר׃ ··· בַּיּוֹם הַשְּׁלִישִׁי נָשִׂיא
לִבְנֵי זְבוּלֻן אֱלִיאָב בֶּן־חֵלֹן׃ ··· בַּיּוֹם הָרְבִיעִי ··· 22. וַיְהִי בַּשָּׁנָה
הַחֲמִישִׁית לַמֶּלֶךְ רְחַבְעָם עָלָה[o] שׁוּשַׁק[p] מֶלֶךְ־מִצְרַיִם עַל־יְרוּשָׁלִָם׃ וַיִּקַּח
אֶת־אֹצְרוֹת בֵּית־יְהוָה וְאֶת־אוֹצְרוֹת בֵּית הַמֶּלֶךְ וְאֶת־הַכֹּל לָקָח 23. לְיִשָּׂשכָר
יָצָא[q] הַגּוֹרָל הָרְבִיעִי ··· לִבְנֵי נַפְתָּלִי יָצָא הַגּוֹרָל הַשִּׁשִּׁי 24. וַיִּשְׁלַח
אַבְשָׁלוֹם מְרַגְּלִים[r] בְּכָל־שִׁבְטֵי יִשְׂרָאֵל לֵאמֹר כְּשָׁמְעֲכֶם אֶת־קוֹל הַשֹּׁפָר
וַאֲמַרְתֶּם מָלַךְ אַבְשָׁלוֹם בְּחֶבְרוֹן׃ 25. הֵמָּה יָבֹאוּ אֶל־מִקְדָּשִׁי וְהֵמָּה

יִקְרְבוּ אֶל־שָׁלְחָנִי לְשָׁרְתֵנִי 26. בָּא פוּל מֶלֶךְ־אַשּׁוּר עַל־הָאָרֶץ וַיִּתֵּן
מְנַחֵם לְפוּל אֶלֶף כִּכַּר־כָּסֶף 27. וְלָרָשָׁע אָמַר אֱלֹהִים מַה־לְּךָ לְסַפֵּר
חֻקָּי וַתִּשָּׂא[s] בְרִיתִי עֲלֵי[t]־פִיךָ׃ וְאַתָּה שָׂנֵאתָ מוּסָר וַתַּשְׁלֵךְ דְּבָרַי אַחֲרֶיךָ׃
28. לוּ עַמִּי שֹׁמֵעַ לִי יִשְׂרָאֵל בִּדְרָכַי יְהַלֵּכוּ׃ 29. לוּא הִקְשַׁבְתָּ לְמִצְוֹתָי
וַיְהִי כַנָּהָר[u] שְׁלוֹמֶךָ 30. כִּי־יִתֵּן אִישׁ אֶל־רֵעֵהוּ כֶסֶף אוֹ־כֵלִים לִשְׁמֹר
וְגֻנַּב[v] מִבֵּית הָאִישׁ אִם־יִמָּצֵא הַגַּנָּב[w] יְשַׁלֵּם שְׁנָיִם׃[x] אִם־לֹא יִמָּצֵא הַגַּנָּב
וְנִקְרַב בַּעַל־הַבַּיִת אֶל־הָאֱלֹהִים אִם־לֹא שָׁלַח יָדוֹ בִּמְלֶאכֶת[y] רֵעֵהוּ׃

16.5.5:

1. Jahwe aber hatte Abraham in allem gesegnet.
2. Und Gott segnete den siebenten Tag und heiligte ihn.
3. Wen du segnest, der ist gesegnet.
4. Ich werde sie nicht vor euch (= von eurem Angesicht weg) vertreiben.
5. Und seiner Wohnstätten werde ich mich erbarmen.
6. Durch (בְּיַד) deine Boten hast du den Herrn gehöhnt.
7. Und Josua segnete sie und entließ sie, und sie gingen zu ihren Zelten.
8. Der Knabe Samuel nun diente Jahwe vor Eli.
9. Und ruft ihr mich und betet ihr zu mir, so werde ich auf euch hören.
10. Da sprach der Gottesmann zum König: Wenn du mir die Hälfte deines Hauses gäbest, ich käme nicht mit dir.

---

a vorgeschlagen: sing. קִרְבִּי
b und sie machten sich auf
c Spott
d brennend
e verhalten (m. für f.)
f Part.
g untergehen
h Quaste
i Qere: לְכָל־
j ich habe / ihr habt getan / gesehen
k Imp.plur.m.
l plur. statt sing.
m Stamm (cs.)
n נָשִׂיא = Fürst
o er zog herauf
p → 4.3.1.5
q kam heraus
r Kundschafter
s und trägst (= führst)
t = עַל־
u wie ein Strom
v גנב = stehlen
w Dieb
x zweifach
y Auftrag / Sache (cs.)

16.5.6 Lesestück: Eine Predigt (Dtn 10,12–22)

12 וְעַתָּה֙ יִשְׂרָאֵ֔ל מָ֚ה יְהוָ֣ה אֱלֹהֶ֔יךָ שֹׁאֵ֖ל מֵעִמָּ֑ךְ כִּ֣י אִם־לְ֠יִרְאָה
אֶת־יְהוָ֨ה אֱלֹהֶ֜יךָ לָלֶ֤כֶת[a] בְּכָל־דְּרָכָיו֙ וּלְאַהֲבָ֣ה אֹת֔וֹ וְלַֽעֲבֹד֙ אֶת־
יְהוָ֣ה אֱלֹהֶ֔יךָ בְּכָל־לְבָבְךָ֖ וּבְכָל־נַפְשֶֽׁךָ׃ 13 לִשְׁמֹ֞ר[a] אֶת־מִצְוֺ֤ת יְהוָה֙[b]
וְאֶת־חֻקֹּתָ֔יו אֲשֶׁ֛ר אָנֹכִ֥י מְצַוְּךָ֖ הַיּ֑וֹם לְט֖וֹב לָֽךְ׃ 14 הֵ֚ן לַיהוָ֣ה אֱלֹהֶ֔יךָ
הַשָּׁמַ֖יִם וּשְׁמֵ֣י הַשָּׁמָ֑יִם הָאָ֖רֶץ וְכָל־אֲשֶׁר־בָּֽהּ׃ 15 רַ֧ק[a] בַּאֲבֹתֶ֛יךָ חָשַׁ֥ק
יְהוָ֖ה לְאַהֲבָ֣ה אוֹתָ֑ם וַיִּבְחַ֞ר בְּזַרְעָ֤ם אַחֲרֵיהֶם֙ בָּכֶ֔ם מִכָּל־הָעַמִּ֖ים
כַּיּ֥וֹם הַזֶּֽה׃ 16 וּמַלְתֶּ֕ם[a] אֵ֖ת עָרְלַ֣ת לְבַבְכֶ֑ם וְעָ֨רְפְּכֶ֔ם לֹ֥א תַקְשׁ֖וּ עֽוֹד׃
17 כִּ֚י יְהוָ֣ה אֱלֹֽהֵיכֶ֔ם ה֚וּא אֱלֹהֵ֣י הָֽאֱלֹהִ֔ים [a]וַאֲדֹנֵ֖י[b] הָאֲדֹנִ֑ים[a] הָאֵ֨ל
הַגָּדֹ֤ל הַגִּבֹּר֙[c] וְהַנּוֹרָ֔א אֲשֶׁר֙ לֹא־יִשָּׂ֣א פָנִ֔ים וְלֹ֥א יִקַּ֖ח שֹֽׁחַד׃ 18 עֹשֶׂ֛ה
מִשְׁפַּ֥ט יָת֖וֹם וְאַלְמָנָ֑ה וְאֹהֵ֣ב גֵּ֔ר לָ֥תֶת ל֖וֹ לֶ֥חֶם וְשִׂמְלָֽה׃ 19 וַאֲהַבְתֶּ֖ם
אֶת־הַגֵּ֑ר כִּֽי־גֵרִ֥ים הֱיִיתֶ֖ם בְּאֶ֥רֶץ מִצְרָֽיִם׃ 20 אֶת־יְהוָ֧ה אֱלֹהֶ֛יךָ תִּירָ֖א
אֹת֣וֹ[a] תַעֲבֹ֑ד וּב֣וֹ תִדְבָּ֔ק[b] וּבִשְׁמ֖וֹ תִּשָּׁבֵֽעַ׃ 21 ה֤וּא תְהִלָּתְךָ֙ וְה֣וּא אֱלֹהֶ֔יךָ
אֲשֶׁר־עָשָׂ֣ה אִתְּךָ֗ אֶת־הַגְּדֹלֹ֤ת וְאֶת־הַנּֽוֹרָאֹת֙ הָאֵ֔לֶּה[a] אֲשֶׁ֥ר רָא֖וּ[b]
עֵינֶֽיךָ[b]׃ 22 בְּשִׁבְעִ֣ים נֶ֔פֶשׁ יָרְד֥וּ אֲבֹתֶ֖יךָ[a] מִצְרָ֑יְמָה וְעַתָּ֗ה שָֽׂמְךָ֙ יְהוָ֣ה
אֱלֹהֶ֔יךָ כְּכוֹכְבֵ֥י הַשָּׁמַ֖יִם לָרֹֽב׃

Erläuterungen:

V. 12: שׁאל „fordern"; כִּי אִם „außer"; יִרְאָה (inf.) „fürchten"; לֶכֶת Inf.cs. von הלך; אַהֲבָה (Inf.) „lieben"; עבד „dienen"; לֵבָב „Herz".

V. 13: מְצַוְּךָ (Part. mit Suffix) „dir gebietend".

V. 15: חשׁק „an jemandem hängen"; בחר „erwählen".

V. 16: וּמַלְתֶּם „und ihr sollt beschneiden"; עָרְלָה „Vorhaut"; עֹרֶף „Nacken"; תַקְשׁוּ „ihr sollt hart machen".

V. 17: אֲדֹנֵי plur. statt sing.; נוֹרָא „furchtbar"; נשׂא פָּנִים „die Person ansehen"; שֹׁחַד „Bestechung".

V. 18: עֹשֶׂה Part. von עשׂה; יָתוֹם וְאַלְמָנָה „Waise und Witwe"; אֹהֵב (Part.) „liebend"; תֵּת (Inf.cs.) „geben"; שִׂמְלָה „Mantel".

V. 19: הֱיִיתֶם „ihr seid gewesen".

V. 20: תִּירָא „du sollst fürchten"; דבק „anhangen / sich halten an".

V. 21: תְּהִלָּה „Loblied".

V. 22: שִׁבְעִים „siebzig"; ירד „hinabziehen"; שָׂמְךָ „er hat dich gemacht"; כּוֹכָב „Stern".

LEKTION 17

17.1 Vokabel-Repetition (kultischer Bereich)

כֹּהֵן (6)	טָמֵא (8)	אֲרוֹן (9)	זֶבַח (10)	מָשִׁיחַ (10)
שַׁבָּת (10)	פַּר (11)	פָּרָה (11)	תְּפִלָּה (11)	אָמֵן (11)
שֶׁמֶן (12)	לֶחֶם (12)	כֶּבֶשׂ (13)	כִּבְשָׂה (13)	קֹדֶשׁ (13)
אֹהֶל (13)	חֹדֶשׁ (13)	אַיִל (14)	כְּלִי (14)	בְּרָכָה (16)
טָהוֹר (16)	מִשְׁכָּן (16)	מִקְדָּשׁ (16)	הֵיכָל (16)	קָרְבָּן (16)
שׁוֹפָר (16)				
פרשׂ (8)	זבח (10)	משׁח (10)	שׁבת (12)	כפר (13)
זמר (13)	כבס (13)	פלל (14)	קדשׁ (14)	הלל (14)
טמא (14)	ברך (16)	שׁרת (16)	טהר (16)	

17.2 Vokabular

17.2.1 Verba mediae laryngalis (Qal):

שׁאל	fragen / bitten
וַיִּשְׁאַל לָהֶם לְשָׁלוֹם	er fragte sie nach dem Ergehen
מאס	verwerfen / verschmähen
בְּחַרְתִּיךָ וְלֹא מְאַסְתִּיךָ	ich habe dich erwählt, nicht verworfen
גאל	auslösen / erlösen
גֹּאֵל הַדָּם	Bluträcher
זעק / צעק	schreien
וַיִּצְעַק צְעָקָה גְּדֹלָה	da erhob er ein lautes Geschrei
פעל	machen / tun
פֹּעֲלֵי אָוֶן	Übeltäter
בחר	auswählen / erwählen
בְּךָ בָחַרְתִּי	dich habe ich erwählt
שׁחט	schlachten
וַיִּשְׁחֲטוּ הַפֶּסַח	sie schlachteten das Passa
רחץ	waschen / sich waschen
וַיִּרְחֲצוּ רַגְלֵיהֶם	und sie wuschen ihre Füße
שׂחק / צחק ×	lachen
שׂחק / צחק pi. ×	scherzen / spielen / tanzen
בחן ×	prüfen
בֹּחֵן לִבּוֹת וּכְלָיוֹת	der die Herzen und Nieren prüft

17.2.2 Nomina mit veränderlichem Sere in der Endsilbe:

מִזְבֵּחַ	Altar
מִזְבַּח הַבַּעַל	der Baalsaltar
אוֹיֵב	Feind
מִיַּד אֹיְבָיו	aus der Gewalt seiner Feinde
מוֹעֵד	(verabredeter) Zeitpunkt / Versammlung / Treffpunkt / Begegnung
אֹהֶל מוֹעֵד	Zelt der Begegnung (Stiftshütte)
כִּסֵּא	Thron / Sessel
עַל־כִּסְאוֹ	auf seinem Throne
סוֹפֵר	Schreiber
בָּרוּךְ הַסֹּפֵר	Baruch, der Schreiber
עִוֵּר ×	blind
עֵינַיִם עִוְרוֹת	blinde Augen
מוֹקֵשׁ ×	Falle
היה לְ . . . לְמוֹקֵשׁ	zum Fallstrick werden für

17.2.3 Kardinal-Zahlwörter: → 17.3.3

17.2.4 Weitere Vokabeln:

עֵדָה	Gemeinde
עֲדַת (בְּנֵי) יִשְׂרָאֵל	die Gemeinde Israels
קָהָל	Versammlung / Volksgemeinde
קְהַל יְהוָה	die Gemeinde Jahwes
(meist fem.) חָצֵר	Hof / Vorhof / Siedlung
חֲצַר / חַצְרוֹת בֵּית יְהוָה	der Vorhof / die Vorhöfe d. Tempels
חַג (הֶחָג)	Fest
חַג הַפֶּסַח	das Passafest
מִנְחָה	Geschenk / Tribut / Speisopfer
עֹלָה וּמִנְחָה	Brandopfer und Speisopfer
עֹלָה	Brandopfer
עֹלָה אוֹ זֶבַח	Brandopfer oder Schlachtopfer
שְׁלָמִים (שֶׁלֶם)	eine Opferart (oft: Heilsopfer)
זבח שְׁלָמִים	Heilsopfer schlachten
תּוֹדָה ×	Loblied / Lobopfer (Danklied / -opfer)
מִזְמוֹר לְתוֹדָה	Psalm zum Lobopfer

שִׁיר		Gesang / Lied
שִׁירָה	×	(einzelnes) Lied
נֶדֶר / נֵדֶר		Gelübde
שִׁלַּם נֶדֶר		Gelübde erfüllen
עֲבֹדָה		Arbeit / Dienst / Gottesdienst
כְּלֵי הָעֲבֹדָה		die gottesdienstlichen Geräte
אָז		damals / dann
מֵאָז		früher / seit / seitdem
אוֹ		oder
חָמֵשׁ אוֹ שֵׁשׁ פְּעָמִים		fünf- oder sechsmal
(pl. כְּלָיוֹת) כִּלְיָה	×	Niere
פֶּסַח	×	Passa

17.3.1 Verba mediae laryngalis in den übrigen Stammformen

Nachdem in 16.3.1 die Besonderheiten der Verben II lar. im Doppelungsstamm vorweggenommen worden sind, bieten die Verben dieser Klasse nur noch wenig Probleme im Grundstamm (und im Ni.); das Hi./Ho. und die Verben II r sind durchaus regelmäßig.

Bereits gelernte Verben dieses Typus sind: רחק q. „fern sein", hi. „entfernen"; טָהֵר q. „rein sein"; auch נאץ „verschmähen" kommt im Qal vor; שאר ni. „übrig sein"; שחת hi. „verderben"; לחם ni. „kämpfen".

Hauptregel:

Die Verba mediae laryngalis behalten
— ō im Inf.cs. (z.B. שְׁחֹט), haben aber durchweg
— a im Impf. und Imp. (z.B. יִשְׁחַט, שְׁחַט).

Einzelheiten:

Wie schon im Doppelungsstamm hat
— die Laryngalis statt Schwa mobile stets Chateph Patach (z.B. שָׁחֲטוּ, יִשְׁחֲטוּ; ni.: נִשְׁאֲרוּ usw.);
— im Imp.sing.f. und plur.m. steht a mit Silbenaufsprengung: vgl. שַׁחֲטִי, שַׁחֲטוּ mit כִּתְבִי, כִּתְבוּ (→ 17.4.1).

Paradigmen (שׁאל „fragen“, שׁאר ni. „übrig bleiben“)

	Qal	Ni.
Perf.sing.3.m.	שָׁאַל	נִשְׁאַר
3.f.	שָׁאֲלָה	נִשְׁאֲרָה
2.m.	שָׁאַלְתָּ	נִשְׁאַרְתָּ
....		
Impf.sing.3.m.	יִשְׁאַל	יִשָּׁאֵר
2.f.	תִּשְׁאֲלִי	תִּשָּׁאֲרִי
plur.3.m.	יִשְׁאֲלוּ	יִשָּׁאֲרוּ
3.f.	תִּשְׁאַלְנָה	תִּשָּׁאַרְנָה
....		
Imp.sing.m.	שְׁאַל	הִשָּׁאֵר
plur.m.	שַׁאֲלוּ	הִשָּׁאֲרוּ
Inf.cs.	שְׁאֹל	הִשָּׁאֵר
Part.sing.m.	שֹׁאֵל	נִשְׁאָר

(Die übrigen Formen werden analog nach den entsprechenden Paradigmen gebildet. Man beachte die Vorton-Dehnung im Impf. mit Suffixen: יִשְׁאָלֵנִי usw., vgl. 12.3.2.1; ebenso im Imp. mit Suffixen: בְּחָנֵנִי, בְּחָנוּנִי).

17.3.2 Flexion der Nomina (VIII): mit veränderlichem Sere in der Endsilbe

Nomina mit veränderlichem ē in der Endsilbe verhalten sich ähnlich wie diejenigen mit ā (16.3.2), weichen aber in einigen Einzelheiten, vor allem im Sing., von ihnen ab.

Als besondere Nominalbildungen dieser Klasse sind zu nennen: Nomina mit m-Präformativ (z.B. מִזְבֵּחַ, מוֹעֵד, מוֹקֵשׁ), das aktive Part.qal, das oft substantiviert wird (z.B. שֹׁפֵט, אוֹיֵב, סֹפֵר, ferner etwa אֹהֵב „Freund“, רֹפֵא „Arzt“), und die Adjektive der Form *qittēl* zur Bezeichnung körperlicher Fehler oder Auffälligkeiten (z.B. עִוֵּר, ferner etwa אִלֵּם „stumm“, פִּסֵּחַ „lahm“).

Von den einsilbigen Stämmen dieses Typus sind alle häufigeren Nomina bereits bekannt: שֵׁם „Name“ (Plur. שֵׁמוֹת), עֵץ „Baum / Holz“ (Plur. עֵצִים „Holzstücke“), יֵשׁ „Vorhandensein“ (→ 17.4.2).

Von den zweisilbigen Stämmen sind bereits vorgekommen: כֹּהֵן „Priester“ und שֹׁפֵט „Richter“ sowie das Part.qal כֹּתֵב.

Hauptregeln:

Bei den zweisilbigen Nomina erscheint das ē des Sing.abs. als:

— ē nur noch im Sing.cs. (→ 17.4.3),

— æ oder i (neben Laryngal a) in unbetonter geschlossener Silbe (im Sing. vor Suffixen der 2. Pers.), z.B. מְבָרֶכְךָ „wer dich segnet", אֹיִבְךָ „dein Feind", גֹּאַלְךָ „dein Erlöser".

— e in allen übrigen Fällen (vor den übrigen Suffixen im Sing. und im ganzen Plur.), z.B. אֹיְבִי, אֹיְבִים, אֹיְבֵי.

Einzelheiten:

— Bei den einsilbigen Stämmen bleibt ē teilweise als Vorton-Sere unverändert, so im Plur.abs. שֵׁמוֹת und עֵצִים, bei עֵץ auch vor leichten Suffixen im Sing. (עֵצְךָ, עֵצוֹ; dagegen שְׁמִי, שִׁמְךָ, שְׁמוֹ).

— מִזְבֵּחַ hat als Sing.cs. מִזְבַּח (mit Suffix: מִזְבַּחֲךָ, מִזְבְּחוֹ).

— כִּסֵּא verliert vor Suffixen und im Plur. das Dagesch forte: כִּסְאֲךָ, כִּסְאֶךָ, כִּסְאוֹ, כִּסְאוֹת.

17.3.3 Zahlwörter (II): Kardinalia von 1–10

אֶחָד „eins" ist ein Adjektiv und wird entsprechend verwendet (→ 17.4.4). Das Zahlwort dient gelegentlich auch als unbestimmter Artikel: אִשָּׁה אַחַת „eine Frau" (Ri 9,53). (→ 17.4.5)

שְׁנַיִם „zwei" ist ein Abstraktum im Dual mit besonderer Fem.-Form (zur Punktation vgl. 3.4.5).

Die Zahlen von 3–10 sind abstrakte Substantive mit Fem.-endung (vgl. lat. trias); doch wird diese Form nur angewendet, wenn das Gezählte ein Mask. ist; vor dem Fem. wird eine verkürzte Form gebraucht (→ 17.4.6).

Formen:

	mit Mask.		mit Fem.	
	abs.	cs.	abs.	cs.
1	אֶחָד	אַחַד	אַחַת	אַחַת
2	שְׁנַיִם	שְׁנֵי	שְׁתַּיִם	שְׁתֵּי
3	שְׁלֹשָׁה	שְׁלֹשֶׁת	שָׁלֹשׁ	שְׁלֹשׁ
4	אַרְבָּעָה	אַרְבַּעַת	אַרְבַּע	אַרְבַּע
5	חֲמִשָּׁה	חֲמֵשֶׁת	חָמֵשׁ	חֲמֵשׁ
6	שִׁשָּׁה	שֵׁשֶׁת	שֵׁשׁ	שֵׁשׁ
7	שִׁבְעָה	שִׁבְעַת	שֶׁבַע	שְׁבַע
8	שְׁמֹנָה	שְׁמֹנַת	שְׁמֹנֶה	שְׁמֹנֶה
9	תִּשְׁעָה	תִּשְׁעַת	תֵּשַׁע	תְּשַׁע
10	עֲשָׂרָה	עֲשֶׂרֶת	עֶשֶׂר	עֶשֶׂר

(→ 17.4.7)

17.

Verwendung:

Die Zahlen von 2–10 werden entweder, und zwar häufiger, im st.cs. mit dem Substantiv im Plur. verbunden:

שְׁלֹשֶׁת בָּנִים „eine Dreizahl von Söhnen"
שְׁלֹשׁ בָּנוֹת „eine Dreizahl von Töchtern",

oder als Apposition im st.abs. vor, selten hinter das Substantiv im Plur. gesetzt:

שְׁלֹשָׁה בָּנִים „eine Dreizahl, Söhne"
שָׁלֹשׁ בָּנוֹת „eine Dreizahl, Töchter".

17.3.4 Schwursätze

Im Anschluß an die Bedingungssätze (→ 16.3.4) sind die Schwursätze zu behandeln, die ihrem Wesen nach bedingte Selbstverwünschungen sind. Dabei leitet אִם einen verneinenden, אִם לֹא einen bejahenden Schwursatz ein, was aus der ursprünglich hinzugefügten Verwünschungsformel zu erklären ist (Gott strafe mich, wenn ... = gewiß nicht ... / wenn nicht ... = gewiß ...).

Das Verbum שׁבע ni. „schwören" (mit בְּ „bei") kann auch mit einem Objektsatz mit כִּי verbunden werden, z.B. Am 4,2: נִשְׁבַּע אֲדֹנָי יְהוִה בְּקָדְשׁוֹ כִּי הִנֵּה יָמִים בָּאִים עֲלֵיכֶם „der Herr Jahwe hat bei seiner Heiligkeit geschworen: Siehe, es werden Tage über euch kommen ...". Von daher kann auch כִּי statt אִם לֹא einen positiven Schwur einleiten (z.B. 1Kön 2,23, → 17.5.4.26).

Die ausführlicheren Schwüre enthalten zuerst eine Beteuerungsformel (חַי־אָנִי „so wahr ich lebe!", חַי־יְהוָה „so wahr Jahwe lebt!", חֵי פַרְעֹה „so wahr der Pharao lebt!", חֵי נַפְשְׁךָ „so wahr du lebst!"; vgl. noch חָלִילָה לִּי „fern sei es von mir!", danach die bedingte Selbstverfluchung כֹּה יַעֲשֶׂה־לִּי אֱלֹהִים וְכֹה יוֹסִיף „Gott tue mir dies und das (füge er hinzu)" o.ä., die in etwas verhüllender Form das Unheil auf den Schwörenden herabwünscht, für den Fall daß er den Schwur bricht (promissorischer Eid) oder falsch geschworen hat (assertorischer Eid), worauf der eigentliche Inhalt des Schwures in einem Wenn-Satz folgt. Die Konjunktionen אִם לֹא „wenn nicht = gewiß" und אִם „wenn = gewiß nicht" können auch ohne vorangehende Selbstverwünschung (elliptisch) einen Schwur oder eine Beteuerung einleiten.

Beispiele:

2Kön 6,31:	וַיֹּאמֶר	„Und er sprach:
	כֹּה־יַעֲשֶׂה־לִּי אֱלֹהִים וְכֹה יוֹסִף	Gott tue mir dies und das,
	אִם־יַעֲמֹד רֹאשׁ אֱלִישָׁע בֶּן־שָׁפָט	wenn heute der Kopf Elisas, des Sohnes
	עָלָיו הַיּוֹם׃	Saphats, auf ihm bleibt“.
Jes 14,24:		
	נִשְׁבַּע יְהוָה צְבָאוֹת לֵאמֹר	„Jahwe Zebaoth hat geschworen:
	אִם־לֹא כַּאֲשֶׁר דִּמִּיתִי כֵּן הָיָתָה	Fürwahr, wie ich mir's vorgenommen,
	...	so geschieht es ...“

17.3.5 Wortschatz nach Sachgruppen (II): kultischer Bereich

2.1 כֹּהֵן הַכֹּהֵן־הַגָּדוֹל לֵוִי מָשִׁיחַ עֵדָה קָהָל

2.2 מִקְדָּשׁ אֹהֶל־מוֹעֵד מִשְׁכָּן בֵּית־יְהוָה הֵיכָל קֹדֶשׁ־קֳדָשִׁים חָצֵר (מַצֵּבָה)

2.3 שַׁבָּת חֹדֶשׁ חַג פֶּסַח רֹאשׁ־הַשָּׁנָה מוֹעֵד

2.4 מִזְבֵּחַ קָרְבָּן מִנְחָה זֶבַח עֹלָה שְׁלָמִים חַטָּאת תּוֹדָה (קְטֹרֶת)

2.5 אָרוֹן אֲרוֹן־בְּרִית־יְהוָה כְּלִי שׁוֹפָר שֶׁמֶן

2.6 אַיִל פַּר פָּרָה כֶּבֶשׂ כִּבְשָׂה טָמֵא טָהוֹר קָדוֹשׁ

2.7 תְּפִלָּה מִזְמוֹר תּוֹדָה שִׁיר שִׁירָה נֶדֶר עֲבֹדָה אָמֵן

2.8 זבח שחט כפר כבס משח שרת קדש טמא טהר (קטר)

2.9 פלל הלל ברך זמר שלם־(נֶדֶר) פרשׂ־(יָד) (רנן ידה גיל)

17.4 Anmerkungen

17.4.1 Solche Formen könnten mit dem Imp.pi. (mit virtueller Verdoppelung) verwechselt werden.

17.4.2 Als Form mit Suffix der 3. sing.m. begegnet יֶשְׁנוֹ. — Auch der Dual שְׁנַיִם „zwei“ gehört hierher.

17.4.3 Vor Maqqeph wird ē zu æ.

17.4.4 Die Grundform ist *'aḥad* mit virtueller Verdoppelung des ḥ; vor ā wird *aḥ* zu *æḥ*, so in אֶחָד (eig. Pausalform) und in אֶחָת (fem. in pausa).

17.4.5 Der (seltene) Plur. אֲחָדִים (ohne virtuelle Verdoppelung) bedeutet „einige / einzelne“.

17.4.6 Die Fem.-Endung, ursprünglich wohl in der Funktion der Bezeichnung eines Einzelstückes aus einer kollektiven Größe, wird hier also nur einmal gesetzt: bei mask. Gezählten beim Zahlwort, bei fem. Gezählten bei diesem.

17.4.7 Zu den Wurzeln der Zahlwörter vgl. 16.3.3. — Die Verdoppelung in חֲמִשָּׁה beruht auf Analogie-Einwirkung von שִׁשָּׁה her.

17.5 Übungen und Lesestück

17.5.1: בְּחָנֵנִי נִלְחֲמוּ וַיִּמְאֲסוּ תִּזְעַק בְּחָרוּהָ צְעַקְנָה נִלָּחֲמָה יִבְחָרְךָ מְאָסָה

17.5.2: erwähle nicht!, sie haben verworfen, und sie fragten, mein Erlöser, schreie (fem.)!, und er machte ihn, sie haben mich geprüft, prüfet mich!

17.5.3: שִׁמְךָ הֵיכָלוֹ שֵׁמוֹת אֹיְבֵינוּ אֹיְבֵנוּ מִזְבַּחֲךָ כֹּהֲנֵיהֶם עצים שמותם עציה הכהנים שמו מועדים כסאך

17.5.4:

1. לְכוּ וְזַעֲקוּ אֶל־הָאֱלֹהִים אֲשֶׁר בְּחַרְתֶּם בָּם 2. וְשָׁאֲלוּ לְךָ לְשָׁלוֹם
וְנָתְנוּ לְךָ שְׁתֵּי־(כִכְּרוֹת)[a] לֶחֶם וְלָקַחְתָּ מִיָּדָם׃ 3. וַיֹּאמְרוּ נִקְרָא לַנַּעֲרָ[b]
וְנִשְׁאֲלָה אֶת־פִּיהָ׃[c] 4. אַתָּה יְהוָה אָבִינוּ גֹּאֲלֵנוּ מֵעוֹלָם שְׁמֶךָ׃ 5. וַיִּשְׁלַח
אֵלָיו אֱלִישָׁע מַלְאָךְ לֵאמֹר הָלוֹךְ וְרָחַצְתָּ שֶׁבַע־פְּעָמִים בַּיַּרְדֵּן[d] 6. יְהוָה
בְּהֵיכַל קָדְשׁוֹ יְהוָה בַּשָּׁמַיִם כִּסְאוֹ עֵינָיו יֶחֱזוּ[e] עַפְעַפָּיו[f] יִבְחֲנוּ בְּנֵי אָדָם׃
7. מִזְמוֹר לְדָוִד יְהוָה מִי־יָגוּר[g] בְּאָהֳלֶךָ מִי־יִשְׁכֹּן בְּהַר קָדְשֶׁךָ׃ הוֹלֵךְ תָּמִים
וּפֹעֵל צֶדֶק וְדֹבֵר[h] אֱמֶת בִּלְבָבוֹ׃[i] 8. עַל־כֵּן קָרָא לַמָּקוֹם הַהוּא בְּאֵר
שָׁבַע כִּי שָׁם נִשְׁבְּעוּ שְׁנֵיהֶם׃ 9. לֹא תוּכַל[j] לִזְבֹּחַ אֶת־הַפָּסַח בְּאַחַד
שְׁעָרֶיךָ[k] אֲשֶׁר־יְהוָה אֱלֹהֶיךָ נֹתֵן לָךְ׃ כִּי אִם־אֶל־הַמָּקוֹם אֲשֶׁר־יִבְחַר
יְהוָה אֱלֹהֶיךָ לְשַׁכֵּן שְׁמוֹ שָׁם תִּזְבַּח אֶת־הַפֶּסַח בָּעָרֶב כְּבוֹא הַשֶּׁמֶשׁ מוֹעֵד
צֵאתְךָ[l] מִמִּצְרָיִם׃ 10. לֹא יוֹם אֶחָד תֹּאכְלוּן[m] וְלֹא יוֹמָיִם וְלֹא חֲמִשָּׁה
יָמִים וְלֹא עֲשָׂרָה יָמִים וְלֹא עֶשְׂרִים[n] יוֹם׃ 11. וְשָׁמְרוּ בְנֵי־יִשְׂרָאֵל אֶת־
הַשַּׁבָּת לַעֲשׂוֹת אֶת־הַשַּׁבָּת לְדֹרֹתָם בְּרִית עוֹלָם׃ בֵּינִי וּבֵין בְּנֵי יִשְׂרָאֵל אוֹת
הִוא לְעֹלָם כִּי־שֵׁשֶׁת יָמִים עָשָׂה יְהוָה אֶת־הַשָּׁמַיִם וְאֶת־הָאָרֶץ וּבַיּוֹם
הַשְּׁבִיעִי שָׁבַת וַיִּנָּפַשׁ׃[o] 12. וְדָוִד בֶּן־אִישׁ אֶפְרָתִי וְהוּא[p] מִבֵּית לֶחֶם יְהוּדָה
וּשְׁמוֹ יִשַׁי וְלוֹ שְׁמֹנָה בָנִים 13. וְהִקְרַבְתֶּם ··· וּבַיּוֹם הַחֲמִישִׁי פָּרִים תִּשְׁעָה
אֵילִם שְׁנָיִם כְּבָשִׂים בְּנֵי־שָׁנָה אַרְבָּעָה עָשָׂר[q] תְּמִימִם׃ 14. כֹּה אָמַר יְהוָה
הַשָּׁמַיִם כִּסְאִי וְהָאָרֶץ הֲדֹם[r] רַגְלָי 15. וַיֹּאמֶר חִלְקִיָּהוּ הַכֹּהֵן הַגָּדוֹל
עַל[s]־שָׁפָן הַסֹּפֵר סֵפֶר הַתּוֹרָה מָצָאתִי בְּבֵית יְהוָה 16. הִשָּׁמֶר לְךָ פֶּן־
תִּכְרֹת בְּרִית לְיוֹשֵׁב[t] הָאָרֶץ אֲשֶׁר אַתָּה בָּא עָלֶיהָ פֶּן־יִהְיֶה לְמוֹקֵשׁ בְּקִרְבֶּךָ׃
17. אָז תִּפָּקַחְנָה[u] עֵינֵי עִוְרִים וְאָזְנֵי חֵרְשִׁים[v] תִּפָּתַחְנָה׃ 18. לָמָּה־לִּי רֹב־
זִבְחֵיכֶם יֹאמַר יְהוָה שָׂבַעְתִּי עֹלוֹת אֵילִים וְחֵלֶב מְרִיאִים[w] וְדַם פָּרִים
וּכְבָשִׂים וְעַתּוּדִים[x] לֹא חָפָצְתִּי׃[y] 19. וַתֹּאמֶר לוֹ אֲדֹנִי אַתָּה נִשְׁבַּעְתָּ

17.

בַּיהוָה אֱלֹהֶיךָ לַאֲמָתֶךָ כִּֽי־שְׁלֹמֹה בְנֵךְ יִמְלֹךְ אַחֲרָי וְהוּא יֵשֵׁב[z] עַל־כִּסְאִֽי׃
20. וְלַעֲמָשָׂא תֹּמְרוּ הֲלוֹא עַצְמִי וּבְשָׂרִי אָתָּה כֹּה יַעֲשֶׂה־לִּי אֱלֹהִים וְכֹה
יֹסִיף אִם־לֹא שַׂר־צָבָא תִּהְיֶה לְפָנַי כָּל־הַיָּמִים תַּחַת יוֹאָב׃ 21. וְלָכֵן
נִשְׁבַּעְתִּי לְבֵית עֵלִי אִם־יִתְכַּפֵּר עֲוֹן בֵּית־עֵלִי בְּזֶבַח וּבְמִנְחָה עַד־עוֹלָם׃
22. וַיֹּאמֶר אֶל־נָתָן חַי־יְהוָה כִּי בֶן־מָוֶת הָאִישׁ הָעֹשֶׂה[a] זֹאת׃ 23. וְעַתָּה
הִשָּׁבְעָה לִּי בַּיהוָה אִם־תַּכְרִית אֶת־זַרְעִי אַחֲרַי וְאִם־תַּשְׁמִיד אֶת־שְׁמִי
מִבֵּית אָבִי׃ 24. וַיֹּאמֶר לַאֲנָשָׁיו חָלִילָה לִּי מֵיְהוָה אִם־אֶעֱשֶׂה[b] אֶת־
הַדָּבָר הַזֶּה לַאדֹנִי לִמְשִׁיחַ יְהוָה לִשְׁלֹחַ יָדִי בּוֹ כִּֽי־מְשִׁיחַ יְהוָה הֽוּא׃
25. אַחַת נִשְׁבַּעְתִּי בְקָדְשִׁי אִם־לְדָוִד אֲכַזֵּב׃ 26. וַיִּשָּׁבַע הַמֶּלֶךְ שְׁלֹמֹה
בַּיהוָה לֵאמֹר כֹּה יַעֲשֶׂה־לִּי אֱלֹהִים וְכֹה יוֹסִיף כִּי בְנַפְשׁוֹ דִּבֶּר אֲדֹנִיָּהוּ
אֶת־הַדָּבָר הַזֶּה׃ 27. וַיִּשָּׁבַע מֹשֶׁה בַּיּוֹם הַהוּא לֵאמֹר אִם־לֹא הָאָרֶץ
אֲשֶׁר דָּרְכָה רַגְלְךָ בָּהּ לְךָ תִהְיֶה לְנַחֲלָה[c] וּלְבָנֶיךָ עַד־עוֹלָם 28. זֹאת
עֲבֹדַת בְּנֵי־קְהָת בְּאֹהֶל מוֹעֵד קֹדֶשׁ הַקֳּדָשִׁים׃ 29. בַּיּוֹם הַהוּא קִדַּשׁ
הַמֶּלֶךְ אֶת־תּוֹךְ הֶחָצֵר אֲשֶׁר לִפְנֵי בֵית־יְהוָה כִּי־עָשָׂה שָׁם אֶת־הָעֹלָה
וְאֶת־הַמִּנְחָה וְאֵת חֶלְבֵי[d] הַשְּׁלָמִים כִּי־מִזְבַּח הַנְּחֹשֶׁת אֲשֶׁר לִפְנֵי יְהוָה קָטֹן
מֵהָכִיל[e] אֶת־הָעֹלָה וְאֶת־הַמִּנְחָה וְאֵת חֶלְבֵי הַשְּׁלָמִים׃ 30. וַיְדַבֵּר שְׁלֹשֶׁת
אֲלָפִים מָשָׁל[f] וַיְהִי שִׁירוֹ חֲמִשָּׁה וָאָלֶף׃

17.5.5:

1. Und die fünf Männer gingen und kamen nach *Lájiš*.
2. Und Lamech (לֶמֶךְ) nahm sich zwei Frauen; der Name der einen war Ada (עָדָה), und der Name der zweiten Zilla (צִלָּה).
3. Und Jephtha (יִפְתָּח) richtete Israel sechs Jahre (lang).
4. Und sie gingen drei Tage (lang) in der Wüste und fanden kein Wasser.
5. Der Priester von *Midjān* aber hatte sieben Töchter.
6. Dort wird dich[g] Jahwe aus der Hand deiner Feinde erlösen.
7. Ich hasse, ich verschmähe eure Feste (Perf.).
8. Der Herr aber lacht seiner, denn er sieht (Perf.), daß sein Tag kommt.
9. Und die Gemeinde hatte kein Wasser.
10. Nicht gut ist diese Sache, die du getan hast (עָשִׂיתָ). So wahr Jahwe lebt, ihr seid des Todes (schuldig), daß ihr euren Herrn, den Gesalbten Jahwes, nicht behütet habt.

a nach LXX ergänzt
b Qere: נַעֲרָה
c = sie selbst
d Jordan
e sie schauen
f seine Wimpern (?)
g er darf wohnen
h q. statt pi.
i לֵבָב = Herz
j du kannst
k = Ortschaften
l dein Ausziehen
m ihr sollt essen
n zwanzig
o er erquickte sich
p Text: הַזֶּה
q vierzehn
r Schemel
s = אֶל־
t Bewohner
u פקח = öffnen
v חֵרֵשׁ = taub
w Fett der Mastkälber
x Böcke
y ich habe Gefallen
z er wird sitzen
a' Part. tuend
b' ich werde tun
c' Erbteil
d' Fett
e' zu fassen
f' Spruch (sg. für pl.)
g' fem.

17.5.6 Lesestück: Isaaks Opferung (Gen 22,1–19)

22 1 וַיְהִ֗י אַחַר֙ הַדְּבָרִ֣ים הָאֵ֔לֶּה וְהָ֣אֱלֹהִ֔ים נִסָּ֖ה אֶת־אַבְרָהָ֑ם
וַיֹּ֣אמֶר אֵלָ֔יו אַבְרָהָ֖ם[a] וַיֹּ֥אמֶר הִנֵּֽנִי׃ 2 וַיֹּ֡אמֶר קַח־נָ֠א אֶת־בִּנְךָ֙ אֶת־
יְחִֽידְךָ֤ אֲשֶׁר־אָהַ֙בְתָּ֙ אֶת־יִצְחָ֔ק וְלֶךְ־לְךָ֔ אֶל־אֶ֖רֶץ הַמֹּרִיָּ֑ה[a] וְהַעֲלֵ֤הוּ
שָׁם֙ לְעֹלָ֔ה עַ֚ל אַחַ֣ד הֶֽהָרִ֔ים אֲשֶׁ֖ר אֹמַ֥ר אֵלֶֽיךָ׃ 3 וַיַּשְׁכֵּ֨ם אַבְרָהָ֜ם
בַּבֹּ֗קֶר וַֽיַּחֲבֹשׁ֙ אֶת־חֲמֹר֔וֹ וַיִּקַּ֞ח אֶת־שְׁנֵ֤י נְעָרָיו֙ אִתּ֔וֹ וְאֵ֖ת יִצְחָ֣ק בְּנ֑וֹ
וַיְבַקַּע֙ עֲצֵ֣י עֹלָ֔ה וַיָּ֣קָם וַיֵּ֔לֶךְ אֶל־הַמָּק֖וֹם אֲשֶׁר־אָֽמַר־ל֥וֹ הָאֱלֹהִֽים׃
4 בַּיּ֣וֹם הַשְּׁלִישִׁ֗י וַיִּשָּׂ֨א אַבְרָהָ֧ם אֶת־עֵינָ֛יו וַיַּ֥רְא אֶת־הַמָּק֖וֹם מֵרָחֹֽק׃
5 וַיֹּ֨אמֶר אַבְרָהָ֜ם אֶל־נְעָרָ֗יו שְׁבוּ־לָכֶ֥ם פֹּה֙ עִֽם־הַחֲמ֔וֹר וַאֲנִ֣י וְהַנַּ֔עַר
נֵלְכָ֖ה עַד־כֹּ֑ה וְנִֽשְׁתַּחֲוֶ֖ה וְנָשׁ֥וּבָה אֲלֵיכֶֽם׃ 6 וַיִּקַּ֨ח אַבְרָהָ֜ם אֶת־עֲצֵ֣י
הָעֹלָ֗ה וַיָּ֙שֶׂם֙ עַל־יִצְחָ֣ק בְּנ֔וֹ וַיִּקַּ֣ח בְּיָד֔וֹ אֶת־הָאֵ֖שׁ וְאֶת־הַֽמַּאֲכֶ֑לֶת
וַיֵּלְכ֥וּ שְׁנֵיהֶ֖ם יַחְדָּֽו׃ 7 וַיֹּ֨אמֶר יִצְחָ֜ק אֶל־אַבְרָהָ֤ם אָבִיו֙ וַיֹּ֣אמֶר אָבִ֔י
וַיֹּ֖אמֶר הִנֶּ֣נִּֽי בְנִ֑י וַיֹּ֗אמֶר הִנֵּ֤ה הָאֵשׁ֙ וְהָ֣עֵצִ֔ים וְאַיֵּ֥ה הַשֶּׂ֖ה לְעֹלָֽה׃ 8 וַיֹּ֙אמֶר֙
אַבְרָהָ֔ם אֱלֹהִ֞ים יִרְאֶה־לּ֥וֹ הַשֶּׂ֛ה לְעֹלָ֖ה בְּנִ֑י וַיֵּלְכ֥וּ שְׁנֵיהֶ֖ם יַחְדָּֽו׃
9 וַיָּבֹ֗אוּ אֶֽל־הַמָּקוֹם֮ אֲשֶׁ֣ר אָֽמַר־ל֣וֹ הָאֱלֹהִים֒ וַיִּ֨בֶן שָׁ֤ם אַבְרָהָם֙ אֶת־

הַמִּזְבֵּחַ וַיַּעֲרֹךְ אֶת־הָעֵצִים וַיַּעֲקֹד אֶת־יִצְחָק בְּנוֹ וַיָּשֶׂם אֹתוֹ עַל־
הַמִּזְבֵּחַ מִמַּעַל לָעֵצִים׃ 10 וַיִּשְׁלַח אַבְרָהָם אֶת־יָדוֹ וַיִּקַּח אֶת־
הַמַּאֲכֶלֶת לִשְׁחֹט אֶת־בְּנוֹ׃ 11 וַיִּקְרָא אֵלָיו מַלְאַךְ יְהוָה מִן־הַשָּׁמַיִם
וַיֹּאמֶר אַבְרָהָם ׀ אַבְרָהָם וַיֹּאמֶר הִנֵּנִי׃ 12 וַיֹּאמֶר אַל־תִּשְׁלַח יָדְךָ
אֶל־[a]הַנַּעַר וְאַל־תַּעַשׂ לוֹ מְאוּמָּה[b] כִּי ׀ עַתָּה יָדַעְתִּי כִּי־יְרֵא אֱלֹהִים
אַתָּה וְלֹא חָשַׂכְתָּ אֶת־בִּנְךָ אֶת־יְחִידְךָ מִמֶּנִּי׃ 13 וַיִּשָּׂא אַבְרָהָם אֶת־
עֵינָיו וַיַּרְא וְהִנֵּה־אַיִל אַחַר[a] נֶאֱחַז[b] בַּסְּבַךְ בְּקַרְנָיו וַיֵּלֶךְ אַבְרָהָם וַיִּקַּח
אֶת־הָאַיִל וַיַּעֲלֵהוּ לְעֹלָה תַּחַת בְּנוֹ׃ 14 וַיִּקְרָא אַבְרָהָם שֵׁם־הַמָּקוֹם
הַהוּא יְהוָה ׀ יִרְאֶה[a] אֲשֶׁר יֵאָמֵר הַיּוֹם בְּהַר[b] יְהוָה יֵרָאֶה[c]׃
15 וַיִּקְרָא מַלְאַךְ יְהוָה אֶל־אַבְרָהָם שֵׁנִית מִן־הַשָּׁמָיִם׃ 16 וַיֹּאמֶר בִּי
נִשְׁבַּעְתִּי נְאֻם־יְהוָה כִּי יַעַן אֲשֶׁר עָשִׂיתָ אֶת־הַדָּבָר הַזֶּה וְלֹא חָשַׂכְתָּ
אֶת־בִּנְךָ אֶת־יְחִידֶךָ[a]׃ 17 כִּי־בָרֵךְ אֲבָרֶכְךָ וְהַרְבָּה אַרְבֶּה אֶת־זַרְעֲךָ
כְּכוֹכְבֵי הַשָּׁמַיִם וְכַחוֹל אֲשֶׁר עַל־שְׂפַת הַיָּם וְיִרַשׁ זַרְעֲךָ אֵת שַׁעַר
אֹיְבָיו׃ 18 וְהִתְבָּרְכוּ בְזַרְעֲךָ כֹּל גּוֹיֵי הָאָרֶץ עֵקֶב אֲשֶׁר שָׁמַעְתָּ בְּקֹלִי׃
19 וַיָּשָׁב אַבְרָהָם אֶל־נְעָרָיו וַיָּקֻמוּ וַיֵּלְכוּ יַחְדָּו אֶל־בְּאֵר שָׁבַע וַיֵּשֶׁב
אַבְרָהָם בִּבְאֵר שָׁבַע׃

Erläuterungen:

V.1: נִסָּה „er stellte auf die Probe".
V.2: יָחִיד „einzig"; אהב „lieben"; הַעֲלֵהוּ „opfere ihn".
V.3: וַיַּחֲבֹשׁ „er bepackte"; חֲמֹר „Esel"; וַיְבַקַּע „und er spaltete".
V.4: וַיִּשָּׂא „da erhob er".
V.5: שְׁבוּ „bleibet!"; פֹּה „hier"; כֹּה „dort";
V.5b: „wir werden anbeten und dann zurückkommen".
V.6: וַיָּשֶׂם „er lud auf"; מַאֲכֶלֶת „Messer"; יַחְדָּו „zusammen".
V.7: שֶׂה „Schaf".
V.8: יִרְאֶה „providebit".
V.9: וַיִּבֶן „er baute"; ערך „aufschichten"; עקד „binden"; מִמַּעַל לְ „oben auf".
V.11: מַלְאַךְ יְהוָה „der Engel Jahwes".
V.12: מְאוּמָה „etwas"; ידע „wissen"; יְרֵא אֱלֹהִים „gottesfürchtig"; חשך „vorenthalten".
V.13: lies אֶחָד statt אַחַר; נֶאֱחַז „er hatte sich verfangen"; סְבַךְ „Dickicht"; קֶרֶן „Horn".
V.14: יֵאָמֵר/יֵרָאֶה: ni. Impf.
V.15: יַעַן אֲשֶׁר עָשִׂיתָ „weil du getan hast";

18.

V. 17: הַרְבָּה אַרְבֶּה „ich werde zahlreich machen"; כּוֹכָב „Stern"; חוֹל „Sand"; שָׂפָה „Ufer"; יִרַשׁ „er wird besitzen".

V. 18: עֵקֶב אֲשֶׁר „weil".

V. 19: וַיָּשָׁב „er kehrte zurück"; וַיֵּשֶׁב „er blieb wohnen".

LEKTION 18

18.1 Vokabel-Repetition (politisch-militärischer Bereich)

(5) מֶלֶךְ	(6) עַם	(6) צָבָא	(6) שָׁלוֹם	(7) מִלְחָמָה
(8) שֹׁפֵט	(8) צַדִּיק	(8) קֶשֶׁת	(9) סוּס	(9) גּוֹי
(9) כֹּחַ	(9) גִּבּוֹר	(10) לָבֶטַח	(10) מָשִׁיחַ	(10) אָמָה
(10) אָדוֹן	(10) גֵּר	(11) חַיִל	(11) שַׂר	(11) חֶרֶב
(11) בַּעַל	(12) עֶבֶד	(12) אֶלֶף	(12) מַמְלָכָה	(13) רֶכֶב
(13) מֶרְכָּבָה	(13) שֵׁבֶט	(13) רָשָׁע	(13) מִשְׁפָּט	(16) מְשָׁרֵת
(16) הֵיכָל	(17) אוֹיֵב	(17) כִּסֵּא		
(7) כרת	(7) רדף	(7) שׂרף	(8) מלך	(8) שׁפט
(8) משׁל	(8) לכד	(8) שׁבר	(9) קרע	(9) רכב
(10) ברח	(10) רצח	(11) לחם	(11) מלט	(12) שׁחת
(12) שׁמד	(13) פלט	(16) גרשׁ		

18.2 Vokabular

18.2.1 Verba primae laryngalis (ō-Impf.):

(יַעֲבֹר)	עבר	durchziehen / vorübergehen / überschreiten
	עֵבֶר	gegenüberliegende Seite / jenseits
(יַעֲמֹד)	עמד	hintreten / stehen / bleiben
(הֶעֱמִיד)	עמד hi.	aufstellen / hinstellen
(יַעֲבֹד)	עבד	dienen / arbeiten
	וַיַּעַבְדוּ אֱלֹהִים אֲחֵרִים	und sie dienten anderen Göttern
(יַעֲזֹב)	עזב	verlassen
	לָמָּה עֲזַבְתָּנִי	warum hast du mich verlassen?
(יַעְזֹר)	עזר	helfen / unterstützen
	וְאֵין עֹזֵר	und niemand hilft
(יַעֲרֹךְ)	ערך	ordnen / zurüsten
	וַיַּעַרְכוּ מִלְחָמָה	sie rüsteten sich zum Kampfe

(יַהֲרֹג)	הרג	töten / erschlagen
	וַיַּהַרְגֵם בַּחֶרֶב	er erschlug sie mit dem Schwerte
(יַהֲפֹךְ)	הפך	wenden / umstürzen / verwandeln
(נֶהְפַּךְ)	הפך ni.	sich wandeln / verwandelt werden
(יֶאֱסֹף)	אסף	sammeln / aufnehmen / wegnehmen
(נֶאֱסַף)	אסף ni.	sich versammeln / versammelt werden
(יֶאֱסֹר)	אסר	anbinden / fesseln
	וַיֶּאְסֹר אֶת־רִכְבּוֹ	und er spannte seinen Wagen an
(יַחְשֹׁב)	חשב	anrechnen / achten für / halten für / denken / planen
(נֶחְשַׁב)	חשב ni.	angerechnet werden / gelten als

18.2.2 Nomina mit Vorton-Qames:

צָפוֹן	Norden
יָמָּה וָקֵדְמָה וְצָפוֹנָה וָנֶגְבָּה	nach Westen und Osten und Norden und Süden
לָשׁוֹן	Zunge / Sprache
סֵפֶר וּלְשׁוֹן כַּשְׂדִּים	Schrift und Sprache der Chaldäer
הָמוֹן	Lärm / Menge
הֲמוֹן גּוֹיִם	Menge von Völkern
רָצוֹן	Wohlgefallen
כִּרְצוֹנוֹ	entsprechend seinem Willen
מָרוֹם	Höhe (poet.)
אֱלֹהֵי מָרוֹם	der Gott der Höhe
זִכָּרוֹן ×	Andenken / Gedächtnis
היה לְזִכָּרוֹן	als Andenken dienen
יָמִין	rechte Hand / rechte Seite
מִימִינָם וּמִשְּׂמֹאלָם	zu ihrer Rechten und Linken
נָשִׂיא	Fürst / Vorsteher
נְשִׂיאֵי הָעֵדָה	die Obersten der Gemeinde
קָדִים	Osten / Ostwind
רוּחַ קָדִים	Ostwind
שָׂעִיר	Ziegenbock
שְׂעִיר עִזִּים	Ziegenbock
קָצִיר ×	Ernte
בִּימֵי קְצִיר חִטִּים(/שְׂעֹרִים)	zur Zeit der Weizen- (Gersten-)Ernte

18.2.3 Zahlwörter (11-90: → 18.3.3):

	מֵאָה	hundert
	שְׁלֹשׁ מֵאוֹת אִישׁ	dreihundert Mann
	רְבָבָה ×	zehntausend
	אֶלֶף וּרְבָבָה	tausend und zehntausend

18.2.4 Weitere Vokabeln:

	מַטֶּה	Stab / Stamm
	מַטֵּה בִנְיָמִין	der Stamm Benjamin
	מִשְׁפָּחָה	Geschlecht / Sippe
	מִמִּשְׁפַּחַת אֱלִימֶלֶךְ	aus dem Geschlechte Elimelechs
	זָר (pl. זָרִים)	fremd / Fremder
	אֵל זָר	ein fremder Gott
	מַחֲנֶה	Lager / Heer
	מַחֲנֵה פְלִשְׁתִּים	das Heer(lager) der Philister
	חֵץ (pl. חִצִּים)	Pfeil
	קֶשֶׁת וְחִצִּים	Bogen und Pfeile
(→ 18.2.1):	עֵבֶר	gegenüberliegende Seite / jenseits
(→ 18.2.2):	חִטָּה ×	Weizen
	שְׂעֹרָה ×	Gerste
	עֵז (pl. עִזִּים)	Ziege
(→ 18.3.4.2)	טֶרֶם	noch nicht
	בְּטֶרֶם	ehe / bevor

18.3.1 Verba primae laryngalis (mit ō-Imperfekt)

Wie bei den übrigen starken Verben bilden bei den Verben mit ʾ, h, ḥ und ʿ als erstem Radikal diejenigen mit ō-Impf. die überwiegende Mehrzahl (→ 18.4.1). Die Abweichungen vom Paradigma der gewöhnlichen starken Verben sind einzig durch die bereits bekannten Besonderheiten der Laryngale bedingt:

— statt Schwa mobile folgt ihnen ein Chateph-Laut,
— sie können nicht verdoppelt werden,
— sie verschieben die Vokale in ihrer Umgebung gegen a hin.

Besondere Beachtung verdienen die Formen, bei denen der erste Radikal mit dem Präformativ zusammen eine geschlossene Silbe bildet (Impf.Qal, Perf.Ni., ganzes Hi. und Ho.; → 15.3.38), während der Doppelungsstamm keine Besonderheiten bietet.

Einige häufige Verben I' bilden das Impf.Qal schwach (→ 21.3.2). Die schwachen Verben von 5.2 und 6.2 (אמר, עשׂה, הלך, היה, ראה) gehen eigene Wege und sind hier nur in wenigen Formen einzubeziehen.

Hauptregeln:

— Statt Schwa mobile erhält der erste Radikal Chateph-Patach (bei I' im Imp. und Inf.Qal Chateph-Segol):

Qal Perf.2.plur. הֲרַגְתֶּם, vgl. כְּתַבְתֶּם
Qal Perf.m.Suff. הֲרָגוֹ, vgl. כְּתָבוֹ
Qal Imp./Inf. הֲרֹג und אֱסֹף, vgl. כְּתֹב (→ 18.4.2).

— Im Impf., Imp. und Inf. Ni. tritt statt der Verdoppelung des ersten Radikals Ersatzdehnung des Präformativ-Vokals i zu ē ein:

Ni. Impf. יֵאָסֵף, vgl. יִכָּתֵב
Ni. Imp./Inf. הֵאָסֵף, vgl. הִכָּתֵב (→ 18.4.3).

— Im Perf./Part. Ni. und im Perf.Hi. wird der Präformativ-Vokal i zu æ:

Ni. Perf. נֶחְשַׁב, vgl. נִכְתַּב
Ni. Part. נֶחְשָׁב, vgl. נִכְתָּב
Hi. Perf. הֶעֱמִיד, vgl. הִכְתִּיב (→ 18.4.4).

— Im Impf.Qal lautet der Präformativ-Vokal nicht i, sondern
— a bei ה, ח und ע, und
— æ bei א und überall in der 1.sing.:

Qal Impf.3.sing.m. יַחְשֹׁב, vgl. יִכְתֹּב
Qal Impf.3.sing.m. יֶאְסֹר, vgl. יִכְתֹּב
Qal Impf.1.sing.m. אֶחְשֹׁב, vgl. אֶכְתֹּב (→ 18.4.5)

— Im Impf.Qal, Perf./Part.Ni., Hi. und Ho. wird die geschlossene Silbe entweder
— beibehalten (sog. harte Verbindung, mit Schwa quiescens),
— oder durch einen nachklingenden gleichlautenden Chateph-Vokal aufgesprengt (sog. weiche Verbindung):

Qal Impf. יַעֲמֹד / יַחְשֹׁב, vgl. יִכְתֹּב
Ni. Perf. נֶאֱסַף / נֶהְפַּךְ, vgl. נִכְתַּב
Hi. Impf. יַעֲמִיד, vgl. יַכְתִּיב
Ho. Impf. יָעֳמַד, vgl. יָכְתַּב (→ 18.4.6).

18.

— Erhält nach einer weichen Verbindung der zweite Radikal ein Schwa mobile (Impf.Qal und Perf.Ni. mit vokalischen Endungen oder Suffixen), so schreibt man nach 4.4.4 statt des Chateph-Vokals den entsprechenden Kurzvokal und das Schwa mobile wird zu Schwa medium:

Qal Impf.3.plur.m.	יַֽעַמְדוּ,	vgl.	יִכְתְּבוּ	
Qal Impf.m.Suff.	יַֽהַרְגֵם,	vgl.	יִכְתְּבֵם	
Ni. Perf.3.plur.	נֶֽאֶסְפוּ,	vgl.	נִכְתְּבוּ	(→ 18.4.7).

Einzelheiten:

— æ bzw. æ-[æ] geht bei fortrückendem Ton häufig in a bzw. a-[a] oder a-a über: vgl. יֶאֱסֹף mit יַאַסְפוּ, יַאַסְפֵנִי. Dies muß im Waw-Perf. des Hi. geschehen, wenn der Ton in der 1. und 2.sing.m. auf die Endung rückt, vgl. הֶעֱבַרְתִּי mit וְהַעֲבַרְתִּי.

Paradigmen (עבד „dienen“, חשב „halten für“)

	weiche Verbindung			harte Verbindung	
	Qal	Ni.	Hi.	Qal	Ni.
Perf.sing.3.m.	עָבַד	נֶעֱבַד	הֶעֱבִיד	חָשַׁב	נֶחְשַׁב
3.f.	עָֽבְדָה	נֶעֶבְדָה	הֶעֱבִידָה	חָֽשְׁבָה	נֶחְשְׁבָה
2.m.	עָבַדְתָּ	נֶעֱבַדְתָּ	הֶעֱבַדְתָּ	חָשַׁבְתָּ	נֶחְשַׁבְתָּ
plur.3.	עָֽבְדוּ	נֶעֶבְדוּ	הֶעֱבִידוּ	חָֽשְׁבוּ	נֶחְשְׁבוּ
2.m.	עֲבַדְתֶּם	נֶעֱבַדְתֶּם	הֶעֱבַדְתֶּם	חֲשַׁבְתֶּם	נֶחְשַׁבְתֶּם
m.Suff.	עֲבָֽדְךָ		הֶעֱבַדְתַּנִי	חֲשָׁבָהּ	
Impf.sing.3.m.	יַעֲבֹד	יֵעָבֵד	יַעֲבִיד	יַחְשֹׁב	יֵחָשֵׁב
1.	אֶעֱבֹד	אֵעָבֵד	אַעֲבִיד	אֶחְשֹׁב	אֵחָשֵׁב
plur.3.m.	יַעַבְדוּ	יֵעָֽבְדוּ	יַעֲבִידוּ	יַחְשְׁבוּ	יֵחָֽשְׁבוּ
m.Suff.	יַעַבְדֵנִי		יַעֲבִרֵנִי	יַחְשְׁבֵנִי	
Imp. sing.m.	עֲבֹד / אֱסֹף	הֵעָבֵד	הַעֲבֵד	חֲשֹׁב	הֵחָשֵׁב
plur.m.	עִבְדוּ	הֵעָֽבְדוּ	הַעֲבִידוּ	חִשְׁבוּ	הֵחָֽשְׁבוּ
m.Suff.	עָבְדֵהוּ				
Inf. cs.	עֲבֹד / אֱסֹף	הֵעָבֵד	הַעֲבִיד	חֲשֹׁב	הֵחָשֵׁב
mit ל	לַעֲבֹד/לֶאֱסֹף	לְהֵעָבֵד	לְהַעֲבִיד	לַחְשֹׁב	לְהֵחָשֵׁב
abs.	עָבוֹד	נַעֲבֹד	הַעֲבֵד	חָשׁוֹב	נַחְשֹׁב
Part.	עֹבֵד	נֶעֱבָד	מַעֲבִיד	חֹשֵׁב	נֶחְשָׁב

18.3.2 Flexion der Nomina (IX): mit veränderlichem Qames in der vorletzten Silbe

Die Nomina mit unveränderlichem Vokal in der Endsilbe und veränderlichem ā in der vorletzten Silbe (Vorton-Qames) setzen sich hauptsächlich zusammen aus *qatāl*- (ā > ō), *qatīl*- und *qatūl*-Bildungen; dazu kommen „hohle Wurzeln“ (Konsonant — Langvokal — Konsonant) mit *ma*-Präformativ (z.B. מָקוֹם) und Nomina mit dem Afformativ (*-ān* >) *-ōn* (z.B. זִכָּרוֹן, רָצוֹן).

Bereits gelernte Nomina dieser Klasse sind: גָּדוֹל „groß“, רָחוֹק „fern“, קָרוֹב „nahe“, גָּבֹהַּ „hoch“, קָדוֹשׁ „heilig“, טָהוֹר „rein“, שָׁלוֹם „Friede / Wohlergehen“, אָדוֹן „Herr“ (vgl. אֲדֹנָי „der Herr“), כָּבוֹד „Ehre / Herrlichkeit“, מָקוֹם „Ort“, עָוֹן „Sünde / Schuld / Strafe“; נָבִיא „Prophet“, סָבִיב „ringsum / Umgebung“, מָשִׁיחַ „Gesalbter“, תָּמִים „vollständig / untadelig“; בָּרוּךְ „gesegnet“ sowie allgemein das Part.pass.Qal (כָּתוּב).

Hauptregel:

Das Vorton-Qames wird außer im Sing.abs. überall zu Schwa mobile (bzw. Chateph-Patach) reduziert (vgl. כָּתוּב 8.3.2.1; גָּדוֹל 8.3.3.1).

Einzelheiten:

— Die Nomina מָקוֹם, עָוֹן, לָשׁוֹן, סָבִיב bilden den Plural ganz oder vorwiegend auf *-ōt*.

— זִכָּרוֹן (und ähnliche Bildungen) verlieren über dem Schwa mobile der flektierten Formen das Dagesch forte (sing.cs. זִכְרוֹן).

18.3.3 Zahlwörter (III): Zahlen über 10

18.3.3.1 Die Zahlen von 11–19 werden gebildet durch Zusammensetzung der Einer mit zwei Nebenformen von עֲשָׂרָה, nämlich עָשָׂר für das Mask., עֶשְׂרֵה für das Fem. Davor stehen die Einer beim Fem. stets im st.cs., beim Mask. 3–9 im st.abs. Für „eins“ findet sich in der Zusammensetzung für „elf“ eine Nebenform עַשְׁתֵּי. So entstehen:

	bei Mask.	bei Fem.
11	אַחַד עָשָׂר / עַשְׁתֵּי עָשָׂר	אַחַת עֶשְׂרֵה / עַשְׁתֵּי עֶשְׂרֵה
12	שְׁנֵי עָשָׂר / שְׁנֵים עָשָׂר	שְׁתֵּי עֶשְׂרֵה / שְׁתֵּים עֶשְׂרֵה
13	שְׁלֹשָׁה עָשָׂר	שְׁלֹשׁ עֶשְׂרֵה
14	אַרְבָּעָה עָשָׂר	אַרְבַּע עֶשְׂרֵה
15	חֲמִשָּׁה עָשָׂר	חֲמֵשׁ עֶשְׂרֵה
16	שִׁשָּׁה עָשָׂר	שֵׁשׁ עֶשְׂרֵה
17	שִׁבְעָה עָשָׂר	שְׁבַע עֶשְׂרֵה
18	שְׁמֹנָה עָשָׂר	שְׁמֹנֶה עֶשְׂרֵה
19	תִּשְׁעָה עָשָׂר	תְּשַׁע עֶשְׂרֵה

Der gezählte Gegenstand steht im Plural nach; nur häufig gezählte Nomina wie יוֹם, חֹדֶשׁ, שָׁנָה, אִישׁ, נֶפֶשׁ stehen im Sing. (vgl. dt. „tausend Mann").

18.3.3.2 Die Zehner werden (mit Ausnahme von עֶשְׂרִים „zwanzig", plur. von עֶשֶׂר „zehn") durch den Plural der Einer ausgedrückt:

20	עֶשְׂרִים	60	שִׁשִּׁים
30	שְׁלֹשִׁים	70	שִׁבְעִים
40	אַרְבָּעִים	80	שְׁמֹנִים
50	חֲמִשִּׁים	90	תִּשְׁעִים

Diese Formen bilden keinen st.cs. Bei Verbindung von Zehnern und Einern werden, wie im Dt., gewöhnlich die Einer vorangestellt (z.B. חָמֵשׁ וּשְׁלֹשִׁים „fünfunddreißig"); Nachstellung wird in späterer Zeit häufiger.

Der Gegenstand pflegt bei gewissen häufig gezählten Begriffen im Singular zu folgen (s.o. 18.3.3.1), sonst im Plural voranzugehen, z.B. חֲמִשִּׁים אִישׁ „fünfzig Mann", aber אַמּוֹת שִׁשִּׁים „sechzig Ellen".

18.3.3.3 Die höheren Zahlen stehen vor dem gezählten Gegenstand im st.abs. oder cs., z.B. מֵאָה נְבִיאִים „hundert Propheten", מְאַת שָׁנָה „hundert Jahre". Verwendet werden:

100	מֵאָה, cs. מְאַת	1000	אֶלֶף
200	מָאתַיִם	2000	אַלְפַּיִם
300	שְׁלֹשׁ מֵאוֹת	3000	שְׁלֹשֶׁת אֲלָפִים
400	אַרְבַּע מֵאוֹת	....	
...		10000 (= große Zahl)	רְבָבָה

(→ 18.4.8)

18.3.4 Temporalsätze

Das zeitliche Verhältnis zwischen zwei Sätzen wird (wie das konditionale, → 16.3.4) entweder beiordnend durch ו oder unterordnend durch eine andere Konjunktion ausgedrückt.

18.3.4.1 Beiordnung

Für den Ausdruck der Nachzeitigkeit werden gewöhnlich die Folge-Tempora verwendet (Waw-Imperfekt, → 5.3.1.3/6.3.1.3; Waw-Perfekt, → 9.3.3.2); in der dt. Übersetzung ist es oft angezeigt, mit einem Temporalsatz zu übersetzen (z.B. 1Sam 15,13, → 6.3.1.3; Gen 44,4 וְהִשַּׂגְתָּם וְאָמַרְתָּ „und wenn du sie eingeholt hast, so sprich zu ihnen"). Die Gleichzeitigkeit oder Vorzeitigkeit (= Nicht-Folge) wird dagegen durch die Vermeidung der Folge-Tempora, durch invertierte Verbalsätze (→ 6.3.1.6) und durch Umstandssätze (→ 7.3.1.3) ausgedrückt, z.B. 1Sam 9,5 הֵמָּה בָּאוּ בְּאֶרֶץ צוּף וְשָׁאוּל אָמַר „als sie nun in das Land Zuph kamen, sagte Saul"; Hi 1,16 עוֹד זֶה מְדַבֵּר וְזֶה בָּא „während der eine noch redete, kam ein anderer"; Ex 10,13 הַבֹּקֶר הָיָה וְרוּחַ הַקָּדִים נָשָׂא אֶת־הָאַרְבֶּה „als es Morgen wurde, hatte der Ostwind die Heuschrecken gebracht".

18.3.4.2 Unterordnung

Anstelle eines durch eine Konjunktion eingeleiteten Nebensatzes kann auch dessen Verkürzung durch einen Infinitiv mit Präposition treten (→ 10.3.1.3 mit Beispielen).

Als Konjunktionen werden im Temporalsatz verwendet:

Gleichzeitigkeit:

— כַּאֲשֶׁר „als, nachdem, wenn", z.B. Ri 3,18 וַיְהִי כַּאֲשֶׁר כִּלָּה לְהַקְרִיב אֶת־הַמִּנְחָה וַיְשַׁלַּח אֶת־הָעָם „und als er den Tribut fertig abgeliefert hatte, geleitete er die Leute ...";

— כִּי (weniger häufig) „als, nachdem, wenn", z.B. 2Sam 19,26, → 7.5.4.13 (→ 6.3.1.4); Ps 8,4 כִּי־אֶרְאֶה שָׁמֶיךָ „so oft ich deinen Himmel sehe";

— אִם (selten) „(jedesmal) wenn", z.B. Ri 6,3 וְהָיָה אִם־זָרַע יִשְׂרָאֵל וְעָלָה מִדְיָן „und so oft die Israeliten gesät hatten, zogen die Midianiter heran";

Vorzeitigkeit:

— עַד כִּי/עַד אִם־/עַד אֲשֶׁר אִם־/עַד אֲשֶׁר־/עַד־ „bis daß, solange als, solange bis", z.B. 1Kön 10,7 וְלֹא־הֶאֱמַנְתִּי לַדְּבָרִים עַד אֲשֶׁר־בָּאתִי וַתִּרְאֶינָה עֵינַי „ich habe es nicht glauben wollen, bis ich hergekommen bin und es mit eigenen Augen gesehen habe";

— בְּטֶרֶם (auch טֶרֶם, als Adverb „noch nicht") „ehe, bevor", meist mit Impf., z.B. 2Kön 6,32 בְּטֶרֶם יָבֹא הַמַּלְאָךְ אֵלָיו וְהוּא אָמַר „bevor der Bote zu ihm kam, hatte er gesagt"; Jos 3,1 וַיָּלִנוּ שָׁם טֶרֶם יַעֲבֹרוּ׃ „und sie blieben daselbst übernacht, ehe sie hinüberzogen";

Nachzeitigkeit:

— אַחַר/אַחֲרֵי, אַחַר/אַחֲרֵי אֲשֶׁר־ „nachdem“, z.B. Ez 40,1 בְּאַרְבַּע עֶשְׂרֵה שָׁנָה אַחַר אֲשֶׁר הֻכְּתָה הָעִיר ... „im vierzehnten Jahre, nachdem die Stadt überwältigt worden war, ...“;

— מֵאָז „seitdem“, z.B. Gen 39,5 וַיְהִי מֵאָז הִפְקִיד אֹתוֹ בְּבֵיתוֹ ... וַיְבָרֶךְ יְהוָה אֶת־בֵּית הַמִּצְרִי ... „und seitdem er ihn über sein Haus ... gesetzt hatte, segnete Jahwe das Haus des Ägypters“.

18.3.5 Wortschatz nach Sachgruppen (III): politisch-militärischer Bereich

3.1. עַם גּוֹי שֵׁבֶט מַטֶּה מִשְׁפָּחָה אֶלֶף בֵּית־אָב

3.2. אָדוֹן בַּעַל עֶבֶד מְשָׁרֵת אָמָה (שִׁפְחָה) גֵּר זָר (נָכְרִי) (אֶבְיוֹן עָנִי אֲחֻזָּה נַחֲלָה)

3.3. מֶלֶךְ (מַלְכָּה) מַמְלָכָה (מַלְכוּת) מָשִׁיחַ נָשִׂיא שַׂר כִּסֵּא הֵיכָל שֹׁפֵט מִשְׁפָּט צַדִּיק רָשָׁע (מְדִינָה)

3.4. מִלְחָמָה צָבָא חַיִל מַחֲנֶה גִּבּוֹר אוֹיֵב (צַר חָלָל גּוֹלָה חֵרֶם מַכָּה שְׁמָמָה)

3.5. חֶרֶב קֶשֶׁת חֵץ רֶכֶב מֶרְכָּבָה סוּס (שָׁלָל)

3.6. חָזָק (קָשֶׁה) כֹּחַ חַיִל (עֹז גְּבוּרָה יְשׁוּעָה) שָׁלוֹם (לָ)בֶטַח

3.7. מלך משל עבד שפט (ריב יעץ צוה חזק יכל נחל צלח)

3.8. לחם (חנה) רכב רדף לכד גרשׁ (ירשׁ) ברח (נוס גלה) מלט פלט (ישׁע נצל אבד)

3.9. הרג רצח כרת שׁחת שׁמד שׁבר קרע שׂרף (בער בקע פרר נגע נכה ענה חרם נדת שׁדד שׁמם)

18.4 Anmerkungen

18.4.1 Die Verben mit a-Impf. folgen in 19.3.1. — Die Verben I r stimmen nur in der zweiten Hauptregel (Nicht-Verdoppelung) mit den Verben I lar. überein.

18.4.2 Ebenfalls אֹמַר und בֶּאֱמֹר, aber לֵאמֹר (→ 5.2.2).

18.4.3 Diese Regel gilt auch für Verben I r und anderweitig unregelmäßige Verben I lar., z.B. יֵרָאֶה „er wird gesehen werden / er wird erscheinen“, יֵאָמֵר „es wird gesagt werden“, יֵעָשֶׂה „es wird getan werden“.

18.4.4 Der Inf.abs.Ni. behält unter dem Schutze des Laryngals das ursprüngliche Präformativ *na*-, z.B. נַהֲפוֹךְ (Est 9,1).

18.4.5 Auch הדף „stoßen“ hat den Präformativ-Vokal æ: יֶהְדֹּף. — Wie u.a. das Arabische zeigt, ist *jaktub- die ursprüngliche Form des Qal-Impf. auf -ō. Beim gewöhnlichen Verbum ist a zu i geworden (→ 8.3.5.1), bei den Verben I lar. hat sich das a unter dem Schutze des Laryngals erhalten.

18.4.6 Die weiche Verbindung ist häufiger; die harte kommt besonders bei ח vor (z.B. חשׁב). Bei אסר, הפך u.a. kommen beiderlei Formen vor; bei selteneren Verben: nur die harte bei חמד „begehren“, nur die weiche bei חלם „träumen“. Im Vokabular wird die jeweils häufigere Form in Klammern angegeben.

18.4.7 Bei harter Verbindung ändert sich nichts.

18.4.8 רְבָבָה (plur. רְבָבוֹת, cs. רִבְבוֹת) wird auch allgemein für „große Menge" verwendet. Für Zahlen über 10000 verwendet man entweder die Nebenform רִבּוֹ(א) (plur. רִבּוֹת oder רִבֹּאוֹת), Jon 4,11 שְׁתֵּים־עֶשְׂרֵה רִבּוֹ 120000, oder (häufiger) Zusammensetzungen mit אֶלֶף, z.B. Ex 12,37 שֵׁשׁ־מֵאוֹת אֶלֶף 600000.

18.5 Übungen und Lesestück

18.5.1: עֲזַבְנָהוּ נֶחְשַׁבְתִּי יַחְשְׁבוּ עִבְדוּ אֶעֱזְבֶךָּ לַעֲזֹב יַאַסְפֵהוּ וְהַעֲבַדְתִּיךָ תַּאַסְפִי אֶעֱבְרָה יֶעֶזְרוּ עֲזָרָנִי

18.5.2: sie haben sich versammelt, um zuzurüsten, und er rechnete es (f.) an, er hat uns geholfen, wir werden dir dienen, ihr habt verlassen, verlaß mich nicht!, um zu helfen, er ist verlassen worden, er soll hingestellt werden, sprich!

18.5.3: מְשִׁיחוֹ עֲוֹנָהּ נְבִיאֵי לְשׁוֹנֵךְ אֲדֹנָי וַאדֹנִי בִּמְקוֹמֵנוּ צפנה זכרונו בימיני רצונם

18.5.4: 480 Jahre, 65 Jahre alt, am 6. Tage, 185000 Mann, 150 Tage, 22273, zwölf Männer, im elften Monat.

18.5.5:

1. כִּי־אַתָּה יְהוָה עֲזַרְתַּנִי וְנִחַמְתָּנִי׃ 2. אֵלֶּה יַעַמְדוּ לְבָרֵךְ אֶת־הָעָם
עַל־הַר גְּרִזִים[a] בְּעָבְרְכֶם אֶת־הַיַּרְדֵּן 3. כִּי לֹא אֶעֱזָבְךָ עַד אֲשֶׁר אִם־
עָשִׂיתִי[b] אֵת אֲשֶׁר־דִּבַּרְתִּי לָךְ׃ 4. כִּי־אָבִי וְאִמִּי עֲזָבוּנִי וַיהוָה יַאַסְפֵנִי׃
5. וַיִּקְרְאוּ לְשִׁמְשׁוֹן מִבֵּית הָאֲסִירִים[c] וַיְצַחֵק[d] לִפְנֵיהֶם וַיַּעֲמִידוּ אוֹתוֹ בֵּין
הָעַמּוּדִים׃ 6. וַיֹּאמֶר אֲלֵהֶם בֶּן־מֵאָה וְעֶשְׂרִים שָׁנָה אָנֹכִי הַיּוֹם ··· וַיהוָה
אָמַר אֵלַי לֹא תַעֲבֹר אֶת־הַיַּרְדֵּן הַזֶּה׃ 7. וְעַתָּה לְכוּ וְנַהַרְגֵהוּ וְנַשְׁלִכֵהוּ
בְּאַחַד הַבֹּרוֹת[e] וְאָמַרְנוּ חַיָּה רָעָה אֲכָלָתְהוּ[f] 8. זֶה־לִּי עֶשְׂרִים שָׁנָה בְּבֵיתֶךָ
עֲבַדְתִּיךָ אַרְבַּע־עֶשְׂרֵה שָׁנָה בִּשְׁתֵּי בְנֹתֶיךָ וְשֵׁשׁ שָׁנִים בְּצֹאנֶךָ 9. וַיַּאַסְפוּ
פְלִשְׁתִּים אֶת־מַחֲנֵיהֶם לַמִּלְחָמָה וַיֵּאָסְפוּ שֹׂכֹה אֲשֶׁר לִיהוּדָה ··· וְשָׁאוּל
וְאִישׁ־יִשְׂרָאֵל נֶאֶסְפוּ ··· וַיַּעַרְכוּ מִלְחָמָה לִקְרַאת פְּלִשְׁתִּים׃ 10. וַיָּבֹא
בֵית־אָבִיו עָפְרָתָה[g] וַיַּהֲרֹג אֶת־אֶחָיו בְּנֵי־יְרֻבַּעַל שִׁבְעִים אִישׁ עַל־אֶבֶן
אֶחָת 11. עוֹד אַרְבָּעִים יוֹם וְנִינְוֵה[h] נֶהְפָּכֶת׃ 12. וַיֶּאֱסֹף שִׁבְעִים אִישׁ
מִזִּקְנֵי הָעָם וַיַּעֲמֵד אֹתָם סְבִיבֹת הָאֹהֶל׃ 13. וַתְּהִי הַמִּלְחָמָה חֲזָקָה עַל־
פְּלִשְׁתִּים כֹּל יְמֵי שָׁאוּל וְרָאָה שָׁאוּל כָּל־אִישׁ גִּבּוֹר וְכָל־בֶּן־חַיִל וַיַּאַסְפֵהוּ

18.

אֵלָיו׃ 14. לָמָּה־פָנֶיךָ תַסְתִּיר וְתַחְשְׁבֵנִי לְאוֹיֵב לָךְ׃ 15. צָפוֹן וְיָמִין
אַתָּה בְרָאתָם תָּבוֹר וְחֶרְמוֹן[i] בְּשִׁמְךָ יְרַנֵּנוּ׃[j] 16. אֵלֶּה בְנֵי־חָם לְמִשְׁפְּחֹתָם
לִלְשֹׁנֹתָם בְּאַרְצֹתָם בְּגוֹיֵהֶם׃ 17. הַלְלוּ אֶת־יְהוָה מִן־הַשָּׁמַיִם הַלְלוּהוּ
בַּמְּרוֹמִים׃ 18. עֵינֵי־כֹל אֵלֶיךָ יְשַׂבֵּרוּ[k] וְאַתָּה נוֹתֵן־לָהֶם אֶת־אָכְלָם[l]
בְּעִתּוֹ׃ פּוֹתֵחַ אֶת־יָדֶךָ וּמַשְׂבִּיעַ לְכָל־חַי רָצוֹן׃ 19. כִּי־זֶה שְׁנָתַיִם הָרָעָב[m]
בְּקֶרֶב הָאָרֶץ וְעוֹד חָמֵשׁ שָׁנִים אֲשֶׁר אֵין־חָרִישׁ[n] וְקָצִיר׃ 20. ··· מַחֲנֵה
יְהוּדָה ··· וְנָשִׂיא לִבְנֵי יְהוּדָה נַחְשׁוֹן בֶּן־עַמִּינָדָב׃ וּצְבָאוֹ וּפְקֻדֵיהֶם אַרְבָּעָה
וְשִׁבְעִים אֶלֶף וְשֵׁשׁ מֵאוֹת׃ 21. וּמֵאֵת עֲדַת בְּנֵי יִשְׂרָאֵל יִקַּח שְׁנֵי־שְׂעִירֵי
עִזִּים לְחַטָּאת וְאַיִל אֶחָד לְעֹלָה׃ 22. אִם־שָׁכַחְנוּ שֵׁם אֱלֹהֵינוּ וַנִּפְרֹשׂ
כַּפֵּינוּ לְאֵל זָר׃ הֲלֹא אֱלֹהִים יַחֲקָר[o]־זֹאת 23. הֵמָּה בָּאִים בְּתוֹךְ הָעִיר
וְהִנֵּה שְׁמוּאֵל יֹצֵא[p] לִקְרָאתָם 24. הִנֵּה עוֹדָךְ מְדַבֶּרֶת שָׁם עִם־הַמֶּלֶךְ
וַאֲנִי אָבוֹא אַחֲרַיִךְ וּמִלֵּאתִי אֶת־דְּבָרָיִךְ׃ 25. וַיְהִי מִקְצֵה[q] שְׁלֹשֶׁת יָמִים
אַחֲרֵי אֲשֶׁר־כָּרְתוּ לָהֶם בְּרִית וַיִּשְׁמְעוּ כִּי־קְרֹבִים הֵם אֵלָיו וּבְקִרְבּוֹ הֵם
יֹשְׁבִים׃[r] 26. וַיְחִי[s] מְתוּשֶׁלַח שֶׁבַע וּשְׁמֹנִים שָׁנָה וּמְאַת שָׁנָה וַיּוֹלֶד[t] אֶת־
לָמֶךְ׃ וַיְחִי מְתוּשֶׁלַח אַחֲרֵי הוֹלִידוֹ[u] אֶת־לֶמֶךְ שְׁתַּיִם וּשְׁמוֹנִים שָׁנָה וּשְׁבַע
מֵאוֹת שָׁנָה וַיּוֹלֶד בָּנִים וּבָנוֹת׃ וַיִּהְיוּ[v] כָּל־יְמֵי מְתוּשֶׁלַח תֵּשַׁע וְשִׁשִּׁים שָׁנָה
וּתְשַׁע מֵאוֹת שָׁנָה וַיָּמֹת׃[w] 27. כָּל־הַקָּהָל כְּאֶחָד[x] אַרְבַּע רִבּוֹא אַלְפַּיִם
שְׁלֹשׁ־מֵאוֹת שִׁשִּׁים׃ מִלְּבַד עַבְדֵיהֶם וְאַמְהֹתֵיהֶם אֵלֶּה שִׁבְעַת אֲלָפִים שְׁלֹשׁ
מֵאוֹת שְׁלֹשִׁים וְשִׁבְעָה וְלָהֶם מְשֹׁרְרִים וּמְשֹׁרְרוֹת[y] מָאתָיִם׃ סוּסֵיהֶם שְׁבַע
מֵאוֹת שְׁלֹשִׁים וְשִׁשָּׁה פִּרְדֵיהֶם[z] מָאתַיִם אַרְבָּעִים וַחֲמִשָּׁה׃ גְּמַלֵּיהֶם[a'] אַרְבַּע
מֵאוֹת שְׁלֹשִׁים וַחֲמִשָּׁה חֲמֹרִים[b'] שֵׁשֶׁת אֲלָפִים שְׁבַע מֵאוֹת וְעֶשְׂרִים׃ 28. אֵלֶּה
פְּקוּדֵי בְּנֵי יִשְׂרָאֵל שֵׁשׁ־מֵאוֹת אֶלֶף וָאָלֶף שְׁבַע מֵאוֹת וּשְׁלֹשִׁים׃ 29. וּבַיּוֹם
הַשְּׁלִישִׁי פָּרִים עַשְׁתֵּי־עָשָׂר אֵילִם שְׁנָיִם כְּבָשִׂים בְּנֵי־שָׁנָה אַרְבָּעָה עָשָׂר
תְּמִימִם׃ 30. וַיְהִי כְעָבְרָם וְאֵלִיָּהוּ אָמַר אֶל־אֱלִישָׁע שְׁאַל מָה אֶעֱשֶׂה־
לָּךְ[c'] בְּטֶרֶם אֶלָּקַח מֵעִמָּךְ

18.5.6:

1. Führe uns nicht über den Jordan (= laß uns nicht überschreiten).
2. Und die Israeliten dienten Eglon (עֶגְלוֹן), dem König von Moab, achtzehn Jahre lang.
3. Und Laban versammelte alle Männer des Ortes.
4. Da sagte *Jehōrām:* Spanne an, und er spannte seinen Wagen an.

5. Menschensohn, sprich zum Pharao, dem König von Ägypten, und zu seiner Menge!
6. Und dieser Tag soll für euch ein Andenken werden.
7. Und Elisa (אֱלִישָׁע) sprach zu ihm: Hole (nimm) einen Bogen und Pfeile. Und er holte ihm einen Bogen und Pfeile.
8. Und die Zeit (= Tage), die David über Israel regierte, war vierzig Jahre; in Hebron (חֶבְרוֹן) regierte er sieben Jahre und in Jerusalem regierte er dreiunddreißig Jahre.
9. Mose aber war 80 Jahre alt und Aaron 83 Jahre alt, als sie zum Pharao redeten (Inf.).
10. Und es waren (וַיִּהְיוּ) alle Tage Seths (שֵׁת) 912 Jahre (12+900).

---

[a] Garizim
[b] ich habe getan
[c] Qere: אֲסוּרִים
[d] pi. Kurzweil bereiten
[e] בּוֹר Zisterne
[f] אכל essen
[g] nach Ophra
[h] Ninive
[i] Tabor und Hermon
[j] רנן pi. jubeln
[k] שׂבר pi. warten
[l] אֹכֶל Speise
[m] Hungersnot
[n] Pflügen
[o] חקר erforschen
[p] יצא herauskommen
[q] nach Verlauf von
[r] ישׁב wohnen
[s] und er lebte
[t] und er zeugte
[u] Inf.: sein Erzeugen
[v] und es waren
[w] und er starb
[x] zusammen
[y] Sänger und Sängerinnen
[z] פֶּרֶד Maultier
[a′] גָּמָל Kamel
[b′] חֲמֹר Esel
[c′] ich werde dir tun

18.5.7 Lesestück: Gib uns einen König! (1Sam 8,1–22)

1 וַיְהִי כַּאֲשֶׁר[a] זָקֵן שְׁמוּאֵל וַיָּשֶׂם אֶת־בָּנָיו שֹׁפְטִים ° לְיִשְׂרָאֵל׃
2 וַיְהִי שֶׁם־בְּנוֹ הַבְּכוֹר יוֹאֵל וְשֵׁם מִשְׁנֵהוּ אֲבִיָּה שֹׁפְטִים בִּבְאֵר שָׁבַע׃
3 וְלֹא־הָלְכוּ בָנָיו בִּדְרָכָו[a] וַיִּטּוּ אַחֲרֵי הַבָּצַע וַיִּקְחוּ־שֹׁחַד וַיַּטּוּ
מִשְׁפָּט׃ פ 4 וַיִּתְקַבְּצוּ כֹּל זִקְנֵי יִשְׂרָאֵל וַיָּבֹאוּ אֶל־שְׁמוּאֵל
הָרָמָתָה׃ 5 וַיֹּאמְרוּ אֵלָיו הִנֵּה אַתָּה זָקַנְתָּ וּבָנֶיךָ לֹא הָלְכוּ בִּדְרָכֶיךָ
עַתָּה[a] שִׂימָה־לָּנוּ מֶלֶךְ לְשָׁפְטֵנוּ כְּכָל־הַגּוֹיִם׃ 6 וַיֵּרַע הַדָּבָר בְּעֵינֵי

18.

שְׁמוּאֵ֔ל כַּאֲשֶׁ֣ר אָמְר֔וּ תְּנָה־לָּ֥נוּ מֶ֖לֶךְ לְשָׁפְטֵ֑נוּ וַיִּתְפַּלֵּ֥ל שְׁמוּאֵ֖ל אֶל־
יְהוָֽה׃ פ 7 וַיֹּ֤אמֶר יְהוָה֙ אֶל־שְׁמוּאֵ֔ל שְׁמַע֙ בְּק֣וֹל הָעָ֔ם לְכֹ֥ל
אֲשֶׁר־יֹאמְר֖וּ אֵלֶ֑יךָ כִּ֣י לֹ֤א אֹתְךָ֙ מָאָ֔סוּ כִּֽי־אֹתִ֥י מָאֲס֖וּ מִמְּלֹ֥ךְ עֲלֵיהֶֽם׃
8 כְּכָל־הַֽמַּעֲשִׂ֣ים אֲשֶׁר־עָשׂ֡וּ[a] מִיּוֹם֩ הַעֲלֹתִ֨י אֹתָ֤ם מִמִּצְרַ֙יִם֙[b] וְעַד־[c]
הַיּ֣וֹם הַזֶּ֔ה וַיַּ֣עַזְבֻ֔נִי וַיַּעַבְד֖וּ אֱלֹהִ֣ים אֲחֵרִ֑ים כֵּ֛ן הֵ֥מָּה עֹשִׂ֖ים גַּם־לָֽךְ׃
9 וְעַתָּ֖ה שְׁמַ֣ע בְּקוֹלָ֑ם אַ֗ךְ כִּֽי־הָעֵ֤ד תָּעִיד֙ בָּהֶ֔ם וְהִגַּדְתָּ֣ לָהֶ֔ם מִשְׁפַּ֥ט
הַמֶּ֖לֶךְ אֲשֶׁ֥ר יִמְלֹ֖ךְ עֲלֵיהֶֽם׃ ס 10 וַיֹּ֣אמֶר שְׁמוּאֵ֔ל אֵ֖ת כָּל־דִּבְרֵ֣י
יְהוָ֑ה אֶל־הָעָ֕ם הַשֹּׁאֲלִ֥ים מֵאִתּ֖וֹ מֶֽלֶךְ׃ ס 11 וַיֹּ֕אמֶר זֶ֣ה יִהְיֶ֔ה
מִשְׁפַּ֣ט הַמֶּ֔לֶךְ אֲשֶׁ֥ר יִמְלֹ֖ךְ עֲלֵיכֶ֑ם אֶת־בְּנֵיכֶ֣ם יִקָּ֗ח וְשָׂ֥ם לוֹ֙ בְּמֶרְכַּבְתּ֣וֹ
וּבְפָרָשָׁ֔יו וְרָצ֖וּ לִפְנֵ֥י מֶרְכַּבְתּֽוֹ׃ 12 וְלָשׂ֣וּם ל֔וֹ שָׂרֵ֥י אֲלָפִ֖ים וְשָׂרֵ֣י
חֲמִשִּׁ֑ים[a] וְלַחֲרֹ֤שׁ חֲרִישׁוֹ֙ וְלִקְצֹ֣ר קְצִיר֔וֹ וְלַעֲשׂ֥וֹת כְּלֵֽי־מִלְחַמְתּ֖וֹ וּכְלֵ֥י
רִכְבּֽוֹ׃ 13 וְאֶת־בְּנוֹתֵיכֶ֖ם יִקָּ֑ח לְרַקָּח֥וֹת וּלְטַבָּח֖וֹת וּלְאֹפֽוֹת׃ 14 וְאֶת־
שְׂדוֹתֵיכֶ֨ם וְאֶת־כַּרְמֵיכֶ֧ם וְזֵיתֵיכֶ֛ם הַטּוֹבִ֖ים יִקָּ֑ח וְנָתַ֖ן לַעֲבָדָֽיו׃
15 וְזַרְעֵיכֶ֥ם וְכַרְמֵיכֶ֖ם יַעְשֹׂ֑ר וְנָתַ֥ן לְסָרִיסָ֖יו וְלַעֲבָדָֽיו׃ 16 וְאֶת־
עַבְדֵיכֶ֨ם וְאֶת־שִׁפְח֤וֹתֵיכֶם וְאֶת־בַּחוּרֵיכֶ֧ם[a] הַטּוֹבִ֛ים וְאֶת־חֲמוֹרֵיכֶ֖ם
יִקָּ֑ח וְעָשָׂ֖ה[b] לִמְלַאכְתּֽוֹ׃ 17 צֹאנְכֶ֖ם[a] יַעְשֹׂ֑ר וְאַתֶּ֖ם תִּהְיוּ־ל֥וֹ לַעֲבָדִֽים׃
18 וּזְעַקְתֶּם֙ בַּיּ֣וֹם הַה֔וּא מִלִּפְנֵ֣י מַלְכְּכֶ֔ם אֲשֶׁ֥ר בְּחַרְתֶּ֖ם לָכֶ֑ם וְלֹֽא־
יַעֲנֶ֧ה יְהוָ֛ה אֶתְכֶ֖ם בַּיּ֥וֹם הַהֽוּא[a]׃ 19 וַיְמָאֲנ֣וּ הָעָ֔ם לִשְׁמֹ֖עַ בְּק֣וֹל שְׁמוּאֵ֑ל
וַיֹּ֣אמְרוּ לֹּ֔א[a] כִּ֥י אִם־מֶ֖לֶךְ יִהְיֶ֥ה[b] עָלֵֽינוּ׃ 20 וְהָיִ֥ינוּ גַם־אֲנַ֖חְנוּ כְּכָל־
הַגּוֹיִ֑ם וּשְׁפָטָ֤נוּ מַלְכֵּ֙נוּ֙ וְיָצָ֣א לְפָנֵ֔ינוּ וְנִלְחַ֖ם אֶת־מִלְחֲמֹתֵֽנוּ׃ 21 וַיִּשְׁמַ֣ע
שְׁמוּאֵ֔ל אֵ֖ת כָּל־דִּבְרֵ֣י הָעָ֑ם וַֽיְדַבְּרֵ֖ם בְּאָזְנֵ֥י יְהוָֽה׃ פ 22 וַיֹּ֨אמֶר
יְהוָ֤ה אֶל־שְׁמוּאֵל֙ שְׁמַ֣ע בְּקוֹלָ֔ם וְהִמְלַכְתָּ֥ לָהֶ֖ם[a] מֶ֑לֶךְ וַיֹּ֤אמֶר שְׁמוּאֵל֙
אֶל־אַנְשֵׁ֣י יִשְׂרָאֵ֔ל לְכ֖וּ אִ֥ישׁ לְעִירֽוֹ׃

Erläuterungen:

V. 1: זָקֵן „er ist alt geworden“; וַיָּשֶׂם „er setzte ein“.

V. 2: מִשְׁנֵהוּ „sein Zweiter“.

V. 3: וַיִּטּוּ „und sie neigten sich hin“; בֶּצַע „Gewinn“; שֹׁחַד „Bestechung“; וַיַּטּוּ „und sie beugten“.

V. 4: זִקְנֵי „die Ältesten von“; הָרָמָתָה „nach Rama“.

V.5: שִׂימָה „setze ein!“.
V.6: וַיֵּרַע „und es war schlecht“.
V.8: הַמַּעֲשִׂים „die Taten“; הַעֲלֹתִי „mein Heraufführen“.
V.9: אַךְ „nur“; הָעֵד תָּעִיד בּ׳ „du sollst sie warnen“; וְהִגַּדְתָּ „du sollst kundtun“.
V.11: וְשָׂם „und er wird einsetzen“; מֶרְכָּבָה „Wagen“; פָּרָשׁ „Pferd“; וְרָצוּ „und sie werden laufen“.
V.12: לָשׂוּם „einzusetzen“; חרשׁ „pflügen“; קצר „ernten“.
V.13: רַקָּחָה „Salbenmischerin“; טַבָּחָה „Köchin“; אפה „backen“.
V.14: (שָׂדֶה) שָׂדוֹת „Felder“; כֶּרֶם „Weinberg“; זַיִת „Ölbaum“.
V.15: עשׂר „den Zehnten nehmen“; סָרִיס „Höfling“.
V.16: שִׁפְחָה „Magd“; בָּחוּר „Jüngling“, nach LXX: בְּקַרְכֶם; חֲמוֹר „Esel“; מְלָאכָה „Arbeit“.
V.17: תִּהְיוּ „ihr werdet sein“.
V.18: יַעֲנֶה „er wird antworten“.
V.20: וְהָיִינוּ „wir werden sein“; יצא „ausziehen“.

LEKTION 19

19.1 Vokabel-Repetition (Mensch–Familie–Körper)

בֵּן (5)	אִישׁ (6)	אִשָּׁה (6)	בַּת (6)	רֹאשׁ (6)
אָדָם (7)	נַעַר (7)	נַעֲרָה (7)	חַיִּים (7)	דָּם (8)
קָרוֹב (8)	לֵב (8)	יָד (8)	אָח (8)	מָוֶת (8)
זֶרַע (9)	רוּחַ (9)	דּוֹר (9)	בְּכֹר (9)	רֵעַ (9)
רִאשֹׁנִים (9)	אָב (10)	אָחוֹת (10)	פֶּה (10)	אֵם (10)
אַף/אַפַּיִם (11)	כַּף (11)	רֶגֶל (11)	חַי (11)	חֲלוֹם (11)
נֶפֶשׁ (12)	עֶצֶם (12)	בָּשָׂר (12)	פָּנִים (12)	אֱנוֹשׁ (12)
אֹזֶן (13)	יֶלֶד (13)	עַיִן (14)	חֳלִי (14)	כְּלָיוֹת (17)
עִוֵּר (17)	לָשׁוֹן (18)	יָמִין (18)		
הלך (5)	ראה (6)	שׁמע (6)	קבר (7)	דרך (8)
שׁכב (9)	שׂבע (9)	שׁכם (12)	שׁבת (12)	יצב (14)
רפא (14)	מהר (16)	רחץ (17)	עמד (18)	

19.2 Vokabular

19.2.1 Verba primae laryngalis (a-Impf./Hi.):

(יֶאֱהַב)	(אָהֵב) אהב	lieben
	אַהֲבָה	Liebe
(יֶחֱזַק)	חזק	fest sein / stark sein / stark werden
(הֶחֱזִיק)	חזק hi.	ergreifen / festhalten

(יֶחְדַּל) חדל aufhören / unterlassen

הַאֵלֵךְ אִם אֶחְדָּל soll ich gehen oder nicht gehen?

(יֶחְסַר) חָסֵר × entbehren / abnehmen

חָסֵר ermangelnd

(יַחְפֹּץ/יֶחְפָּץ) חָפֵץ (בְּ) Gefallen haben / gern haben

חֵפֶץ Gefallen / Wunsch / Sache

(הֶאֱמִין) אמן hi. glauben

(נֶאֱמַן) אמן ni. fest / zuverlässig / treu sein / Bestand haben

(הֶאֱזִין) אזן hi. × hinhören

שִׁמְעוּ וְהַאֲזִינוּ höret und horchet her!

(הֶחֱרִים) חרם hi. bannen

חֵרֶם Bann

(הֶחֱרִישׁ) חרשׁ hi. × schweigen / sich still verhalten

(יֶחֱרַשׁ) חרשׁ q. taub sein

19.2.2 Partikeln:

בַּעֲבוּר × um ... willen / damit

בַּעֲבוּר עַמּוֹ יִשְׂרָאֵל um seines Volkes Israel willen

לְמַעַן um ... willen / damit

לְמַעַן שִׁמְךָ um deines Namens willen

19.2.3 Nomina mit zwei veränderlichen Vokalen:

לֵבָב Herz

בְּכָל־לֵבָב mit dem ganzen Herzen

זָקֵן alt / Ältester

מִנַּעַר וְעַד־זָקֵן jung und alt

כָּתֵף Schulter / Berghang

עַל־כְּתֵפָיו auf seinen Schultern

נָהָר Strom / Fluß

עַל נַהֲרוֹת בָּבֶל an den Strömen Babels

עָפָר Staub

עֲפַר הָאָרֶץ der Staub der Erde

כָּנָף Flügel / (Gewand-)Zipfel

כַּנְפֵי רוּחַ Flügel des Windes

רָעָב	Hunger / Hungersnot
חֶרֶב וְרָעָב	Schwert und Hunger
חָלָל	durchbohrt / erschlagen
חַלְלֵי חֶרֶב	vom Schwerte Erschlagene
עָנָן	Wolke / Gewölk
עַמּוּד הֶעָנָן	die Wolkensäule
זָכָר	männlich / Mann
זָכָר וּנְקֵבָה	männlich und weiblich
שָׁלָל	Beute
וְהָיְתָה־לוֹ נַפְשׁוֹ לְשָׁלָל	er trägt sein Leben als Beute davon
חָמָס	Gewalttat
אִישׁ חָמָס/חֲמָסִים	gewalttätiger Mensch
עָמָל	Mühsal / Arbeit / Erwerb
עָמָל וָאָוֶן	Mühsal und Unheil
חָדָשׁ	neu / frisch
שִׁיר חָדָשׁ	ein neues Lied
מָטָר	× Regen
לָבָן	× weiß

19.2.4 Weitere Vokabeln:

(→ 19.3.5):	(f.)	שָׂפָה	Lippe / Sprache / Rand / Ufer
	(f.)	זְרוֹעַ	Arm / Gewalt / Streitkräfte
	(suff. בִּטְנִי)	בֶּטֶן	Bauch / Leib
		גֶּבֶר	(junger, kräftiger) Mann
		אַלְמָנָה	Witwe
		בְּתוּלָה	Jungfrau
	(Dual: שִׁנַּיִם)	שֵׁן	Zahn (Zähne)
(→ 19.2.1):		אַהֲבָה	Liebe
		חֵפֶץ	× Gefallen / Wunsch / Sache
		חֵרֶם	× Bann
(→ 19.2.3):		נְקֵבָה	× weiblich

19.3.1 Verba primae laryngalis (mit a-Imperfekt bzw. ohne Qal)

Für die Verben I lar. mit a-Impf. und diejenigen ohne Qal gelten die gleichen Regeln wie in 18.3.1, mit Ausnahme der Vokalisation des Impf./Imp.Qal.

Von den bereits gelernten Verben gehören hierher noch חטא „sich verfehlen / sündigen“ mit Impf. יֶחֱטָא (→ 14.2.2) und חרף q. „schmähen“ (nur einmal Impf. יֶחֱרַף). (→ 19.4.1)

Weiche Verbindung zeigen alle Verben dieser Gruppe außer חדל, חסר, חפץ.

Hauptregel:

— Im Impf.Qal lautet der Präformativ-Vokal immer (i >) æ, bei weicher Verbindung æ-^{æ}:

יֶחְדַּל, תֶּחְדַּל, vgl. יִכְבַּד;

יֶחֱזַק, יֶחֶזְקוּ usw. (→ 19.4.2)

Einzelheiten:

— Bei fortrückendem Ton kann auch hier æ in a übergehen, z.B. 3.plur.m. יַחְסְרוּ, vgl. יֶחְסַר;

— חָפֵץ kommt sowohl mit ō-Impf. (יַחְפֹּץ) als auch (vor allem in pausa) mit a-Impf. (יֶחְפָּץ) vor;

— אהב verwendet als Inf. meistens die Fem.-Form אַהֲבָה.

19.3.2 Flexion der Nomina (X): mit zwei veränderlichen Vokalen

Die zweisilbigen Nomina mit zwei veränderlichen (ursprünglich kurzen) Vokalen setzen sich zusammen aus *qatal-*, *qital-* und *qatil-*Bildungen. Sie zeigen ein Vorton-Qames oder (seltener) ein Vorton-Sere, das bei fortrückendem Ton reduziert wird. Die Flexion des *qatal-*Typus ist bereits in 8.3.3.1 (יָשָׁר) und 8.4.5 vorwegnehmend erklärt worden.

Bisher bekannte Nomina dieser Klasse sind: *qatal-*Typus: דָּבָר „Wort / Sache“, אָדָם „Mensch“ (keine flektierten Formen), צָבָא „Heer“, זָהָב „Gold“, בָּשָׂר „Fleisch“, רָשָׁע „schuldig / Frevler“, בָּקָר „Rinder“, חָכָם „weise“, קָהָל „Versammlung“, יָשָׁר „gerade / recht“, חָזָק „stark / fest“, כָּזָב „Lüge“; *qatil-*Typus: חָצֵר „Hof“ sowie die Verbaladjektiva טָמֵא „unrein“, כָּבֵד „schwer“, קָרֵב „herannahend“, שָׂבֵעַ „satt“, מָלֵא „voll“, חָסֵר „ermangelnd“; *qital-*Typus: keine (→ 19.4.3).

Hauptregeln (vgl. 18.3.2, kombiniert mit 16.3.2):

In der ersten Silbe wird das Vorton-Qames bzw. Vorton-Sere

— in allen Formen mit Endungen oder Suffixen zu Schwa mobile (unter einem Laryngal zu Chateph-Patach) reduziert:

דְּבַר, דְּבָרוֹ, דְּבָרִים, דְּבָרָיו, חֲכַם, חֲכָמִים;

— wird jedoch auch der zweite Vokal reduziert (Plur.cs. und vor schweren Suffixen), so erscheint der erste Vokal gewöhnlich als i, bei Nomina mit Laryngal als 1. oder 2. Radikal als a: דִּבְרֵי, דִּבְרֵיכֶם, aber חַכְמֵי, חַלְלֵיכֶם;

In der zweiten Silbe erscheint der Vokal

— als a im Sing.cs. und vor schweren Suffixen:

דְּבַר, דְּבַרְכֶם; auch bei *qatil*-Nomina: זְקַן;

— als ā bzw. ē in allen übrigen Fällen vor dem Ton:

דְּבָרִים, דְּבָרַי, דְּבָרִי; כְּבֵדִי, זְקֵנִים, חֲצֵרֶיךָ;

— zu Schwa medium verflüchtigt im Plur.cs. und vor schweren Suffixen:

דִּבְרֵי, דִּבְרֵיכֶם; חַכְמֵי, חַלְלֵיכֶם.

Einzelheiten:

— Einige *qatil*-Nomina bilden einen segolierten Sing.cs., z.B. כָּתֵף (f.) „Schulter", גָּדֵר „Mauer": כֶּתֶף, גֶּדֶר;

— Einige Verbaladjektiva behalten das ē im Plur.cs.: שְׂמֵחֵי von שָׂמֵחַ „fröhlich", יְשֵׁנֵי von יָשֵׁן „schlafend";

— כָּנָף (f.) „Flügel" hat den Vokal a im Dual cs. כַּנְפֵי und im Plur.cs. כַּנְפוֹת;

— einen Plur. auf *-ōt* bilden כָּנָף, כָּתֵף, מָטָר, עָפָר, צָבָא; beide Formen begegnen bei חָצֵר und נָהָר.

19.3.3 Zahlwörter (IV): Besondere Wendungen

Multiplikativa werden zum Teil durch das Fem. im Sing. ausgedrückt: אַחַת „einmal", שֶׁבַע „siebenmal", teils durch eine fem. Dual-Form: אַרְבַּעְתַּיִם „viermal", teils durch Wendungen mit פַּעַם (f.) „Schritt / Mal" o.ä.: פַּעַם אַחַת „einmal", פַּעֲמַיִם „zweimal", שָׁלֹשׁ פְּעָמִים „dreimal".

Das distributive Verhältnis wird durch Wiederholung des Kardinal-Zahlwortes ausgedrückt: שְׁנַיִם שְׁנַיִם „je zwei", שֵׁשׁ כְּנָפַיִם שֵׁשׁ כְּנָפַיִם „je sechs Flügel", vgl. יוֹם יוֹם „Tag für Tag".

Eine unbestimmte Zahl wird durch unmittelbaren Zusammenschluß zweier um eine Einheit sich steigernder Kardinalia ausgedrückt, z.B. אַרְבָּעָה חֲמִשָּׁה „vier oder fünf", einfacher noch durch כְּ „etwa, ungefähr", z.B. כִּשְׁלֹשֶׁת אֲלָפִים אִישׁ „an 3000 Mann".

19.3.4 Finalsätze und Konsekutivsätze

Absicht und Folge werden im Hebräischen (wie in anderen Sprachen) teilweise mit den gleichen Mitteln ausgedrückt; der Sinn muß sich dann jeweils aus dem Zusammenhang ergeben. Auch hier besteht die Möglichkeit der *Beiordnung* mit ו (darüber später, → 21.3.4), der Verwendung des *Infinitivs* mit einer Präposition (לְ „zu / um zu“, → 10.3.1.3; negiert mit לְבִלְתִּי, → 10.4.6) und schließlich der *Unterordnung* des Finalsatzes oder des Konsekutivsatzes durch eine Konjunktion.

Als *Konjunktionen* begegnen:

— אֲשֶׁר (seltener), final z.B. Dtn 4,10 אֲשֶׁר יִלְמְדוּן לְיִרְאָה אֹתִי „damit sie mich fürchten lernen“, konsekutiv z.B. Gen 22,14 אֲשֶׁר יֵאָמֵר הַיּוֹם „sodaß man noch heute sagt ...“;

— לְמַעַן / לְמַעַן אֲשֶׁר (häufig), final z.B. Dtn 27,3 לְמַעַן אֲשֶׁר תָּבֹא אֶל־הָאָרֶץ „damit du in das Land hineinkommest“; Ex 4,5 לְמַעַן יַאֲמִינוּ „damit sie glauben“; auch mit Inf.: 1Sam 15,15 לְמַעַן זְבֹחַ לַיהוָה אֱלֹהֶיךָ „um (sie) Jahwe, deinem Gotte, zu opfern“; mit konsekutiver Nebenbedeutung z.B. 2Kön 22,17 לְמַעַן הַכְעִיסֵנִי „damit sie/sodaß sie mich erzürnten“;

— בַּעֲבוּר (nur final), z.B. Ps 105,45 בַּעֲבוּר יִשְׁמְרוּ חֻקָּיו „damit sie seine Satzungen hielten“;

— כִּי (nur konsekutiv, nach einer Frage), z.B. Ps 8,5 מָה־אֱנוֹשׁ כִּי־תִזְכְּרֶנּוּ „was ist der Mensch, daß du seiner gedenkst?“.

Für den *negierten Finalsatz* stehen אֲשֶׁר לֹא, פֶּן und לְבִלְתִּי, z.B. Gen 11,7 אֲשֶׁר לֹא יִשְׁמְעוּ אִישׁ שְׂפַת רֵעֵהוּ׃ „damit keiner mehr des anderen Sprache verstehe“; Ri 9,54 פֶּן־יֹאמְרוּ לִי „damit man nicht von mir sage ...“; Ex 20,20 לְבִלְתִּי תֶחֱטָאוּ׃ „damit ihr nicht sündiget“ (→ 19.4.4). Für den *negierten Konsekutivsatz* begegnet neben אֲשֶׁר לֹא auch מִן mit Infinitiv, z.B. 2Kön 9,37 אֲשֶׁר לֹא־יֹאמְרוּ „sodaß man nicht sagen kann“; Ex 14,5 כִּי־שִׁלַּחְנוּ אֶת־יִשְׂרָאֵל מֵעָבְדֵנוּ׃ „daß wir Israel haben ziehen lassen, sodaß sie uns nicht mehr dienen“.

19.3.5 Wortschatz nach Sachgruppen (IV): Mensch — Familie — Körper

4.1. אָדָם אֱנוֹשׁ אִישׁ אִשָּׁה זָכָר נְקֵבָה רֵעַ דּוֹר

4.2. אָב אֵם בֵּן בַּת בְּכֹר אָח אָחוֹת קָרוֹב זֶרַע רִאשֹׁנִים

4.3. יֶלֶד   נַעַר נַעֲרָה (נְעוּרִים) בְּתוּלָה גֶּבֶר אַלְמָנָה זָקֵן (זוֹנָה)

4.4. חַיִּים   חַי מָוֶת נֶפֶשׁ רוּחַ (נְשָׁמָה) רָעָב חֳלִי חֲלוֹם

4.5. לֵב/לֵבָב   דָּם בָּשָׂר עֶצֶם כְּלָיוֹת

4.6. רֹאשׁ   פָּנִים עַיִן (מַרְאֶה) עִוֵּר אֹזֶן אַף/אַפַּיִם פֶּה שָׂפָה לָשׁוֹן שֵׁן

4.7. יָד   כַּף יָמִין זְרוֹעַ כָּתֵף (עֹרֶף) בֶּטֶן רֶגֶל (עֶרְוָה עָרֹם)

4.8. הלך   עמד (נצב) יצב שכב מהר דרך שכם שבת (קום ישב נוח רוץ כשל)

4.9. ראה   (חזה נבט) שמע שבע רחץ רפא קבר (חיה מות הרה ילד ינק אכל שתה חלה זנה בכה נשק)

19.4 Anmerkungen

19.4.1 Als selteneres Verbum dieser Gruppe wäre noch חכם „weise sein/werden" zu nennen (Impf. יֶחְכַּם).

19.4.2 Beim a-Imperfekt ist der Präformativ-Vokal i ursprünglich, nicht aus a verdünnt.

19.4.3 לֵבָב ist die weniger häufige und fast nur im Sing. gebräuchliche *qital*-Nebenform zu לֵב (< *libb*-) „Herz".

19.4.4 An einigen Stellen ist לָמָּה auf dem Wege, von einem Fragewort zur Konjunktion „damit nicht" zu werden, vgl. Jo 2,17 „Schone, Jahwe, deines Volkes und mache dein Eigentum nicht zum Hohn, לִמְשָׁל־בָּם גּוֹיִם daß nicht die Heiden über sie spotten, לָמָּה יֹאמְרוּ בָעַמִּים אַיֵּה אֱלֹהֵיהֶם׃ warum soll man unter den Heiden sprechen: Wo ist nun ihr Gott?" = „damit man nicht spreche ...".

19.5 Übungen und Lesestück

19.5.1: הַחֲזִיקִי יֶאֱהָבְךָ תֵּאָמְנוּ הֶחֱזִיקָךְ תֶּחְדַּל הַאֲזִינִי תאמינו אהבתך יחסרו תחפץ תחרימו

19.5.2: höre nicht auf!, der Glaubende, um hinzuhören, und er liebte sie, sie werden Bestand haben, beständig, ich habe ergriffen, ihr werdet sündigen, schweige!

19.5.3: בְּשָׂרִי יִשְׁרֵי לְבָבוֹת חֲצֵרוֹת כַּנְפֵיהֶן בְּשַׂרְכֶם בִּלְבָבָהּ כְּבַד־לָשׁוֹן חכמים זקניה בשרך ולרשעי צבאות חכמי

19.5.4:

1. וַיֶּאֱהַב יַעֲקֹב אֶת־רָחֵל וַיֹּאמֶר אֶעֱבָדְךָ שֶׁבַע שָׁנִים בְּרָחֵל[a] בִּתְּךָ
הַקְּטַנָּה׃ 2. וּמָל[b] יְהוָה אֱלֹהֶיךָ אֶת־לְבָבְךָ וְאֶת־לְבַב זַרְעֶךָ לְאַהֲבָה
אֶת־יְהוָה אֱלֹהֶיךָ בְּכָל־לְבָבְךָ וּבְכָל־נַפְשְׁךָ לְמַעַן חַיֶּיךָ׃ 3. גַּם אָנֹכִי
חָלִילָה[c] לִּי מֵחֲטֹא לַיהוָה מֵחֲדֹל לְהִתְפַּלֵּל בַּעַדְכֶם 4. הֶחָפֹץ אֶחְפֹּץ
מוֹת רָשָׁע נְאֻם אֲדֹנָי יְהוִה 5. אִם לֹא תַאֲמִינוּ כִּי לֹא תֵאָמֵנוּ׃ 6. גַּם

19.

אֱוִיל[d] מַחֲרִישׁ חָכָם יֵחָשֵׁב 7. וְאֶת־הַכִּבְשָׂה יְשַׁלֵּם אַרְבַּעְתָּיִם 8. וַיֹּאמֶר
אֵלַי בֶּן־אָדָם הִנְנִי שֹׁבֵר מַטֵּה־לֶחֶם בִּירוּשָׁלָםִ · · · לְמַעַן יַחְסְרוּ לֶחֶם
וָמָיִם 9. וַיֹּאמֶר יְהוָה אֶל־מֹשֶׁה הִנֵּה אָנֹכִי בָּא אֵלֶיךָ בְּעַב[e] הֶעָנָן בַּעֲבוּר
יִשְׁמַע הָעָם בְּדַבְּרִי עִמָּךְ וְגַם־בְּךָ יַאֲמִינוּ לְעוֹלָם 10. וַיָּבֹא דָוִד אֶל־
צִקְלַג וַיְשַׁלַּח מֵהַשָּׁלָל לְזִקְנֵי יְהוּדָה · · · לֵאמֹר הִנֵּה לָכֶם בְּרָכָה[f] מִשְּׁלַל
אֹיְבֵי יְהוָה׃ 11. וְשַׂמְתָּ[h] אֶת־שְׁתֵּי הָאֲבָנִים עַל כִּתְפֹת הָאֵפֹד[g] אַבְנֵי זִכָּרֹן
לִבְנֵי יִשְׂרָאֵל וְנָשָׂא[i] אַהֲרֹן אֶת־שְׁמוֹתָם לִפְנֵי יְהוָה עַל־שְׁתֵּי כְתֵפָיו לְזִכָּרֹן׃
12. לְזַרְעֲךָ נָתַתִּי אֶת־הָאָרֶץ הַזֹּאת מִנְּהַר[j] מִצְרַיִם עַד־הַנָּהָר הַגָּדֹל נְהַר־
פְּרָת׃[k] 13. וַיֹּאמֶר אֲלֵיהֶם טַמְּאוּ אֶת־הַבַּיִת וּמַלְאוּ אֶת־הַחֲצֵרוֹת חֲלָלִים
14. וַיָּבֹאוּ אֶל־נֹחַ אֶל־הַתֵּבָה[l] שְׁנַיִם שְׁנַיִם מִכָּל־הַבָּשָׂר אֲשֶׁר־בּוֹ רוּחַ
חַיִּים׃ 15. כִּי־גַם־אִישׁ עִם־אִשָּׁה יִלָּכֵדוּ זָקֵן עִם־מְלֵא יָמִים׃ 16. וַתֹּאמֶר
שָׂרַי אֶל־אַבְרָם חֲמָסִי עָלֶיךָ 17. · · · וְעָמָל שִׂפְתֵיהֶם תְּדַבֵּרְנָה׃ 18. וְהָיָה
אִם־שָׁמֹעַ תִּשְׁמְעוּ אֶל־מִצְוֹתַי · · · לְאַהֲבָה אֶת־יְהוָה אֱלֹהֵיכֶם וּלְעָבְדוֹ
בְּכָל־לְבַבְכֶם וּבְכָל־נַפְשְׁכֶם׃ וְנָתַתִּי מְטַר־אַרְצְכֶם בְּעִתּוֹ 19. כִּי־הִנְנִי
בוֹרֵא שָׁמַיִם חֲדָשִׁים וָאָרֶץ חֲדָשָׁה 20. חַי־אָנִי נְאֻם אֲדֹנָי יְהוִה אִם־לֹא
בְּיָד חֲזָקָה וּבִזְרוֹעַ נְטוּיָה[m] וּבְחֵמָה[n] שְׁפוּכָה אֶמְלוֹךְ עֲלֵיכֶם׃ 21. צַדִּיק
אֹכֵל[o] לְשֹׂבַע נַפְשׁוֹ וּבֶטֶן רְשָׁעִים תֶּחְסָר׃ 22. הֶן־כָּל־אֵלֶּה יִפְעַל־אֵל
פַּעֲמַיִם שָׁלוֹשׁ עִם־גָּבֶר׃ 23. וְאַלְמָנָה וּגְרוּשָׁה לֹא־יִקְחוּ לָהֶם לְנָשִׁים כִּי
אִם־בְּתוּלֹת מִזֶּרַע בֵּית יִשְׂרָאֵל וְהָאַלְמָנָה אֲשֶׁר תִּהְיֶה אַלְמָנָה מִכֹּהֵן יִקָּחוּ׃
24. וְאִם־אָסוֹן[p] יִהְיֶה וְנָתַתָּה נֶפֶשׁ תַּחַת נָפֶשׁ׃ עַיִן תַּחַת עַיִן שֵׁן תַּחַת שֵׁן
יָד תַּחַת יָד רֶגֶל תַּחַת רָגֶל׃ 25. וּלְנַפְתָּלִי אָמַר נַפְתָּלִי שְׂבַע רָצוֹן וּמָלֵא
בִּרְכַּת יְהוָה 26. וַיֵּלֶךְ הַפְּלִשְׁתִּי הֹלֵךְ וְקָרֵב אֶל־דָּוִד 27. וַיֹּאמֶר מֹשֶׁה
אֶל־יְהוָה בִּי[q] אֲדֹנָי לֹא אִישׁ דְּבָרִים אָנֹכִי גַּם מִתְּמוֹל[r] גַּם מִשִּׁלְשֹׁם גַּם
מֵאָז דַּבֶּרְךָ אֶל־עַבְדֶּךָ כִּי כְבַד־פֶּה וּכְבַד לָשׁוֹן אָנֹכִי׃ 28. כִּי אִישׁ
טְמֵא־שְׂפָתַיִם אָנֹכִי וּבְתוֹךְ עַם־טְמֵא שְׂפָתַיִם אָנֹכִי יוֹשֵׁב[s] 29. יִשְׂמַח צַדִּיק
בַּיהוָה · · · וְיִתְהַלְלוּ כָּל־יִשְׁרֵי־לֵב׃ 30. וּשְׁנֵיהֶם הַמְּלָכִים לְבָבָם לְמֵרָע[t]
וְעַל־שֻׁלְחָן אֶחָד כָּזָב יְדַבֵּרוּ

19.5.5:

1. Und die Hungersnot wurde stark in der Stadt.
2. Und er ergriff den (בְּ) Zipfel seines Mantels (מְעִיל) und er wurde losgerissen.

3. Und an Beute wird er nicht Mangel haben.
4. Ich kann nicht glauben, daß er meine Stimme hört.
5. Wenn du dieses Volk in meine Hand gibst (mit Inf.abs.), so will ich ihre Städte mit dem Bann belegen.
6. Und deine Nachkommen sollen werden wie der Staub der Erde.
7. So spricht Benhadad (בֶּן־הֲדַד): Dein Silber und dein Gold, mein ist es.
8. Geh (Inf.abs.) und wasche dich siebenmal im Jordan.
9. Einen Stamm will ich deinem Sohne geben um meines Knechtes David willen und um Jerusalems willen, das ich erwählt habe.
10. Und nun nehmet euch zwölf Männer aus den Stämmen Israels, je einen Mann für den Stamm.

---

[a] um Rahel (בְּ pretii)
[b] und er wird beschneiden
[c] fern sei es!
[d] Tor / töricht
[e] עָב = Wolke
[f] hier: Geschenk
[g] Ephod (Priestergewand)
[h] du sollst setzen (heften)
[i] er soll tragen
[j] sonst gewöhnlich: נַחַל
[k] Euphrat
[l] Arche
[m] נָטוּי = ausgereckt
[n] חֵמָה = Grimm
[o] אכל = essen, שֹׂבַע = Sättigung
[p] Schaden
[q] בִּי אֲדֹנָי = bitte, Herr!
[r] תְּמוֹל שִׁלְשֹׁם = (gestern, vorgestern =) früher
[s] ישׁב = wohnen
[t] um Arges zu tun

19.5.6 Lesestück: Die Erschaffung des Menschen (Gen 2,4–7 + 18–25)

בְּיוֹם עֲשׂוֹת יְהוָה אֱלֹהִים [c]אֶרֶץ וְשָׁמָיִם[c]׃ 5 וְכֹל ׀ שִׂיחַ הַשָּׂדֶה
טֶרֶם יִהְיֶה בָאָרֶץ וְכָל־עֵשֶׂב הַשָּׂדֶה טֶרֶם יִצְמָח כִּי לֹא הִמְטִיר יְהוָה
אֱלֹהִים עַל־הָאָרֶץ וְאָדָם אַיִן לַעֲבֹד אֶת־הָאֲדָמָה׃ 6 וְאֵד יַעֲלֶה מִן־
הָאָרֶץ וְהִשְׁקָה אֶת־כָּל־פְּנֵי־הָאֲדָמָה׃ 7 וַיִּיצֶר יְהוָה אֱלֹהִים אֶת־
הָאָדָם עָפָר מִן־הָאֲדָמָה וַיִּפַּח בְּאַפָּיו נִשְׁמַת חַיִּים וַיְהִי הָאָדָם לְנֶפֶשׁ
חַיָּה׃

18 וַיֹּאמֶר יְהוָה אֱלֹהִים לֹא־טוֹב הֱיוֹת הָאָדָם לְבַדּוֹ אֶעֱשֶׂה[a]־
לּוֹ עֵזֶר כְּנֶגְדּוֹ׃ 19 וַיִּצֶר יְהוָה אֱלֹהִים[a] מִן־הָאֲדָמָה[b] כָּל־חַיַּת הַשָּׂדֶה
וְאֵת כָּל־עוֹף הַשָּׁמַיִם וַיָּבֵא אֶל־הָאָדָם לִרְאוֹת מַה־יִּקְרָא־לוֹ וְכֹל

אֲשֶׁר יִקְרָא־לוֹ הָֽאָדָם נֶפֶשׁ חַיָּה[c] הוּא שְׁמוֹ׃ 20 וַיִּקְרָא הָֽאָדָם שֵׁמוֹת
לְכָל־הַבְּהֵמָה וּלְעוֹף[a] הַשָּׁמַיִם וּלְכֹל חַיַּת הַשָּׂדֶה וּלְאָדָם[b] לֹא־מָצָא
עֵזֶר כְּנֶגְדּוֹ׃ 21 וַיַּפֵּל יְהוָה אֱלֹהִים ׀ תַּרְדֵּמָה עַל־הָאָדָם וַיִּישָׁן וַיִּקַּח
אַחַת מִצַּלְעֹתָיו וַיִּסְגֹּר בָּשָׂר תַּחְתֶּנָּה׃ 22 וַיִּבֶן יְהוָה אֱלֹהִים ׀ אֶת־הַצֵּלָע
אֲשֶׁר־לָקַח מִן־הָאָדָם לְאִשָּׁה וַיְבִאֶהָ אֶל־הָאָדָם׃ 23 וַיֹּאמֶר הָאָדָם

זֹאת הַפַּעַם עֶצֶם מֵעֲצָמַי וּבָשָׂר מִבְּשָׂרִי
לְזֹאת יִקָּרֵא אִשָּׁה כִּי מֵאִישׁ[a] לֻקֳחָה־זֹּאת׃

24 עַל־כֵּן יַעֲזָב־אִישׁ אֶת־אָבִיו וְאֶת־אִמּוֹ וְדָבַק בְּאִשְׁתּוֹ וְהָיוּ[a] לְבָשָׂר
אֶחָד׃ 25 וַיִּהְיוּ שְׁנֵיהֶם עֲרוּמִּים[a] הָאָדָם וְאִשְׁתּוֹ וְלֹא יִתְבֹּשָׁשׁוּ׃

Erläuterungen:

V.5: שִׂיחַ „Gesträuch"; שָׂדֶה „Feld"; טֶרֶם „noch nicht"; עֵשֶׂב „Kraut"; צמח „wachsen / sprießen"; אֲדָמָה „Erdboden".

V.6: אֵד „Wasserschwall (?)"; יַעֲלֶה „stieg auf"; וְהִשְׁקָה „und tränkte".

V.7: וַיִּיצֶר „er bildete"; וַיִּפַּח „und er blies"; נְשָׁמָה „Odem".

V.18: הֱיוֹת Inf.cs. von היה; אֶעֱשֶׂה „ich will machen"; עֵזֶר „Hilfe"; כְּנֶגְדּוֹ „wie ihm gegenüber = ihm entsprechend".

V.19: עוֹף „Vögel"; וַיָּבֵא „und er brachte"; לִרְאוֹת „um zu sehen".

V.21: וַיַּפֵּל „und er ließ fallen"; תַּרְדֵּמָה „tiefer Schlaf"; וַיִּישַׁן „und er schlief ein"; צֵלָע „Rippe"; סגר „verschließen"; תַּחְתֶּנָּה = תַּחַת mit Suff.3.f.sg.

V.22: וַיִּבֶן „und er baute"; וַיְבִאֶהָ „und er brachte sie".

V.23: הַפַּעַם „diesmal = endlich"; לֻקֳחָה Qal pass. von לקח.

V.24: דבק „anhangen"; וְהָיוּ „und sie werden".

V.25: עָרוֹם „nackt"; יִתְבֹּשָׁשׁוּ „sie schämten sich voreinander".

LEKTION 20

20.1 Vokabel-Repetition (Raum — Dimension — Bewegung)

בַּיִת (6/9)	רֹאשׁ (6)	גָּדוֹל (6)	שָׁם (7)	שָׁמָּה (7)
אַיֵּה (7)	אָנָה (7)	קָטָן/קָטֹן (8)	קָרוֹב (8)	רָחוֹק (8)
גָּבֹהַּ (9)	סָבִיב (9)	חוּץ (9)	גְּבוּל (9)	יָם (11)
מָקוֹם (11)	פָּנִים (12)	מָלֵא (12)	רֵק/רֵיק (12)	קֶרֶב (13)
אֹרֶךְ (13)	רֹחַב (13)	תָּוֶךְ (14)	מִזְרָח (16)	מוֹעֵד (17)

עֵבֶר (18)	צָפוֹן (18)	מָרוֹם (18)	יָמִין (18)	קָדִים (18)
הלך (5)	בוא (5)	נתן (6)	לקח (6)	כבד (9)
קרב (9)	גבהּ (9)	שׁלח (10)	נשׂא (11)	מלא (11)
בדל (12)	סתר (12)	שׁלך (12)	רחק (12)	גדל (13)
עבר (18)	ערך (18)	הפך (18)		

20.2 Vokabular

20.2.1 Verba primae Nun (I):

נפל — fallen / sich fallen lassen
נפל hi. — fallen lassen / zu Fall bringen
נצר — bewachen / bewahren
נֹצֵר פִּיו שֹׁמֵר נַפְשׁוֹ — wer seinen Mund hütet, bewahrt sein Leben
נטע — pflanzen
וַיִּטַּע כֶּרֶם — und er pflanzte einen Weinberg
נחם ni. — bereuen / sich reuen lassen / Trost finden
וַיִּנָּחֶם עַל־/אֶל־הָרָעָה — es reute ihn des Unheils
נגד hi. — mitteilen / berichten
נגד ho. — mitgeteilt werden
נצל hi. — retten / entreißen
הַצִּילֵנִי — rette mich!
נבט hi. — blicken / ansehen / schauen
וַיַּבֵּט — und er schaute
נשׂג hi. × erreichen / einholen
אֶרְדֹּף אַשִּׂיג — ich jage nach, hole ein
נצב hi. — hinstellen / einsetzen
וַיַּצֵּב מַצֵּבָה — und er errichtete einen Malstein
נכר hi. × erkennen / anerkennen
וַיַּכֵּר — und er erkannte

20.2.2 Nomina tertiae Jod auf -æ:

שָׂדֶה — Feld / Grundstück
עֵשֶׂב הַשָּׂדֶה — das Kraut des Feldes
קָנֶה — (Schilf-)Rohr
קָנֶה רָצוּץ — geknicktes Rohr

קָצֶה	Ende / Rand
מִקְצֵה שִׁבְעַת יָמִים	nach Verlauf von sieben Tagen
נָוֶה ×	Weideplatz / Stätte
נְאוֹת הָרֹעִים	die Auen der Hirten
יָפֶה ×	schön
יְפַת מַרְאֶה	von schönem Aussehen (f.)
קָשֶׁה ×	hart / schwer
קְשֵׁה עֹרֶף	hartnäckig / halsstarrig
מַעֲשֶׂה	Tat / Werk / Arbeit
מַעֲשֵׂה יָדֶיךָ	das Werk deiner Hände
מַרְאֶה	Sehen / Aussehen / Erscheinung
יְפֵה מַרְאֶה	von schönem Aussehen (m.)
מִקְנֶה	Besitz / Viehbesitz
רֹעֵי מִקְנֶה	Viehhirten
מִשְׁנֶה ×	Zweiter / Doppel(tes)
מִשְׁנֵה הַתּוֹרָה	Abschrift des Gesetzes
מִשְׁתֶּה ×	Trinken / Gastmahl
מִשְׁתֵּה יַיִן	Weingelage
רֹעֶה	Hirte
רֹעֵה צֹאן	Schafhirte

20.2.3 Weitere Vokabeln:

פֵּאָה	Rand / Seite
פְּאַת נֶגֶב	Südseite
שְׂמֹאל	linke Seite / links
יָמִין וּשְׂמֹאל	rechts und links
נֶגֶב	Süden / Südland / Negeb
נֶגְבָּה	nach Süden
מָבוֹא ×	Eingang / Westen
מְבוֹא הַשֶּׁמֶשׁ	Sonnenuntergang
פֹּה	hier / hierher
עַד־פֹּה	bis hierher
מִמַּעַל	oben / droben
מַעְלָה	nach oben / darüber hinaus
כֶּרֶם (כַּרְמִי)	Weinberg (mein W.)
שָׂדוֹת וּכְרָמִים	Felder und Weinberge

(cs. אַדְמַת)	אֲדָמָה	Ackerland / Erdboden / Erde
	כֹּל מִשְׁפְּחוֹת הָאֲדָמָה	alle Geschlechter der Erde
	יַעַן	wegen / weil
(→ 20.2.2):	עֵשֶׂב	× Kraut
	עֹרֶף	× Nacken

20.3.1 **Verba primae Nun** (mit starkem Imp./Inf. Qal)

Bei den Verben In verlieren diejenigen mit a-Impf. und ē-Impf. im Imp. und Inf.cs. des Qal den ersten Radikal vollständig. Diese Verben werden in 21.3.1 behandelt. Hier geht es zunächst (mit einer Ausnahme) nur um Verben mit ō-Impf. im Qal und um solche, die im Qal nicht vorkommen (meistens Hi.-Verben).

Hauptregel:

Das Nun wird dem zweiten Radikal, der dadurch Dagesch forte erhält, assimiliert, wo es mit dem Präformativ eine geschlossene Silbe bildet und daher mit dem folgenden Konsonanten unmittelbar zusammentrifft, also (→ 15.3.38) im

— Impf.Qal:	יִפֹּל	(< *jinpōl*)	„er wird fallen";
— Perf./Part.Ni.:	נִצַּב	(< *ninṣab*)	„er hat sich hingestellt";
	נִצָּב	(< *ninṣāb*)	„stehend";
— Hi. und Ho.:	הִגִּיד	(< *hingīd*)	„er hat mitgeteilt",
	יַגִּיד	(< *jangīd*)	„er wird mitteilen",
	הֻגַּד	(< *hungad*)	„es ist mitgeteilt worden".

(→ 20.4.1)

Einzelheiten:

— Die Verben In, die zugleich IIlar. sind, assimilieren das n nicht, außer נִחַם ni. (<*ninḥam*) „er bereute", vgl. z.B.

יִנְאַץ „er wird verschmähen" (נאץ q.),
יִנְחַל „er wird erben" (נחל q. „Besitz ergreifen")
הִנְחִיל „er hat zum Besitz gegeben" (hi.).

— נטע „pflanzen" mit a-Impf. (IIIlar.) bildet im Imp./Inf.cs. des Qal (entgegen 21.3.1) auch starke Formen:

נִטְעוּ „pflanzet!", נְטַע „pflanzen".

(→ 20.4.2)

Paradigmen

	Qal	Ni.	Hi.	Ho.
Perf.sing.3.m.	נָפַל	נִצַּב	הִגִּיד	הֻגַּד
3.f.	נָֽפְלָה	נִצְּבָה	הִגִּידָה	הֻגְּדָה
2.m.	נָפַלְתָּ	נִצַּבְתָּ	הִגַּדְתָּ	הֻגַּדְתָּ
Impf.sing.3.m.	יִפֹּל	יִנָּצֵב	יַגִּיד	יֻגַּד
plur.3.m.	יִפְּלוּ	יִנָּֽצְבוּ	יַגִּידוּ	יֻגְּדוּ
3.f.	תִּפֹּלְנָה	תִּנָּצַבְנָה	תַּגֵּדְנָה	תֻּגַּדְנָה
Imp.sing.m.	נְפֹל	הִנָּצֵב	הַגֵּד	– – –
plur.m.	נִפְלוּ	הִנָּֽצְבוּ	הַגִּידוּ	– – –
Inf.cs.	נְפֹל	הִנָּצֵב	הַגִּיד	
abs.	נָפוֹל	הִנָּצֵב	הַגֵּד	הֻגֵּד
Part.sing.m.	נֹפֵל	נִצָּב	מַגִּיד	מֻגָּד

20.3.2 Flexion der Nomina (XI): Nomina tertiae Jod auf -ǣ

Die Segolata IIIj wie פְּרִי sind in 14.3.5.2 behandelt. Die qatil-Bildungen IIIj wie נָקִי „unschuldig" und עָנִי „elend" (-ij > -ī) gehören zu den Nomina mit verdoppeltem Endkonsonanten (→ 11.3.4), ebenso die Nomina mit dem Afformativ -ī wie נָכְרִי „fremd" und עִבְרִי „Hebräer", die aber im masc.Plur. häufig Formen ohne Verdoppelung zeigen, vgl. z.B. עִבְרִיּוֹת, נָכְרִיָּה, עֲנִיֵּי, עֲנִיִּים, נְקִיִּים aber עִבְרִים, נָכְרִים.

Die Nomina mit drittem Radikal Jod auf -æ sind ursprünglich Bildungen auf -aj (z.B. die qatal-Form שָׂדֶה „Feld"; an einigen poetischen Stellen ist noch die ursprüngliche Form שָׂדַי erhalten), darunter zahlreiche Abstraktnomina mit ma- oder mi-Präformativ von Verbalwurzeln IIIj, z.B. מַעֲשֶׂה „Werk" (zu עשה „tun / machen"). Ferner sind alle aktiven Partizipien der Verben IIIj (→ 24.3.1) auf -æ gebildet, z.B. עֹשֶׂה „tuend" (von עשה „tun"), רֹאֶה „Seher" (von ראה „sehen"), רֹעֶה „Hirte" (von רעה „hüten / weiden"), מְצַוֶּה „gebietend" (von צוה pi. „gebieten / befehlen").

Bereits gelernte Nomina auf -æ sind: מַחֲנֶה „Lager / Heer" und מַטֶּה „Stab / Stamm". (→ 20.4.3)

Hauptregel:

Das ursprüngliche -aj wird
— im Sing.abs. zu -*ǣ* (mit ה als mater lectionis): שָׂדֶה;
— im Sing.cs. zu -*ē* (mit ה als mater lectionis): שְׂדֵה;
— in allen anderen Formen ausgestoßen: שָׂדַי, שָׂדְךָ, שָׂדוֹת, שְׂדוֹת.

Einzelheiten:

— statt des Suffixes *-ō* der 3.sing.m. steht *-ēhū:* שָׂדֵהוּ;

— in einigen Sing.-Formen zeigt sich noch das ursprüngliche Jod des Stammes: מִקְנֵיהֶם/מִקְנֵיכֶם „euer / ihr Erwerb"; oder Pl! identisch

— שָׂדֶה bildet den Plur. meistens auf *-ōt* (s.o.), נָוֶה hat im Plur.cs. die Nebenform נְאוֹת.

20.3.3 Kausalsätze

Auch wenn eine Aussage eine andere begründet, besteht im Hebräischen die Möglichkeit der Beiordnung mit ו, der Verwendung des Infinitivs mit einer Präposition und der Unterordnung des Kausalsatzes durch eine Konjunktion.

In 1Chr 14,10 finden wir Beiordnung: „Da befragte David Gott und sprach: Soll ich wider die Philister hinaufziehen und gibst du sie in meine Hand? Jahwe antwortete ihm: Ziehe hinauf, וּנְתַתִּים בְּיָדֶךָ: „denn ich gebe sie in deine Hand". In der Parallelstelle 2Sam 5,19 ist dagegen ein Kausalsatz mit כִּי verwendet: כִּי־נָתֹן אֶתֵּן אֶת־הַפְּלִשְׁתִּים בְּיָדֶךָ „denn ich werde die Philister gewiß in deine Hand geben".

Als Konjunktionen werden häufig כִּי und (seltener) אֲשֶׁר verwendet, letzteres z.B. 1Kön 3,19: „Da starb das Kind dieser Frau in der Nacht, אֲשֶׁר שָׁכְבָה עָלָיו: „da sie es erdrückt hatte".

Besondere konjunktionale Wendungen im Kausalsatz sind:

— יַעַן / יַעַן אֲשֶׁר / יַעַן כִּי „wegen dessen, daß", z.B. 1Sam 15,23 יַעַן מָאַסְתָּ אֶת־דְּבַר יְהוָה „weil du das Wort Jahwes verworfen hast"; Gen 22,16 יַעַן אֲשֶׁר עָשִׂיתָ אֶת־הַדָּבָר הַזֶּה „weil du dies getan hast"; Num 11,20 יַעַן כִּי־מְאַסְתֶּם אֶת־יְהוָה „weil ihr Jahwe verworfen habt"; mit Inf.: Jer 23,38 יַעַן אֲמָרְכֶם אֶת־הַדָּבָר הַזֶּה „weil ihr dieses Wort braucht"; Konvert!

— עֵקֶב / עֵקֶב אֲשֶׁר (selten) „(zum Lohn) dafür daß", z.B. Gen 22,18 עֵקֶב אֲשֶׁר שָׁמַעְתָּ בְּקֹלִי: „weil du mir gehorcht hast";

— בַּאֲשֶׁר (selten) „dadurch daß", z.B. Gen 39,23 בַּאֲשֶׁר יְהוָה אִתּוֹ „weil Jahwe mit ihm war";

— עַל אֲשֶׁר / עַל־כִּי / עַל־דְּבַר אֲשֶׁר „darum daß", z.B. 2Sam 3,30 עַל אֲשֶׁר הֵמִית אֶת־עֲשָׂהאֵל „weil er Asahel getötet hatte";

— מֵאֲשֶׁר / מִפְּנֵי אֲשֶׁר (selten) „daher daß", z.B. Jes 43,4 מֵאֲשֶׁר יָקַרְתָּ בְעֵינַי „weil du teuer bist in meinen Augen";

— תַּחַת אֲשֶׁר־לֹא־שָׁמְעוּ אֶל־דְּבָרַי „dafür daß“, z.B. Jer 29,19 תַּחַת כִּי / תַּחַת אֲשֶׁר — „dafür, daß sie nicht auf meine Worte gehört haben“.

20.3.4 Wortschatz nach Sachgruppen (V): Raum — Dimension — Bewegung

5.1. מָקוֹם מוֹעֵד גְּבוּל פָּנִים קָצֶה פֵּאָה

5.2. קֶרֶב תָּוֶךְ בַּיִת חוּץ יָמִין שְׂמֹאל רֹאשׁ מָרוֹם עֵבֶר (עֶלְיוֹן)

5.3. צָפוֹן קָדִים קֶדֶם יָמִין נֶגֶב יָם מִזְרָח מְבוֹא־הַשֶּׁמֶשׁ

5.4. קָרוֹב רָחוֹק מָלֵא רֵק/רִיק (רֵיקָם)

5.5. גָּדוֹל קָטָן/קָטֹן גָּבֹהַּ רֹחַב אֹרֶךְ

5.6. גדל גבה (רום) מלא קרב רחק כבד (צרר דבק סבב)

5.7. הלך בוא עבר עזב נפל (יצא עלה ירד שׁוב סור פנה נגשׁ נשׂג)

5.8. נתן לקח שׁלח שׁלך נשׂא הפך סתר בדל ערך (כסה כון נטה שׂים שׁית)

5.9. אַיֵּה אָנָה פֹּה שָׁם שָׁמָּה סָבִיב מִמַּעַל מִתַּחַת

20.4 Anmerkungen

20.4.1 Beim Inf.Qal mit ל wird das n nicht assimiliert, obwohl es mit dem folgenden Konsonanten unmittelbar zusammenstößt: לִנְפֹּל (vgl. לִכְתֹּב, → 10.3.1.2).

20.4.2 Auch sonst begegnen manchmal nicht-assimilierte Formen, z.B. von נצר: Ps 140,2.5 תִּנְצְרֵנִי.

20.4.3 פָּנִים ist Plur. zu nicht belegtem Sing. *פָּנֶה. — Ebenfalls nur im Plur. (cs. und suff.) vorhanden ist מְעֵי, מֵעַי, מֵעֶיךָ usw. „Eingeweide / Inneres“.

20.5 Übungen und Lesestück

20.5.1: הִפַּלְתִּיו הִשִּׂיגוּ תִּטָּעֵם יַכִּירֶהָ אֶצָּרְךָ יַצִּילוּךָ נְצֹר כִּנְפֹל וַתִּפֹּל אַבִּיטָה הַגִּידִי וַתִּנָּצֵל נִצָּב לִנְדֹּר נָפְלוּ

20.5.2: er wird mich erretten, schauend, er erkannte ihn nicht, es wurde gemeldet, und er bereute, schaue doch!, ihr werdet sie erreichen.

20.5.3: רֹאִים רֹעִים יָפוֹת מַרְאֶהָ מַרְאֵיהֶם עֹשֵׂנִי מַעֲשֵׂי עֹשׂוֹת מַעֲשֶׂךָ מַעֲשֶׂיךָ מִשְׁתֵּיהֶם

20.5.4:

1\. וּבָרָק רָדַף אַחֲרֵי הָרֶכֶב וְאַחֲרֵי הַמַּחֲנֶה עַד חֲרֹשֶׁת הַגּוֹיִם וַיִּפֹּל כָּל־מַחֲנֵה סִיסְרָא לְפִי־חֶרֶב לֹא נִשְׁאַר עַד־אֶחָד׃ 2. וַיֹּאמְרוּ אִישׁ אֶל־רֵעֵהוּ לְכוּ וְנַפִּילָה גוֹרָלוֹת ··· וַיַּפִּלוּ גּוֹרָלוֹת וַיִּפֹּל הַגּוֹרָל עַל־יוֹנָה׃

20.

3. בְּנִי תּוֹרָתִי אַל־תִּשְׁכָּח וּמִצְוֹתַי יִצֹּר לִבֶּךָ׃ 4. עוֹד תִּטְּעִי כְרָמִים בְּהָרֵי
שֹׁמְרוֹן 5. אֵין אִישׁ נִחָם עַל־רָעָתוֹ לֵאמֹר מֶה עָשִׂיתִי 6. וַתָּבֹא אֲבִיגַיִל
אֶל־נָבָל וְהִנֵּה־לוֹ מִשְׁתֶּה בְּבֵיתוֹ כְּמִשְׁתֵּה הַמֶּלֶךְ וְלֵב נָבָל טוֹב עָלָיו ···
וְלֹא־הִגִּידָה לּוֹ דָּבָר קָטֹן וְגָדוֹל עַד־אוֹר הַבֹּקֶר׃ וַיְהִי בַבֹּקֶר ··· וַתַּגֶּד־
לוֹ אִשְׁתּוֹ אֶת־הַדְּבָרִים הָאֵלֶּה 7. וַיִּשְׁאַל דָּוִד בַּיהוָה לֵאמֹר אֶרְדֹּף אַחֲרֵי
הַגְּדוּד[a]־הַזֶּה הַאַשִּׂגֶנּוּ וַיֹּאמֶר לוֹ רְדֹף כִּי־הַשֵּׂג תַּשִּׂיג וְהַצֵּל תַּצִּיל׃ 8. וַיַּצֵּל
אֱלֹהִים אֶת־מִקְנֵה אֲבִיכֶם וַיִּתֶּן־לִי׃ 9. וַיֹּאמֶר יְהוָה אֶל־שְׁמוּאֵל אַל־
תַּבֵּט אֶל־מַרְאֵהוּ ··· כִּי מְאַסְתִּיהוּ 10. וְהִנֵּה שְׁלֹשָׁה אֲנָשִׁים נִצָּבִים עָלָיו
11. וְיִתֶּן־לִי אֶת־מְעָרַת הַמַּכְפֵּלָה[b] אֲשֶׁר־לוֹ אֲשֶׁר בִּקְצֵה שָׂדֵהוּ 12. כֹּה
אָמַר יְהוָה צְבָאוֹת אֲנִי לְקַחְתִּיךָ מִן־הַנָּוֶה מֵאַחַר הַצֹּאן לִהְיוֹת נָגִיד[c] עַל־
עַמִּי עַל־יִשְׂרָאֵל׃ 13. וְעֵינֵי לֵאָה רַכּוֹת[d] וְרָחֵל הָיְתָה יְפַת־תֹּאַר[e] וִיפַת
מַרְאֶה׃ 14. וְהִנֵּה אִישׁ זָקֵן בָּא מִן־מַעֲשֵׂהוּ מִן־הַשָּׂדֶה בָּעֶרֶב 15. מַעֲשֵׂה
יָדָיו בֵּרַכְתָּ וּמִקְנֵהוּ פָּרַץ[f] בָּאָרֶץ׃ 16. וַיִּכְתָּב־שָׁם עַל־הָאֲבָנִים אֵת מִשְׁנֵה
תּוֹרַת מֹשֶׁה 17. וְאֵלֶּה מִדּוֹתֶיהָ[g] פְּאַת צָפוֹן חֲמֵשׁ מֵאוֹת וְאַרְבַּעַת אֲלָפִים
וּפְאַת־נֶגֶב ··· וּמִפְּאַת קָדִים ··· וּפְאַת־יָמָּה חֲמֵשׁ מֵאוֹת וְאַרְבַּעַת אֲלָפִים
18. וַיִּקַּח יוֹסֵף אֶת־שְׁנֵיהֶם אֶת־אֶפְרַיִם בִּימִינוֹ מִשְּׂמֹאל יִשְׂרָאֵל וְאֶת־מְנַשֶּׁה
בִשְׂמֹאלוֹ מִימִין יִשְׂרָאֵל 19. וַיֹּאמֶר אֵלַי בֹּא[h] וּרְאֵה[h] אֶת־הַתּוֹעֵבוֹת[i]
הָרָעוֹת אֲשֶׁר הֵם עֹשִׂים פֹּה׃ 20. וַיֹּאמַר יְהוָה אֱלֹהֵי יִשְׂרָאֵל אֵין־כָּמוֹךָ
אֱלֹהִים בַּשָּׁמַיִם מִמַּעַל וְעַל־הָאָרֶץ מִתָּחַת 21. כִּי עֵינֵיכֶם הָרֹאֹת אֶת־
כָּל־מַעֲשֵׂה יְהוָה הַגָּדֹל אֲשֶׁר עָשָׂה׃ 22. וַיֹּאמֶר יְהוָה אֶל־מֹשֶׁה וְאֶל־
אַהֲרֹן יַעַן לֹא־הֶאֱמַנְתֶּם בִּי לְהַקְדִּישֵׁנִי לְעֵינֵי בְּנֵי יִשְׂרָאֵל לָכֵן לֹא תָבִיאוּ[j]
אֶת־הַקָּהָל הַזֶּה אֶל־הָאָרֶץ אֲשֶׁר־נָתַתִּי לָהֶם׃ 23. וַיֹּאמֶר יְהוָה לִשְׁלֹמֹה
יַעַן אֲשֶׁר הָיְתָה־זֹּאת עִמָּךְ וְלֹא שָׁמַרְתָּ בְּרִיתִי וְחֻקֹּתַי ··· קָרֹעַ אֶקְרַע
אֶת־הַמַּמְלָכָה מֵעָלֶיךָ וּנְתַתִּיהָ לְעַבְדֶּךָ׃ 24. וְהָיָה עֵקֶב תִּשְׁמְעוּן אֵת
הַמִּשְׁפָּטִים הָאֵלֶּה וּשְׁמַרְתֶּם וַעֲשִׂיתֶם אֹתָם וְשָׁמַר יְהוָה אֱלֹהֶיךָ לְךָ אֶת־
הַבְּרִית וְאֶת־הַחֶסֶד אֲשֶׁר נִשְׁבַּע לַאֲבֹתֶיךָ׃ 25. וְאָמַר בַּיּוֹם הַהוּא הֲלֹא
עַל כִּי־אֵין אֱלֹהַי בְּקִרְבִּי מְצָאוּנִי הָרָעוֹת הָאֵלֶּה׃ 26. וְלֹא־דִבֶּר אַבְשָׁלוֹם
עִם־אַמְנוֹן לְמֵרָע וְעַד־טוֹב כִּי־שָׂנֵא אַבְשָׁלוֹם אֶת־אַמְנוֹן עַל־דְּבַר אֲשֶׁר
עִנָּה[k] אֵת תָּמָר אֲחֹתוֹ׃ 27. וְהָיְתָה לּוֹ וּלְזַרְעוֹ אַחֲרָיו בְּרִית כְּהֻנַּת[l] עוֹלָם
תַּחַת אֲשֶׁר קִנֵּא לֵאלֹהָיו 28. ויקרא פרעה לאברם ויאמר מה זאת עָשִׂיתָ
לִּי למה לא הגדת לי כי אשתך הִוא׃ 29. בנפל אויבך אל תשמח
30. ויצל· דוד את כל אשר לקחו עֲמָלֵק ואת שתי נשיו הציל דוד

20.

20.5.5:

1. Und als er ihn erkannte (Waw-Impf.), fiel er auf sein Angesicht.
2. Und sie besäten Felder und pflanzten Weinberge.
3. Und es wurde Laban am dritten Tage berichtet, daß Jakob entflohen sei.
4. Und er errichtete dort einen Altar.
5. Ein geknicktes Rohr wird er nicht zerbrechen.
6. Und Jahwe sprach zu mir: Ich habe dieses Volk gesehen[m], und siehe, es ist ein halsstarriges Volk.
7. So spricht Jahwe Zebaoth: Noch (einmal) wird an diesem Ort eine Aue für (Cs.-Verbindung) Hirten sein.
8. Denn vom Aufgang der Sonne bis zu ihrem Niedergang ist mein Name groß unter (ב) den Völkern.
9. Rette mich aus der Hand meiner Feinde!
10. Und ein Knabe sah sie und berichtete Absalom.

---

[a] Räuberbande
[b] die Höhle Machpela
[c] Fürst
[d] matt
[e] Gestalt
[f] sich ausbreiten
[g] ihre Maße
[h] Imp.
[i] Greuel
[j] ihr werdet hineinbringen
[k] entehren
[l] Priestertum
[m] רָאִיתִי

20.5.6 Lesestück: Der Dekalog (Ex 20,1–17)

20 1 וַיְדַבֵּר אֱלֹהִים[a] אֵת כָּל־הַדְּבָרִים הָאֵלֶּה לֵאמֹר׃ ס
2 אָנֹכִי יְהוָה אֱלֹהֶיךָ אֲשֶׁר הוֹצֵאתִיךָ מֵאֶרֶץ מִצְרַיִם מִבֵּית עֲבָדִים׃
3 לֹא יִהְיֶה־לְךָ אֱלֹהִים אֲחֵרִים [a]עַל־פָּנָיַ[ba] 4 לֹא תַעֲשֶׂה־לְךָ פֶסֶל ׀
וְכָל־תְּמוּנָה אֲשֶׁר בַּשָּׁמַיִם ׀ מִמַּעַל וַאֲשֶׁר בָּאָרֶץ מִתָּחַת וַאֲשֶׁר בַּמַּיִם ׀
מִתַּחַת לָאָרֶץ[a] 5 לֹא־תִשְׁתַּחֲוֶה לָהֶם וְלֹא תָעָבְדֵם כִּי אָנֹכִי יְהוָה
אֱלֹהֶיךָ אֵל קַנָּא[a] פֹּקֵד עֲוֺן אָבֹת עַל־בָּנִים עַל־שִׁלֵּשִׁים וְעַל־רִבֵּעִים
לְשֹׂנְאָי׃ 6 וְעֹשֶׂה חֶסֶד לַאֲלָפִים לְאֹהֲבַי וּלְשֹׁמְרֵי מִצְוֺתָי׃ ס 7 לֹא
תִשָּׂא אֶת־שֵׁם־יְהוָה אֱלֹהֶיךָ לַשָּׁוְא כִּי לֹא יְנַקֶּה יְהוָה אֵת אֲשֶׁר־יִשָּׂא
אֶת־שְׁמוֹ[a] לַשָּׁוְא׃ פ 8 זָכוֹר[a] אֶת־יוֹם הַשַּׁבָּת לְקַדְּשׁוֹ[b] 9 שֵׁשֶׁת

יָמִים תַּעֲבֹד וְעָשִׂיתָ כָּל־מְלַאכְתֶּךָ[a] 10 וְיוֹם[a] הַשְּׁבִיעִי שַׁבָּת ׀ לַיהוָה
אֱלֹהֶיךָ לֹא־תַעֲשֶׂה[b] כָל־מְלָאכָה אַתָּה ׀ וּבִנְךָ־וּבִתֶּךָ עַבְדְּךָ[c] וַאֲמָתְךָ[d]
וּבְהֶמְתֶּךָ[e] וְגֵרְךָ[f] אֲשֶׁר בִּשְׁעָרֶיךָ[gf] 11 כִּי שֵׁשֶׁת־יָמִים עָשָׂה יְהוָה אֶת־
הַשָּׁמַיִם וְאֶת־הָאָרֶץ אֶת[a]־הַיָּם וְאֶת־כָּל־אֲשֶׁר־בָּם וַיָּנַח בַּיּוֹם הַשְּׁבִיעִי
עַל־כֵּן בֵּרַךְ יְהוָה אֶת־יוֹם הַשַּׁבָּת[b] וַיְקַדְּשֵׁהוּ[c]׃ ס 12 כַּבֵּד אֶת־
אָבִיךָ וְאֶת־אִמֶּךָ לְמַעַן[a] יַאֲרִכוּן יָמֶיךָ עַל הָאֲדָמָה[b] אֲשֶׁר־יְהוָה
אֱלֹהֶיךָ נֹתֵן לָךְ׃ ס 13 לֹא[a] תִּרְצָח׃ ס 14 לֹא תִּנְאָף׃ ס
15 לֹא תִּגְנֹב׃ ס 16 לֹא־תַעֲנֶה בְרֵעֲךָ עֵד שָׁקֶר[a]׃ ס 17 לֹא
תַחְמֹד בֵּית[a] רֵעֶךָ לֹא־תַחְמֹד[b] אֵשֶׁת[c] רֵעֶךָ[d] וְעַבְדּוֹ[e] וַאֲמָתוֹ וְשׁוֹרוֹ[e]
וַחֲמֹרוֹ[f] וְכֹל אֲשֶׁר לְרֵעֶךָ[g]׃ פ

Erläuterungen:

V. 2: הוֹצֵאתִיךָ „ich habe dich hinausgeführt".
V. 4: פֶּסֶל „Bildnis"; תְּמוּנָה „Gestalt".
V. 5: תִשְׁתַּחֲוֶה „du wirst anbeten"; תָעָבְדֵם statt Ho. wohl Qal zu lesen; קַנָּא „eifernd";
רִבֵּעִים / שִׁלֵּשִׁים „Kinder des dritten / vierten Geschlechts".
V. 7: תִשָּׂא „du wirst aussprechen"; יְנַקֶּה „er wird ungestraft lassen".
V. 8: זָכוֹר, → 10.3.1.1.
V. 9: מְלַאכְתֶּךָ „deine Arbeit".
V. 10: בְּהֵמָה „Vieh".
V. 11: וַיָּנַח „und er ruhte".
V. 12: ארך hi. „lang dauern".
V. 14: נאף „ehebrechen".
V. 15: גנב „stehlen".
V. 16: תַעֲנֶה „du wirst aussagen".
V. 17: חמד „begehren"; שׁוֹר „Rind"; חֲמוֹר „Esel".

LEKTION 21

21.1 Vokabel-Repetition (Zeit — Zahl — Maß)

כֹּל (5)	רֹאשׁ (6)	אַחַר (7)	מָתַי (7)	עֵת (8)
יוֹם (8)	דּוֹר (9)	רִאשׁוֹן (9)	אַיִן/אֵין (10)	יֵשׁ (10)
עוֹלָם (10)	רַב (10)	אַחֵר (10)	לְבַד (11)	רֹב (11)

21.

לַיְלָה (11)	יוֹמָם (11)	אֶחָד (11)	אֶלֶף (12)	עֶרֶב (12)
פַּעַם (12)	בֹּקֶר (12)	לִפְנֵי (12)	חֹדֶשׁ (13)	שָׁנָה (13)
עוֹד (13)	חֲצִי (14)	מָחָר (14)	עַתָּה (14)	מַהֵר (16)
מִסְפָּר (16)	כִּכָּר (16)	מוֹעֵד (17)	אָז (17)	שְׁנַיִם (17)
הָמוֹן (18)	מֵאָה (18)	רְבָבָה (18)	טֶרֶם (18)	חָדָשׁ (19)
קָצֶה (20)	מִשְׁנֶה (20)		→ 17.3.3; → 18.3.3	
היה (6)	שאר (11)	קבץ (11)	שכם (12)	ספר (13)
מהר (16)	עבר (18)	אסף (18)	חדל (19)	חסר (19)

21.2 Vokabular

21.2.1 Verba primae Nun (II):

נגע	berühren / schlagen
נגע hi.	berühren (lassen) / eintreffen
נגשׁ q./ni.	herzutreten / sich nähern
נגשׁ hi.	bringen / darbringen
נחל	Besitz erhalten / erben
נחל hi.	zum Besitz geben
נסע	herausreißen / aufbrechen / weiterziehen
וַיִּסְעוּ	und sie brachen auf
נשׁק ×	küssen
וַיִּשַּׁק־לוֹ	und er küßte ihn

21.2.2 Schwache Verba primae Aleph:

אמר	sagen / sprechen (→ 5.3.4.2)
אֵמֶר / אִמְרָה	Wort / Spruch / Rede
אכל	essen / fressen / verzehren
אֹכֶל	Nahrung / Getreide
אבד	zugrunde gehen / verloren gehen
אבד pi./hi.	zugrunde richten / vernichten
אָבָה	willig sein / wollen
לֹא יֹאבֶה	er wird nicht willens sein
אחז	ergreifen
אֲחֻזָּה	Besitz

21.2.3 Feminina auf -īt und -ūt:

רֵאשִׁית Anfang / Erstling / Bestes

רֵאשִׁית מַלְכוּת Anfang der Regierung

אַחֲרִית Zukunft / Ende / Nachkommenschaft

בְּאַחֲרִית הַיָּמִים in der Folgezeit / am Ende der Tage

שְׁאֵרִית Rest

שְׁאָר Rest

מַלְכוּת Königsherrschaft / Königreich

מַמְלָכָה Königsherrschaft / Königreich

עֵדוּת Mahnung / Gebot

אֲרוֹן הָעֵדוּת Gesetzeslade

דְּמוּת × Ähnlichkeit / Abbild / Gestalt

דְּמוּת אָדָם etwas wie ein Mensch

21.2.4 Weitere Vokabeln:

עַד × Ewigkeit / immer

(לְ)עוֹלָם וָעֶד immer und ewig

קֶדֶם Vorzeit / Urzeit / früher / Osten

מִקֶּדֶם seit jeher

קֵץ (קִצִּי) Ende (mein E.)

מִקֵּץ am Ende von / nach

תָּמִיד beständig / immer

עֹלַת תָּמִיד regelmäßiges Brandopfer

יֶתֶר Rest / Überfluß / Vorzug

יֶתֶר דִּבְרֵי ... was sonst noch zu sagen ist von ...

מְעַט wenig / zu wenig

עוֹד מְעַט noch ein wenig / beinahe

יַחְדָּו zusammen / miteinander

יַחַד × zusammen / miteinander / insgesamt

אַמָּה Elle

אַמָּתַיִם zwei Ellen

אוּלַי × vielleicht

(→ 21.2.2): אֵמֶר/אִמְרָה × Wort / Spruch / Rede

אֹכֶל × Nahrung / Getreide

אֲחֻזָּה Besitz

(→ 21.2.3): שְׁאָר × Rest

21.3.1 Verba primae Nun (mit schwachem Imp./Inf. Qal)

Die hier zu behandelnden Verben In mit a-Impf. (gewöhnliche: נגשׁ, נשׁק, IIlar.: נחל, IIIlar.: נגע, נסע) sowie נתן „geben“ (mit ē-Impf. יִתֵּן, → 6.2.1) und das seinem Oppositum angeglichene לקח „nehmen“ (→ 6.2.1) bilden alle Formen außer dem Imp. und Inf.cs. des Qal, also auch das Impf. Qal, nach den bereits bekannten Regeln von 20.3.1 (Assimilation des Nun an den unmittelbar folgenden Konsonanten).

Hauptregeln:

Bei den Verben In mit a-/ē-Impf. und bei לקח

— wird der Imp. Qal stets unter Abfall des Nun gebildet: גַּשׁ „nähere dich!“, קַח „nimm!“, תֵּן „gib!“, תְּנוּ „gebet!“; statt des Imp.sing.m. steht gerne der Adhortativ: גְּשָׁה, תְּנָה. (→ 21.4.1)

— wird der Inf.cs. Qal meistens unter Abfall des Nun gebildet; dafür erhält er die Fem.-Endung -t mit Segolierung: גֶּשֶׁת (< *gašt*; aber suffigiert גִּשְׁתִּי usw.), bei IIIlar.: גַּעַת, קַחַת (suffigiert קַחְתִּי, קַחְתּוֹ usw.), bei נתן: תֵּת (< *tint*, mit Assimilation des dritten Radikals n an das -t der Endung; suffigiert: תִּתִּי, תִּתְּךָ usw.).

Einzelheiten:

— Der schwache Inf.cs. mit לְ lautet לָגֶשֶׁת, לָקַחַת, לָתֵת (suffigiert jedoch לְגִשְׁתּוֹ, לְקַחְתּוֹ, לְתִתּוֹ).

— נגשׁ „herzutreten / sich nähern“ verwendet im Perf./Part. nur das Ni., im Impf./Imp./Inf. nur das Qal: נִגַּשׁ/נִגָּשׁ, יִגַּשׁ.

— נתן „geben / setzen / einsetzen“ assimiliert im Perf. vor konsonantischen Endungen auch das Nun des 3. Radikals: נָתַתָּ/נָתַתָּה, נָתַתִּי, נְתַתִּיךָ usw. (vgl. נָתַנּוּ). (→ 21.4.2)

— לקח „nehmen“ behandelt im **Qal** sein l wie ein n: יִקַּח (יִקְחוּ, תִּקְחוּ ohne Dagesch forte geschrieben), dagegen im Ni. Perf. נִלְקַח, Inf. הִלָּקַח. (→ 21.4.3)

Paradigmen

Perf.sing.3.m.	נָגַע	נָתַן	לָקַח	נִגַּשׁ
2.m.	נָגַעְתָּ	נָתַתָּ(ה)	לָקַחְתָּ	נִגַּשְׁתָּ
Impf.sing.3.m.	יִגַּע	יִתֵּן	יִקַּח	יִגַּשׁ
plur.3.m.	יִגְּעוּ	יִתְּנוּ	יִקְחוּ	יִגְּשׁוּ
Imp.sing.m.	גַּע	תֵּן	קַח	גַּשׁ
plur.m.	גְּעוּ	תְּנוּ	קְחוּ	גְּשׁוּ
Inf.cs.	גַּעַת	תֵּת	קַחַת	גֶּשֶׁת
mit Suff.	גַּעְתִּי	תִּתִּי	קַחְתִּי	גִּשְׁתִּי
Part.sing.m.	נֹגֵעַ	נֹתֵן	לֹקֵחַ	נִגָּשׁ

21.3.2 **Verba primae Aleph** (mit schwachem Impf. Qal)

Die hier zu behandelnden Verben I' bilden alle Formen außer dem Impf.Qal nach den Regeln der Verben IIar. (→ 18.3.1). Bei **אמר** „sagen", **אכל** „essen", **אבד** „zugrunde gehen" sowie bei den doppelt schwachen Verben **אבה** „wollen" und **אפה** „backen" (→ 25.3.1) quiesziert das Aleph im Impf.Qal regelmäßig (→ 21.4.4), bei einigen anderen Verben wie **אחז** „ergreifen" stehen schwache Formen neben starken (→ 21.4.5).

Hauptregeln:

— Im Impf.Qal verliert das Aleph seinen Konsonantwert und „quiesziert in ō" (*ja'- > jā- > jō-*): יֹאמַר, יֹאכַל, יֹאבַד (יֹאבֶה, יֹאפוּ). (→ 21.4.6)

— In der 1.sing. fällt das Aleph des 1.Radikals auch in der Schrift aus: אֹמַר, אֹכַל, אֹבַד.

Einzelheiten:

— In den endungslosen Formen des Waw-Impf. wird (außer in der 1.sing. und in pausa) der Ton zurückgezogen: וַיֹּאמֶר, וַתֹּאמֶר, וַנֹּאמֶר (hier mit Wandel des a zu æ), וַיֹּאכַל, aber 1.sing. וָאֹמַר und in pausa וַיֹּאמַֽר, וַיֹּאכַֽל.

— In Pausalformen begegnet statt a häufig ē: תֹּאמֵֽרוּ, יֹאכֵל, וָאֹכֵֽל, יֹאבֵֽד, יֹאבֵֽדוּ. (→ 21.4.7)

— **אחז** „ergreifen" bildet häufiger die schwache Form יֹאחֵז (mit ē; Waw-Impf. וַיֹּאחֶז) neben der starken יֶאֱחֹז (mit ō trotz IIlar.).

21.

Paradigmen

	Impf.		Waw-Impf.	
Sing.3.m.	יֹאמַר	יֹאכַל	וַיֹּאמֶר	וַיֹּאכַל
f.	תֹּאמַר	תֹּאכַל	וַתֹּאמֶר	וַתֹּאכַל
2.m.	תֹּאמַר	תֹּאכַל	וַתֹּאמֶר	וַתֹּאכַל
f.	תֹּאמְרִי	תֹּאכְלִי	וַתֹּאמְרִי	וַתֹּאכְלִי
1.	אֹמַר	אֹכַל	וָאֹמַר	וָאֹכַל
Plur.3.m.	יֹאמְרוּ	יֹאכְלוּ	וַיֹּאמְרוּ	וַיֹּאכְלוּ
3.f.	תֹּאמַרְנָה	תֹּאכַלְנָה	וַתֹּאמַרְנָה	וַתֹּאכַלְנָה
2.m.	תֹּאמְרוּ	תֹּאכְלוּ	וַתֹּאמְרוּ	וַתֹּאכְלוּ
2.f.	תֹּאמַרְנָה	תֹּאכַלְנָה	וַתֹּאמַרְנָה	וַתֹּאכַלְנָה
1.	נֹאמַר	נֹאכַל	וַנֹּאמֶר	וַנֹּאכַל

(→ 21.4.8)

21.3.3 Flexion der Nomina (XII): Feminina auf -īt und -ūt

Als Feminin-Endungen begegnen im Hebräischen *-t* und *-ā* (< *-at*). Zu den Feminina auf *-t* gehören segolierte Formen (→ 22.3.2) und solche mit langem Vokal vor der Endung, vor allem die Abstrakta auf *-īt* und *-ūt* (→ 21.4.9).

Bisher bekannte Vokabeln sind בְּרִית „Bund / Verpflichtung" (→ 7.2.6 und 9.3.6.2) und die Feminina der Ordinalzahlwörter (→ 16.3.3).

Hauptregel:

Die Suffixe werden an das *-t* angefügt; allfällige veränderliche Vortonvokale werden beim Weiterrücken des Tones verflüchtigt: אַחֲרִיתִי, אַחֲרִיתְךָ, אַחֲרִיתוֹ.

Einzelheiten:

Der Plural der fem. Zugehörigkeitsadjektive auf *-ī* (meist *-īt*, seltener *-ijjā*) lautet *-ijjōt*; die Abstrakta bilden kaum einen Plural (→ 21.4.10).

21.3.4 Beigeordnete Wunschsätze

Die in 19.3.4 erwähnte Möglichkeit, das finale oder konsekutive Verhältnis eines Satzes zum vorhergehenden Satz durch Beiordnung mit וְ auszudrücken, wird hier gesondert behandelt, weil bei positiver Absicht bzw. Folge nicht der Indikativ, sondern die Wunschformen verwendet werden (→ 21.4.11).

Der vorhergehende Satz enthält meistens ebenfalls eine Wunschform (Jussiv, Imperativ, Kohortativ; seltener sind Indikativ, Fragesatz und Nominalsatz), der mit וְ beigeordnete Satz steht

— in 3. Person im Jussiv, z.B. 1Kön 21,2 תְּנָה־לִּי אֶת־כַּרְמְךָ וִיהִי־לִי לְגַן־יָרָק „gib mir deinen Weinberg, damit er mir ein Gemüsegarten werde" (final); 1Sam 7,3 „richtet euer Herz auf Jahwe וְעִבְדֻהוּ לְבַדּוֹ וְיַצֵּל אֶתְכֶם מִיַּד פְּלִשְׁתִּים׃ und dienet ihm allein, sodaß er euch aus der Hand der Philister erretten wird" (konsekutiv);

— in 2. Person im Imperativ (nicht Jussiv), z.B. 1Kön 1,12 וְעַתָּה לְכִי אִיעָצֵךְ נָא עֵצָה וּמַלְּטִי אֶת־נַפְשֵׁךְ וְאֶת־נֶפֶשׁ בְּנֵךְ שְׁלֹמֹה׃ „nun wohlan, ich will dir einen Rat geben, daß du dein und deines Sohnes Salomo Leben rettest" (final); 2Kön 18,31 „machet mit mir Frieden und ergebt euch mir ... וְאִכְלוּ אִישׁ־גַּפְנוֹ so sollt ihr ein jeder von seinem Weinstock essen ..." (konsekutiv); 2Sam 21,3 וּבַמָּה אֲכַפֵּר וּבָרְכוּ אֶת־נַחֲלַת יְהוָה׃ „und womit kann ich euch Sühne schaffen, daß ihr das Eigentum Jahwes segnet" (final, nach Fragesatz);

— in 1. Person im Kohortativ, z.B. Gen 23,4 תְּנוּ לִי אֲחֻזַּת־קֶבֶר עִמָּכֶם וְאֶקְבְּרָה מֵתִי מִלְּפָנָי׃ „gebet mir eine Grabstätte bei euch zu eigen, daß ich meine Tote von mir wegbringe und begrabe" (final); 1Kön 22,7 הַאֵין פֹּה נָבִיא לַיהוָה עוֹד וְנִדְרְשָׁה מֵאוֹתוֹ „ist sonst kein Prophet Jahwes mehr da, daß wir ihn/den wir befragen könnten" (konsekutiv, nach Fragesatz).

In 1Sam 28,22 kommen alle drei Personen vor: „Und nun, höre doch auch du auf deine Magd (= auf mich),

וְאָשִׂמָה לְפָנֶיךָ פַּת־לֶחֶם	daß ich dir einen Bissen Brot vorsetze,
וֶאֱכוֹל	damit du essest,
וִיהִי בְךָ כֹּחַ ...	damit du bei Kräften bist, wenn du deinen Weg gehst".

21.3.5 Wortschatz nach Sachgruppen (VI): Zeit — Zahl — Maß

6.1. יוֹם יוֹמָם לַיְלָה מָחָר (מָחֳרָת) בֹּקֶר עֶרֶב חֹדֶשׁ שָׁנָה

6.2. עֵת מוֹעֵד פַּעַם עַתָּה אָז לְפָנִים מַהֵר חָדָשׁ מָתַי אַחַר טֶרֶם

6.3. עוֹלָם עַד קֶדֶם דּוֹר רֵאשִׁית/רֹאשׁ/רִאשׁוֹן אַחֲרִית/(אַחֲרוֹן) קֵץ קָצֶה עוֹד תָּמִיד

6.4. כֹּל רַב רֹב הָמוֹן שְׁאֵרִית שְׁאָר יֶתֶר מְעַט

6.5. אֶחָד שְׁנַיִם ... מֵאָה אֶלֶף רְבָבָה חֲצִי (חֵלֶק) אַחֵר מִשְׁנֶה לְבַד יַחַד יַחְדָּו

6.6. מִסְפָּר (מִדָּה) אַמָּה כִּכָּר

6.7. היה יֵשׁ אַיִן/אֵין דְּמוּת שׁאר קבץ אסף (יסף יתר חלק פוץ)

6.8. ספר (מדד רבה קלל) תסר

6.9. מהר שׁכם (תלל כלה תמם) חדל עבר (בוא)

21.4 Anmerkungen

21.4.1 Jedoch gewöhnlich קַח „nimm!".

21.4.2 Die übrigen Verben III n sind regelmäßig, z.B. שָׁכַנְתָּ.

21.4.3 Zu den passiven Formen לֻקַּח, יֻקַּח, יֻתַּן vgl. → 14.4.2.

21.4.4 Merkvers „Wer nicht essen will, geht zugrunde, sagte der Bäcker".

21.4.5 Ferner noch z.B. bei אהב, אסף: וָאֹהֵב, אֹסְפָה, יֹסֵף, תֹּסֵף.

21.4.6 Das Aleph wird in historischer Schreibweise als mater lectionis noch beibehalten (→ 1.3.2.2 und 2.3.2.6).

21.4.7 Dagegen immer וַיֹּאמֶר.

21.4.8 Auch der Inf. + ל von אמר wird schwach gebildet: לֵאמֹר (→ 5.2.2 und 5.3.4.3), dagegen stark בֶּאֱמֹר.

21.4.9 Bildungen auf *-īt* sind entweder Feminina von Adjektiven auf *-ī* (z.B. מוֹאָבִית „Moabiterin", neben מוֹאֲבִיָּה) oder Feminina von Wurzeln III j (z.B. בְּכִית „Weinen" zu בכה, wohl auch בְּרִית) oder analog dazu mit dem Afformativ *-īt* gebildete Abstrakta (z.B. רֵאשִׁית „Anfang / Bestes" zu ראשׁ).

21.4.10 In Dan 8,22 einmal מַלְכֻיּוֹת „Königreiche"; sonst etwa עֵדְוֹתָיו, Plur. zu עֵדוּת „Mahnung / Gebot", neben עֵדֹתָיו.

21.4.11 Negierte Absicht oder Folge wird gewöhnlich mit וְלֹא + Indikativ ausgedrückt, vgl. z.B. Jes 8,10 „beschließt einen Beschluß, וְלֹא יָקוּם sodaß er / der nicht bestehen wird" (die Jussiv-Form wäre יָקֹם).

21.5 Übungen und Lesestück

21.5.1: יַנְחִיל תִּלָּקַח גְּשׁתּוֹ וּסְעוּ קְחִי לָקוֹחַ תִּתּוֹ לְקַחְתִּיךָ לְקַחְתֵּךְ נְתַתִּיהוּ תִּתְּנִים וַתִּגַּע תִּקָּחוּ וַיְנַשֵּׁק לָקַחַת וְלָקַחַתְּ נִתַּן תְּנִי־נָא לָתֵת וַיִּתֶּן־לוֹ טַעַת לִקַּח

21.5.2: gib mir!, tretet herzu!, ich werde gewiß geben, sie sind gegeben worden, er wird erben, Geben ist besser als Nehmen, ihr werdet aufbrechen, und er küßte ihn, nehmet!, bei deinem Geben, schlage!

21.5.3: לֶאֱכֹל וָאֹמַר וַאֲמַרְתֶּם וַתֹּאבַדְנָה יֹאכַל נֶאֱכַל נֹאבְדָה אִמְרִי יֹאמַר אָבוֹ וַתֹּאחֶז אֹפֶה וְאָכְלָה וַתֹּאכַל וַתֹּאכַל תֹּאכַל יֹאבְדוּ יֹאבוּ

21.5.4: ihr werdet sagen, und er aß, sie wird zugrunde gehen, iß!, er wird gefressen werden, und ich sagte.

21.5.5:

1. וַתֹּאמֶר הָאִשָּׁה אֶל־הַנָּחָשׁ[a] מִפְּרִי עֵץ־הַגָּן[b] נֹאכֵל׃ וּמִפְּרִי הָעֵץ אֲשֶׁר
בְּתוֹךְ־הַגָּן אָמַר אֱלֹהִים לֹא תֹאכְלוּ מִמֶּנּוּ וְלֹא תִגְּעוּ בּוֹ 2. וַיִּסַּע אַבְרָם
הָלוֹךְ וְנָסוֹעַ הַנֶּגְבָּה׃ 3. קְרָא אֶל־אֱלֹהֶיךָ אוּלַי יִתְעַשֵּׁת[c] הָאֱלֹהִים לָנוּ
וְלֹא נֹאבֵד׃ 4. וַיְמַלֵּא אֶת־יְרוּשָׁלַםִ דָּם נָקִי[d] וְלֹא־אָבָה יְהוָה לִסְלֹחַ׃
5. וַיֹּאמֶר יוֹאָב לַעֲמָשָׂא הֲשָׁלוֹם אַתָּה אָחִי וַתֹּחֶז יַד־יְמִין יוֹאָב בִּזְקַן[e]
עֲמָשָׂא לִנְשָׁק־לוֹ׃ 6. וַיֹּאמֶר אֵלִיָּהוּ לְכָל־הָעָם גְּשׁוּ אֵלַי וַיִּגְּשׁוּ כָל־הָעָם
אֵלָיו 7. וַיִּגְדְּלוּ בְנֵי־הָאִשָּׁה וַיְגָרְשׁוּ אֶת־יִפְתָּח וַיֹּאמְרוּ לוֹ לֹא־תִנְחַל
בְּבֵית־אָבִינוּ כִּי בֶּן־אִשָּׁה אַחֶרֶת אָתָּה׃ 8. וַיֹּאמֶר יְהוּדָה מַה־נֹּאמַר
לַאדֹנִי מַה־נְּדַבֵּר וּמַה־נִּצְטַדָּק[f] 9. כִּי יְהוָה אֱלֹהֶיךָ מִתְהַלֵּךְ בְּקֶרֶב מַחֲנֶךָ
לְהַצִּילְךָ וְלָתֵת אֹיְבֶיךָ לְפָנֶיךָ 10. וַיֹּאמֶר לָבָן טוֹב תִּתִּי אֹתָהּ לָךְ מִתִּתִּי
אֹתָהּ לְאִישׁ אַחֵר 11. וַיֹּאמֶר־לָהּ הַמֶּלֶךְ מַה־לָּךְ וַתֹּאמֶר הָאִשָּׁה הַזֹּאת
אָמְרָה אֵלַי תְּנִי אֶת־בְּנֵךְ וְנֹאכְלֶנּוּ הַיּוֹם וְאֶת־בְּנִי נֹאכַל מָחָר׃ 12. וַיֹּאמֶר
בָּלָק אֶל־בִּלְעָם לְכָה־נָּא אֶקָּחֲךָ אֶל־מָקוֹם אַחֵר 13. וַיְהִי יִצְחָק בֶּן־
אַרְבָּעִים שָׁנָה בְּקַחְתּוֹ אֶת־רִבְקָה בַּת־בְּתוּאֵל ··· לוֹ לְאִשָּׁה׃ 14. וַיֹּאמֶר
לוֹ אָבִיו ··· הַאֵין בִּבְנוֹת אַחֶיךָ וּבְכָל־עַמִּי אִשָּׁה כִּי־אַתָּה הוֹלֵךְ לָקַחַת
אִשָּׁה מִפְּלִשְׁתִּים הָעֲרֵלִים[g] וַיֹּאמֶר שִׁמְשׁוֹן אֶל־אָבִיו אוֹתָהּ קַח־לִי כִּי־הִיא
יָשְׁרָה[h] בְעֵינָי׃ 15. יֻקַּח־נָא מְעַט־מַיִם וְרַחֲצוּ רַגְלֵיכֶם 16. וַיֹּאמֶר הַגִּשָׁה
לִּי וְאֹכְלָה מִצֵּיד[i] בְּנִי לְמַעַן תְּבָרֶכְךָ נַפְשִׁי וַיַּגֶּשׁ־לוֹ וַיֹּאכַל 17. וַיֹּאמֶר
אֵלָיו יִצְחָק אָבִיו גְּשָׁה־נָּא וּשְׁקָה־לִּי בְּנִי׃ וַיִּגַּשׁ וַיִּשַּׁק־לוֹ 18. וַיִּקְרָא יַעֲקֹב
אֶל־בָּנָיו וַיֹּאמֶר הֵאָסְפוּ וְאַגִּידָה לָכֶם אֵת־אֲשֶׁר־יִקְרָא[j] אֶתְכֶם בְּאַחֲרִית
הַיָּמִים׃ 19. הַאֲזִינוּ הַשָּׁמַיִם וַאֲדַבֵּרָה וְתִשְׁמַע הָאָרֶץ אִמְרֵי־פִי׃ 20. וַיִּשְׁלַח
אֵלָיו אֱלִישָׁע מַלְאָךְ לֵאמֹר הָלוֹךְ וְרָחַצְתָּ שֶׁבַע־פְּעָמִים בַּיַּרְדֵּן וְיָשֹׁב[k]
בְּשָׂרְךָ לְךָ וּטְהָר׃ 21. וַיַּעַשׂ בְּצַלְאֵל אֶת־הָאָרֹן עֲצֵי שִׁטִּים[l] אַמָּתַיִם וָחֵצִי
אָרְכּוֹ וְאַמָּה וָחֵצִי רָחְבּוֹ וְאַמָּה וָחֵצִי קֹמָתוֹ׃[m] 22. וְהָאָרֶץ אֲשֶׁר אַתֶּם
עֹבְרִים שָׁמָּה ··· אֶרֶץ אֲשֶׁר־יְהוָה אֱלֹהֶיךָ דֹּרֵשׁ אֹתָהּ תָּמִיד עֵינֵי יְהוָה
אֱלֹהֶיךָ בָּהּ מֵרֵ(א)שִׁית הַשָּׁנָה וְעַד אַחֲרִית (הַ)שָּׁנָה׃ 23. וַיִּבְחַר־לוֹ שָׁאוּל
שְׁלֹשֶׁת אֲלָפִים מִיִּשְׂרָאֵל ··· וְיֶתֶר הָעָם שִׁלַּח אִישׁ לְאֹהָלָיו׃ 24. אָסֹף
אֶאֱסֹף יַעֲקֹב כֻּלָּךְ קַבֵּץ אֲקַבֵּץ שְׁאֵרִית יִשְׂרָאֵל 25. וַתִּקַּח שָׂרַי אֵשֶׁת־
אַבְרָם אֶת־הָגָר הַמִּצְרִית שִׁפְחָתָהּ[n] מִקֵּץ עֶשֶׂר שָׁנִים לְשֶׁבֶת[o] אַבְרָם בְּאֶרֶץ
כְּנָעַן וַתִּתֵּן אֹתָהּ לְאַבְרָם אִישָׁהּ לוֹ לְאִשָּׁה׃ 26. כִּי לֹא לָנֶצַח[p] יִשָּׁכַח
אֶבְיוֹן[q] תִּקְוַת[r] עֲנִוִּים[s] תֹּאבַד לָעַד׃ 27. הַגִּידוּ וְהַגִּישׁוּ אַף[t] יִוָּעֲצוּ[u] יַחְדָּו

21.

מִי הִשְׁמִיעַ זֹאת מִקֶּדֶם מֵאָז הִגִּידָהּ הֲלוֹא אֲנִי יְהוָה וְאֵין־עוֹד אֱלֹהִים
מִבַּלְעָדַי[v] 28. כְּבוֹד מַלְכוּתְךָ יֹאמֵרוּ וּגְבוּרָתְךָ יְדַבֵּרוּ׃ 29. בְּיוֹם בְּרֹא
אֱלֹהִים אָדָם בִּדְמוּת אֱלֹהִים עָשָׂה אֹתוֹ׃ 30. וְלֹא הִקְשִׁיבוּ אֶל־מִצְוֹתֶיךָ
וּלְעֵדְוֹתֶיךָ

21.5.6:

1. Und Joseph sprach zu seinen Brüdern: Tretet doch zu mir heran! Und sie traten herzu.
2. Und er sprach: Gib dem Volk, daß sie essen!
3. Gebet mir einen Mann, daß wir miteinander kämpfen!
4. Und sie sprachen zu ihm: Dich zu binden, sind wir herabgekommen (ירד), um dich in die Hand der Philister zu geben.
5. Und nun, nehmet sie mir zur Frau!
6. Entlasse mein Volk, daß sie mir dienen!
7. Frage deine Knechte, daß sie (es) dir mitteilen!
8. Esset nicht von irgendeinem Baum des Gartens!
9. Denn siehe, deine Feinde werden zugrunde gehen.
10. Und sie nahm von seiner Frucht und aß und gab auch ihrem Manne bei ihr, und er aß.

---

[a] Schlange
[b] Garten
[c] gedenken
[d] unschuldig
[e] זָקָן = Bart
[f] → 14.4.5
[g] עָרֵל = unbeschnitten
[h] ישׁר = recht sein
[i] צַיִד = Wildbret
[j] begegnen
[k] er möge zurückkehren (Jussiv)
[l] Akazien
[m] קוֹמָה = Höhe
[n] שִׁפְחָה = Magd
[o] Wohnen (Inf.)
[p] auf immer
[q] אֶבְיוֹן = arm / Armer
[r] תִּקְוָה = Hoffnung
[s] Qere עֲנָיִים
[t] ja
[u] sie mögen sich beraten
[v] außer mir

21.5.7 Lesestück: Amos und Amazja (Am 7,10–17)

10 וַיִּשְׁלַח אֲמַצְיָה כֹּהֵן בֵּית־אֵל אֶל־יָרָבְעָם מֶלֶךְ־יִשְׂרָאֵל לֵאמֹר
קָשַׁר עָלֶיךָ עָמוֹס בְּקֶרֶב בֵּית יִשְׂרָאֵל לֹא־תוּכַל הָאָרֶץ לְהָכִיל
אֶת־כָּל־דְּבָרָיו׃ 11 כִּי־כֹה אָמַר עָמוֹס

בַּחֶרֶב יָמוּת יָרָבְעָם וְיִשְׂרָאֵל גָּלֹה יִגְלֶה מֵעַל אַדְמָתוֹ׃ ס
12 וַיֹּאמֶר אֲמַצְיָה אֶל־עָמוֹס חֹזֶה לֵךְ בְּרַח־לְךָ אֶל־אֶרֶץ יְהוּדָה
וֶאֱכָל־שָׁם לֶחֶם וְשָׁם תִּנָּבֵא׃ 13 וּבֵית־אֵל לֹא־תוֹסִיף עוֹד לְהִנָּבֵא
כִּי מִקְדַּשׁ־מֶלֶךְ הוּא וּבֵית מַמְלָכָה הוּא׃ ס 14 וַיַּעַן עָמוֹס
וַיֹּאמֶר אֶל־אֲמַצְיָה לֹא־נָבִיא אָנֹכִי וְלֹא בֶן־נָבִיא אָנֹכִי כִּי־בוֹקֵר[a]
אָנֹכִי וּבוֹלֵס שִׁקְמִים׃ 15 וַיִּקָּחֵנִי יְהוָה מֵאַחֲרֵי הַצֹּאן וַיֹּאמֶר° אֵלַי°
יְהוָה לֵךְ הִנָּבֵא° אֶל־עַמִּי° יִשְׂרָאֵל׃ 16 וְעַתָּה שְׁמַע דְּבַר־יְהוָה אַתָּה
אֹמֵר לֹא תִנָּבֵא עַל־יִשְׂרָאֵל וְלֹא תַטִּיף עַל־בֵּית יִשְׂחָק׃ 17 לָכֵן°
כֹּה־°אָמַר °יְהוָה

אִשְׁתְּךָ בָּעִיר תִּזְנֶה וּבָנֶיךָ°וּבְנֹתֶיךָ בַּחֶרֶב יִפֹּלוּ
וְאַדְמָתְךָ בַּחֶבֶל תְּחֻלָּק וְאַתָּה עַל־אֲדָמָה טְמֵאָה תָּמוּת
וְיִשְׂרָאֵל גָּלֹה יִגְלֶה מֵעַל אַדְמָתוֹ׃ ס

Erläuterungen

V. 10 קשר „sich verschwören“; תּוּכַל Impf.3.sing.f. „sie vermag“; לְהָכִיל „zu fassen“.
V. 11 יָמוּת „er wird sterben“; גָּלֹה יִגְלֶה „muß in die Verbannung gehen“.
V. 12 חֹזֶה „Seher“; נבא ni. „prophezeien“.
V. 13 תּוֹסִיף „du wirst weiterfahren“.
V. 14 וַיַּעַן „und er antwortete“; בּוֹקֵר „Viehzüchter“; בלס „Maulbeerfeigen ritzen“; שִׁקְמִים „Maulbeerfeigen“.
V. 16 נטף hi. „geifern“.
V. 17 תִּזְנֶה „sie wird zur Dirne werden“; חֶבֶל „Meßschnur“; חלק „teilen“; תָּמוּת „du wirst sterben“.

LEKTION 22

22.1 Vokabel-Repetition (unbelebte Natur)

רֹאשׁ (6)	אֶרֶץ (6)	הַר (7)	אֵשׁ (7)	כֶּסֶף (7)
זָהָב (7)	רוּחַ (9)	אוֹר (9)	מַיִם (10)	שָׁמַיִם (10)
יָם (11)	אֶבֶן (12)	נַחַל (12)	שֶׁמֶשׁ (13)	נְחֹשֶׁת (13)
בַּרְזֶל (13)	עַיִן (14)	מִדְבָּר (16)	קָדִים (18)	כָּתֵף (19)
נָהָר (19)	עָפָר (19)	עָנָן (19)	מָטָר (19)	לָבָן (19)
שָׂפָה (19)	שָׂדֶה (20)	נָוֶה (20)	אֲדָמָה (20)	

22.2 Vokabular

22.2.1 Verba primae Jod (I):

(יֵדַע)	ידע	wissen / kennen / erfahren / merken
	ידע ni.	sich kundtun / bekannt werden
	ידע hi.	wissen lassen / kundtun / mitteilen
(Inf.cs.)	דַּעַת	Wissen / Erkenntnis
(יֵשֵׁב)	ישׁב	sich setzen / sitzen / wohnen / bleiben
	יוֹשֵׁב	Einwohner / Bewohner
(יֵצֵא)	יצא	hinausgehen / herauskommen
	יצא hi.	herausführen
(יֵרֵד)	ירד	hinabgehen / herabkommen
	ירד hi.	hinabführen
(יֵלֵד)	ילד	gebären / erzeugen
	ילד ni.	geboren werden
	ילד hi.	gebären lassen / zeugen
(q./hi.)	יסף	hinzufügen / fortfahren / nochmals tun
	וַתֹּסֶף לָלֶדֶת	und sie gebar nochmals
	ישׁע hi.	helfen / retten
	יְשׁוּעָה	Hilfe / Heil
	ידה hi.	preisen / bekennen
	תּוֹדָה	Loblied / Dankopfer
	יתר hi.	übrig lassen / übrig haben
	יתר ni.	übrig bleiben
	ירה hi.	× lehren / unterweisen
	תּוֹרָה	Weisung / Gesetz

22.2.2 Feminina mit segolierter Endung:

מַחֲשָׁבָה / מַחֲשֶׁבֶת	Gedanke / Plan
לַחְשֹׁב מַחֲשָׁבֹת	Erfindungen zu ersinnen
מְלָאכָה / מְלֶאכֶת	(Sendung) / Geschäft / Arbeit / Sache
מַה־מְּלַאכְתְּךָ	was ist dein Gewerbe?
מַצֵּבָה / מַצֶּבֶת	× Malstein / Mazzebe
וְשִׁבַּרְתֶּם אֶת־מַצֵּבֹתָם	ihr sollt ihre Malsteine zerschlagen
תִּפְאָרָה / תִּפְאֶרֶת	Zierde / Ehre / Stolz
זְרוֹעַ תִּפְאַרְתּוֹ	sein herrlicher Arm

מִשְׁמֶרֶת	Wache / Beobachtung / Dienst
וַיִּשְׁמֹר מִשְׁמַרְתִּי	er hielt, was er mir zu halten hatte
דַּעַת	Wissen / Erkenntnis
בִּלְתִּי דַעַת	ohne Vorsatz
קְטֹרֶת	Räucherwerk
קטר pi./hi.	räuchern
דֶּלֶת	Türflügel / Tür
דַּלְתוֹת נְחֹשֶׁת	eherne Pforten

22.2.3 Weitere Vokabeln:

אַשְׁרֵי . . . ×	wohl dem, der . . . ! / glücklich, wer . . . !
אַשְׁרֵי בָנָיו	wohl seinen Kindern!
חֹשֶׁךְ	Finsternis
בֵּין הָאוֹר וּבֵין הַחֹשֶׁךְ	zwischen dem Licht und der Finsternis
צֵל (suff. צִלִּי)	Schatten
בְּצֵל כְּנָפֶיךָ	im Schatten deiner Flügel
גִּבְעָה	Hügel
גִּבְעָה גְבֹהָה	hoher Hügel
סֶלַע	Fels / felsige Anhöhe
יְהוָה סַלְעִי	Jahwe ist mein Fels
צוּר	Felsblock / Fels
יְהוָה צוּרִי	Jahwe ist mein Fels
בָּמָה	Anhöhe / Kulthöhe
כֹּהֲנֵי בָמוֹת	Höhenpriester
גַּיְא ×	Tal
בְּגֵיא צַלְמָוֶת	im finsteren Tal
עֵמֶק	Talgrund / Ebene
עֵמֶק יִזְרְעֶאל	Jesreel-Ebene
עֲרָבָה (הָעֲרָבָה)	Steppe / Wüste (Jordansenke und weiter südlich davon)
יָם הָעֲרָבָה	Totes Meer
שְׁאוֹל (f.)	Unterwelt / Scheol
ירד שְׁאֹלָה	ins Totenreich hinabfahren
תְּהוֹם (f.) ×	Ozean / Urflut
תְּהוֹם רַבָּה	die große Flut

יְאֹר	Fluß / Strom
(הַ)יְאֹר	der Nil
(→ 22.2.1): יְשׁוּעָה	Hilfe / Heil
(→ 22.2.2): pi. קטר	räuchern

22.3.1 Verba primae Jod (I): ursprüngliche Verba primae Waw

In dieser Lektion werden die Verben Ij (< w) und הלך behandelt, die das Impf.Qal nach dem Typus ē — ē bilden, dazu einige Verben Ij (< w), die nur im Ni. und Hi. vorkommen. In 23.3.1 folgen die echten Verben Ij sowie die im Impf.Qal danach gebildeten ursprünglichen Iw-Verben (Typus ī — a).

Sprachgeschichtliche Erläuterungen: Die Verben Ij sind in der überwiegenden Mehrzahl ursprüngliche Verben Iw (anlautendes w ist in den nordwestsemitischen Sprachen zu j geworden; → 0.3). Das ursprüngliche w ist im Ni., Hi. und Ho. noch erkennbar, nämlich dort, wo es im Inlaut verdoppelt wurde (Impf./Imp./Inf.Ni.: *jiwwāšēb, hiwwāšēb*) und wo es mit dem Präformativ-Vokal a bzw. u zusammen zu (aw >) ō bzw. (uw >) ū kontrahiert wurde (Perf./Part.Ni.: *nōšab, nōšāb*; ganzes Hi. und Ho.: *hōšīb, jōšīb, hūšab, jūšab* usw.). Im Impf. und Part. Pi. und Pu. ist w analog zu den anderen Formen in j übergegangen (*jᵉjallēd, mᵉjussād*), meist auch im Hitp. (*hitjaṣṣēb*; → 22.4.1).

Im Impf. Qal dagegen sind die Formen bei den meisten der ursprünglichen Iw-Verben nach Analogie der echten Ij-Verben gebildet worden (*jīraš* usw.; → 23.3.1). Eine wichtige Ausnahme bilden die fünf häufigsten Ij (< w)-Verben (ידע, ילד, יצא, ירד, ישב), denen sich הלך anschließt (→ 22.4.2). Diese sechs Verben verlieren im Impf./Imp./Inf.cs. Qal den 1. Radikal vollständig; der Präformativ-Vokal i, der in offener Silbe steht, wird zu ē, der Stammvokal lautet ebenfalls (i >) ē (Impf.Qal *jēlēd, jēṣē(ʾ), jērēd, jēšēb, jēlēk* und, wegen des Laryngals, *jēdaʿ*).

Hauptregeln:

Alle Verben Ij (< w) haben

— im Impf./Imp./Inf. Ni. anstelle des j ein verdoppeltes w:

יִוָּלֵד, תִּוָּלֵד, אִוָּלֵד, הִוָּלֵד usw.;

— im Perf./Part. Ni. und im ganzen Hi. den (aus dem Präformativ-Vokal a + w entstandenen langen) Vokal ō:

נוֹלַד, נוֹלָד; הוֹלִיד, יוֹלִיד, מוֹלִיד usw.;

— im Ho. den (aus dem Präformativ-Vokal u+w entstandenen langen) Vokal ū: z.B. הוּרַד, תּוּרַד.

Die *sechs Verben* ידע, ילד, יצא, ירד, ישׁב und הלך bilden

— das Impf.Qal mit (festem) Präformativ-Vokal ē und (veränderlichem) Stammvokal ē:

יֵשֵׁב, תֵּשֵׁב, אֵשֵׁב, יֵשְׁבוּ usw. (aber 2./3.plur.f.: תֵּשַׁבְנָה);

— den Imp.Qal mit Wegfall des 1.Radikals:

שֵׁב, שְׁבִי, שְׁבוּ, שֵׁבְנָה; Adhortativ: שְׁבָה;

— den Inf.cs.Qal mit Wegfall des 1.Radikals und segolierter Feminin-Endung -t: שֶׁבֶת, suffigiert: שִׁבְתִּי, שִׁבְתְּךָ usw.

Einzelheiten:

— ידע „wissen" hat wegen des Laryngals statt ē ein a:
Impf. יֵדַע, Imp. דַּע, Inf. דַּעַת, suffigiert דַּעְתִּי, דַּעְתְּךָ;

— יצא „hinausgehen" ist zugleich Verbum III' mit im Auslaut quieszierendem Aleph (→ 11.3.2):
Imp. צֵא, 2./3.fem.plur.Impf. תֵּצֶאנָה, Waw-Impf. וַיֵּצֵא (ohne Tonzurückziehung), Part.fem. יֹצֵאת.

— הלך „gehen" hat im Inf.cs. suffigierte Formen mit æ:
לֶכְתִּי, לֶכְתְּךָ usw.

— Im Waw-Impf. wird der Ton (außer in der 1.sing. und in pausa) zurückgezogen:
וַיֵּשֶׁב, וַתֵּשֶׁב, וַנֵּשֶׁב, aber וָאֵשֵׁב.

Paradigmen

	ישׁב			הלך
	Qal	Ni.	Hi.	Qal
Perf.sing.3.m.	יָשַׁב	נוֹשַׁב	הוֹשִׁיב	הָלַךְ
3.f.	יָשְׁבָה	נוֹשְׁבָה	הוֹשִׁיבָה	הָלְכָה
2.m.	יָשַׁבְתָּ	נוֹשַׁבְתָּ	הוֹשַׁבְתָּ	הָלַכְתָּ
Impf.sing.3.m.	יֵשֵׁב	יִוָּשֵׁב	יוֹשִׁיב	יֵלֵךְ
3.f.	תֵּשֵׁב	תִּוָּשֵׁב	תּוֹשִׁיב	תֵּלֵךְ
2.m.	תֵּשֵׁב	תִּוָּשֵׁב	תּוֹשִׁיב	תֵּלֵךְ
2.f.	תֵּשְׁבִי	תִּוָּשְׁבִי	תּוֹשִׁיבִי	תֵּלְכִי
1.	אֵשֵׁב	אִוָּשֵׁב	אוֹשִׁיב	אֵלֵךְ

	ישב			הלך
	Qal	Ni.	Hi.	Qal
plur.3.m.	יֵשְׁבוּ	יִוָּשְׁבוּ	יוֹשִׁיבוּ	יֵלְכוּ
3.f.	תֵּשַׁבְנָה	תִּוָּשַׁבְנָה	תּוֹשֵׁבְנָה	תֵּלַכְנָה
2.m.	תֵּשְׁבוּ	תִּוָּשְׁבוּ	תּוֹשִׁיבוּ	תֵּלְכוּ
2.f.	תֵּשַׁבְנָה	תִּוָּשַׁבְנָה	תּוֹשֵׁבְנָה	תֵּלַכְנָה
1.	נֵשֵׁב	נִוָּשֵׁב	נוֹשִׁיב	נֵלֵךְ
Imp.sing.m.	שֵׁב	הִוָּשֵׁב	הוֹשֵׁב	לֵךְ
f.	שְׁבִי	הִוָּשְׁבִי	הוֹשִׁיבִי	לְכִי
plur.m.	שְׁבוּ	הִוָּשְׁבוּ	הוֹשִׁיבוּ	לְכוּ
f.	שֵׁבְנָה	הִוָּשַׁבְנָה	הוֹשֵׁבְנָה	לֵכְנָה
Inf.cs.	שֶׁבֶת	הִוָּשֵׁב	הוֹשִׁיב	לֶכֶת
mit Suff.	שִׁבְתִּי	הִוָּשְׁבִי	הוֹשִׁיבִי	לֶכְתִּי

(→ 22.4.3)

22.3.2 Flexion der Nomina (XIII): Feminina mit segolierter Endung

Schließt die Feminin-Endung *-t* an den letzten Radikal unmittelbar an, so wird die entstandene Doppelkonsonanz durch Segolierung (→ 3.3.2.3) aufgelöst. Je nach dem vorangehenden Vokal entstehen die beiden Typen der Feminina auf *-ǽ-æt* und *-ṓ-æt* bzw. *-á-at,* wenn der letzte Radikal ein h, ḥ oder ʿ ist; ʾ als letzter Radikal quiesziert unter Dehnung des a zu ā. Bisher bekannte Vokabeln dieser Art sind קֶשֶׁת „Bogen", נְחֹשֶׁת „Kupfer / Bronze", שֹׁמַעַת „hörende", חַטָּאת „Sünde".

Eine Reihe von Feminina, namentlich solche mit m-Präformativ und die fem. Partizipien, bilden die segolierte Form neben der gewöhnlichen auf *-ā* oder als Cs.-Form dazu. Bisher bekannte Nomina dieser Art sind: מִלְחָמָה „Kampf / Krieg", מַמְלָכָה „Königsherrschaft / Königreich", מֶרְכָּבָה „Wagen", מִשְׁפָּחָה „Geschlecht / Sippe" und die Partizipien כֹּתֶבֶת, נִכְתֶּבֶת, מְכַתֶּבֶת, מְכֻתֶּבֶת, מִתְכַּתֶּבֶת, מַכְתֶּבֶת, מָכְתֶּבֶת.

Nicht segoliert (auf der Endsilbe betont!), sondern durch Assimilation eines n an -t entstanden ist אֱמֶת „Treue / Wahrheit" (**ʾamin-t* > **ʾamitt* > **ʾᵃmit* > *ʾᵆmǽt*).

Hauptregeln:

Die Feminina mit segolierter Endung

— werden im Sing. wie die maskulinen Segolata behandelt (→ 12.3.4; → 13.3.4): מִלְחֶמֶת/מִלְחַמְתִּי, קֶשֶׁת/קַשְׁתִּי, יֹלֶדֶת/יַלַדְתִּי, נְחֹשֶׁת/נְחָשְׁתִּי, מִשְׁפַּחַת/מִשְׁפַּחְתִּי, דַּעַת/דַּעְתִּי;

— bilden den Plur. meistens wie von einer entsprechenden Sing.-Form auf -ā: abs. מִלְחָמוֹת, cs. מִלְחֲמוֹת.

Einzelheiten:

— דֶּלֶת und קֶשֶׁת bilden den Plural, wie wenn das -t zur Wurzel gehörte (nach Art der qatl-Segolata): abs. דְּלָתוֹת, cs. דַּלְתוֹת.

— חַטָּאת bildet den sing.cs. חַטַּאת, plur.abs. חַטָּאוֹת, cs. חַטֹּאת.

— אֱמֶת hat die Suffixformen אֲמִתִּי, אֲמִתּוֹ usw.

22.3.3 Relativsätze ohne אשר

In 6.3.2 sind die mit אֲשֶׁר eingeführten Attribut-, Subjekt- und Objektsätze beschrieben, die wir im Dt. als Relativsätze wiedergeben. Statt אֲשֶׁר werden ziemlich selten auch זֶה, זוּ, זוֹ (poetisch) oder, vor allem in späten Texten, ·שֶׁ (mit Verdoppelung des folgenden Konsonanten) verwendet, z.B. Ex 15,13 עַם־זוּ גָּאָלְתָּ „das Volk, das du erlöst hast“; Ps 144,15 אַשְׁרֵי הָעָם שֶׁיְהוָה אֱלֹהָיו׃ „wohl dem Volke, dessen Gott Jahwe ist“ (→ 22.4.4).

Es besteht aber auch, vor allem in der Poesie, die Möglichkeit, einen ganzen Satz (Verbalsatz oder Nominalsatz) ohne nominalisierende Partikel anstelle eines Nomens in der Funktion eines Subjekts, Objekts oder Attributs (→ 22.4.5) zu verwenden (sog. asyndetische Relativsätze; → 22.4.6).

Vgl. 1Kön 8,36 אֶת־הַדֶּרֶךְ הַטּוֹבָה „den guten Weg“ (attributives Adjektiv);

Jos 24,17 הַדֶּרֶךְ אֲשֶׁר הָלַכְנוּ בָהּ „der Weg, den wir gegangen sind“ (mit אֲשֶׁר nominalisierter Attributsatz);

Ex 18,20 אֶת־הַדֶּרֶךְ יֵלְכוּ בָהּ „der Weg, den sie gehen sollen“ (nominalisierter Attributsatz ohne אֲשֶׁר); vgl. ferner

Ps 1,1 אַשְׁרֵי הָאִישׁ אֲשֶׁר לֹא הָלַךְ „wohl dem Manne, der nicht wandelt ...“;

Spr 3,13 אַשְׁרֵי אָדָם מָצָא חָכְמָה „wohl dem Menschen, der Weisheit erlangt hat“;

Ps 65,5 אַשְׁרֵי תִּבְחַר וּתְקָרֵב „wohl dem, den du erwählst und nahen lässest“.

22.3.4 Wortschatz nach Sachgruppen (VII): unbelebte Natur

7.1. אֶרֶץ אֲדָמָה (תֵּבֵל חֶלְקָה) שָׂדֶה נָוֶה עֲרָבָה מִדְבָּר

7.2. הַר גִּבְעָה רֹאשׁ כָּתֵף בָּמָה גַּיְא עֵמֶק

7.3. אֶבֶן סֶלַע צוּר עָפָר

7.4. שָׁמַיִם שֶׁמֶשׁ (יָרֵחַ כּוֹכָב) שְׁאוֹל
7.5. רוּחַ קָדִים עָנָן מָטָר ((גֶּשֶׁם טַל שֶׁלֶג בָּרָד בָּרָק))
7.6. מַיִם יָם נָהָר נַחַל יְאֹר עַיִן שָׂפָה (יבשׁ)
7.7. זָהָב כֶּסֶף נְחֹשֶׁת בַּרְזֶל
7.8. אוֹר חֹשֶׁךְ צֵל אֵשׁ (אור)
7.9. לָבָן ((אָדֹם רַעֲנָן אַרְגָּמָן))

22.4 Anmerkungen

22.4.1 Aber von **ידה** hitp. „bekennen“: **הִתְוַדָּה**, von **ידע** hitp. „sich zu erkennen geben“: **הִתְוַדַּע**.

22.4.2 Von den ca. 75 Verben I j (inkl. **הלך**) mit rund 8000 Vorkommen umfassen die genannten 6 Verben allein etwa 70% der Vorkommen.

22.4.3 Abgesehen vom Ho. (s.o.) werden die übrigen Formen analog dem starken Verbum gebildet.

22.4.4 In seltenen Fällen übernimmt auch der Artikel diese Rolle, z.B. 1Chr 26,28: **וְכֹל הַהִקְדִּישׁ שְׁמוּאֵל** „und alles, was Samuel geweiht hatte“.

22.4.5 Das Nomen, von dem ein Attributsatz abhängt, kann im st.cs. stehen, z.B. Hos 1,2: **תְּחִלַּת דִּבֶּר־יְהוָה בְּהוֹשֵׁעַ** „Anfang von Jahwe-redete-durch-Hosea“ = „Anfang des Redens Jahwes durch Hosea“.

22.4.6 Vgl. engl. everything that I know neben everything I know „alles, was ich weiß“.

22.5 Übungen und Lesestück

22.5.1: הוֹדַעְתֶּם יִוָּלֵד יֵרְדוּ יֵחָלְדוּ לֶדֶת שְׁבִי צֵא אִוָּדַע וַנֵּרֶד הוֹשִׁיעָה תֵּרַדְנָה יוֹשֵׁב בְּלֶכְתְּךָ
הַמּוֹלִיךְ נֵלְכָה יֹרֶדֶת לָרֶדֶת נֵדָעֵנוּ וַתּוֹרֶד וַתּוֹצֵא נוֹשָׁע הוֹתִיר וַיֹּסֶף הוֹדוּ

22.5.2: er wird erkennen, und sie setzte sich, geh hinab!, gehet hinaus!, um zu gehen, als er ging, als er hinabging, du wirst gebären, laßt uns gehen!, sie werden geboren werden, ich habe bekannt gemacht, bekannt, hinausführend.

22.5.3: יְוֹלַדְתְּכֶם קְשָׁתוֹת מַמְלַכְתּוֹ דְּלָתַיִם מִשְׁפַּחְתִּי דַּעְתָּם אֲמָתֶךָ

22.5.4:

1. רְדִי וּשְׁבִי עַל־עָפָר בְּתוּלַת בַּת־בָּבֶל[a] 2. וַתֹּסֶף לָלֶדֶת אֶת־אָחִיו
אֶת־הָבֶל 3. וַיֹּאמֶר אָכִישׁ אֶל־דָּוִד יָדֹעַ תֵּדַע כִּי אִתִּי תֵּצֵא בַמַּחֲנֶה
אַתָּה וַאֲנָשֶׁיךָ׃ 4. הַנָּבִיא אֲשֶׁר יִנָּבֵא[b] לְשָׁלוֹם בְּבֹא דְּבַר הַנָּבִיא יִוָּדַע

הַנָּבִיא אֲשֶׁר־שְׁלָחוֹ יְהוָה בֶּאֱמֶת׃ 5. וַיּוֹשִׁיעֵם לְמַעַן שְׁמוֹ לְהוֹדִיעַ אֶת־
גְּבוּרָתוֹ׃[c] 6. אַל־תִּתְהַלֵּל בְּיוֹם מָחָר כִּי לֹא־תֵדַע מַה־יֵּלֶד יוֹם׃ 7. וְאַבְרָהָם
בֶּן־מְאַת שָׁנָה בְּהִוָּלֶד לוֹ אֵת[d] יִצְחָק בְּנוֹ׃ 8. וּמִבָּנֶיךָ אֲשֶׁר יֵצְאוּ מִמְּךָ אֲשֶׁר
תּוֹלִיד יִקָּחוּ וְהָיוּ סָרִיסִים[e] בְּהֵיכַל מֶלֶךְ בָּבֶל׃ 9. וַיְהִי בְּרֶדֶת מֹשֶׁה מֵהַר
סִינַי וּשְׁנֵי לֻחֹת[f] הָעֵדֻת בְּיַד־מֹשֶׁה בְּרִדְתּוֹ מִן־הָהָר ··· וַיַּרְא אַהֲרֹן ···
10. וְשִׁבְתְּךָ וְצֵאתְךָ וּבֹאֲךָ יָדָעְתִּי 11. לְכוּ אַחֲרַי וְאוֹלִיכָה אֶתְכֶם אֶל־
הָאִישׁ אֲשֶׁר תְּבַקֵּשׁוּן וַיֹּלֶךְ אוֹתָם שֹׁמְרוֹנָה׃ 12. וַתֹּאמֶר רוּת הַמּוֹאֲבִיָּה
אֶל־נָעֳמִי אֵלְכָה־נָּא הַשָּׂדֶה ··· וַתֹּאמֶר לָהּ לְכִי בִתִּי׃ 13. רְפָאֵנִי יְהוָה
וְאֵרָפֵא הוֹשִׁיעֵנִי וְאִוָּשֵׁעָה 14. וְהָלְכוּ עָרֵי יְהוּדָה וְיֹשְׁבֵי יְרוּשָׁלִַם וְזָעֲקוּ
אֶל־הָאֱלֹהִים אֲשֶׁר הֵם מְקַטְּרִים לָהֶם וְהוֹשֵׁעַ לֹא־יוֹשִׁיעוּ לָהֶם בְּעֵת רָעָתָם׃
15. וְהָיָה הַנִּשְׁאָר בְּצִיּוֹן וְהַנּוֹתָר בִּירוּשָׁלִַם קָדוֹשׁ יֵאָמֶר לוֹ 16. וַיֹּאמֶר
תֵּן לָעָם וְיֹאכֵלוּ׃ וַיֹּאמֶר מְשָׁרְתוֹ מָה אֶתֵּן זֶה לִפְנֵי מֵאָה אִישׁ וַיֹּאמֶר תֵּן
לָעָם וְיֹאכֵלוּ כִּי כֹה אָמַר יְהוָה אָכֹל וְהוֹתֵר׃ וַיִּתֵּן לִפְנֵיהֶם וַיֹּאכְלוּ וַיּוֹתִרוּ
כִּדְבַר יְהוָה׃ 17. הוֹדוּ לַיהוָה כִּי־טוֹב כִּי לְעוֹלָם חַסְדּוֹ׃ 18. וְהוֹלַכְתִּי
עִוְרִים בְּדֶרֶךְ לֹא יָדָעוּ 19. עַם לֹא־יָדַעְתִּי יַעַבְדוּנִי׃ 20. הִנֵּה־בֵן
נוֹלָד לְבֵית־דָּוִד יֹאשִׁיָּהוּ שְׁמוֹ 21. שְׁמַע לְאָבִיךָ זֶה יְלָדֶךָ 22. אַיֵּה
הָעֵדֶר[g] נִתַּן־לָךְ צֹאן תִּפְאַרְתֵּךְ׃ 23. אַשְׁרֵי אֱנוֹשׁ יַעֲשֶׂה־זֹּאת וּבֶן־אָדָם
יַחֲזִיק בָּהּ 24. יֹאבַד יוֹם אִוָּלֶד בּוֹ 25. וַיִּשְׁבֹּת בַּיּוֹם הַשְּׁבִיעִי מִכָּל־
מְלַאכְתּוֹ אֲשֶׁר עָשָׂה 26. וְשָׁמְרוּ מִשְׁמַרְתְּךָ וּמִשְׁמֶרֶת כָּל־הָאֹהֶל 27. כִּי
אָנֹכִי יָדַעְתִּי אֶת־הַמַּחֲשָׁבֹת אֲשֶׁר אָנֹכִי חֹשֵׁב עֲלֵיכֶם נְאֻם־יְהוָה מַחְשְׁבוֹת
שָׁלוֹם וְלֹא לְרָעָה לָתֵת לָכֶם אַחֲרִית וְתִקְוָה׃[h] 28. וַיַּצֵּב יַעֲקֹב מַצֵּבָה
בַּמָּקוֹם אֲשֶׁר־דִּבֶּר אִתּוֹ מַצֶּבֶת אָבֶן 29. אַיֵּה ··· מוֹלִיךְ לִימִין מֹשֶׁה
זְרוֹעַ תִּפְאַרְתּוֹ ··· מוֹלִיכָם בַּתְּהֹמוֹת 30. וְיוֹסֵף הוּרַד מִצְרָיְמָה

22.5.5:

1. Heute möge kund werden, daß du Gott bist in Israel.
2. Und sie zogen aus, um ins Land Kanaan zu gehen.
3. Jahwe ist unser König, er wird uns helfen.
4. Darum werde ich nicht fortfahren, euch zu erretten.
5. Laß mich doch deine Wege wissen, damit ich dich erkenne.
6. Und sie gebaren Söhne und Töchter.
7. Und du sollst reden von (ב) ihnen, wenn du in deinem Hause sitzest (ב+Inf.) und wenn du auf dem Wege gehst.

22.

8. Und unsere Väter zogen hinab nach Ägypten und wir blieben in Ägypten viele Tage lang.
9. Denn es gibt keine Treue und keine Güte und keine Gotteserkenntnis im Lande.
10. Sende dein Licht und deine Wahrheit!

---

[a] Näherbestimmung durch den Namen in einer Cs.-Verbindung, wo das Dt. Appositionen verwendet; vgl. franz.: la ville de Paris.

[b] **נבא** ni. = weissagen

[c] **גְּבוּרָה** = Stärke

[d] → 11.4.13

[e] **סָרִיס** = Hofbeamter / Kämmerer

[f] **לֻחַ** = Tafel

[g] **עֵדֶר** = Herde

[h] **תִּקְוָה** = Hoffnung

22.5.6 Lesestück: Salomos weises Urteil (1Kön 3,16–28)

16 אָז תָּבֹאנָה שְׁתַּיִם°
נָשִׁים זֹנוֹת אֶל־הַמֶּלֶךְ וַתַּעֲמֹדְנָה לְפָנָיו׃ 17 וַתֹּאמֶר הָאִשָּׁה הָאַחַת
בִּי° אֲדֹנִי אֲנִי וְהָאִשָּׁה הַזֹּאת יֹשְׁבֹת בְּבַיִת אֶחָד וָאֵלֵד עִמָּהּ בַּבָּיִת׃
18 וַיְהִי בַּיּוֹם הַשְּׁלִישִׁי לְלִדְתִּי וַתֵּלֶד גַּם־הָאִשָּׁה הַזֹּאת וַאֲנַחְנוּ יַחְדָּו
אֵין־[a] זָר אִתָּנוּ בַּבַּיִת[b] זוּלָתִי שְׁתַּיִם־אֲנַחְנוּ בַּבָּיִת׃ 19 וַיָּמָת בֶּן־הָאִשָּׁה
הַזֹּאת לָיְלָה אֲשֶׁר שָׁכְבָה עָלָיו׃ 20 וַתָּקָם° בְּתוֹךְ הַלַּיְלָה וַתִּקַּח
אֶת־בְּנִי מֵאֶצְלִי [a]וַאֲמָתְךָ יְשֵׁנָה[a] וַתַּשְׁכִּיבֵהוּ בְּחֵיקָהּ וְאֶת־°בְּנָהּ הַמֵּת
הִשְׁכִּיבָה בְחֵיקִי׃ 21 וָאָקֻם בַּבֹּקֶר לְהֵינִיק אֶת־בְּנִי וְהִנֵּה־מֵת וָאֶתְבּוֹנֵן
אֵלָיו° בַּבֹּקֶר[a] וְהִנֵּה לֹא־הָיָה בְנִי אֲשֶׁר יָלָדְתִּי׃ 22 וַתֹּאמֶר° הָאִשָּׁה
הָאַחֶרֶת לֹא כִי [a]בְּנִי הַחַי וּבְנֵךְ הַמֵּת[a][b] וְזֹאת אֹמֶרֶת לֹא כִי [c]בְּנֵךְ
הַמֵּת וּבְנִי הֶחָי[c][b] וַתְּדַבֵּרְנָה לִפְנֵי הַמֶּלֶךְ׃ 23 וַיֹּאמֶר הַמֶּלֶךְ זֹאת
אֹמֶרֶת זֶה־בְּנִי הַחַי וּבְנֵךְ הַמֵּת וְזֹאת אֹמֶרֶת לֹא כִי בְּנֵךְ הַמֵּת וּבְנִי
הֶחָי׃ פ 24 וַיֹּאמֶר הַמֶּלֶךְ קְחוּ לִי־חָרֶב וַיָּבִאוּ הַחֶרֶב לִפְנֵי
הַמֶּלֶךְ׃ 25 וַיֹּאמֶר הַמֶּלֶךְ גִּזְרוּ אֶת־הַיֶּלֶד° הַחַי לִשְׁנָיִם וּתְנוּ אֶת־°
הַחֲצִי לְאַחַת וְאֶת־הַחֲצִי לְאֶחָת׃ 26 וַתֹּאמֶר[a] הָאִשָּׁה° אֲשֶׁר־בְּנָהּ הַחַי[b]

אֶל־הַמֶּלֶךְ כִּי־נִכְמְרוּ רַחֲמֶיהָ עַל־בְּנָהּ וַתֹּאמֶר ׀ בִּי אֲדֹנִי תְּנוּ־לָהּ
אֶת־הַיָּלוּד[c] הַחַי[d] וְהָמֵת אַל־תְּמִיתֻהוּ וְזֹאת אֹמֶרֶת גַּם־לִי גַּם־לָךְ לֹא
יִהְיֶה גְּזֹרוּ׃ 27 וַיַּעַן הַמֶּלֶךְ וַיֹּאמֶר תְּנוּ־[a]לָהּ אֶת־הַיָּלוּד[a] הַחַי[b] וְהָמֵת
לֹא[c] תְמִיתֻהוּ הִיא אִמּוֹ׃ 28 וַיִּשְׁמְעוּ כָל־יִשְׂרָאֵל אֶת־הַמִּשְׁפָּט
אֲשֶׁר שָׁפַט הַמֶּלֶךְ וַיִּרְאוּ מִפְּנֵי הַמֶּלֶךְ כִּי רָאוּ כִּי־חָכְמַת אֱלֹהִים
בְּקִרְבּוֹ לַעֲשׂוֹת מִשְׁפָּט׃ ס

Erläuterungen:

V. 16: זוֹנָה „Dirne".
V. 17: בִּי „bitte!".
V. 18: זוּלָתִי „ausgenommen / außer".
V. 19: וַיָּמָת „und es starb".
V. 20: וַתָּקָם „und sie stand auf"; אֵצֶל „Seite"; יָשֵׁן „schlafend"; חֵיק „Schoß"; מֵת „tot".
V. 21: לְהֵינִיק „um zu stillen"; וָאֶתְבּוֹנֵן „und ich achtete aufmerksam".
V. 24: וַיָּבִאוּ „und sie brachten".
V. 25: גזר „zerschneiden".
V. 26: כמר ni. „erregt sein"; רַחֲמִים „Inneres / Erbarmen"; וְהָמֵת אַל־תְּמִיתֻהוּ „aber tötet es ja nicht!".
V. 27: וַיַּעַן „da entschied er".
V. 28: וַיִּרְאוּ „und sie fürchteten sich".

LEKTION 23

23.1 Vokabel-Repetition (Tiere und Pflanzen)

צֹאן (6)	בָּקָר (6)	עֵץ (7)	בְּהֵמָה (8)	זֶרַע (9)
סוּס (9)	פַּר (11)	פָּרָה (11)	חַיָּה (11)	שֶׁמֶן (12)
כֶּבֶשׂ (13)	כִּבְשָׂה (13)	שֵׁבֶט (13)	שֹׁרֶשׁ (13)	אַיִל (14)
יַיִן (14)	פְּרִי (14)	אֲרִי/אַרְיֵה (14)	דְּבַשׁ (14)	שׁוֹפָר (16)
שָׂעִיר (18)	עֵז (18)	חִטִּים (18)	שְׂעֹרִים (18)	מַטֶּה (18)
כָּנָף (19)	עֵשֶׂב (20)	קָנֶה (20)	כֶּרֶם (20)	

23.2 Vokabular

23.2.1 Verba primae Jod (II):

(יִיבַשׁ) יָבֵשׁ austrocknen / verdorren

יָבֵשׁ חָצִיר נָבֵל צִיץ das Gras verdorrt, die Blume welkt

(יִיעַץ)	יעץ	raten / beraten / planen
	עֵצָה	Rat / Plan
(וַיִּיצֶר)	× יצר	formen / bilden
	יוֹצֵר	Töpfer
(יִירַשׁ)	ירשׁ	in Besitz nehmen / beerben
	ירשׁ hi.	vertreiben / in Besitz nehmen
(יִירָא)	יָרֵא	fürchten / sich fürchten
	× יָרֵא (יְרֵא אֱלֹהִים)	fürchtend (gottesfürchtig)
	× יִרְאָה (יִרְאַת אֱלֹהִים)	Furcht (Gottesfurcht)
	(Part.ni.) נוֹרָא	furchtbar
(יִיטַב)	יטב	gut sein / gut gehen / gefallen
(הֵיטִיב)	יטב hi.	gut handeln / gut machen
(יִינַק)	× ינק (יוֹנֵק)	saugen (Säugling)
(הֵינִיקָה)	ינק hi.	säugen / stillen
(הֵילִיל)	× ילל hi.	heulen / wehklagen
	הֵילִילוּ וְזַעֲקוּ	wehklaget und schreiet!
(וַיִּצֹק)	יצק	ausgießen
	וַיִּצֹק שֶׁמֶן	und er goß Öl aus
(יוּכַל)	יָכֹל	können / vermögen / überlegen sein
	לֹא יוּכַל לְהוֹשִׁיעַ	er vermag nicht zu helfen

23.2.2 Feminina auf -ā von Segolaten:

× מַלְכָּה	Königin / Königsfrau
מַלְכַּת שְׁבָא	Königin von Saba
שִׁפְחָה	Sklavin / Magd
עֲבָדִים וּשְׁפָחוֹת	Sklaven und Sklavinnen
× קִרְיָה	Stadt
קִרְיַת אַרְבַּע / קִרְיַת יְעָרִים	(Ortsnamen)
× חָרְבָּה	Trümmerstätte
חָרְבוֹת עוֹלָם	uralte / ewige Ruinen
נַחֲלָה	Besitz / Erbe
חֵלֶק וְנַחֲלָה	Anteil und Erbgut
חֶלְקָה	Grundstück / Feld
חֵלֶק	Anteil

	אֲכִלָה	Essen
	אֹכֶל	Nahrung / Getreide
	עֶגְלָה ×	Kalb / junge Kuh
	עֵגֶל ×	Jungstier
	עֶזְרָה ×	Hilfe
	עֵזֶר ×	Hilfe
	עֶרְוָה	Blöße / Scham
(Plur. עֲרֻמִּים)	עָרוֹם ×	nackt

23.2.3 Weitere Vokabeln:

(→ 23.2.1):	עֵצָה	Rat / Plan
(→ 23.2.2):	חֵלֶק	Anteil

23.2.4 Ergänzungen zu 23.3.4 (Tiere und Pflanzen):

יַעַר	Wald / Dickicht	עוֹף	Vögel (koll.)
דֶּשֶׁא ×	frisches Grün	עוֹר	Haut / Fell / Leder
חָצִיר ×	Gras	חֵלֶב	Fett
תֶּבֶן ×	Stroh	חָלָב ×	Milch
גֶּפֶן	Weinstock / Rebe	שֶׂה ×	Stück Kleinvieh / Schaf / Ziege
עֵנָב ×	Weinbeere	קֶרֶן	Horn
אֶרֶז	Zeder	חֲמוֹר	Esel
זַיִת ×	Ölbaum	אָתוֹן ×	Eselin
תְּאֵנָה ×	Feigenbaum	גָּמָל	Kamel
דָּגָן ×	Getreide	שׁוֹר	Rind / Stier
צִיץ ×	Blüte	כֶּלֶב ×	Hund
		נָחָשׁ ×	Schlange

23.3.1 Verba primae Jod (II): übrige Bildungen

Von den wenigen und verhältnismäßig seltenen echten Verben Ij sind hier nur ינק q./hi., יטב q./hi. und ילל hi. angeführt (23.4.1). Sie sind am Hi. erkennbar, wo der erste Radikal mit dem a des Präformativs zu ē (< aj) verschmilzt.

Im Impf. Qal verbindet sich das i des Präformativs mit dem ersten Radikal zu ī (< ij). Diese Bildung ist bei allen übrigen Verben Ij (< w) übernommen (außer bei den sechs reinen Iw-Verben vom Impf.-Typus ē — ē).

Unregelmäßig sind יָכֹל „können" und יצק „ausgießen".

Eine schematische Übersicht über die in 22.3.1 und 23.3.1 behandelten Verben Ij gibt folgende Tabelle:

	reine Iw	Mischklasse	reine Ij
Perf.Hi.	*hōšīb*	*hōbīš*	*hēṭīb*
Impf.Qal	*jēšēb*	*jībaš*	*jīṭab*

Hauptregeln:

Alle Verben Ij (außer den sechs häufigen vom Typus ē—ē) haben

— im Impf.Qal den (aus ij entstandenen langen) Vokal ī und den Stammvokal a (Typus ī—a):

יִיטַב, יִיבַשׁ, יִירָא, תִּירָא, אִירָא usw.;

— in den übrigen Formen folgen sie den Regeln von 22.3.1, soweit sie nicht reine Verben Ij sind (s.u.):

Impf.Ni. יִוָּרֵא, Perf.Ni. נוֹעַץ, Part.Ni. נוֹרָא,
Perf.Hi. הוֹבִישׁ, Perf.Ho. הוּצַק.

Einige wenige *echte Verben Ij* wie יטב, ינק, ילל haben

— im Hi. den (aus aj entstandenen langen) Vokal ē:

הֵיטִיב, הֵינִיקָה, הֵילִילוּ, יֵיטִיב, מֵיטִיב.

Einzelheiten:

— Einige Verben Ij (meist IIṣ) bilden Formen, die wie In-Formen aussehen (Assimilation des ersten an den zweiten Radikal):

von יצק: יִצֹּק, וַיַּצִּקוּ, von יצר: יִצְּרֵהוּ, אֶצָּרְךָ. (→ 23.4.2)

— Ganz unregelmäßig in der Vokalisation ist יכל „können / vermögen" (→ 9.4.3):

Perf.: יָכֹל, יָכְלָה, יָכֹלְתִּי, יְכָלְתִּיו, יָכְלוּ,
Impf.: יוּכַל, תּוּכַל, אוּכַל, יוּכְלוּ, תּוּכְלוּ, נוּכַל. (→ 23.4.3)

— ירשׁ „in Besitz nehmen" bildet den Imp. und den Inf.cs. schwach (ohne ersten Radikal): רֵשׁ, רְשׁוּ, לָרֶשֶׁת, לְרִשְׁתָּהּ.

— יָרֵא „(sich) fürchten" hat als Inf.cs. יִרְאָה, im Imp.sing. יְרָא, plur. יִרְאוּ (mit quieszierendem Aleph).

23.3.2 Flexion der Nomina (XIV): Feminina auf -ā von Segolaten

Feminina auf -ā von maskulinen Segolaten, mögen diese vorkommen oder bloß als Stammformen anzunehmen sein (Nominalbildungen *qatl-at-*, *qitl-at-*, *qutl-at-*), sind z.B.:

מַלְכָּה „Königin" (masc. מֶלֶךְ), כִּבְשָׂה „Lamm" (masc. כֶּבֶשׂ),
אִמְרָה „Wort" (masc. אֵמֶר), אָכְלָה „Essen" (masc. אֹכֶל),

mit den durch Laryngale bedingten Veränderungen:

נַעֲרָה „Mädchen" (masc. נַעַר), עֶגְלָה „Kalb" (masc. עֵגֶל).

Bisher bekannte Nomina dieser Art sind: חָכְמָה „Weisheit", נַעֲרָה „Mädchen", שִׂמְחָה „Freude", כִּבְשָׂה „Lamm", קִנְאָה „Eifer", שִׂנְאָה „Haß", עַוְלָה „Verkehrtheit", חֶרְפָּה „Schmach", כְּלָיוֹת „Nieren" (Plur. von nicht belegtem כִּלְיָה), מִנְחָה „Gabe", אַהֲבָה „Liebe", אִמְרָה „Wort / Spruch / Rede", גִּבְעָה „Hügel".

Hauptregeln:

Der Plural wird wie bei den maskulinen Segolaten (→ 12.3.4 und → 13.3.4) von einem zweisilbigen Stamm gebildet:

— im st.abs. mit Schwa mobile und Vortonkames:

מְלָכוֹת, נְעָרוֹת, כְּבָשׂוֹת; כְּלָיוֹת, גְּבָעוֹת, שְׁפָחוֹת; חֲרָבוֹת;

— im st.cs. und in allen Suffixformen mit dem Stammvokal des Sing. und Schwa medium: (→ 23.4.4)

מַלְכוֹת, נַעֲרוֹת, כִּבְשׂוֹת, כִּלְיוֹת, גִּבְעוֹת, שִׁפְחוֹת, חָרְבוֹת, נַעֲרֹתַי, כִּלְיוֹתַי, גִּבְעוֹתֶיךָ, חָרְבוֹתֶיהָ, שִׁפְחוֹתֵיכֶם.

23.3.3 Formverben

Öfters begegnet im Hebräischen die Zusammenstellung zweier Verben, von denen das erste als sog. Formverbum (relatives Verbum) nur eine spezielle Form der Haupthandlung angibt, welche durch das zweite Verbum ausgedrückt wird. Obwohl auch im Dt. solche ergänzungsbedürftige Verben vorkommen (z.B. „anfangen", „fortfahren", „aufhören"), übersetzt man ein hebr. Formverbum meistens adverbiell, z.B.

Gen 25,1: וַיֹּסֶף אַבְרָהָם וַיִּקַּח אִשָּׁה „und Abraham (fuhr fort und nahm =) nahm nochmals eine Frau".

Die beiden Verben können wie in diesem Beispiel durch die Konjunktion ו verbunden sein; sie begegnen aber auch unverbunden nebeneinander, z.B.

Ps 106,13: מִהֲרוּ שָׁכְחוּ „(sie beeilten sich, sie vergaßen =) alsbald vergaßen sie . . .".

Häufig wird jedoch die Haupthandlung im Inf.cs. mit oder ohne ל dem Formverbum untergeordnet, z.B.

Jos 7,12:	לֹא אוֹסִיף לִהְיוֹת עִמָּכֶם	„ich werde nicht fortfahren, mit euch zu sein“ = „ich werde nicht mehr mit euch sein“;
1Sam 3,8:	וַיֹּסֶף יְהוָה קְרֹא־שְׁמוּאֵל בַּשְּׁלִשִׁית	„und Jahwe rief Samuel noch ein drittes Mal“.

Verben, die neben ihrer Verwendung als Vollverben häufig als Formverben auftreten, sind:

- יסף q./hi. „hinzufügen / fortfahren“ („noch mehr / nochmals / weiter“, negiert: „nicht mehr“),
- שׁוב q. „zurückkehren“ („nochmals / wieder“),
- מהר pi. „sich beeilen“ („eilends / rasch“),
- שׁכם hi. „sich früh aufmachen“ („früh / eifrig“),
- כלה pi. „vollenden / aufhören“ („zu Ende / ganz“).

23.3.4 Wortschatz nach Sachgruppen (VIII): Tiere und Pflanzen

8.1. חַיָּה בְּהֵמָה עוֹף כָּנָף ((צִפּוֹר דָּג רֶמֶשׂ))

8.2. בָּקָר שׁוֹר פַּר פָּרָה עֵגֶל עֶגְלָה עוֹר חֵלֶב חָלָב

8.3. צֹאן אַיִל שֶׂה כֶּבֶשׂ כִּבְשָׂה שָׂעִיר עֵז שׁוֹפָר קֶרֶן

8.4. סוּס חֲמוֹר אָתוֹן גָּמָל

8.5. אֲרִי אַרְיֵה כֶּלֶב ((נֶשֶׁר יוֹנָה)) נָחָשׁ ((דְּבוֹרָה)) דְּבַשׁ

8.6. עֵץ עֵשֶׂב יַעַר מַטֶּה שֵׁבֶט דֶּשֶׁא חָצִיר

8.7. פְּרִי זֶרַע צִיץ קָנֶה שֹׁרֶשׁ תֶּבֶן

8.8. כֶּרֶם גֶּפֶן עֵנָב יַיִן

8.9. אֶרֶז זַיִת תְּאֵנָה דָּגָן חִטָּה שְׂעֹרָה

23.4 Anmerkungen

23.4.1 Weitere echte Verben Ij sind nur noch: יָשֵׁן q. „schlafen / einschlafen“, יקץ q. „erwachen“ (nur Impf.; die übrigen Formen werden von קיץ hi. gebildet) und ימן hi. „nach rechts gehen“ (zu יָמִין „rechte Seite“). — Von יטב wird im Qal nur das Impf. gebildet (übrige Formen von טוֹב q.).

23.4.2 Weitere Verben dieser Bildung sind z.B. יצג hi. „hinstellen“, יצת q. „anzünden“, ni. „verbrannt werden“, hi. „in Brand stecken“.

23.4.3 Der Inf. lautet יְכֹלֶת.

23.4.4 Von den Abstraktbegriffen werden keine Plurale gebildet.

23.5 Übungen und Lesestück

23.5.1: הֵינִיקִיהוּ וַתֵּינֶק אֵילִילָה הֵילֵל לְהֵיטִיב אִיעָצֵךְ יָכָלְתִּי תֵּצֵּק אוֹכַל אוֹבִישׁ וַיִּירְשׁוּ וְהוֹרַשְׁתֶּם יראה

23.5.2: und er riet, und er ging hinaus, und er fürchtete sich, handelt gut!, vertreibet!, helfet!, Ratgeber, sie konnten.

23.5.3: שִׂפְתָתִי חָרְבוֹתָם כִּלְיוֹתַי גבעות חרפתך שפחות

23.5.4:

1. וַאֲנִי כְּעֵשֶׂב אִיבָשׁ׃ וְאַתָּה יְהוָה לְעוֹלָם תֵּשֵׁב 2. כִּי שָׁמַעְנוּ אֵת
אֲשֶׁר־הוֹבִישׁ יְהוָה אֶת־מֵי יַם־סוּף[a] מִפְּנֵיכֶם בְּצֵאתְכֶם מִמִּצְרָיִם 3. וַיַּעֲזֹב
אֶת־עֲצַת הַזְּקֵנִים אֲשֶׁר יְעָצֻהוּ וַיִּוָּעַץ אֶת־הַיְלָדִים אֲשֶׁר גָּדְלוּ אִתּוֹ ...
וַיֹּאמֶר אֲלֵיהֶם מָה אַתֶּם נוֹעָצִים 4. וְעַתָּה לְכִי אִיעָצֵךְ נָא עֵצָה 5. וַיִּצֶר
יְהוָה אֱלֹהִים מִן־הָאֲדָמָה כָּל־חַיַּת הַשָּׂדֶה וְאֵת כָּל־עוֹף הַשָּׁמַיִם 6. וָאֹמַר
לָכֶם אַתֶּם תִּירְשׁוּ אֶת־אַדְמָתָם וַאֲנִי אֶתְּנֶנָּה לָכֶם לָרֶשֶׁת אֹתָהּ 7. וַתֹּאמֶר
אִיזֶבֶל[b] אֶל־אַחְאָב קוּם רֵשׁ אֶת־כֶּרֶם נָבוֹת[c] הַיִּזְרְעֵאלִי ... וַיָּקָם אַחְאָב
לָרֶדֶת אֶל־כֶּרֶם נָבוֹת הַיִּזְרְעֵאלִי לְרִשְׁתּוֹ׃ 8. כִּי תֹאמַר בִּלְבָבְךָ רַבִּים
הַגּוֹיִם הָאֵלֶּה מִמֶּנִּי אֵיכָה[d] אוּכַל לְהוֹרִישָׁם׃ לֹא תִירָא מֵהֶם זָכֹר תִּזְכֹּר
אֵת אֲשֶׁר־עָשָׂה יְהוָה אֱלֹהֶיךָ לְפַרְעֹה וּלְכָל־מִצְרָיִם׃ 9. וַיֹּאמֶר לוֹ יְהוָה
שָׁלוֹם לְךָ אַל־תִּירָא 10. וְעַתָּה כֹּה־אָמַר יְהוָה בֹּרַאֲךָ יַעֲקֹב וְיֹצֶרְךָ
יִשְׂרָאֵל אַל־תִּירָא כִּי גְאַלְתִּיךָ קָרָאתִי בְשִׁמְךָ לִי־אָתָּה׃ 11. אַל־תִּירְאוּ
מִפְּנֵי מֶלֶךְ בָּבֶל אֲשֶׁר־אַתֶּם יְרֵאִים מִפָּנָיו 12. גַּם כִּי־אֵלֵךְ בְּגֵיא צַלְמָוֶת[e]
לֹא־אִירָא רָע כִּי־אַתָּה עִמָּדִי שִׁבְטְךָ וּמִשְׁעַנְתֶּךָ[f] הֵמָּה יְנַחֲמֻנִי׃ 13. וְהָיָה
כִּי־תֵלֵךְ עִמָּנוּ וְהָיָה הַטּוֹב הַהוּא אֲשֶׁר יֵיטִיב יְהוָה עִמָּנוּ וְהֵטַבְנוּ לָךְ׃
14. וַתֵּשֶׁב הָאִשָּׁה וַתֵּינֶק אֶת־בְּנָהּ 15. הֵילִילוּ כִּי קָרוֹב יוֹם יְהוָה
16. וַנֹּאמֶר לֹא נוּכַל לָרֶדֶת 17. מִי בְּכָל־אֱלֹהֵי הַגּוֹיִם הָאֵלֶּה אֲשֶׁר
הֶחֱרִימוּ אֲבוֹתַי אֲשֶׁר יָכוֹל לְהַצִּיל אֶת־עַמּוֹ מִיָּדִי כִּי יוּכַל אֱלֹהֵיכֶם לְהַצִּיל
אֶתְכֶם מִיָּדִי׃ 18. אֶצֹּק רוּחִי עַל־זַרְעֶךָ 19. וְלֹא־יָסַף שְׁמוּאֵל לִרְאוֹת
אֶת־שָׁאוּל עַד־יוֹם מוֹתוֹ 20. וַיֹּסֶף שַׁלַּח אֶת־הַיּוֹנָה[g] מִן־הַתֵּבָה׃[h] 21. וַתֹּסֶף
עוֹד וַתֵּלֶד בֵּן 22. וַיֹּסִפוּ בְּנֵי יִשְׂרָאֵל לַעֲשׂוֹת הָרַע בְּעֵינֵי יְהוָה 23. כִּי
לֹא אוֹסִיף עוֹד אֲרַחֵם אֶת־בֵּית יִשְׂרָאֵל 24. וַיְמַהֲרוּ וַיַּשְׁכִּימוּ וַיֵּצְאוּ
אַנְשֵׁי־הָעִיר לִקְרַאת־יִשְׂרָאֵל לַמִּלְחָמָה 25. וַיֹּאמֶר דָּוִד לְכָל־עֲבָדָיו
אֲשֶׁר־אִתּוֹ בִירוּשָׁלַםִ קוּמוּ וְנִבְרָחָה כִּי לֹא־תִהְיֶה־לָּנוּ פְלֵיטָה[i] מִפְּנֵי
אַבְשָׁלֹם מַהֲרוּ לָלֶכֶת פֶּן־יְמַהֵר וְהִשִּׂגֵנוּ 26. וּלְשֵׁבֶט הַלֵּוִי לֹא־נָתַן מֹשֶׁה

23.

נַחֲלָה יְהוָה אֱלֹהֵי יִשְׂרָאֵל הוּא נַחֲלָתָם כַּאֲשֶׁר דִּבֶּר לָהֶם׃ 27. כֹּה־אָמַר
אֲדֹנָי יְהוִה חַי־אָנִי אִם־לֹא אֲשֶׁר בֶּחֳרָבוֹת בַּחֶרֶב יִפֹּלוּ 28. כִּי־נִחַם
יְהוָה צִיּוֹן נִחַם כָּל־חָרְבֹתֶיהָ 29. וּלְאַבְרָם הֵיטִיב בַּעֲבוּרָהּ וַיְהִי־לוֹ צֹאן־
וּבָקָר וַחֲמֹרִים וַעֲבָדִים וּשְׁפָחֹת וַאֲתֹנֹת וּגְמַלִּים׃ 30. קָרוֹב אַתָּה בְּפִיהֶם
וְרָחוֹק מִכִּלְיוֹתֵיהֶם׃

23.5.5:

1. Höre auf meine Stimme, ich will dir raten.
2. Fürchte dich nicht, denn ich bin mit dir.
3. Und die Sache gefiel dem Pharao (= war gut in den Augen des Pharao).
4. Auch ihr werdet Gutes tun können.
5. Und sie stieg eilends vom (מֵעַל) Esel.
6. Denn ein großer König bin ich, spricht Jahwe Zebaoth, und mein Name ist gefürchtet unter den Völkern.
7. Und der König von Ägypten zog nicht mehr aus seinem Lande aus.
8. Und nun, Jahwe, der Gott Israels, hat die Amoriter (הָאֱמֹרִי) vor seinem Volke Israel vertrieben (hi.), und du, du willst es vertreiben (q., Nun energicum)?

---

[a] Schilfmeer
[b] Isebel, Frau des Ahab
[c] Naboth von Jesreel
[d] wie
[e] Finsternis
[f] Stütze / Stab
[g] Taube
[h] Arche
[i] Entrinnen

23.5.6 Lesestück: Moses Geburt und Rettung (Ex 2,1–10)

2 1 וַיֵּלֶךְ[a] אִישׁ מִבֵּית לֵוִי וַיִּקַּח [b]אֶת־[a]בַּת־[b]לֵוִי׃ 2 וַתַּהַר הָאִשָּׁה
וַתֵּלֶד בֵּן וַתֵּרֶא אֹתוֹ כִּי־טוֹב הוּא וַתִּצְפְּנֵהוּ שְׁלֹשָׁה יְרָחִים׃ 3 וְלֹא־
יָכְלָה עוֹד הַצְּפִינוֹ וַתִּקַּח־לוֹ[a] תֵּבַת גֹּמֶא וַתַּחְמְרָה בַחֵמָר וּבַזָּפֶת
וַתָּשֶׂם בָּהּ אֶת־הַיֶּלֶד וַתָּשֶׂם בַּסּוּף עַל־שְׂפַת הַיְאֹר׃ 4 וַתֵּתַצַּב[a] אֲחֹתוֹ
מֵרָחֹק לְדֵעָה מַה־יֵּעָשֶׂה לוֹ׃ 5 וַתֵּרֶד בַּת־פַּרְעֹה לִרְחֹץ עַל־הַיְאֹר
וְנַעֲרֹתֶיהָ הֹלְכֹת עַל־יַד הַיְאֹר וַתֵּרֶא אֶת־הַתֵּבָה בְּתוֹךְ הַסּוּף וַתִּשְׁלַח
אֶת־אֲמָתָהּ וַתִּקָּחֶהָ 6 וַתִּפְתַּח[a] וַתִּרְאֵהוּ[b] אֶת־הַיֶּלֶד וְהִנֵּה־נַעַר בֹּכֶה[c]

וַתַּחְמֹל עָלָיו[d] וַתֹּאמֶר מִיַּלְדֵי הָעִבְרִים זֶה׃ 7 וַתֹּאמֶר אֲחֹתוֹ אֶל־בַּת־
פַּרְעֹה הַאֵלֵךְ וְקָרָאתִי לָךְ אִשָּׁה מֵינֶקֶת מִן הָעִבְרִיֹּת וְתֵינִק לָךְ אֶת־
הַיָּלֶד׃ 8 וַתֹּאמֶר־לָהּ בַּת־פַּרְעֹה לֵכִי וַתֵּלֶךְ הָעַלְמָה וַתִּקְרָא אֶת־
אֵם הַיָּלֶד׃ 9 וַתֹּאמֶר לָהּ בַּת־פַּרְעֹה הֵילִיכִי[a] אֶת־הַיֶּלֶד הַזֶּה
וְהֵינִקִהוּ לִי וַאֲנִי אֶתֵּן אֶת־שְׂכָרֵךְ וַתִּקַּח הָאִשָּׁה[b] הַיֶּלֶד וַתְּנִיקֵהוּ[c]׃
10 וַיִּגְדַּל[a] הַיֶּלֶד וַתְּבִאֵהוּ לְבַת[b]־פַּרְעֹה וַיְהִי־לָהּ לְבֵן וַתִּקְרָא שְׁמוֹ
מֹשֶׁה וַתֹּאמֶר כִּי מִן־הַמַּיִם מְשִׁיתִהוּ׃

Erläuterungen:

V. 2: וַתַּהַר „und sie wurde schwanger"; וַתֵּרֶא „und sie sah"; צפן „verbergen"; יֶרַח „Monat".

V. 3: הַצְּפִינוֹ abweichende Form des Inf.Hi.; תֵּבָה „Kästchen"; גֹּמֶא „Papyrus"; חמר „verpichen" (Suffix der 3.sing.f. ohne Mappiq); חֵמָר „Erdharz"; זֶפֶת „Pech"; וַתָּשֶׂם „und sie legte"; סוּף „Schilf".

V. 4: וַתֵּתַצַּב statt וַתִּתְיַצֵּב; דֵּעָה = דֵּעַת.

V. 5: יָד auch „Seite".

V. 6: בֹּכֶה „weinend"; חמל „Mitleid empfinden".

V. 8: עַלְמָה „Mädchen".

V. 9: הֵילִיכִי statt הוֹלִיכִי; שָׂכָר „Lohn"; וַתְּנִיקֵהוּ statt וַתֵּינִקֵהוּ; וַתְּבִאֵהוּ „und sie brachte ihn".

V. 10: מְשִׁיתִהוּ „ich habe ihn herausgezogen".

LEKTION 24

24.1 Vokabel-Repetition (materielle Kultur)

בַּיִת (5)	עִיר (7)	בֶּגֶד (9)	חוּץ (9)	עַמּוּד (9)
פֶּתַח (10)	דֶּרֶךְ (12)	לֶחֶם (12)	שַׁעַר (12)	אֹהֶל (13)
חוֹמָה (13)	כְּלִי (14)	מִשְׁכָּן (16)	הֵיכָל (16)	אוֹצָר (16)
שֻׁלְחָן (16)	כִּסֵּא (17)	מוֹקֵשׁ (17)	חָצֵר (17)	עֲבוֹדָה (17)
קָצִיר (18)	עָמָל (19)	מַעֲשֶׂה (20)	מִקְנֶה (20)	מִשְׁתֶּה (20)
רֹעֶה (20)	מָבוֹא (20)	אֹכֶל (21)	מְלָאכָה (22)	מִשְׁמֶרֶת (22)
דֶּלֶת (22)	קִרְיָה (23)	חָרְבָּה (23)	אָכְלָה (23)	
עשׂה (5)	תפשׂ (7)	שׁכן (8)	מכר (8)	שׁפך (8)
לבשׁ (9)	זרע (9)	פתח (10)	פעל (17)	עבד (18)
אסר (18)	נצר (20)	נטע (20)	נסע (21)	אכל (21)
אחז (21)	ישׁב (22)	יצר (23)	יצק (23)	

24.2 Vokabular

24.2.1 Verba tertiae infirmae (I).

בנה	bauen
וַיִּבֶן שָׁם מִזְבֵּחַ	und er baute dort einen Altar
גלה	aufdecken / entblößen / fortgehen (müssen)
גּוֹלָה / גָּלוּת	Exulanten / Exil
זנה	huren / treulos sein
זוֹנָה	Dirne
כלה	fertig werden / aufhören / vergehen
כלה pi.	vollenden / austilgen
פדה	loskaufen / erlösen / befreien
מִבֵּית עֲבָדִים פְּדִיתִיךָ	aus dem Sklavenhaus habe ich dich erlöst
פנה	sich wenden
פְּנֵה אֵלַי	wende dich mir zu!
קנה	erwerben / kaufen
מִקְנֶה	Besitz / Viehbesitz
רצה	Gefallen haben an
לֹא רָצָם	er hat kein Gefallen an ihnen
בכה	weinen / beweinen
וַיֵּבְךְּ	und er weinte
שׁתה	trinken
וַיֹּאכַל וַיֵּשְׁתְּ	und er aß und trank

24.2.2 Feminina auf -ā mit veränderlichen Vokalen:

צְדָקָה	Gerechtigkeit / rechtes Verhalten
צִדְקוֹת יְהוָה	die Heilstaten Jahwes
תּוֹעֵבָה	Greuel / Abscheuliches
תּוֹעֲבַת יְהוָה	Greuel für Jahwe
× זְעָקָה / × צְעָקָה	Geschrei / Hilferuf
צַעֲקָתָם	Geschrei über sie
שְׁמָמָה	Öde / Verwüstung
שִׁמְמוֹת עוֹלָם	Wüstenei auf immer
חֵמָה	Erregung / Zorn
בְּאַפִּי וּבַחֲמָתִי	in meinem Zorn und Grimm

נְשָׁמָה ×	Wehen / Atem / Hauch
נִשְׁמַת חַיִּים	Lebensodem
בְּרֵכָה ×	Teich
מֵי הַבְּרֵכָה	das Wasser des Teiches

24.2.3 Feminina auf -ā mit unveränderlichen Vokalen:

גְּבוּרָה	Kraft / Macht
גְּבוּרוֹת יְהוָה	die Machttaten Jahwes
מִדָּה	Ausdehnung / Maß
אִישׁ מִדָּה	hochgewachsener Mann
מְדִינָה	Provinz
שָׂרֵי הַמְּדִינוֹת	die Provinzstatthalter
תְּהִלָּה	Ruhm / Lobpreis
לְסַפֵּר תְּהִלָּתוֹ	sein Lob zu verkünden

24.2.4 Weitere Vokabeln:

	קִיר	Mauer / Wand
	קִירוֹת הַבַּיִת	die Wände des Hauses
	בּוֹר	Grube / Zisterne
	יוֹרְדֵי בוֹר	die zur Grube fahren
	אֹרַח	Weg / Pfad
	אֹרַח חַיִּים	Weg des Lebens
(→ 24.2.1):	גּוֹלָה / גָּלוּת ×	Exulanten / Exil
	זוֹנָה ×	Dirne

24.3.1 Verba tertiae infirmae (I): Grundstamm

Nach den Verben mit schwachem 1. Radikal (Lekt. 20–23) gehen wir über zu den Verben mit schwachem 3. Radikal. Die Verben III' sind in 11.3.2 bereits behandelt worden. Die verbleibenden verba tertiae (radicalis) infirmae (→ 24.4.1) sind eigentlich Verben IIIj oder IIIw (→ 24.4.2). Ein konsonantischer 3. Radikal j erscheint nur im Part.pass.Qal (*bānūj* „gebaut"); auslautende lange Vokale werden mit He als mater lectionis geschrieben.

Lektion 24 behandelt die gewöhnlichen Verben dieser Klasse im Qal, Lektion 25 die Verben mit einem Laryngal als 1. oder 2. Radikal und die übrigen Stammformen, Lektion 26 schließlich einige Verben IIIinf. ohne Qal sowie solche mit besonderen Unregelmäßigkeiten.

24.

Hauptregeln:

Die Verben III inf. bilden ihre Formen bis zum 2. Radikal wie die starken Verben, weichen danach aber folgendermaßen ab:

— endungslose Formen haben statt des 3. Radikals

-ā	im Perf. (3.sing.m.):	בָּנָה;
-æ	im Impf.:	נִבְנֶה, אֶבְנֶה, תִּבְנֶה, יִבְנֶה;
-ē	im Imp.:	בְּנֵה;
-ō	im Inf.abs.:	בָּנֹה;
-ōt	im Inf.cs.:	לִבְנוֹת, בְּנוֹת; (→ 24.4.3)

— im Jussiv und Waw-Imperfekt; die in diesen „Kurzformen" entstandene Doppelkonsonanz wird meistens segoliert: וַתִּבֶן, וַיִּבֶן, יִבֶן; (→ 24.4.4)

— vokalische Endungen und Suffixe werden direkt an den 2. Radikal angehängt (ausgenommen Perf.3.sing.f.):

-ū	z.B. in	בְּנוּ, יִבְנוּ, בָּנוּ usw.;
-ī	in	בְּנִי, תִּבְנִי;
Suffixformen z.B.		פְּדֵנִי, יִפְדְּךָ, פָּדָם, פְּדָךְ;

— konsonantische Endungen folgen auf einen langen Vokal:

-ī-	im Perf.:	בְּנִיתֶם, בָּנִיתִי, בָּנִית, בָּנִיתָ usw.;
-æ-	im Impf./Imp.:	בְּנֶינָה, תִּבְנֶינָה.

Einzelheiten:

— In der 3.sing.f. des Perf. hat sich zuweilen das ursprüngliche *-t* erhalten (z.B. עָשָׂת, so stets vor Suffixen: עָשָׂתְנִי, רָאָתְךָ); gewöhnlich wird jedoch (nach Analogie von כָּתְבָה) noch *-ā* hinzugefügt: בָּנְתָה, in pausa בָּנָתָה. (→ 24.4.5)

— das Part.act. wird nach den Regeln der Nomina III j auf *-æ* gebildet (→ 20.3.2): בֹּנֶה, cs. בֹּנֵה, plur. בֹּנִים usw.

— das Part.pass. lautet: בָּנוּי, בְּנוּיָה, בְּנוּיִם, בְּנוּיֵי.

— das Suffix der 3.sing.m. *-āhū* wird nicht zu *-ō* verkürzt: עָשָׂהוּ;

— im Waw-Perfekt unterbleibt die in 9.3.3.1 angezeigte Endbetonung der 1. und 2.sing.m.: וּבָנִיתִי, וּבָנִיתָ.

— der Kohortativ ist fast immer durch den Indikativ ersetzt: נִבְנֶה „laßt uns bauen!";

— im Waw-Imperfekt bleibt die Doppelkonsonanz seltener bestehen (z.B. וַיִּשְׁבְּ von שבה „gefangen wegführen“), einigemale mit Dehnung des i zu ē (z.B. וַיֵּבְךְּ und וַיֵּשְׁתְּ von בכה „weinen“ und שתה „trinken“); seltener begegnen Hilfsvokal und Dehnung (z.B. וַתֵּפֶן neben וַיִּפֶן).

Paradigma (בנה „bauen“)

Qal	Perf.	Impf.	Waw-Impf.
Sing.3.m.	בָּנָה	יִבְנֶה	וַיִּבֶן
3.f.	בָּנְתָה	תִּבְנֶה	וַתִּבֶן
2.m.	בָּנִיתָ	תִּבְנֶה	וַתִּבֶן
2.f.	בָּנִית	תִּבְנִי	וַתִּבְנִי
1.	בָּנִיתִי	אֶבְנֶה	(וָאֵשְׁתְּ)
Plur.3.m.	בָּנוּ	יִבְנוּ	וַיִּבְנוּ
3.f.	בָּנוּ	תִּבְנֶינָה	וַתִּבְנֶינָה
2.m.	בְּנִיתֶם	תִּבְנוּ	וַתִּבְנוּ
2.f.	בְּנִיתֶן	תִּבְנֶינָה	(וַתִּבְנֶינָה)
1.	בָּנִינוּ	נִבְנֶה	(וַנִּבֶן)

Imp. sing.m. בְּנֵה, f. בְּנִי, plur.m. בְּנוּ, f. בְּנֶינָה
Inf.cs. בְּנוֹת, לִבְנוֹת Inf.abs. בָּנֹה
Part.act. בֹּנֶה Part.pass. בָּנוּי (→ 24.4.6)

24.3.2 Flexion der Nomina (XV): Feminina auf -ā mit veränderlichen Vokalen

Als letzte Gruppe der Feminina sind noch diejenigen auf *-ā* mit einem oder mit zwei veränderlichen Vokalen vor der Endung zu behandeln (→ 24.4.7). Sie besitzen in der letzten Stammsilbe ein Vorton-Qames oder Vorton-Sere (vgl. die Maskulina in 16.3.2 und 17.3.2) und, falls beide Stammvokale veränderlich sind (Typus *qatal-at* und *qatil-at*, vgl. 19.3.2), davor ein Schwa mobile. Die Vokalveränderungen sind durch das Weiterrücken des Tones bedingt und entsprechen den bereits bekannten Regeln.

Bisher gelernte Vokabeln dieser Klasse sind: mit einem veränderlichen Vokal: מִלְחָמָה „Kampf / Krieg“, מַמְלָכָה „Königsherrschaft / Königreich“, מֶרְכָּבָה „Streitwagen“, שָׁנָה „Jahr“, עֵדָה „Gemeinde“, מִשְׁפָּחָה „Geschlecht / Sippe“, שָׂפָה „Lippe“, אַלְמָנָה „Witwe“, פֵּאָה „Rand / Seite“, מַחֲשָׁבָה „Gedanke / Plan“, מַצֵּבָה **„Malstein“**, תִּפְאָרָה „Zierde“, עֵצָה „Rat / Plan“, מֵאָה „hundert“;
mit zwei veränderlichen Vokalen: בְּהֵמָה „Tier / Vieh“; בְּרָכָה „Segen“, רְבָבָה „zehntausend“, נְקֵבָה „weiblich“, אֲדָמָה „Erdboden / Ackerland“, עֲרָבָה „Steppe / Wüste“.

Hauptregeln:

— Die Vortonvokale erhalten sich nur im Sing.abs. und Plur.abs.: תּוֹעֵבוֹת / תּוֹעֵבָה, מֵאוֹת / מֵאָה, מִשְׁפָּחוֹת / מִשְׁפָּחָה, שָׁנִים / שָׁנָה;

— in allen anderen Flexionsformen werden sie reduziert: cs. שְׁנֵי / שְׁנַת, תּוֹעֲבוֹת / תּוֹעֲבַת, מְאוֹת / מְאַת, מִשְׁפְּחוֹת, suff. שְׁנָתוֹ usw.;

— geht ihnen ein Schwa mobile voran, so tritt statt dessen ein kurzes i ein (vor oder nach Laryngalen a): צַעֲקָתָם / צַעֲקַת, אַדְמָתִי / אַדְמַת; צִדְקֹתָיו, צִדְקָתִי, צִדְקוֹת, צִדְקַת.

Einzelheiten:

— בְּהֵמָה „Tier / Vieh“ hat im Sing.cs. בֶּהֱמַת, suff. בְּהֶמְתְּךָ, Plur.abs. בְּהֵמוֹת, cs. בַּהֲמוֹת.

— בְּרֵכָה „Teich“ hat cs. בְּרֵכַת.

— בְּרָכָה „Segen“ hat cs. בִּרְכַּת (mit Dagesch lene), aber בִּרְכָתִי, Plur. בְּרָכוֹת, cs. בִּרְכוֹת.

— שָׂפָה „Lippe / Sprache / Rand / Ufer“ bildet den Dual abs. שְׂפָתַיִם, cs. שִׂפְתֵי, suff. שְׂפָתָיו, שִׂפְתֵיהֶם neben שִׂפְתוֹתָיו usw.

24.3.3 Besondere Verwendungen der „Tempora“

Mit den bisherigen Angaben über die Verwendung des Perfekts und Imperfekts (→ 5.4.2; → 8.3.5.2) und der beiden Folge-Tempora (→ 8.3.5.3; → 9.3.3.2) konnte in fast allen Fällen ohne Schwierigkeiten übersetzt werden. Auch hier soll keine ausführliche Theorie über die hebräischen „Tempora“ und ihre Verwendung im Lauf der Sprachgeschichte geboten werden oder einem der von den älteren und neueren Grammatikern angebotenen Systeme der alleinige Vorzug gegeben werden (Entgegensetzung von Perfekt und Imperfekt als abgeschlossene/unabgeschlossene Handlung, konstatierender/kursiver Aspekt, unabhängige/relative Handlungsdarstellung usw.). Es soll vielmehr auf einige mehr oder weniger häufige, für die Übersetzung zu beachtende besondere Verwendungen des Perfekts und Imperfekts hingewiesen werden.

24.3.3.1 Perfekt für irreale Handlungen steht nicht nur in irrealen Bedingungssätzen (→ 16.3.4 mit לוּ, negiert לוּלֵי), sondern auch in Wunschsätzen, Fragesätzen, Sätzen mit כִּמְעַט „fast“, usw.:

Jes 48,18: לוּא הִקְשַׁבְתָּ לְמִצְוֹתָי „ach, hättest du doch auf meine Gebote geachtet!“; Gen 18,12: אַחֲרֵי בְלֹתִי הָיְתָה־לִּי עֶדְנָה „nun ich welk bin, sollte mich noch Liebeslust ankommen?“; Spr 5,14: כִּמְעַט הָיִיתִי בְכָל־רָע „fast wäre ich ganz ins Unglück geraten“.

24.3.3.2 Perfekt für gegenwärtige Vorgänge ist häufig bei den sog. Eigenschaftsverben und bei Verben des Wissens und der Gemütsbewegung:

Gen 32,11: קָטֹנְתִּי מִכֹּל הַחֲסָדִים „ich bin zu gering aller Gnadenerweise ...“; Num 11,5: זָכַרְנוּ אֶת־הַדָּגָה אֲשֶׁר־נֹאכַל בְּמִצְרַיִם חִנָּם „wir gedenken der Fische, die wir in Ägypten umsonst aßen“; Gen 48,19: יָדַעְתִּי בְנִי יָדַעְתִּי „ich weiß, mein Sohn, ich weiß“; Ri 14,16: רַק־שְׂנֵאתַנִי וְלֹא אֲהַבְתָּנִי „du hassest mich nur und liebst mich nicht“.

24.3.3.3 Perfekt für die im Sprechakt vollzogene Handlung (Perfekt des Vollzugs, Perfectum declarativum, Koinzidenzfall), bei Verben des Sagens in der 1. Sing., kann im Dt. mit „hiermit“ + Präsens übersetzt werden:

Gen 1,29: וַיֹּאמֶר אֱלֹהִים הִנֵּה נָתַתִּי לָכֶם אֶת־כָּל־עֵשֶׂב . . . לְאָכְלָה׃ „und Gott sprach: Siehe, ich gebe euch hiermit alles Kraut ...“; Ps 129,8: בֵּרַכְנוּ אֶתְכֶם בְּשֵׁם יְהוָה׃ „wir segnen euch (hiermit) im Namen Jahwes“.

24.3.3.4 Perfekt für zeitlose Erfahrungssätze ist seltener als das Imperfekt, vgl.

Ps 84,4: גַּם־צִפּוֹר מָצְאָה בַיִת וּדְרוֹר קֵן לָהּ „auch der Vogel findet eine Behausung und die Schwalbe hat ein Nest“, neben Spr 15,20: בֵּן חָכָם יְשַׂמַּח אָב „ein weiser Sohn macht dem Vater Freude“.

24.3.3.5 Perfekt für lebhaft vergegenwärtigte zukünftige Vorgänge (Perfectum propheticum o.ä.) scheint eine Möglichkeit der (poetischen) Stilistik zu sein:

Jes 5,13: לָכֵן גָּלָה עַמִּי „darum wandert mein Volk in die Verbannung“; Ps 31,6: בְּיָדְךָ אַפְקִיד רוּחִי פָּדִיתָה אוֹתִי יְהוָה „in deine Hand befehle ich meinen Geist, du wirst mich erlösen, Jahwe“. (→ 24.4.8)

24.3.3.6 Imperfekt für einmalige vergangene Handlungen begegnet (neben dem in späterer Zeit aufkommenden Perfekt) nach אָז „damals“:

1Kön 11,7: אָז יִבְנֶה שְׁלֹמֹה בָּמָה „damals baute Salomo eine Kulthöhe“, neben 1Kön 9,24: אָז בָּנָה אֶת־הַמִּלּוֹא׃ „damals baute er das Millo“.

24.3.3.7 Imperfekt für noch nicht ausgeführte Handlungen in der Vergangenheit ist üblich nach טֶרֶם „noch nicht“:

Gen 19,4: טֶרֶם יִשְׁכָּבוּ „sie hatten sich noch nicht schlafen gelegt“.

(→ 24.4.9)

24.3.4 Wortschatz nach Sachgruppen (IX): materielle Kultur

9.1. בַּיִת הֵיכָל מִשְׁכָּן אֹהֶל חָצֵר (מִגְדָּל קֶבֶר)
9.2. עִיר קִרְיָה חָרְבָּה חוֹמָה שַׁעַר חוּץ דֶּרֶךְ אֹרַח
9.3. כְּלִי שֻׁלְחָן כִּסֵּא דֶּלֶת פֶּתַח מָבוֹא עַמּוּד קִיר בּוֹר
9.4. מַעֲשֶׂה עֲבֹדָה מְלָאכָה מִקְנֶה מִשְׁמֶרֶת עָמָל
9.5. אֹכֶל אָכְלָה לֶחֶם מִשְׁתֶּה (מַשְׁקֶה) בֶּגֶד קָצִיר אוֹצָר מוֹקֵשׁ
9.6. עשׂה פעל עבד מכר קנה
9.7. אכל שׁתה (שׁקה) ישׁב שׁכן לבשׁ (לין גור)
9.8. בנה זרע נטע יצר נצר רעה
9.9. אחז תפשׂ אסר נסע פתח (סגר) גלה שׁפך יצק

24.4 Anmerkungen

24.4.1 Die Verba tertiae infirmae (III inf.) werden herkömmlicherweise auch als Verba ל״ה (Verba Lamed — He) bezeichnet (פ = 1. Radikal, ע = 2. Radikal, ל = 3. Radikal), da der auslautende lange Vokal mit He als mater lectionis geschrieben wird. Die (seltenen) Verben mit konsonantischem ה als drittem Radikal sind bei den Verba tertiae laryngalis behandelt (גבה „hoch sein"); sie tragen im auslautenden He ein Mappiq (הּ).

24.4.2 Nach anderer Erklärung: Verben mit langem Vokal anstelle des 3. Radikals.

24.4.3 Femininform des Infinitivs auf -t.

24.4.4 Statt „Kurzform" ist auch der Ausdruck „apokopierte Form" gebräuchlich.

24.4.5 Die Femininendung ist somit eigentlich doppelt bezeichnet, einmal durch -t, dann durch die Endung -ā, die an das als 3. Radikal aufgefaßte t angehängt wurde.

24.4.6 Nicht alle im Paradigma angegebenen Formen sind tatsächlich belegt.

24.4.7 Die Feminina auf -ā mit unveränderlichen Vokalen (→ 14.3.4) müssen nicht mehr gesondert behandelt werden. Von den bisher gelernten Vokabeln gehören dazu: חָכְמָה „Weisheit", מִצְוָה „Gebot", תְּפִלָּה „Gebet", תּוֹרָה „Weisung / Gesetz", חוֹמָה „Stadtmauer", עֹלָה „Brandopfer", תּוֹדָה „Danklied / Dankopfer", עֲבֹדָה „Arbeit / Dienst", שִׁירָה „Lied", בְּתוּלָה „Jungfrau", אַמָּה „Elle", חַיָּה „Tier".

24.4.8 Eine Art umgekehrte Tempus-Metapher mit lebhafter Vergegenwärtigung vergangener Ereignisse im Imperfekt, vergleichbar etwa unserem Praesens historicum, wird in 1 Kön 21,6 vermutet: כִּי־אֲדַבֵּר ... וָאֹמַר „ich redete ... und sagte", doch könnte das Impf. auch für die wiederholte Handlung gebraucht sein.

24.4.9 Namentlich in der Dichtung können nicht alle Tempusverwendungen eindeutig erklärt werden. Auch sprachgeschichtliche Entwicklungen sind mitzuberücksichtigen: Verwandte semitische Sprachen zeigen, daß das Impf.

ursprünglich auch für punktuelle vergangene Handlungen gebraucht wurde, nicht nur wie im klassischen Hebr. nach וַ· und אָז. Andererseits tritt das Waw-Imperfekt gegen Ende der alttestamentlichen Zeit hinter וְ + Perf. zurück.

24.5 Übungen und Lesestück

24.5.1: בָּנִיתָ בָּנְתָה לִשְׁתּוֹת רָאוּהָ גְּלֵה עֲשִׂיתִיו יִשְׁתּוּ בְּכוּ עֲשֵׂךְ רָאֲתָה עֲשִׂיתֶן יִרְאוּ רְאוּ וַיִּפֶן
וָאֵשְׁתְּ כָּלוּ פְּדֵנִי לקנות ותרץ ארצם זונות ותבכינה בכה ותבך פדיתים

24.5.2: und ich werde bauen, und ich werde trinken, und er trank, und er wandte sich, wendet euch!, erwerbet!, als er erwarb, als er aufdeckte, sie werden aufdecken, sie werden weinen.

24.5.3: צִדְקָתְךָ נִשְׁמָתוֹ חֲמַת שְׁנַת תּוֹעֵבוֹת אדמתך שפתי מאת

24.5.4:

1. מִיַּד שְׁאוֹל אֶפְדֵּם מִמָּוֶת אֶגְאָלֵם 2. וַיֹּאמֶר אֲרַוְנָה[a] אֶל־הַמֶּלֶךְ יְהוָה
אֱלֹהֶיךָ יִרְצֶךָ׃ 3. וַיֹּאמֶר אֲרַוְנָה מַדּוּעַ בָּא אֲדֹנִי־הַמֶּלֶךְ אֶל־עַבְדּוֹ וַיֹּאמֶר
דָּוִד לִקְנוֹת מֵעִמְּךָ אֶת־הַגֹּרֶן[b] לִבְנוֹת מִזְבֵּחַ לַיהוָה 4. לֹא־אֶפְקוֹד עַל־
בְּנוֹתֵיכֶם כִּי תִזְנֶינָה 5. אֶבֶן מָאֲסוּ הַבּוֹנִים הָיְתָה לְרֹאשׁ פִּנָּה׃[c] 6. אַל־
תַּשְׁלִיכֵנִי לְעֵת זִקְנָה כִּכְלוֹת כֹּחִי אַל־תַּעַזְבֵנִי׃ 7. כִּי־אַתָּה יְהוָה צְבָאוֹת
אֱלֹהֵי יִשְׂרָאֵל גָּלִיתָה אֶת־אֹזֶן עַבְדְּךָ לֵאמֹר בַּיִת אֶבְנֶה־לָּךְ 8. יְהוָה
אֱלֹהֵינוּ דִּבֶּר אֵלֵינוּ בְּחֹרֵב[e] לֵאמֹר רַב־לָכֶם שֶׁבֶת בָּהָר הַזֶּה׃ פְּנוּ וּסְעוּ
לָכֶם וּבֹאוּ הַר הָאֱמֹרִי[f] ··· 9. וַיִּפֶן אַחֲרָיו וַיִּרְאֵנִי וַיִּקְרָא אֵלָי וָאֹמַר
הִנֵּנִי׃ 10. שָׂנֵאתִי מָאַסְתִּי חַגֵּיכֶם ··· וּמִנְחֹתֵיכֶם לֹא אֶרְצֶה 11. עַל
נַהֲרוֹת בָּבֶל שָׁם יָשַׁבְנוּ גַּם־בָּכִינוּ בְּזָכְרֵנוּ אֶת־צִיּוֹן׃ 12. יַעַן כִּי ··· וַתֹּאכַל
לֶחֶם וַתֵּשְׁתְּ מַיִם בַּמָּקוֹם אֲשֶׁר דִּבֶּר אֵלֶיךָ אַל־תֹּאכַל לֶחֶם וְאַל־תֵּשְׁתְּ
מָיִם לֹא־תָבוֹא נִבְלָתְךָ[g] אֶל־קֶבֶר[h] אֲבֹתֶיךָ׃ 13. וְחֶסֶד יְהוָה מֵעוֹלָם
וְעַד־עוֹלָם עַל־יְרֵאָיו וְצִדְקָתוֹ לִבְנֵי בָנִים׃ 14. תּוֹעֲבַת יְהוָה שִׂפְתֵי־שָׁקֶר
וְעֹשֵׂי אֱמוּנָה[i] רְצוֹנוֹ׃ 15. אֵרְדָה־נָּא וְאֶרְאֶה הַכְּצַעֲקָתָהּ הַבָּאָה אֵלַי עָשׂוּ
16. וְהָיְתָה אַרְצְכֶם שְׁמָמָה וְעָרֵיכֶם יִהְיוּ חָרְבָּה׃ 17. שְׁפֹךְ חֲמָתְךָ עַל־
הַגּוֹיִם אֲשֶׁר לֹא־יְדָעוּךָ 18. מִנִּשְׁמַת אֱלוֹהַּ יֹאבֵדוּ וּמֵרוּחַ אַפּוֹ יִכְלוּ׃
19. וַיֹּאמֶר אֲבִימֶלֶךְ מַה־זֹּאת עָשִׂיתָ לָּנוּ כִּמְעַט שָׁכַב אַחַד הָעָם אֶת־אִשְׁתֶּךָ
20. וַיֹּאמֶר יְהוָה אֶל־מֹשֶׁה עַד־אָנָה[j] מֵאַנְתֶּם לִשְׁמֹר מִצְוֹתַי וְתוֹרֹתָי׃
21. וַיֹּאמֶר לוֹ הַמֶּלֶךְ לָמָּה תְּדַבֵּר עוֹד דְּבָרֶיךָ אָמַרְתִּי אַתָּה וְצִיבָא[k]

24.

תַּחְלְקוּ[l] אֶת־הַשָּׂדֶה׃ 22. לֹא־אֲדֹנִי שְׁמָעֵנִי הַשָּׂדֶה נָתַתִּי לָךְ וְהַמְּעָרָה[m]
אֲשֶׁר־בּוֹ לְךָ נְתַתִּיהָ לְעֵינֵי בְנֵי־עַמִּי נְתַתִּיהָ לָּךְ 23. בַּיּוֹם הַהוּא כָּרַת
יְהוָה אֶת־אַבְרָם בְּרִית לֵאמֹר לְזַרְעֲךָ נָתַתִּי אֶת־הָאָרֶץ הַזֹּאת 24. וְיִבְטְחוּ
בְךָ יוֹדְעֵי שְׁמֶךָ כִּי לֹא־עָזַבְתָּ דֹרְשֶׁיךָ יְהוָה׃ 25. וַיֹּאמְרוּ בְּנֵי יִשְׂרָאֵל
אֶל־מֹשֶׁה לֵאמֹר הֵן גָּוַעְנוּ[n] אָבַדְנוּ כֻּלָּנוּ אָבָדְנוּ׃ 26. וַיִּתְנַבֵּא[o] אֱלִיעֶזֶר
עַל־יְהוֹשָׁפָט לֵאמֹר כְּהִתְחַבֶּרְךָ[p] עִם־אֲחַזְיָהוּ פָּרַץ[q] יְהוָה אֶת־מַעֲשֶׂיךָ · · ·
27. אָז יִבְנֶה יְהוֹשֻׁעַ מִזְבֵּחַ לַיהוָה אֱלֹהֵי יִשְׂרָאֵל בְּהַר עֵיבָל׃ 28. · · · וְכֹל
שִׂיחַ[r] הַשָּׂדֶה טֶרֶם יִהְיֶה בָאָרֶץ וְכָל־עֵשֶׂב הַשָּׂדֶה טֶרֶם יִצְמָח[s] · · · 29. אֶקְרָא
אֶל־יְהוָה וְיִתֵּן קֹלוֹת[t] וּמָטָר וּדְעוּ וּרְאוּ כִּי־רָעַתְכֶם רַבָּה אֲשֶׁר עֲשִׂיתֶם
בְּעֵינֵי יְהוָה לִשְׁאוֹל לָכֶם מֶלֶךְ׃ 30. לְשֵׁמַע[u]־אֹזֶן שְׁמַעְתִּיךָ וְעַתָּה עֵינִי
רָאָתְךָ׃

24.5.5:

1. Ihr (selbst) habt gesehen, was ich Ägypten getan habe.
2. Jetzt aber will ich das Angesicht des Königs sehen.
3. Sie haben Augen und sehen nicht.
4. Du sollst sie (f. sg.) nicht mehr weiterhin sehen.
5. Aus dem Sklavenhause habe ich dich losgekauft.
6. Kaufe dir mein Feld!
7. Und Joseph kaufte alles Ackerland Ägyptens für den Pharao.
8. Jahwe hat kein Gefallen an ihnen (Perf. +Suffix).
9. Hanna, warum weinst du und warum issest du nicht?
10. Und er weinte über ihm und küßte ihn.

---

[a] Arauna
[b] גֹּרֶן = Tenne
[c] פִּנָּה = Ecke / Eckstein
[d] זִקְנָה = das Altern
[e] Horeb
[f] Amoriter
[g] נְבֵלָה = Leichnam
[h] קֶבֶר = Grab
[i] אֱמוּנָה = Treue
[j] עַד־אָנָה = wie lange?
[k] Ziba
[l] חלק = teilen
[m] מְעָרָה = Höhle
[n] גוע = umkommen
[o] נבא hitp. = prophezeien
[p] חבר hitp. = sich verbünden
[q] פרץ = einreißen
[r] שִׂיחַ = Gesträuch
[s] צמח = sprossen
[t] Donner
[u] שֵׁמַע = Kunde / Hörensagen

24.5.6 Lesestück: Die Nathan-Weissagung (2Sam 7,1–17)

1 וַיְהִי כִּי־יָשַׁב הַמֶּלֶךְ בְּבֵיתוֹ וַיהוָה [a]הֵנִיחַ־לוֹ[a] מִסָּבִיב מִכָּל־
אֹיְבָיו׃ 2 וַיֹּאמֶר הַמֶּלֶךְ אֶל־נָתָן הַנָּבִיא רְאֵה נָא אָנֹכִי °יוֹשֵׁב בְּבֵית
אֲרָזִים וַאֲרוֹן הָאֱלֹהִים יֹשֵׁב בְּתוֹךְ הַיְרִיעָה׃ 3 וַיֹּאמֶר נָתָן אֶל־הַמֶּלֶךְ
כֹּל אֲשֶׁר בִּלְבָבְךָ לֵךְ[a] עֲשֵׂה[b] כִּי יְהוָה עִמָּךְ׃ ס 4 וַיְהִי בַּלַּיְלָה
הַהוּא[a] וַיְהִי דְּבַר־יְהוָה אֶל־נָתָן[b] לֵאמֹר׃ 5 לֵךְ °וְאָמַרְתָּ אֶל־עַבְדִּי
אֶל[a]־דָּוִד[b] כֹּה אָמַר יְהוָה הַאַתָּה[c] תִּבְנֶה־לִּי בַיִת[d] לְשִׁבְתִּי׃ 6 כִּי לֹא
יָשַׁבְתִּי בְּבַיִת לְמִיּוֹם הַעֲלֹתִי אֶת־בְּנֵי יִשְׂרָאֵל מִמִּצְרַיִם[a] °וְעַד °הַיּוֹם°
הַזֶּה וָאֶהְיֶה מִתְהַלֵּךְ בְּאֹהֶל וּבְמִשְׁכָּן׃ 7 בְּכֹל[a] אֲשֶׁר־הִתְהַלַּכְתִּי
בְּכָל־בְּנֵי[b] יִשְׂרָאֵל הֲדָבָר[c] דִּבַּרְתִּי אֶת־אַחַד שִׁבְטֵי יִשְׂרָאֵל אֲשֶׁר
צִוִּיתִי לִרְעוֹת אֶת־°עַמִּי °אֶת[d]־°יִשְׂרָאֵל לֵאמֹר לָמָּה לֹא־בְנִיתֶם לִי בֵּית
אֲרָזִים׃ 8 וְעַתָּה כֹּה־תֹאמַר לְעַבְדִּי לְדָוִד[a] כֹּה °אָמַר °יְהוָה צְבָאוֹת
אֲנִי לְקַחְתִּיךָ מִן־הַנָּוֶה מֵאַחַר[b] °הַצֹּאן לִהְיוֹת נָגִיד[c] °עַל[d]־°עַמִּי[d] °עַל[e]־
יִשְׂרָאֵל׃ 9 וָאֶהְיֶה עִמְּךָ בְּכֹל אֲשֶׁר הָלַכְתָּ וָאַכְרִתָה אֶת־כָּל־אֹיְבֶיךָ
מִפָּנֶיךָ וְעָשִׂתִי לְךָ שֵׁם גָּדוֹל[a] כְּשֵׁם הַגְּדֹלִים אֲשֶׁר בָּאָרֶץ׃ 10 וְשַׂמְתִּי
מָקוֹם לְעַמִּי °לְיִשְׂרָאֵל[a] וּנְטַעְתִּיו וְשָׁכַן תַּחְתָּיו וְלֹא יִרְגַּז עוֹד וְלֹא־
יֹסִיפוּ בְנֵי־עַוְלָה לְעַנּוֹתוֹ כַּאֲשֶׁר בָּרִאשׁוֹנָה׃ 11 וּלְמִן[a]־°הַיּוֹם[b] אֲשֶׁר
צִוִּיתִי שֹׁפְטִים עַל־עַמִּי[c] יִשְׂרָאֵל וַהֲנִיחֹתִי לְךָ מִכָּל־אֹיְבֶיךָ וְהִגִּיד°
לְךָ יְהוָה כִּי־בַיִת יַעֲשֶׂה־לְּךָ יְהוָה׃ 12 כִּי ׀ יִמְלְאוּ יָמֶיךָ וְשָׁכַבְתָּ°
אֶת[a]־°אֲבֹתֶיךָ וַהֲקִימֹתִי אֶת־זַרְעֲךָ אַחֲרֶיךָ אֲשֶׁר יֵצֵא מִמֵּעֶיךָ וַהֲכִינֹתִי
אֶת־°מַמְלַכְתּוֹ׃ 13 הוּא[a] יִבְנֶה־בַּיִת לִשְׁמִי וְכֹנַנְתִּי אֶת־כִּסֵּא °מַמְלַכְתּוֹ
עַד־עוֹלָם׃ 14 אֲנִי אֶהְיֶה־לּוֹ לְאָב וְהוּא יִהְיֶה־לִּי לְבֵן [a]אֲשֶׁר בְּהַעֲוֺתוֹ[a]
וְהֹכַחְתִּיו בְּשֵׁבֶט אֲנָשִׁים וּבְנִגְעֵי בְּנֵי °אָדָם׃ 15 וְחַסְדִּי לֹא־יָסוּר[a] מִמֶּנּוּ
כַּאֲשֶׁר הֲסִרֹתִי[b] מֵעִם שָׁאוּל אֲשֶׁר הֲסִרֹתִי מִלְּפָנֶיךָ[bc]׃ 16 וְנֶאְמַן בֵּיתְךָ
וּמַמְלַכְתְּךָ עַד־עוֹלָם לְפָנֶיךָ[a] כִּסְאֲךָ[b] יִהְיֶה נָכוֹן עַד־עוֹלָם׃ 17 כְּכֹל
הַדְּבָרִים הָאֵלֶּה וּכְכֹל הַחִזָּיוֹן הַזֶּה כֵּן דִּבֶּר נָתָן אֶל־דָּוִד׃

25.

Erläuterungen:

V. 1: הֵנִיחַ „er hat Ruhe verliehen".
V. 2: יְרִיעָה „Zeltdecke".
V. 6: הַעֲלֹתִי „mein Hinaufführen".
V. 7: צוה pi. „befehlen"; רעה „weiden".
V. 8: נָגִיד „Anführer".
V. 10: וְשַׂמְתִּי „und ich werde setzen / bestimmen"; תַּחְתָּיו „an seiner Stelle"; רגז „unruhig sein"; לְעַנּוֹתוֹ „es zu bedrücken".
V. 11: וַהֲנִיחֹתִי „ich werde Ruhe verschaffen".
V. 12: וַהֲקִימֹתִי „ich werde aufrichten"; מֵעִים „Eingeweide / Inneres"; וַהֲכִינֹתִי „ich werde befestigen".
V. 13: וְכֹנַנְתִּי „ich werde befestigen".
V. 14: בְּהַעֲוֹתוֹ „bei seinem Sündigen"; יכח hi. „züchtigen"; נֶגַע „Schlag".
V. 15: יָסוּר „er wird weichen"; הֲסִרֹתִי „ich habe weichen lassen".
V. 16: נָכוֹן „fest".
V. 17: חִזָּיוֹן „Schauung".

LEKTION 25

25.1 Vokabel-Repetition (Reden — Denken)

קוֹל (6)	דָּבָר (6)	חָכְמָה (6)	סֵפֶר (7)	חָכָם (7)
שֵׁם (8)	כְּסִיל (11)	כָּזָב (13)	שֶׁקֶר (13)	עֵד (13)
מַלְאָךְ (16)	גּוֹרָל (16)	מוּסָר (16)	אוֹת (16)	מוֹפֵת (16)
אֱמֶת (16)	שָׁוְא (16)	סוֹפֵר (17)	שִׁיר (17)	לָשׁוֹן (18)
זִכָּרוֹן (18)	אֵמֶר (21)	אִמְרָה (21)	מַחֲשָׁבָה (22)	דַּעַת (22)
אַשְׁרֵי (22)	עֵצָה (23)	זְעָקָה (24)	צְעָקָה (24)	תְּהִלָּה (24)

אמר (5)	דבר (5)	שמע (6)	זכר (7)	כתב (7)
שכח (10)	שבע (11)	קרא (11)	קשב (12)	שׂכל (12)
ספר (13)	למד (13)	כזב (13)	שאל (17)	זעק (17)
צעק (17)	בחן (17)	חשב (18)	אמן (19)	אזן (19)
חרשׁ (19)	נגד (20)	נכר (20)	ידע (22)	ירה (22)
יעץ (23)	ילל (23)	בכה (24)		

25.2 Vokabular

25.2.1 Verba tertiae infirmae (II) mit Laryngalen:

הרה ×	empfangen / schwanger werden
וַתַּהַר וַתֵּלֶד בֵּן	und sie wurde schwanger und gebar einen Sohn
חזה	schauen
(Part.) חֹזֶה	Seher
חָזוֹן	Vision
חלה	krank werden / krank sein
חֳלִי	Krankheit
חנה	sich lagern
מַחֲנֶה	Lager / Heer
חרה	entbrennen / zornig werden
וַיִּחַר אַפּוֹ	da entbrannte sein Zorn
עלה	hinaufgehen / hinaufsteigen
עלה hi.	hinaufführen
ענה	antworten / erhören
וַיַּעַן וַיֹּאמֶר	und er hob an und sprach
עשׂה	tun / machen
עשׂה ni.	getan werden / gemacht werden
ראה	sehen
ראה ni.	sich sehen lassen / erscheinen
ראה hi.	sehen lassen / zeigen
רעה	weiden / hüten
(Part.) רֹעֶה	Hirte

25.2.2 Weitere Vokabeln:

מִלָּה ×	Wort
מִלִּים	Worte
חֵן	Gunst / Gnade
חִנָּם ×	unentgeltlich / vergebens / ohne Ursache
אָמְנָם ×	gewiß / fürwahr
אָמֵן	gewiß
רֵיקָם ×	leer / mit leeren Händen / ohne Ursache
רֵיק / רֵק	leer

	צֶלֶם ×	Bild
	בְּצַלְמֵנוּ כִּדְמוּתֵנוּ	nach unserem Bilde, uns ähnlich
	בִּינָה ×	Einsicht
	חָכְמָה וּבִינָה	Weisheit und Einsicht
	חָרוֹן ×	Glut
	חֲרוֹן אַפּוֹ	die Glut seines Zorns
	אֶבְיוֹן	arm
	עָנִי וְאֶבְיוֹן	elend und arm
	עָנִי	elend / demütig
	עָנָו ×	demütig
	מָחֳרָת ×	folgender Tag
	מָחָר	morgen
	אַךְ	nur / jedoch / ja / fürwahr
	אַךְ נֹחַ	nur Noah
	שֶׁ·	daß / Relativpartikel (→ 22.3.3)
	שֶׁלִּי	mein
(→ 25.2.1):	חָזוֹן	Vision

25.3.1 Verba tertiae infirmae (II): übrige Stammformen und Verben mit Laryngalen

גלה „aufdecken / entblößen" und „fortgehen (müssen)" ist, wenn nicht ursprünglich zwei verschiedene Verben vorliegen, eines der wenigen Verben, die in allen sieben regulären Stammformen belegt sind (→ 25.4.1): ni. „sich entblößen / offenbar werden / in die Verbannung gebracht werden", pi. „entblößen / offenbaren", pu. „entblößt werden", hitp. „sich entblößen / sich kundtun", hi. „in die Verbannung führen", ho. „in die Verbannung geführt werden".

Andere bisher gelernte Verba III inf. mit häufiger verwendeten abgeleiteten Stammformen sind:

בנה ni. „erbaut werden", **עשה** ni. „gemacht / getan werden", **ראה** ni. „sich sehen lassen / erscheinen";

כלה pi. „vollenden / vertilgen" (dazu in 26.2.1: **נסה** pi. „prüfen / versuchen", **ענה** II pi. „bedrücken / vergewaltigen", **צוה** pi. „befehlen", **קוה** pi. „hoffen / harren");

עלה hi. „hinaufführen", **ראה** hi. „sehen lassen / zeigen" (dazu in 26.2.1: **נכה** hi. „schlagen", **רבה** hi. „zahlreich machen / vermehren"; neben **שתה** q. „trinken" steht **שקה** hi. „trinken lassen / tränken").

Aus 22.2.1 sind die doppelt schwachen Verben ידה hi. „preisen / bekennen“ und ירה hi. „lehren / unterweisen“ jetzt voll konjugierbar, ebenso aus 21.3.2 die doppelt schwachen Verben אבה „wollen / willig sein“ (nur q.) und אפה q. „backen“ (ni. „gebacken werden“).

Hauptregeln:

— Die *abgeleiteten Stammformen* weisen (nach dem zweiten Radikal) die gleichen Formen wie der Grundstamm auf, mit folgenden geringfügigen Abweichungen:

— der **Inf.abs.** des Pi., Hi. und Ho. hat auslautendes *-ē* (nicht *-ō* wie Qal und Ni.): גַּלֵּה, הַגְלֵה, הָגְלֵה;

— konsonantische Endungen folgen im Perf. Pu. und Ho. und seltener, besonders in der 1.sing., im Perf. Ni., Pi., Hi. und Hitp. auf ē (sonst auf ī wie im Qal):
צִוֵּיתִי, הִגְלֵיתִי, aber נִגְלִינוּ, הִגְלִיתָ; (→ 25.4.2)

— auch im Jussiv und Waw-Imperfekt (zuweilen auch im Imperativ) der abgeleiteten Stammformen begegnen Kurzformen ohne den auslautenden Vokal:
Ni.Jussiv תִּגָּל (neben Impf. תִּגָּלֶה), Pi.Imp. גַּל (statt גַּלֵּה), Waw-Impf. וַיְגַל neben Impf. יְגַלֶּה, Hitp.Waw-Impf. וַיִּתְגַּל (statt וַיִּתְגַּלֶּה), usw.;

— im Hi. wird die dadurch entstehende Doppelkonsonanz

— seltener belassen: וַיַּשְׁקְ, וַיַּרְא, (→ 25.4.3)

— meistens segoliert (mit Umlaut des Präformativ-Vokals): וַיֶּגֶל (< *wajjagl), Imp. הֶרֶב „vermehre!“ (neben הַרְבֵּה), הֶרֶף „laß ab!“ (רפה q. „schlaff werden“, hi. „ablassen“), usw.;

— die *Verben mit einem Laryngal* als 1. oder 2. Radikal werden entsprechend den Regeln der Laryngalverben gebildet (→ 16.3.1; 17.3.1; 18.3.1; 19.3.1); insbesondere ist zu beachten:

— die Verben I lar. haben im Impf.Qal als Präformativ-Vokal teils a, teils æ, meistens mit weicher Verbindung: יַעֲלֶה, יַעֲשֶׂה, יַחֲנֶה, aber יֶחֱזֶה, יֶחֱרֶה;

— in den Kurzformen des Jussiv und Waw-Impf. Qal und Hi. ist der Hilfsvokal a: יַעַל, וַיַּעַל, וָאַעַל, hi. וַיַּעַל. (→ 25.4.4)

Einzelheiten:

— חרה „entbrennen“ und חנה „sich lagern“ haben die Kurzformen וַיִּחַר und וַיִּחַן.

— ראה „sehen“ hat die Kurzformen וַיַּרְא, aber יֵרֶא, וַתֵּרֶא, וָאֵרֶא usw., ni. וַיֵּרָא „und er erschien“ (neben יֵרָאֶה „er wird erscheinen“), hi. וַיַּרְא „und er zeigte“ (= Qal!).

Paradigmen

	גלה Ni.	Pi.	Hitp.	Hi.	עלה Qal	Hi.
Perf.sg.3.m.	נִגְלָה	גִּלָּה	הִתְגַּלָּה	הָגְלָה	עָלָה	הֶעֱלָה
3.f.	נִגְלְתָה	גִּלְּתָה	הִתְגַּלְּתָה	הָגְלְתָה	עָלְתָה	הַעַלְתָה
2.m.	נִגְלֵיתָ	גִּלִּיתָ	הִתְגַּלִּיתָ	הָגְלִיתָ	עָלִיתָ	הֶעֱלִיתָ
pl.3.	נִגְלוּ	גִּלּוּ	הִתְגַּלּוּ	הָגְלוּ	עָלוּ	הֶעֱלוּ
1.	נִגְלִינוּ	גִּלִּינוּ	הִתְגַּלִּינוּ	הָגְלִינוּ	עָלִינוּ	הֶעֱלִינוּ
Impf.sg.3.m.	יִגָּלֶה	יְגַלֶּה	יִתְגַּלֶּה	יַגְלֶה	יַעֲלֶה	יַעֲלֶה
2.m.	תִּגָּלֶה	תְּגַלֶּה	תִּתְגַּלֶּה	תַּגְלֶה	תַּעֲלֶה	תַּעֲלֶה
1.	אִגָּלֶה	אֲגַלֶּה	אֶתְגַּלֶּה	אַגְלֶה	אֶעֱלֶה	אַעֲלֶה
pl.3.m.	יִגָּלוּ	יְגַלּוּ	יִתְגַּלּוּ	יַגְלוּ	יַעֲלוּ	יַעֲלוּ
3.f.	תִּגָּלֶינָה	תְּגַלֶּינָה	תִּתְגַּלֶּינָה	תַּגְלֶינָה	תַּעֲלֶינָה	תַּעֲלֶינָה
Waw-Impf.						
sg.3.m.	וַיִּגָּל	וַיְגַל	וַיִּתְגַּל	וַיֶּגֶל	וַיַּעַל	וַיַּעַל
2.m.	וַתִּגָּל	וַתְּגַל	וַתִּתְגַּל	וַתֶּגֶל	וַתַּעַל	וַתַּעַל
1.	(וָאֵרָא)	וָאֲגַל	וָאֶתְגַּלֶּה	וָאֶגֶל	וָאַעַל	וָאַעַל
Imp.sing.m.	הִגָּלֵה	גַּלֵּה	הִתְגַּלֵּה	הַגְלֵה	עֲלֵה	הַעֲלֵה
plur.m.	הִגָּלוּ	גַּלּוּ	הִתְגַּלּוּ	הַגְלוּ	עֲלוּ	הַעֲלוּ
Inf.cs.	הִגָּלוֹת	גַּלּוֹת	הִתְגַּלּוֹת	הַגְלוֹת	עֲלוֹת	הַעֲלוֹת
Inf.abs.	נִגְלֹה	גַּלֵּה	הִתְגַּלֵּה	הַגְלֵה	עָלֹה	הַעֲלֵה
Part.	נִגְלֶה	מְגַלֶּה	מִתְגַּלֶּה	מַגְלֶה	עֹלֶה	מַעֲלֶה

(→ 25.4.5)

25.3.2 Flexion der Nomina (XVI): Seltenere Endungen

Einige seltener vorkommende Besonderheiten der Nominalflexion werden hier noch nachgetragen. Sie begegnen nur sporadisch, meist in poetischen Texten. Für eingehendere Erklärungen ist auf größere Grammatiken zu verweisen.

25.3.2.1 Die alte Feminin-Endung *-at* ist in einigen Fällen noch erhalten, z.B. in adverbiellem רַבַּת „viel / genug" (Ps 65,10 u.ö.); vgl. auch Eigennamen wie אֵילַת „Elath" (→ 25.4.6).

25.3.2.2 Die mask. Plural-Endung *-īn* begegnet unter dem Einfluß verwandter Dialekte schon in älteren Texten, namentlich aber in späten Teilen des Alten Testaments als Aramaismus, z.B. Dan 12,13 לְקֵץ הַיָּמִין׃ „am Ende der Tage"; im Hiob-Buch 13mal מִלִּין neben 10mal מִלִּים „Worte" (Plur. zu מִלָּה „Wort").

25.3.2.3 Als Chireq compaginis (Verbindungs-*ī*) bezeichnet man die vor allem in Poesie bei Nomina (besonders Partizipien) im st.cs. vorkommende Endung *-ī*: Gen 49,11 בְּנִי אֲתֹנוֹ „das Füllen seiner Eselin", Dtn 33,16 שֹׁכְנִי סְנֶה „der Bewohner des Dornbusches", Jes 1,21 מְלֵאֲתִי מִשְׁפָּט „(die Stadt) voll von Gerechtigkeit"; die Endung hat auch auf Formen außerhalb der Cs.-Verbindung übergegriffen: Klgl 1,1 רַבָּתִי בַגּוֹיִם „groß unter den Völkern", Ps 123,1 הַיֹּשְׁבִי בַּשָּׁמָיִם׃ „der im Himmel wohnt".

25.3.2.4 Seltener ist das Cholem compaginis, die ähnlich gebrauchte Endung *-ō* (→ 25.4.7): Num 23,18 בְּנוֹ צִפֹּר׃ „Sohn Sippors", Gen 1,24 חַיְתוֹ־אֶרֶץ „Getier der Erde" (V. 25 חַיַּת הָאָרֶץ).

25.3.2.5 Als Suffix der 3.plur.m. steht poetisch zuweilen *-mō* statt *-m* oder *-hæm*, z.B. Ps 21,11 פִּרְיָמוֹ „ihre Frucht", Ps 17,10 פִּימוֹ „ihr Mund"; vgl. die Präpositionen לָמוֹ, אֵלֵימוֹ und עָלֵימוֹ.

25.3.2.6 Eine Adverbialendung *-ām* begegnet bei אָמְנָם „gewiß / fürwahr" (mit Fragepartikel הַאֻמְנָם; vgl. אֹמֶן „Wahrheit" in Jes 25,1), חִנָּם „unentgeltlich / vergebens / ohne Ursache" (vgl. חֵן „Gunst / Gnade"), יוֹמָם „bei Tage", רֵיקָם „mit leeren Händen / ohne Ursache".

25.3.2.7 Die bereits bekannte unbetonte Endung *-ā* (He locale) (→ 2.4.5) fungiert nicht nur als lokaler und temporaler Richtungsweiser (אַרְצָה „zu Boden", חוּצָה „hinaus", יָמָּה „nach Westen", שָׁמָּה „dorthin", תִּרְצָתָה „nach Thirza"; auch mit Artikel, am Plural, in der Cs.-Verbindung: הַחוּצָה „hinaus", הָאֹהֱלָה „ins Zelt", הַשָּׁמַיְמָה „zum Himmel", כַּשְׂדִּימָה „nach Chaldäa", בֵּיתָה יוֹסֵף „in das Haus Josephs", אַרְצָה מִצְרַיִם „nach dem Lande Ägypten"), sondern begegnet auch abgeblaßt ohne Richtungsbezug (שָׁמָּה auch „dort", עַתָּה „jetzt", לַיְלָה „Nacht", → 14.3.5), so namentlich bei gewissen Feminina, z.B. Ps 3,3 אֵין יְשׁוּעָתָה לּוֹ „er hat keine Hilfe“, Ps 92,16 וְלֹא־עַוְלָתָה בּוֹ׃ „an dem kein Unrecht ist“. Der Richtungsbezug kann durch Präpositionen auf verschiedene Weise erneuert werden: Ps 9,18 לִשְׁאוֹלָה „ins Totenreich“, Jos 15,21 בַּנֶּגְבָּה „im Südland“, sogar Jos 15,10 מִצָּפוֹנָה „von Norden“, Jer 27,16 מִבָּבֶלָה „von Babel“.

25.3.3 Verwendung der Präpositionen (I): ב

Eine umfassende Darstellung der Verwendung der Präpositionen ist Sache des Lexikons. Hier und in den folgenden Lektionen sollen einige auffallende Gebrauchsweisen speziell hervorgehoben werden.

Abgesehen von den bereits bekannten Verwendungsweisen in lokaler, temporaler und modaler Bedeutung, z.B.

— *lokal*: „in“, oft präzisiert oder variiert durch בְּקֶרֶב oder בְּתוֹךְ „inmitten von = in“,
„innerhalb“ (Jes 56,5 בְּחוֹמֹתַי „in meinen Mauern“),
„auf“ (Ex 24,18 בָּהָר „auf dem Berge“),
„an“ (Ez 10,15 בִּנְהַר־כְּבָר „am Flusse Chebar“),

— *partitiv*: „unter“ (Hhld 1,8 הַיָּפָה בַּנָּשִׁים „du schönste unter den Frauen“),

— *temporal*: „in“ (1Kön 14,25 בַּשָּׁנָה הַחֲמִישִׁית „im fünften Jahr“),
„an“ (Gen 2,2 בַּיּוֹם הַשְּׁבִיעִי „am siebenten Tag“),

— *modal*: „in / mit / bei / gemäß“ (1Sam 29,7 בְּשָׁלוֹם „in Frieden“, Ps 29,4 בַּכֹּחַ „mit Macht“, Jes 9,11 בְּכָל־זֹאת „bei alledem“, Gen 1,27 בְּצַלְמוֹ „gemäß seinem Bilde“),

— *kausal*: „wegen“ (Dan 10,12 בִּדְבָרֶיךָ „wegen deiner Worte“),

— *instrumental*: „mit“ (Ex 21,20 בַּשֵּׁבֶט „mit dem Stocke“),
„durch“ (Hos 1,2 בְּהוֹשֵׁעַ „durch Hosea“; oft verstärkt durch בְּיַד: Ex 9,35 בְּיַד מֹשֶׁה „durch Mose“),

wird die Präposition בְּ speziell verwendet:

— als ב pretii: „um / für“ (Jes 7,23 בְּאֶלֶף כָּסֶף „für tausend Schekel Silber“, Dtn 19,21 נֶפֶשׁ בְּנֶפֶשׁ „Leben um Leben“),

— als ב essentiae: „in der Gestalt von / als“ (Ex 6,3 בְּאֵל שַׁדָּי „als El Schaddaj [erschienen]“, Dtn 26,14 בְּטָמֵא „als Unreiner“),

— als ב comitantiae: „mit / unter / in Begleitung von“ (Jer 41,15 נִמְלַט בִּשְׁמֹנָה אֲנָשִׁים „er entkam mit acht Mann“, Ps 66,13 אָבוֹא בֵיתְךָ בְעוֹלוֹת „ich will kommen in dein Haus mit Brandopfern“),

— zur Einführung des Objekts bei gewissen Verben, z.B. **אחז** und **חזק** hi. „ergreifen“, **נגע** „berühren“, **בחר** „erwählen“, **אמן** hi. „glauben (an)“, **לחם** ni. „kämpfen (gegen)“, **ענה** „aussagen (gegen)“; bei **ראה** und anderen Verben der Wahrnehmung kann **ב** den Nebenton der freudigen, selten schmerzlichen Teilnahme haben: Mi 7,10 **עֵינַי תִּרְאֶינָּה בָּהּ** „meine Augen werden sich an ihr weiden“;

— vor dem Infinitiv zum Ausdruck der Gleichzeitigkeit, z.B. Ex 34,29 **בְּדַבְּרוֹ** „während er redete“ (→ 10.3.1.3).

25.3.4 Wortschatz nach Sachgruppen (X): Reden — Denken

10.1. דָּבָר אֵמֶר/אִמְרָה מִלָּה לָשׁוֹן שֵׁם אוֹת מוֹפֵת צֶלֶם גּוֹרָל סֵפֶר סוֹפֵר

10.2. אֱמֶת זִכָּרוֹן עֵד מַלְאָךְ כָּזָב שֶׁקֶר שָׁוְא אָמְנָם

10.3. חָכְמָה חָכָם בִּינָה דַּעַת מַחֲשָׁבָה עֵצָה מוּסָר כְּסִיל

10.4. קוֹל צְעָקָה/זְעָקָה שִׁיר תְּהִלָּה אַשְׁרֵי

10.5. אמר דבר נגד ספר כתב כזב שׁבע (נבא)

10.6. שׁמע אזן קשׁב זכר שׁכח

10.7. קרא צעק/זעק ילל בכה חרשׁ (שׁיר רנן קלל ארר)

10.8. שׁאל ענה למד ירה (יכח) יעץ בחן (נסה)

10.9. ידע חשׁב שׂכל אמן נכר (בין)

25.4 Anmerkungen

25.4.1 Die übrigen Verben mit allen sieben Stammformen sind: **בקע** „spalten“, **חלה** „krank / schwach sein“, **ידע** „erkennen“, **ילד** „gebären“ und **פקד** „heimsuchen“.

25.4.2 Vor allem im Hi. schwankt der Gebrauch zwischen ī und ē; exakte Regeln sind nicht erkennbar und für die Praxis unnötig.

25.4.3 Die 3.sing.m. Waw-Impf. des Qal und des Hi. lauten gleich; letztere (nur 2Kön 11,4) ist am doppelten Akkusativ erkennbar.

25.4.4 Bei **עלה** lauten Impf.Qal und Impf.Hi. in allen Formen gleich (außer in der 1.sing.); über die Bedeutung entscheidet der Kontext (intransitive oder transitive Konstruktion, letztere etwa 70mal).

25.4.5 Die Formen des Pu. und Ho. sind wegen ihrer Seltenheit nicht in der Tabelle aufgeführt.

25.4.6 Vgl. noch **מָחֳרָת** „folgender Tag“.

25.4.7 Wahrscheinlich abgeblaßtes und erstarrtes Suffix 3.sg.m.

25.5 Übungen und Lesestück

25.5.1: עֻנְּתָה וַיִּגָּלוּם עֲשִׂיתִיו נִבְנֵית אֶעֱשֶׂה הֶרְאַךְ אַעַלְךָ נֶעֶשְׂתָה הֶעֱלִיתָ הָרְאִיתָ וַיְכֻלּוּ כִּלַּתּוֹ
תֵּעָשׂ וַתַּעַן הֶעֱלָתַם וַנַּעַל וַתְּכַל וַתֵּרֶא וְהָרִית וָאֶחֱזֶה הֶחֱלֵיתִי חֲנוֹת חָרֹה יִרְאוּ יִרְעוּ
יִירְאוּ יִרְאוּ רְאוּ יֵרָאוּ ירא ואירא יראה

25.5.2: sie wird gebaut werden, sie ist gebaut worden, er wird gemacht werden, und er erschien, um sie zu vertilgen, und er vollendete, führe hinauf!, er hat mir gezeigt, dir ist gezeigt worden, preiset!, und er fürchtete sich, er wird lehren.

25.5.3:

1. בִּדְבַר יְהוָה שָׁמַיִם נַעֲשׂוּ וּבְרוּחַ פִּיו כָּל־צְבָאָם׃ 2. עוֹד אֶבְנֵךְ
וְנִבְנֵית בְּתוּלַת יִשְׂרָאֵל 3. וַיְהִי כְּכַלּוֹת שְׁלֹמֹה לִבְנוֹת אֶת־בֵּית־יְהוָה
וְאֶת־בֵּית הַמֶּלֶךְ ··· וַיֵּרָא יְהוָה אֶל־שְׁלֹמֹה שֵׁנִית כַּאֲשֶׁר נִרְאָה אֵלָיו
בְּגִבְעוֹן׃ 4. וַיֵּרָא מַלְאַךְ־יְהוָה אֶל־הָאִשָּׁה וַיֹּאמֶר אֵלֶיהָ הִנֵּה־נָא אַתְּ־
עֲקָרָה[a] וְלֹא יָלַדְתְּ וְהָרִית וְיָלַדְתְּ בֵּן׃ 5. וְהָיָה כְּכַלֹּתְךָ לִקְרֹא אֶת־הַסֵּפֶר
הַזֶּה תִּקְשֹׁר[b] עָלָיו אֶבֶן וְהִשְׁלַכְתּוֹ אֶל־תּוֹךְ פְּרָת׃ 6. וַתֹּאמֶר לוֹ לֵךְ
וְאַרְאֶךָּ אֶת־הָאִישׁ אֲשֶׁר־אַתָּה מְבַקֵּשׁ 7. תֵּרֶא אַשְׁקְלוֹן וְתִירָא 8. אַל־
תִּרָא גַם־אַתָּה בְּרָעָתוֹ בְּיוֹם אֵידוֹ[c] 9. וַיִּקַּח מָנוֹחַ אֶת־גְּדִי[d] הָעִזִּים וְאֶת־
הַמִּנְחָה וַיַּעַל עַל־הַצּוּר לַיהוָה ··· וַיְהִי בַעֲלוֹת הַלַּהַב[e] מֵעַל הַמִּזְבֵּחַ
הַשָּׁמַיְמָה וַיַּעַל מַלְאַךְ־יְהוָה בְּלַהַב[e] הַמִּזְבֵּחַ 10. אַךְ לֹא יַעֲלוּ כֹּהֲנֵי
הַבָּמוֹת אֶל־מִזְבַּח יְהוָה בִּירוּשָׁלִָם 11. אָז יַעֲלוּ עַל־מִזְבַּחֲךָ פָרִים׃
12. אוֹדְךָ כִּי עֲנִיתָנִי 13. בְּיוֹם אֶקְרָא מַהֵר עֲנֵנִי׃ 14. כִּי־צַדִּיק יְהוָה
צְדָקוֹת אָהֵב יָשָׁר[f] יֶחֱזוּ פָנֵימוֹ׃ 15. הִשְׁבַּעְתִּי אֶתְכֶם בְּנוֹת יְרוּשָׁלִָם אִם־
תִּמְצְאוּ אֶת־דּוֹדִי[g] מַה־תַּגִּידוּ לוֹ שֶׁחוֹלַת אַהֲבָה אָנִי׃ 16. וְעַתָּה אֱסֹף
אֶת־יֶתֶר הָעָם וַחֲנֵה עַל־הָעִיר וְלָכְדָהּ פֶּן־אֶלְכֹּד אֲנִי אֶת־הָעִיר וְנִקְרָא
שְׁמִי עָלֶיהָ׃ 17. אִם־כֹּה יֹאמַר טוֹב שָׁלוֹם לְעַבְדֶּךָ וְאִם־חָרֹה יֶחֱרֶה לוֹ
דַּע כִּי־כָלְתָה[h] הָרָעָה מֵעִמּוֹ׃ 18. רְעֵה עַמְּךָ בְשִׁבְטֶךָ צֹאן נַחֲלָתֶךָ שֹׁכְנִי
לְבָדָד[i] יַעַר בְּתוֹךְ כַּרְמֶל[p] יִרְעוּ בָשָׁן[q] וְגִלְעָד כִּימֵי עוֹלָם׃ 19. וַאֲמַרְתֶּם
בַּיּוֹם הַהוּא הוֹדוּ לַיהוָה קִרְאוּ בִשְׁמוֹ 20. וְעַתָּה לֵךְ וְאָנֹכִי אֶהְיֶה עִם־
פִּיךָ וְהוֹרֵיתִיךָ אֲשֶׁר תְּדַבֵּר׃ 21. אַשְׁרֵי שֶׁאֵל יַעֲקֹב בְּעֶזְרוֹ שִׂבְרוֹ[j] עַל־
יְהוָה אֱלֹהָיו׃ 22. הִנֵּה אֲדֹנָי יְהוִה בְּחָזָק יָבוֹא 23. זֹאת הָאָרֶץ אֲשֶׁר
תִּפֹּל לָכֶם בְּנַחֲלָה 24. וַיִּקֶן אֶת־חֶלְקַת הַשָּׂדֶה אֲשֶׁר נָטָה[k]־שָׁם אָהֳלוֹ

מִיַּד בְּנֵי־חֲמוֹר אֲבִי שְׁכֶם בְּמֵאָה קְשִׂיטָה׃[l] 25. וַיֹּאמֶר מֹשֶׁה בִּנְעָרֵינוּ
וּבִזְקֵנֵינוּ נֵלֵךְ בְּבָנֵינוּ וּבִבְנוֹתֵנוּ בְּצֹאנֵנוּ וּבִבְקָרֵנוּ נֵלֵךְ כִּי חַג־יְהוָה לָנוּ׃
26. בְּיוֹם בְּרֹא אֱלֹהִים אָדָם בִּדְמוּת אֱלֹהִים עָשָׂה אֹתוֹ׃ 27. וַיָּקָם הָעָם
כָּל־הַיּוֹם הַהוּא וְכָל־הַלַּיְלָה וְכֹל יוֹם הַמָּחֳרָת וַיַּאַסְפוּ אֶת־הַשְּׂלָו[m] 28. מִי
כַּיהוָה אֱלֹהֵינוּ הַמַּגְבִּיהִי לָשָׁבֶת׃ 29. יוֹשֵׁב בַּשָּׁמַיִם יִשְׂחָק אֲדֹנָי יִלְעַג[n]־
לָמוֹ׃ אָז יְדַבֵּר אֵלֵימוֹ בְאַפּוֹ וּבַחֲרוֹנוֹ יְבַהֲלֵמוֹ׃[o] 30. וַאֲנִי בְּקוֹל תּוֹדָה
אֶזְבְּחָה־לָּךְ אֲשֶׁר נָדַרְתִּי אֲשַׁלֵּמָה יְשׁוּעָתָה לַיהוָה׃

25.5.4:

1. Jetzt wirst du sehen, was ich dem Pharao tun werde.
2. Wie du getan hast, wird dir getan werden.
3. Durch Weisheit wird ein Haus gebaut.
4. Und ich habe die Israeliten nicht durch mein Eifern vertilgt.
5. Und sie zeigten ihnen die Früchte des Landes.
6. Er möge uns lehren, was wir tun sollen.
7. Aber ihr wolltet nicht hinaufziehen.
8. Als sie aber (Waw-Impf.) die Beutel mit ihrem Geld (צְרֹרוֹת כַּסְפֵּיהֶם) sahen, sie und ihr Vater, da fürchteten sie sich.

---

[a] unfruchtbar
[b] קשר = binden
[c] אֵיד = Unglück
[d] גְּדִי = Böckchen
[e] לַהַב = Flamme
[f] sing. statt plur.
[g] דּוֹד = Geliebter
[h] hier = beschlossen sein
[i] לְבָדָד = einsam
[j] שֵׂבֶר = Hoffnung
[k] נטה = aufschlagen
[l] קְשִׂיטָה = alte Gewichtseinheit
[m] שְׂלָו = Wachtel
[n] לעג = spotten
[o] בהל pi. = erschrecken
[p] כַּרְמֶל = Fruchtgarten
[q] Basan und Gilead

25.5.5 Lesestück: Psalm 1

1 אַ֥שְֽׁרֵי־הָאִ֗ישׁ אֲשֶׁ֤ר ׀ לֹ֥א הָלַךְ֮ בַּעֲצַ֪ת[a] רְשָׁ֫עִ֥ים
וּבְדֶ֣רֶךְ[b] חַ֭טָּאִים לֹ֥א עָמָ֑ד וּבְמוֹשַׁ֥ב לֵ֝צִ֗ים לֹ֣א יָשָֽׁב׃
2 כִּ֤י אִ֥ם בְּתוֹרַ֥ת יְהוָ֗ה חֶ֫פְצ֥וֹ וּֽבְתוֹרָת֥וֹ יֶהְגֶּ֗ה יוֹמָ֥ם וָלָֽיְלָה׃
3 וְֽהָיָ֗ה כְּעֵץ֮ שָׁת֪וּל עַֽל־פַּלְגֵ֫י מָ֥יִם
אֲשֶׁ֤ר[a] פִּרְי֨וֹ ׀ יִתֵּ֬ן בְּעִתּ֗וֹ וְעָלֵ֥הוּ לֹֽא־יִבּ֑וֹל

[b]וְכֹל אֲשֶׁר־יַעֲשֶׂה יַצְלִיחַ[b]׃

4 לֹא־כֵן הָרְשָׁעִים[a]

כִּי אִם־כַּמֹּץ אֲשֶׁר־תִּדְּפֶנּוּ רוּחַ[b]׃

5 עַל־כֵּן ׀ לֹא־יָקֻמוּ רְשָׁעִים בַּמִּשְׁפָּט וְחַטָּאִים בַּעֲדַת[a] צַדִּיקִים׃

6 כִּי־יוֹדֵעַ יְהוָה דֶּרֶךְ צַדִּיקִים וְדֶרֶךְ רְשָׁעִים תֹּאבֵד׃

Erläuterungen:

V. 1: חַטָּא „Sünder"; מוֹשָׁב „Sitz / Sitzung / Versammlung"; לֵץ „Spötter".

V. 2: הגה „murmeln / sinnen".

V. 3: שתל „pflanzen"; פֶּלֶג „Kanal / Bach"; עָלֶה „Laub"; נבל „welken"; צלח hi. „Erfolg haben".

V. 4: מֹץ „Spreu"; נדף „verwehen".

V. 5: יָקֻמוּ „sie werden Bestand haben".

25.5.6 Lesestück: Psalm 113

1 הַלְלוּ יָהּ ׀

הַלְלוּ עַבְדֵי[a] יְהוָה הַלְלוּ[b] אֶת־שֵׁם יְהוָה׃

2 יְהִי שֵׁם יְהוָה מְבֹרָךְ מֵעַתָּה[a] וְעַד־עוֹלָם׃

3 מִמִּזְרַח־שֶׁמֶשׁ עַד־[a]מְבוֹאוֹ מְהֻלָּל שֵׁם יְהוָה׃

4 רָם עַל־כָּל־גּוֹיִם ׀ יְהוָה עַל הַשָּׁמַיִם כְּבוֹדוֹ׃

5 מִי כַּיהוָה אֱלֹהֵינוּ הַמַּגְבִּיהִי לָשָׁבֶת׃

6 הַמַּשְׁפִּילִי לִרְאוֹת [a]בַּשָּׁמַיִם וּבָאָרֶץ[a]׃

7 [a]מְקִימִי[b] מֵעָפָר דָּל[a] מֵאַשְׁפֹּת[c] יָרִים אֶבְיוֹן׃

8 לְהוֹשִׁיבִי[a] [b]עִם־נְדִיבִים[b] עִם נְדִיבֵי[c] עַמּוֹ[d]׃

9 מוֹשִׁיבִי ׀ עֲקֶרֶת הַבַּיִת אֵם־הַבָּנִים שְׂמֵחָה

[a]הַלְלוּ־יָהּ[a]׃

Erläuterungen:

V. 1: יָהּ Kurzform des Gottesnamens.

V. 4: רָם „erhaben".

V. 6: שפל „niedrig sein", im Hi. als Formverbum = „tief hinab" (ebenso גבה hi. „hoch droben"); a–a vielleicht hinter V. 5a zu versetzen.

V.7: מֵקִים Part. hi. „der Aufrichtende"; דַּל „arm / gering"; אַשְׁפֹּת „Aschengrube / Abfallhaufen".
V.8: נָדִיב „Edler / Fürst".
V.9: עָקָר „unfruchtbar".

LEKTION 26

26.1 Vokabel-Repetition (Wille — Gefühl)

שִׂמְחָה (10)	אַף (11)	רָעָה (11)	קִנְאָה (14)	שִׂנְאָה (14)
חֶרְפָּה (16)	רַחֲמִים (16)	רָצוֹן (18)	אַהֲבָה (19)	חֵפֶץ (19)
יָפֶה (20)	תִּפְאֶרֶת (22)	יָרֵא (23)	יִרְאָה (23)	תּוֹעֵבָה (24)
חֵמָה (24)	חָרוֹן (25)	חֵן (25)		

דרשׁ (7)	בטח (10)	שׂמח (10)	מצא (11)	בקשׁ (13)
קנא (14)	שׂנא (14)	חרף (16)	מאן (16)	נאץ (16)
נחם (16/20)	רחם (16)	מאס (17)	בחר (17)	צחק (17)
שׂחק (17)	אהב (19)	חפץ (19)	אבה (21)	ירא (23)
יטב (23)	רצה (24)	חרה (25)		

26.2 Vokabular

26.2.1 Verba tertiae infirmae (III): ohne Qal und unregelmäßige

(וַיְצַו)	צוה pi.		befehlen / beauftragen
	מִצְוָה		Gebot
(וַיְקַו)	קוה pi.	×	hoffen / warten
	תִּקְוָה		Hoffnung
(וַיְנַסּוּ)	נסה pi.	×	versuchen / auf die Probe stellen
	בְּחָנֵנִי וְנַסֵּנִי		prüfe mich und erprobe mich!
(וַיַּשְׁקְ)	שׁקה hi.		tränken / zu trinken geben
	מַשְׁקֶה		Mundschenk / Getränk
(וַיַּךְ)	נכה hi.		schlagen / erschlagen
	מַכָּה		Schlag / Wunde / Niederlage
(וַיֵּט)	נטה		ausstrecken / ausbreiten / neigen / abbiegen
	נטה hi.		ausstrecken / neigen / beugen

	עֳנִי	pi. ענה	bedrücken / demütigen / vergewaltigen
		עֳנִי	Elend
(וַיִּרֶב)		רבה	zahlreich sein / zahlreich werden
(וַיֶּרֶב)		רבה hi.	zahlreich machen / vermehren
(וַיְחִי)		חיה	leben / am Leben bleiben
		חיה pi./hi.	am Leben erhalten
(הִשְׁתַּחֲוָה)		חוה hišt.	sich beugen / sich niederwerfen
		וַיִּשְׁתַּחוּ אַפַּיִם אַרְצָה	er verneigte sich mit dem Angesicht zur Erde

26.2.2. Weitere Vokabeln:

	אֹהֵב	Freund
	אֹיֵב	Feind
	מִגְדָּל ×	Turm
	מִגְדָּל גָּבֹהַּ	hoher Turm
(→ 26.2.1):	תִּקְוָה ×	Hoffnung
	מַשְׁקֶה ×	Mundschenk / Getränk
	מַכָּה ×	Schlag / Wunde / Niederlage
	עֳנִי ×	Elend

26.3.1 Verba tertiae infirmae (III): einzelne Besonderheiten

Bei einigen Verben IIIj, darunter solchen, die zugleich Verben In sind oder Laryngale enthalten, begegnen nicht selten einzelne Formen, die relativ weit von der Nennform abweichen und nicht leicht zu analysieren sind. Sie werden, um ein erfolgloses Suchen im Lexikon zu vermeiden, am besten in der Art von Vokabeln besonders eingeprägt.

היה „sein / werden / geschehen" und

חיה „leben / am Leben bleiben":

- das *Impf.Qal* lautet (trotz der Laryngale): יִחְיֶה, יִהְיֶה;
- der *Jussiv* und das *Waw-Impf.* bilden Kurzformen wie die Segolata IIIj (→ 14.3.5.2): יְהִי, יְחִי, in pausa יֶהִי, יֶחִי; וַיְהִי, וַיְחִי;
- im Anlaut haben ה und ח als reduzierten Vokal ein Chateph-Segol: הֱיִיתֶם, הֱיוֹת, הֱיֵה;
- aber in Verbindung mit den Präfixen ו, ב, כ, ל erhalten diese den Vokal i, der erste Radikal Schwa quiescens: וִחְיִיתֶם, לִהְיוֹת, ähnlich מִהְיוֹת, aber וֶהְיֵה.

חוה „sich beugen / sich niederwerfen / anbeten“: Das Verbum begegnet nur in der in anderen semitischen Sprachen vorkommenden, im Hebräischen aber ungebräuchlichen Stammform des Hištafʿel (Reflexiv zum Šafʿel oder Š-Kausativ) mit folgenden Formen:

— *Perf.* הִשְׁתַּחֲוָה, הִשְׁתַּחֲוֵיתִי, הִשְׁתַּחֲווּ;
— *Impf.* יִשְׁתַּחֲוֶה, אֶשְׁתַּחֲוֶה, יִשְׁתַּחֲווּ;
— *Waw-Impf.* וַיִּשְׁתַּחוּ (< *wajjištáḥw*), וַיִּשְׁתַּחֲווּ;
— *Inf.cs.* לְהִשְׁתַּחֲוֹת. (→ 26.4.1)

נטה „ausstrecken / ausbreiten / (sich) neigen“: Die Formen des Impf.Qal und des Hi. sind doppelt schwach:

— *Impf.Qal* יִטֶּה, *Waw-Impf.* וַיֵּט (< *wajjinṭ*),
— *Perf.Hi.* הִטָּה, *Waw-Impf.Hi.* וַיֵּט (< *wajjanṭ*).

נכה „schlagen / erschlagen“ läßt im Hi./Ho. nur noch den mittleren Radikal erkennen:

— *Perf.Hi.* הִכָּה, הִכִּיתָ, *Perf.Ho.* הֻכָּה,
— *Impf.Hi.* יַכֶּה, *Waw-Impf.Hi.* וַיַּךְ,
— *Imp.Hi.* הַכֵּה, הַךְ, *Inf.cs.Hi.* הַכּוֹת,
— *Part.Hi.* מַכֶּה.

רבה „zahlreich sein“: Der Inf.abs.Hi. הַרְבֵּה wird adverbial in der Bedeutung „viel / in Menge“ gebraucht; als Inf.abs. dient הַרְבָּה.

26.3.2 Besondere Verwendungen des Artikels

In Ergänzung zu den in 6.3.3.1 gegebenen Regeln betreffend die Verwendung des Artikels (vgl. auch → 5.3.3.1: Determination in der Constructus-Verbindung, → 6.1: aus Appellativen entstandene Eigennamen) werden hier noch einige Fälle genannt, in denen das Hebräische in der Verwendung des bestimmten Artikels vom Deutschen abweicht. Während der Artikel in der Poesie öfters fehlt (→ 6.3.3.1), wird er in folgenden Fällen entgegen dem dt. Sprachgebrauch verwendet:

— oft bei nicht anderweitig determiniertem Vokativ, z.B. 2Sam 14,4 הוֹשִׁעָה הַמֶּלֶךְ „hilf doch, o König!“;
— oft vor Stoffbegriffen, z.B.
Gen 2,11 אֲשֶׁר־שָׁם הַזָּהָב „wo Gold vorhanden ist“; Ex 12,9 מְבֻשָּׁל בַּמָּיִם „mit Wasser gekocht“; Ps 46,10 יִשְׂרֹף בָּאֵשׁ׃ „er verbrennt mit Feuer“;

— oft vor Abstraktbegriffen, z.B.
1Kön 21,29 הָרָעָה „Unheil"; 1Kön 7,14 וַיִּמָּלֵא אֶת־הַחָכְמָה „er war erfüllt von Weisheit";

— oft bei Vergleichen, wenn das Substantiv nicht näher spezifiziert ist, z.B.
Jes 38,13 כָּאֲרִי „wie ein Löwe"; Jes 1,18 כַּשֶּׁלֶג „wie Schnee";

— auch bei neu eingeführten Größen, die als in der betreffenden Situation selbstverständlich in Betracht kommend bezeichnet werden sollen, z.B.
Gen 18,7 וַיִּתֵּן אֶל־הַנַּעַר „und er gab es (s)einem Knecht"; 1Sam 10,25 וַיִּכְתֹּב בַּסֵּפֶר „und er schrieb es in ein Buch"; 1Sam 14,1 וַיְהִי הַיּוֹם „eines Tages (an dem betreffenden Tag) ..."

26.3.3 Verwendung der Präpositionen (II): כ

Die Präposition כְּ „wie" (seltener כְּמוֹ) mit den Suffixformen כָּמוֹנִי, כָּמוֹךָ, (כָּהֵן) כָּהֵנָּה, (כָּהֶם) כָּהֵם, כָּכֶם, כָּמוֹנוּ, כָּמוֹהָ, כָּמוֹהוּ

bezeichnet verschiedene Arten der Übereinstimmung:

— *gleichsetzend* „wie / genau wie", z.B. Lev 19,18 וְאָהַבְתָּ לְרֵעֲךָ כָּמוֹךָ „du sollst deinen Nächsten lieben wie dich selbst",
oft mit wiederholtem כְּ, z.B. 1Kön 22,4 כָּמוֹנִי כָמוֹךָ „ich wie du";

— *messend* „ebensoviel wie" oder häufiger „ungefähr wie / etwa", z.B. Ruth 1,4 כְּעֶשֶׂר שָׁנִים „etwa zehn Jahre" (bei ungefähren Zahl- und Zeitangaben);

— *vergleichend* oder eine Ähnlichkeit ausdrückend „wie / entsprechend / gemäß", z.B. Ps 1,3 כְּעֵץ „wie ein Baum", Ex 15,5 כְּמוֹ־אָבֶן „wie ein Stein", Jes 66,8 כָּזֹאת „solches"; (→ 26.4.2)

— vor *Infinitiv* ist כְּ vergleichend, z.B. Jes 5,24 כֶּאֱכֹל „wie ... frißt", oder (meistens) temporal, z.B. Neh 1,4 כְּשָׁמְעִי „als ich gehört hatte" (→ 10.3.1.3).

Doppelpräpositionen mit כְּ sind nicht üblich (außer etwa im Ausdruck כְּבָרִאשֹׁנָה „wie früher"); eine präpositionale Näherbestimmung ist oft bei כְּ hinzuzudenken, z.B. Jes 9,3 כְּיוֹם מִדְיָן „wie am Tage Midians", Jes 28,21 כְהַר־פְּרָצִים „wie am Berge Perazim".

26.3.4 Wortschatz nach Sachgruppen (XI): Wille — Gefühl

11.1. אַהֲבָה אֹהֵב רָצוֹן חֵפֶץ רַחֲמִים חֵן
11.2. שִׂנְאָה קִנְאָה חֶרְפָּה תּוֹעֵבָה
11.3. שִׂמְחָה תִּקְוָה תִּפְאֶרֶת יָפֶה
11.4. יִרְאָה יָרֵא עֳנִי צָרָה רָעָה (בֹּשֶׁת)
11.5. אַף חֵמָה חָרוֹן
11.6. אהב חפץ רצה בחר רחם נחם (חנן)
11.7. שׂנא נאץ מאס קנא חרף חרה ירא (כעס בושׁ חתת רעע)
11.8. שׂמח צחק/שׂחק בטח יטב (גיל רנן)
11.9. דרשׁ בקשׁ מצא קוה צוה אבה מאן

26.4 Anmerkungen

26.4.1 Die Verbalformen הִשְׁתַּחֲוָה usw. wurden früher als Hitpaʿlel (Reflexiv mit Wiederholung des 3. Radikals) von einer Wurzel שׁחה aufgefaßt und sind in den älteren Grammatiken, Lexika und Konkordanzen unter שׁחה nachzuschlagen.

26.4.2 In der Bedeutung „gemäß / entsprechend / nach Maßgabe von" steht häufig die präpositionale Wendung כְּפִי (zu פֶּה „Mund").

26.5 Übungen und Lesestück

26.5.1: צַוֵּךְ צִוִּיתִיךָ צֻוֵּיתִי וָאֲצַו נְקַוֶּה נִסְּתָה אֲנַסֶּנּוּ הַשְׁקוּ וְהִשְׁקוּ וַתַּשְׁקְ לְעַנּוֹתוֹ עֻנֵּיתִי הִכָּם הַכּוּם הַכֹּתוֹ אַכֶּנּוּ וַיַּכֵּם וָאַךְ נָטוּי תִּטֶּה הַטִּי לִנְטוֹת אַל־תַּט מִהְיוֹתָם חָיוּ הֱיוֹתְךָ תִּחְיִי הֱיוּ וַתִּהְיֶינָה לְהַחֲיוֹת חַיֵּנִי וְהִשְׁתַּחֲוִיתֶם הַמִּשְׁתַּחֲוִים וְהִשְׁתַּחֲוִי וַתִּשְׁתַּחֲוֶין אֶשְׁתַּחֲוֶה

26.5.2: und er hoffte, erprobe mich, ich habe ihnen befohlen, schlaget!, sie hat geschlagen, und sie schlug, beuget nicht!, und er warf sich nieder, erhaltet am Leben!, als er war, sie werden leben, die Schlagenden, du hast ihn geschlagen.

26.5.3:

1. לֹא תְנַסּוּ אֶת־יְהוָה אֱלֹהֵיכֶם כַּאֲשֶׁר נִסִּיתֶם בַּמַּסָּה׃[a] 2. וָאֹמַר אֵלֶיהָ
הַשְׁקִינִי נָא׃ וַתְּמַהֵר וַתּוֹרֶד כַּדָּהּ[b] מֵעָלֶיהָ וַתֹּאמֶר שְׁתֵה וְגַם־גְּמַלֶּיךָ אַשְׁקֶה
וָאֵשְׁתְּ וְגַם הַגְּמַלִּים הִשְׁקָתָה׃ 3. אַל־תֹּאמַר אֲשַׁלְּמָה־רָע קַוֵּה לַיהוָה
וְיֹשַׁע לָךְ׃ 4. וְהָיוּ לִי לְעָם וַאֲנִי אֶהְיֶה לָהֶם לֵאלֹהִים׃ 5. כִּי לֹא־יֶחְדַּל
אֶבְיוֹן מִקֶּרֶב הָאָרֶץ עַל־כֵּן אָנֹכִי מְצַוְּךָ לֵאמֹר פָּתֹחַ תִּפְתַּח אֶת־יָדְךָ
לְאָחִיךָ לַעֲנִיֶּךָ וּלְאֶבְיֹנְךָ בְּאַרְצֶךָ׃ 6. וַיֹּאמֶר מִי הִגִּיד לְךָ כִּי עֵירֹם[c] אָתָּה
הֲמִן־הָעֵץ אֲשֶׁר צִוִּיתִיךָ לְבִלְתִּי אֲכָל־מִמֶּנּוּ אָכָלְתָּ׃ 7. שַׂמְּחֵנוּ כִּימוֹת[d]
עִנִּיתָנוּ שְׁנוֹת[d] רָאִינוּ רָעָה׃ 8. וַיֹּאמֶר יְהוָה אֶל־מֹשֶׁה נְטֵה יָדְךָ עַל־

26.

הַשָּׁמַיִם וִיהִי חֹשֶׁךְ עַל־אֶרֶץ מִצְרָיִם ··· וַיֵּט מֹשֶׁה אֶת־יָדוֹ עַל־הַשָּׁמָיִם
וַיְהִי חֹשֶׁךְ־אֲפֵלָה[e] בְּכָל־אֶרֶץ מִצְרַיִם שְׁלֹשֶׁת יָמִים׃ 9. הַטֵּה־יְהוָה אָזְנְךָ
עֲנֵנִי כִּי־עָנִי וְאֶבְיוֹן אָנִי׃ 10. וַיְהִי הוּא מִשְׁתַּחֲוֶה בֵּית נִסְרֹךְ אֱלֹהָיו
וְאַדְרַמֶּלֶךְ וְשַׂרְאֶצֶר בָּנָיו הִכֻּהוּ בַחֶרֶב 11. עַל־כֵּן חָרָה אַף־יְהוָה בְּעַמּוֹ
וַיֵּט יָדוֹ עָלָיו וַיַּכֵּהוּ 12. וַתּוֹסֶף הַמִּלְחָמָה לִהְיוֹת וַיֵּצֵא דָוִד וַיִּלָּחֶם
בַּפְּלִשְׁתִּים וַיַּךְ בָּהֶם מַכָּה גְדוֹלָה 13. וְגַם דָּם נָקִי[f] שָׁפַךְ מְנַשֶּׁה[g] הַרְבֵּה
מְאֹד 14. וַיֹּאמֶר לָהּ מַלְאַךְ יְהוָה הַרְבָּה אַרְבֶּה אֶת־זַרְעֵךְ וְלֹא יִסָּפֵר
מֵרֹב׃ 15. הִרְבָּה לַעֲשׂוֹת הָרַע בְּעֵינֵי יְהוָה 16. וַתֵּרֶא הָאָתוֹן אֶת־מַלְאַךְ
יְהוָה נִצָּב בַּדֶּרֶךְ וְחַרְבּוֹ שְׁלוּפָה[h] בְּיָדוֹ וַתֵּט הָאָתוֹן מִן־הַדֶּרֶךְ וַתֵּלֶךְ בַּשָּׂדֶה
וַיַּךְ בִּלְעָם אֶת־הָאָתוֹן לְהַטֹּתָהּ הַדָּרֶךְ׃ 17. וַתִּגַּשְׁןָ הַשְּׁפָחוֹת הֵנָּה[i] וְיַלְדֵיהֶן
וַתִּשְׁתַּחֲוֶיןָ׃ וַתִּגַּשׁ גַּם־לֵאָה וִילָדֶיהָ וַיִּשְׁתַּחֲווּ וְאַחַר נִגַּשׁ יוֹסֵף וְרָחֵל וַיִּשְׁתַּחֲווּ׃
18. וַיֵּלֶךְ וַיַּעֲבֹד אֱלֹהִים אֲחֵרִים וַיִּשְׁתַּחוּ לָהֶם ··· אֲשֶׁר לֹא צִוִּיתִי׃[j]
19. כִּי יֹדֵעַ אֱלֹהִים כִּי בְּיוֹם אֲכָלְכֶם מִמֶּנּוּ וְנִפְקְחוּ[k] עֵינֵיכֶם וִהְיִיתֶם
כֵּאלֹהִים יֹדְעֵי טוֹב וָרָע׃ 20. וַיֹּאמֶר אֲלֵהֶם יוֹסֵף בַּיּוֹם הַשְּׁלִישִׁי זֹאת
עֲשׂוּ וִחְיוּ 21. וַיַּעַשׂ לָהֶם יְהוֹשֻׁעַ שָׁלוֹם וַיִּכְרֹת לָהֶם בְּרִית לְחַיּוֹתָם
22. וַיֹּאמְרוּ לוֹ הַחֲרֵשׁ שִׂים[l]־יָדְךָ עַל־פִּיךָ וְלֵךְ עִמָּנוּ וֶהְיֵה־לָנוּ לְאָב
וּלְכֹהֵן הֲטוֹב הֱיוֹתְךָ כֹהֵן לְבֵית אִישׁ אֶחָד אוֹ הֱיוֹתְךָ כֹהֵן לְשֵׁבֶט וּלְמִשְׁפָּחָה
בְּיִשְׂרָאֵל׃ 23. וְאֶעֶשְׂךָ לְגוֹי גָּדוֹל וַאֲבָרֶכְךָ וַאֲגַדְּלָה שְׁמֶךָ וֶהְיֵה בְּרָכָה׃
24. כְּפִי נִדְרוֹ אֲשֶׁר יִדֹּר[m] כֵּן יַעֲשֶׂה 25. וְהָיָה כָעָם כַּכֹּהֵן כַּעֶבֶד כַּאדֹנָיו[n]
26. כִּי־אַתָּה תְּבָרֵךְ צַדִּיק יְהוָה כַּצִּנָּה[o] רָצוֹן תַּעְטְרֶנּוּ׃[p] 27. בִּקֵּשׁ יְהוָה
לוֹ אִישׁ כִּלְבָבוֹ וַיְצַוֵּהוּ יְהוָה לְנָגִיד[q] עַל־עַמּוֹ כִּי לֹא שָׁמַרְתָּ אֵת אֲשֶׁר־
צִוְּךָ יְהוָה׃ 28. וַיִּגְדַּל הַיֶּלֶד וַיְהִי הַיּוֹם וַיֵּצֵא אֶל־אָבִיו אֶל־הַקֹּצְרִים׃[r]
29. וַיֹּאמֶר יְהוָה אֶל־יְהוֹשֻׁעַ אַל־תִּירָא מִפְּנֵיהֶם כִּי־מָחָר כָּעֵת הַזֹּאת אָנֹכִי
נֹתֵן אֶת־כֻּלָּם חֲלָלִים לִפְנֵי יִשְׂרָאֵל אֶת־סוּסֵיהֶם תְּעַקֵּר[s] וְאֶת־מַרְכְּבֹתֵיהֶם
תִּשְׂרֹף בָּאֵשׁ׃ 30. וְהָיוּ כְגִבּוֹר אֶפְרַיִם וְשָׂמַח לִבָּם כְּמוֹ־יָיִן

26.5.4:

1. Stelle doch deine Knechte zehn Tage lang auf die Probe!
2. Deiner Hilfe harre ich (Perf.), Jahwe!
3. Und alles, was ich dir gebiete, wirst du reden.
4. Und dies sind die Könige des Landes, welche die Israeliten schlugen.
5. So werde ich die Nachkommen Davids, meines Knechtes, zahlreich machen.

6. Und der Geist Jakobs, ihres Vaters, lebte auf.
7. Wessen Sohn bist du, Knabe?
8. Und das Volk wird wie der Priester sein.

---

[a] Massa (Ortsname)
[b] כַּד = Krug
[c] עֵירֹם = nackt
[d] hier fem. Plural
[e] אֲפֵלָה = Dunkel
[f] נָקִי = unschuldig
[g] Manasse
[h] שׁלף = zücken
[i] הֵנָּה = hierher / herzu
[j] = verbieten
[k] פקח = öffnen
[l] Imp. lege!
[m] נדר = geloben
[n] sog. Herrschaftsplural mit sing. Bedeutung
[o] צִנָּה = Schild
[p] עטר = umringen
[q] נָגִיד = Anführer / Fürst
[r] קֹצֵר = Schnitter
[s] עקר pi. = lähmen

26.5.5 Lesestück: Das Weinberglied (Jes 5,1–7)

1 אָשִׁירָה נָּא לִידִידִי שִׁירַת דּוֹדִי לְכַרְמוֹ
כֶּרֶם הָיָה לִידִידִי בְּקֶרֶן בֶּן־שָׁמֶן׃
2 וַיְעַזְּקֵהוּ וַיְסַקְּלֵהוּ וַיִּטָּעֵהוּ שֹׂרֵק
וַיִּבֶן מִגְדָּל בְּתוֹכוֹ וְגַם־יֶקֶב חָצֵב בּוֹ
וַיְקַו לַעֲשׂוֹת עֲנָבִים וַיַּעַשׂ בְּאֻשִׁים׃
3 וְעַתָּה יוֹשֵׁב יְרוּשָׁלִַם וְאִישׁ יְהוּדָה
שִׁפְטוּ־נָא בֵּינִי וּבֵין כַּרְמִי׃
4 מַה־לַּעֲשׂוֹת עוֹד לְכַרְמִי וְלֹא עָשִׂיתִי בּוֹ
מַדּוּעַ קִוֵּיתִי לַעֲשׂוֹת עֲנָבִים וַיַּעַשׂ [a]בְּאֻשִׁים׃
5 וְעַתָּה אוֹדִיעָה־נָּא אֶתְכֶם אֵת אֲשֶׁר־אֲנִי עֹשֶׂה לְכַרְמִי
הָסֵר[a] מְשׂוּכָּתוֹ[b] וְהָיָה לְבָעֵר פָּרֹץ גְּדֵרוֹ וְהָיָה לְמִרְמָס׃
6 [a]וַאֲשִׁיתֵהוּ בָתָה[a] לֹא יִזָּמֵר וְלֹא יֵעָדֵר וְעָלָה שָׁמִיר וָשָׁיִת
וְעַל הֶעָבִים אֲצַוֶּה מֵהַמְטִיר עָלָיו מָטָר׃
7 כִּי כֶרֶם יְהוָה צְבָאוֹת בֵּית יִשְׂרָאֵל
וְאִישׁ יְהוּדָה נְטַע שַׁעֲשׁוּעָיו
וַיְקַו לְמִשְׁפָּט וְהִנֵּה מִשְׂפָּח לִצְדָקָה וְהִנֵּה צְעָקָה׃

27.

Erläuterungen:

V. 1: יָדִיד „Geliebter"; לְ hier: „in Beziehung auf / von"; דּוֹד „Freund / Liebster"; קֶרֶן hier von einem Berge gesagt; בֶּן־שֶׁמֶן → 8.3.3.

V. 2: עזק pi. „behacken"; סקל pi. „entsteinen"; שֹׂרֵק „Edelrebe"; יֶקֶב „Kelter"; חצב „aushauen"; עֵנָב „Traube"; בְּאֻשִׁים „Herlinge / schlechte Beeren".

V. 5: הָסֵר Inf.abs. von סור hi. „entfernen"; מְשׂוּכָּה „Dornhecke" (וּ für ֻ); בער pi. „abweiden"; פרץ „einreißen"; גָּדֵר „Mauer"; מִרְמָס „Zertretung".

V. 6: אֲשִׁיתֵהוּ „ich werde ihn setzen / machen zu"; בָּתָה unerklärt, nach dem Zusammenhang „Verwüstung" o.ä.; זמר pi. „(Reben) beschneiden"; עדר „behacken"; שָׁמִיר „Dorngestrüpp"; שַׁיִת „Unkraut"; עָב „Wolke".

V. 7: נֶטַע (cs. נְטַע) „Pflanzung"; שַׁעֲשׁוּעִים „Vergnügen"; מִשְׂפָּח „Rechtsbruch".

LEKTION 27

27.1 Vokabel-Repetition (Partikeln — Pronomina)

→ 5.2.2–3, → 6.2.2–4, → 7.2.2–5, → 8.2.3, → 8.3.1.1, → 9.2.3, → 10.2.2, → 14.2.5, ferner:

לוּ (16) לוּלֵי (16) אוֹ (17) בַּעֲבוּר (19) לְמַעַן (19)

יַעַן (20) אוּלַי (21) חִנָּם (25) רֵיקָם (25) אַךְ (25) שֶׁ (25)

27.2 Vokabular

27.2.1 Zweiradikalige Verben mit -ū-:

Perf.: שָׁב	*Inf.:* שׁוּב		umkehren / zurückkehren / wieder tun
הֵשִׁיב	שׁוּב	hi.	zurückbringen
קָם	קוּם		aufstehen / zustande kommen / Bestand haben
הֵקִים	קוּם	hi.	aufstellen
סָר	סוּר		weichen / sich wenden / einkehren
הֵסִיר	סוּר	hi.	entfernen / abschaffen
נָכוֹן	כּוּן	ni.	fest stehen / Bestand haben / bereit sein
הֵכִין	כּוּן	hi.	festigen / aufstellen / bereitstellen
רָם	רוּם		hoch sein / erhaben sein / stolz sein
הֵרִים	רוּם	hi.	erheben / erhöhen / davontragen

גָּר	גּוּר	sich als Fremdling aufhalten / weilen
	גֵּר	Fremdling / Schutzbürger
נָס	נוּס	fliehen (vor Gefahr)
	ברח	entfliehen (aus einem Herrschaftsbereich)
רָץ	רוּץ	laufen
	(Part.) רָץ	Läufer / Bote
נָח	נוּחַ	ruhen
הֵנִיחַ	נוח hi. I	Ruhe verschaffen
הִנִּיחַ	נוח hi. II	setzen / legen / lassen
מֵת	מוּת	sterben
	(Part.) מֵת	sterbend / tot / Toter
הֵמִית	מוּת hi.	sterben lassen / töten

27.2.2 Weitere Vokabeln:

הוֹי	wehe!
הוֹי אֹמֵר	wehe dem, der sagt . . .
אַף	auch / sogar
לְךָ שָׁמַיִם אַף־לְךָ אָרֶץ	dein ist der Himmel, dein auch die Erde
נֶגֶד	vor / gegenüber von
נֶגְדִּי/נֶגְדְּךָ/נֶגְדּוֹ	vor mir / vor dir / vor ihm
אֵצֶל	(Seite) / neben
אֶצְלִי/אֶצְלוֹ	neben mir / neben ihm
אַחֲרוֹן	hinterer / letzter / künftig
דּוֹר אַחֲרוֹן	ein späteres Geschlecht
אֱמוּנָה	Festigkeit / Treue
בֶּאֱמוּנָה	in Treue
נָכְרִי	fremd / Fremder
בְּאֶרֶץ נָכְרִיָּה	in einem fremden Land
עֹז	Kraft / Macht
בִּזְרוֹעַ עֻזְּךָ	mit deinem mächtigen Arm
עֶלְיוֹן	oberer / höchster
אֵל עֶלְיוֹן	der höchste Gott
קֶבֶר	Grab
קִבְרוֹת אֲבוֹתַי	die Gräber meiner Vorfahren

27.2.3 Zusätzliche Verben:

כשל		straucheln / stolpern
כשל	ni.	straucheln / stolpern
נדח	hi.	versprengen / auseinanderjagen
נדח	ni.	versprengt werden

27.3.1 Hohle Wurzeln (I)

Unter der traditionellen Bezeichnung Verba mediae Waw (ע״ו, Ajin – Waw) bzw. Verba mediae Jod (ע״י, Ajin – Jod) versteht man nicht die (seltenen) Verben mit konsonantischem w oder j als mittlerem Radikal wie גָּוַע „hinscheiden", קִוָּה (pi.) „hoffen", הָיָה „sein", חָיָה „leben" (→ 27.4.1), sondern solche, bei denen in manchen Formen ו oder י als Vokalbuchstaben zwischen dem ersten und dem letzten Radikal erscheinen (sog. hohle Wurzeln). Nach neuerer Ansicht handelt es sich größtenteils um ursprünglich zweiradikalige Verben mit langem Vokal dazwischen (II ū/ō/ī).

In dieser Lektion werden die hohlen Wurzeln vom weitaus häufigsten Typus קוּם (II ū) behandelt, in Lektion 28 die selteneren Typen בּוֹשׁ (II ō) und שִׂים (II ī).

Die Verben dieser Klasse werden in den Wörterbüchern stets im Inf.cs. aufgeführt (קום, בוא, שׂים), weil die 3.sing.m.Perf.Qal bei fast allen Verben einheitlich ein ā aufweist (קָם, בָּא, שָׂם).

Sprachgeschichtliche Erläuterungen: Nach der älteren Erklärung sind die hohlen Wurzeln ursprünglich dreiradikalig mit schwachem w oder j als mittlerem Radikal (*qawam > qām, *jaqwum > jāqūm, *quwum > qūm). Wie beim Nomen, so dürften aber auch beim Verbum zunächst verschieden gebaute Typen nebeneinander bestanden haben, neben den dreiradikaligen auch solche mit vier oder mit zwei Radikalen, die erst sekundär so weit als möglich (vor allem im Perf.) dem Schema der dominierenden dreiradikaligen Verben angeglichen worden sind.

Den drei Stammvokalen u, a, i des Impf./Imp. beim starken Verbum entsprechen bei den hohlen Wurzeln die drei Langvokale ū, ā, ī, von denen ā lautgesetzlich zu ō wurde:

**jaktubu > jiktōb*	**jaqūmu > jāqūm*	
**jilbašu > jilbaš*	**jibāšu > jēbōš*	(→ 27.4.2)
**jantinu > jittēn*	**jaśīmu > jāśīm.*	

Hauptregeln für die Verben II ū:

— Der *Stammvokal* lautet (mit Ausnahmen, s.u.)

— im Perf. und Part. Qal: *-ā-*
— im Impf./Imp./Inf.cs./Part.pass. Qal: *-ū-* (→ 27.4.3)
— im Inf.abs. Qal: *-ō-*
— im ganzen Ni.: *-ō-*
— im ganzen Hi.: *-ī-*

— Der *Präformativvokal* steht (außer im Impf./Imp.Ni.: יִכּוֹן, הִכּוֹן) immer in offener Silbe und wird daher unmittelbar vor dem Ton gedehnt, bei weiterrückendem Ton reduziert:

— Impf.	Qal:	*jā-qūm*	(3.pl.f.	*t^{e}-qūmǽnā*)	
— Perf.	Ni.:	*nā-kōn*	(Part.pl.	*n^{e}-kōnīm*)	
— Perf.	Hi.:	*hē-qīm*	(2.sg.m.	*h^{a}-qīmṓtā*)	(→ 27.4.4)
— Impf.	Hi.:	*jā-qīm*	(m.Suff.	*j^{e}-qīmḗnī*)	
— Inf.cs.	Hi.:	*hā-qīm*	(m.Suff.	*h^{a}-qīmṓ*)	
— Part.	Hi.:	*mē-qīm*	(m.Suff.	*m^{e}-qīmā́h*)	(→ 27.4.5)

— Die *vokalischen Endungen* werden (wie beim Hi. der starken Verben) unbetont angehängt:

— 3.sg.f.Perf.Qal: *qā́m-ā* (→ 27.4.6)
— 3.pl.m.Impf.Qal: *jāqū́m-ū*
— sg.f.Imp.Qal: *qū́m-ī*

— Vor *konsonantischen Endungen* wird

— im Perf.Qal ā zu a verkürzt: *qám-tā, qam-tǽm*
— im Imp.Qal (pl.f.) ū zu ō: *qṓm-nā*
— im Impf.Qal/Hi. (2./3.pl.f.) ǣ eingefügt: *t^{e}qūm-ǣ́-nā*
— im Perf.Ni./Hi. ō eingefügt: *h^{a}qīm-ṓ-tā* (→ 27.4.7)

— Die endungslosen Formen des *Jussivs* und des *Waw-Impf.* (außer in der 1.sg.) weichen im Qal und im Hi. vom gewöhnlichen Impf. in der Vokalisation ab:

— Jussiv Qal mit ō statt ū: *jāqṓm*
— Jussiv Hi. mit ē statt ī: *jāqḗm*
— Waw-Impf.Qal mit Tonzurückziehung: *wajjā́qåm*
— Waw-Impf.Hi. mit Tonzurückziehung: *wajjā́qæm*
(aber 1.sg.: *wā'āqū́m, wā'āqī́m*) (→ 27.4.8)

9*

27.

— Das *Ho.* wird nach Analogie der Verben I w gebildet:

— Perf. *hūqam* „er ist aufgerichtet worden“

— Impf. *jūšab* „er wird zurückgebracht werden“ (→ 27.4.9)

Einzelheiten:

— מוּת *„sterben“* weicht in folgenden Formen vom Paradigma ab: Perf. Qal: מֵת, מֵתָה (*mētā*), מַתָּה (*máttā*), מַתִּי, מֵתוּ (*mētū*), מַתְנוּ; Part. מֵת (pl. מֵתִים); Perf. Hi. ohne -ō-: הֵמִתֶּם, הֵמַתִּי, הֵמַתָּה.

— נוּח *„ruhen“* bildet neben dem regulären Hi. I הֵנִיחַ („Ruhe verschaffen“, Impf. יָנִיחַ, Waw-Impf. וַיָּנַח) nach Art des Aramäischen (aramaisierend) ein Hi. II הִנִּיחַ mit abweichender Bedeutung („niedersetzen / -legen / lassen“) und mit verdoppeltem erstem Radikal und kurzem Präformativvokal (Impf. יַנִּיחַ, Waw-Impf. וַיַּנַּח).

Paradigmen: קוּם „aufstehen“, מוּת „sterben“, כּוּן ni. „fest stehen“

	Qal		Ni.	Hi.
Perf.sg.3.m.	קָם	מֵת	נָכוֹן	הֵקִים
3.f.	קָמָה	מֵתָה	נָכוֹנָה	הֵקִימָה
2.m.	קַמְתָּ	מַתָּה	נְכוּנוֹתָ	הֲקִימוֹתָ
2.f.	קַמְתְּ		נְכוּנוֹת	הֲקִימוֹת
1.	קַמְתִּי	מַתִּי	נְכוּנוֹתִי	הֲקִימוֹתִי
pl.3.	קָמוּ	מֵתוּ	נָכוֹנוּ	הֵקִימוּ
2.m.	קַמְתֶּם		נְכוּנוֹתֶם	הֲקִימוֹתֶם
1.	קַמְנוּ	מַתְנוּ	נְכוּנוֹנוּ	הֲקִימוֹנוּ
Impf.sg.3.m.	יָקוּם	יָמוּת	יִכּוֹן	יָקִים
3.f.	תָּקוּם	תָּמוּת	תִּכּוֹן	תָּקִים
2.m.	תָּקוּם	תָּמוּת	תִּכּוֹן	תָּקִים
2.f.	תָּקוּמִי	תָּמוּתִי	תִּכּוֹנִי	תָּקִימִי
1.	אָקוּם	אָמוּת	אֶכּוֹן	אָקִים
pl.3.m.	יָקוּמוּ	יָמוּתוּ	יִכּוֹנוּ	יָקִימוּ
3.f.	תְּקוּמֶינָה	תְּמוּתֶנָה		תְּקִימֶנָה
2.m.	תָּקוּמוּ	תָּמוּתוּ	תִּכּוֹנוּ	תָּקִימוּ
2.f.	תְּקוּמֶינָה			
1.	נָקוּם	נָמוּת	נִכּוֹן	נָקִים

	Qal		Ni.	Hi.
Waw-Impf.				
sg.3.m.	וַיָּקָם	וַיָּמָת	וַיִּכּוֹן	וַיָּקֶם
2.m.	וַתָּקָם		וַתִּכּוֹן	וַתָּקֶם
1.	וָאָקוּם		וָאֶכּוֹן	וָאָקִים
Imp.sg.m.	קוּם	מֻת	הִכּוֹן	הָקֵם
f.	קוּמִי		הִכּוֹנִי	הָקִימִי
pl.m.	קוּמוּ		הִכּוֹנוּ	הָקִימוּ
f.	קֹמְנָה			הָקֵמְנָה
Inf.cs.	(לָ)קוּם	(לָ)מוּת	הִכּוֹן	הָקִים
abs.	קוֹם	מוֹת	הִכּוֹן	הָקֵם
Part.act.m.	קָם	מֵת	נָכוֹן	מֵקִים
f.	קָמָה	מֵתָה	נְכוֹנָה	מְקִימָה

(→ 27.4.10)

27.3.2 Pronominalsuffixe an Partikeln als Subjekt

Allgemeine Aussagen über das Vorhandensein werden häufig durch die Partikeln יֵשׁ „es gibt“ und אֵין „es gibt nicht / ist nicht“ (10.2.2 und 10.3.4), אַיֵּה „wo?“ (7.2.5), הִנֵּה „siehe“ (8.2.3) und עוֹד „noch“ (13.2.4) eingeleitet. Enthält ein darauf folgender Nominalsatz ein pronominales Subjekt, so erscheint dieses nur in seltenen Fällen als separates Personalpronomen, z.B.

Neh 4,17: אֵין־אֲנַחְנוּ פֹּשְׁטִים בְּגָדֵינוּ „wir zogen die Kleider nicht aus“;
Jer 6,19: הִנֵּה אָנֹכִי מֵבִיא רָעָה אֶל־הָעָם הַזֶּה „siehe, ich bringe Unheil über dieses Volk“;
Jes 65,24: עוֹד הֵם מְדַבְּרִים „während sie noch reden“;
Sach 1,5: אַיֵּה־הֵם „wo sind sie?“.

Meistens wird das pronominale Subjekt durch ein Pronominalsuffix an der Partikel ausgedrückt (→ 27.4.11), z.B.

Jer 44,16: אֵינֶנּוּ שֹׁמְעִים אֵלֶיךָ׃ „wir hören nicht auf dich“;
Jer 19,3: הִנְנִי מֵבִיא רָעָה עַל־הַמָּקוֹם הַזֶּה „siehe, ich bringe Unheil über diesen Ort“;
Est 6,14: עוֹדָם מְדַבְּרִים עִמּוֹ „während sie noch mit ihm redeten“;
Jes 19,12: אַיָּם אֵפוֹא חֲכָמֶיךָ „wo sind sie denn, deine Weisen?“.

Da die Suffixe an diesen Partikeln teilweise etwas abweichende Formen zeigen, folgt hier eine Tabelle der vorkommenden Bildungen:

sing. 1.	עוֹדֶנִּי / עוֹדִי	הִנְנִי / הִנֵּנִי		אֵינֶנִּי	
2.m.	עוֹדְךָ	הִנְּךָ	אַיֶּכָּה	אֵינְךָ	יֶשְׁךָ
2.f.	עוֹדָךְ	הִנָּךְ		אֵינֵךְ	
3.m.	עוֹדֶנּוּ	הִנּוֹ	אַיּוֹ	אֵינֶנּוּ	יֶשְׁנוֹ
3.f.	עוֹדֶנָּה / עוֹדָהּ			אֵינֶנָּה	
plur. 1.	עוֹדֵינוּ	הִנְנוּ / הִנֵּנוּ		אֵינֶנּוּ	
2.m.		הִנְּכֶם		אֵינְכֶם	יֶשְׁכֶם / יִשְׁכֶם
3.m.	עוֹדָם	הִנָּם	אַיָּם	אֵינָם	

(→ 27.4.12)

27.3.3 Verwendung der Präpositionen (III): ל

ל ist die allgemeinste und daher sehr vielseitig verwendbare Präposition der Richtung und Beziehung (→ 5.3.2.3). Sie umschreibt

— *lokal* und daraus übertragen nicht nur Richtung, Ziel, Absicht usw., sondern auch bisweilen den Ort (1Chr 18,17 לְיַד הַמֶּלֶךְ׃ „zur Seite des Königs"; vgl. auch לִפְנֵי und לְעֵינֵי „vor"), das Ergebnis einer Handlung (Gen 2,7 וַיְהִי . . . לְנֶפֶשׁ חַיָּה׃ „so wurde der Mensch ein lebendes Wesen") oder den Bezug auf eine Größe („hinsichtlich / von / über": Gen 20,13 אִמְרִי־לִי אָחִי הוּא׃ „sage von mir: er ist mein Bruder"); vgl. לְמַעַן „damit / um . . . willen";

— *temporal* nicht nur den Endtermin (Dtn 16,4 לַבֹּקֶר „bis zum Morgen"), sondern auch den Zeitpunkt (Am 4,4 לַבֹּקֶר „am Morgen"; 2Sam 13,23 לִשְׁנָתַיִם יָמִים „nach Verlauf von zwei Jahren"; Esr 10,8 לִשְׁלֹשֶׁת הַיָּמִים „binnen drei Tagen");

— *modal* in verschiedenen Nuancen Zustand (לָבֶטַח „in Sicherheit / sorglos"; לְבַדּוֹ „allein"), Hinsicht (Ri 7,12 כָּאַרְבֶּה לָרֹב „wie Heuschrecken an Menge"), Gliederung (1Sam 29,2 עֹבְרִים לְמֵאוֹת וְלַאֲלָפִים „einherziehend in Hunderten und Tausenden"; Num 24,2 שֹׁכֵן לִשְׁבָטָיו „nach Stämmen gelagert"), vgl. לְפִי „gemäß" (1Kön 17,1 לְפִי דְבָרִי׃ „nach meinem Wort");

— *kausal* (seltener) die Ursache (Gen 21,6 יִצְחַק־לִי׃ „er wird über mich lachen") oder den Urheber (Ruth 3,10 בְּרוּכָה אַתְּ לַיהוָה „gesegnet seist du von Jahwe“; als sog. ל auctoris z.B. in לְדָוִד „von David“ in Psalmüberschriften);

— *dativisch* sowohl Nutzen und Vorteil („für / zugunsten von“, Dat.commodi) als auch Zugehörigkeit (Ps 95,5 לוֹ הַיָּם „ihm gehört das Meer“, Dat.possessoris) und Zuständigkeit (Mi 3,1 הֲלוֹא לָכֶם לָדַעַת „solltet ihr nicht kennen ...?“; Jer 10,23 לֹא לָאָדָם דַּרְכּוֹ „nicht der Mensch verfügt über seinen Weg“);

— zur Umschreibung des *Genetivs* → 5.3.3.2, des *Akkusativs* → 11.4.12;

— in Verbindung mit dem *Infinitiv* hat ל final-konsekutive und modale Bedeutung (→ 10.3.1.3), bisweilen auch temporale (Ex 14,27 לִפְנוֹת בֹּקֶר „beim Anbruch des Morgens“).

In einigen Fällen ist die Präposition im Dt. nicht zu übersetzen:

— in Verbindung mit *anderen Präpositionen*, z.B. לְמִן־ und עַד לְ;

— als sog. ל *inscriptionis* zur Einführung einer Benennung (Ez 37,16 וּכְתֹב עָלָיו לִיהוּדָה ... לְיוֹסֵף ... „und schreibe darauf: ‘Juda ...’ ... ‘Joseph ...’“);

— als sog. *Dat.ethicus* zur Angabe des Interesses des Subjekts an der Handlung, vor allem beim Imperativ, z.B. Am 7,12 בְּרַח־לְךָ „fliehe!“; Gen 22,5 שְׁבוּ־לָכֶם פֹּה „bleibet hier!“; Gen 24,6 u.ö. הִשָּׁמֶר לְךָ „hüte dich!“; Gen 21,16 וַתֵּשֶׁב לָהּ „und sie setzte sich“. (→ 27.4.13)

27.3.4 Wortschatz nach Sachgruppen (XII): Partikeln — Pronomina

12.1. וְ אוֹ גַּם אַף אַךְ רַק אוּלַי

12.2. אֲשֶׁר כַּאֲשֶׁר שֶׁ· כִּי אִם כִּי־אִם לְמַעַן יַעַן לוּ לוּלֵי

12.3. לֹא אַל־ אַיִן/אֵין פֶּן (לְ)בִלְתִּי בַּל בְּלִי יֵשׁ

12.4. כֵּן עַל־כֵּן לָכֵן כֹּה לֵאמֹר מְאֹד חִנָּם רֵיקָם

12.5. הֲ אֵיךְ לָמָּה/לָמָה מַדּוּעַ

12.6. הִנֵּה הֵן נָא הוֹי אֲהָהּ אָמֵן אָמְנָם הַ· אֵת/אֶת־

12.7. לְ בְּ לִפְנֵי אַחַר/אַחֲרֵי עַד־ מִן־ אֶל־ בֵּין עַל־ תַּחַת נֶגֶד לִקְרַאת אֵצֶל

12.8. כְּ עִם־ אֵת/אֶת־ בְּעַד לְמַעַן בַּעֲבוּר

12.9. אֲנִי ... הֵם (8.3.1.1) זֶה זֹאת אֵלֶּה מִי מָה/מַה־

27.4 Anmerkungen

27.4.1 In der späteren Sprache kommen, wohl unter aramäischem Einfluß, auch starke Bildungen IIw und besonders IIj auf von Verben, die nicht zugleich IIIj sind, so z.B. ein Pi. von קוּם („bestätigen“) mit Perf. קִיְּמוּ, קִיֵּם, Inf. לְקַיֵּם usw. (11mal in Ez 13,6; Ps 119,28.106; Ruth 4,7; Est 9,21–32).

27.4.2 Aber **jabā'u* > *jābō'*.

27.4.3 Der Inf.cs. hat bisweilen auch den ō-Vokal, so מוֹט „wanken".

27.4.4 עוד hi. „Zeuge sein / zum Zeugen rufen / beteuern / warnen" und עור hi. „aufwecken / erregen" bilden Formen mit a: הַעִידֹתִי, הַעִירוֹתִי; die 3.sg.m. Perf.Hi. mit Suffix hat æ: הֱכִינַנִי „er hat mich eingesetzt", הֱמִיתָתְהוּ „sie hat ihn getötet" usw.

27.4.5 Part.hi. mit ē nach Analogie der Verben I j.

27.4.6 Ausnahmen: im Ho. (s.u.) und bei *-ūn* (→ 8.4.8), auch sonst manchmal aus rhythmischen Gründen. Die nominale Fem.-Endung des Part. ist immer betont.

27.4.7 Im Perf.Ni. wird das ō des Stammes vor dem betonten „Trennungsvokal" ō zu ū dissimiliert: נְסוּגֹתִי von סוג ni. „zurückweichen", aber נְפֹצֹתֶם von פוץ ni. „zerstreut werden" (2.pl. mit Nebenton auf der Stammsilbe).

27.4.8 Pausalformen behalten die Endbetonung: וַיָּמֹת. — Ist der Endkonsonant ein Laryngal oder ein Resch, so werden å > a und æ > a: וַיָּנַח, וַיָּסַר; die Formen des Waw-Impf.Qal und Waw-Impf.Hi. lauten hier gleich, können aber nach dem Kontext unterschieden werden, da das Qal intransitiv, das Hi. transitiv ist.

27.4.9 Bei שׁוּב ho. „zurückgebracht werden" (5–6mal) sind Verwechslungen mit ישׁב ho. „angesiedelt werden" (1–2 mal) möglich; strittig ist Jes 44,26 הָאֹמֵר לִירוּשָׁלִַם תּוּשָׁב.

27.4.10 Bei מות sind nur die belegten Formen angegeben.

27.4.11 Pronominale Elemente in der Funktion des Subjekts sind sonst nur bei Verben vorhanden; man hat daher die Existenzpartikeln mit Suffixen auch schon als „Quasiverben" bezeichnet.

27.4.12 הִנֵּנִי und הִנֵּנוּ sind Pausalformen. Neben אֵינָם kommt poetisches אֵינֶמּוֹ vor.

27.4.13 In einigen Fällen wird ל nicht als Präposition, sondern als Beteuerungspartikel לְ anzusehen sein (z.B. Ps 89,19 כִּי לַיהוָה מָגִנֵּנוּ וְלִקְדוֹשׁ יִשְׂרָאֵל מַלְכֵּנוּ: „Ja, Jahwe ist gewiß unser Schild, und der Heilige Israels ist gewiß unser König!").

27.5 Übungen und Lesestück

27.5.1: נַסְתֶּם נַסְנוּ גָּר תָּסוּרוּ נָנוּסָה שַׁבְתָּ יוּמַת נָכוֹנָה הֵמִיתוּ הָמִיתוּ מֵת הֲרִימוֹתִי יָגוּר יָרוּצוּ
וַיָּמָת יוֹרַם תְּשׁוּבֶינָה מוּת תְּמֻתוּן הַנֵּחַ יָרֵם מַתָּה תָּנוּחַ וַתֵּנַח וַתָּנַח יִכּוֹן תָּשֹׁב וַתָּרָם
אֲנִיחֶנּוּ הֲקִימוֹתִי שָׁבִים סוּרָה מֵתָה

27.5.2: du wirst zurückkehren, du sollst zurückkehren, und du kehrtest zurück, kehre zurück!, stelle auf!, richte mich auf!, und er richtete auf, und er richtete mich auf, ich habe aufgerichtet, und sie entfernten, und er entfernte, er wird Bestand haben, sie haben erhöht, ich bin geflohen, laufet!, um zu sterben, um zu töten, ich habe hingelegt.

27.5.3:

1. וְאָמַר אַחֲרֵי עֲשׂוֹתָהּ אֶת־כָּל־אֵלֶּה אֵלַי תָּשׁוּב וְלֹא שָׁבָה 2. וְעַתָּה
הָשֵׁב אֵשֶׁת־הָאִישׁ כִּי־נָבִיא הוּא וְיִתְפַּלֵּל בַּעַדְךָ וֶחְיֵה וְאִם־אֵינְךָ מֵשִׁיב
דַּע כִּי־מוֹת תָּמוּת אַתָּה וְכָל־אֲשֶׁר־לָךְ׃ 3. סוּס מוּכָן לְיוֹם מִלְחָמָה
וְלַיהוָה הַתְּשׁוּעָה׃[a] 4. כִּי יִמְלְאוּ יָמֶיךָ וְשָׁכַבְתָּ אֶת־אֲבֹתֶיךָ וַהֲקִימֹתִי אֶת־
זַרְעֲךָ אַחֲרֶיךָ אֲשֶׁר יֵצֵא מִמֵּעֶיךָ[b] וַהֲכִינֹתִי אֶת־מַמְלַכְתּוֹ׃ 5. יְהוָה מֵמִית
וּמְחַיֶּה מוֹרִיד שְׁאוֹל וַיָּעַל׃ ··· מֵקִים מֵעָפָר דָּל[c] מֵאַשְׁפֹּת[d] יָרִים אֶבְיוֹן
6. וֶאֱלִישָׁע דִּבֶּר אֶל־הָאִשָּׁה אֲשֶׁר־הֶחֱיָה אֶת־בְּנָהּ לֵאמֹר קוּמִי וּלְכִי אַתְּ
וּבֵיתֵךְ וְגוּרִי בַּאֲשֶׁר תָּגוּרִי 7. וְנַסְתֶּם כַּאֲשֶׁר נַסְתֶּם מִפְּנֵי הָרַעַשׁ[e] בִּימֵי
עֻזִּיָּה מֶלֶךְ־יְהוּדָה 8. רָץ לִקְרַאת־רָץ יָרוּץ וּמַגִּיד לִקְרַאת מַגִּיד לְהַגִּיד
לְמֶלֶךְ בָּבֶל כִּי־נִלְכְּדָה עִירוֹ מִקָּצֶה׃[f] 9. וַיְדַבֵּר שְׁמוּאֵל אֶל־הָעָם אֵת
מִשְׁפַּט הַמְּלֻכָה[f'] וַיִּכְתֹּב בַּסֵּפֶר וַיַּנַּח לִפְנֵי יְהוָה 10. מַכֵּה אִישׁ וָמֵת מוֹת
יוּמָת׃ 11. אִם־אָמַרְנוּ נָבוֹא הָעִיר וְהָרָעָב בָּעִיר וָמַתְנוּ שָׁם וְאִם־יָשַׁבְנוּ
פֹה וָמָתְנוּ וְעַתָּה לְכוּ וְנִפְּלָה[g] אֶל־מַחֲנֵה אֲרָם אִם־יְחַיֻּנוּ נִחְיֶה וְאִם־יְמִיתֻנוּ
וָמָתְנוּ׃ 12. וַיִּקְרָא יְהוָה אֱלֹהִים אֶל־הָאָדָם וַיֹּאמֶר לוֹ אַיֶּכָּה׃ 13. וַיָּבֹא
יְהוּדָה וְאֶחָיו בֵּיתָה יוֹסֵף וְהוּא עוֹדֶנּוּ שָׁם וַיִּפְּלוּ לְפָנָיו אָרְצָה׃ 14. וַיְשַׁלַּח
מֹשֶׁה אֶת־חֹתְנוֹ[h] וַיֵּלֶךְ לוֹ אֶל־אַרְצוֹ׃ 15. וַיֹּאמֶר לָהֶם זְרֻבָּבֶל וְיֵשׁוּעַ
וּשְׁאָר רָאשֵׁי הָאָבוֹת[i] לְיִשְׂרָאֵל לֹא־לָכֶם וָלָנוּ לִבְנוֹת בַּיִת לֵאלֹהֵינוּ 16. קוּם
הִתְהַלֵּךְ בָּאָרֶץ לְאָרְכָּהּ וּלְרָחְבָּהּ כִּי לְךָ אֶתְּנֶנָּה׃ 17. וַיִּשְׁמַע מֹשֶׁה אֶת־
הָעָם בֹּכֶה לְמִשְׁפְּחֹתָיו אִישׁ לְפֶתַח אָהֳלוֹ 18. וַיְהִי לְעֵת תְּשׁוּבַת[j] הַשָּׁנָה
לְעֵת צֵאת הַמְּלָכִים וַיִּנְהַג[k] יוֹאָב אֶת־חֵיל הַצָּבָא וַיַּשְׁחֵת אֶת־אֶרֶץ בְּנֵי־
עַמּוֹן 19. וָאָקִים מִבְּנֵיכֶם לִנְבִיאִים 20. וַתִּבְטַח לְךָ עַל־מִצְרַיִם לְרֶכֶב
וּלְפָרָשִׁים׃[l] 21. וְעַתָּה אִם־יֶשְׁכֶם עֹשִׂים חֶסֶד וֶאֱמֶת אֶת־אֲדֹנִי הַגִּידוּ לִי
וְאִם־לֹא הַגִּידוּ לִי 22. הוֹי הָאֹמְרִים לָרַע טוֹב וְלַטּוֹב רָע 23. הוֹי
חֲכָמִים בְּעֵינֵיהֶם וְנֶגֶד פְּנֵיהֶם נְבֹנִים׃[m] 24. שְׁמַע אֵלַי יַעֲקֹב וְיִשְׂרָאֵל מְקֹרָאִי
אֲנִי־הוּא אֲנִי רִאשׁוֹן אַף אֲנִי אַחֲרוֹן׃ 25. דֹּבֵר שְׁקָרִים לֹא־יִכּוֹן לְנֶגֶד
עֵינָי׃ 26. וַיְהִי אַחֲרֵי קָבְרוֹ אֹתוֹ וַיֹּאמֶר אֶל־בָּנָיו לֵאמֹר בְּמוֹתִי וּקְבַרְתֶּם
אֹתִי בַּקֶּבֶר אֲשֶׁר אִישׁ הָאֱלֹהִים קָבוּר בּוֹ אֵצֶל עַצְמֹתָיו הַנִּיחוּ אֶת־עַצְמֹתָי׃

27.

27. וַיְבָרְכֵהוּ וַיֹּאמַר בָּרוּךְ אַבְרָם לְאֵל עֶלְיוֹן קֹנֵה[n] שָׁמַיִם וָאָרֶץ׃ 28. ... כִּי
לֹא־כָלוּ רַחֲמָיו׃ חֲדָשִׁים לַבְּקָרִים רַבָּה אֱמוּנָתֶךָ׃ 29. קוּמָה יְהוָה
לִמְנוּחָתֶךָ[o] אַתָּה וַאֲרוֹן עֻזֶּךָ׃ 30. וַיֹּאמֶר הַמֶּלֶךְ אֶל־אִתַּי הַגִּתִּי[p] לָמָּה
תֵלֵךְ גַּם־אַתָּה אִתָּנוּ שׁוּב וְשֵׁב עִם־הַמֶּלֶךְ כִּי־נָכְרִי אַתָּה

27.5.4:

1. Nur möge Jahwe sein Wort wahr machen (zustande kommen lassen).
2. Sei bereit, deinem Gott entgegen, Israel!
3. Und er ruhte am siebten Tag.
4. Und Jahwe verschaffte ihnen ringsum (מִסָּבִיב) Ruhe.
5. Denn er war noch ein Knabe.
6. Es verlasse der Gottlose seinen Weg ... und er kehre zurück zu Jahwe, so wird er sich seiner erbarmen.
7. Wo (בַּאֲשֶׁר) du (f.) stirbst, werde ich sterben.
8. Als aber die Männer Israels ... sahen (Waw-Impf.), daß die Männer Israels geflohen waren und daß Saul und seine Söhne tot waren, da verließen sie die Städte und flohen.

---

[a] תְּשׁוּעָה = Hilfe
[b] מֵעִים = Leib
[c] דַּל = arm / Armer
[d] אַשְׁפֹּת = Abfallhaufen
[e] רַעַשׁ = Erdbeben
[f] „an allen Enden“
[f′] מְלוּכָה = Königtum
[g] hier: „abfallen / überlaufen“
[h] חֹתֵן = Schwiegervater
[i] רָאשֵׁי הָאָבוֹת = Familienhäupter
[j] תְּשׁוּבָה = Rückkehr
[k] נהג = führen / anführen
[l] פָּרָשׁ = Reiter
[m] נָבוֹן = verständig
[n] hier: „Schöpfer“
[o] מְנוּחָה = Ruhe / Ruhestätte
[p] Itthai von Gath

27.5.5 Lesestück: Boas heiratet Ruth (Ruth 4,1–11)

4 1 וּבֹעַז עָלָה הַשַּׁעַר וַיֵּשֶׁב שָׁם וְהִנֵּה הַגֹּאֵל עֹבֵר אֲשֶׁר דִּבֶּר־בֹּעַז
וַיֹּאמֶר סוּרָה שְׁבָה־פֹּה פְּלֹנִי אַלְמֹנִי וַיָּסַר וַיֵּשֵׁב׃ 2 וַיִּקַּח[a] עֲשָׂרָה
אֲנָשִׁים מִזִּקְנֵי הָעִיר וַיֹּאמֶר שְׁבוּ־פֹה וַיֵּשֵׁבוּ׃ 3 וַיֹּאמֶר לַגֹּאֵל חֶלְקַת
הַשָּׂדֶה אֲשֶׁר לְאָחִינוּ לֶאֱלִימֶלֶךְ מָכְרָה[a] נָעֳמִי[a] הַשָּׁבָה מִשְּׂדֵה מוֹאָב׃
4 וַאֲנִי אָמַרְתִּי אֶגְלֶה אָזְנְךָ לֵאמֹר קְנֵה נֶגֶד הַיֹּשְׁבִים וְנֶגֶד זִקְנֵי עַמִּי
אִם־תִּגְאַל גְּאָל וְאִם־לֹא יִגְאַל[a] הַגִּידָה לִּי וְאֵדְעָ[b] כִּי אֵין זוּלָתְךָ

לִגְאוֹל וְאָנֹכִי אַחֲרֶיךָ וַיֹּאמֶר אָנֹכִי אֶגְאָל׃ 5 וַיֹּאמֶר בֹּעַז בְּיוֹם־
קְנוֹתְךָ הַשָּׂדֶה מִיַּד נָעֳמִי [a]וּמֵאֵת רוּת הַמּוֹאֲבִיָּה אֵשֶׁת־הַמֵּת קָנִיתִי[b]
לְהָקִים שֵׁם־הַמֵּת עַל־נַחֲלָתוֹ׃ 6 וַיֹּאמֶר הַגֹּאֵל לֹא אוּכַל לִגְאוֹל־לִי
פֶּן־אַשְׁחִית אֶת־נַחֲלָתִי גְּאַל־לְךָ אַתָּה אֶת־גְּאֻלָּתִי כִּי לֹא־אוּכַל
לִגְאֹל׃ 7 וְזֹאת[a] לְפָנִים בְּיִשְׂרָאֵל עַל־הַגְּאוּלָּה וְעַל־הַתְּמוּרָה לְקַיֵּם
כָּל־דָּבָר שָׁלַף[b] אִישׁ נַעֲלוֹ וְנָתַן לְרֵעֵהוּ וְזֹאת הַתְּעוּדָה בְּיִשְׂרָאֵל׃
8 וַיֹּאמֶר הַגֹּאֵל לְבֹעַז קְנֵה־לָךְ וַיִּשְׁלֹף נַעֲלוֹ[a]׃ 9 וַיֹּאמֶר בֹּעַז לַזְּקֵנִים
וְכָל־הָעָם עֵדִים אַתֶּם הַיּוֹם כִּי קָנִיתִי אֶת־כָּל־אֲשֶׁר לֶאֱלִימֶלֶךְ וְאֵת
כָּל־אֲשֶׁר לְכִלְיוֹן וּמַחְלוֹן מִיַּד נָעֳמִי׃ 10 וְגַם אֶת־רוּת הַמֹּאֲבִיָּה
אֵשֶׁת מַחְלוֹן קָנִיתִי לִי לְאִשָּׁה לְהָקִים שֵׁם־הַמֵּת עַל־נַחֲלָתוֹ וְלֹא־
יִכָּרֵת שֵׁם־הַמֵּת מֵעִם אֶחָיו [a]וּמִשַּׁעַר מְקוֹמוֹ[a] עֵדִים אַתֶּם הַיּוֹם׃
11 וַיֹּאמְרוּ כָּל־הָעָם אֲשֶׁר־בַּשַּׁעַר [a]וְהַזְּקֵנִים עֵדִים[a] יִתֵּן יְהוָה אֶת־
הָאִשָּׁה הַבָּאָה אֶל־בֵּיתֶךָ כְּרָחֵל ׀ וּכְלֵאָה אֲשֶׁר בָּנוּ שְׁתֵּיהֶם אֶת־
בֵּית יִשְׂרָאֵל וַעֲשֵׂה־חַיִל בְּאֶפְרָתָה וּקְרָא־שֵׁם בְּבֵית לָחֶם׃

Erläuterungen:

V. 1: גֹּאֵל „Löser" (nächster Verwandter, zur Erhaltung der Sippe verpflichtet); פְּלֹנִי אַלְמֹנִי „der und der / Soundso".

V. 3: מָכְרָה → 24.3.3.3.

V. 4: יִגְאַל: lies תִּגְאַל; ואדע Qere: וְאֵדְעָה; זוּלָתְךָ „außer dir".

V. 5: וּמֵאֵת: lies וְגַם־אֵת; קניתי Qere: קָנִיתָה.

V. 6: לגאול Qere: לִגְאָל־; גְּאֻלָּה „Rückkauf(spflicht)".

V. 7: תְּמוּרָה „Tausch"; שלף „ausziehen" (→ 24.3.3.4); נַעַל „Sandale"; תְּעוּדָה „Bestätigung".

LEKTION 28

28.1 Vokabel-Repetition (Personennamen)

Repetiere bzw. bestimme die hebräischen Namensformen aller Personennamen, die im Alten Testament über 50mal vorkommen (anhand der Angaben in Lektion 1–4 und im deutsch-hebräischen Register des Anhangs):

Aaron, Abimelech, Abner, Abraham/Abram, Absalom, Ahab, Asa, Bileam, Daniel, David, Eleasar, Elia, Elisa, Esau, Esther, Haman, Hiob,

28.

Hiskia, Isaak, Jakob, Jehu, Jeremia, Jerobeam, Joab, Joas, Jojada, Jonathan, Josaphat, Joseph, Josia, Josua, Laban, Mardochai, Mose, Nebukadnezar, Rehabeam, Salomo, Samuel, Saul, Zadok, Zedekia.

28.2 Vokabular

28.2.1 Zweiradikalige Verben mit -ō- und -ī-:

Perf.: בָּא	*Inf.:* בּוֹא		kommen / hineingehen / eintreffen / untergehen [(Sonne)
הֵבִיא	בוא hi.		bringen
בּוֹשׁ	בּוֹשׁ		sich schämen / zuschanden werden
הֹבִישׁ	בושׁ hi.		zuschanden machen / beschämt dastehen
אוֹר	אוֹר	×	hell werden / leuchten
הֵאִיר	אור hi.		leuchten lassen / erleuchten / leuchten
שָׂם	שִׂים		setzen / legen / stellen
	וַיָּשֶׂם אֶת־בָּנָיו שֹׁפְטִים		er machte seine Söhne zu Richtern
שָׁת	שִׁית		setzen / legen / stellen
	שָׁת לִבּוֹ (לְ)		er nahm zu Herzen / er beachtete
	בִּין		verstehen / einsehen / (be)merken
	בין hi.		verstehen / belehren
שָׁר	שִׁיר		singen
(Part. po.)	מְשׁוֹרֵר		(Tempel-)Sänger
לָן	לִין		übernachten
	וַיָּלֶן שָׁם		und er übernachtete dort
רָב	רִיב		rechten / streiten
	וַיָּרֶב הָעָם עִם־מֹשֶׁה		und das Volk haderte mit Mose
	גִּיל	×	frohlocken / jauchzen
	נָגִילָה וְנִשְׂמְחָה		lasset uns frohlocken und fröhlich sein

28.2.2 Weitere Vokabeln

(f.)	בְּאֵר	×	Brunnen
	בְּאֵר מַיִם		wasserführender Brunnen
	בֹּשֶׁת	×	Scham / Schande
	יִלְבְּשׁוּ־בֹשֶׁת		sie bedecken sich mit Schmach
	יָרֵחַ	×	Mond
	שֶׁמֶשׁ וְיָרֵחַ		Sonne und Mond

כּוֹכָב ×	Stern
יָרֵחַ וְכוֹכָבִים	Mond und Sterne
תֵּבֵל ×	Festland / Erde
יֹשְׁבֵי תֵבֵל	die Bewohner des Erdkreises

28.2.3 Zusätzliche Verben:

כסה pi.	bedecken
וַיְכַס	und er bedeckte
נבא ni.	prophetisch reden / als Prophet auftreten
נבא hitp.	sich als Prophet gebärden
סגר	schließen / verschließen
סגר hi.	verschließen / ausliefern
פוץ	sich zerstreuen
פוץ hi.	zerstreuen
בקע	spalten
בִּקְעָה ×	Talebene
יכח hi.	feststellen, was recht ist / zurechtweisen
וְהוֹכִיחַ	er wird Recht sprechen

28.3.1 Hohle Wurzeln (II)

Während die Verben II ī noch einigermaßen zahlreich sind, wenn auch nicht so häufig wie die Verben II ū (→ 27.3.1), kommen als Verben II ō außer dem häufigen בּוֹא nur noch die verhältnismäßig seltenen Verben אוֹר, בּוֹשׁ (→ 28.2.1) und טוֹב „gut sein" (das Impf. wird von der Nebenform יטב gebildet, → 23.2.1) in einigen wenigen Formen vor.

Verben II ī: Der Stammvokal lautet

— im Impf./Imp./Inf.cs.:	*-ī-*	(→ 28.4.1)
— im Jussiv und im Impf. vor *-nā*:	*-ē-*	(vgl. II ū hi.)
— im Waw-Impf. mit Tonzurückziehung:	*-æ-*	(vgl. II ū hi.).
Alle übrigen Formen lauten wie bei den Verben II ū.		(→ 28.4.2)

Verben II ō: Der Stammvokal lautet

— im Impf./Imp./Inf.cs.:	*-ō-*	
— im Perf./Part.act. Qal bei בוא:	*-ā-*, sonst: *-ō-*	
Der Präformativ-Vokal ist bei בוא: *ā*, bei בוש: *ē*.		(→ 28.4.3)

Paradigmen:

	IIī	בוא	IIō
Perf.sing.3.m.	שָׂם	בָּא	בּוֹשׁ
3.f.	שָׂמָה	בָּאָה	בּוֹשָׁה
2.m.	שַׂמְתָּ	בָּאתָ	
1.	שַׂמְתִּי	בָּאתִי	בֹּשְׁתִּי
plur.3.	שָׂמוּ	בָּאוּ	בּוֹשׁוּ
Impf.sing.3.m.	יָשִׂים	יָבֹא	יֵבוֹשׁ
plur.3.f.	יָשִׂימוּ	יָבֹאוּ	יֵבוֹשׁוּ
Waw-Impf.sg.3.m.	וַיָּשֶׂם	וַיָּבֹא	
1.	וָאָשִׂים	וָאָבוֹא	
Imp.sing.m.	שִׂים	בֹּא	
f.	שִׂימִי	בֹּאִי	בּוֹשִׁי
plur.m.	שִׂימוּ	בֹּאוּ	בּוֹשׁוּ
Inf.cs.	רִיב	בּוֹא	בּוֹשׁ
abs.	רוֹב	בּוֹא	בּוֹשׁ
Part.act.	שָׂם	בָּא	(בּוֹשִׁים)
pass.	שִׂים/שׂוּמָה		

28.3.2 Ungewöhnliche Verbalstammformen

Vereinzelt begegnen in den Texten Verbalformen, die nicht in das Schema der bekannten sieben Stammformen passen. Bereits behandelt ist das mit 170 Belegen relativ häufige Hištafʿel von חוה → 26.3.1. Es handelt sich im wesentlichen um ursprünglich zweiradikalige, seltener um drei- oder vierradikalige Verben; sowohl in der Form als auch in der Bedeutung stehen diese Bildungen in der Nähe der Doppelungsstämme Piʿel, Puʿal und Hitpaʿel. Für die Elementargrammatik wichtig sind nur die bei den Verba mediae geminatae (→ 29.3.1) vorkommenden und von dort auf die hohlen Wurzeln übertragenen Stammformen Polel, Polal und Hitpolel (→ 28.3.2.2).

28.3.2.1 Seltene Bildungen

Das formale Mittel der Wurzelvariation ist meistens die Reduplikation.

Recht selten ist die Wiederholung des letzten oder der beiden letzten Konsonanten bei den dreiradikaligen Wurzeln, z.B. אֻמְלַל „verwelken", *Puʿlal* der Wurzel אמל (15mal; z.B. Perf.sing.3.f. in Jes 24,4 (אֶרֶץ) אֻמְלְלָה „es welkt [das Land]") oder Ps 38,11 לִבִּי סְחַרְחַר „mein Herz pocht heftig", *Peʿalʿal* der Wurzel סחר.

Sehr selten sind vierradikalige Verben, die nach dem Muster des Piʿel und Puʿal flektiert werden, z.B. Impf. mit Suffix יְכַרְסְמֶנָּה „er frißt sie ab" (Ps 80,14), Part.pass. מְתֻרְגָּם „übersetzt" (Esr 4,7, Lehnwort aus dem Akkadischen).

Bei den ursprünglich zweiradikaligen Wurzeln (hohle Wurzeln, → 27.3.1, und Verba mediae geminatae, → 29.3.1) ist häufig der zweite Radikal wiederholt (→ 28.3.2.2); doch begegnen auch vollständig reduplizierte Formen mit kurzen Vokalen, z.B. von כול „erfassen“ das *Pilpel* „fassen“ und „(mit Lebensunterhalt) versorgen“ (24mal) mit Formen wie Perf. כִּלְכֵּל, כִּלְכַּלְתִּי, כִּלְכְּלוּ; Impf. יְכַלְכֵּל, אֲכַלְכֵּל; Inf.cs. כַּלְכֵּל; Part. מְכַלְכֵּל; dazu kommt ein Perf. *Polpal* in 1Kön 20,27: כָּלְכְּלוּ „sie wurden versorgt“. Als Beispiel für ein *Hitpalpel* diene מהה „zögern“ (9mal), z.B. Imp.plur. הִתְמַהְמְהוּ (in Ri 19,8), Part. מִתְמַהְמֵהַּ (2Sam 15,28).

28.3.2.2 Polel, Polal und Hitpolel

Auf die ursprünglich zweiradikaligen Verben II gem. (→ 29.3.1) und II ū/ō/ī (hohle Wurzeln) beschränkt sind die Formen mit langem ō in der Stammsilbe und wiederholtem zweitem Radikal, welche genau entsprechend den Doppelungsstämmen Piʿel, Puʿal und Hitpaʿel flektiert werden und diese auch in der Bedeutung vertreten:

aktiv: *Pōlēl* (po.)
passiv: *Pōlal* (polal)
reflexiv: *Hitpōlēl* (hitpo.). (→ 28.4.4)

Häufiger (über 10mal) gebrauchte Po.-Verben sind bei den hohlen Wurzeln:

כון po. „hinstellen / gründen / zielen (Pfeil)“, polal „bereitet werden“, hitpo. „gegründet sein / sich hinstellen“;
רום po. „aufziehen / erhöhen / preisen“, polal „erhoben werden / erhöht werden“, hitpo. „sich erheben“;
עור po. „in Bewegung bringen / wecken / erregen“, hitpo. „sich aufregen / sich aufraffen“;
שׁוב po. „zurückbringen / wieder herstellen“, polal „wieder hergestellt werden / abtrünnig werden“;
שׁיר po. „singen“ (Part. מְשׁוֹרֵר „Tempelsänger“).

Paradigma:

		Polel	Polal	Hitpolel
Perf.sing.	3.m.	כּוֹנֵן	כּוֹנַן	הִתְכּוֹנֵן
	3.f.	כּוֹנְנָה	כּוֹנְנָה	הִתְכּוֹנְנָה
	2.m.	כּוֹנַנְתָּ	כּוֹנַנְתָּ	הִתְכּוֹנַנְתָּ
	....			
Impf.sing.	3.m.	יְכוֹנֵן	יְכוֹנַן	יִתְכּוֹנֵן
	3.f.	תְּכוֹנֵן	תְּכוֹנַן	תִּתְכּוֹנֵן
plur.	3.m.	יְכוֹנְנוּ	יְכוֹנְנוּ	יִתְכּוֹנְנוּ
	3.f.	תְּכוֹנֵנָּה	תְּכוֹנַנָּה	תִּתְכּוֹנֵנָּה
	....			
Imp.sing.m.		כּוֹנֵן		הִתְכּוֹנֵן
Inf.cs.		כּוֹנֵן		הִתְכּוֹנֵן
Part.		מְכוֹנֵן	מְכוֹנָן	מִתְכּוֹנֵן

(→ 28.4.5)

28.3.3 Verwendung der Präpositionen (IV): מִן־

מִן־ (zur Form → 7.3.2.2 und 7.4.2; poetische Nebenform מִנִּי, ca. 30 mal) ist die vielfältig gebrauchte Präposition der Trennung und des Abstandes. Sie steht

— *lokal*: ,,aus (... heraus)" (1Sam 17,35 מִפִּיו, ,aus seinem Rachen"), ,,von (... weg)" (Ex 2,15 וַיִּבְרַח מֹשֶׁה מִפְּנֵי פַרְעֹה ,,und Mose floh vor dem Pharao"), aber auch unter Abschwächung der separativen Bedeutung auf die Frage wo?, wenn ein Abstand ausgesagt wird, z.B. Gen 2,8 מִקֶּדֶם ,,im Osten"; Ex 2,4 מֵרָחֹק ,,in einiger Entfernung"; 1Sam 17,3 מִזֶּה ... מִזֶּה ,,jenseits ... diesseits"; 2Sam 16,6 מִימִינוֹ וּמִשְּׂמֹאלוֹ ,,zu seiner Rechten und zu seiner Linken"; מִמַּעַל ,,oben", מִתַּחַת ,,unten" (Ex 20,4);

— *temporal*: ,,seit" (1Sam 12,2 מִנְּעֻרַי ,,von meiner Jugend an"); ,,nach" (Ri 11,4 מִיָּמִים ,,nach einiger Zeit"; vgl. מִקֵּץ ,,nach Verlauf von"); auch hier ohne separative Bedeutung auf die Frage wann?, z.B. Jes 37,26 מִימֵי קֶדֶם ,,in der Urzeit"; Gen 19,34 מִמָּחֳרָת ,,am andern Tag";

— *kausal*: ,,wegen" (Ruth 1,13 מִכֶּם ,,euretwegen"; Jes 53,5 מִפְּשָׁעֵינוּ ,,wegen unserer Vergehen"), auch in der präpositionalen Wendung מִפְּנֵי (1Kön 8,11 מִפְּנֵי הֶעָנָן ,,wegen der Wolke");

— *partitiv*: ,,aus / von" (Ex 16,27 מִן־הָעָם ,,einige aus dem Volk"; Ex 17,5 מִזִּקְנֵי יִשְׂרָאֵל ,,einige von den Ältesten Israels");

— *privativ*: ,,(fern von =) ohne" (Hi 21,9 מִפָּחַד ,,ohne Schrecken"; Jes 5,9 מֵאֵין יוֹשֵׁב ,,ohne Bewohner", mit pleonastischer Negation);

— *komparativ*: ,,mehr als / zuviel für" (→ 8.3.3.2; 1Kön 5,11 וַיֶּחְכַּם מִכָּל־הָאָדָם ,,und er war weiser als alle Menschen"; 1Kön 19,7 רַב מִמְּךָ הַדָּרֶךְ׃ ,,der Weg ist zu weit für dich");

— vor *Inf.cs.* meist in der Bedeutung ,,so daß nicht", auch ,,weil" oder ,,nachdem" (Gen 27,1 מֵרְאֹת ,,so daß er nicht mehr sehen konnte"; Dtn 7,8 מֵאַהֲבַת יְהוָה אֶתְכֶם ,,weil Jahwe euch liebt"; Dan 11,23 מִן־הִתְחַבְּרוּת אֵלָיו ,,nachdem er sich mit ihm befreundet hat").

Häufig sind mit מִן־ zusammengesetzte Präpositionen (→ 5.3.2.1) wie מִלִּפְנֵי ,,weg von (vor)", מֵעַל ,,weg von auf = herab von", מִתַּחַת ,,weg von unter", bei denen die zweite Präposition, im Dt. meist nicht wiederzugeben, das frühere räumliche Verhältnis andeutet.

28.3.4 Wortschatz nach Sachgruppen (XIII): Personennamen

13.1 אָדָם חַוָּה קַיִן הֶבֶל נֹחַ שֵׁם חָם יֶפֶת תֶּרַח

13.2 אַבְרָהָם אַבְרָם שָׂרָה לוֹט יִשְׁמָעֵאל יִצְחָק רִבְקָה לָבָן עֵשָׂו יַעֲקֹב לֵאָה רָחֵל יוֹסֵף

13.3 מֹשֶׁה אַהֲרֹן מִרְיָם אֶלְעָזָר בִּלְעָם בָּלָק כָּלֵב יְהוֹשֻׁעַ

13.4 גִּדְעוֹן אֲבִימֶלֶךְ יִפְתָּח שִׁמְשׁוֹן עֵלִי חַנָּה שְׁמוּאֵל שָׁאוּל יִשַׁי

13.5 דָּוִיד יוֹנָתָן אַבְנֵר יוֹאָב צָדוֹק אֶבְיָתָר בְּנָיָהוּ נָתָן אוּרִיָּה בַּת־שֶׁבַע אַבְשָׁלוֹם שְׁלֹמֹה

13.6 רְחַבְעָם אָסָא יְהוֹשָׁפָט אָחָז חִזְקִיָּהוּ יֹאשִׁיָּהוּ צִדְקִיָּהוּ

13.7 יָרָבְעָם אַחְאָב אִיזֶבֶל אֵלִיָּהוּ אֱלִישָׁע יֵהוּא בָּרוּךְ נְבוּכַדְנֶצַּר

13.8 יְשַׁעְיָהוּ יִרְמְיָהוּ יְחֶזְקֵאל הוֹשֵׁעַ יוֹאֵל עָמוֹס עֹבַדְיָה יוֹנָה מִיכָה נַחוּם חֲבַקּוּק צְפַנְיָה חַגַּי זְכַרְיָה מַלְאָכִי

13.9 אִיּוֹב רוּת נָעֳמִי בֹּעַז אֶסְתֵּר מָרְדֳּכַי הָמָן דָּנִיֵּאל עֶזְרָא נְחֶמְיָה

28.4 Anmerkungen

28.4.1 Bei שִׂים lautet der Inf.cs. fast regelmäßig שׂוּם.

28.4.2 Selten finden sich von einigen Verben Perf.-Formen mit -ī- und Trennungsvokal, die einem Hi. mit abgeworfenem Präformativ gleichen, z.B. בִּינוֹתִי (neben בַּנְתָּ).

28.4.3 1Sam 14,27 Q jedoch וַתָּאֹרְנָה. — Das Hi. wird wie bei IIū gebildet; von בוא begegnen Formen ohne Trennungsvokal: הֵבֵאתִי usw. (neben הֲבִיאוֹתִיו). בושׁ bildet das Hi. meist nach Iw: הֹבִישׁ (neben Part. מֵבִישׁ).

28.4.4 Bei den Verben mediae geminatae sind auch die Bezeichnungen Poʿel, Poʿal und Hitpoʿel gebräuchlich.

28.4.5 Die Formen sind teilweise erschlossen.

28.5 Übungen und Lesestücke

28.5.1: תְּרוֹמֵם הָבִיאוּ כּוֹנַנְתָּ יִתְרוֹמֵם יָאִירוּ שַׂמְתּוֹ בֹּשְׁתְּ הִתְבּוֹנַנְתָּ תָּשִׂימִי וַתָּשַׁר שָׂמַנִי שָׁת מוּבָאִים לָנוּ לִינוּ לָרִיב תָּגֵל

28.5.2: kommet!, setzet!, sie haben gesetzt, sie sind zuschanden geworden, sich Schämende, Singende, singet!, erhebet!, er wird sich erheben, er wird sich hinstellen, du hast gegründet, sie sind bereitet worden.

28.5.3:

1. וַיָּבֹאוּ אֶל־נֹחַ אֶל־הַתֵּבָה[a] שְׁנַיִם שְׁנַיִם מִכָּל־הַבָּשָׂר אֲשֶׁר־בּוֹ רוּחַ חַיִּים׃ וְהַבָּאִים זָכָר וּנְקֵבָה מִכָּל־בָּשָׂר בָּאוּ כַּאֲשֶׁר צִוָּה אֹתוֹ אֱלֹהִים וַיִּסְגֹּר

28.

יְהוָה בַּעֲדוֹ׃[b] 2. וַיְהִי מִמָּחֳרָת וַיָּשֶׂם שָׁאוּל אֶת־הָעָם שְׁלֹשָׁה רָאשִׁים[c]
וַיָּבֹאוּ בְתוֹךְ הַמַּחֲנֶה בְּאַשְׁמֹרֶת[d] הַבֹּקֶר וַיַּכּוּ אֶת־עַמּוֹן עַד־חֹם[e] הַיּוֹם וַיְהִי
הַנִּשְׁאָרִים וַיָּפֻצוּ וְלֹא נִשְׁאֲרוּ־בָם שְׁנַיִם יָחַד׃ 3. וְאַתָּה הָרֵם אֶת־מַטְּךָ וּנְטֵה
אֶת־יָדְךָ עַל־הַיָּם וּבְקָעֵהוּ וְיָבֹאוּ בְנֵי־יִשְׂרָאֵל בְּתוֹךְ הַיָּם בַּיַּבָּשָׁה׃[f] 4. וְאַתָּה
בֶן־אָדָם שִׂים־פָּנֶיךָ אֶל־בְּנוֹת עַמְּךָ הַמִּתְנַבְּאוֹת מִלִּבְּהֶן וְהִנָּבֵא עֲלֵיהֶן׃ 5. בֹּשְׁנוּ
כִּי־שָׁמַעְנוּ חֶרְפָּה כִּסְּתָה כְלִמָּה[g] פָּנֵינוּ 6. כִּי־תָבֹא אֶל־הָאָרֶץ אֲשֶׁר
יְהוָה אֱלֹהֶיךָ נֹתֵן לָךְ ··· וְאָמַרְתָּ אָשִׂימָה עָלַי מֶלֶךְ כְּכָל־הַגּוֹיִם אֲשֶׁר
סְבִיבֹתָי׃ שׂוֹם תָּשִׂים עָלֶיךָ מֶלֶךְ אֲשֶׁר יִבְחַר יְהוָה אֱלֹהֶיךָ בּוֹ מִקֶּרֶב אַחֶיךָ
תָּשִׂים עָלֶיךָ מֶלֶךְ׃ 7. אַל־תָּשִׁיתִי אֶת־לִבֵּךְ לַדָּבָר הַזֶּה 8. וַיָּלֶן שָׁם
בַּלַּיְלָה הַהוּא וַיִּקַּח מִן־הַבָּא בְיָדוֹ מִנְחָה לְעֵשָׂו אָחִיו׃ 9. יִשְׂמְחוּ הַשָּׁמַיִם
וְתָגֵל הָאָרֶץ 10. אָגִילָה וְאֶשְׂמְחָה בְּחַסְדֶּךָ 11. בְּאַחֲרִית הַיָּמִים תִּתְבּוֹנְנוּ
בָהּ׃ 12. מִי חָכָם וְיָבֵן אֵלֶּה נָבוֹן וְיֵדָעֵם 13. חָכְמַת אָדָם תָּאִיר פָּנָיו
14. מַה־טֹּבוּ אֹהָלֶיךָ יַעֲקֹב מִשְׁכְּנֹתֶיךָ יִשְׂרָאֵל׃ 15. אָשִׁירָה לַיהוָה בְּחַיָּי
אֲזַמְּרָה לֵאלֹהַי בְּעוֹדִי׃ 16. וְשֹׁבַבְתִּי אֶת־יִשְׂרָאֵל אֶל־נָוֵהוּ 17. בָּנִים
גִּדַּלְתִּי וְרוֹמַמְתִּי וְהֵם פָּשְׁעוּ בִי׃ 18. לַיהוָה הָאָרֶץ וּמְלוֹאָהּ[h] תֵּבֵל וְיֹשְׁבֵי
בָהּ׃ כִּי־הוּא עַל־יַמִּים יְסָדָהּ[i] וְעַל־נְהָרוֹת יְכוֹנְנֶהָ׃ 19. כִּי־אֶרְאֶה שָׁמֶיךָ
מַעֲשֵׂי אֶצְבְּעֹתֶיךָ[j] יָרֵחַ וְכוֹכָבִים אֲשֶׁר כּוֹנָנְתָּה׃ ··· 20. כְּבֹשֶׁת גַּנָּב[k] כִּי
יִמָּצֵא כֵּן הֹבִישׁוּ בֵּית יִשְׂרָאֵל 21. וַיִּמְצְאוּ־שָׁם בְּאֵר מַיִם חַיִּים׃ וַיָּרִיבוּ
רֹעֵי גְרָר[l] עִם־רֹעֵי יִצְחָק לֵאמֹר לָנוּ הַמָּיִם 22. אַךְ אִישׁ אַל־יָרֵב וְאַל־
יוֹכַח אִישׁ 23. וְאֶל־מֹשֶׁה אָמַר עֲלֵה אֶל־יְהוָה אַתָּה וְאַהֲרֹן נָדָב וַאֲבִיהוּא
וְשִׁבְעִים מִזִּקְנֵי יִשְׂרָאֵל וְהִשְׁתַּחֲוִיתֶם מֵרָחֹק׃ 24. יְחַיֵּנוּ מִיֹּמָיִם בַּיּוֹם הַשְּׁלִישִׁי
יְקִמֵנוּ וְנִחְיֶה לְפָנָיו׃ 25. וְאַתָּה אָמַרְתָּ הֵיטֵב אֵיטִיב עִמָּךְ וְשַׂמְתִּי אֶת־זַרְעֲךָ
כְּחוֹל[m] הַיָּם אֲשֶׁר לֹא־יִסָּפֵר מֵרֹב׃ 26. וַיֹּאמֶר יְהוָה אֶל־שְׁמוּאֵל עַד־
מָתַי אַתָּה מִתְאַבֵּל[n] אֶל־שָׁאוּל וַאֲנִי מְאַסְתִּיו מִמְּלֹךְ עַל־יִשְׂרָאֵל 27. וַיִּתֵּן
יְהוָה לְיִשְׂרָאֵל מוֹשִׁיעַ וַיֵּצְאוּ מִתַּחַת יַד־אֲרָם 28. הֲיִפָּלֵא מֵיְהוָה דָּבָר
29. וְיִשְׂרָאֵל אָהַב אֶת־יוֹסֵף מִכָּל־בָּנָיו 30. כִּי בַעַר[o] אָנֹכִי מֵאִישׁ וְלֹא־
בִינַת אָדָם לִי׃

28.5.4:

1. Ihr Herz soll über (בְּ) Jahwe frohlocken.
2. Denn Jahwe, euer Gott, er ist Gott oben im Himmel und unten auf Erden.
3. Ich bin zu alt zu heiraten (= einem Manne zu gehören).

4. Gerechtigkeit erhöht (Impf.) ein Volk.
5. Deine Hände haben mich gemacht (Perf.) und bereitet (Waw-Impf.).
6. Da merkte David, daß das Kind tot war.
7. Und ich legte meine Worte in deinen Mund.
8. Siehe ich bringe (Part.) Unheil über diesen Ort.

---

[a] תֵּבָה = Arche
[b] hier: „hinter“
[c] hier: „Abteilungen“
[d] אַשְׁמֹרֶת = Nachtwache
[e] חֹם = Hitze
[f] יַבָּשָׁה = Trockenes
[g] כְּלִמָּה = Schimpf
[h] מְלוֹא = Fülle
[i] יסד = gründen
[j] אֶצְבַּע = Finger
[k] גַּנָּב = Dieb
[l] Gerar (Ort)
[m] חוֹל = Sand
[n] אבל = trauern
[o] בַּעַר = dumm

28.5.5 Lesestücke: Siloah-Inschrift und Lachisch-Ostrakon II

Die Siloah-Inschrift (um 700 v. Chr.; vgl. 2Kön 20,20 und 2Chr 32,30) mit sechs Zeilen in althebräischer Schrift wurde 1880 im Felstunnel, der die Marienquelle bei Jerusalem mit dem Siloah-Teich verbindet, aufgefunden.

1 [. . . .]הנקבה.וזה.היה.דבר.הנקבה.בעוד[.   ]
2 הגרזן.אש.אל.רעו.ובעוד.שלש.אמת.להנק̊[ב.נשמ]ע.קל.אש.ק
3 רא.אל.רעו.כי.הית.זדה.בצר.מימן.ו̊מ̊[. . .]א̊ל.ובים.ה
4 נקבה.הכו.החצבם.אש.לקרת.רעו.גרזן.על.[ג]רזן.וילכו[.]
5 המים.מן.המוצא.אל.הברכה.במאתים.ו̊אלף.אמה.ומ[א]
6 ת.אמה.היה.גבה.הצר.על.ראש.התצבם̊

28.

Erläuterungen:

Die Punkte sind Worttrenner. Man beachte die überwiegende Defektivschreibung. In eckigen Klammern stehen Ergänzungen.

Z. 1: Die Ergänzungen am Anfang und Ende der Zeile sind unsicher. Vorgeschlagen werden: זאת „dies war" oder תם 3.sg.m. bzw. תמת/תמה 3.sg.f. von תמם „vollendet sein" und am Schluß מנפם החצבם את (Part.q. von חצב „Steine aushauen" und Part.hi. von נוף „schwingen") „während die Mineure die Picke schwangen". הנקבה Nomen (נְקָבָה „Durchbohrung / Tunnel") oder Verbalform von נקב „durchbohren".

Z. 2: גַּרְזֶן „Haue / Picke"; רעו → 9.4.11.

Z. 3: הית Perf.3.sg.f. von היה (wohl הָיָת wie im Ketib von 2Kön 9,37); זְדָה (?) = Spalt (?); צר = צוּר; zu ergänzen ומשמאל oder ועד שמאל.

Z. 4: לקרת = לקראת.

Z. 5: מוֹצָא = „Ausgangspunkt / Quelle"; בְּרֵכָה = „Teich"; die Länge des Kanals mißt 533,10 m.

Das Lachisch-Ostrakon II wurde zusammen mit 17 weiteren beschrifteten Tonscherben 1935 auf dem Tell ed-Duwēr, dem alten Lachisch, ca. 40 km sw. von Jerusalem gefunden. Die Texte stammen aus der Zeit kurz vor der Einnahme Jerusalems durch die Babylonier 587 v. Chr.; sie enthalten Meldungen des Kommandanten Hōšaʿjāhū an seinen Vorgesetzten Jāʾōš.

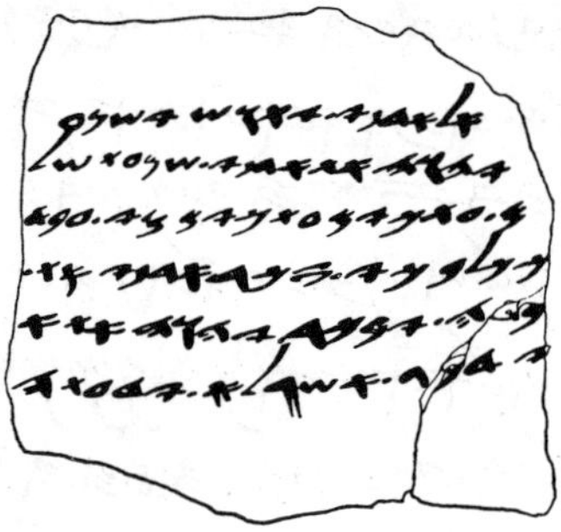

1 אל אדני.יאוש ישמ֯ע֯

2 יהוה את אדני.ש[מ]ע֯ת של

3 ם.עת.כים עת כים מי.עבד֯

4 ך.כלב.כי.זכר.אדני.את.

5 [ע]בדה.יב֯כר.יהוה.את.א

6 [. .]י דבר.אשר לא.ידעתה

Erläuterungen:

Z. 1: יַשְׁמַע Juss.hi.

Z. 2: שְׁמֻעֹת שָׁלֹם „Nachrichten des Heils".

Z. 3: עֵת כַּיֹּם „(eine Zeit wie diesen Tag =) eben jetzt".

Z. 4: כֶּלֶב Ausdruck der Ergebenheit, vgl. 2Sam 9,8.

Z. 5: עַבְדֹּה mit Suffix der 3.sg.m.; בכר (?) pi. „bevorzugen" (?).

Z. 6: Genauer Sinn unklar.

LEKTION 29

29.1 Vokabel-Repetition (Orts-, Stammes- und Völkernamen)

Entsprechend 28.1 sind die übrigen Eigennamen mit mehr als 50 Belegen zu repetieren:

Ägypten, Ammon, Amoriter, Aram, Assur, Babel, Basan, Benjamin, Bethel, Chaldäer, Dan, Edom, Ephraim, Gad, Gibea, Gilead, Hebron, Israel, Jericho, Jerusalem, Jordan, Juda, Kanaan, Levi, Libanon, Manasse, Midian, Moab, Naphthali, Philister, Ruben, Samaria, Sichem.

29.2 Vokabular

29.2.1. Verba mediae geminatae mit ō–Impf.:

סבב	sich wenden / herumgehen / umwandeln
סבב hi.	wenden
חנן	gnädig sein (jemandem = Akk.)
חֵן	Gunst / Gnade
תמם	vollständig sein / zu Ende sein
תָּמִים	vollständig / untadelig / aufrichtig
ארר	verfluchen
אָרוּר	verflucht
רנן	jubeln / jauchzen
רנן pi.	jubeln / jubelnd preisen

29.2.2 Verba mediae geminatae mit a–Impf./ohne Qal:

(I) צרר	zusammenschnüren / eng sein
צָרָה	Bedrängnis / Not
קלל	gering sein / schnell sein
קלל pi.	verfluchen
חלל hi.	anfangen
חלל pi.	entweihen
רעע	schlecht sein / böse sein
רעע hi.	schlecht handeln / schaden
פרר hi.	× brechen / zunichte machen
הֵפֵר בְּרִית	er hat den Bund gebrochen

29.2.3. Weitere Vokabeln:

נְעוּרִים ×	Jugend / Jugendzeit
מִנְּעוּרַי	von meiner Jugend an
צַר (צרר II)	Feind (befeinden)
צַר וְאוֹיֵב	Gegner und Feind
(→ 29.2.2): צָרָה	Bedrängnis / Not

29.2.4 Zusätzliche Verben:

בער	in Brand stehen / brennen
בער pi.	in Brand setzen / verbrennen
דבק	anhaften / anhängen
וַיִּדְבַּק בַּיהוָה	er hing Jahwe an
חלק	teilen / verteilen
חֵלֶק	Anteil
חתת	mutlos sein / erschrocken sein
(ni.) אַל־תֵּחַת	sei nicht mutlos!
כעס	unmutig sein / sich ärgern
כעס hi.	reizen / kränken
מדד	messen
מִדָּה	Ausdehnung / Maß
צלח	wirksam sein / Erfolg haben
צלח hi.	Erfolg haben / Gelingen geben
שׁדד	gewalttätig sein / verheeren
שֹׁדֵד	Verwüster
שׁמם	verödet sein / schaudern
שְׁמָמָה	Öde / Verwüstung

29.3.1 Verba mediae geminatae

Die Verba mediae (radicalis) geminatae (traditionell: ע״ע, Ajin — Ajin; Abkürzung hier: II gem.) sind ursprünglich zweiradikalige Verben mit kurzem Vokal und geschärftem zweitem Radikal (**sabb*), die in gewissen Formen durch Wiederholung des zweiten Radikals an das Schema der dreiradikaligen starken Verben angeglichen worden sind.

In den Wörterbüchern werden die Verben II gem. stets als dreiradikalig aufgeführt, auch wenn die starken Formen gar nicht vorkommen.

Die Verdoppelung des zweiten Konsonanten wird im Wortauslaut regelmäßig aufgehoben (vgl. 11.3.4) und ist nur vor Endungen erkennbar. Die Formenbildung der Verben II gem. ist, abgesehen von der Länge bzw. Kürze des Stammvokals, derjenigen der hohlen Wurzeln (→ 27.3.1) weitgehend parallel (Hauptunterschied: der Trennungsvokal -ō- wird auch im Perf.Qal verwendet).

Hauptregeln für die Verben II gem.:

— *Starke Formen* werden gebildet:
  — im Pi., Pu. und Hitp. (z.B. קִלֵּל, חִלֵּל usw.),
  — in den Parallelkonjugationen Pōʿēl, Pōʿal und Hitpōʿēl (→ 28.3.2.2; z.B. סוֹבֵב „umhergehen / umgeben“, הִשְׁתּוֹמֵם „erstaunt sein / starr sein“),
  — im Inf.abs.Qal (z.B. אָרוֹר), (→ 29.4.1)
  — im Part.act.Qal (z.B. סוֹבֵב),
  — im Part.pass.Qal (z.B. סָבוּב),
  — neben den schwachen Formen bei transitiven Verben in den 3. Personen des Perf.Qal (סָבַב, סָֽבֲבָה, סָֽבֲבוּ, סְבָבוּנִי).

— Der *Stammvokal* der schwachen Formen (**sabb/*sibb/*subb*) entspricht meist dem Vokal der letzten Stammsilbe des starken Verbs:
  — a im Perf.Qal/Ni., im Impf.Qal vieler Intransitiva und im ganzen Ho., aber auch im Impf./Imp.Ni. (יִסַּב, הִסַּב),
  — ē (< i, so noch in unbetonter Silbe) im Inf.cs.Ni. und im ganzen Hi., (→ 29.4.2)
  — ō (< u, so noch in unbetonter Silbe) im Inf.cs., Imp. und Impf.Qal. (→ 29.4.3)

— Der *Präformativvokal* steht (außer im Impf./Imp./Inf.Ni.) immer in offener Silbe und wird daher unmittelbar vor dem Ton gedehnt, bei weiterrückendem Ton reduziert:
  — Impf.Qal: *jā-sōb* (**ja-subb*) (3.pl.f. *t^e-subbǣnā*)
  — Perf.Ni.: *nā-sab* (**na-sabb*) (2.pl. *n^e-sabbōtæm*)

— Perf.Hi.: *hē-sēb* (**hi-sibb*) (2.sg.m. *hª-sibbōtā*)

— Impf.Hi.: *jā-sēb* (**ja-sibb*) (m.Suff. *jᵉ-sibbēnī*)

— Inf.Hi.: *hā-sēb* (**ha-sibb*) (m.Suff. *hª-sibbō*)

— Part.Hi.: *mē-sēb* (→ 27.4.5) (m.Suff. *mᵉ-sibbaj*) (→ 29.4.4)

— Die *vokalischen Endungen* werden unbetont angehängt:

— 3.sg.f.Perf.Qal: *sább-ā*

— 3.pl.m.Impf.Qal: *jāsṓbb-ū*

— sg.f.Imp.Qal: *sṓbb-ī*

— Vor *konsonantischen Endungen* werden, um die Verdoppelung zu erhalten, sog. Trennungsvokale eingeschoben, und zwar

— im Perf. (aller Stammformen) *-ō-*: *sabb-ṓ-tā*,

— im Impf. (aller Stammformen) *-ǣ-*: *tᵉsubb-ǣ-nā*.

— Im *Waw-Impf.* ohne Endungen (außer in der 1.sg.) findet Tonzurückziehung statt: Qal וַיָּסָב, Hi. וַיָּסֶב. (→ 29.4.5)

— Das *Ho.* wird nach Analogie der Verben Iw gebildet:

— Perf. *hūsab*,

— Impf. *jūsab*.

Einzelheiten:

— Statt des zweiten Radikals ist im Impf.Qal, im Hi. und Ho. nicht selten wie im Aramäischen der erste Radikal verdoppelt (sog. *aramaisierende Bildungen*), vgl. neben

Bildungen), vgl. neben	יָסֹב	יֵקַל	יָסֵב	יוּסַב
aramaisierend:	יִסֹב	יִתֹּם	יַסֵּב	יֻסַּב

Bei vokalischem Afformativ findet sich יִתְּמוּ neben יִתַּמּוּ, יִקְּדוּ neben יִקֹּד (קדד „sich verbeugen“). (→ 29.4.6)

— חיה „*leben*“ ist sowohl IIIinf. als auch IIgem. und bildet als 3.sg.m. Perf.Qal neben חָיָה auch חַי.

— Verben IIgem. mit *Laryngal* als zweitem Radikal bilden Formen mit Ersatzdehnung, z.B. הֲרֵעֹתָ „du hast übel getan“, מְרֵעִים „Übeltäter“.

Paradigmen: **סבב** „umgeben“, **קלל** „gering sein“

	Qal	Ni.	Hi.	Po.
Perf.sg.3.m.	סָבַב קַל	נָסַב	הֵסֵב	סוֹבֵב
3.f.	סָֽבְבָה קַֽלָּה	נָסַבָּה	הֵסֵבָּה	סוֹבְבָה
2.m.	סַבּוֹתָ	נְסַבּוֹתָ	הֲסִבּוֹתָ	סוֹבַבְתָּ
2.f.	סַבּוֹת	נְסַבּוֹת	הֲסִבּוֹת	סוֹבַבְתְּ
1.	סַבּוֹתִי	נְסַבּוֹתִי	הֲסִבּוֹתִי	סוֹבַבְתִּי
pl.3.	סָֽבְבוּ סַבּוּ	נָסַבּוּ	הֵסַבּוּ/הֵחֵלּוּ	סוֹבְבוּ
2.m.	סַבּוֹתֶם	נְסַבּוֹתֶם	הֲסִבּוֹתֶם	סוֹבַבְתֶּם
2.f.	סַבּוֹתֶן	נְסַבּוֹתֶן	הֲסִבּוֹתֶן	סוֹבַבְתֶּן
1.	סַבּוֹנוּ	נְסַבּוֹנוּ	הֲסִבּוֹנוּ	סוֹבַבְנוּ
Impf.sg.3.m.	יָסֹב יֵקַל	יִסַּב	יָסֵב	יְסוֹבֵב
3.f.	תָּסֹב תֵּקַל	תִּסַּב	תָּסֵב	תְּסוֹבֵב
2.m.	תָּסֹב תֵּקַל	תִּסַּב	תָּסֵב	תְּסוֹבֵב
2.f.	תָּסֹבִּי תֵּקַלִּי	תִּסַּבִּי	תָּסֵבִּי	תְּסוֹבְבִי
1.	אָסֹב אֵקַל	אֶסַּב	אָסֵב	אֲסוֹבֵב
pl.3.m.	יָסֹבּוּ יֵקַלּוּ	יִסַּבּוּ	יָסֵבּוּ	יְסוֹבְבוּ
3.f.	תְּסֻבֶּינָה תְּקַלֶּינָה	תִּסַּבֶּינָה	תְּסִבֶּינָה	תְּסוֹבֵבְנָה
2.m.	תָּסֹבּוּ תֵּקַלּוּ	תִּסַּבּוּ	תָּסֵבּוּ	תְּסוֹבְבוּ
2.f.	תְּסֻבֶּינָה תְּקַלֶּינָה	תִּסַּבֶּינָה	תְּסִבֶּינָה	תְּסוֹבֵבְנָה
1.	נָסֹב נֵקַל	נִסַּב	נָסֵב	נְסוֹבֵב
Waw-Impf.				
sg.3.m.	וַיָּסָב וַיֵּקַל	וַיִּסַּב	וַיָּסֶב	וַיְסוֹבֵב
2.m.	וַתָּסָב וַתֵּקַל	וַתִּסַּב	וַתָּסֶב	וַתְּסוֹבֵב
1.	וָאָסֹב וָאֵקַל	וָאֶסַּב	וָאָסֵב	וָאֲסוֹבֵב
pl.3.m.	וַיָּסֹבּוּ וַיֵּקַלּוּ	וַיִּסַּבּוּ	וַיָּסֵבּוּ	וַיְסוֹבְבוּ
Imp.sg.m.	סֹב	הִסַּב	הָסֵב	סוֹבֵב
f.	סֹבִּי	הִסַּבִּי	הָסֵבִּי	סוֹבְבִי
pl.m.	סֹבּוּ	הִסַּבּוּ	הָסֵבּוּ	סוֹבְבוּ
f.	סֻבֶּינָה	הִסַּבֶּינָה	הֲסִבֶּינָה	סוֹבֵבְנָה
Inf.cs.	סֹב	הִסֵּב	הָסֵב	סוֹבֵב
abs.	סָבוֹב	הִסּוֹב	הָסֵב	
Part.sg.m.	סֹבֵב / סָבוּב	נָסָב	מֵסֵב	מְסוֹבֵב
f.	סֹבְבָה / סְבוּבָה	נְסַבָּה	מְסִבָּה	מְסוֹבְבָה

(→ 29.4.7)

29.3.2 Kennzeichen der hebräischen Poesie

In den bisher verwendeten Übungssätzen und Lesestücken begegnen zahlreiche metrisch gehaltene Verse; im grammatischen Teil sind da und dort Bemerkungen über Besonderheiten der poetischen Diktion zu finden. Einige Elemente des poetischen Stils seien hier noch zusammengestellt.

Grundlegendes Kennzeichen der hebräischen Poesie ist der Aufbau eines Verses aus zwei (seltener drei) parallelgestellten Versgliedern (parallelismus membrorum). Diese zwei, drei oder vier betonte Silben (Hebungen) enthaltenden Versglieder werden nicht durch Lautanklänge (Reimbildung), sondern durch ähnlichen Inhalt verbunden (Gedankenreim, Echowirkung). Am bekanntesten ist der synonyme Parallelismus:

Ps 19,2 *haššāmájim / m^e^sapp^e^rím / k^e^bōd ʾél //* (a — b — c)
ūmaʿ^a^śḗ jādā́w / maggíd / hārāqī́^a^ʿ (c′ — b′ — a′).

Daneben begegnet der antithetische Parallelismus, z.B.

Ps 27,10 *kī ʾābī́ / w^e^ʾimmī́ / ʿ^a^zābū́nī //* (a — b)
w^e^Jahwǣ́ / jaʾasfḗnī (a′ — b′).

In der Anzahl der Hebungen besteht oft keine strenge Regelmäßigkeit. In Ps 113 (→ 25.5.6) überwiegt der sog. Doppeldreier (3 + 3 Hebungen in V. 1–4.7–8). Für die Totenklage scheint das Qina-Metrum (קִינָה „Totenklage“) mit 3 + 2 Hebungen kennzeichnend gewesen zu sein, vgl. z.B.

Am 5,2 *nāf^e^lā́ / lō tōsī́f / qū́m /*
b^e^tūlát / Jiśrāʾél //
niṭṭ^e^šā́ / ʿal-ʾád/mātā́h /
ʾḗn / m^e^qīmā́h.

Abgesehen von diesen längst nicht in allen Details sicher gelösten Problemen des Versbaus und der Metrik sind bei der dichterischen Sprache einige grammatische und lexikalische Eigenheiten zu beachten, darunter das häufige Fehlen der „prosaischen“ Partikeln אֶת־ (→ 6.3.1.1), אֲשֶׁר (→ 22.3.3) und des Artikels (→ 6.3.3.1), das Vorkommen besonderer Endungen und Suffixformen (־מוֹ statt ־הֶם, → 25.3.2) sowie nur poetisch gebrauchter Vokabeln (z.B. בַּל, → 10.2.2).

29.3.3 Verwendung der Präpositionen (V): עַל־

Die lokale Präposition עַל־ „auf / über“, bei tiefer situierten Objekten auch „an / bei“ (z.B. Gen 16,7 עַל־הָעַיִן „an der Quelle“), drückt nicht nur

Ruhe, sondern auch Bewegung aus (Gen 8,1 עַל־הָאָרֶץ „[Wind] über die Erde hin"). Sie wird übertragen verwendet u.a. bei Obliegenheiten (Gen 30,28 שְׂכָרְךָ עָלַי „der dir von mir zu zahlende Lohn"), Eindrücken (Est 3,9 אִם־עַל־הַמֶּלֶךְ טוֹב „wenn es dem König gefällt"), Hinzufügung (Gen 32,12 אֵם עַל־בָּנִים „die Mutter samt den Kindern"), Herrschaftsverhältnissen (1Kön 16,9 u.ö. אֲשֶׁר עַל־הַבַּיִת „Palastvorsteher"), ferner kausal „wegen / um ... willen" (Gen 19,17 עַל־נַפְשֶׁךָ „um deines Lebens willen"; עַל־מָה „weshalb?"; עַל־כֵּן „deshalb") und in feindlichem Sinne „gegenüber / gegen" (Ri 9,18 עַל־בֵּית אָבִי „wider das Haus meines Vaters").

Nicht selten werden, vor allem in jüngeren Texten, die Präpositionen אֶל־ und עַל־ miteinander verwechselt.

29.3.4 Wortschatz nach Sachgruppen (XIV): Orts- und Völkernamen

14.1 יְרוּשָׁלַםִ צִיּוֹן גִּבְעָה בֵּית־לֶחֶם חֶבְרוֹן בְּאֵר־שֶׁבַע לָכִישׁ

14.2 שֹׁמְרוֹן שְׁכֶם בֵּית־אֵל יְרִיחוֹ גִּלְגָּל יִזְרְעֶאל מְגִדּוֹ

14.3 בָּבֶל נִינְוֵה דַּמֶּשֶׂק צֹר צִידוֹן סְדֹם עֲמֹרָה

14.4 עַזָּה אַשְׁדּוֹד אַשְׁקְלוֹן עֶקְרוֹן גַּת

14.5 יִשְׂרָאֵל רְאוּבֵן שִׁמְעוֹן לֵוִי יְהוּדָה יִשָּׂשכָר זְבוּלֻן דָּן נַפְתָּלִי גָּד אָשֵׁר יוֹסֵף (מְנַשֶּׁה אֶפְרַיִם) בִּנְיָמִין

14.6 מִצְרַיִם אַשּׁוּר כְּנַעַן אֲרָם עַמּוֹן מוֹאָב אֱדֹם מִדְיָן בָּשָׁן גִּלְעָד

14.7 מִצְרִי כְּנַעֲנִי אֲרַמִּי אֱמֹרִי פְּלִשְׁתִּים כַּשְׂדִּים עִבְרִי יְהוּדִי

14.8 סִינַי חֹרֵב עֵיבָל גְּרִזִּים כַּרְמֶל תָּבוֹר לְבָנוֹן חֶרְמוֹן

14.9 יַרְדֵּן קִישׁוֹן יַבֹּק אַרְנוֹן פְּרָת חִדֶּקֶל יְאֹר

Anmerkungen

29.4.1 Selten im Inf.cs., z.B. Gen 31,19 לִגְזֹז „um zu scheren" neben Gen 38,13 לָגֹז.

29.4.2 Bei den Intransitiven begegnet a: הֵצַר, הֵקַל.

29.4.3 Regelmäßig å statt u in חָנֵּנִי „erbarme dich meiner!".

29.4.4 Vor ח steht vielfach Patach statt Chateph-Patach: הַחִלּוֹתָ „du hast angefangen", הַחִלָּם „ihr Anfangen" (חלל hi.).

29.4.5 Man beachte die Möglichkeit einer Verwechslung mit hohlen Wurzeln.

29.4.6 Hier sind Verwechslungen mit Verben In möglich.

29.4.7 Belegte und analog gebildete Formen sind im Paradigma nicht unterschieden.

29.5 Übungen und Lesestück

29.5.1: יָחֹן וַיָּחָן הָחֵל חָנֵּנִי הַלְלוּ תַּם הֲתִמּוֹתִי קַלּוֹתָ הֵקַלּוּ הֲרֵעֹתָה תָּפֵר תְּחִלֶּינָה וִיחֻנֶּךָּ הוּחַל חַנּוֹתִי וַיְסִבֵּנִי

29.

29.5.2: jubelt!, er hat mich begnadigt, um zu brechen, und er fing an, sie sind gering geworden, sie haben vollendet, umgebet!, ich werde anfangen, du wirst dich meiner erbarmen, es wurde angefangen.

29.5.3:

1. וַיַּרְא כָּל־הָעָם וַיָּרֹנּוּ וַיִּפְּלוּ עַל־פְּנֵיהֶם׃ 2. וְחַנֹּתִי אֶת־אֲשֶׁר אָחֹן
וְרִחַמְתִּי אֶת־אֲשֶׁר אֲרַחֵם׃ 3. יָאֵר יְהוָה פָּנָיו אֵלֶיךָ וִיחֻנֶּךָּ׃ 4. חָנֵּנִי יְהוָה
כִּי צַר־לִי 5. וַיִּירָא יַעֲקֹב מְאֹד וַיֵּצֶר[a] לוֹ 6. וְנָשַׁמּוּ בְּתוֹךְ אֲרָצוֹת
נְשַׁמּוֹת 7. הוֹי שׁוֹדֵד וְאַתָּה לֹא שָׁדוּד ··· כַּהֲתִמְךָ[b] שׁוֹדֵד תּוּשַּׁד 8. לְאֹ־
אָפֵר בְּרִיתִי אִתְּכֶם לְעוֹלָם׃ 9. הִנֵּה שָׁלַחְתִּי לְךָ שֹׁחַד[c] כֶּסֶף וְזָהָב לֵךְ
הָפֵרָה אֶת־בְּרִיתְךָ אֶת־בַּעְשָׁא מֶלֶךְ־יִשְׂרָאֵל 10. הִנְנִי מֵסֵב אֶת־כְּלֵי
הַמִּלְחָמָה אֲשֶׁר בְּיֶדְכֶם 11. וְלֹא־הָיִיתָ כְּעַבְדִּי דָוִד ··· וַתָּרַע לַעֲשׂוֹת
מִכֹּל אֲשֶׁר הָיוּ לְפָנֶיךָ 12. יֵבֹשׁוּ רֹדְפַי וְאַל־אֵבֹשָׁה אָנִי יֵחַתּוּ הֵמָּה וְאַל־
אֵחַתָּה אָנִי 13. וְסַבֹּתֶם אֶת־הָעִיר ··· וּבַיּוֹם הַשְּׁבִיעִי תָּסֹבּוּ אֶת־הָעִיר
שֶׁבַע פְּעָמִים 14. וַיֹּאמֶר שְׁמוּאֵל אֶל־יִשַׁי הֲתַמּוּ הַנְּעָרִים 15. וְשִׁלַּחְתִּי
בָם אֶת־הַחֶרֶב אֶת־הָרָעָב וְאֶת־הַדָּבֶר[d] עַד־תֻּמָּם מֵעַל הָאֲדָמָה אֲשֶׁר־
נָתַתִּי לָהֶם וְלַאֲבוֹתֵיהֶם׃ 16. כִּי יָדַעְתִּי אֵת אֲשֶׁר־תְּבָרֵךְ מְבֹרָךְ וַאֲשֶׁר
תָּאֹר יוּאָר׃ 17. וְלֹא־תִסֹּב נַחֲלָה מִמַּטֶּה לְמַטֶּה אַחֵר כִּי־אִישׁ בְּנַחֲלָתוֹ
יִדְבְּקוּ מַטּוֹת בְּנֵי יִשְׂרָאֵל׃ 18. בִּקְרֹב עָלַי מְרֵעִים לֶאֱכֹל אֶת־בְּשָׂרִי צָרַי
וְאֹיְבַי לִי הֵמָּה כָשְׁלוּ וְנָפָלוּ׃ 19. וַתִּצְלַח עָלָיו רוּחַ יְהוָה וַתִּהְיֶינָה הָעֲבֹתִים[e]
אֲשֶׁר עַל־זְרוֹעוֹתָיו כַּפִּשְׁתִּים[f] אֲשֶׁר בָּעֲרוּ בָאֵשׁ וַיִּמַּסּוּ[g] אֱסוּרָיו[h] מֵעַל יָדָיו׃
20. וַאֲמַרְתֶּם עַל־מָה עַל כִּי־יְהוָה הֵעִיד[i] בֵּינְךָ וּבֵין אֵשֶׁת נְעוּרֶיךָ 21. כִּי
נֶאֱמָנִים נֶחְשָׁבוּ וַעֲלֵיהֶם לַחֲלֹק לַאֲחֵיהֶם׃ 22. וַאֲבָרְכָה מְבָרְכֶיךָ וּמְקַלֶּלְךָ
אָאֹר וְנִבְרְכוּ בְךָ כֹּל מִשְׁפְּחֹת הָאֲדָמָה׃ 23. כִּי הִנֵּה בָעִיר אֲשֶׁר נִקְרָא־
שְׁמִי עָלֶיהָ אָנֹכִי מֵחֵל לְהָרַע 24. אָז הוּחַל לִקְרֹא בְּשֵׁם יְהוָה׃ 25. אֲדֹנָי
יְהוִה אַתָּה הַחִלּוֹתָ לְהַרְאוֹת אֶת־עַבְדְּךָ אֶת־גָּדְלְךָ[j] וְאֶת־יָדְךָ הַחֲזָקָה
26. וְהוּא יָחֵל לְהוֹשִׁיעַ אֶת־יִשְׂרָאֵל מִיַּד פְּלִשְׁתִּים׃ 27. וַיֹּאמֶר אֱלֹהִים
אֶל־אַבְרָהָם אַל־יֵרַע בְּעֵינֶיךָ עַל־הַנַּעַר וְעַל־אֲמָתֶךָ 28. טֶרֶם יִשְׁכָּבוּ
וְאַנְשֵׁי הָעִיר אַנְשֵׁי סְדֹם נָסַבּוּ עַל־הַבַּיִת מִנַּעַר וְעַד־זָקֵן 29. רַבִּים
מַכְאוֹבִים[k] לָרָשָׁע וְהַבּוֹטֵחַ בַּיהוָה חֶסֶד יְסוֹבְבֶנּוּ׃ 30. וַיֹּאמֶר הַמֶּלֶךְ סֹב
הִתְיַצֵּב כֹּה[l] וַיִּסֹּב וַיַּעֲמֹד׃

29.5.4:

1. Brich nicht deinen Bund mit uns!
2. Erbarme dich meiner und erhöre mein Gebet!
3. Zu Ende sind die Worte Hiobs (אִיּוֹב).
4. Du darfst das Volk nicht verfluchen, denn es ist gesegnet.
5. Da erkannte Noah, daß sich die Wasser von (auf) der Erde verlaufen hatten (= gering geworden waren).
6. Und Jona begann in die Stadt hineinzugehen.
7. Und sie zogen umher in allen Städten Judas.
8. Ich werde dir nicht mehr schaden.

---

[a] æ statt a bei Tonzurückziehung
[b] Umbildung nach II ū.
[c] שֹׁחַד = Geschenk
[d] דֶּבֶר = Pest
[e] עֲבֹת = Strick
[f] פִּשְׁתִּים = (Flachs-)Fäden
[g] מסס ni. = zerfließen
[h] אֵסוּר = Fessel
[i] עוד hi. = Zeuge sein
[j] גֹּדֶל = Größe
[k] מַכְאוֹב = Schmerz
[l] כֹּה = hier

29.5.5 Lesestück: Anfang der Sektenregel von Qumran (1 QS 1,1–15)

Die Lederhandschrift der „Sektenregel" (סֶרֶךְ הַיַּחַד = S) von Qumran (11 Kolumnen aus dem Anfang des 1. Jh. v. Chr.) wurde 1947 in der ersten (= 1Q) von elf Höhlen mit Texten in der Nähe des Nordwestendes des Toten Meeres gefunden.

1 ל[ ]שים לחיו[ ]ך היחד לדרוש
2 אל[ ]עשות הטוב והישר לפניו כאשר
3 צוה ביד מושה וביד כול עבדיו הנביאים ולאהוב כול
4 אשר בחר ולשנוא את כול אשר מאס לרחוק מכול רע
5 ולדבוק בכול מעשי טוב ולעשות אמת וצדקה ומשפט
6 בארץ ולוא ללכת עוד בשרירות לב אשמה ועיני זנות
7 לעשות כול רע ולהבי את כול הנדבים לעשות חוקי אל
8 בברית חסד להוחד בעצת אל ולהתהלך לפניו תמים כול
9 הנגלות למועדי תעודותם ולאהוב כול בני אור איש
10 כגורלו בעצת אל ולשנוא כול בני חושך איש כאשמתו
11 בנקמת אל וכול הנדבים לאמתו יביאו כול דעתם וכוחם

30.

והונם ביחד אל לברר דעתם באמת חוקי אל וכוחם לתכן
כתם דרכיו וכול הונם כעצת צדקו ולוא לצעוד בכול אחד
מכול דברי אל בקציהם ולוא לקדם עתיהם ולוא להתאחר
מכול מועדיהם ולוא לסור מחוקי אמתו ללכת ימין ושמאול

Erläuterungen:

Man beachte die weitgehende Pleneschreibung.

Z. 1: Die Ergänzung des Eingangs ist nicht sicher. סֶרֶךְ „Ordnung"; יַחַד „Vereinigung / Gemeinschaft".

Z. 3: בְּיַד „durch (Vermittlung von)".

Z. 6: שְׁרִירוּת „Verhärtung"; אַשְׁמָה „Verschuldung" (לֵב אַשְׁמָה „schuldiges Herz"); זְנוּת „Unzucht".

Z. 7 להבי = להביא (das א ist vor את ausgefallen); נדב ni. „willig sein / sich freiwillig verpflichten" (Part.).

Z. 8 יחד ni. „vereint sein"; כול lies ככול.

Z. 9 הנגלות „was offenbart ist" (גלה Part.ni.pl.f.); מוֹעֵד „Zeitpunkt"; תְּעוּדָה „Bezeugung".

Z. 11 נְקָמָה „Rache"; כּוֹחַ „Kraft / Fähigkeit".

Z. 12 הוֹן „Besitz"; ברר pi. „läutern"; תכן pi. „richten".

Z. 13 תֹּם „Vollkommenheit"; צעד „schreiten" (mit מִן „abweichen von / überschreiten").

Z. 14 קֵץ hier „Zeit / Frist"; קדם pi. „vorverlegen"; אחר hitp. „hinterdrein sein".

Z. 15 מוֹעֵד hier „Festzeit".

LEKTION 30 (Repetition)

30.1 Bestimme folgende Verbalformen nach Wurzel, Stammform, Konjugationsform (z.B. וָאֶתְּנֶנָּה = נתן Qal Waw-Impf. 1.sing. mit Nun energicum und Suffix der 3.fem.sing.):

יִפְּלוּ יְצֻוֶּם מְלֶכֶת בְּנוֹת הֲבִינֹתֶם וַיֻּגַּד תֵּט הִפְקַדְתּוֹ וַיִּרְאוּ וַיִּרְאוּ אָמְרִי גֹּשׁוּ וּבָאָה הָבֵא וַנְּהִי
שְׁמָעֵנִי נַעֲשָׂה יָשֹׁב וָאֵשֵׁב תִּמְכְּרֶנָּה מַכֵּה תְּחָנֵּם וַתָּשָׁב וָאָשִׁיבָה מוֹדִים וְהִנַּחְתָּם וּשְׂאוּ נוֹדַע
לְדִתָּהּ יוֹצֵאת קְרָאָם גֹּרְשׁוּ עֲלֵה הַמֵּת הָמֵת וָאִירָא וָאֵרָא תְּקוֹמֵם אֹכְלָה וַיְכַל יְכֻלוּ נִמְצָא
שָׁמַנִי הַגִּידָה וַיַּעֲלֵנִי נוֹכַל עֲנוֹת וַיִּשְׁתַּחֲווּ לָקַחַת וְנָסַב מֵתֵת הַט נְשָׂאוֹ תְּחָקֶּךָ נֵדְעָה הוֹרִדֻהוּ
הָקִימוּ וָאֶשְׁתַּמְּרָה בָּרְכוּ יְכֻכֶּה

30.2 Liste der wichtigsten schwachen Verben

	(KAL)	Lekt.	Perf.	Impf.	Waw-Impf.	Imp.	Inf.
אכל	essen	21	אָכַל	יֹאכַל	וַיֹּאכַל	אֱכֹל	אֱכֹל
אמר	sagen	21	אָמַר	יֹאמַר	וַיֹּאמֶר	אֱמֹר	אֱמֹר
בוא	kommen	28	בָּא	יָבֹא	וַיָּבֹא	בּוֹא	בּוֹא

30.

		Lekt.	Perf.	Impf.	Waw-Impf.	Imp.	Inf.
בוא	hi. bringen	28	הֵבִיא	יָבִיא	וַיָּבֵא	הָבֵא	הָבִיא
בנה	bauen	24	בָּנָה	יִבְנֶה	וַיִּבֶן	בְּנֵה	בְּנוֹת
היה	sein	26	הָיָה	יִהְיֶה	וַיְהִי	הֱיֵה	הֱיוֹת
הלך	gehen	22	הָלַךְ	יֵלֵךְ	וַיֵּלֶךְ	לֵךְ	לֶכֶת
חוה	hišt. s. beugen	26	הִשְׁתַּחֲוָה	יִשְׁתַּחֲוֶה	וַיִּשְׁתַּחוּ	הִשְׁתַּחֲוֵה*	הִשְׁתַּחֲוֹת
חנן	gnädig sein	29	חָנַן	יָחֹן	וַיָּחָן	חֹן*	חֹן*
ידה	hi. preisen	22	הוֹדָה*	יוֹדֶה	וַיּוֹדֶה*	הוֹדֵה*	הוֹדוֹת
ידע	wissen	22	יָדַע	יֵדַע	וַיֵּדַע	דַּע	דַּעַת
יכל	können	23	יָכֹל	יוּכַל	וַיּוּכַל*		יְכֹלֶת
ילד	gebären	22	יָלַד	יֵלֵד	וַיֵּלֶד*		לֶדֶת
יצא	hinausgehen	22	יָצָא	יֵצֵא	וַיֵּצֵא	צֵא	צֵאת
ירא	fürchten	23	יָרֵא	יִירָא	וַיִּירָא	יְרָא	יִרְאָה
ירד	hinabgehen	22	יָרַד	יֵרֵד	וַיֵּרֶד	רֵד	רֶדֶת
ישב	sitzen	22	יָשַׁב	יֵשֵׁב	וַיֵּשֶׁב	שֵׁב	שֶׁבֶת
לקח	nehmen	21	לָקַח	יִקַּח	וַיִּקַּח	קַח	קַחַת
מות	sterben	27	מֵת	יָמוּת	וַיָּמָת	מֻת	מוּת
מצא	finden	11	מָצָא	יִמְצָא	וַיִּמְצָא	מְצָא	מְצֹא
נגד	hi. mitteilen	20	הִגִּיד	יַגִּיד	וַיַּגֵּד	הַגֵּד	הַגִּיד
נגש	s. nähern	21	נִגַּשׁ	יִגַּשׁ	וַיִּגַּשׁ	גַּשׁ	גֶּשֶׁת
נוח	hi. II legen	27	הִנִּיחַ	יַנִּיחַ	וַיַּנַּח	הַנַּח	הַנִּיחַ*
נטה	neigen	26	נָטָה	יִטֶּה	וַיֵּט	נְטֵה	נְטוֹת
נכה	hi. schlagen	26	הִכָּה	יַכֶּה	וַיַּךְ	הַךְ	הַכּוֹת
נפל	fallen	20	נָפַל	יִפֹּל	וַיִּפֹּל	נְפֹל*	נְפֹל
נשא	tragen	11	נָשָׂא	יִשָּׂא	וַיִּשָּׂא	שָׂא	שְׂאֵת
נתן	geben	21	נָתַן	יִתֵּן	וַיִּתֵּן	תֵּן	תֵּת
סבב	s. wenden	29	סָבַב	יָסֹב	וַיָּסָב	סֹב	סֹב
עלה	hinaufgehen	25	עָלָה	יַעֲלֶה	וַיַּעַל	עֲלֵה	עֲלוֹת
ענה	antworten	25	עָנָה	יַעֲנֶה	וַיַּעַן	עֲנֵה	עֲנוֹת
עשה	machen	25	עָשָׂה	יַעֲשֶׂה	וַיַּעַשׂ	עֲשֵׂה	עֲשׂוֹת
צוה	pi. befehlen	26	צִוָּה	יְצַוֶּה	וַיְצַו	צַוֵּה	צַוּוֹת
קום	aufstehen	27	קָם	יָקוּם	וַיָּקָם	קוּם	קוּם
קרא	rufen	11	קָרָא	יִקְרָא	וַיִּקְרָא	קְרָא	קְרֹא
ראה	sehen	25	רָאָה	יִרְאֶה	וַיַּרְא	רְאֵה	רְאוֹת
שים	setzen	28	שָׂם	יָשִׂים	וַיָּשֶׂם	שִׂים	שׂוּם
שוב	umkehren	27	שָׁב	יָשׁוּב	וַיָּשָׁב	שׁוּב	שׁוּב

30.3 Paradigma des starken Verbums

	Qal *kātab*	Qal *kābēd*	Nifʿal	Piʿel
Perf.sg.3.m.	כָּתַב	כָּבֵד	נִכְתַּב	כִּתֵּב[c]
3.f.	כָּֽתְבָה	כָּֽבְדָה	נִכְתְּבָה	כִּתְּבָה
2.m.	כָּתַבְתָּ	כָּבַדְתָּ	נִכְתַּבְתָּ	כִּתַּבְתָּ
2.f.	כָּתַבְתְּ	כָּבַדְתְּ	נִכְתַּבְתְּ	כִּתַּבְתְּ
1.	כָּתַבְתִּי	כָּבַדְתִּי	נִכְתַּבְתִּי	כִּתַּבְתִּי
pl.3.	כָּֽתְבוּ	כָּֽבְדוּ	נִכְתְּבוּ	כִּתְּבוּ
2.m.	כְּתַבְתֶּם	כְּבַדְתֶּם	נִכְתַּבְתֶּם	כִּתַּבְתֶּם
2.f.	כְּתַבְתֶּן	כְּבַדְתֶּן	(נִכְתַּבְתֶּן)	כִּתַּבְתֶּן
1.	כָּתַבְנוּ	כָּבַדְנוּ	נִכְתַּבְנוּ	כִּתַּבְנוּ
Impf.sg.3.m.	יִכְתֹּב	יִכְבַּד	יִכָּתֵב	יְכַתֵּב
3.f.	תִּכְתֹּב	תִּכְבַּד	תִּכָּתֵב	תְּכַתֵּב
2.m.	תִּכְתֹּב	תִּכְבַּד	תִּכָּתֵב	תְּכַתֵּב
2.f.	תִּכְתְּבִי	תִּכְבְּדִי	תִּכָּֽתְבִי	תְּכַתְּבִי
1.	אֶכְתֹּב	אֶכְבַּד	אֶכָּתֵב	אֲכַתֵּב
pl.3.m.	יִכְתְּבוּ	יִכְבְּדוּ	יִכָּֽתְבוּ	יְכַתְּבוּ
3.f.	תִּכְתֹּבְנָה	תִּכְבַּדְנָה	תִּכָּתַבְנָה	תְּכַתֵּבְנָה
2.m.	תִּכְתְּבוּ	תִּכְבְּדוּ	תִּכָּֽתְבוּ	תְּכַתְּבוּ
2.f.	תִּכְתֹּבְנָה	תִּכְבַּדְנָה	תִּכָּתַבְנָה	תְּכַתֵּבְנָה
1.	נִכְתֹּב	נִכְבַּד	נִכָּתֵב	נְכַתֵּב
Waw-Impf.	וַיִּכְתֹּב	וַיִּכְבַּד	וַיִּכָּתֵב	וַיְכַתֵּב
Imp. sg.m.	כְּתֹב	כְּבַד	הִכָּתֵב	כַּתֵּב
f.	כִּתְבִי	כִּבְדִי	הִכָּֽתְבִי	כַּתְּבִי
pl.m.	כִּתְבוּ	כִּבְדוּ	הִכָּֽתְבוּ	כַּתְּבוּ
f.	כְּתֹבְנָה	כְּבַדְנָה	(הִכָּתַבְנָה)	כַּתֵּבְנָה
Inf. cs.	כְּתֹב	כְּבֹד[a]	הִכָּתֵב	כַּתֵּב
abs.	כָּתוֹב	כָּבוֹד	הִכָּתֵב[b]	כַּתֵּב[c]
Part. act.	כֹּתֵב	כָּבֵד		מְכַתֵּב
pass.	כָּתוּב		נִכְתָּב	

[a] → 10.4.3 [b] → 11.4.6 [c] → 13.3.1.1 [d] → 14.3.2

Pu'al	Hitpa'el	Hif'il	Hof'al
כֻּתַּב	הִתְכַּתֵּב[d]	הִכְתִּיב	הָכְתַּב
כֻּתְּבָה	הִתְכַּתְּבָה	הִכְתִּיבָה	הָכְתְּבָה
כֻּתַּבְתָּ	הִתְכַּתַּבְתָּ	הִכְתַּבְתָּ	הָכְתַּבְתָּ
כֻּתַּבְתְּ	הִתְכַּתַּבְתְּ	הִכְתַּבְתְּ	הָכְתַּבְתְּ
כֻּתַּבְתִּי	הִתְכַּתַּבְתִּי	הִכְתַּבְתִּי	הָכְתַּבְתִּי
כֻּתְּבוּ	הִתְכַּתְּבוּ	הִכְתִּיבוּ	הָכְתְּבוּ
כֻּתַּבְתֶּם	הִתְכַּתַּבְתֶּם	הִכְתַּבְתֶּם	הָכְתַּבְתֶּם
כֻּתַּבְתֶּן	הִתְכַּתַּבְתֶּן	הִכְתַּבְתֶּן	הָכְתַּבְתֶּן
כֻּתַּבְנוּ	הִתְכַּתַּבְנוּ	הִכְתַּבְנוּ	הָכְתַּבְנוּ
יְכֻתַּב	יִתְכַּתֵּב[d]	יַכְתִּיב	יָכְתַּב
תְּכֻתַּב	תִּתְכַּתֵּב	תַּכְתִּיב	תָּכְתַּב
תְּכֻתַּב	תִּתְכַּתֵּב	תַּכְתִּיב	תָּכְתַּב
תְּכֻתְּבִי	תִּתְכַּתְּבִי	תַּכְתִּיבִי	תָּכְתְּבִי
אֲכֻתַּב	אֶתְכַּתֵּב	אַכְתִּיב	אָכְתַּב
יְכֻתְּבוּ	יִתְכַּתְּבוּ	יַכְתִּיבוּ	יָכְתְּבוּ
תְּכֻתַּבְנָה	תִּתְכַּתֵּבְנָה	תַּכְתֵּבְנָה	תָּכְתַּבְנָה
תְּכֻתְּבוּ	תִּתְכַּתְּבוּ	תַּכְתִּיבוּ	תָּכְתְּבוּ
תְּכֻתַּבְנָה	תִּתְכַּתֵּבְנָה	תַּכְתֵּבְנָה	תָּכְתַּבְנָה
נְכֻתַּב	נִתְכַּתֵּב	נַכְתִּיב	נָכְתַּב
וַיְכֻתַּב	וַיִּתְכַּתֵּב	וַיַּכְתֵּב	וַיָּכְתַּב
–	הִתְכַּתֵּב	הַכְתֵּב	–
–	הִתְכַּתְּבִי	הַכְתִּיבִי	–
–	הִתְכַּתְּבוּ	הַכְתִּיבוּ	–
–	הִתְכַּתֵּבְנָה	הַכְתֵּבְנָה	–
–	הִתְכַּתֵּב	הַכְתִּיב	–
כֻּתֹּב	הִתְכַּתֵּב	הַכְתֵּב	הָכְתֵּב
	מִתְכַּתֵּב	מַכְתִּיב	
מְכֻתָּב			מָכְתָּב

21

30.4 Unvokalisiertes Lesestück: Nathans Strafrede (2Sam 12,1–10)

וישלח יהוה את נתן אל דוד ויבא אליו ויאמר לו
שני אנשים היו בעיר אחת אחד עשיר ואחד ראש
לעשיר היה צאן ובקר הרבה מאד
ולרש אין כל כי אם כבשה אחת קטנה אשר קנה
ויחיה ותגדל עמו ועם בניו יחדו
מפתו תאכל ומכסו תשתה ובחיקו תשכב ותהי לו כבת
ויבא הלך לאיש העשיר
ויחמל לקחת מצאנו ומבקרו לעשות לארח הבא לו
ויקח את כבשת האיש הראש ויעשה לאיש הבא אליו
ויחר אף דוד באיש מאד ויאמר אל נתן
חי יהוה כי בן מות האיש העשה זאת
ואת הכבשה ישלם ארבעתים
עקב אשר עשה את הדבר הזה ועל אשר לא חמל
ויאמר נתן אל דוד אתה האיש
כה אמר יהוה אלהי ישראל
אנכי משחתיך למלך על ישראל ואנכי הצלתיך מיד שאול
ואתנה לך את בית אדניך ואת נשי אדניך בחיקך
ואתנה לך את בית ישראל ויהודה
ואם מעט ואספה לך כהנה וכהנה
מדוע בזית את דבר יהוה לעשות הרע בעינו (Qere: בעיני)
את אוריה החתי הכית בחרב ואת אשתו לקחת לך לאשה
ואתו הרגת בחרב בני עמון
ועתה לא תסור חרב מביתך עד עולם
עקב כי בזתני ותקח את אשת אוריה החתי להיות לך לאשה

Im hebr.-dt. Vokabular nicht verzeichnete Wörter: רָשׁ = רָאשׁ arm; פַּת (suff. פִּתּוֹ) Bissen; הֵלֶךְ Gast; אֹרֵחַ Wanderer.

VOKABULARE

Hebräisch — Deutsch

Verzeichnet sind alle Vokabeln, die im Alten Testament 20mal oder häufiger vorkommen, dazu einige seltenere Vokabeln, die mit + bezeichnet sind.

Bei den zum Lernstoff gerechneten Vokabeln ist die Nummer der betreffenden Lektion angegeben (Wörter mit weniger als 50 Belegen sind dort jeweils mit × markiert). Einige wenige Vokabeln mit über 50 Belegen, die nur in speziellen Texten, dort aber gehäuft, vorkommen, sind nicht in den Lernstoff aufgenommen worden; sie sind hier mit * gekennzeichnet.

Die häufigsten (→ 1.2; 2.2; 3.2; 4.2) und die bekanntesten (→ 28.3.4; 29.3.4) Eigennamen sind S. 348–350 separat zusammengestellt.

א

אָב	Vater 10 (10.3.5)
אבד	zugrunde gehen / verloren gehen 21, pi./hi. zugrunde richten / vernichten 21 (21.3.2)
אבה	willig sein / wollen 21 (21.3.2; 25.3.1)
אֶבְיוֹן	arm 25
אַבִּיר	stark / gewaltig +
אבל	trauern, אֵבֶל Trauer
אֶבֶן	(f.) Stein 12
אָדוֹן	Herr 10, אֲדֹנָי der Herr 10 (4.3.1.6; 4.4.5)
אַדִּיר	gewaltig / mächtig / herrlich
אָדָם	Mensch / Menschen (koll.) 7 (9.3.6.4; 19.3.2)
אָדֹם	rot +
אֲדָמָה	Ackerland / Erdboden / Erde 20 (24.3.2)
אֶדֶן	Fußgestell*
אֲדֹנָי	→ אָדוֹן
אהב	lieben 19 (19.3.1; 21.4.5), אַהֲבָה Liebe 19 (23.3.2), אֹהֵב Freund 26
אֲהָהּ	ach! 14 +
אֹהֶל	Zelt 13 (13.3.4)
אוֹ	oder 17
אוה	pi./hitp. wünschen, begehren תַּאֲוָה Begierde / Lust
אוֹי	wehe! (vgl. הוֹי)
אוֹיֵב	→ אֹיֵב
אֱוִיל	Tor / Törichter, אִוֶּלֶת Torheit
אוּלַי	vielleicht 21
אָוֶן	Unheil 14

אוֹפַן Rad

אוֹצָר Vorrat / Schatz 16 (16.3.2)

אור hell werden / leuchten 28 (28.3.1; 28.4.3), hi. leuchten lassen / erleuchten / leuchten 28, אוֹר Licht 9

אוֹת Zeichen 16

אָז damals / dann 17, מֵאָז früher / seit / seitdem 17 (18.3.4.2; 24.3.3.6)

אֹזֶן (f.) Ohr 13, davon denominiert אזן hi. hinhören 19

אזר gürten + (11.3.3), אֵזוֹר Lendentuch +

אָח Bruder 8, אָחוֹת Schwester 10 (10.3.5; 12.3.3)

אֶחָד einer / eins 11/17 (16.4.7; 17.3.3; 17.4.4/5)

אָחוֹר → אחר

אָחוֹת → אָח

אחז ergreifen 21 (21.3.2), אֲחֻזָּה Besitz 21

אחר pi. zögern +, אָחוֹר hinten, אַחַר nachher 7, אַחַר/אַחֲרֵי nach / hinter ... her 7 (7.3.2.1; 18.3.4.2), אַחֵר anderer 10, אַחֲרוֹן hinterer / letzter / künftig 27, אַחֲרִית Zukunft / Ende / Nachkommenschaft 21

אֵי wo?, אֵי מִזֶּה woher? +, אֵי־זֶה wo? +, אַיֵּה wo? 7 (7.3.5.2; 27.3.2)

אִי Küste / Insel

אֹיֵב Feind 17 (17.3.2)

אֵיד Unglück

אַיֵּה → אֵי

אֵיךְ wie? / wie! 7, אֵיכָה wie? / wie! + (7.3.5.2)

I אַיִל Widder 14 (14.3.5.1)

II אַיִל Torpfeiler

אוּלָם Vorhalle

אַיִן/אֵין־ Nicht(vorhanden)sein / es gibt nicht / es ist nicht 10 (10.3.4; 27.3.2; 27.4.12)

מֵאַיִן woher? + (vgl. אֵי)

אֵיפָה Epha (Getreidemaß, ca. 40 l)

אִישׁ Mann / jemand / ein jeder 6 (8.3.3; 9.3.6.2; 10.3.5; 12.3.3)

אַךְ nur / jedoch / ja / fürwahr 25

אכל essen / fressen / verzehren 21 (21.3.2), אֹכֶל Nahrung / Getreide 21, אָכְלָה Essen 23 (4.4.1; 23.3.2), מַאֲכָל Speise

אַל nicht! 10 (10.3.3)

אֵל Gott 9 (vgl. אֱלֹהִים)

אֶל־ zu / nach ... hin 5 (5.3.2; 7.3.2.1; 29.3.3)

אָלָה Verfluchung

אֵלֶּה diese 6 (6.3.4)

אֱלֹהִים Gott (selten Sing. אֱלוֹהַּ) 5 (4.3.1.6; 4.4.5; 9.3.6.2)

אַלּוּף Anführer*

אֱלִיל Nichtigkeit

אִלֵּם stumm + (17.3.2)

אַלְמָנָה Witwe 19 (24.3.2)

אֶלֶף tausend / Tausendschaft / Sippe / Gau 12 (18.3.3.3)

אֵם Mutter 10 (10.3.5; 11.3.4)

אִם wenn / ob 14 (7.3.5.1; 16.3.4; 17.3.4; 18.3.4.2)

אָמָה Magd 10 (10.3.5)

אַמָּה Elle 21 (24.4.7)

אמל puʿlal verwelken + (28.3.2.1)

אמן ni. fest sein / zuverlässig sein / treu sein / Bestand haben 19, hi. glauben 19 (25.3.3), אֱמוּנָה Festigkeit / Treue 27, אֱמֶת Festigkeit / Zuverlässigkeit / Beständigkeit / Treue / Wahrheit 16 (22.3.2), בֶּאֱמֶת beständig / getreulich / aufrichtig / tatsächlich / wirk-

	lich 16, אָמֵן gewiß! 11, אָמְנָם gewiß / fürwahr + 25 (25.3.2.6)
אמץ	stark sein / kräftig sein
אמר	sagen / sprechen 5/21 (5.3.4.2/3; 18.4.2; 21.3.2; 21.4.7/8), לֵאמֹר folgendermaßen / indem er sagte 5 (5.3.4.3), אֵמֶר/אִמְרָה Wort / Spruch / Rede 21 (23.3.2)
אֱמֶת	→ אמן
אָנָה	wohin ? 7
אֱנוֹשׁ	Menschen (koll., poet.) 12 (vgl. אָדָם)
אֲנַחְנוּ	wir (8.3.1.1; 8.4.2/3), נַחְנוּ wir + (8.4.2)
אֲנִי	ich (8.3.1.1; 8.4.2/3)
אֳנִי	Schiffe / Flotte (koll.) +, אֳנִיָּה Schiff (vgl. 17.4.6)
אָנֹכִי	ich (8.3.1.1; 8.4.2/3)
אֲנָשִׁים	→ אִישׁ
אסף	sammeln / aufnehmen / wegnehmen 18 (21.4.5), ni. sich versammeln / versammelt werden 18
אסר	anbinden / fesseln 18 (18.4.6)
אַף	auch / sogar 27
אַף	Nase / Zorn 11, אַפַּיִם (Dual) Nase / Zorn / Angesicht (11.3.4)
אפה	backen + (21.3.2; 25.3.1)
אֵפוֹד	Ephod (Priestergewand, Kultgegenstand)
אֶפֶס	Ende / Nichts, אֶפֶס כִּי nur daß +
אֵפֶר	Staub (vgl. עָפָר)
אֶצְבַּע	(f.) Finger
אֵצֶל	(Seite) / neben 27
ארב	im Hinterhalt liegen / auflauern
אַרְבֶּה	Wanderheuschrecke
אַרְבָּעָה	vier 17 (17.3.3), אַרְבָּעִים vierzig 18 (18.3.3), רְבִיעִי vierter 16 (16.3.3)
אַרְגָּמָן	mit rotem Purpur gefärbte Wolle
אֲרוֹן	Lade / Kasten 9 (7.3.3.3)
אֶרֶז	Zeder 23
אֹרַח	Weg / Pfad 24
אֲרִי	Löwe 14, אַרְיֵה Löwe 14 (14.3.5.2)
ארך	lang sein / lang werden, hi. lang machen / verlängern, אֹרֶךְ Länge 13
אַרְמוֹן	Palast
אֶרֶץ	(f.) Land / Erde 6 (4.4.6; 7.3.3.3; 9.3.6.3; 12.3.4)
ארר	verfluchen 29
ארשׂ	pi. sich eine Frau anverloben +
אֵשׁ	Feuer 7 (11.3.4), אִשֶּׁה Feueropfer*
אִשָּׁה	Frau 6 (10.3.5)
אשׁם	haftpflichtig sein, אָשָׁם Schuldverpflichtung
אֲשֶׁר	daß / Relativpartikel 6 (6.3.2; 16.3.4; 18.3.4.2; 19.3.4; 20.3.3; 22.3.3; 29.3.2) כַּאֲשֶׁר als / weil / wie 5 (5.3.4.4; 18.3.4.2)
אַשְׁרֵי	wohl dem, der ...! / glücklich, wer ...! 22
אֲשֵׁרָה	Aschera (Göttin) / Aschere (Kultpfahl)
אַתְּ	du (f.) (8.3.1.1; 8.4.2/3)
אֵת	Akkusativ-Zeichen 6 (6.3.1.1; 11.3.3; 11.4.13; 12.3.2; 13.3.3; 29.3.2)
אֵת	bei / mit 7 (7.3.2.1; 11.4.14)
אתה	kommen
אַתָּה	du (m.) (8.3.1.1; 8.4.3)
אָתוֹן	(f.) Eselin 23
אַתֶּם	ihr (m.) (8.3.1.1)
אַתֵּנָה	ihr (f.) + (8.3.1.1; 8.4.2)

ב

בְּ in / mit / durch (instr.) 6 (7.3.2.1; 10.3.1.3; 25.3.3)
בְּאֵר (f.) Brunnen 28 (14.4.8)
בַּאֲשֶׁר dadurch daß / weil (20.3.3)
בגד treulos handeln
בֶּגֶד Kleid 9 (13.3.4)
I בַּד Stück + (11.3.4), לְבַד allein 11 (27.3.3), לְבַד מִן־/מִלְּבַד außer / abgesehen von 11
II בַּד Stange
III בַּד Linnen
בדל hi. trennen / sondern / absondern 12, ni. sich absondern / ausgesondert werden 12
בהל ni. erschrecken (intransitiv), pi. erschrecken (transitiv)
בְּהֵמָה Tiere / Vieh (koll.) 8 (24.3.2)
בוא kommen / hineingehen / eintreffen / untergehen (Sonne) 5/28 (5.3.4.2; 14.3.3), hi. bringen 28 (28.3.1; 28.4.3), מָבוֹא Eingang / Untergang (der Sonne) / Westen 20, תְּבוּאָה Ertrag
בּוֹר Grube / Zisterne 24
בוש sich schämen / zuschanden werden 28 (28.3.1), hi. zuschanden machen / beschämt dastehen 28 (28.4.3), בֹּשֶׁת Scham / Schande 28
I בַּז → בזז
בזה verachten
בזז plündern / Beute machen, בַּז Plünderung
בָּחוּר Jüngling / junger Mann
בחן prüfen 17 (13.3.2.4)
בחר auswählen / erwählen 17 (25.3.3)
בטח vertrauen 10, בֶּטַח Sicherheit 10, לָבֶטַח in Sicherheit 10 (13.3.4; 27.3.3)

בֶּטֶן Bauch / Leib 19
בין verstehen / einsehen / (be)-merken 28 (28.4.2), hi. verstehen / belehren 28, בִּינָה Einsicht 25, תְּבוּנָה Einsicht
בֵּין zwischen 6 (15.2.6)
בַּיִת Haus 5 (3.4.20; 10.3.5; 14.4.7)
בכה weinen / beweinen 24 (24.3.1), בְּכִי Weinen
בְּכֹר erstgeboren / Erstgeborener 9
בַּל nicht (poet.) 10 (29.3.2), בְּלִי ohne 10, לְבִלְתִּי nicht zu (mit Inf. cs.) 10 (10.4.6; 19.3.4)
בְּלִיַּעַל Nichtsnutzigkeit / Verderben
בלל vermischen / verwirren
בלע q./pi. verschlingen
בִּלְתִּי → בַּל
בָּמָה Anhöhe / Kulthöhe 22
בֵּן Sohn 5 (8.3.3; 10.3.5), בַּת Tochter 6 (10.3.5)
בנה bauen 24, תַּבְנִית Bauplan / Modell / Abbild
בַּעַד zugunsten von 14
בַּעַל Besitzer / Herr / Baal (Gott) 11 (8.3.3)
I בער in Brand stehen / brennen 29, pi. in Brand setzen / verbrennen 29
II בער pi. wegschaffen / verwüsten
בָּצוּר unzugänglich, מִבְצָר Festung
בֶּצַע Gewinn
בקע spalten 28, בִּקְעָה Talebene + 28
בָּקָר Rinder (koll.) 6 (19.3.2)
בֹּקֶר Morgen 12 (13.3.4)
בקש pi. suchen 13 (13.4.2)
ברא schaffen / erschaffen 14
בָּרָד Hagel
בָּרוּךְ → ברך
בְּרוֹשׁ Wacholder
בַּרְזֶל Eisen 13

ברח entlaufen / entfliehen 10

בְּרִיחַ Riegel

בְּרִית (f.) Bund / Verpflichtung 7 (9.3.6.2/3; 21.3.3)

ברך pi. segnen / preisen 16 (13.3.1.1; 16.3.1), בָּרוּךְ gesegnet / gepriesen 10 (18.3.2), בְּרָכָה Segen 16 (24.3.2)

בֶּרֶךְ (f.) Knie (Dual בִּרְכַּיִם)

בְּרֵכָה Teich 24 (24.3.2)

בָּרָק Blitz

בֹּשֶׂם Balsam

בשׂר pi. Botschaft bringen

בָּשָׂר Fleisch 12 (19.3.2)

בשׁל pi. kochen

בֹּשֶׁת → בושׁ

בַּת → בֵּן

בְּתוּלָה Jungfrau 19 (24.4.7)

ג

גאה erhaben sein +, גָּאוֹן Höhe / Hoheit / Stolz

גאל auslösen / erlösen 17, גֹּאֵל „Löser“ (27.5.5.1) / Erlöser (17.3.2), גֹּאֵל הַדָּם Bluträcher

גבה hoch sein / erhaben sein / hochmütig sein 9, גָּבֹהַּ hoch 9 (1.3.2.3; 18.3.2), גֹּבַהּ Höhe +

גְּבוּל Grenze / Gebiet 9

גבור(ה) → גבר

גִּבְעָה Hügel 22 (23.3.2)

גבר überlegen sein / stark sein, גֶּבֶר (junger, kräftiger) Mann 19, גִּבּוֹר stark / Held / Krieger 9, גְּבוּרָה Kraft / Macht 24

גָּג Dach (Flachdach)

גְּדוּד Raubzug / Streifschar / Kriegsschar

גָּדוֹל → גדל

גְּדִי Böckchen (3.4.12; 4.3.2.6)

גדל groß werden / wachsen / groß sein 13, pi. groß machen / groß ziehen 13 (13.3.1.1/2), hi. groß machen / Großes tun / großtun, גֹּדֶל Größe +, גָּדוֹל groß 6 (18.3.2), מִגְדָּל Turm 26

גדע abhauen

גָּדֵר Mauer + (19.3.2)

גּוֹי Volk 9

גּוֹלָה → גלה

גוע hinscheiden / umkommen (27.3.1)

גור sich als Fremdling aufhalten / weilen 27, גֵּר Fremdling / Schutzbürger 10

גּוֹרָל Los / Losanteil / Geschick 16 (16.3.2)

גזז scheren + (29.4.1)

גזל rauben

גַּיְא Tal 22

גיל frohlocken / jauchzen 28, גִּיל Jubel +

גַּל → גלל

גלה aufdecken / entblößen / fortgehen (müssen) 24, pi. entblößen / offenbaren, hi. in die Verbannung führen (25.3.1), גּוֹלָה Exulanten / Exil 24, גָּלוּת Exulanten / Exil + 24

גִּלּוּל Götze

גלח scheren

גלל rollen / wälzen +, I גַּל Steinhaufe, II גַּל Welle +, גַּלְגַּל Rad +, גֻּלְגֹּלֶת Schädel +, מְגִלָּה Buchrolle

גַּם auch 7

גמל antun / erweisen, גְּמוּל Tun / Vergeltung +

גָּמָל Kamel 23 (11.3.4)

גַּן Garten

גנב	stehlen (14.4.3), גַּנָּב Dieb +
גֶּפֶן	Weinstock / Rebe 23
גֵּר	→ גור
גֹּרֶן	(f.) Dreschplatz / Tenne
גרע	stutzen / wegnehmen
גרשׁ	vertreiben / verstoßen, pi. vertreiben 16 (16.3.1), מִגְרָשׁ Weideland*
גֶּשֶׁם	Regenguß / Regen

ד

דבק	anhaften / anhangen 29
דבר	pi. reden 5 (4.4.2; 13.3.1), hitp. sich besprechen + (14.4.5), דָּבָר Wort / Sache / Ereignis 6 (19.3.2)
דֶּבֶר	Pest
דְּבַשׁ	Honig 14 (14.4.8)
דָּג	Fisch +, דָּגָה Fische (koll.) +
דָּגָן	Getreide 23
דּוֹד	Geliebter / Onkel (väterlicherseits)*
דּוֹר	Generation / Geschlecht 9 (9.3.6.3)
דַּי	Bedarf / genug, כְּדֵי entsprechend +, מִדֵּי so oft +
דין	Recht schaffen / Gericht halten, דִּין Rechtssache, מְדִינָה Provinz 24
דַּל	gering / hilflos / arm
דֶּלֶת	(f.) Türflügel / Tür 22 (22.3.2)
דָּם	Blut 8 (16.3.2), pl. Blut / Blutschuld
דמה	gleichen, דְּמוּת Ähnlichkeit / Abbild / Gestalt / etwas wie 21
דמם	sich still halten
דִּמְעָה	Tränen (koll.)
דַּעַת	→ ידע
דרך	treten 8, דֶּרֶךְ Weg / Wandel / Reise / Unternehmung 12
דרשׁ	nach etw. fragen / trachten / fordern / sich wenden an 7
דֶּשֶׁא	frisches Grün + 23
דָּת	Gesetz (pers., nur in Est)

ה

הַ·	Artikel 6 (6.3.3; 7.3.3; 22.4.4; 26.3.2)
הֲ	Interrogativ-Partikel 7 (7.3.5.1; 8.3.1.2)
הֶבֶל	Hauch / Nichtigkeit*
הגה	murmeln / sinnen
הדף	stoßen (18.4.5)
הָדָר	Pracht
הוּא	er 8 (4.3.1.6; 8.3.1.1/2)
הוֹד	Hoheit / Majestät
הוֹי	wehe! 27
הוֹן	Vermögen / Besitz
הִיא	sie (f. sg.) 8 (4.3.1.6; 8.3.1.1/2)
היה	sein / werden / geschehen 6 (6.4.3; 7.3.1.1; 9.3.3.2; 9.3.4.2; 26.3.1)
הֵיכָל	Palast / Tempel 16
הלך	gehen 5 (9.3.4.1; 10.3.1.1; 22.3.1), pi./hitp. gehen / wandeln, hi. führen
הלל	pi. loben / preisen 14, hitp. sich rühmen 14, תְּהִלָּה Ruhm / Lobpreis 24
הֵם/הֵמָּה	sie (pl.m.) 7 (7.3.3.2; 8.3.1.1/2; 8.4.2)
המה	lärmen / brausen, הָמוֹן Lärm / Menge 18
הֵן/הִנֵּה	siehe! 7/8/14 (8.3.2.2; 8.4.1; 10.3.4; 27.3.2; 27.4.12) / wenn (16.3.4)
הֵנָּה	sie (pl.f.) 8 (8.3.1.1)
הֵנָּה	hier / hierher
הפך	wenden / umstürzen / verwandeln 18 (18.4.6), ni. sich wandeln / verwandelt werden 18
הַר	Berg / Gebirge 7 (7.3.3.2/3; 11.3.4)

הרג töten / erschlagen 18

הרה empfangen / schwanger werden 25

הרס einreißen

ו

וְ und / aber 5 (3.4.3; 4.3.2.5; 5.3.1.3; 6.3.3.3; 7.3.1.3/4; 8.3.4.2; 8.3.5.3; 9.3.3.1/2; 16.3.4; 18.3.4; 20.3.3; 21.3.4)

ז

זאת diese (sg.f.) 6 (6.3.4; 9.3.6.3)

זבח opfern / schlachten 10, זֶבַח Opfer 10 (13.3.4), מִזְבֵּחַ Altar 17 (17.3.2)

זֶה dieser 6 (6.3.4; 8.3.1.2; 22.3.3), אֵי־זֶה → אֵי, זוֹ/זוּ Relativpartikel (22.3.3)

זָהָב Gold 7 (19.3.2)

זהר hi. warnen

זוב fließen / triefen

זוֹנָה → זנה

זַיִת Ölbaum 23

זכה hitp. sich reinigen (14.4.5)

זכר an etw./jem. denken / sich erinnern 7 (11.3.3), זֵכֶר Erwähnung / Nennung, זִכָּרוֹן Andenken / Gedächtnis 18 (18.3.2)

זָכָר männlich / Mann 19

זִמָּה Schandtat

זמר pi. singen / spielen / preisen 13, מִזְמוֹר Psalm 13 (6.3.5)

זנה huren / treulos sein 24, זוֹנָה Dirne 24, תַּזְנוּת Hurerei

זַעַם Verwünschung

זעק schreien 17, זְעָקָה Geschrei / Hilferuf + 24 (vgl. צעק)

זָקֵן alt werden / alt sein, זָקָן Bart +, זָקֵן alt / Ältester 19

זָר fremd / Fremder 18

זרה streuen / worfeln, pi. zerstreuen

זְרוֹעַ (f.) Arm / Gewalt / Streitkräfte 19

זרע säen 9, זֶרַע Same / Nachkommenschaft 9

זרק streuen / sprengen, מִזְרָק Schale

זרח aufgehen (Sonne) +, מִזְרָח Sonnenaufgang / Osten 16

ח

חבא ni. sich verstecken, hitp. sich versteckt halten, hi. verstecken

חֶבֶל Strick / Schlinge / Feldstück / Landstrich *

חבר verbunden sein, pi. verbinden, hitp. sich verbünden

חבש binden / umbinden / verbinden / satteln

חַג Fest 17 (11.3.4)

חגר gürten

חדל aufhören / unterlassen 19 (19.3.1)

חֶדֶר Kammer / Innenraum

חדש pi. erneuern +, חָדָשׁ neu / frisch 19, חֹדֶשׁ Neumond / Monat 13

חוה hišt. sich beugen / sich niederwerfen 26 (26.3.1; 26.4.1; 28.3.2)

חוֹל Sand

חוֹמָה (Stadt-)Mauer 13 (24.4.7)

חוס sich erbarmen / schonen

חוּץ Gasse / draußen 9 (9.3.6.3), מִחוּץ von außen / außen / außerhalb 9 (7.4.2), (הַ)חוּצָה hinaus (25.3.2.7), חִיצוֹן äußerer

חוש eilen

חזה schauen 25, **חֹזֶה** Seher 25, **חָזוֹן** Vision 25

חזק fest sein / stark sein / stark werden 19, hi. ergreifen / festhalten 19 (25.3.3), hitp. sich stark machen / sich stark zeigen (14.4.4), **חָזָק** fest / hart / stark 8 (19.3.2)

חטא sich verfehlen / sündigen 14 (19.3.1), **חֵטְא** Verfehlung / Sünde, **חַטָּאת** Sünde / Sündopfer 14 (22.3.2)

חִטָּה Weizen 18 (pl. **חִטִּים**)

חיה leben / am Leben bleiben 26 (26.3.1; 29.3.1), pi./hi. am Leben erhalten 26, **חַי** lebend / lebendig 11 (17.3.4), **חַיָּה** Tier 11 (24.4.7; 25.3.2.4), **חַיִּים** Leben 7 (9.3.6.4; 11.3.4)

חיל Wehen haben / beben

חַיִל Kraft / Tüchtigkeit / Heer 11 (14.3.5.1)

חִיצוֹן → **חוץ**

חֵיק Busen / Schoß

חכם weise sein / weise werden (19.4.1), **חָכָם** weise / Weiser 7 (19.3.2), **חָכְמָה** Weisheit 6 (23.3.2; 24.4.7)

חָלָב Milch 23, **חֵלֶב** Fett 23

חלה krank werden / krank sein 25 (25.4.1), **חֳלִי** Krankheit 14 (14.3.5.2)

חֲלוֹם → **חלם**

חַלּוֹן Fenster

חֳלִי → **חלה**

חלל I pi. entweihen 29, hi. anfangen 29 (29.4.4), **חָלִילָה** fern sei es! (17.3.4), **תְּחִלָּה** Anfang

(**חלל** II) **חָלָל** durchbohrt / erschlagen 19

חלם träumen (18.4.6), **חֲלוֹם** Traum 11

חלף vorüberziehen, pi./hi. wechseln / ändern

חלק teilen / verteilen 29, **חֵלֶק** Anteil 23, **חֶלְקָה** Grundstück / Feld 23, **מַחֲלֹקֶת** Abteilung

חָם Schwiegervater + (10.4.11), **חָמוֹת** Schwiegermutter + (10.4.11)

חמד begehren (18.4.6)

חֵמָה Erregung / Zorn 24

חֲמוֹר Esel 23

חָמוֹת → **חָם**

חֲמִישִׁי → **חֲמִשָּׁה**

חמל Mitleid empfinden / schonen / sparen

חמם warm werden

חָמָס Gewalttat 19

חֲמִשָּׁה fünf 17 (17.3.3; 17.4.7), **חֲמִשִּׁים** fünfzig (18.3.3.2), **חֲמִישִׁי** fünfter (16.3.3)

חֵן → **חנן**

חנה sich lagern 25 (25.3.1), **מַחֲנֶה** Lager / Heer 18 (20.3.2)

חֲנִית Speer

חנן gnädig sein 29 (29.4.3), **חֵן** Gunst / Gnade 25, **חִנָּם** unentgeltlich / vergebens / ohne Ursache 25 (25.3.2.6), **תְּחִנָּה** Flehen

חֶסֶד Güte / Gnade / Solidarität / Loyalität / Treue 12, **חָסִיד** treu / fromm

חסה Zuflucht suchen / sich bergen, **מַחְסֶה** Zuflucht

חָסֵר entbehren / abnehmen 19 (19.3.1), pi. entbehren lassen (13.3.3), **חָסֵר** ermangelnd 19 (19.3.2)

חָפֵץ Gefallen haben / gern haben 19 (19.3.1), **חֵפֶץ** Gefallen / Wunsch / Sache 19

חפר graben

חפש durchsuchen

חֵץ Pfeil 18

חֲצִי Hälfte / Mitte 14 (14.3.5.2; 16.4.6)

חָצִיר Gras + 23

חֲצֹצְרָה Trompete

חָצֵר Hof / Vorhof / Siedlung 17 (19.3.2)

חקק einritzen / festsetzen +, חֹק Satzung / Festgesetztes 11, חֻקָּה Satzung / Ordnung / Gesetz 11

חקר erforschen

חרב austrocknen / wüst liegen, חָרְבָּה Trümmerstätte 23

חֶרֶב (f.) Schwert 11 (12.3.4)

חרד beben / zittern

חרה entbrennen / zornig werden 25 (25.3.1), חָרוֹן Glut 25

חרם hi. bannen 19, חֵרֶם Bann 19

חרף pi. schmähen 16 (19.3.1), חֶרְפָּה Schmähung / Schmach 16

I חרשׁ pflügen (ō-Impf.)

II חרשׁ taub sein (a-Impf.) 19, hi. schweigen / sich still verhalten 19

חָרָשׁ Handwerker

חשׂך zurückhalten / schonen / sparen

חשׁב anrechnen / achten für / halten für / denken / planen 18 (18.4.6), ni. angerechnet werden / gelten als 18, מַחֲשָׁבָה Gedanke / Plan / Erfindung 22 (24.3.2)

חֹשֶׁךְ Finsternis 22

חֹשֶׁן Brustschild

חתם siegeln / versiegeln, חוֹתָם Siegelring +

חֹתֵן Schwiegervater, חָתָן Schwiegersohn / Bräutigam

חתת mutlos sein / erschrocken sein 29, מְחִתָּה Schrecken / Verderben +

ט

טבח schlachten +, טַבָּחִים Leibwache

טַבַּעַת Siegelring / Ring

טָהֵר rein sein 16, pi. reinigen 16, hitp. sich reinigen (14.4.4/5), טָהוֹר rein 16 (18.3.2)

טוב gut sein (23.4.1; 28.3.1), טוֹב gut 8 (9.3.6.2/3), טוּב Güte / Wohlstand

טוּר Lage / Reihe

טַל Tau

טָמֵא unrein werden / unrein sein 14, pi. verunreinigen 14, hitp. sich verunreinigen 14, טָמֵא unrein 8, טֻמְאָה Unreinheit

טמן verbergen / verscharren

טַף Kinder (koll.: die nicht Marschfähigen eines wandernden Stammes)

טֶרֶם noch nicht 18 (18.3.4.2; 24.3.3.7), בְּטֶרֶם ehe / bevor 18 (18.3.4.2)

טרף zerreißen (Raubtier), טֶרֶף Raub / Fraß +

י

יְאֹר Fluß / Strom / Nil 22

יָבֵשׁ austrocknen / verdorren 23 (23.3.1), יַבָּשָׁה trockenes Land +

יגע müde werden / sich abmühen

יָד (f.) Hand / Gewalt 8 (9.3.6.3/4; 16.3.2), בְּיַד durch (25.3.3)

ידה hi. preisen / bekennen 22 (25.3.1), hitp. bekennen (22.4.1), תּוֹדָה Loblied / Lobopfer / Danklied / Dankopfer 17 (24.4.7)

ידע wissen / kennen / erfahren / merken 22 (22.3.1), ni. sich kundtun / bekannt werden 22, hi. wissen lassen / kundtun / mitteilen 22, hitp. sich zu erkennen geben (22.4.1; 25.4.1), **דַּעַת** Wissen / Erkenntnis 22 (22.3.2)

יהב geben (nur Imp.: **הָבָה**, **הָבוּ** usw.)

יוֹבֵל Widder / Erlaßjahr

יוֹם Tag 8 (9.3.6.2/4; 10.3.5; 25.3.2.2), **הַיּוֹם** heute 8, **יוֹמָם** tagsüber / bei Tage 11 (25.3.2.6)

יוֹנָה Taube

יוֹעֵץ → **יעץ**

יַחַד zusammen / miteinander / insgesamt 21, **יַחְדָּו** zusammen / miteinander 21, **יָחִיד** einzig +

יחל pi./hi. warten

יחשׂ hitp. sich in das Geschlechtsregister eintragen lassen

יטב gut sein / gut gehen / gefallen 23 (23.3.1; 23.4.1), hi. gut handeln / gut machen 23 (vgl. **טוב**)

יַיִן Wein 14

יכח hi. feststellen, was recht ist / zurechtweisen 28, **תּוֹכַחַת** Zurechtweisung

יָכֹל können / vermögen / überlegen sein 23 (9.4.3; 23.3.1; 23.4.3)

ילד gebären / erzeugen 22 (8.4.4; 14.4.2; 22.3.1; 25.4.1), ni. geboren werden 22, hi. gebären lassen / zeugen 22, **יֶלֶד** Kind / Knabe 13, **מוֹלֶדֶת** Nachkommenschaft / Verwandtschaft, **תּוֹלֵדוֹת** Geschlechter / Geschlechtsgeschichte

ילל hi. heulen / wehklagen 23 (23.3.1)

יָם Meer 11 (11.3.4), **יָמָּה** nach Westen 11, **יַם־סוּף** Schilfmeer (11.3.4)

ימן hi. nach rechts gehen + (23.4.1), denominiert von **יָמִין** rechte Hand / rechte Seite 18, **יְמָנִי** rechts / südlich, **תֵּימָן** Süden

ינק saugen + 23 (23.3.1), hi. säugen / stillen + 23

יסד q./pi. gründen

יסף q./hi. hinzufügen / fortfahren / nochmals tun 22 (23.3.3)

יסר pi. zurechtweisen / züchtigen, **מוּסָר** Züchtigung / Zucht / Zurechtweisung 16

יעד bestimmen, ni. sich einfinden / sich versammeln, **מוֹעֵד** (verabredeter) Zeitpunkt / Versammlung / Treffpunkt / Begegnung 17 (17.3.2), **עֵדָה** Gemeinde 17 (24.3.2)

יעל hi. helfen / nützen

יַעַן wegen / weil 20 (20.3.3)

יעץ raten / beraten / planen 23 (23.3.1), **יוֹעֵץ** Ratgeber, **עֵצָה** Rat / Plan 23 (24.3.2)

יַעַר Wald / Dickicht 23

יָפֶה schön 20

יצא hinausgehen / herauskommen 22 (22.3.1), hi. herausführen 22, **מוֹצָא** Ausgang, **תּוֹצָאוֹת** Ausgänge

יצב hitp. sich hinstellen 14 (vgl. **נצב**)

יצג hi. hinstellen + (23.4.2)

יִצְהָר Öl

יצק ausgießen 23 (23.3.1)

יצר formen / bilden 23 (23.3.1), **יוֹצֵר** Töpfer 23

יצת q. anzünden, ni. verbrannt werden (23.4.2)

יקץ erwachen + (23.4.1)

יָקָר wertvoll / kostbar

יָרֵא fürchten / sich fürchten 23 (4.4.1; 23.3.1), **יָרֵא** fürchtend 23, **יִרְאָה** Furcht 23, **נוֹרָא** furchtbar 23 (8.3.2.2)

ירד hinabgehen / herabkommen 22 (22.3.1), hi. hinabführen 22

ירה I werfen / schießen

ירה II hi. lehren / unterweisen 22 (25.3.1), **תּוֹרָה** Weisung / Gesetz 12 (24.4.7)

יָרֵחַ Mond 28, **יֶרַח** Monat +

יְרִיעָה Zeltdecke *

יָרֵךְ Oberschenkel / Hüfte, **יַרְכָה** Rückseite / entlegenster Teil

ירשׁ in Besitz nehmen / beerben 23 (23.3.1), hi. vertreiben / in Besitz nehmen 23

יֵשׁ Vorhandensein / es gibt 10 (10.3.4; 17.3.2; 17.4.2; 27.3.2)

ישׁב sich setzen / sitzen / wohnen / bleiben 22 (22.3.1), hi. wohnen lassen, ho. bewohnt werden (27.4.9), **יוֹשֵׁב** Einwohner / Bewohner 22, **מוֹשָׁב** Sitz / Wohnsitz (4.4.2)

יְשׁוּעָה → **ישׁע**

יָשֵׁן schlafen / einschlafen (23.4.1), **יָשֵׁן** schlafend (19.3.2), **שֵׁנָה** Schlaf

ישׁע hi. helfen / retten 22, **יְשׁוּעָה** Hilfe / Heil 22 (25.3.2.7), **יֵשַׁע** Hilfe / Heil, **תְּשׁוּעָה** Hilfe

ישׁר gerade sein / recht sein, **יָשָׁר** recht / gerade / aufrichtig 8 (19.3.2), **מִישׁוֹר** Ebene / Geradheit

יָתֵד Zeltpflock

יָתוֹם Waise

יתר ni. übrig bleiben 22, hi. übrig lassen / übrig haben 22, **יֶתֶר** Rest / Überfluß / Vorzug 21

כ

כְּ wie / entsprechend 6 (7.3.2.1; 10.3.1.3; 26.3.3), **כַּאֲשֶׁר** → **אֲשֶׁר**, **כְּפִי** gemäß / entsprechend / nach Maßgabe von (26.4.2)

כָּבֵד schwer werden / schwer sein 9, pi. ehren (13.3.1), **כָּבֵד** schwer 9 (19.3.2), **כָּבוֹד** Gewicht / Ehre / Herrlichkeit 11 (18.3.2)

כבה erlöschen, pi. auslöschen

כבס pi. waschen 13 (13.3.1.1)

כֶּבֶשׂ junger Widder / Lamm 13, **כִּבְשָׂה** junges Schaf + 13 (23.3.2)

כֹּה so 5 (5.3.1.2; 5.4.2)

כהן pi. als Priester amten, denominiert von **כֹּהֵן** Priester 6 (17.3.2)

כּוֹכָב Stern 28

כול hi. fassen / aufnehmen, pilpel fassen / (mit Lebensunterhalt) versorgen (28.3.2.1)

כון ni. fest stehen / Bestand haben / bereit sein 27, hi. festigen / aufstellen / bereitstellen 27, po. hinstellen / gründen / zielen (28.3.2.2), **מָכוֹן** Stätte / Grundlage +, **מְכוֹנָה** Stelle / Gestell, **כֵּן** feststehend / recht

כּוֹס (f.) Becher

כזב pi. lügen + 13, כָּזָב Lüge 13 (19.3.2)

כֹּחַ Kraft 9

כחד pi. verhehlen

כחשׁ pi. leugnen / verleugnen

כִּי daß / denn / weil / wenn 5 (5.3.1.2; 5.3.4.4; 16.3.4; 16.4.8; 17.3.4; 18.3.4.2; 19.3.4; 20.3.3), כִּי אִם sondern / außer 9/14

כִּיּוֹר Becken / Kessel

כָּכָה so (vgl. כֹּה)

כִּכָּר runde Scheibe / Talent 16

כֹּל Gesamtheit / alle / jeder / ganz 5 (11.3.4)

כֶּלֶב Hund 23

כלה fertig werden / aufhören / vergehen 24, pi. vollenden / austilgen 24 (23.3.3), כָּלָה Vertilgung

כַּלָּה Schwiegertochter / Braut

כְּלִי Gefäß / Gerät / Werkzeug Waffe 14 (14.3.5.2)

כִּלְיָה Niere 17 (23.3.2)

כלם ni. sich schämen / zuschanden werden, hi. schmähen, כְּלִמָּה Schimpf

כֵּן I so 5, עַל־כֵּן/לָכֵן deshalb / darum 8

כֵּן II → כון

כִּנּוֹר Zither

כנע ni. gedemütigt werden / sich demütigen, hi. demütigen

כָּנָף Flügel / (Gewand-) Zipfel 19 (19.3.2)

כִּסֵּא Thron / Sessel 17 (17.3.2)

כסה pi. bedecken 28

כְּסִיל Tor / töricht 11

כֶּסֶף Silber / Geld 7

כעס unmutig sein / sich ärgern 29, hi. reizen / kränken 29, כַּעַס Unmut

כַּף Handfläche / Hand 11, כַּף רֶגֶל Fußsohle 11

כְּפִיר junger Löwe

כפר pi. Sühne schaffen 13 (13.3.1.1), כַּפֹּרֶת Deckplatte

כְּרוּב Cherub *

כֶּרֶם Weinberg 20

כרע niederknien

כרת abschneiden / (Bund) schließen 7, hi. ausrotten (12.3.1)

כשׁל q./ni. straucheln / stolpern 27

כתב schreiben 7

כֻּתֹּנֶת Leibrock

כָּתֵף Schulter / Berghang 19 (19.3.2)

כֹּתֶרֶת Säulenkapitell

ל

לְ für / hinsichtlich / zu 5 (4.3.2.4; 5.3.2; 7.3.2.1; 10.3.1.3; 11.4.12; 15.2.6; 27.3.3; 27.4.13)

לֹא nicht 5 (5.3.1.2; 5.3.4.1; 10.3.3; 10.4.8; 21.4.11)

לְאֹם Volk

לֵאמֹר → אמר

לֵב Herz 8 (11.3.4; 12.3.3), לֵבָב Herz 19 (19.4.3)

לְבוּשׁ → לבשׁ

לָבָן weiß 19, לְבֹנָה Weihrauch

לבשׁ sich bekleiden mit / anziehen 9 (9.3.1; 11.3.3), לְבוּשׁ Gewand

לוּ wenn / o daß doch 16 (16.3.4; 24.3.3.1), לוּלֵי wenn nicht + 16 (16.3.4)

לוּחַ Tafel / Brett

לְחִי Kinnlade / Wange

לחם ni. kämpfen / Krieg führen 11 (11.3.1.2; 25.3.3), מִלְחָמָה

Kampf / Krieg 7 (22.3.2; 24.3.2)

לֶחֶם Brot / Speise / Nahrung 12 (12.3.4)

לין übernachten 28, לַיְלָה Nacht 11 (14.3.5; 25.3.2.7), מָלוֹן Nachtlager +

לכד fangen / einnehmen 8

לָכֵן → כֵּן

למד lernen 13, pi. lehren 13 (13.3.1.1)

לָמָּה warum? 7 (7.3.5.2; 19.4.4)

לְמַעַן → מַעַן

לִפְנֵי → פָּנִים

לקח nehmen 6 (6.4.2; 14.4.2; 21.3.1; 21.4.1)

לקט q./pi. sammeln / auflesen

לָשׁוֹן Zunge / Sprache 18 (18.3.2)

לִשְׁכָּה Halle

מ

מְאֹד sehr 8 (8.3.3.2; 9.4.10)

מֵאָה hundert 18 (18.3.3.3; 24.3.2)

מְאוּמָה etwas

מַאֲכָל → אכל

מאן pi. sich weigern 16 (16.3.1)

מאס verwerfen / verschmähen 17

מֵאֵת → מִן

מָבוֹא → בוא

מִבְצָר → בָּצוּר

מִגְדָּל → גדל

מְגִלָּה → גלל

מָגֵן Schild (11.3.4; Wurzel גנן, vgl. גַּן)

מַגֵּפָה → נגף

מִגְרָשׁ → גרשׁ

מִדְבָּר Wüste / Steppe 16

מדד messen 29, מִדָּה Ausdehnung/ Maß 24

מַדּוּעַ warum? 7

מְדִינָה → דין

מַה־ was? 7 (7.3.5.2)

מהה hitpalpel zögern (28.3.2.1)

מהר pi. sich beeilen / eilen 16, מַהֵר eilends 16, מְהֵרָה Eile

מוט wanken (27.4.3)

מול beschneiden

מוּל gegenüber

מוֹלֶדֶת → ילד

מוּם Flecken / Makel

מוּסָר → יסר

מוֹעֵד → יעד

מוֹפֵת Wunder 16

מוֹצָא → יצא

מוֹקֵשׁ Falle 17 (17.3.2)

מושׁ weichen

מוֹשָׁב → ישׁב

מות sterben 27 (27.3.1), מֵת sterbend / tot / Toter 27, hi. sterben lassen / töten 27, מָוֶת Tod 8 (14.3.5)

מִזְבֵּחַ → זבח

מִזְמוֹר → זמר

מִזְרָח → זרח

מִזְרָק → זרק

מחה abwischen / vertilgen

מַחֲלֹקֶת → חלק

מַחֲנֶה → חנה

מַחְסֶה → חסה

מָחָר morgen 14, מָחֳרָת folgender Tag 25 (25.4.6)

מַחֲשָׁבָה → חשׁב

מַחְתָּה Kohlenpfanne

מַטֶּה → נטה

מִטָּה → נטה

מָטָר Regen 19 (19.3.2)

מַיִם Wasser 10 (10.3.5)

מִי wer? 7 (7.3.5.2)

מִין Art

מִישׁוֹר → ישׁר

מַכָּה → נכה

מְכוֹנָה → כון

מכר verkaufen 8

מָלֵא voll sein / (einen Raum) erfüllen 11 (11.3.3; 11.4.11), ni. erfüllt werden 11, מָלֵא voll 12, מְלֹא Fülle

מַלְאָךְ Bote / Engel 16 (Wurzel לאך), מְלָאכָה Sendung / Geschäft / Arbeit / Sache 22

מִלָּה Wort 25 (25.3.2.2)

מְלוּכָה → מלך

מֶלַח Salz

מִלְחָמָה → לחם

מלט ni. entrinnen / sich retten 11, pi. retten 13 (vgl. פלט)

מלך König werden / König sein 8, מֶלֶךְ König 5, מַלְכָּה Königin / Königsfrau 23 (23.3.2), מַלְכוּת מְלוּכָה Königtum, Königsherrschaft / Königreich 21 (21.4.10), מַמְלָכָה Königsherrschaft / Königreich 12 (22.3.2; 24.3.2)

מִן von / seit / wegen 7 (7.3.2.1; 7.4.2; 8.3.3.2; 19.3.4; 20.3.3; 28.3.3), מֵאֵת von seiten (7.3.2.2)

מנה zählen / zuteilen

מְנוּחָה → נוח

מְנוֹרָה Leuchter

מִנְחָה Geschenk / Tribut / Speisopfer 17 (23.3.2)

מנע zurückhalten / vorenthalten / verweigern

מְנַצֵּחַ → נצח

מַס Frondienst

מָסָךְ Decke

מַסֵּכָה → נסך

מְסִלָּה Straße / Bahn

מסס ni. zerfließen

מִסְפָּר → ספר

מֵעֶה Eingeweide / Inneres (20.4.3)

מָעוֹז Zufluchtsort / Feste / Schutzwehr (11.3.4)

מעט wenig sein, מְעַט wenig / zu wenig 21, כִּמְעַט fast (24.3.3.1)

מְעִיל Obergewand

מעל treulos sein, I מַעַל Treulosigkeit

II מַעַל → עלה

מַעֲלָה → עלה

מַעֲלָל → עלל

לְמַעַן um ... willen / damit 19 (19.3.4)

מְעָרָה Höhle

מַעֲשֶׂה → עשה

מַעֲשֵׂר → עֲשָׂרָה

מצא finden / antreffen 11, ni. gefunden werden / sich finden lassen 11

מַצֵּבָה → נצב

מַצָּה ungesäuertes Brot *

מִצְוָה → צוה

מָצוֹר → צור

מִקְדָּשׁ → קדש

מָקוֹם → קום

מִקְלָט Zuflucht / Asyl

מִקְנֶה → קנה

מִקְרָא → קרא

מַר → מרר

מַרְאֶה → ראה

מרד sich auflehnen

מרה widerspenstig sein, מְרִי Widerspenstigkeit

מָרוֹם → רום

מֶרְכָּבָה → רכב

מִרְמָה Trug

מרר bitter sein +, מַר bitter

מַשָּׂא → נשא

משח salben 10, מָשִׁיחַ Gesalbter 10 (3.4.2; 18.3.2) מִשְׁחָה Salbung

משך ziehen

מִשְׁכָּב → שכב

מִשְׁכָּן → שכן

משל herrschen 8, מֶמְשָׁלָה Herrschaft +

מָשָׁל Spruch/Sprichwort/Gleichnis
מִשְׁמָר → שמר
מִשְׁמֶרֶת → שמר
מִשְׁנֶה → שנה
מִשְׁפָּחָה Geschlecht / Sippe 18 (22.3.2; 24.3.2; vgl. שִׁפְחָה)
מִשְׁפָּט → שפט
מַשְׁקֶה → שקה
מִשְׁקָל → שקל
מְשָׁרֵת → שרת
מִשְׁתֶּה → שתה
*מת pl. מְתִים Männer / Leute
מֵת → מות
מָתַי wann? 7 (7.3.5.2)
מָתְנַיִם Lenden / Hüften

נ

נָא doch / bitte 9 (9.3.4.1)
נְאֻם Ausspruch 7
נאף ehebrechen
נאץ q./pi. verachten / verschmähen 16 (20.3.1)
נבא ni. prophetisch reden / als Prophet auftreten 28, hitp. sich als Prophet gebärden 28 (14.4.4), נָבִיא Prophet 5 (18.3.2)
נבט hi. blicken / ansehen / schauen 20
I נבל verwelken, נְבֵלָה Leiche
II נבל töricht sein +, נָבָל töricht / Tor +, נְבָלָה Torheit / Sünde +
נֵבֶל Harfe
נֶגֶב Süden / Südland / Negeb 20
נגד hi. mitteilen / berichten 20, ho. mitgeteilt werden 20, נֶגֶד vor / gegenüber von 27, נָגִיד Vorsteher / Anführer
נגע berühren / schlagen 21 (21.3.1; 25.3.3), hi. berühren (lassen) / eintreffen 21, נֶגַע Schlag / Plage
נגף schlagen, מַגֵּפָה Plage
נגש q./ni. herzutreten / sich nähern 21 (21.3.1), hi. bringen / darbringen 21
נְדָבָה Freiwilligkeit / freiwillige Gabe, נָדִיב willig / Edler
נדד fliehen / umherirren
נִדָּה Unreinheit / Menstruation
נדח hi. versprengen / auseinanderjagen 27, ni. versprengt werden 27
נדר geloben, נֶדֶר/נֵדֶר Gelübde 17
נהג treiben
נָהָר Strom / Fluß 19 (19.3.2)
נוד (Kopf) schütteln (= Teilnahme bekunden)
נָוֶה Weideplatz / Stätte 20 (20.3.2)
נוח ruhen 27, hi. I Ruhe verschaffen, hi. II setzen / legen / lassen 27 (27.3.1; 27.4.8), מְנוּחָה Ruhe / Ruheplatz, נִיחוֹחַ Beschwichtigung
נוס fliehen 27
נוע schwanken, hi. schütteln
נוף hi. schwingen, תְּנוּפָה Schwingung / Weihung
נוֹרָא → יָרֵא
נזה hi. sprengen
נֵזֶר Weihe / Diadem
נחה leiten / führen
נחל Besitz erhalten / erben 21, hi. zum Besitz geben 21, נַחֲלָה Besitz / Erbe 23
נַחַל Bachtal / Bach / Wadi 12
נחם pi. trösten 16, ni. bereuen / sich reuen lassen / Trost finden 20
נַחְנוּ → אֲנַחְנוּ
נָחָשׁ Schlange 23
נְחֹשֶׁת Kupfer / Bronze 13 (13.4.8; 22.3.2)

נטה ausstrecken / ausbreiten / neigen / abbiegen 26 (26.3.1), hi. ausstrecken / neigen / beugen 26, **מַטֶּה** Stab / Stamm 18 (20.3.2), **מִטָּה** Lager / Bett

נטע pflanzen 20 (20.3.1)

נטשׁ liegen lassen / aufgeben

נכה hi. schlagen / erschlagen 26 (26.3.1), **מַכָּה** Schlag / Wunde Niederlage 26

נֹכַח gegenüber

נכר hi. erkennen / anerkennen 20

נֵכָר Fremde, **נָכְרִי** fremd / Fremder 27 (20.3.2)

נֵס Signal(stange) / Feldzeichen

נסה pi. versuchen / auf die Probe stellen 26

נסך gießen / ausgießen, hi. ausgießen, **נֶסֶךְ** Trankopfer*, **מַסֵּכָה** Gußbild

נסע herausreissen / aufbrechen / weiterziehen 21 (21.3.1)

נְעוּרִים → **נַעַר**

נַעַל Sandale / Schuh

נַעַר Knabe / Knecht 7, **נַעֲרָה** Mädchen / Magd 7 (23.3.2), **נְעוּרִים** Jugend / Jugendzeit 29

נפל fallen / sich fallen lassen 20, hi. fallen lassen / zu Fall bringen 20

נפץ q./pi. zerschlagen

נֶפֶשׁ (Kehle) / Begierde / Lebenskraft / Leben / Seele / Lebewesen / Person / jemand 12 (12.3.3/4)

נצב hi. hinstellen / einsetzen 20, **מַצֵּבָה** Malstein / Mazzebe 22 (24.3.2) (vgl. **יצב**)

נצח pi. leiten +, **מְנַצֵּחַ** Chorleiter (?) *

נצל hi. retten / entreissen 20

נצר bewachen / bewahren 20

נְקֵבָה weiblich 19 (24.3.2)

נקה schuldlos sein / straflos sein, pi. lossprechen / ungestraft lassen, **נָקִי** schuldlos / frei

נקם rächen / sich rächen, **נְקָמָה** Rache

נֵר Leuchte

נשא erheben / tragen / nehmen 11, ni. sich erheben / getragen werden 11, I **מַשָּׂא** Tragen / Last, II **מַשָּׂא** Ausspruch, **נָשִׂיא** Fürst / Vorsteher 18

נשׂג hi. erreichen / einholen 20

נָשִׁים → **אִשָּׁה**

נְשָׁמָה Wehen / Atem / Hauch 24

נשק küssen 21 (21.3.1)

נֶשֶׁר Adler / Geier

נְתִיבָה Pfad

נתך q./ni. sich ergießen

נתן geben / setzen / einsetzen 6 (6.4.1; 7.4.5; 14.4.2; 21.3.1)

נתץ einreissen / zerstören

נתק wegreissen

נתשׁ ausreissen

ס

סבב sich wenden / herumgehen / umwandeln 29 (29.3.1), hi. wenden 29, **סָבִיב** ringsum 9 (18.3.2), **סְבִיבוֹת** rings um ... 9

סגר schließen / verschließen 28, hi. verschließen / ausliefern 28

סוג ni. zurückweichen (27.4.7)

סוד Zusammenkunft / Kreis / Besprechung / Geheimnis

סוּס Pferd 9

סוֹפֵר → **ספר**

סוּר weichen / sich wenden / einkehren 27, hi. entfernen / abschaffen 27 (27.4.8)
סִיר Topf
סֻכָּה Hütte
סֶלָה (musikalischer Terminus in den Psalmen) *
סלח vergeben 10
סֶלַע Fels / felsige Anhöhe 22
סֹלֶת Weizengrieß *
סמך stützen
סַף Schwelle
ספד Totenklage halten
ספר zählen 13, pi. erzählen 13, ni. gezählt werden (können) / zählbar sein (11.3.1.2), מִסְפָּר Zahl / Aufzählung 16, סֵפֶר Schriftstück / Brief / Buch 7 (13.3.4), סוֹפֵר Schreiber 17
סקל steinigen
סָרִיס Hofbeamter / Eunuch
סְרָנִים (philistäische) Fürsten
סתר hi. verbergen 12, ni. sich verbergen / verborgen sein 12, hitp. sich verborgen halten (14.3.2), סֵתֶר Versteck / Schutz

ע

עָב Wolke
עבד dienen / arbeiten 18 (11.3.3), עֶבֶד Knecht / Sklave / Diener 12, עֲבֹדָה Arbeit / Dienst / Gottesdienst 17 (24.4.7)
בַּעֲבוּר um ... willen / damit 19 (19.3.4)
עבר durchziehen / vorübergehen / überschreiten 18, עֵבֶר gegenüberliegende Seite / jenseits 18
עֶבְרָה Zorn
עֲבֹת Strick
עֵגֶל Jungstier 23, עֶגְלָה Kalb / junge Kuh + 23 (23.3.2)
עֲגָלָה Wagen / Lastkarren
עַד Ewigkeit / immer 21
עַד bis / bis zu 7 (7.3.2.1; 18.3.4.2)
עֵד(וּת) → עוד
עֵדָה → יעד
עֵדֶר Herde
עוד hi. Zeuge sein / zum Zeugen rufen / beteuern / warnen (27.4.4), עֵד Zeuge 13, עֵדוּת Mahnung / Gebot 21 (21.4.10)
עוֹד noch / nochmals / wieder 13 (27.3.2)
עָוֶל Unrecht 14, עַוְלָה Verkehrtheit 14 (23.3.2; 25.3.2.7)
עוֹלָם Ewigkeit (fernste Zeit) 10 (16.3.2), לְעוֹלָם auf immer 7
עָוֺן Sünde / Schuld / Strafe 14 (18.3.2)
עוף fliegen, עוֹף Vögel (koll.) 23
עור hi. aufwecken / erregen (27.4.4), po. in Bewegung bringen / wecken / erregen, hitpo. sich aufregen / sich aufraffen (28.3.2.2)
עִוֵּר blind 17 (17.3.2)
עוֹר Haut / Fell / Leder 23
עַז/עֹז → עזז
עֵז Ziege 18
עזב verlassen 18
עזז stark sein +, עַז stark/trotzig, עֹז Kraft / Macht 27 (11.3.4)
עזר helfen / unterstützen 18, עֵזֶר/עֶזְרָה Hilfe 23
עטר pi. krönen + (13.3.3), עֲטָרָה Kranz / Krone
עַיִן Auge / Quelle 14 (9.3.6.4; 14.3.5.1), מַעְיָן Quelle

עִיר Stadt 7 (9.3.6.2/3; 10.3.5)

עֹל Joch

עלה hinaufgehen / hinaufsteigen 25, hi. hinaufführen 25 (25.4.4), עֹלָה Brandopfer 17 (24.4.7), עַל־ auf / über / gegen / wegen 6 (7.3.2.1; 20.3.3; 29.3.3), מִמַּעַל oben / droben 20, מַעְלָה nach oben / darüber hinaus 20, עֲלִיָּה Obergemach, עֶלְיוֹן oberer / höchster 27, מַעֲלֶה Aufstieg / Paß +, מַעֲלָה Stufe / Wallfahrt

עלל antun +, עֲלִילָה Tat, מַעֲלָל Tat

עַל־כֵּן → כֵּן

עלם ni. verborgen sein / hi. verbergen

עַם Volk 6 (7.3.3.3; 11.3.4)

עִם mit (soziativ) 6 (7.3.2.1; 11.4.14)

עמד hintreten / stehen / bleiben 18, hi. aufstellen / hinstellen 18, עַמּוּד Pfeiler / Säule 9

לְעֻמַּת neben / entsprechend

עָמָל Mühsal / Arbeit / Erwerb 19

עמק hi. tief machen +, עֵמֶק Talgrund / Ebene 22, עָמֹק tief + (11.3.4)

עֵנָב Weinbeere + 23

I ענה anheben / antworten / erhören 25 (11.3.3; 25.3.3)

II ענה pi. bedrücken / demütigen / vergewaltigen 26, עָנִי elend / demütig 25 (20.3.2), עָנָו demütig 25, עֳנִי Elend 26

עָנָן Wolke / Gewölk 19

עָפָר Staub 19 (19.3.2)

עֵץ Baum / Holz 7 (9.3.6.4; 17.3.2)

עצם stark sein / zahlreich sein +, עָצוּם stark / zahlreich, עֶצֶם Knochen / Gebein / Wesen / selbst 12 (12.3.3)

עצר zurückhalten / verwehren

עֵקֶב (Lohn) / weil + (20.3.3)

עֶרֶב Abend 12

עֲרָבָה Steppe / Wüste 22 (24.3.2)

עֶרְוָה Blöße / Scham 23

עָרוֹם nackt + 23

עָרִיץ gewaltig / gewalttätig

ערך ordnen / zurüsten 18, עֵרֶךְ Schätzung

עָרֵל unbeschnitten

עֹרֶף Nacken 20

עֵשֶׂב Kraut 20

עשה tun / machen 5/25 (5.3.4.2; 24.3.1), ni. getan werden / gemacht werden 25, מַעֲשֶׂה Tat / Werk / Arbeit 20 (20.3.2)

עֲשָׂרָה zehn 17 (17.3.3; 18.3.3.1), עֲשִׂירִי zehnter 16 (16.3.3; 16.4.5), עֶשְׂרִים zwanzig 18 (18.3.3.2), עִשָּׂרוֹן Zehntel, מַעְשֵׂר der Zehnte

עָשִׁיר → עשר

עָשָׁן Rauch

עשק bedrücken

עשר hi. reich machen / reich werden +, עָשִׁיר reich, עֹשֶׁר Reichtum

עַשְׁתֵּי עָשָׂר elf + (18.3.3.1)

עֵת Zeitpunkt / Zeit 8 (2.3.1.4; 11.3.4), עַתָּה jetzt / nun 8/14 (11.3.4; 25.3.2.7)

עַתּוּד Bock

עתר q./hi. beten, ni. sich erbitten lassen

פ

פֵּאָה Rand / Seite 20 (24.3.2)

פגע treffen / in jemanden dringen

פֶּגֶר Leichnam

פדה loskaufen / erlösen / befreien 24, **פְּדוּת** Erlösung +

פֶּה Mund 10 (10.3.5), **כְּפִי** → **כְּ**

פֹּה hier / hierher 20

פוץ sich zerstreuen 28, hi. zerstreuen 28, ni. zerstreut werden (27.4.7)

פַּח Klappnetz

פחד beben / sich fürchten, **פַּחַד** Beben / Schrecken

פֶּחָה Statthalter

פלא ni. wunderbar sein / ungewöhnlich sein / zu schwer sein 11, **נִפְלָאוֹת** (Part.) Wunder 11

פִּלֶגֶשׁ (f.) Nebenfrau

פלט pi. retten 13, **פָּלִיט** Entronnener +, **פְּלֵיטָה** Entrinnen / Rettung (0.4)

פלל hitp. beten 14, **תְּפִלָּה** Gebet 11 (24.4.7)

פֶּן damit nicht / daß nicht / sonst 10 (10.4.8; 19.3.4)

פנה sich wenden 24 (24.3.1), **פָּנִים** Angesicht / Vorderseite / Oberfläche 12 (16.3.2;20.4.3), **לְפָנִים** früher / ehemals 12, **לִפְנֵי** vor 7 (5.3.2.1; 7.3.2.1) **מִפְּנֵי** wegen (28.3.3), **פְּנִימִי** innerer

פִּנָּה Ecke / Eckturm

פֶּסַח Passa 17

פִּסֵּחַ lahm (17.3.2)

פֶּסֶל Gottesbild, **פְּסִילִים** Gottesbilder

פעל machen / tun 17 (7.4.3; 13.4.1), **פֹּעַל** Werk / Tun / Erwerb

פַּעַם Mal 12 (19.3.3)

פקד sich kümmern um / heimsuchen / mustern 7 (25.4.1), **פְּקֻדָּה** Heimsuchung / Musterung / Amt, **פִּקּוּדִים** Befehle, **פָּקִיד** Aufseher +

פקח öffnen (Augen)

פַּר (junger) Stier 11, **פָּרָה** (junge) Kuh 11

פרד ni. sich trennen / getrennt werden, hi. trennen

פרה fruchtbar sein, **פְּרִי** Frucht 14 (14.3.5.2)

פרח sprossen / blühen

פָּרֹכֶת Vorhang

פַּרְסָה Klaue / Huf

פרץ einreissen / durchbrechen / sich ausbreiten

פרר hi. brechen / zunichte machen 29

פרשׂ ausbreiten 8, pi. ausgebreitet halten / ausbreiten (16.3.1)

פָּרָשׁ Reiter / Reitpferd

פשׁט ausziehen

פשׁע brechen mit / sich vergehen an 9, **פֶּשַׁע** Frevel / Auflehnung **9** (13.3.4)

פִּתְאֹם plötzlich

פתה sich betören lassen, pi. betören

פתח öffnen 10, **פֶּתַח** Öffnung / Eingang / Tor 10 (13.3.4)

צ

צֹאן Kleinvieh (Schafe und Ziegen, koll.) 6 (9.3.6.2–4)

צָבָא Heer 6 (19.3.2)

צְבִי Gazelle + (14.1)

צַד Seite

צדק im Recht sein / gerecht sein, hitp. sich rechtfertigen (14.4.5), **צַדִּיק** gerecht 8 (9.3.6.2), **צֶדֶק** Gerechtigkeit / Heil 10 (13.3.4), **צְדָקָה** Gerechtigkeit / rechtes Verhalten 24

צָהֳרַיִם Mittagszeit
צַוָּאר Hals / Nacken
צוה pi. befehlen / beauftragen 26 (11.3.3; 13.3.1.2), מִצְוָה Gebot 7 (24.4.7)
צום fasten, צוֹם Fasten
צור verschnüren / einschließen / belagern, מָצוֹר Belagerung (vgl. צרר)
צוּר Felsblock / Fels 22
צחק lachen 17 + (7.1), pi. scherzen / spielen / tanzen 17 (vgl. שׂחק)
צִיץ Blüte + 23 (2.3.1.4)
צֵל Schatten 22
צלח wirksam sein / Erfolg haben 29, hi. Erfolg haben / Gelingen geben 29
צֶלֶם Bild + 25
צֵלָע Rippe / Seite / Anbau
צמח sprossen
צִנָּה Schild
צָעִיר klein / jung / gering
צעק schreien 17, צְעָקָה Geschrei / Hilferuf 24 (vgl. זעק)
I צפה q./pi. spähen +, צֹפֶה Wächter +, צָפוֹן Norden 18
II צפה pi. überziehen
צִפּוֹר Vogel / Vögel (koll.)
צפן verbergen
צַר/צָרָה → צרר
צָרַעַת Aussatz
צרף schmelzen / läutern
I צרר zusammenschnüren / eng sein 29 (14.3.3), hi. bedrängen (29.4.2), צָרָה Bedrängnis / Not 29
II צרר befeinden, צַר Feind 29

ק

קבץ q./pi. sammeln / versammeln 11 (13.4.3)
קבר begraben 7, קֶבֶר Grab 27
קדד sich verbeugen + (29.3.1)
קָדוֹשׁ → קדשׁ
קדם pi. vorn sein / begegnen, קֶדֶם Vorzeit / Urzeit / früher / Osten 21, קֵדְמָה nach Osten 18, מִקֶּדֶם seit jeher, קָדִים Osten / Ostwind 18
קדשׁ heilig sein 14 (15.4), pi./hi. heiligen 14 (13.3.1.1; 13.4.3), hitp. sich heiligen 14, קָדוֹשׁ heilig 14 (18.3.2), קֹדֶשׁ Heiliges / Heiligtum / Heiligkeit 13 (13.3.4), מִקְדָּשׁ Heiligtum 16
קהל ni. sich versammeln, hi. versammeln, קָהָל Versammlung / Volksgemeinde 17 (19.3.2), קֹהֶלֶת Prediger +
קוה pi. hoffen / warten 26, תִּקְוָה Hoffnung 26, קָו Meßschnur
קוֹל Stimme / Geräusch 6 (9.3.6.2/3)
קום aufstehen / zustande kommen / Bestand haben 27 (5.2.1; 27.3.1), hi. aufstellen 27, pi. bestätigen + (27.4.1), קוֹמָה Höhe / Wuchs, מָקוֹם Ort / Stätte 11 (18.3.2)
קטל töten + (7.4.3)
קָטֹן klein sein + (9.4.3), קָטָן/קָטֹן klein 8 (8.3.3.1; 11.3.4)
קטר pi. räuchern 22, קְטֹרֶת Räucherwerk
קיץ hi. erwachen (23.4.1)
קַיִץ Sommer / Obst
קִיר Mauer / Wand 24
קלל gering sein / schnell sein 29 (29.3.1; 29.4.2), pi. verfluchen 29, קְלָלָה Fluch
קנא pi. eifersüchtig sein / eifern 14, קִנְאָה Eifer / Leidenschaft 14 (23.3.2)

קנה erwerben / kaufen 24, מִקְנֶה Besitz / Viehbesitz 20 (20.3.2)

קָנֶה (Schilf-)Rohr 20

קסם das Losorakel befragen / wahrsagen

קֵץ → קצץ

קָצֶה Ende / Rand 20, מִקְצֵה nach Verlauf von 20, קָצָה Ende / Rand (vgl. קצץ)

קָצִיר → קצר

קצף zürnen, קֶצֶף Zorn

קצץ q./pi. abhauen +, קֵץ Ende 21, מִקֵּץ nach 21 (vgl. קצה)

קצר ernten, קָצִיר Ernte 18

קרא rufen / nennen / lesen 11 (14.3.3), ni. gerufen werden / genannt werden 11, מִקְרָא Einberufung / Versammlung

לִקְרַאת → קרה

קרב sich nähern / nahe sein 9 (9.3.1), pi. (unmittelbar) nahebringen (16.3.1), קָרֵב herannahend 9 (19.3.2), קָרוֹב nahe / Verwandter 8 (18.3.2), קָרְבָּן Darbringung 16

קֶרֶב Inneres / Eingeweide / Mitte 13, בְּקֶרֶב inmitten / mitten unter 13 (25.3.3)

קרה/קרא begegnen / treffen, לִקְרַאת entgegen 7

קָרוֹב → קרב

קִרְיָה Stadt 23

קֶרֶן Horn 23

קרע zerreißen / losreißen 9

קֶרֶשׁ Brett *

קשב hi. aufmerken 12

קשה hart sein / schwer sein, hi. verhärten, קָשֶׁה hart / schwer 20

קשר binden / sich verschwören

קֶשֶׁת Bogen 8 (22.3.2)

ר

ראה sehen 6/25 (4.4.1; 25.3.1; 25.3.3), ni. sich sehen lassen / erscheinen 25, hi. sehen lassen / zeigen 25, רֹאֶה Seher (20.3.2), מַרְאֶה Sehen / Aussehen / Erscheinung 20

ראשׁ Kopf / Haupt / Gipfel / Anfang 6 (9.3.6.2; 10.3.5), רֵאשִׁית Anfang / Erstling / Bestes 14/21 (15.2.1; 21.4.9), רִאשׁוֹן erster / früherer 9/16 (9.3.6.2; 16.3.2), בָּרִאשׁוֹנָה früher / vormals 9

רבב zahlreich sein / zahlreich werden, רַב zahlreich / viel / groß / genug 10 (3.3.1.4; 11.3.4), רַבַּת viel / genug + (25.3.2.1), רֹב Menge 11, רְבָבָה zehntausend + 18 (18.3.3.3; 18.4.8; 24.3.2), רִבּוֹא/רִבּוֹ zehntausend + (18.4.8),

רבה zahlreich sein / werden 26, hi. zahlreich machen / vermehren 26

רְבִיעִי → אַרְבָּעָה

רבץ lagern / liegen (Tiere)

רגז erbeben / erregt sein

רֶגֶל Fuß 11, davon denominiert רגל pi. auskundschaften

רֶגַע Augenblick

רדה herrschen

רדף verfolgen / nachjagen 7

רוּחַ Wind / Hauch / Geist 9 (9.3.6.3), רֵיחַ Geruch *

רום hoch sein / erhaben sein / stolz sein 27, hi. erheben / erhöhen / davontragen 27, po. aufziehen / erhöhen / preisen, polal erhoben werden / erhöht werden, hitpo.

sich erheben (28.3.2.2), מָרוֹם Höhe (poet.) 18, תְּרוּמָה Abgabe

רוע hi. schreien / Kriegsgeschrei erheben, תְּרוּעָה Lärm / Kriegsgeschrei / Jubelgeschrei

רוץ laufen 27, רָץ Läufer / Bote 27

רחב hi. weit machen, רָחָב weit / geräumig, רֹחַב Breite 13 (13.3.4), רְחֹב freier Platz

רָחוֹק → רחק

רחם pi. sich erbarmen 16, רַחֲמִים Erbarmen 16, רֶחֶם Mutterschoß

רחץ waschen / sich waschen 17

רחק fern sein / sich entfernen 12, pi. (ganz) entfernen (16.3.1), hi. entfernen / sich entfernen 12 (12.3.1.2), רָחוֹק fern 8, מֶרְחָק Ferne +

ריב rechten / streiten / hadern 28, רִיב Streit / Rechtsstreit

רֵיחַ → רוּחַ

רִיק / רֵק leer / nichtig + 12, רֵיקָם leer / mit leeren Händen / ohne Ursache + 25 (25.3.2.6)

רכב reiten / fahren 9 (9.3.1), רֶכֶב (Streit-)Wagen (koll.) 13, מֶרְכָּבָה (Streit-)Wagen (einzelner) 13

רְכוּשׁ Habe / Besitz

רִמּוֹן Granatapfel(baum)

רנן jubeln / jauchzen, pi. jubeln / jubelnd preisen, רִנָּה Jubelruf / Klageruf

רַע → רעע

רֵעַ Nächster / Freund / anderer 9 (9.4.11; 12.3.3)

רָעָב Hunger / Hungersnot 19

רעה weiden / hüten 25, רֹעֶה Hirte 20 (20.3.2)

רַעֲנָן grün +

רעע schlecht sein / böse sein 29 (29.3.1), hi. schlecht handeln / schaden 29, רַע schlecht / böse 11, רָעָה Unheil / Bosheit / Böses 11

רעשׁ erschüttert werden / erbeben

רפא heilen 14, ni. geheilt werden 14, רֹפֵא Arzt (17.3.2)

רפה schlaff werden, hi. ablassen (25.3.1)

רָץ → רוץ

רצה Gefallen haben an 24, רָצוֹן Wohlgefallen 18 (18.3.2)

רצח töten / morden 10

רצץ zerbrechen / knicken (20.2.2)

רַק nur 7

רֵק → רִיק

רָשׁ arm

רשׁע im Unrecht sein / schuldig sein, רֶשַׁע Unrecht / Schuld, רָשָׁע Frevler / Gottloser / schuldig 13 (19.3.2)

רֶשֶׁת Netz

שׂ

שׂבע satt werden / satt sein 9 (11.3.3), שָׂבֵעַ satt + 9 (19.3.2)

שׂגב q./ni. hoch sein, מִשְׂגָּב Anhöhe / Zuflucht +

שָׂדֶה Feld / Grundstück 20 (20.3.2)

שֶׂה Stück Kleinvieh / Schaf / Ziege 23

שׂושׂ / שׂישׂ sich freuen, מָשׂוֹשׂ Freude +, שָׂשׂוֹן Freude

שָׂחוּ Schwimmen + (14.4.6)

שׂחק lachen 17, pi. scherzen / spielen / tanzen 17 (vgl. צחק)

שָׂטָן Widersacher / Satan

שֵׂיבָה graues Haar / hohes Alter

שׂיח nachsinnen

שִׂים	setzen / legen / stellen 28 (28.4.1)
שׂכל	hi. Einsicht haben / Erfolg haben 12
שׂכר	dingen / mieten, שָׂכָר Lohn, שָׂכִיר Tagelöhner +
שְׂמֹאל	linke Seite / links 20
שׂמח	sich freuen 10, pi. erfreuen (13.3.1), שָׂמֵחַ fröhlich (19.3.2), שִׂמְחָה Freude 10 (23.3.2)
שִׂמְלָה	Mantel / Kleidung
שָׂנֵא	hassen 14, שִׂנְאָה, Haß + 14 (23.3.2)
שָׂעִיר	Ziegenbock 18, שֵׂעָר Behaarung, שְׂעֹרָה Gerste 18
שָׂפָה	Lippe / Sprache / Rand / Ufer 19 (24.3.2)
שַׂק	Trauerschurz / Sack
שַׂר	Beamter / Oberster / Fürst 11
שָׂרִיד	Entronnener
שׂרף	verbrennen 7
שָׂשׂוֹן	→ שׂושׂ

שׁ

שֶׁ·	daß / Relativpartikel 25 (8.3.1.2; 22.3.3)
שׁאג	brüllen
שְׁאוֹל	Unterwelt / Totenreich / Scheol 22
שׁאל	fragen / bitten 17
שׁאר	ni. übrigbleiben 11, hi. übriglassen, שְׁאָר Rest 21, שְׁאֵרִית Rest 11/21
שׁבה	gefangen wegführen (24.3.1), שְׁבִי Gefangenschaft / Gefangene, שְׁבוּת Gefangenschaft
שָׁבוּעַ	→ שִׁבְעָה
שְׁבוּעָה	→ שׁבע
שְׁבוּת	→ שׁבה
שֵׁבֶט	Stab / Stamm 13
שְׁבִי	→ שׁבה
שְׁבִיעִי	→ שִׁבְעָה
שִׁבֹּלֶת	Ähre
שׁבע	ni. schwören 11 (17.3.4), שְׁבוּעָה Schwur
שִׁבְעָה	sieben 17 (17.3.3), שִׁבְעִים siebzig 18 (18.3.3.2), שְׁבִיעִי siebenter 16 (16.3.3), שָׁבוּעַ Woche
שׁבר I	zerbrechen 8, pi. zerbrechen (13.3.1.1), שֶׁבֶר Bruch
שׁבר II	Getreide kaufen, שֶׁבֶר Getreide +
שׁבת	aufhören / ruhen 12, hi. zum Aufhören bringen 12, שַׁבָּת Sabbat 10 (11.3.4; 11.4.14; 16.4.3)
שׁגה	irren / sich vergehen
שַׁד	Brust
שׁדד	gewalttätig sein / verheeren 29 (14.4.2), שֹׁד Gewalttat / Verheerung
שַׁדַּי	Schaddai (Gottesname: „der Allmächtige")
שָׁוְא	Trug / Falschheit / Nichtigkeit 16, לַשָּׁוְא vergeblich / unnütz / mißbräuchlich 16
שׁוב	umkehren / zurückkehren / wieder tun 27 (23.3.3), hi. zurückbringen 27, ho. zurückgebracht werden (27.4.9), po. zurückbringen / wieder herstellen, polal wieder hergestellt werden / abtrünnig werden (28.3.2.2)
שׁוע	pi. um Hilfe rufen
שׁוֹעֵר	→ שַׁעַר
שׁוֹפָר	Horn (Signalhorn) 16 (16.3.2)
שׁוֹר	Rind / Stier 23
שׁזר	ho. Part. gezwirnt
שֹׁחַד	Geschenk / Bestechung
שׁחט	schlachten 17

שַׁחַק Wolke

שַׁחַר Morgenröte

שחת hi. verderben / vernichten 12, pi. verderben (16.3.1)

שַׁחַת Grube / Grab

שִׁטָּה Akazie

שטף schwemmen / fluten

שֹׁטֵר Beamter

שיר singen 28, po. singen, Part. po. Tempelsänger (28.3.2.2), שִׁיר Gesang / Lied 17 (8.3.3.2), שִׁירָה (einzelnes) Lied 17 (24.4.7)

שית setzen / legen / stellen 28

שכב sich niederlegen / liegen 9 (9.3.1; 10.4.3), מִשְׁכָּב Lager

שכח vergessen 10

שכל pi. kinderlos machen

שְׁכֶם Nacken / Schulter (14.4.8), davon wohl denominiert שכם hi. früh aufstehen / früh tun 12 (23.3.3)

שכן sich niederlassen / wohnen 8 (21.4.2), שָׁכֵן Bewohner / Nachbar, מִשְׁכָּן Wohnung 16

שֵׁכָר berauschendes Getränk

שֶׁלֶג Schnee

שָׁלוֹם → שָׁלֵם

שלח senden 10, pi. aussenden / entlassen (13.3.1.1)

שֻׁלְחָן Tisch 16 (16.3.2)

שְׁלִישִׁי → שְׁלֹשָׁה

שלך hi. werfen 12 (12.3.1.2), ho. geworfen werden 12

שָׁלָל Beute 19

שָׁלֵם unversehrt sein / fertig werden +, pi. ersetzen / vergelten 13, שָׁלֵם unversehrt / vollständig / friedlich, שָׁלוֹם Friede / Wohlergehen 6 (18.3.2), שְׁלָמִים(שֶׁלֶם) „Heilsopfer" 17

שלף herausziehen / zücken

שְׁלֹשָׁה drei 17 (17.3.3), שְׁלֹשִׁים dreißig 18 (18.3.3.2), שְׁלִישִׁי dritter 16 (16.3.3), שְׁלִישִׁית/שְׁלִישִׁיָּה Drittel (16.3.3; 16.4.5), שִׁלְשׁוֹם vorgestern

שָׁם dort 7, שָׁמָּה dorthin / dort 7 (25.3.2.7)

שֵׁם Name 8 (4.3.1.6; 17.3.2)

שמד hi. vertilgen / zerstören 12, ni. vertilgt werden 12

שָׁמָּה → שָׁם

שַׁמָּה → שמם

שְׁמוּעָה → שמע

שָׁמַיִם Himmel 10 (10.3.5)

שְׁמִינִי → שְׁמֹנָה

שמם verödet sein / schaudern 29, שְׁמָמָה Öde / Verwüstung 24, שַׁמָּה Entsetzliches

שֶׁמֶן Öl / Fett 12

שְׁמֹנָה acht 17 (17.3.3), שְׁמֹנִים achtzig 18 (18.3.3.2), שְׁמִינִי achter 16 (16.3.3)

שמע hören 6 (9.4.5), hi. jemanden etwas hören lassen / jemandem etwas verkündigen (12.3.1.2), שְׁמוּעָה Nachricht / Kunde

שמר hüten / bewahren / halten 7 (7.1), ni. sich hüten / behütet werden (11.3.1.2), hitp. sich hüten (14.3.2), מִשְׁמָר Wache / Gefängnis, מִשְׁמֶרֶת Wache / Beobachtung / Dienst 22

שֶׁמֶשׁ Sonne 13

שֵׁן Zahn 19

שנה sich ändern / wiederholen, מִשְׁנֶה Zweiter / Doppeltes / Abschrift 20, שָׁנָה Jahr 13 (9.3.6.4; 16.3.2; 24.3.2), שְׁנַיִם zwei (3.4.5; 17.3.3), שֵׁנִי zweiter 16 (16.3.3;

16.4.4), שֵׁנִית zum zweiten Mal (16.3.3)

שֵׁנָה → יָשֵׁן

שָׁנִי karmesinrot

שׁען ni. sich stützen

שַׁעַר Tor 12, שׁוֹעֵר Türhüter

שִׁפְחָה Sklavin / Magd 23

שׁפט richten 8, שֹׁפֵט Richter 8 (8.3.2.2; 17.3.2), מִשְׁפָּט Gericht / Rechtssache / Recht 13 (16.3.2)

שׁפך ausgießen 8

שָׁפֵל niedrig sein, שָׁפָל niedrig / gering / demütig +, שְׁפֵלָה Niederung

שׁקה hi. tränken / zu trinken geben 26 (vgl. שׁתה), מַשְׁקֶה Mundschenk / Getränk 26

שִׁקּוּץ Abscheuliches

שׁקט ruhen, Ruhe haben

שׁקל wägen, שֶׁקֶל Schekel (ca. 15 g), מִשְׁקָל Gewicht

שׁקף ni./hi. (durch das Fenster) blicken

שֶׁקֶר Täuschung / Lüge / Trug 13

שֹׁרֶשׁ Wurzel 13 (13.3.4)

שׁרת dienen / Dienst tun 16, מְשָׁרֵת Diener 16

שִׁשָּׁה sechs 17 (17.3.3), שִׁשִּׁים sechzig 18 (18.3.3.2), שִׁשִּׁי sechster (16.3.3; 16.4.4)

שׁתה trinken 24 (24.3.1), מִשְׁתֶּה Trinken / Gastmahl 20

ת

תַּאֲוָה → אוה

תְּאֵנָה Feigenbaum 23

תֵּבָה Kasten / Arche

תְּבוּאָה → בוא

תְּבוּנָה → בין

תֵּבֵל (f.) Festland / Erdkreis / Erde 28

תֶּבֶן Stroh 23

תַּבְנִית → בנה

תֹּהוּ Wüste / Nichts (3.3.2.3.3; 4.4.5)

תְּהוֹם (f.) Ozean / Urflut 22

תְּהִלָּה → הלל

תּוֹדָה → ידה

תָּוֶךְ Mitte 14 (25.3.3)

תּוֹכַחַת → יכח

תּוֹלֵדוֹת → ילד

תּוֹלֵעָה Wurm

תּוֹעֵבָה → תעב

תּוֹצָאוֹת → יצא

תור erforschen

תּוֹרָה → ירה

תַּזְנוּת → זנה

תְּחִלָּה → חלל

תְּחִנָּה → חנן

תַּחַת unter / anstelle von 6 (5.3.2.1; 7.3.2.1; 20.3.3)

תֵּימָן → ימן

תִּירוֹשׁ Wein

תְּכֵלֶת Purpur

תלה aufhängen

תֹּם → תמם

תמה staunen +, hitp. sich anstarren + (14.4.5)

תְּמוֹל gestern

תָּמִיד beständig / immer 21

תָּמִים → תמם

תמך ergreifen / festhalten

תמם vollständig sein / zu Ende sein 29 (29.3.1), תָּמִים vollständig / untadelig / aufrichtig 16 (18.3.2), תֹּם Vollkommenheit / Lauterkeit

תְּנוּפָה → נוף

תעב pi. verabscheuen, תּוֹעֵבָה Greuel / Abscheuliches 24

תעה umherirren

תִּפְאָרָה Zierde / Ehre / Stolz 22

תְּפִלָּה → פלל

תפשׂ	fassen / ergreifen 7	
תִּקְוָה	→ קוה	
תקע	schlagen / (in die Trompete) stoßen	
תְּרוּמָה	→ רום	
תְּרוּעָה	→ רוע	
תְּשׁוּעָה	→ ישׁע	
תֵּשַׁע	neun 17 (17.3.3), תִּשְׁעִים neunzig + 18 (18.3.3.2), תְּשִׁיעִי neunter + 16 (16.3.3)	

Eigennamen

אֲבִימֶלֶךְ	Abimelech	
אֶבְיָתָר	Abjathar	
אַבְנֵר	Abner	
אַבְרָהָם	Abraham	
אַבְרָם	Abram	
אַבְשָׁלוֹם	Absalom	3
אָדָם	Adam	
אֱדֹם	Edom	4
אַהֲרֹן	Aaron	4
אוּרִיָּה	Uria	
אַחְאָב	Ahab	
אָחָז	Ahas	
אִיּוֹב	Hiob	
אִיזֶבֶל	Isebel	
אֵלִיָּהוּ	Elia	
אֱלִישָׁע	Elisa	
אֶלְעָזָר	Eleasar	
אֱמֹרִי	Amoriter	
אָסָא	Asa	
אֶסְתֵּר	Esther	
אֶפְרַיִם	Ephraim	3
אֲרָם	Aram	4
אֲרַמִּי	Aramäer (11.4.14)	
אַרְנוֹן	Arnon	
אַשְׁדּוֹד	Asdod	
אַשּׁוּר	Assur	3
אַשְׁקְלוֹן	Askalon	
אָשֵׁר	Asser	
בְּאֵר שֶׁבַע	Beerseba	
בָּבֶל	Babel	3
בֵּית לֶחֶם	Bethlehem	
בֵּית־אֵל	Bethel	
בִּלְעָם	Bileam	
בָּלָק	Balak	
בְּנָיָהוּ	Benaja	
בִּנְיָמִין	Benjamin	3
בֹּעַז	Boas	
בַּעַל	Baal	
בָּרוּךְ	Baruch	
בָּשָׁן	Basan	
בַּת־שֶׁבַע	Bathseba	
גִּבְעָה	Gibea	
גָּד	Gad	
גִּדְעוֹן	Gideon	
גִּלְגָּל	Gilgal	
גִּלְעָד	Gilead	3
גְּרִזִּים	Garizim	
גַּת	Gath	
דָּוִד	David	2
דַּמֶּשֶׂק	Damaskus	
דָּן	Dan	
דָּנִיֵּאל	Daniel	
הֶבֶל	Abel	
הוֹשֵׁעַ	Hosea	
הָמָן	Haman	
זְבוּלֻן	Sebulon	
זְכַרְיָה	Sacharja	

חֲבַקּוּק	Habakuk	
חֶבְרוֹן	Hebron	
חַגַּי	Haggai	
חִדֶּקֶל	Tigris	
חַוָּה	Eva	
חִזְקִיָּהוּ	Hiskia	3
חָם	Ham	
חַנָּה	Hanna	
חֹרֵב	Horeb	
חֶרְמוֹן	Hermon	
יְאֹר	Nil	
יֹאשִׁיָּהוּ	Josia	
יַבֹּק	Jabbok	
יָהּ	Jah	(1.3.2.3)
יֵהוּא	Jehu	
יְהוּדָה	Juda	4
יְהוּדִי	Judäer	(11.3.4)
יְהוָה	Jahwe	4 (4.3.1.6)
יְהוֹיָדָע	Jojada	
יְהוֹשֻׁעַ	Josua	4
יְהוֹשָׁפָט	Josaphat	
יוֹאָב	Joab	1
יוֹאֵל	Joel	
יוֹאָשׁ	Joas	
יוֹנָה	Jona	
יוֹנָתָן	Jonathan	1
יוֹסֵף	Joseph	2
יִזְרְעֶאל	Jesreel	
יְחֶזְקֵאל	Ezechiel (Hesekiel)	
יַעֲקֹב	Jakob	4
יֶפֶת	Japhet	
יִפְתָּח	Jephtha	
יִצְחָק	Isaak	3
יָרָבְעָם	Jerobeam	3 (3.4.21)
יַרְדֵּן	Jordan	
יְרוּשָׁלַםִ	Jerusalem	4 (4.3.1.6)
יְרִיחוֹ	Jericho	
יִרְמְיָהוּ	Jeremia	4
יִשְׂרָאֵל	Israel	3
יֵשׁוּעַ	Jesus	(3.4.1)
יִשַׁי	Isai	

יִשְׁמָעֵאל	Ismael	
יְשַׁעְיָהוּ	Jesaja	
יִשָּׂשכָר	Issaschar	(4.5.3[a])
כָּלֵב	Kaleb	
כְּנַעַן	Kanaan	
כְּנַעֲנִי	Kanaanäer	
כַּרְמֶל	Karmel	
כַּשְׂדִּים	Chaldäer	
לֵאָה	Lea	
לָבָן	Laban	
לְבָנוֹן	Libanon	
לוֹט	Lot	
לֵוִי	Levi	2 (11.3.4)
לָכִישׁ	Lachis	
מְגִדּוֹ	Megiddo	
מִדְיָן	Midian	
מוֹאָב	Moab	1
מִיכָה	Micha	
מַלְאָכִי	Maleachi	
מְנַשֶּׁה	Manasse	4
מִצְרַיִם	Ägypten	3
מִצְרִי	Ägypter	
מָרְדֳּכַי	Mardochai	
מִרְיָם	Mirjam	
מֹשֶׁה	Mose	2
נְבוּכַדְנֶצַּר	Nebukadnezar	
נֹחַ	Noah	
נַחוּם	Nahum	(4.5.5[c])
נְחֶמְיָה	Nehemia	
נִינְוֵה	Ninive	
נָעֳמִי	Naemi	
נַפְתָּלִי	Naphthali	
נָתָן	Nathan	
סְדֹם	Sodom	
סִינַי	Sinai	

עֹבַדְיָה	Obadja	
עִבְרִי	Hebräer (11.3.4; 20.3.2)	
עַזָּה	Gaza	
עֶזְרָא	Esra	
עֵיבָל	Ebal	
עֵלִי	Eli	
עַמּוֹן	Ammon	3
עָמוֹס	Amos	
עֲמֹרָה	Gomorrha	
עֶקְרוֹן	Ekron	
עֵשָׂו	Esau	
פְּלִשְׁתִּים	Philister	4
פַּרְעֹה	Pharao (2.4.4)	
פְּרָת	Euphrat	
צָדוֹק	Zadok	
צִדְקִיָּהוּ	Zedekia	
צִידוֹן	Sidon	
צִיּוֹן	Zion	3
צְפַנְיָה	Zephanja	
צֹר	Tyrus	

קַיִן	Kain	
קִישׁוֹן	Kison	
רְאוּבֵן	Ruben	
רִבְקָה	Rebekka	
רוּת	Ruth	
רְחַבְעָם	Rehabeam	
רָחֵל	Rahel	
שָׂרָה	Sara	
שָׁאוּל	Saul	2
שְׁכֶם	Sichem	
שְׁלֹמֹה	Salomo	4
שֵׁם	Sem	
שְׁמוּאֵל	Samuel	4
שִׁמְעוֹן	Simeon	
שֹׁמְרוֹן	Samaria	4
שִׁמְשׁוֹן	Simson	
תָּבוֹר	Tabor	
תֶּרַח	Tharah	

Deutsch — Hebräisch

abbiegen	נטה	26
Abbild	דְּמוּת	21
Abend	עֶרֶב	12
aber	וְ	5
abgesehen von	לְבַד מִן־/מִלְּבַד	11
abnehmen	חָסֵר	19
abschaffen	סור hi.	27
Abscheuliches	תּוֹעֵבָה	24
abschneiden	כרת	7
Abschrift	מִשְׁנֶה	20
(s.) absondern	בדל (ni.) hi.	12
ach!	אֲהָהּ	14
acht	שְׁמֹנָה	17
achten für	חשׁב	18
achter	שְׁמִינִי	16
achtzig	שְׁמֹנִים	18
Ackerland	אֲדָמָה	20
Ähnlichkeit	דְּמוּת	21
(Akkusativ-Zeichen)	אֵת/אֶת־	6
alle	כֹּל/כָּל־	5
allein	לְבַד	11
als	כַּאֲשֶׁר	5
alt	זָקֵן	19
Altar	מִזְבֵּחַ	17
Ältester	זָקֵן	19
anbinden	אסר	18
Andenken	זִכָּרוֹן	18
anderer	אַחֵר / 9 רֵעַ	10
anerkennen	נכר hi.	20
Anfang	רֵאשִׁית / 6 ראשׁ	21
anfangen	חלל hi.	29
Angesicht	פָּנִים / 11 אַפַּיִם	12
anhaften / anhangen	דבק	29
anheben	ענה	25
Anhöhe	בָּמָה	22
felsige Anhöhe	סֶלַע	22
anrechnen (ni.pass.)	חשׁב	18
ansehen	נבט hi.	20
anspannen (Wagen)	אסר	18
anstelle von	תַּחַת	6

Anteil	חֵלֶק	23
antreffen	מצא	11
antworten	ענה	25
anziehen	לבשׁ	9
Arbeit	עָמָל / 17 עֲבֹדָה	19
Arbeit	מְלָאכָה / 20 מַעֲשֶׂה	22
arbeiten	עבד	18
s. ärgern	כעס	29
arm	אֶבְיוֹן	25
Arm	זְרוֹעַ	19
Atem	נְשָׁמָה	24
auch	אַף / 7 גַּם	27
auf	עַל	6
aufbrechen	נסע	21
aufdecken	גלה	24
aufhören	כלה / 19 חדל / 12 שׁבת	24
zum Aufhören bringen	שׁבת hi.	12
Auflehnung	פֶּשַׁע	9
s. aufmachen	קום	5/27
aufmerken	קשׁב hi.	12
aufnehmen	אסף	18
aufrichtig	תָּמִים / בֶּאֱמֶת / 8 יָשָׁר	16
aufstehen	קום	27
aufstellen	עמד hi.	18
aufstellen	כון hi. / קום hi.	27
Aufzählung	מִסְפָּר	16
Auge	עַיִן	14
ausbreiten	נטה / 8 פרשׂ	26
Ausdehnung	מִדָּה	24
auseinanderjagen	נדח hi.	27
ausgießen	יצק / 8 שׁפך	23
ausliefern	סגר hi.	28
auslösen	גאל	17
Aussehen	מַרְאֶה	20
außer	כִּי אִם / 11 לְבַד מִן־/מִלְּבַד	14
außerhalb	מִחוּץ	9
aussondern (ni.pass.)	בדל hi.	12
Ausspruch	נְאֻם	7
ausstrecken	נטה q./hi.	26
ausstrecken (Hand)	שׁלח (יָד)	10

austilgen	כלה	pi.	24
austrocknen	יָבֵשׁ		23
auswählen	בחר		17
Baal	בַּעַל		11
Bach / Bachtal	נַחַל		12
Bann	חֵרֶם		19
bannen	חרם	hi.	19
Bauch	בֶּטֶן		19
bauen	בנה		24
Baum	עֵץ		7
Beamter	שַׂר		11
beauftragen	צוה	pi.	26
bedecken	כסה	pi.	28
Bedrängnis	צָרָה		29
bedrücken	ענה	pi.	26
s. beeilen	מהר	pi.	16
beerben	ירשׁ		23
befehlen	צוה	pi.	26
befreien	פדה		24
Begegnung	מוֹעֵד		17
Begierde	נֶפֶשׁ		12
begraben	קבר		7
bei	אֵת / אֶת־		7
beinahe	עוֹד מְעַט		21
bekannt werden	ידע	ni.	22
bekennen	ידה	hi.	22
s. bekleiden	לבשׁ		9
belehren	בין	hi.	28
bemerken	בין		28
Beobachtung	מִשְׁמֶרֶת		22
beraten	יעץ		23
bereit sein	כון	ni.	27
bereitstellen	כון	hi.	27
bereuen	נחם	ni.	20
Berg	הַר		7
Berghang	כָּתֵף		19
berichten	נגד	hi.	20
berühren	נגע	q./hi.	21
berühren lassen	נגע	hi.	21
beschämt dastehen	בושׁ	hi.	28
Besitz	מִקְנֶה		20
Besitz	אֲחֻזָּה 21 / נַחֲלָה		23
zum Besitz geben	נחל	hi.	21
Besitz erhalten	נחל		21
in Besitz nehmen	ירשׁ	q./hi.	23
Besitzer	בַּעַל		11
besser als	טוֹב מִן־		8
Bestand haben	אמן	ni.	19
Bestand haben	כון / קום	ni.	27
beständig	בֶּאֱמֶת 16 / תָּמִיד		21
Beständigkeit	אֱמֶת		16
Bestes	רֵאשִׁית		21
beten	פלל	hitp.	14
beugen	נטה	hi.	26
s. beugen	חוה	hišt.	26
Beute	שָׁלָל		19
bevor	בְּטֶרֶם		18
bewachen	שׁמר 7 / נצר		20
bewahren	שׁמר 7 / נצר		20
beweinen	בכה		24
Bewohner	יוֹשֵׁב		22
Bild	צֶלֶם		25
bilden	יצר		23
bis / bis zu	עַד		7
bitte!	נָא		9
bitten	שׁאל		17
bleiben	עמד 18 / ישׁב		22
blicken	נבט	hi.	20
blind	עִוֵּר		17
Blöße	עֶרְוָה		23
Blut	דָּם		8
Blüte	צִיץ		23
Bluträcher	גֹּאֵל הַדָּם		17
Blutschuld	דָּמִים		8
Bogen	קֶשֶׁת		8
böse	רַע		11
böse sein	רעע		29
Böses / Bosheit	רָעָה		11
Bote	מַלְאָךְ 16 / רָץ		27
in Brand setzen	בער	pi.	29
in Brand stehen	בער		29
Brandopfer	עֹלָה		17
brechen	פרר	hi.	29

brechen mit	פשע	9
Breite	רֹחַב	13
brennen	בער	29
Brief	סֵפֶר	7
bringen	בוא hi.28 / נגשׁ hi.	21
Bronze	נְחֹשֶׁת	13
Brot	לֶחֶם	12
Bruder	אָח	8
Brunnen	בְּאֵר	28
Buch	סֵפֶר	7
Bund	בְּרִית	7
Bund schließen	כרת בְּרִית	7
damals	אָז	17
damit	לְמַעַן/בַּעֲבוּר	19
damit nicht	פֶּן	10
Danklied / Dankopfer	תּוֹדָה	17
darbringen	נגשׁ hi.	21
Darbringung	קָרְבָּן	16
darüber hinaus	מַעְלָה	20
darum	לָכֵן/עַל־כֵּן	8
daß	כִּי 5 / אֲשֶׁר 6 / שֶׁ	25
o daß doch	לוּ	16
daß nicht	פֶּן	10
davontragen	רום hi.	27
demütig	עָנִי/עָנָו	25
demütigen	ענה pi.	26
denken	חשׁב	18
denken an	זכר	7
denn	כִּי	5
der / die / das	הַ	6
deshalb	לָכֵן/עַל־כֵּן	8
Dickicht	יַעַר	23
dienen	שׁרת pi.16 / עבד	18
Diener	מְשָׁרֵת / 12 עֶבֶד	16
Dienst	מִשְׁמֶרֶת / 17 עֲבֹדָה	22
Dienst tun	שׁרת pi.	16
diese(r)	זֶה/זֹאת/אֵלֶּה	6
diesmal	הַפַּעַם	12
Dirne	זוֹנָה	24
doch!	נָא	9
doch nicht!	אַל־נָא	10

Doppel / Doppeltes	מִשְׁנֶה	20
dort	שָׁם/שָׁמָּה	7
dorthin	שָׁמָּה	7
draußen	חוּץ	9
drei	שְׁלֹשָׁה	17
dreißig	שְׁלֹשִׁים	18
dritter	שְׁלִישִׁי	16
droben	מִמַּעַל	20
du	אַתָּה/אַתְּ	7/8
durch (instr.)	בְּ	6
durchbohrt	חָלָל	19
durchziehen	עבר	18
Ebene	עֵמֶק	22
ehe	בְּטֶרֶם	18
ehemals	לְפָנִים	12
Ehre	תִּפְאָרָה / 11 כָּבוֹד	22
Eifer	קִנְאָה	14
eifern	קנא pi.	14
eifersüchtig sein	קנא pi.	14
eilen	מהר pi.	16
eilends	מַהֵר	16
eine(r) / eins	אֶחָד/אַחַת	11/17
d. eine . . . d. andere	הָאֶחָד . . . הָאֶחָד	11
einer zum andern	אִישׁ אֶל־אָחִיו	8
einer zum andern	אִישׁ אֶל־רֵעֵהוּ	9
Eingang	מָבוֹא / 10 פֶּתַח	20
Eingeweide	קֶרֶב	13
einholen	נשׂג hi.	20
einjährig	בֶּן־שָׁנָה	13
einkehren	סור	27
einnehmen	לכד	8
einsehen	בין	28
einsetzen	נצב hi. / 6 נתן	20
Einsicht	בִּינָה	25
Einsicht haben	שׂכל hi.	12
einsichtig	מַשְׂכִּיל	12
eintreffen	בוא / 21 hi. נגע	28
Einwohner	יוֹשֵׁב	22
Eisen	בַּרְזֶל	13
elend	עָנִי	25
Elend	עֳנִי	26

Elle	אַמָּה	21
empfangen	הרה	25
Ende	קָצֶה 20 / קֵץ / אַחֲרִית	21
zu Ende sein	תמם	29
endlich	הַפַּעַם	12
eng sein	צרר	29
Engel	מַלְאָךְ	16
entbehren	חָסֵר	19
entblößen	גלה	24
entbrennen	חרה	25
entfernen	סור hi.	27
(ganz) entfernen	רחק pi.	12
s. entfernen	רחק q./hi.	12
entfliehen	ברח	10
entgegen	לִקְרַאת	7
entlaufen	ברח	10
entreißen	נצל hi.	20
entrinnen	מלט ni.	11
entsprechend	כְּ	6
entweihen	חלל pi.	29
er	הוּא	8
Erbarmen	רַחֲמִים	16
s. erbarmen	רחם pi.	16
Erbe	נַחֲלָה	23
erben	נחל	21
Erde	אֶרֶץ	6
Erde / Erdboden	אֲדָמָה	20
Erde / Erdkreis	תֵּבֵל	28
Ereignis	דָּבָר	6
erfahren	ידע	22
Erfindung	מַחֲשָׁבָה	22
Erfolg haben	שׂכל hi.	12
Erfolg haben	צלח q./hi.	29
erfolgreich	מַשְׂכִּיל	12
erfüllen (Gelübde)	שׁלם pi.	13
erfüllen (Raum)	מלא	11
ergreifen	תפשׂ	7
ergreifen	חזק hi. 19 / אחז	21
erhaben sein	גבהּ 9 / רום	27
erheben	נשׂא 11 / רום hi.	27
s. erheben	נשׂא ni.	11
erhöhen	רום hi.	27
erhören	ענה	25
s. erinnern	זכר	7
erkennen	נכר hi.	20
Erkenntnis	דַּעַת	22
erleuchten	אור hi.	28
erlösen	גאל 17 / פדה	24
ermangelnd	חָסֵר	19
Ernte	קָצִיר	18
erproben	נסה pi.	26
Erregung	חֵמָה	24
erreichen	נשׂג hi.	20
errichten	נצב hi.	20
erschaffen	ברא	14
erscheinen	ראה ni.	25
Erscheinung	מַרְאֶה	20
erschlagen	הרג 18 / נכה hi.	26
Erschlagener	חָלָל	19
erschrocken sein	חתת	29
ersetzen	שׁלם pi.	13
erster	רִאשׁוֹן	9/16
Erstgeborener	בְּכֹר	9
Erstling	רֵאשִׁית	21
erwählen	בחר	17
Erwerb	עָמָל	19
erwerben	קנה	24
Erz	נְחֹשֶׁת	13
erzählen	ספר pi.	13
erzeugen	ילד	22
Esel	חֲמוֹר	23
Eselin	אָתוֹן	23
essen	אכל	21
Essen	אָכְלָה	23
etwas wie	דְּמוּת	21
Ewigkeit	עוֹלָם 10 / עַד	21
Exil / Exulanten	גָּלוּת/גּוֹלָה	24
fahren	רכב	9
zu Fall bringen	נפל hi.	20
Falle	מוֹקֵשׁ	17
fallen	נפל	20
fallen lassen	נפל hi.	20
s. fallen lassen	נפל	20

Falschheit	שָׁוְא	16
fangen	לכד	8
fassen	תפשׂ	7
Feigenbaum	תְּאֵנָה	23
Feind	צַר / 17 אֹיֵב	29
Feld	חֶלְקָה / 20 שָׂדֶה	23
Feldhauptmann	שַׂר הַצָּבָא	11
Fell	עוֹר	23
Fels	סֶלַע	22
Fels / Felsblock	צוּר	22
fern	רָחוֹק	8
fern sein	רחק	12
fertig werden	כלה	24
fesseln	אסר	18
fest	חָזָק	8
fest sein	ni. אמן / חזק	19
fest stehen	ni. כון	27
fest werden	חזק	19
Fest	חַג	17
Festgesetztes	חֹק	11
festhalten	hi. חזק	19
festigen	hi. כון	27
Festigkeit	אֱמוּנָה / 16 אֱמֶת	27
Festland	תֵּבֵל	28
feststellen, was recht ist	hi. יכח	28
Fett	חֵלֶב / 12 שֶׁמֶן	23
Feuer	אֵשׁ	7
finden (ni.pass.)	מצא	11
s. finden lassen	ni. מצא	11
Finsternis	חֹשֶׁךְ	22
Fleisch	בָּשָׂר	12
fliehen	נוס	27
Flügel	כָּנָף	19
Fluß	יְאֹר / 19 נָהָר	22
folgendermaßen	לֵאמֹר	5
folgender Tag	מָחֳרָת	25
fordern	דרשׁ	7
formen	יצר	23
fortfahren (zu tun)	q./hi. יסף	22
fortgehen (müssen)	גלה	24
fragen	שׁאל	17
fragen nach	דרשׁ	7

(Fragepartikel)	הֲ	7
Frau	אִשָּׁה	6/8
fremd / Fremder	נָכְרִי / 18 זָר	27
Fremdling	גֵּר	10
s. als Fremdling aufhalten	גור	27
fressen	אכל	21
Freude	שִׂמְחָה	10
s. freuen	שׂמח	10
Freund	אֹהֵב / 9 רֵעַ	26
Frevel	פֶּשַׁע	9
Frevler	רָשָׁע	13
Friede	שָׁלוֹם	6
frisch	חָדָשׁ	19
frohlocken	גיל	28
Frucht	פְּרִי	14
früh aufstehen / tun	hi. שׁכם	12
früher	לְפָנִים / 9 בָּרִאשׁוֹנָה	12
früher	קֶדֶם / 17 מֵאָז	21
früherer	רִאשׁוֹן	9
fünf	חֲמִשָּׁה	17
fünfter	חֲמִישִׁי	16
fünfzig	חֲמִשִּׁים	18
für	לְ	5
Furcht	יִרְאָה	23
furchtbar	נוֹרָא	23
(s.) fürchten	יָרֵא	23
fürchtend	יָרֵא	23
Fürst	נָשִׂיא / 11 שַׂר	18
fürwahr	אָמְנָם / אַךְ	25
Fuß	רֶגֶל	11
Fußsohle	כַּף רֶגֶל	11
ganz	כֹּל / כָּל־	5
Gasse	חוּץ	9
Gastmahl	מִשְׁתֶּה	20
Gau	אֶלֶף	12
gebären	ילד	22
gebären lassen	hi. ילד	22
Gebein	עֶצֶם	12
geben	נתן	6
Gebet	תְּפִלָּה	11
Gebiet	גְּבוּל	9

Gebirge	הַר	7
geboren werden	ni. ילד	22
Gebot	עֵדוּת / 7 מִצְוָה	21
Gedächtnis	זִכָּרוֹן	18
Gedanke	מַחֲשָׁבָה	22
gefallen	יטב	23
Gefallen	חֵפֶץ	19
Gefallen haben	חפץ	19
Gefallen haben	רצה	24
Gefäß	כְּלִי	14
gegen	עַל־	6
gegenüber von	נֶגֶד	27
gegenüberliegende Seite	עֵבֶר	18
Gegner	צַר	29
gehen	הלך	5
Geist	רוּחַ	9
Geld	כֶּסֶף	7
Gelingen geben	hi. צלח	29
gelten als	ni. חשב	18
Gelübde	נֵדֶר/נֶדֶר	17
Gemeinde	עֵדָה	17
Generation	דּוֹר	9
genug	רַב	10
gepriesen	בָּרוּךְ	10
gerade	יָשָׁר	8
Gerät	כְּלִי	14
Geräusch	קוֹל	6
gerecht	צַדִּיק	8
Gerechtigkeit	צֶדֶק	10
Gerechtigkeit	צְדָקָה	24
Gericht	מִשְׁפָּט	13
gering sein	קלל	29
gern haben	חָפֵץ	19
Gerste	שְׂעֹרָה	18
Gesamtheit	כֹּל/כָּל־	5
Gesalbter	מָשִׁיחַ	10
Gesang	שִׁיר	17
Geschäft	מְלָאכָה	22
geschehen	היה	6
Geschenk	מִנְחָה	17
Geschick	גּוֹרָל	16
Geschlecht	מִשְׁפָּחָה	18
Geschrei	צְעָקָה/זְעָקָה	24
gesegnet	בָּרוּךְ	10
Gesetz	עֵדוּת / 12 תּוֹרָה / 12 חֻקָּה	21
Gesetzeslade	אֲרוֹן הָעֵדוּת	21
Gestalt	דְּמוּת	21
Getränk	מַשְׁקֶה	26
Getreide	דָּגָן / 21 אֹכֶל	23
getreulich	בֶּאֱמֶת	16
Gewalt	זְרוֹעַ / 8 יָד	19
Gewalttat	חָמָס	19
gewalttätig sein	שדד	29
Gewandzipfel	כָּנָף	19
Gewerbe	מְלָאכָה	22
Gewicht	כָּבוֹד	11
gewiß	אָמְנָם	25
gewiß!	אָמֵן	11
Gewölk	עָנָן	19
es gibt	יֵשׁ	10
es gibt nicht	אַיִן/אֵין־	10
Gipfel	ראֹשׁ	6
glauben	hi. אמן	19
glücklich, wer ...!	אַשְׁרֵי	22
Glut	חָרוֹן	25
Gnade	חֵן / 12 חֶסֶד	25
gnädig sein	חנן	29
Gold	זָהָב	7
Gott	אֵל / 5 אֱלֹהִים	9
Gottesdienst	עֲבֹדָה	17
Gottloser	רָשָׁע	13
Grab	קֶבֶר	27
Gras	חָצִיר	23
Grenze	גְּבוּל	9
Greuel	תּוֹעֵבָה	24
Grimm	חֵמָה	24
groß	רַב / 6 גָּדוֹל	10
groß machen / ziehen	pi. גדל	13
groß sein / werden	גדל	13
Grube	בּוֹר	24
Grün (frisches)	דֶּשֶׁא	23
Grundstück	חֶלְקָה / 20 שָׂדֶה	23
Gunst	חֵן	25
gut	טוֹב	8

gut handeln / machen	יטב hi.	23
gut sein / gehen	יטב	23
Güte	חֶסֶד	12
haben	היה לְ	6
hadern	ריב	28
Hälfte	חֲצִי	14
halsstarrig	קְשֵׁה עֹרֶף	20
halten (Gebot)	שׁמר	7
halten für	חשׁב	18
Hand	יָד	8
Hand / Handfläche	כַּף	11
hart	קָשֶׁה / 8 חָזָק	20
hartnäckig	קְשֵׁה עֹרֶף	20
Haß	שִׂנְאָה	14
hassen	שָׂנֵא	14
Hauch	נְשָׁמָה / 8 רוּחַ	24
Haupt	רֹאשׁ	6
Haus	בַּיִת	5
Haut	עוֹר	23
Heer	מַחֲנֶה / 11 חַיִל	18
Heer / Heerschar	צָבָא	6
Heil	יְשׁוּעָה / 10 צֶדֶק	22
heilen (ni.pass.)	רפא	14
heilig	קָדוֹשׁ	14
heilig sein	קדשׁ	14
heiligen	קדשׁ pi./hi.	14
s. heiligen	קדשׁ hitp.	14
Heiliges / Heiligkeit	קֹדֶשׁ	13
Heiligtum	מִקְדָּשׁ / 13 קֹדֶשׁ	16
Heilsopfer	שְׁלָמִים	17
Heilstaten	צְדָקוֹת	24
heimsuchen	פקד	7
Held	גִּבּוֹר	9
helfen	ישׁע hi. / 18 עזר	22
hell werden	אור	28
herabkommen	ירד	22
herannahend	קָרֵב	9
herausführen	יצא hi.	22
herauskommen	יצא	22
herausreißen	נסע	21
Herr	בַּעַל / 10 אָדוֹן	11
der Herr	אֲדֹנָי	10
Herrlichkeit	כָּבוֹד	11
herrschen	משׁל	8
herrschen als König	מלך	8
herumgehen	סבב	29
Herz	לֵבָב / 8 לֵב	19
herzutreten	נגשׁ q./ni.	21
heulen	ילל hi.	23
heute	הַיּוֹם	8
hier / hierher	פֹּה	20
Hilfe	עֵזֶר/עֶזְרָה / 22 יְשׁוּעָה	23
Hilferuf	צְעָקָה/זְעָקָה	24
Himmel	שָׁמַיִם	10
hinabführen	ירד hi.	22
hinabgehen	ירד	22
hinaufführen	עלה hi.	25
hinaufgehen / -steigen	עלה	25
hinausgehen	יצא	22
hineingehen	בוא	28
hinhören	אזן hi.	19
hinsichtlich	לְ	5
hinstellen	עמד hi.	18
hinstellen	נצב hi.	20
s. hinstellen	יצב hitp.	14
hinter . . . her	אַחַר/אַחֲרֵי	7
hinterer	אַחֲרוֹן	27
hintreten	עמד	18
hinzufügen	יסף q./hi.	22
Hirt	רֹעֶה	20
hoch	גָּבֹהַּ	9
hoch sein	רום	27
hoch(mütig) sein	גבה	9
höchster	עֶלְיוֹן	27
Hof	חָצֵר	17
hoffen	קוה pi.	26
Hoffnung	תִּקְוָה	26
Höhe	מָרוֹם	18
Holz	עֵץ	7
Honig	דְּבַשׁ	14
hören	שׁמע	6
Horn	קֶרֶן / 16 שׁוֹפָר	23
Hügel	גִּבְעָה	22

Hund	כֶּלֶב	23
hundert	מֵאָה	18
Hunger / Hungersnot	רָעָב	19
huren	זנה	24
hüten	רעה / 20 נצר / 7 שמר	25
ich	אָנֹכִי/אֲנִי	8
ihr	אַתֶּם/אַתֵּנָה	8
immer	תָּמִיד/עַד	21
auf immer	לְעוֹלָם	7
in	בְּ	6
inmitten	בְּקֶרֶב	13
Inneres	קֶרֶב	13
insgesamt	יַחַד	21
(Interrogativ-Partikel)	הֲ	7
es ist nicht	אַיִן/אֵין־	10
ja	אַךְ	25
Jahr	שָׁנָה	13
jauchzen	רנן / 28 גיל	29
jeder	כֹּל/כָּל־	5
ein jeder	אִישׁ	6
jedoch	אַךְ	25
jemand	נֶפֶשׁ / 6 אִישׁ	12
jenseits	עֵבֶר	18
jetzt	עַתָּה	8/14
jubeln	רנן q./pi.	29
jubelnd preisen	רנן pi.	29
Jugend / Jugendzeit	נְעוּרִים	29
Jungfrau	בְּתוּלָה	19
Jungstier	עֵגֶל	23
Kalb	עֶגְלָה	23
Kamel	גָּמָל	23
Kampf	מִלְחָמָה	7
kämpfen	לחם ni.	11
Kasten	אֲרוֹן	9
kaufen	קנה	24
Kehle	נֶפֶשׁ	12
kennen	ידע	22
Kind	יֶלֶד	13
Kleid	בֶּגֶד	9
klein	קָטָן/קָטֹן	8

Kleinvieh (koll.)	צֹאן	6
Kleinvieh (Stück)	שֶׂה	23
Knabe	יֶלֶד / 7 נַעַר	13
Knecht	עֶבֶד / 7 נַעַר	12
Knochen	עֶצֶם	12
kommen	בוא	5/28
König	מֶלֶךְ	5
König werden / sein	מלך	8
Königin	מַלְכָּה	23
Königreich	מַלְכוּת / 12 מַמְלָכָה	21
Königsfrau	מַלְכָּה	23
Königsherrschaft	מַמְלָכָה	12
Königsherrschaft	מַלְכוּת	21
können	יָכֹל	23
Kopf	ראשׁ	6
Kraft	חַיִל / 9 כֹּחַ	11
Kraft	עֹז / 24 גְּבוּרָה	27
krank werden / sein	חלה	25
kränken	כעס hi.	29
Krankheit	חֳלִי	14
Kraut	עֵשֶׂב	20
Krieg	מִלְחָמָה	7
Krieg führen	לחם ni.	11
Krieger	גִּבּוֹר / 7 אִישׁ מִלְחָמָה	9
Kuh (junge)	עֶגְלָה / 11 פָּרָה	23
Kulthöhe	בָּמָה	22
s. kümmern um	פקד	7
kundtun (ni.refl.)	ידע hi.	22
künftig	אַחֲרוֹן	27
Kupfer	נְחֹשֶׁת	13
küssen	נשק	21
lachen	שׂחק/צחק	17
Lade	אֲרוֹן	9
Lager	מַחֲנֶה	18
s. lagern	חנה	25
Lamm	כֶּבֶשׂ	13
Land	אֶרֶץ	6
Länge	אֹרֶךְ	13
Lärm	הָמוֹן	18
lassen	נוח hi.II	27
laufen	רוץ	27

Läufer	רָץ	27
leben	חיה	26
Leben	נֶפֶשׁ / 7 חַיִּים	12
am Leben bleiben	חיה	26
am Leben erhalten	חיה pi./hi.	26
lebend / lebendig	חַי	11
Lebenskraft / Lebewesen	נֶפֶשׁ	12
Leder	עוֹר	23
leer	רֵק/רֵיק	12
mit leeren Händen	רֵיקָם	25
legen	שִׁית/שִׂים / 27 נוח hi. II	28
lehren	ירה hi. / 13 למד pi.	22
Leib	בֶּטֶן	19
Leidenschaft	קִנְאָה	14
lernen	למד	13
lesen	קרא	11
letzter	אַחֲרוֹן	27
leuchten	אור q./hi.	28
leuchten lassen	אור hi.	28
Licht	אוֹר	9
Liebe	אַהֲבָה	19
lieben	אהב	19
Lied	שִׁיר/שִׁירָה	17
liegen	שׁכב	9
links / linke Seite	שְׂמֹאל	20
Lippe	שָׂפָה	19
Lob / Lobpreis	תְּהִלָּה	24
loben	הלל pi.	14
Loblied / Lobopfer	תּוֹדָה	17
Los / Losanteil	גּוֹרָל	16
loskaufen	פדה	24
losreißen	קרע	9
Löwe	אֲרִי/אַרְיֵה	14
Loyalität	חֶסֶד	12
Lüge	כָּזָב/שֶׁקֶר	13
lügen	כזב pi.	13
Lügenzeuge	עֵד שֶׁקֶר	13
machen (ni.pass.)	עשׂה	5/25
machen	פעל	17
machen zu	שׂים	28
Macht	עֹז / 24 גְּבוּרָה	27
Mädchen	נַעֲרָה	7
Magd	שִׁפְחָה / 10 אָמָה / 7 נַעֲרָה	23
Mahnung	עֵדוּת	21
Mal	פַּעַם	12
Malstein	מַצֵּבָה	22
Mann	גֶּבֶר / 6 אִישׁ	19
Mann / männlich	זָכָר	19
Maß	מִדָּה	24
Mauer	קִיר	24
(Stadt-)Mauer	חוֹמָה	13
Mazzebe	מַצֵּבָה	22
Meer	יָם	11
Menge	הָמוֹן / 11 רֹב	18
Mensch	אָדָם/בֶּן־אָדָם	7
Menschen	אֱנוֹשׁ / 7 אָדָם	12
merken	בין / 22 ידע	28
messen	מדד	29
Milch	חָלָב	23
mißbräuchlich	לַשָּׁוְא	16
mit (instrumental)	בְּ	6
mit (soziativ)	אֵת/אֶת־ / 6 עִם	7
miteinander	יַחַד/יַחְדָּו	21
Mitte	חֲצִי/תָּוֶךְ / 13 קֶרֶב	14
mitteilen (ho.pass.)	נגד hi.	20
mitteilen	ידע hi.	22
mitten in	בְּתוֹךְ	14
mitten unter	בְּקֶרֶב	13
Mitternacht	חֲצִי הַלַּיְלָה	14
Monat	חֹדֶשׁ	13
Mond	יָרֵחַ	28
morden	רצח	10
morgen	מָחָר	14
Morgen	בֹּקֶר	12
Mühsal	עָמָל	19
Mund	פֶּה	10
Mundschenk	מַשְׁקֶה	26
mustern	פקד	7
mutlos sein	חתת	29
Mutter	אֵם	10
nach	אַחַר/אַחֲרֵי	7
nachher	אַחַר	7

nach Verlauf von	מִקֵּץ / 20 מִקְצֵה	21
nach ... hin	אֶל־	5
nachjagen	רדף	7
Nachkommenschaft	אַחֲרִית / 9 זֶרַע	21
Nächster	רֵעַ	9
Nacht	לַיְלָה	11
Nacken	עֹרֶף	20
nackt	עָרוֹם	23
nahe	קָרוֹב	8
nahe sein	קרב	9
s. nähern	q./ni. נגשׁ / 9 קרב	21
Nahrung	אֹכֶל / 12 לֶחֶם	21
Name	שֵׁם	8
Nase	אַף/אַפַּיִם	11
neben	אֵצֶל	27
nehmen	נשׂא / 6 לקח	11
neigen	q./hi. נטה	26
nennen (ni.pass.)	קרא	11
neu	חָדָשׁ	19
Neumond	חֹדֶשׁ	13
neun	תִּשְׁעָה	17
neunter	תְּשִׁיעִי	16
neunzig	תִּשְׁעִים	18
nicht	לֹא	5
nicht (poet.)	בַּל	10
nicht!	אַל	10
nicht mehr	לֹא עוֹד	13
nicht zu (+ Inf.)	לְבִלְתִּי	10
nichtig	רֵק/רֵיק	12
Nichtigkeit	שָׁוְא	16
Nicht(vorhanden)sein	אַיִן/אֵין־	10
Niederlage	מַכָּה	26
s. niederlegen	שׁכב	9
s. niederlassen	שׁכן	8
s. niederwerfen	hišt. חוה	26
Niere	כִּלְיָה	17
noch / nochmals	עוֹד	13
nochmals tun	q./hi. יסף	22
noch nicht	טֶרֶם	18
Norden	צָפוֹן	18
Not	צָרָה	29
nun	עַתָּה	14

nur	אַךְ / 7 רַק	25
ob	אִם	14
oben	מִמַּעַל	20
nach oben	מַעְלָה	20
oberer	עֶלְיוֹן	27
Oberfläche	פָּנִים	12
Oberster	נָשִׂיא / 11 שַׂר	18
oder	אוֹ	17
Öde	שְׁמָמָה	24
öffnen	פתח	10
Öffnung	פֶּתַח	10
Öl	שֶׁמֶן	12
Ölbaum	זַיִת	23
ohne	בְּלִי	10
ohne Ursache	חִנָּם	25
Ohr	אֹזֶן	13
Opfer	זֶבַח	10
opfern	זבח	10
ordnen	ערך	18
Ordnung	חֻקָּה	11
Ort	מָקוֹם	11
Osten	קֶדֶם / 16 מִזְרָח	21
Osten / Ostwind	קָדִים	18
Ozean	תְּהוֹם	22
Palast	הֵיכָל	16
Passa(fest)	פֶּסַח	17
Person	נֶפֶשׁ	12
Pfad	אֹרַח	24
Pfeil	חֵץ	18
Pfeiler	עַמּוּד	9
Pferd	סוּס	9
pflanzen	נטע	20
Plan	עֵצָה / 22 מַחֲשָׁבָה	23
planen	יעץ / 18 חשׁב	23
preisen	pi. הלל / pi.13 זמר	14
preisen	hi. ידה / pi.16 ברך	22
Priester	כֹּהֵן	6
auf die Probe stellen	pi. נסה	26
Prophet	נָבִיא	5
als Prophet auftreten	ni. נבא	28

		Nr.
s. als Prophet gebärden	נבא hitp.	28
prophetisch reden	נבא ni.	28
Provinz	מְדִינָה	24
prüfen	נסה pi. / בחן 17	26
Psalm	מִזְמוֹר	13
Quelle	עַיִן	14
Rand	פֵּאָה / קָצֶה / שָׂפָה 19	20
Rat	עֵצָה	23
raten	יעץ	23
räuchern	קטר pi.	22
Räucherwerk	קְטֹרֶת	22
Rebe	גֶּפֶן	23
recht	יָשָׁר	8
Recht	מִשְׁפָּט	13
Recht sprechen	יכח hi.	28
rechte Hand / Seite	יָמִין	18
rechten	ריב	28
rechtes Verhalten	צְדָקָה	24
Rechtssache	מִשְׁפָּט	13
Rede	אֵמֶר/אִמְרָה	21
reden	דבר pi.	5
Regen	מָטָר	19
rein sein	טָהֵר	16
rein	טָהוֹר	16
reinigen	טהר pi.	16
Reise	דֶּרֶךְ	12
reiten	רכב	9
reizen	כעס hi.	29
(Relativ-Partikel)	שֶׁ· / אֲשֶׁר 6	25
Rest	יֶתֶר / שְׁאָר / שְׁאֵרִית	21
retten	מלט pi. / פלט pi.	13
retten	ישע hi. / נצל hi.20	22
s. retten	מלט ni.	11
s. reuen lassen	נחם ni.	20
richten	שפט	8
Richter	שֹׁפֵט	8
Rind	שׁוֹר	23
Rinder	בָּקָר	6
ringsum	סָבִיב	9
rings um	סְבִיבוֹת	9

		Nr.
Rohr	קָנֶה	20
rufen (ni.pass.)	קרא	11
Ruhe verschaffen	נוח hi.I	27
ruhen	נוח / שבת 12	27
Ruhm	תְּהִלָּה	24
s. rühmen	הלל hitp.	14
Sabbat	שַׁבָּת	10
Sache	מְלָאכָה / חֵפֶץ 19 / דָּבָר 6	22
säen	זרע	9
sagen	אמר	5/21
indem er sagte	לֵאמֹר	5
salben	משח	10
Same	זֶרַע	9
sammeln	אסף / קבץ 11	18
Sänger	מְשׁוֹרֵר	28
satt	שָׂבֵעַ	9
satt sein / werden	שׂבע	9
Satzung	חֻקָּה/חֹק	11
saugen	ינק	23
säugen	ינק hi.	23
Säugling	יוֹנֵק	23
Säule	עַמּוּד	9
schaden	רעע hi.	29
Schaf	שֶׂה	23
junges Schaf	כִּבְשָׂה	13
schaffen	ברא	14
Scham	בֹּשֶׁת / עֶרְוָה 23	28
s. schämen	בוש	28
Schande	בֹּשֶׁת	28
Schatten	צֵל	22
Schatz	אוֹצָר	16
schaudern	שׁמם	29
schauen	חזה / נבט hi.20	25
Scheibe	כִּכָּר	16
Scheol	שְׁאוֹל	22
scherzen	שׂחק/צחק pi.	17
Schilfrohr	קָנֶה	20
schlachten	שחט / זבח 10	17
Schlag	מַכָּה	26
schlagen	נכה hi. / נגע 21	26
Schlange	נָחָשׁ	23

schlecht	רַע	11
schlecht handeln	שחת hi.	12
schlecht handeln	רעע hi.	29
schlecht sein	רעע	29
schließen	סגר	28
(Bund) schließen	כרת	7
Schmach	בֹּשֶׁת / 16 חֶרְפָּה	28
schmähen	חרף pi.	16
Schmähung	חֶרְפָּה	16
schnell sein	קלל	29
schön	יָפֶה	20
schreiben	כתב	7
Schreiber	סוֹפֵר	17
schreien	זעק/צעק	17
Schriftstück	סֵפֶר	7
Schuld	עָוֹן	14
Schulter	כָּתֵף	19
Schutzbürger	גֵּר	10
schuldig	רָשָׁע	13
schwanger werden	הרה	25
schweigen	חרשׁ hi.	19
schwer	קָשֶׁה / 9 כָּבֵד	20
schwer sein / werden	כָּבֵד	9
zu schwer sein	פלא ni.	11
Schwert	חֶרֶב	11
Schwester	אָחוֹת	10
schwören	שׁבע ni.	11
sechs	שִׁשָּׁה	17
sechster	שִׁשִּׁי	16
sechzig	שִׁשִּׁים	18
Seele	נֶפֶשׁ	12
Segen	בְּרָכָה	16
segnen	ברך pi.	16
sehen	ראה	6/25
Sehen	מַרְאֶה	20
sehen lassen	ראה hi.	25
s. sehen lassen	ראה ni.	25
Seher	חֹזֶה	25
sehr	מְאֹד	8
sein	היה	6
seit	מִן־	7
seit / seitdem	מֵאָז	17

Seite	פֵּאָה	20
selbst	עֶצֶם/נֶפֶשׁ	12
senden	שׁלח	10
Sendung	מְלָאכָה	22
Sessel	כִּסֵּא	17
setzen	hi.II נוח / 6 נתן	27
setzen	שׂית/שׂים	28
s. setzen	ישׁב	22
Sicherheit	בֶּטַח	10
in Sicherheit	לָבֶטַח	10
sie	הִיא / הֵם / הֵמָּה / הֵנָּה	7/8
sieben	שִׁבְעָה	17
siebenter	שְׁבִיעִי	16
siebzig	שִׁבְעִים	18
Siedlung	חָצֵר	17
siehe!	הֵן / 7 הִנֵּה	14
siehe, ich ...	הִנְנִי	8
Silber	כֶּסֶף	7
singen	שׁיר / pi.13 זמר	28
Sippe	מִשְׁפָּחָה / 12 אֶלֶף	18
sitzen	ישׁב	22
Sklave	עֶבֶד	12
Sklavin	שִׁפְחָה	23
so	כֹּה / כֵּן	5
sogar	אַף	27
Sohn	בֵּן	5
Solidarität	חֶסֶד	12
sondern	כִּי אִם	9/14
sondern	בדל hi.	12
Sonne	שֶׁמֶשׁ	13
Sonnenaufgang	מִזְרָח	16
Sonnenuntergang	מָבוֹא	20
sonst	פֶּן	10
spalten	בקע	28
Speise	לֶחֶם	12
Speisopfer	מִנְחָה	17
spielen	זמר pi.	13
spielen	שׂחק / צחק pi.	17
Sprache	שָׂפָה / 18 לָשׁוֹן	19
sprechen	אמר	21
Spruch	אֵמֶר/אִמְרָה	21
Stab	מַטֶּה / 13 שֵׁבֶט	18

Stadt	קִרְיָה / 7 עִיר	23
Stamm	מַטֶּה / 13 שֵׁבֶט	18
stark	גִּבּוֹר / 8 חָזָק	9
stark sein / werden	חזק	19
Stätte	נָוֶה / 11 מָקוֹם	20
Staub	עָפָר	19
stehen	עמד	18
Stein	אֶבֶן	12
stellen	שׁית / שׂים	28
Steppe	עֲרָבָה / 16 מִדְבָּר	22
sterben	מות	27
sterben lassen	hi. מות	27
sterbend	מֵת	27
Stern	כּוֹכָב	28
Stier	שׁוֹר / 11 פַּר	23
Stiftshütte	אֹהֶל מוֹעֵד	17
s. still verhalten	hi. חרשׁ	19
stillen	hi. ינק	23
Stimme	קוֹל	6
stolpern	q./ni. כשׁל	27
Stolz	תִּפְאָרָה	22
stolz sein	רום	27
Strafe	עָוֹן	14
straucheln	q./ni. כשׁל	27
streiten	ריב	28
Streitkräfte	זְרוֹעַ	19
Streitwagen	מֶרְכָּבָה	13
Streitwagen (koll.)	רֶכֶב	13
Stroh	תֶּבֶן	23
Strom	יְאֹר / 19 נָהָר	22
suchen	pi. בקשׁ	13
Süden / Südland	נֶגֶב	20
Sühne schaffen	pi. כפר	13
Sünde	עָוֹן	14
Sünde / Sündopfer	חַטָּאת	14
sündigen	חטא	14
Tag	יוֹם	8
folgender Tag	מָחֳרָת	25
tagsüber / bei Tag	יוֹמָם	11
Tal	גַּיְא	22
Talebene	בִּקְעָה	28

Talent	כִּכָּר	16
Talgrund	עֵמֶק	22
tanzen	pi. שׂחק / צחק	17
Tat	מַעֲשֶׂה	20
tatsächlich	בֶּאֱמֶת	16
taub sein	חרשׁ	19
Täuschung	שֶׁקֶר	13
tausend / Tausendschaft	אֶלֶף	12
Teich	בְּרֵכָה	24
teilen	חלק	29
Tempel	הֵיכָל	16
Tempelsänger	מְשׁוֹרֵר	28
Thron	כִּסֵּא	17
Tier	חַיָּה	11
Tiere (koll.)	בְּהֵמָה	8
Tisch	שֻׁלְחָן	16
Tochter	בַּת	6
Tod	מָוֶת	8
Töpfer	יוֹצֵר	23
Tor (Stadttor)	שַׁעַר	12
Tor / töricht	כְּסִיל	11
tot	מֵת	27
töten	hi. מות / 18 הרג / 10 רצח	27
Totenreich	שְׁאוֹל	22
Toter	מֵת	27
trachten nach	דרשׁ / pi.13 בקשׁ	7
tragen (ni.pass.)	נשׂא	11
tränken	hi. שׁקה	26
Traum	חֲלוֹם	11
Träumer	בַּעַל הַחֲלוֹם	11
trennen	hi. בדל	12
treten	דרך	8
treu sein	ni. אמן	19
Treue	אֱמוּנָה / 16 אֱמֶת / 12 חֶסֶד	27
treulos sein	זנה	24
Treffpunkt	מוֹעֵד	17
Tribut	מִנְחָה	17
trinken	שׁתה	24
Trinken	מִשְׁתֶּה	20
zu trinken geben	hi. שׁקה	26
Tritt	פַּעַם	12
Trost finden	ni. נחם	20

trösten	נחם pi.	16
Trug	שֶׁקֶר 13 / שָׁוְא	16
Trümmerstätte	חָרְבָּה	23
Tüchtigkeit	חַיִל	11
tun (ni.pass.)	עשׂה	5/25
tun	פעל	17
Tür	פֶּתַח	10
Tür(flügel)	דֶּלֶת	22
Turm	מִגְדָּל	26
Übeltäter	פֹּעֲלֵי אָוֶן	14/17
über	עַל־	6
überall	בְּכָל־מָקוֹם	11
Überfluß	יֶתֶר	21
überlegen sein	יָכֹל	23
übernachten	לין	28
überschreiten	עבר	18
übrig haben	יתר hi.	22
übrigbleiben	שׁאר ni.	11
übrigbleiben	יתר ni.	22
übriglassen	יתר hi.	22
Ufer	שָׂפָה	19
um ... willen	בַּעֲבוּר / לְמַעַן	19
umkehren	שׁוב	27
umstürzen	הפך	18
umwandeln	סבב	29
und	וְ	5
unentgeltlich	חִנָּם	25
ungewöhnlich sein	פלא ni.	11
Unheil	רָעָה 11 / אָוֶן	14
unmutig sein	כעס	29
unnütz	לַשָּׁוְא	16
Unrecht	אָוֶן	14
unrein	טָמֵא	8
unrein sein / werden	טָמֵא	14
untadelig	תָּמִים	16
unter	תַּחַת	6
Untergang (der Sonne)	מָבוֹא	20
untergehen (Sonne)	בוא	28
unterlassen	חדל	19
Unternehmung	דֶּרֶךְ	12
unterstützen	עזר	18
unterwegs	בַּדֶּרֶךְ	12
unterweisen	ירה hi.	22
Unterwelt	שְׁאוֹל	22
Urflut	תְּהוֹם	22
ohne Ursache	חִנָּם	25
Urzeit	קֶדֶם	21
Vater	אָב	10
verachten	נאץ pi.	16
verbergen (ni.refl.)	סתר hi.	12
verborgen sein	סתר ni.	12
verbrennen	שׂרף 7 / בער pi.	29
verderben	שׁחת hi.	12
verdorren	יָבֵשׁ	23
s. verfehlen	חטא	14
verfluchen	קלל pi. / ארר	29
verflucht	אָרוּר	29
verfolgen	רדף	7
vergeben	סלח	10
vergebens	חִנָּם	25
vergeblich	לַשָּׁוְא	16
vergehen	כלה	24
s. vergehen	פשׁע	9
vergelten	שׁלם pi.	13
vergessen	שׁכח	10
vergewaltigen	ענה pi.	26
verheeren	שׁדד	29
verkaufen	מכר	8
Verkehrtheit	עַוְלָה	14
verlassen	עזב	18
verloren gehen	אבד	21
vermehren	רבה hi.	26
vermögen	יָכֹל	23
s. verneigen	חוה hišt.	26
vernichten	שׁחת hi.	12
vernichten	אבד pi./hi.	21
verödet sein	שׁמם	29
Verpflichtung	בְּרִית	7
s. versammeln	קבץ ni.11 / אסף ni.	18
versammelt werden	אסף ni.	18
Versammlung	קָהָל / מוֹעֵד	17
verschließen	סגר q./hi.	28

verschmähen	נאץ pi.16 / מאס	17
versprengen (ni.pass.)	נדח hi.	27
verstehen	בין q./hi.	28
versuchen	נסה pi.	26
verteilen	חלק	29
vertilgen (ni.pass.)	שמד hi.	12
vertrauen	בטח	10
vertreiben	גרשׁ pi.16 / ירשׁ hi.	23
verunreinigen	טמא pi.	14
s. verunreinigen	טמא hitp.	14
verwandeln (ni.pass.)	הפך	18
Verwandter	קָרוֹב	8
verwerfen	נאץ pi.16 / מאס	17
Verwüstung	שְׁמָמָה	24
verzehren	אכל	21
Vieh	בְּהֵמָה	8
Viehbesitz	מִקְנֶה	20
viel	רַב	10
vielleicht	אוּלַי	21
vier	אַרְבָּעָה	17
vierter	רְבִיעִי	16
vierzig	אַרְבָּעִים	18
Vision	חָזוֹן	25
Vögel	עוֹף	23
Volk	עַם 6 / גּוֹי	9
Volksgemeinde	קָהָל	17
voll	מָלֵא	12
voll sein	מָלֵא	11
vollenden	כלה pi.	24
vollständig	תָּמִים	16
vollständig sein	תמם	29
von	מִן־	7
vor	לִפְנֵי 7 / נֶגֶד	27
Vorderseite	פָּנִים	12
Vorhandensein	יֵשׁ	10
Vorhof	חָצֵר	17
vormals	בָּרִאשׁוֹנָה	9
Vorrat	אוֹצָר	16
Vorsteher	נָשִׂיא	18
vorübergehen	עבר	18
Vorzeit	קֶדֶם	21
Vorzug	יֶתֶר	21
Wache	מִשְׁמֶרֶת	22
wachsen	גדל	13
Wadi	נַחַל	12
Waffe	כְּלִי	14
Wagen	מֶרְכָּבָה	13
Wagen (koll.)	רֶכֶב	13
Wahrheit	אֱמֶת	16
Wald	יַעַר	23
Wand	קִיר	24
Wandel	דֶּרֶךְ	12
s. wandeln	הפך ni.	18
wann?	מָתַי	7
warten	קוה pi.	26
warum?	מַדּוּעַ / לָמָּה	7
was?	מַה־	7
waschen	כבס pi.	13
s. waschen	רחץ	17
Wasser	מַיִם	10
Weg	דֶּרֶךְ 12 / אֹרַח	24
wegen	עַל־ 6 / מִן־ 7 / יַעַן	20
wegnehmen	אסף	18
wehe!	הוֹי	27
Wehen	נְשַׁמָּה	24
wehklagen	ילל hi.	23
weiblich	נְקֵבָה	19
weichen	סוּר	27
weiden	רעה	25
Weideplatz	נָוֶה	20
s. weigern	מאן pi.	16
weil	כִּי / כַּאֲשֶׁר 5 / יַעַן	20
Wein	יַיִן	14
Weinbeere	עֵנָב	23
Weinberg	כֶּרֶם	20
weinen	בכה	24
Weinstock	גֶּפֶן	23
weilen	גור	27
weise / Weiser	חָכָם	7
Weisheit	חָכְמָה	6
weiß	לָבָן	19
Weisung	תּוֹרָה	12
weiterziehen	נסע	21
Weizen	חִטָּה	18

wenden	29 hi. סבב / 18 הפך	
s. wenden	24 פנה / ni. 18 הפך	
s. wenden	29 סבב / 27 סור	
s. wenden an	7 דרשׁ	
wenig / zu wenig	21 מְעַט	
wenn	14 אִם / 5 כִּי	
wenn (doch)	16 לוּ	
wenn nicht	16 לוּלֵי	
wer?	7 מִי	
werden	6 היה	
werfen (ho.pass.)	12 hi. שׁלך	
Werk	20 מַעֲשֶׂה	
Werkzeug	14 כְּלִי	
Wesen	12 עֶצֶם	
Westen	20 מָבוֹא	
nach Westen	11 יָמָּה	
Widder	14 אַיִל	
junger Widder	13 כֶּבֶשׂ	
wie	5 כַּאֲשֶׁר / 6 כְּ	
wie?	7 אֵיךְ	
wieder	13 עוֹד	
wieder tun	27 שׁוב	
Wille	18 רָצוֹן	
willig sein	21 אבה	
Wind	9 רוּחַ	
wir	8 אֲנַחְנוּ/נַחְנוּ	
wirklich	16 בֶּאֱמֶת	
wirksam sein	29 צלח	
wissen	22 ידע	
Wissen	22 דַּעַת	
wissen lassen	22 hi. ידע	
Witwe	19 אַלְמָנָה	
wo?	7 אַיֵּה	
wohl dem, der	22 אַשְׁרֵי	
Wohlergehen	6 שָׁלוֹם	
Wohlgefallen	18 רָצוֹן	
wohnen	22 ישׁב / 8 שׁכן	
Wohnung	16 מִשְׁכָּן	
wohin?	7 אָנָה	
Wolke	19 עָנָן	
wollen	21 אבה	
Wort	21 אֵמֶר/אִמְרָה / 6 דָּבָר	

Wort	25 מִלָּה	
Wunde	26 מַכָּה	
Wunder	16 מוֹפֵת / 11 נִפְלָאוֹת	
wunderbar sein	11 ni. פלא	
Wunsch	19 חֵפֶץ	
Wurzel	13 שֹׁרֶשׁ	
Wüste	22 עֲרָבָה / 16 מִדְבָּר	
Wüstenei	24 שְׁמָמָה	
Zahl	16 מִסְפָּר	
zählen	13 ספר	
zahlreich	10 רַב	
zahlreich machen	26 hi. רבה	
zahlreich sein / werden	26 רבה	
Zahn	19 שֵׁן	
Zeder	23 אֶרֶז	
zehn	17 עֲשָׂרָה	
zehntausend	18 רְבָבָה	
zehnter	16 עֲשִׂירִי	
Zeichen	16 אוֹת	
Zeit / Zeitpunkt	8 עֵת	
verabredeter Zeitpunkt	17 מוֹעֵד	
Zelt	13 אֹהֶל	
zerbrechen	8 שׁבר	
zerreißen	9 קרע	
zerstören	12 hi. שׁמד	
zerstreuen	28 hi. פוץ	
s. zerstreuen	28 פוץ	
Zeuge	13 עֵד	
zeugen	22 hi. ילד	
Ziege	23 שֶׂה / 18 עֵז	
Ziegenbock	18 שָׂעִיר	
Zierde	22 תִּפְאָרָה	
Zipfel	19 כָּנָף	
Zisterne	24 בּוֹר	
Zorn	24 חֵמָה / 11 אַף/אַפַּיִם	
zornig werden	25 חרה	
zu	5 אֶל־ / לְ	
Zucht / Züchtigung	16 מוּסָר	
zugrunde gehen	21 אבד	
zugrunde richten	21 pi./hi. אבד	
zugunsten von	14 בַּעַד	

Zukunft	אַחֲרִית		21
Zunge	לָשׁוֹן		18
zunichte machen	פרר	hi.	29
zurechtweisen	יכח	hi.	28
Zurechtweisung	מוּסָר		16
zurückbringen	שׁוב	hi.	27
zurückkehren	שׁוב		27
zurüsten	ערך		18
zusammen	יַחַד / יַחְדָּו		21
zusammenschnüren	צרר		29
zuschanden machen	בושׁ	hi.	28
zuschanden werden	בושׁ		28
zustande kommen	קום		27
zuverlässig sein	אמן	ni.	19
Zuverlässigkeit	אֱמֶת		16
zwanzig	עֶשְׂרִים		18
zwei	שְׁנַיִם		17
zweiter	שֵׁנִי		16
Zweiter	מִשְׁנֶה		20
zwischen	בֵּין		6

Eigennamen

Aaron	אַהֲרֹן
Abel	הֶבֶל
Abimelech	אֲבִימֶלֶךְ
Abjathar	אֶבְיָתָר
Abner	אַבְנֵר
Abraham	אַבְרָהָם
Abram	אַבְרָם
Absalom	אַבְשָׁלוֹם
Adam	אָדָם
Ägypten	מִצְרַיִם
Ägypter	מִצְרִי
Ahab	אַחְאָב
Ahas	אָחָז
Ammon	עַמּוֹן
Amoriter	אֱמֹרִי
Amos	עָמוֹס
Aram	אֲרָם
Aramäer	אֲרַמִּי
Arnon	אַרְנוֹן
Asa	אָסָא
Asdod	אַשְׁדּוֹד
Askalon	אַשְׁקְלוֹן
Asser	אָשֵׁר
Assur	אַשּׁוּר
Baal	בַּעַל
Babel	בָּבֶל
Balak	בָּלָק
Baruch	בָּרוּךְ
Basan	בָּשָׁן
Bathseba	בַּת־שֶׁבַע
Beerseba	בְּאֵר שֶׁבַע
Benaja	בְּנָיָהוּ
Benjamin	בִּנְיָמִין
Bethel	בֵּית־אֵל
Bethlehem	בֵּית לֶחֶם
Bileam	בִּלְעָם
Boas	בֹּעַז
Chaldäer	כַּשְׂדִּים
Damaskus	דַּמֶּשֶׂק
Dan	דָּן
Daniel	דָּנִיֵּאל
David	דָּוִד
Ebal	עֵיבָל
Edom	אֱדוֹם
Ekron	עֶקְרוֹן
Eleasar	אֶלְעָזָר
Eli	עֵלִי
Elia	אֵלִיָּהוּ
Elisa	אֱלִישָׁע
Ephraim	אֶפְרַיִם
Esau	עֵשָׂו

Esra עֶזְרָא
Esther אֶסְתֵּר
Euphrat פְּרָת
Eva חַוָּה
Ezechiel יְחֶזְקֵאל

Gad גָּד
Garizim גְּרִזִּים
Gath גַּת
Gaza עַזָּה
Gibea גִּבְעָה
Gideon גִּדְעוֹן
Gilead גִּלְעָד
Gilgal גִּלְגָּל
Gomorrha עֲמֹרָה

Habakuk חֲבַקּוּק
Haggai חַגַּי
Ham חָם
Haman הָמָן
Hanna חַנָּה
Hebräer עִבְרִי
Hebron חֶבְרוֹן
Hermon חֶרְמוֹן
Hiob אִיּוֹב
Hiskia חִזְקִיָּהוּ
Horeb חֹרֵב
Hosea הוֹשֵׁעַ

Isaak יִצְחָק
Isai יִשַׁי
Isebel אִיזֶבֶל
Ismael יִשְׁמָעֵאל
Israel יִשְׂרָאֵל
Issaschar יִשָּׂשכָר

Jabbok יַבֹּק
Jah יָהּ
Jahwe יְהוָה
Jakob יַעֲקֹב
Japhet יֶפֶת
Jehu יֵהוּא
Jephtha יִפְתָּח
Jeremia יִרְמְיָהוּ
Jericho יְרִיחוֹ
Jerobeam יָרָבְעָם
Jerusalem יְרוּשָׁלַםִ
Jesaja יְשַׁעְיָהוּ
Jesreel יִזְרְעֶאל
Jesus יֵשׁוּעַ
Joab יוֹאָב
Joas יוֹאָשׁ
Joel יוֹאֵל
Jojada יְהוֹיָדָע
Jona יוֹנָה
Jonathan יוֹנָתָן
Jordan יַרְדֵּן
Josaphat יְהוֹשָׁפָט
Joseph יוֹסֵף
Josia יֹאשִׁיָּהוּ
Josua יְהוֹשֻׁעַ
Juda יְהוּדָה
Judäer יְהוּדִי

Kain קַיִן
Kaleb כָּלֵב
Kanaan כְּנַעַן
Kanaanäer כְּנַעֲנִי
Karmel כַּרְמֶל
Kison קִישׁוֹן

Laban לָבָן
Lachis לָכִישׁ
Lea לֵאָה
Levi לֵוִי
Libanon לְבָנוֹן
Lot לוֹט

Maleachi מַלְאָכִי
Manasse מְנַשֶּׁה
Mardochai מָרְדֳּכַי
Megiddo מְגִדּוֹ
Micha מִיכָה
Midian מִדְיָן

Mirjam	מִרְיָם
Moab	מוֹאָב
Mose	מֹשֶׁה
Naemi	נָעֳמִי
Nahum	נַחוּם
Naphthali	נַפְתָּלִי
Nathan	נָתָן
Nebukadnezar	נְבוּכַדְנֶצַּר
Nehemia	נְחֶמְיָה
Nil	יְאֹר
Ninive	נִינְוֵה
Noah	נֹחַ
Obadja	עֹבַדְיָה
Pharao	פַּרְעֹה
Philister	פְּלִשְׁתִּים
Rahel	רָחֵל
Rebekka	רִבְקָה
Rehabeam	רְחַבְעָם
Ruben	רְאוּבֵן
Ruth	רוּת
Sacharja	זְכַרְיָה

Salomo	שְׁלֹמֹה
Samaria	שֹׁמְרוֹן
Samuel	שְׁמוּאֵל
Sara	שָׂרָה
Saul	שָׁאוּל
Sebulon	זְבוּלֻן
Sem	שֵׁם
Sichem	שְׁכֶם
Sidon	צִידוֹן
Simeon	שִׁמְעוֹן
Simson	שִׁמְשׁוֹן
Sinai	סִינַי
Sodom	סְדֹם
Tabor	תָּבוֹר
Tharah	תֶּרַח
Tigris	חִדֶּקֶל
Tyrus	צֹר
Uria	אוּרִיָּה
Zadok	צָדוֹק
Zedekia	צִדְקִיָּהוּ
Zephanja	צְפַנְיָה
Zion	צִיּוֹן

REGISTER

Grammatischer Index

Nomen 9.3.6 (mit Suffixen 9.3.6.5; Nomen regens/rectum 5.3.3);

Flexionsklassen:

I. Nomina mit unveränderlichen Vokalen 9.3.6
II. Unregelmäßige Nomina 10.3.5
III. Nomina mit verdoppeltem Endkonsonanten 11.3.4
IV. *qatl*-Segolata 12.3.4
V. *qitl*- und *qutl*-Segolata 13.3.4
VI. Abweichend gebildete Segolata 14.3.5
VII. Nomina mit veränderlichem Q̦ames in der Endsilbe 16.3.2
VIII. Nomina mit veränderlichem Sere in der Endsilbe 17.3.2
IX. Nomina mit veränderlichem Q̦ames in der vorletzten Silbe 18.3.2
X. Nomina mit zwei veränderlichen Vokalen 19.3.2
XI. Nomina tertiae Jod auf -*ǣ* 20.3.2
XII. Feminina auf -*īt* und -*ūt* 21.3.3
XIII. Feminina mit segolierter Endung 22.3.2
XIV. Feminina auf -*ā* von Segolaten 23.3.2
XV. Feminina auf -*ā* mit veränderlichen Vokalen 24.3.2

Nominalbildung 9.3.6.1 (Adjektiva 8.3.3)

Übersicht über die häufigsten Nominalbildungen:

I. mit einem Radikal: *pǣ* (**pī*) 10.3.5

II. mit zwei Radikalen: (9.3.6; 10.3.5; 11.3.4; 16.3.2; 17.3.2)
kurzvokalig *bēn* (< **bin*), *jād* (< **jad*) etc.
langvokalig *ṭōb* (< **ṭāb*), *ʿīr* etc.
mit verdoppeltem Konsonanten *ʾēm* (< **ʾimm*) etc.

III. mit drei Radikalen:
a) einfache Wurzel:
qatl-, *qitl-*, *qutl*-Segolata 12.3.4; 13.3.4; 14.3.5
qatal, *qatil*, *qital* 19.3.2
qatul 11.3.4
qatāl, *qatīl*, *qatūl* 18.3.2 (teilweise 9.3.6)
qātal 16.3.2; *qātil* 17.3.2
b) mit verdoppeltem mittlerem Radikal:
qittēl (< **qattil*) 17.3.2
qattāl, *qattīl*, *qattūl* u.a. 9.3.6
c) mit Präformativ:
m-Präformativ (*maqtal*, *miqtal* u.a.) 16.3.2 u.a.
t-Präformativ (9.3.6)
d) mit Afformativ:
-*ōn* (< *-*ān*) (9.3.6)
-*ī* → Gentilizium
-*īt*, -*ūt* 21.3.3

IV. mit mehr Radikalen: z.B. *ʾalmānā* (< **ʾalman-at*), *śᵉmōl* (< **śimʾāl*)

* = erschlossene Form (0.3)
> = wird zu; < = entstanden aus

< >, / /, [ ] } vgl. 2.3.1.1

Bibelstellenregister

Ex

Lev

Num

Ez

Hos